中华当代学术著作辑要

# 景颇语
# 参考语法

（修订版）

戴庆厦 著

商务印书馆

图书在版编目(CIP)数据

景颇语参考语法/戴庆厦著. —修订本. —北京:商务印书馆,2022
(中华当代学术著作辑要)
ISBN 978-7-100-21046-1

Ⅰ.①景…　Ⅱ.①戴…　Ⅲ.①景颇语—语法　Ⅳ.①H259.4

中国版本图书馆 CIP 数据核字(2022)第 063532 号

**权利保留,侵权必究。**

中华当代学术著作辑要
**景颇语参考语法**
(修订版)
戴庆厦　著

商　务　印　书　馆　出　版
(北京王府井大街36号　邮政编码100710)
商　务　印　书　馆　发　行
北京市十月印刷有限公司印刷
ISBN 978-7-100-21046-1

2022年9月第1版　　开本710×1000　1/16
2022年9月北京第1次印刷　印张 43¼
定价:196.00元

# 中华当代学术著作辑要
# 出　版　说　明

学术升降，代有沉浮。中华学术，继近现代大量吸纳西学、涤荡本土体系以来，至上世纪八十年代，因重开国门，迎来了学术发展的又一个高峰期。在中西文化的相互激荡之下，中华大地集中迸发出学术创新、思想创新、文化创新的强大力量，产生了一大批卓有影响的学术成果。这些出自新一代学人的著作，充分体现了当代学术精神，不仅与中国近现代学术成就先后辉映，也成为激荡未来社会发展的文化力量。

为展现改革开放以来中国学术所取得的标志性成就，我馆组织出版"中华当代学术著作辑要"，旨在系统整理当代学人的学术成果，展现当代中国学术的演进与突破，更立足于向世界展示中华学人立足本土、独立思考的思想结晶与学术智慧，使其不仅并立于世界学术之林，更成为滋养中国乃至人类文明的宝贵资源。

"中华当代学术著作辑要"主要收录改革开放以来中国大陆学者、兼及港澳台地区和海外华人学者的原创名著，涵盖文学、历史、哲学、政治、经济、法律、社会学和文艺理论等众多学科。丛书选目遵循优中选精的原则，所收须为立意高远、见解独到，在相关学科领域具有重要影响的专著或论文集；须经历时间的积淀，具有定评，且侧重于首次出版十年以上的著作；须在当时具有广泛的学术影响，并至今仍富于生命力。

自1897年始创起，本馆以"昌明教育、开启民智"为己任，近年又确立了"服务教育，引领学术，担当文化，激动潮流"的出版宗旨，继上世纪八十年代以来系统出版"汉译世界学术名著丛书"后,近期又有"中华现代学术名著丛书"等大型学术经典丛书陆续推出,"中华当代学术著作辑要"为又一重要接续,冀彼此间相互辉映,促成域外经典、中华现代与当代经典的聚首,全景式展示世界学术发展的整体脉络。尤其寄望于这套丛书的出版,不仅仅服务于当下学术,更成为引领未来学术的基础,并让经典激发思想,激荡社会,推动文明滚滚向前。

商务印书馆编辑部

2016 年 1 月

# 目　　录

## 一　绪论篇

1 引言 ............................................................................ 3
　1.1　编写宗旨 .............................................................. 3
　1.2　编写要求 .............................................................. 5
　1.3　编写说明 .............................................................. 7
2 景颇族和景颇语 ........................................................ 9
　2.1　景颇族概况 .......................................................... 9
　　2.1.1 景颇族的分布 ................................................. 9
　　2.1.2 景颇族的来源及演变 ................................... 10
　2.2　景颇语的系属 .................................................... 11
　2.3　景颇族的支系和支系语言 ................................ 14
　2.4　景颇文概况 ........................................................ 17
3 景颇语的语音 .......................................................... 19
　3.1　声母 .................................................................... 19
　3.2　韵母 .................................................................... 20
　3.3　声调 .................................................................... 21
　3.4　弱化音节 ............................................................ 22
　3.5　景颇文的标音方法 ............................................ 22
　　3.5.1 声母 ............................................................... 22

3.5.2 韵母 ............................................................. 24
4 景颇语语法的总体审视 ............................................. 29
　4.1 在藏缅语中形态变化较多 ................................... 29
　4.2 动词是句法结构的核心 ....................................... 30
　4.3 虚词和语序也是重要的语法手段 ....................... 31
　4.4 韵律制约语法的结构特点和演变规律的变化 ... 32
　4.5 重叠是一个重要的语法手段 ............................... 33
　4.6 语法化是制约语法演变的一个重要杠杆 ........... 34
　4.7 景颇语的语法形态已出现形态发达型向分析型转型的
　　　趋势 ....................................................................... 35
　4.8 景颇语语法分析的两个强调点 ........................... 35

## 二　词类篇

1 名词 ................................................................................. 39
　1.1 名词的前缀 ........................................................... 39
　　1.1.1 名词前缀的类别 ........................................... 39
　　1.1.2 名词的构词前缀 ........................................... 40
　　1.1.3 名词构形前缀 ............................................... 43
　　1.1.4 名词"半实半虚"前缀 ............................... 46
　1.2 名词的重叠 ........................................................... 49
　1.3 名词的"性""数" ............................................... 50
　　1.3.1 名词的阴性、阳性 ....................................... 51
　　1.3.2 名词的"数" ............................................... 53
　1.4 名词的类称范畴 ................................................... 57
　　1.4.1 类称名词的语法特点 ................................... 57
　　1.4.2 类称名词的句法功能 ................................... 65

  1.4.3 类称范畴形成的条件 ······ 69
 1.5 名词的双音节化 ······ 70
  1.5.1 名词存在双音节化倾向 ······ 70
  1.5.2 名词双音节词的来源 ······ 71
  1.5.3 名词双音节化的前一音节聚合 ······ 74
 1.6 景颇语方位词"里、处"的虚实两重性 ······ 76
  1.6.1 方位词"里、处"的实词性 ······ 77
  1.6.2 方位词"里、处"的虚词性 ······ 82
  1.6.3 方位词"里、处"虚实两重性的理论价值 ······ 85

## 2 代词 87

 2.1 人称代词 ······ 87
  2.1.1 人称代词的"数" ······ 87
  2.1.2 反身代词 ti$^{755}$naŋ$^{33}$ ······ 89
  2.1.3 泛指代词 joŋ$^{31}$ "大家、全部" ······ 90
 2.2 指示代词 ······ 91
  2.2.1 指示代词的"位"（高低、远近）······ 91
  2.2.2 指示代词的"数" ······ 92
  2.2.3 指示代词的"状" ······ 95
  2.2.4 修饰泛指动词的指示代词 ······ 99
  2.2.5 指示代词与方位名词结合 ······ 100
  2.2.6 几个特殊的指示代词 ······ 101
 2.3 疑问代词 ······ 103
  2.3.1 疑问代词的前缀 kă$^{31}$ ······ 103
  2.3.2 疑问代词的用法解释 ······ 103
 2.4 代词的重叠 ······ 106
  2.4.1 重叠表示复数 ······ 106

## 3 动词

- 2.4.2 重叠表示强调 ... 108
- 3.1 动词特点概述 ... 111
- 3.2 动词的使动范畴 ... 112
  - 3.2.1 使动范畴的概念及范围 ... 112
  - 3.2.2 使动范畴语法形式的类型 ... 116
- 3.3 泛指动词 ... 124
  - 3.3.1 什么是泛指动词 ... 124
  - 3.3.2 泛指动词的类别 ... 125
  - 3.3.3 泛指动词的句法功能 ... 129
  - 3.3.4 泛指动词的语法化 ... 132
- 3.4 存在动词 ... 137
  - 3.4.1 存在动词的类别 ... 137
  - 3.4.2 存在动词的语法特点 ... 138
- 3.5 判断动词 ... 139
  - 3.5.1 判断动词的类别 ... 140
  - 3.5.2 判断动词的语法特点 ... 141
- 3.6 动词的重叠 ... 142
  - 3.6.1 动词重叠做状语 ... 142
  - 3.6.2 动词重叠做话题 ... 144
  - 3.6.3 动词重叠做谓语 ... 145
  - 3.6.4 动词重叠做定语 ... 146
- 3.7 动词的词缀 ... 147
  - 3.7.1 前缀 ... 147
  - 3.7.2 中缀 ... 148

## 4 形容词

- 4.1 形容词与动词的关系 ... 150

4.2 形容词的重叠 ························ 153
　　　　4.2.1 形容词重叠做状语 ················ 153
　　　　4.2.2 形容词重叠做主语 ················ 155
　　　　4.2.3 形容词重叠做谓语 ················ 156
　　　　4.2.4 重叠加中缀构成名物化 ············ 156
　　4.3 形容词的态 ························ 157
5 数词 ···································· 160
　　5.1 基数词 ···························· 160
　　　　5.1.1 单纯基数词 ···················· 160
　　　　5.1.2 合成基数词 ···················· 165
　　5.2 序数、分数、概数、倍数的表示法 ······ 167
　　　　5.2.1 序数表示法 ···················· 167
　　　　5.2.2 概数表示法 ···················· 169
　　　　5.2.3 分数表示法 ···················· 171
　　　　5.2.4 倍数表示法 ···················· 172
　　5.3 数词的重叠 ························ 173
　　　　5.3.1 数词重叠做主语 ················ 173
　　　　5.3.2 数词重叠做宾语 ················ 174
　　　　5.3.3 数词重叠做定语 ················ 174
6 量词 ···································· 176
　　6.1 名量词 ···························· 176
　　　　6.1.1 名量词的分类 ·················· 176
　　　　6.1.2 合成名量词的结构分析 ·········· 179
　　　　6.1.3 兼用量词的来源 ················ 181
　　　　6.1.4 名量词中的外来借词 ············ 187
　　　　6.1.5 名量词的用与不用 ·············· 188

## 6.2 动量词 ... 191
### 6.2.1 专用动量词 ... 191
### 6.2.2 兼用动量词 ... 192
## 6.3 量词在句法结构中的语序 ... 192
## 6.4 量词充当的句子成分 ... 196
## 6.5 量词和数量结构的重叠 ... 197
### 6.5.1 量词的重叠 ... 197
### 6.5.2 数量结构的重叠 ... 199

# 7 状词 ... 202
## 7.1 状词的句法特征 ... 202
### 7.1.1 状词句法位置的特殊性 ... 202
### 7.1.2 状词的重叠 ... 207
## 7.2 状词的构词手段 ... 209
### 7.2.1 变音造词 ... 210
### 7.2.2 派生词构造法 ... 213
### 7.2.3 复合词构造法 ... 214
## 7.3 状词的语义特征 ... 218
### 7.3.1 细腻性和丰富性 ... 218
### 7.3.2 多种语义的包含性 ... 220

# 8 貌词 ... 221
## 8.1 貌词的来源 ... 221
## 8.2 貌词的语法特点 ... 222
## 8.3 貌词的类别 ... 225
### 8.3.1 态势貌 ... 225
### 8.3.2 结果貌 ... 231
### 8.3.3 属性貌 ... 235

8.3.4 态度貌 ································································· 242
9 副词 ··········································································· 247
　9.1 副词的语法特征 ···················································· 247
　9.2 副词的分类 ··························································· 250
　9.3 副词的构词特点 ···················································· 256
10 关系助词 ··································································· 258
　10.1 并列关系助词 ······················································ 258
　10.2 偏正关系助词 ······················································ 261
　　10.2.1 宾语助词 phe$^{255}$ ···································· 261
　　10.2.2 定语助词 ······················································· 263
　　10.2.3 状语助词 ······················································· 265
　　10.2.4 连接偏正分句的关系助词 ··························· 266
　10.3 并列、偏正兼用的关系助词 ······························ 270
11 句尾词 ······································································· 274
　11.1 句尾词的句法功能 ············································· 274
　　11.1.1 句尾词指示句法成分 ··································· 275
　　11.1.2 句尾词表示"人称"和"数" ·························· 276
　　11.1.3 句尾词表示"式" ·········································· 277
　　11.1.4 句尾词表示"方向" ······································ 279
　11.2 句尾词的语法手段 ············································· 281
　　11.2.1 屈折式 ···························································· 281
　　11.2.2 分析式 ···························································· 283
　11.3 句尾词人称标记的多选择性 ······························ 284
　　11.3.1 句尾词人称标记多选择性的类别 ··············· 284
　　11.3.2 句尾词人称标记多选择性的成因和条件 ··· 291
　11.4 句尾词的分类 ······················································ 292

## 11.4.1 叙述式句尾词 ............................................. 292
## 11.4.2 疑问式句尾词 ............................................. 293
## 11.4.3 命令式句尾词 ............................................. 294
## 11.4.4 商量式句尾词 ............................................. 294
## 11.4.5 测度式句尾词 ............................................. 295
## 11.4.6 惊讶式句尾词 ............................................. 296

### 11.5 句尾词的来源及演变趋势 ............................................. 297
#### 11.5.1 句尾词的来源 ............................................. 297
#### 11.5.2 句尾词系统形成的语言条件 ............................................. 301
#### 11.5.3 景颇语句尾词的发展趋势 ............................................. 304
#### 11.5.4 从景颇语句尾词看藏缅语代词化的来源 ............................................. 306

### 11.6 句尾词总表 ............................................. 309
#### 11.6.1 叙述式句尾词 ............................................. 310
#### 11.6.2 疑问式句尾词 ............................................. 314
#### 11.6.3 命令式句尾词 ............................................. 318
#### 11.6.4 商量式句尾词 ............................................. 321
#### 11.6.5 测度式句尾词 ............................................. 324
#### 11.6.6 惊讶式句尾词 ............................................. 328

## 12 语气词 ............................................. 332

## 13 感叹词 ............................................. 336
### 13.1 感叹词的特征 ............................................. 336
### 13.2 感叹词类别 ............................................. 337
#### 13.2.1 表示"赞许、同意、满意" ............................................. 337
#### 13.2.2 表示"答应、招呼、邀请、催促" ............................................. 339
#### 13.2.3 表示"惊讶、惊奇、惊恐、恐怕" ............................................. 341
#### 13.2.4 表示"疼痛、寒冷" ............................................. 343

## 三　构词篇

1 复合词构词法 ·················································································· 347
　1.1 并列式 ······················································································ 347
　　1.1.1 并列式类别 ·········································································· 347
　　1.1.2 并列式语素顺序 ··································································· 349
　1.2 修饰式 ······················································································ 354
　　1.2.1 名修饰语素 + 名中心语素 = 名词 ········································· 354
　　1.2.2 名中心语素 + 形修饰语素 = 名词 ········································· 355
　　1.2.3 名中心语素 + 动修饰语素 = 名词 ········································· 356
　　1.2.4 动修饰语素 + 名中心语素 = 名词 ········································· 357
　　1.2.5 名中心语素 + 状态修饰语素 = 名词 ······································ 357
　　1.2.6 名修饰语素 + 量中心语素 = 量词 ········································· 357
　　1.2.7 名中心语素 + 状态修饰语素 = 量词 ······································ 358
　1.3 支配式 ······················································································ 358
　1.4 主谓式 ······················································································ 359
　　1.4.1 名被陈述语素 + 动陈述语素或形陈述语素 = 名词 ·················· 359
　　1.4.2 名被陈述语素 + 动陈述语素或形陈述语素 = 动词 ·················· 359
　1.5 复合词前一语素的虚化 ······························································· 359
2 形态构词法 ······················································································ 362
　2.1 前缀式 ······················································································ 362
　　2.1.1 构词前缀 ············································································· 362
　　2.1.2 构形前缀 ············································································· 364
　　2.1.3 韵律前缀 ············································································· 370
　　2.1.4 半前缀 ················································································ 371
　2.2 后缀式和中缀式 ········································································· 372
　2.3 变音式 ······················································································ 375

## 3 四音格构词法 ··· 378
### 3.1 四音格词的语音结构 ··· 378
### 3.2 四音格词的语法结构和语义特征 ··· 384
#### 3.2.1 联绵四音格词 ··· 384
#### 3.2.2 复合四音格词 ··· 385
#### 3.2.3 由单纯词加陪衬音节组成的四音格词 ··· 387
### 3.3 大量产生四音格词的语言机制 ··· 390
#### 3.3.1 双音节化韵律机制为大量产生四音格词提供了基本模式 ··· 390
#### 3.3.2 丰富的韵母体系为四音格词的发展提供了有利的条件 ··· 392
#### 3.3.3 景颇语以分析性为主且有形态变化的语法特点，有助于四音格词这种构词结构的发展 ··· 392
#### 3.3.4 景颇语丰富的重叠式，与四音格词大量出现叠音结构相一致 ··· 393
### 3.4 与汉语四音格词比较所见 ··· 394
### 3.5 四音格词小结 ··· 397

# 四　句法篇

## 1 短语 ··· 401
### 1.1 并列短语 ··· 402
### 1.2 修饰短语 ··· 404
#### 1.2.1 以名词为中心语 ··· 404
#### 1.2.2 以动词为中心语 ··· 407
### 1.3 支配短语 ··· 410
#### 1.3.1 名词做宾语 ··· 410
#### 1.3.2 代词做宾语 ··· 411
#### 1.3.3 数量短语做宾语 ··· 411

- 1.4 述补短语 ········································································· 412
  - 1.4.1 动词做补语 ····························································· 412
  - 1.4.2 貌词做补语 ····························································· 412
  - 1.4.3 形容词做补语 ·························································· 413
  - 1.4.4 副词做补语 ····························································· 413
- 1.5 主谓短语 ········································································· 413
- 1.6 同位短语 ········································································· 414
- 1.7 连动短语 ········································································· 414

## 2 句子成分和语序 ··································································· 415
- 2.1 主语和谓语 ······································································ 415
- 2.2 宾语 ················································································ 418
- 2.3 补语 ················································································ 421
- 2.4 状语 ················································································ 422
- 2.5 定语 ················································································ 425

## 3 几种句式及其类型学特征 ······················································· 427
- 3.1 景颇语的话题 ···································································· 427
  - 3.1.1 景颇语是话题句语言 ···················································· 427
  - 3.1.2 景颇语的话题与主语不同 ············································· 431
  - 3.1.3 话题句小结 ······························································· 436
- 3.2 景颇语的"NP + $e^{31}$"式 ·················································· 438
  - 3.2.1 "NP + $e^{31}$"式的特点 ············································· 438
  - 3.2.2 怎样认识景颇语的被动句 ············································· 443
- 3.3 景颇语的述补结构句 ·························································· 446
  - 3.3.1 述补结构的能产性 ······················································ 446
  - 3.3.2 述补结构的黏着类型 ··················································· 451
  - 3.3.3 补语的语法化 ···························································· 454

### xiv 目录

    3.3.4 述补结构小结 ...................................................... 457
  3.4 景颇语"给"字句 ...................................................... 458
    3.4.1 "给"字的基本特点 .............................................. 458
    3.4.2 ja$^{33}$"给"的语法化 ........................................... 462
    3.4.3 景颇语"给"字句与亲属语言比较 ............................ 467
    3.4.4 "给"字句小结 ..................................................... 473
  3.5 景颇语的"宾谓同形"句 .............................................. 474
    3.5.1 概念及其研究价值 ............................................... 474
    3.5.2 宾谓同形的两种不同的类型 ................................... 477
    3.5.3 宾谓同形结构大量发展的内部条件 .......................... 480
    3.5.4 附：宾谓同形语料 ............................................... 483
  3.6 景颇语的连动式 ....................................................... 488
    3.6.1 连动式概念的确定 ............................................... 488
    3.6.2 连动式的结构 ..................................................... 490
    3.6.3 连动与虚化 ........................................................ 495
    3.6.4 连动与宾语 ........................................................ 497
    3.6.5 插入成分的连动式 ............................................... 499
  3.7 景颇语的否定式 ....................................................... 501
    3.7.1 否定范畴的共时特征 ............................................ 501
    3.7.2 否定词的语法化 .................................................. 508
    3.7.2 否定句结语 ........................................................ 512
  3.8 景颇语的转述句 ....................................................... 512
    3.8.1 ta$^{231}$的语义特点 ............................................ 512
    3.8.2 ta$^{231}$的语法特点 ............................................ 514
4 景颇语语法演变的几个途径 ................................................ 517
  4.1 双音节化对语法的影响 .............................................. 517

- 4.1.1 词的双音节化 ...... 518
- 4.1.2 词的双音节化对语法的影响 ...... 522
- 4.1.3 结语 ...... 527
- 4.2 景颇语语言成分虚化的演变 ...... 528
  - 4.2.1 实词虚化 ...... 528
  - 4.2.2 实词虚化的类型学分析 ...... 536
- 4.3 景颇语的词汇化 ...... 539
  - 4.3.1 由复合词融为准单纯词 ...... 539
  - 4.3.2 由短语合成复合词 ...... 541
  - 4.3.3 包含古词语素的复合词词汇化为准单纯词 ...... 546
  - 4.3.4 景颇语词汇化的特点分析 ...... 547
- 4.4 景颇语的韵律 ...... 548
  - 4.4.1 景颇语的韵律形式 ...... 548
  - 4.4.2 "词韵律"和"句法韵律" ...... 552
  - 4.4.3 景颇语双音节化韵律为词汇化提供一种模式 ...... 556
  - 4.4.4 景颇语韵律的动程特征 ...... 557
  - 4.4.5 景颇语韵律的特点受分析程度的制约 ...... 558

# 5 复句 ...... 560

- 5.1 复句的主要特征 ...... 560
  - 5.1.1 复句的标记 ...... 560
  - 5.1.2 加句尾词的情况 ...... 562
  - 5.1.3 关联标记的多功能性 ...... 564
- 5.2 复句的分类 ...... 565
  - 5.2.1 联合复句 ...... 565
  - 5.2.2 偏正复句 ...... 569

## 6 景颇族传统诗歌的语法特点 ................................................ 574
### 6.1 构词特点 ................................................ 575
#### 6.1.1 单纯词 ................................................ 575
#### 6.1.2 合成词的构成 ................................................ 576
### 6.2 句法特点 ................................................ 585
### 6.3 词的搭配特点 ................................................ 587
#### 6.3.1 押韵 ................................................ 588
#### 6.3.2 词义搭配 ................................................ 591

# 五 语料篇

## 1 故事 ................................................ 597
## 2 会话 ................................................ 605
## 3 谚语、成语 ................................................ 616
## 4 词汇 ................................................ 625

参考文献 ................................................ 668
第一版后记 ................................................ 671
修订版后记 ................................................ 673

# 一　绪论篇

　　本篇确立了全书的编写宗旨和编写要求，介绍了景颇族的分布，考察了景颇族的来源及演变，景颇族的支系及支系语言，分析了景颇语的系属分类等。同时，对景颇语的音系包括声母、韵母、声调等进行了详细描写并与景颇文对照，最后分八个方面从总体上审视了景颇语语法的特点。

# 1　引言

## 1.1　编写宗旨

参考语法（Reference Grammar）的研究，兴起于20世纪80年代。当时，由于现代语言学的理论、方法有了较大幅度的充实和更新，加上计算语言学、语言教学等应用学科对语言研究不断提出新的要求，语言的调查描写面临着进一步系统化、深化的任务。各国语言学家普遍认识到，要深入了解语言的特点和规律，就必须对每个具体的语言进行比较全面、深入、系统的描写，先要占有充实的语料，靠语言事实说话，否则对语言的认识就只能停留在表面，或在知其一而不知其二的层面上，或做出错误的判断。对具体语言研究不深入而导致语言理论偏离语言事实的弊病，被越来越多的人所认识。在这种认识的驱动下，语法研究中出现了编写"参考语法"的热潮。许多语言学家重视通过语言的田野调查，编写各种语言调查研究成果，特别是过去调查很少的语言的"参考语法"。

参考语法的研究具有重要的理论意义和应用价值。在理论上，语法研究可以凭借一个个详尽的语法描写，深入认识世界语言的语法特点，构建科学的语法框架，进而归纳和总结出新的语法理论。在应用上，各种应用学科都能够从参考语法中汲取自己所需要的语法材料，提高应用学科的效能。正因为参考语法具有重要的理论价值和应用价值，自它出现后语言学家的认识不断升温。如澳大利亚拉筹伯大学（La Trobe University）的语言类型学研究中心和语言学系都把编写参考语法作为自己的一个重要课题。美国一些大学如加州大学圣塔芭芭拉分校、俄勒冈大学的语言学系也都鼓励、支持研究生以描写某一语言的参考语法作为博士论文。全球有多家著名的出版社，如牛津大学出版社、剑桥大学出版社、Mouton de Gruyter 出版社都相继出版了一系列参考语法著作。中国台湾的语言学机构近年来也以台湾本土的语言为对象，调查出版了多种参考语法著作。中国大陆学者半个多世纪以来虽然出版了一些有价值、有分量的语法专著，但真正以参考语法为框架的语法研究还只处于起步阶段，与国外的参考语法研究还存在差距，中国语言学家已敏锐地感觉到这种差距。目前，组织较大规模的参考语法研究，在中国语言研究特别是非汉语的研究中已被提上了日程，正处于积极的行动之中。

　　中国是一个多民族、多语种的国家，语法研究的资源非常丰富，非常有价值。非汉语的语言研究总的情况是，语音研究较多而语法研究较少，语法研究只出现在少数语言上。以藏缅语的语法研究为例，藏缅语的语法特点非常丰富，存在着屈折、黏着、分析等不同的类型，不同语言分别处于不同的发展层次上，而且存在一条演变链。长期以来，藏缅语的语法研究相对薄弱，只见几部有一定深度的语法研究专著，多数语言的语法特点还未得到研究。这种状况，严重影响藏缅语研究深入的进展，而且妨碍汉藏语系语言语法研究的深入。如果藏缅语每种具体语言都能写出一部符合要求的参考语法，定能大大地促进和推动语法研究和语言研究的深入。

　　景颇语是藏缅语族的一种语言，也是分布在我国西南边疆、使用人口较少的一种少数民族语言。景颇语在藏缅语中具有引人注目的语法特点。景颇语的语法研究，在过去已经积累了一些研究成果，出版了《景颇语语法》，但如今正需要有一部描写研究比较深入、全面的《景颇语参考语法》。这一新成果的问世，必将对景颇语研究乃至藏缅语、汉藏语研究，起到一定的作用。本书的编写，正是在这种形势的感染、推动下开始酝酿、启动的。

## 1.2 编写要求

本书的编写，除了遵循目前参考语法编写中各家自然形成的某些规范外，在总体上、原则上尽量朝下面四方面努力：

（1）全面性：参考语法的功能是为各类语法研究服务，所以所描写的语法事实必须是全面的。可以说，全面性应是本书编写的首要要求。为此，我力求广泛汇集语料，对景颇语的语法现象进行多角度、多方法的挖掘，要求比较全面地揭示景颇语语法的特点，尽可能做到语料充分、分析细致、观察到位，要求这部著作能成为景颇语语法研究的小百科全书。

（2）系统性：语法现象是成系统的，各种现象都是相互制约的，仅停留在一个方面、一个角度认识语法现象是不够的。为此，本书力求重视语言中不同成分、不同特点之间的相互关系。在分析语法特点和语法规律时，尽可能地结合语音、语义、语用的特点以及社会、文化等现象进行综合考察，从系统关系中认识景颇语的语法特点及其规律。而且，景颇语属于分析型为主的语言，力求以分析性眼光进行分析，发掘更多的语言现象。

（3）细致性：参考语法的功能和用途，决定了参考语法分析、描写上的细致性。本书的编写，强调细致性，即对各种存在的现象都尽可能做出细致的分析、描写。空缺或缺格的语法现象，若有助于对语法规律的认识，也予以说明。

在处理词法和句法的关系上，我力图做到对二者都进行详细的描写。景颇语属于"分析型—形态型"的语言，即它是以分析型为主但还有比较丰富的形态变化的语言，词类的特点非常丰富，若不对各个词类的特点进行比较细致的描写分析，就难以为句法的分析提供一个坚实的基础，也难以抓住景颇语语法的深层特点。特别是从语义角度分析语法，大量的特点在词类中分析比较方便，容易达到清晰明了的效果。因而，本书对每个词类的特点进行了力所能及的细致描写。句法分析是过去景颇语研究中的一个薄弱点，本书有意识地加强句法的描写分析。当然，在描述上要避免词法和句法的过多重复，但少量的重复是不可避免的。

（4）原创性：忠实景颇语客观存在的实际，是本书要力求做到的。本书所使用的语言材料，主要是存在于群众中活的口语材料，包括日常生活的对话和短篇话语材料。此外，本书也使用部分传统史诗、传说的语言，以及民间文学材料，包括故事、谚语等。口语以外的材料，若与口语存在差异则加以说明。景颇族文字的历史不长（只有百年历史），通过文字记录的语料，除了传统文学素材外，大多是口语的记录。

1992年，我与徐悉艰研究员合著了《景颇语语法》，在中央民族大学出版社出版。现在这部《景颇语参考语法》是在《景颇语语法》的基础上修改、补充而成的。相比之下，这部新著有以下几个特点：一是这部新著是按照参考语法的理论、框架对景颇语的语法事实做了新的梳理。二是补充了我这20年来对景颇语研究的新成果。其中有：名词的类称范畴、话题、"体"和"貌"、"形修名"短语、四音格词产生机制及类型学特征、萌芽型量词的类型学特征、被动表义结构、否定范畴、连动结构、述补结构、宾谓同形短语、重叠及调量功能、疑问句的类型学特征、词汇化、句尾词人称标记的多选择性等。

三是对过去研究中还不到位的或错误的进行修正或补充。如把"主语助词"改为"话题助词",把"助动词"改为"貌词",把"结构助词"和"连词"合并为"关系助词"等。四是语料标音全部由景颇文标音改为国际音标标音,这样就便于学术界使用。但为便于懂景颇文的人使用,在书中列有景颇文声韵母与国际音标的对照表。五是在语料上,除了使用《景颇语语法》中的部分语料外,还新增了一些新的语料。

这次修订本在几个方面作了修改补充,具体详见本书后记。

## 1.3 编写说明

(1)在整体框架上,力求突出形态和句法的特点。尽可能地把应该突出的特点合理地分布到词法和句法中去,防止比例失衡。

(2)在语言事实与语言理论的关系上,本书的注意力主要放在语言事实的收集、分析上,但也重视语言学理论特别是新理论的运用,同时注意使用所掌握的新材料进行语言学新理论的探索,努力做到事实与理论的有机结合。理论归纳尽可能融于事实分析之中。现象的解释,力求比旧作《景颇语语法》有所加强。

(3)在语法现象的归纳上,重视分清主次,突出主要特点,但也顾及非主要特点,使二者相互辉映。

(4)不同地区的景颇语无太多差别。国外的景颇语(称Kachin语)与国内的景颇语虽在词汇上有些差异,但语法上基本一致。本书以云南省盈江县铜壁关区的景颇话为依据。

(5)在术语的使用上,本书注意使用约定俗成的语言学术语,以便于语言学界的相互交流与沟通。新术语的使用,必须做出说明,尽可能明确其内涵与外延。缩略语表示方法如下:

（类）——类称名词

（方）——方位助词

（时）——时间助词

（泛）——泛指动词

（貌）——貌词

（状）——状态词

（关）——关系助词

（尾）——句尾词

（语）——语气助词

（话）——话题助词

（宾）——宾语助词

（配）——配音音节

（叠）——重叠

（前）——前缀

（后）——后缀

（中）——中缀

（6）词义注解：在景颇语国际音标注音的下面注上汉语意义。以词为单位注解。一个词若有两个及以上的汉字，几个汉字都靠在一起，与上面景颇语词内的语素不一一对应。

# 2 景颇族和景颇语

## 2.1 景颇族概况

### 2.1.1 景颇族的分布

景颇族是自称 tʃiŋ³¹phoʔ³¹ "景颇"的一个族群。在中国，景颇族是一个人口较少的少数民族，只有 147 828 人（2010 年），主要分布在云南省德宏傣族景颇族自治州的盈江、梁河、陇川、瑞丽、芒市等县市。此外，还有少量分布在怒江傈僳族自治州的泸水、古浪，临沧市的耿马傣族佤族自治县，以及普洱市的思茅和澜沧，西双版纳的勐海等县。景颇族的分布区，大多与缅甸接壤，国境线长达 500 多公里。

在我国，景颇族生活在一个多民族交错杂居的地区。除了景颇族外，还有汉、傣、傈僳、阿昌、德昂等民族。在语言使用上，傣族说的语言属壮侗语；傈僳族、阿昌族说的属藏缅语；德昂族说的属南亚语。在分布格局上，山下的平原地区（当地汉语称"坝区"）以傣族为主，山区有景颇、傈僳、阿昌、德昂等民族，汉族在坝区和山区都有分布。不同民族的分布呈"小聚居、大杂居"的局面。不同民族大多是分寨而居的，但也有几个民族杂居在一起。

景颇族在邻邦缅甸、印度、泰国等也有分布。缅甸的景颇族也称 tʃiŋ³¹phoʔ³¹，外族人称之为 Kachin "克钦"，主要聚居在与中国接壤的克钦邦、掸邦等山区。缅甸的景颇族大多与缅族、泰族相邻而居，与傈僳、独龙、德昂等民族除了相邻而居的外，还有杂居在一起的。印度的景颇族自称Singhpo"兴颇"，分布在阿萨姆邦，人口较少。

从分布的总体情况看，景颇族是一个与使用不同语言（既有不同语支又有不同语族、不同语系的语言）的民族相邻而居或交错杂居的民族。这种分布局面对景颇语的使用和演变有着重要的影响。

### 2.1.2 景颇族的来源及演变

记载景颇族历史沿革的文献很少，特别是记载古代族源的文字材料尤为稀缺。所以，研究景颇族的来源，除了使用少量的历史文献外，还要收集历史传说进行综合考察。

根据现有的资料推测，景颇族是一个从北南下的民族，其历史与古代氐羌人有密切的关系。景颇族的先民当属古代氐羌系统的部落集团，最早可能分布在青藏高原，是个游牧部落。现代景颇人为逝者举行送魂仪式，要把逝者灵魂送回祖先居住的地方。送魂诗中所记载的路线就是沿着伊洛瓦底江、迈立开江、恩梅开江和怒江北上至今青藏高原的喜马拉雅山。在景颇族的民间传说中，他们祖先原住在 $mă^{31}tʃoi^{31}ʃiŋ^{31}ʒa^{31}pum^{31}$（景颇语，墨锥胜拉山），可能就是靠近喜马拉雅山的一座大山。景颇语与藏、羌等民族语言有密切关系，能够佐证景颇人与古氐羌人的亲缘关系。

根据汉文文献记载，秦汉时期的西南夷地区（包括今云南、贵州和四川的西南部），就已有景颇族先民的分布。三国、两晋、南北朝时期，西南夷地区通称南中地区，这一地区的永昌等郡及附近地带已有景颇族居住。自南北朝起，景颇族先民开始大量西迁。至唐代，景颇族迁至南诏设立的丽水节度和永昌节度。到明代，景颇族继续南下，迁至今德宏州以北、怒江以西的地区。明末清初，景颇族才大批进入我国云南省德宏地区，当时这一地区主要是傣族的分布区，由傣族土司管辖。

在汉文史书中，景颇族族称有不同的称法。景颇族与彝缅语诸族先民被泛称为"夷""昆明"或"巂"；魏晋时泛称为"乌蛮"；唐代称之为"寻传蛮"，这一名称包括阿昌等先民在内；元代曾在景颇族地区设茶山、麻里长官司，称景颇族、阿昌族为"峨昌"；明清时的一些文献，称景颇族为"山头人"；新中国成立初，统称"景颇族"。

综观西南边疆史，可以清楚地看到，在漫漫的历史长河中，景颇族同其他民族一起为缔造我们伟大祖国的边疆做出了重大贡献。

## 2.2 景颇语的系属

景颇语属于汉藏语系藏缅语族，这是语言学界的共识。因为它具有藏缅语族语言的一些主要特点，并且与其他亲属语言之间存在明显的同源关系。例如，OV 型语序、有使动范畴、虚词和语序是语法的主要手段等。而且，与其他亲属语言在基本词汇里都存在一定数量的同源词。但景颇语还有许多有别于亲属语言的特点，如有丰富的句尾词、状态词，名词有类称范畴等。但景颇语在藏缅语内，它的地位如何，与哪些语言更接近，则并未完全被认识清楚，因而存在不同的意见。但一般都认为，景颇语在藏缅语族内地位特殊，应独立为一个语支。

最早提出将景颇语单独分类的是美国学者 Grierson（格里森）。他在《印度语言调查》(*Linguistic Survey of India*) 中，把藏缅语分为 8 个语组（语群）：Tibetan（藏语）、Himalayen（喜马拉雅语群）、North Assam Group（北阿萨姆语组）、Burma Group（缅语组）、Kachin Group（景颇语组）、Kuki-Chin（库基—钦语组）、Naga Group（那加

语组）、Bara or Bodo Group（巴拉或波多语组）。该书第一次给景颇语（或克钦语）一个独立的语组（或语群）的地位。

李方桂在1937年的《中国的语言和方言》一文中，把景颇语划为"波多—那加—克钦"语群。36年后的1973年，他在同名论文中又重申了这一分类法。即：

（1）藏语群：其中有嘉戎语（文中称嘉戎方言）以及与之有关的独龙语、怒语；

（2）波多—那加—克钦语（景颇语）；

（3）缅语群：缅—库基—钦语、老库基语等，

（4）彝语群：其中有纳西语（麽西语）。

1954年，罗常培、傅懋勣在《国内少数民族语言文字概况》一文中，提出了汉藏语系分类表。其基本框架与李氏相同。二者均在藏缅语下分为四个语支：藏语支、彝语支、景颇语支、缅语支。把景颇语独立为一个语支，但没有在这一语支里列出别的语言。

美国学者Benedict（白保罗）在1972年出版的《汉藏语概要》中，提出了一个与众不同的分类表。他把藏缅语归入藏—克伦语族，与克伦语并列。并在藏缅语内部分出中心语言与非中心语言，把景颇语视为中心语言（Linguistic Center），其他藏缅语环绕在它的周围。他认为："景颇语处在藏缅语的十字路口，它在语言中的地位也同它在地理上的位置相当。"这一分类法，突出了景颇语在藏缅语历史发展中所处的地位，引起了汉藏语学者对景颇语的重视。

孙宏开（1982）在《独龙语简志》一书中，认为景颇语与独龙语、僜语等语言比较接近，有划为同一语支的可能。

1989年戴庆厦、傅爱兰、刘菊黄在《关于我国藏缅语的系属分类》一文中，把藏缅语族分为北部语群和南部语群，北部语群下分为嘉戎·独龙语支、僜语支、藏语支、景颇语支等4个语支。如图2-1所示：

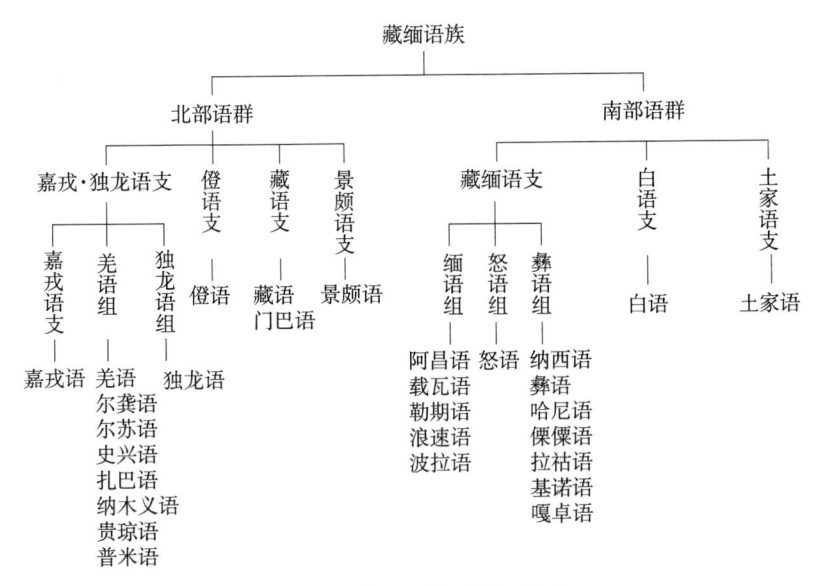

```
                        藏缅语族
            ┌──────────────┴──────────────┐
          北部语群                       南部语群
    ┌───────┼───────┬───────┐      ┌──────┼──────┐
  嘉戎·独龙语支  澄语支  藏语支  景颇语支  藏缅语支  白语支  土家语支
  ┌───┼───┐    │      │      │    ┌──┼──┐    │      │
 嘉戎 羌 独龙   澄语   藏语   景颇语 缅 怒 彝    白语   土家语
 语支 语 语组         门巴语        语 语 语
  │  组  │                        组 组 组
 嘉戎语 羌语 独龙语                  │  │  │
       尔龚语                      阿昌语 怒语 纳西语
       尔苏语                      载瓦语      彝语
       史兴语                      勒期语      哈尼语
       扎巴语                      浪速语      傈僳语
       纳木义语                    波拉语      拉祜语
       贵琼语                                 基诺语
       普米语                                 嘎卓语
```

**图 2-1 藏缅语族系属分类图**

2003 年，Graham Thurgood 和 Randy J. Lapolla 在主编的 *The Sino-Tibetan Languages* 一书中说："文献资料常常认为（独龙语）和景颇语有亲属关系，但是我和罗仁地都没有找到确凿的材料来证明这一点。"2007 年，孙宏开、胡增益、黄行在《中国的语言》一书中，则认为"独龙语的基本词汇和语法特点同景颇语比较接近，按语言谱系分类，似以归入景颇语支比较合适"。

综上所述，半个多世纪以来，语言学家对景颇语系属的认识虽有一定的进展，但并没有完全解决。大多数人认为，景颇语是一种具有明显特点并与其他亲属语言差别较大的语言。由于景颇语独立性较强，大多把它看成是一个独立的语支（或语组或语群）。在藏缅语内，与景颇语特点特别接近的语言不多，有的认为独龙语、澄语与景颇语比较接近，但也有持不同意见的。景颇语支中仅有一种确定的语言，这一"独生子女"特点说明其复杂性，短时间解决不了系属分类是很自然的。

## 2.3 景颇族的支系和支系语言

一些民族分不同的支系，不同的支系有不同的支系语言，这是我国民族、语言的一种客观存在。支系语言不同于方言，有其自己的特点和演变规律。研究支系语言的特点及其关系，是一个新课题。景颇族有丰富的支系语言，而且支系语言间的关系错综复杂，能为支系语言的研究提供宝贵的语言事实。

景颇族对外统一以"景颇"自称，但在本族内部则以不同的支系名称自称。男女老少都有很强的、明确的支系意识。不论大人或孩子，受过学校教育的或没有受过的，都能说出自己是属于什么支系。不同的支系稳定地、持久地分别使用不同的语言。多种支系语言相互影响、相互作用，构成景颇族语言的一个重要特色。

景颇族的支系主要有五个：景颇、载瓦、勒期、浪峨、波拉。各支系都有对自己支系和别的支系的称法。各支系的自称和他称如表2-1所列。

表2-1 景颇族各支系的自称和他称表

| 称法\支系 | 景颇 | 载瓦 | 浪峨 | 勒期 | 波拉 |
|---|---|---|---|---|---|
| 景颇 | 景颇 tʃiŋ³¹pho⁷³¹ | 阿纪 a³¹tsi⁵⁵ | 默汝 mă³¹ʒu³¹ | 勒施 lă³¹ʃi⁵⁵ | 波洛 po³¹lo³¹ |
| 载瓦 | 石东 ʃi⁵⁵tuŋ⁵⁵ | 载瓦 tsai²¹va⁵¹ | 勒浪 lă²¹laŋ⁵¹ | 勒期 lă²¹tʃhi⁵⁵ | 布洛 pă²¹lo²¹ |
| 浪峨 | 泡沃 phauk⁵⁵vɔ⁵¹ | 杂峨 tsa³⁵vɔ³¹ | 浪峨 lɔ³¹vɔ³¹ | 勒期 lă³¹tʃhik³⁵ | 布洛 pă³¹lɔ³¹ |
| 勒期 | 铺悟 phuk⁵⁵vu⁵¹ | 载悟 tsai⁵¹vu⁵¹ | 浪悟 laŋ⁵¹vu⁵¹ | 勒期 lă³¹tʃhi⁵¹ | 布洛 pă³¹lɔ⁵¹ |
| 波拉 | 泡瓦 phauk³¹va³¹ | 氏瓦 ti³¹va³¹ | 龙瓦 lɔ³¹va³¹ | 勒期 lă³¹tʃhi³⁵ | 波拉 pă³¹lɔ³¹ |

在分布上，各支系都有几个自己的聚居村寨，但以一个支系为主多个支系杂居的村寨占多数。在我国，人口最多的支系是载瓦支系，约有 69 000[①] 人。主要分布在陇川县的邦瓦乡、盈江县的盏西乡和芝市的遮放乡、西山乡。其次是景颇支系，约有 35 000 人，主要分布在盈江县的铜壁关乡、卡厂乡和瑞丽市的等嘎乡。其他几个支系的人口都比较少。勒期支系约有 9800 人，主要聚居区是盈江县的盏西乡，陇川县的景坎乡、邦外乡。浪峨支系约有 5000 人，主要分布在芒市的营盘乡，梁河县的勐养乡，陇川县的邦外乡、景坎乡。波拉支系只有 500 人左右，主要分布在陇川县的王子树乡，芒市的弯丹乡、金龙乡。

许多村寨都居住着两个或两个以上的支系。如芒市三台山允欠乡就是一个典型的多支系杂居的地区。这个乡的各个村寨都有几个不同的支系，在不同的支系中，有一个支系人口最多。例如，邦瓦寨以载瓦支系为主，允欠村以浪峨支系为主，广林寨以勒期支系为主，孔家寨以波拉支系为主。也有一些村寨是由人数大致相等的不同支系组成的。

不同支系除语言外，在其他特征诸如经济形态、生产方式、婚丧喜庆、房屋服饰、宗教信仰、风俗习惯以及心理素质等方面，均大致相同。尽管不同支系存在一些差异，但并不影响他们统一的民族意识。

分别使用多种不同支系的语言，是历史形成的，是景颇族语言使用的一个重要特点。景颇族以支系为界线，分别使用五种不同的语言。在语言系属上，景颇语、载瓦语、浪峨语、勒期语、波拉语这些支系语言都属汉藏语系藏缅语族，其中景颇语属于藏缅语族景颇语支，载瓦语、浪峨语、勒期语、波拉语均属藏缅语族缅语支。景颇语与后四种语言的差别很大，很难通话。其差别不仅表现在词汇、语音上，还表现在语法上。后四种语言的差别较小，其差别主要在语音和

---

① 该数据是根据 1990 年人口普查中景颇族人口数字测算出来的。下文的勒期、浪峨数据同此。

词汇上，语法差异较小。各支系语言都受各自语言的结构规律和演变规律的制约，不存在统一的共同语或书面语的制约。

不同支系在日常生活中都各自坚持使用自己的支系语言，对自己的支系语言都有一种特殊的感情。在过去的历史岁月中，他们各自用自己的支系语言创造了丰富多彩的传统文化，如神话、史诗、故事、格言等。除了一些大片的、单一支系的聚居区只使用本支系的语言外，在广大的多支系的杂居区除使用本支系语言外，许多人都能兼用另一种或两三种别的支系语言，而且兼用支系语言的程度一般都较好，能达到会说、能听、较流畅地进行思想交流的程度。不同支系的语言，在功能上相互补充，在结构上相互影响，形成一种和谐的局面。

不同支系的人们在一起，什么情况下使用本支系语言，什么情况下使用别的支系语言，都不是任意的，而是受到一定因素的制约。有的与语言交际环境有关，有的与说话人的辈分、年龄、性别、职业等有关。[1]

不同支系相互通婚，组成了众多的跨支系家庭。不同支系家庭中的成员在交际时，都终生各自使用自己的支系语言。虽然相互间都能听懂对方的支系语言，但还是各说各的，形成一种"半兼语"的交际方式。这种多支系的家庭，子女们在家庭生活中都学会了不同支系长辈的语言，能够自然地交换使用。但在语言观念上，他们都认为子女的母语应该是父亲支系的语言，即"父语"。

支系语言具有传承性、尊严性。各支系语言独立地、并行地使用；互相尊重，互不干涉。但不同支系的语言在长期的相互接触中，相互影响，相互吸收自己所需要的成分来丰富自己。不同支系语言相互间的自然影响，是支系语言演变、发展的一个外来因素。

---

[1] 参看戴庆厦《论景颇族支系语言》，载《民族研究》1987年第3期。又参看龚佩华、戴庆厦、陈克进《景颇族》，民族出版社，1988年。

## 2.4 景颇文概况

景颇族有自己的文字——景颇文。景颇文是拉丁字母的拼音文字，主要通行于云南省德宏傣族景颇族自治州。缅甸的景颇族也使用这种文字，通行于缅甸景颇族地区。两国使用的景颇文，基本相同。

景颇文的创制经历了一个从失败到成功的过程。早在1834年，布朗·森（Brown Son）先生曾尝试用罗马字母拼写景颇语，由于科学性不够而失败。1873—1885年，弗朗西斯·玛逊（Francis Mason）、卡欣（Cushing）等人试图用缅文字母拼写景颇语，但未能取得成功。直到1890年，美国汉森（Hanson）博士为了传教和普及教育，在缅甸八莫一带景颇族地区，组织景颇族的一些文化人共同商讨用拉丁字母拼写景颇语，终于在1895年制定了景颇文方案，并由缅甸政府宣布正式推行。缅甸的景颇族地区，曾用这种文字开办景颇文学校，还用它来传教。景颇文除了出版了《圣经》《赞美诗》等教会用书外，还编写了课本，发行过报刊、杂志等。1906年，汉森在仰光还出版了景颇文和英文对照的《景颇语辞典》(*Kachin Dictionary*)。这是一部语料丰富并有一定学术水平的双语辞典，对景颇文的推行和发展以及景颇语的研究都起了重要作用。

在缅甸创制的景颇文很快就传入了我国，并在景颇族地区流传开来。1911年，在云南瑞丽县的等嘎景颇寨创立了中国第一所用景颇文教学和传教的学校。20世纪三四十年代，在云南省盈江、陇川等县开办过10多所景颇文学校。新中国建立以后，景颇文的使用得到了很大的发展。在首都北京的中央民族学院以及云南省会昆明的云南民族学院，于20世纪50年代初就设立了景颇语专业，培养了一批从事景颇语文教学、翻译、科研的高级人才。云南民族出版社和德宏民族出版社还设立了景颇文翻译组,翻译出版了大量的景颇文出版物。云南省电台和德宏傣族景颇族自治州电台,还播出景颇语电视节目和播音节目。在德宏,还有用景颇文出版的《团结报》等。

景颇文基本上能反映景颇语的语音特点,学习、使用比较方便,已为广大群众所接受。但也存在一些缺点。主要是:(1)有的语音特点在文字上没有表示,如只区别了塞音、塞擦音声母后面的松紧元音对立,而没有区别鼻音、边音后的松紧元音对立。(2)区别音位的喉塞音韵尾在文字上没有表示。(3)双字母和三字母过多。(4)没有严格的书写规则,使用时不很统一。虽然存在这些缺点,但并不妨碍景颇文在景颇人现实生活中的使用。

20世纪50年代以来,我国对景颇文进行了规范,确定以德宏傣族景颇族自治州的景颇语为基础方言,以盈江县铜壁关区恩昆话的语音为标准音,具体规定了读音规则和书写规则。这期间,用景颇文出版了报纸、课本,以及政治、历史、文学等方面的书籍,还出版了《汉景词典》(1981)和《景汉词典》(1983)。在邻邦缅甸的景颇族地区,景颇文流行广泛,有景颇文的报纸、杂志、教科书及各类图书等,并在景颇人中广泛使用。

由于景颇文是拼写景颇语的文字,说载瓦、勒期等语言的支系学习起来存在较大的困难。因而,说载瓦、勒期等语言的支系提出创造拼写载瓦语的载瓦文的要求。早在1957年,中国科学院少数民族语言调查第三工作队和云南少数民族语文工作指导委员会曾创制了载瓦文,并进行了试验推行,但由于当时的各种原因,这种新创文字后来未能正式推行。直到进入改革开放的新时期,载瓦文才得以在载瓦、勒期等支系地区推行。短短几年,载瓦文就在群众中扎根,深受群众欢迎,对社会的进步、发展起到积极的推动作用。在我国新创的一些新文字中,载瓦文是收效最好的文字之一。

# 3 景颇语的语音

景颇语的语音特点主要有：（1）塞音、塞擦音声母有清无浊；（2）在双唇、舌根部位上有腭化、卷舌化的声母；（3）在塞擦音上，固有词只有不送气音，没有送气音；（4）没有复辅音声母；（5）韵母比较发达，有88个韵母；（6）元音分松紧；（7）韵尾有 -m、-n、-ŋ、-p、-t、-k、-ʔ 等7个；（8）声调有4个；（9）双音节词前一音节出现弱化现象。

## 3.1 声母

景颇语共有31个声母。按发音部位、发音方法排列如表3-1所列：

表 3-1 景颇语声母表

| 发音方法 \ 发音部位 | | 双唇 | 唇齿 | 舌尖前 | 舌尖中 | 舌叶 | 舌面前 | 舌根 |
|---|---|---|---|---|---|---|---|---|
| 塞音 | 不送气 | p pj pʐ | | | t | | | k kj kʐ |
| | 送气 | ph phj phʐ | | | th | | | kh khj khʐ |
| 塞擦音 | 不送气 | | | ts | | tʃ | | |
| | 送气 | | | tsh | | tʃh | | |
| | 鼻音 | m mj | | | n | | | ŋ ŋj |
| | 边音 | | | | l | | | |
| 擦音 | 清 | | f | s | | ʃ | | x |
| | 浊 | | | | | ʒ | | |
| | 半元音 | w | | | | | j | |

声母说明：

（1）f、tsh、tʃh 三个声母是借用汉语语词而产生的新声母。如：fen³³"（一）分"、tshun³³"寸"、tʃhaŋ³¹kjaŋ³³"长江"。

（2）pʒ、phʒ、kʒ、khʒ 是卷舌化声母，发音时舌尖略微卷起，气流从略微卷舌的双唇或舌根部位而过。

（3）n 能自成音节，有 m、n、ŋ 三个变体。用哪个变体，受后一音节声母的发音部位的制约。例如，n³¹(m³¹)puŋ³³"风"、n³¹tan³³"弓"、n³³(ŋ³³)kau̯³³"部分"。

## 3.2　韵母

景颇语共有 88 个韵母，分为三类。

（1）单元音韵母 10 个：分松紧两类。

i　e　a　o　u

i̠　e̠　a̠　o̠　u̠

（2）复合元音韵母 8 个：为降性复合元音，也分松紧两类。

ai　au　oi　ui

a̠i　a̠u　o̠i　u̠i

（3）带辅音尾韵母 70 个：也分松紧两类。

| im | em | am | om | um | i̠m | e̠m | a̠m | o̠m | u̠m |
| in | en | an | on | un | i̠n | e̠n | a̠n | o̠n | u̠n |
| iŋ | eŋ | aŋ | oŋ | uŋ | i̠ŋ | e̠ŋ | a̠ŋ | o̠ŋ | u̠ŋ |
| ip | ep | ap | op | up | i̠p | e̠p | a̠p | o̠p | u̠p |
| it | et | at | ot | ut | i̠t | e̠t | a̠t | o̠t | u̠t |
| ik | ek | ak | ok | uk | i̠k | e̠k | a̠k | o̠k | u̠k |
| iʔ | eʔ | aʔ | oʔ | uʔ | i̠ʔ | e̠ʔ | a̠ʔ | o̠ʔ | u̠ʔ |

韵母说明：

（1）o 的实际音值略开，接近 ɔ。

（2）韵尾 -p、-t、-k、-ʔ 的音值只成阻不除阻。

（3）高平调的松紧对立出现松化现象。一部分紧元音词可以变读为松元音。例如：ka̰$^{55}$ ～ ka$^{55}$ "地方"。

（4）松紧元音的对立在声母音值上出现伴随现象。主要是：与松元音结合的声母带有轻微的浊流现象。例如：pa$^{55}$ "累"的实际音值为b̥a$^{55}$。因而，母语在塞音、塞擦音上有浊音的人，在听景颇语与松元音结合的声母时，容易当成是浊声母。

## 3.3 声调

景颇语共有 4 个调。调值、调型、例词如表 3-2 所列：

表 3-2 景颇语声调表

| 调值 | 调型 | 例词 1 | 例词 2 |
| --- | --- | --- | --- |
| 55 | 高平 | mu$^{55}$ 工作 | kă$^{55}$wa$^{55}$ 竹 |
| 33 | 中平 | mu$^{33}$ 好吃 | wa$^{33}$ 牙 |
| 31 | 低降 | mu$^{31}$ 看见 | wa$^{31}$ 回 |
| 51 | 全降 | nu$^{51}$ 母亲 | wa$^{51}$ 啊 |

声调说明：

（1）不同声调的出现条件是：舒声韵在四个调上都出现，促声韵只出现在高平、低降两个调上。55 调在松元音音节中读 35 调，如 pai$^{55}$ "再"（读 pai$^{35}$）。51 调大多出现在变调中，如 n$^{55}$（不）+ wa$^{31/51}$（回）"不回"。

（2）声调的功能主要是区别词汇意义（表 3-2），但也有区别相近意义的同族词。例如：tʃi$^{33}$ 祖父— tʃi$^{55}$ 死后变鬼的祖父；poi$^{55}$ 节日—

poi⁵¹ 葬礼；sum⁵⁵ 损失— sum³³（竹子）败落；sai³¹ 血— sai⁵⁵ 性格；sum³¹ʒi³³ 绳子— sum³¹ʒi³¹ 生命；ji³³ 阴性（指人）— ji³¹ 阴性（指动物）；la³³ 阳性（指人）— la³¹ 阳性（指动物）。还有少量还能区别自动、使动的语法意义。例如：ʒoŋ³³ 在— ʒoŋ⁵⁵ 使在；jam³³ 当（奴隶）— jam⁵⁵ 使当（奴隶）、奴役；noi³³ 挂着— noi⁵⁵ 挂上。

### 3.4　弱化音节

双音节词的前一音节，常出现弱化现象，这种音节称为弱化音节。弱化音节的音值短而弱。弱化音节的元音在 ts、tsh、s 后读ɿ，在tʃ、tʃh、ʃ、ʒ 后读ʅ，其余读为ə。本书的国际音标标音，一律标为 ă。例如：mă³¹sum³³ "三"、ʃă³¹ʒin⁵⁵ "学习"。

### 3.5　景颇文的标音方法

景颇文的音节分声母、韵母两部分，不标声调。下面将景颇文声母、韵母的读音用国际音标标注如下（例词加注调值）：

#### 3.5.1　声母（表 3-3）

表 3-3　景颇文声母与国际音标对照表

| 景颇文 | 国际音标 | 例词 景颇文 | 例词 国际音标 | 例词 汉义 |
| --- | --- | --- | --- | --- |
| b、p | p | bo | po³³ | 头 |
|  |  | po | pọ³³ | [树]心 |
| hp | ph | hpu | phu³³ | 贵 |
| m | m | mu | mu³³ | 好吃 |
| w | w | wa | wa³³ | 牙 |

（续表）

| 景颇文 | 国际音标 | 例词 | | |
|---|---|---|---|---|
| | | 景颇文 | 国际音标 | 汉义 |
| f | f | fun | fun³³ | （一）分 |
| d、t | t | dai | tai³³ | 那 |
| | | tai | ta̠i³³ | 成 |
| ht | th | hti | thi⁵⁵ | 读 |
| n | n | na | na³³ | 耳朵 |
| l | l | la | la³³ | 男子 |
| z、ts | ts | zai | tsai³³ | 野 |
| | | tsai | tsa̠i³³ | 干净 |
| zh | tsh | zhun | tshun³³ | 寸 |
| s | s | sa | sa³³ | 去 |
| j、chy | tʃ | ja | tʃa³³ | 饱满 |
| | | chya | tʃa̠³³ | 敷 |
| ch | tʃh | chyangkyang | tʃhaŋ³¹kjaŋ³³ | 长江 |
| sh | ʃ | sha | ʃa⁵⁵ | 吃 |
| r | ʒ | ra | ʒa³³ | 平 |
| y | j | ya | ja³³ | 给 |
| g、k | k | ga | ka³³ | 工 |
| | | ka | ka̠³³ | 写 |
| hk | kh | hka | kha⁵⁵ | 苦 |
| ng | ŋ | nga | ŋa³³ | 牛 |
| h | x | ha | xa³¹ | 哈（气） |
| by、py | pj | byo | pjo³³ | 融化 |
| | | pyo | pjo̠³³ | 舒服 |
| hpy | phj | hpye | phjeʔ⁵⁵ | 烂 |
| my | mj | mye | mjeʔ⁵⁵ | 突然不见 |
| br、pr | pʒ | bri | pʒi³³ | 清楚 |
| | | pri | pʒ̠i³³ | 老七（女） |
| hpr | phʒ | hpri | phʒi³¹ | 铁 |

(续表)

| 景颇文 | 国际音标 | 例词 景颇文 | 例词 国际音标 | 汉义 |
|---|---|---|---|---|
| gy、ky | kj | gyam | kjam³³ | 谋取 |
| | | kya | kja̠³¹ | 软 |
| hky | khj | hkye | khje³³ | 红 |
| ny | ɲj | nya | ɲja̠³¹ | 软 |
| gr、kr | kʒ | grau | kʒau³³ | 更、很 |
| | | krau | kʒa̠u³³ | 干枯 |
| hkr | khʒ | hkrau | khʒau³³ | 包抄 |

说明：不送气的清塞音、清塞擦音在文字上都用两种符号表示。b、d、g、z、j 后面的元音是松的；k、p、t、ts、chy 后面的元音是紧的。例如：kaŋ³³ "拉" 用 gang 表示；ka̠ŋ³³ 用 kang 表示。

### 3.5.2 韵母

1. 单元音韵母（表 3-4）

表 3-4　景颇文单元音韵母与国际音标对照表

| 景颇文 | 国际音标 | 例词 景颇文 | 例词 国际音标 | 汉义 |
|---|---|---|---|---|
| a | a | ja | tʃa³¹ | 金子 |
| | a̠ | chya | tʃa̠³¹ | 垫 |
| e | e | bye | pje⁵⁵ | 打（耳光） |
| | e̠ | pye | pje̠³³ | 把（苞蕉） |
| i | i | ji | tʃi³¹ | 讨（债） |
| | i̠ | chyi | tʃi̠³¹ | 冒出状 |
| o | o | go | ko³³ | 砌（砖） |
| | o̠ | ko | ko̠³³ | 獠牙 |
| u | u | gu | ku³¹ | 齐全 |
| | u̠ | ku | ku̠³¹ | 床 |

## 2. 复元音韵母（表3-5）

**表3-5　景颇文复元音韵母与国际音标对照表**

| 景颇文 | 国际音标 | 例词 | | |
|---|---|---|---|---|
| | | 景颇文 | 国际音标 | 汉义 |
| ai | ai | dai | tai³³ | 那 |
| | a̱i | tai | ta̱i³³ | 个（位） |
| au | au | dau | tau³¹ | （累）倒 |
| | a̱u | tau | ta̱u³¹ | 迎接 |
| ui | ui | dui | tui³¹ | 甜 |
| | u̱i | tui | tu̱i³¹ | 化脓 |
| oi | oi | boi | poi³³ | 逃散 |
| | o̱i | poi | po̱i³³ | 飘 |

## 3. 带辅音尾韵母（表3-6）

**表3-6　景颇文带辅音尾韵母与国际音标对照表**

| 景颇文 | 国际音标 | 例词 | | |
|---|---|---|---|---|
| | | 景颇文 | 国际音标 | 汉义 |
| am | am | dam | tam³³ | 串（门） |
| | a̱m | tam | ta̱m³³ | 找 |
| em | em | dem | tem³¹ | 照（相） |
| | e̱m | tem | te̱m³¹ | 干脆 |
| im | im | zim | tsim³¹ | 安静 |
| | i̱m | tsim | tsi̱m³¹ | 潜（水） |
| om | om | dom | tom³¹ | 缩回 |
| | o̱m | tom | to̱m³¹ | 完、完结 |
| um | um | dum | tum³³ | 仓库 |
| | u̱m | tum | tu̱m³³ | 核、籽 |
| an | an | dan | tan³³ | 值 |
| | a̱n | tan | ta̱n³³ | 有效 |
| en | en | bren | pʒen³³ | 军乐器 |
| | e̱n | pren | pʒe̱n³³ | 指（宽度） |

（续表）

| 景颇文 | 国际音标 | 例词 景颇文 | 例词 国际音标 | 例词 汉义 |
|---|---|---|---|---|
| in | in | din | tin³³ | 穿（鞋） |
|  | i̱n | tin | ti̱n³³ | 急 |
| on | on | don | ton³³ | 议（价） |
|  | o̱n | ton | to̱n³³ | 钝 |
| un | un | dun | tun³³ | 牵 |
|  | u̱n | tun | tu̱n³³ | 溶化 |
| ang | aŋ | mang | maŋ³³ | 尸体 |
|  | a̱ŋ | mang | ma̱ŋ³³ | 紫色 |
| eng | eŋ | deng | teŋ³¹ | 责怪 |
|  | e̱ŋ | teng | te̱ŋ³¹ | 真 |
| ing | iŋ | ding | tiŋ³¹ | 密 |
|  | i̱ŋ | ting | ti̱ŋ³¹ | 整 |
| ong | oŋ | bong | poŋ³³ | 商量 |
|  | o̱ŋ | pong | po̱ŋ³³ | 长（脚疮） |
| ung | uŋ | dung | tuŋ³³ | 坐 |
|  | u̱ŋ | tung | tu̱ŋ³³ | 大妈 |
| ap | ap | nyap | ɲjap³¹ | 榨取 |
|  | a̱p | nyap | ɲja̱p³¹ | 软 |
| ep | ep | brep | pʒep⁵⁵ | 拍碎状 |
|  | e̱p | prep | pʒe̱p⁵⁵ | 骈生的 |
| ip | ip | kyip | kjip⁵⁵ | 狭窄 |
|  | i̱p | kyip | kji̱p³¹ | 疮 |
| op | op | kop | kop³¹ | 隐藏 |
|  | o̱p | kop | ko̱p³¹ | 壳 |
| up | up | dup | tup³¹ | 打（铁） |
|  | u̱p | chyup | tʃu̱p³¹ | 吸 |
| at | at | brat | pʒat⁵⁵ | 清晰 |
|  | a̱t | prat | pʒa̱t⁵⁵ | 吐（口水） |

3 景颇语的语音　27

（续表）

| 景颇文 | 国际音标 | 例词 景颇文 | 例词 国际音标 | 汉义 |
|---|---|---|---|---|
| et | et | zet | tset³¹ | 勤快 |
|  | e̠t | tset | tse̠t³¹ | 擦而过状 |
| it | it | dit | tit³¹ | 钉（动） |
|  | i̠t | tit | ti̠t³¹ | 饱的 |
| ot | ot | dot | tot³¹ | 砍光 |
|  | o̠t | tot | to̠t³¹ | 计算 |
| ut | ut | brut | pʒut³¹ | 咔嚓一声 |
|  | u̠t | prut | pʒu̠t³¹ | 沸腾 |
| ak | ak | dak | tak⁵⁵ | 塞紧 |
|  | a̠k | tak | ta̠k³¹ | 猜 |
| ek | ek | dek | tek³¹ | 选择 |
|  | e̠k | tek | te̠k³¹ | （一）小团 |
| ik | ik | dik | tik³¹ | 极 |
|  | i̠k | tik | ti̠k³¹ | 就要 |
| ok | ok | dok | tok⁵⁵ | 稍矮的 |
|  | o̠k | tok | to̠k⁵⁵ | 凿 |
| uk | uk | dukduk | tuk³¹tuk³¹ | 嘣嘣的 |
|  | u̠k | tuk | tu̠k⁵⁵ | 毒素 |
| a | aʔ | za | tsaʔ³¹ | 满满地 |
|  | a̠ʔ | tsa | tsa̠ʔ⁵⁵ | 甜酒 |
| e | eʔ | ke | keʔ⁵⁵ | 凝结 |
|  | e̠ʔ | ke | ke̠ʔ⁵⁵ | 凹 |
| i | iʔ | di | tiʔ³¹ | 锅 |
|  | i̠ʔ | chyi | tʃi̠ʔ⁵⁵ | （火）着 |
| o | oʔ | zo | tsoʔ³¹ | 锁 |
|  | o̠ʔ | tso | tso̠ʔ⁵⁵ | 爱 |
| u | uʔ | gu | kuʔ⁵⁵ | 有点弯垂 |
|  | u̠ʔ | ku | ku̠ʔ⁵⁵ | 出（芽） |

说明：同塞音、塞擦音结合的韵母，松紧对立在文字上用不同的声母区别。例如：po³³"头"用 bo 表示，po³³"诞生"用 po 表示；tsai̠³³"野"用 zai 表示，tsai³³"干净"用 tsai 表示。但与鼻音、边音等声母结合的韵母，松紧对立在文字上不区别。例如：ma̠ŋ³³"尸体"和 maŋ³³"紫色"，都用 mang 表示；la̠ŋ³¹"甩手状"和 laŋ³¹"次"都用 lang 表示。因而，确认是什么词义主要凭借上下文语境。

# 4 景颇语语法的总体审视

认识景颇语语法的总体特点是非常必要的，因为语法的每个局部特点或小的特点，都要受到总体特点的制约。所以，把握总体特点，有助于从宏观上、深层上认识景颇语的局部特点或小的特点。景颇语语法的总体特点包括以下几个方面。

## 4.1 在藏缅语中形态变化较多

从类型学的角度看，藏缅语的语法类型属于"分析型—形态型"的语言。即语法意义的变化既靠分析式（不同的语序和虚词的运用）手段，又靠形态（加不同的词缀、音变）手段。两种手段分别在起作用。但由于藏缅语内部诸语言的演变进度不完全一致，因而这两种手段配合的比例也不相同，大致可分为两种不同的类型：一类是分析式相对较多的，如彝语、哈尼语、白语等，语法意义主要靠语序和助词来表示；另一类是形态变化相对多些的，如嘉戎语、羌语、普米语等，主要靠形态变化表示各种语法意义。这两种不同的类型，是藏缅语语法演变不同历史阶段在现存语言里的反映，它反映了藏缅语语法从形态丰富到不丰富的演变过程。景颇语的形态变化不及形态变化较多的嘉戎、羌、普米等语言，但又比分析性较强的彝、哈尼、白等语言丰富。景颇语形态变化的丰富程度，在藏缅语中处于中间偏上的位置。这个特点，与景颇语在藏缅语中处于中心地位的特点是一致的

(Benedict, 1972)。

景颇语的形态手段主要有：加词缀（以前缀为主）；变音（声母、韵母、声调的变化）；重叠、谐音（声母、韵母、声调）、配音等。

景颇语通过形态变化表示的语法意义有：（1）动词通过前缀的变换和语音变化，表示使动范畴中自动和使动的对立。（2）通过句尾词的前缀变换和变音表示动词的人称、数、体、方向等语法意义。句尾词属于虚词类，但也有形态变化，语法形式有变音、加前缀等。（3）人称代词使用变音和加后缀的手段表示"格""数"的变化。例如：ŋai$^{33}$ "我" — ŋje$^{255}$ "我的"，an$^{55}$ "我俩" an$^{55}$the$^{33}$ "我们"。指示代词通过词根变音，表示不同的语义。例如：ʃă$^{55}$te$^{51}$ "那么大、那么多" — ʃă$^{55}$te$^{255}$ "那么小、那么少"。加前缀 kă$^{31}$ 构成疑问代词。例如：kă$^{31}$tai$^{33}$ "谁"，kă$^{31}$te$^{255}$ "谁的"，kă$^{31}$ʒa$^{31}$ "哪、哪个"。

## 4.2　动词是句法结构的核心

在景颇语的词类中，动词表示的语法意义和语法形式最丰富。动词在句法结构中处于核心位置，能够通过各种语法形式的变化表示各种不同的语法意义，还能根据表义的需要，附加多个不同的状语和补语，并制约句中主语、宾语。景颇语的句子（除个别外），都必须有动词，缺少了动词就不成句。其他句子成分，除连词外都要与动词发生直接关系。例如：

nam$^{31}$si$^{31}$ʃi$^{33}$　e$^{31}$　　ma$^{255}$khʒa$^{31}$ʃa$^{55}$　kau$^{55}$sai$^{33}$. 水果全被他吃了。
水果　　他（关）全　　　吃（貌）(尾）

上例的动词 ʃa$^{55}$ "吃"，前加状语 ma$^{255}$ khʒa$^{31}$ "全"，后带补语

kau⁵⁵ "掉"。并通过句尾词 sai³³ 表示主语是第三人称单数、叙述语气、变化式。

## 4.3　虚词和语序也是重要的语法手段

除了通过形态手段表示语法意义外，景颇语还使用虚词和语序来表示各种语法意义。形态、虚词、语序三者一起综合表示景颇语各种语法意义。它们之间既有分工，又有互补。

景颇语有表示各种关系的虚词。句子成分的不同关系主要靠虚词中的关系助词和连词来组合。在句法结构中，关系助词和连词大多是强制性的，不可省略。有的语序还能依靠虚词的帮助，在句中有一定的可变性。例如：景颇语的主语、宾语的语序一般是"主语＋宾语＋谓语"，但它可以依靠宾语助词，将宾语移到主语之前。例如，"我不太依赖别人"这句话，有以下两种语序：

ŋai³³　mă³¹ʃa³¹ni³³　pheʔ⁵⁵nau³¹n⁵⁵lu³¹kam³¹　n³¹ŋai³³.
我　　人　们（宾）太　不 能 依赖（尾）
mă³¹ʃa³¹ni³³pheʔ⁵⁵ŋai³³　nau³¹n⁵⁵ lu³¹kam³¹n³¹ŋai³³ .
人　　们（宾）我　太　不 能 依赖（尾）

又如，定中结构的基本语序是定语在中心词之后，但又可以依靠关系助词"的"将定语移至中心词之前。例如：

phun⁵⁵ kă³¹pa³¹　＝　kă³¹pa³¹ ai³³ phun⁵⁵　大树
树　　大　　　　　大　　的　树
lam³³kă³¹tʃi³¹　＝　kă³¹tʃi³¹ ai³¹ lam³³　小路
路　小　　　　　　小　　的　路

景颇语的语序除了少数可以依靠关系助词改变外，大多是固定的。这就是说，语序也是表示语法意义的重要手段之一。

## 4.4　韵律制约语法的结构特点和演变规律的变化

景颇语的语法结构讲究韵律。韵律包括双声叠韵、双音节化等手段。比如：并列复合词的词素孰先孰后，就是由元音舌位的高低决定的；由两个单音节词素构成的双音节复合词，后一词素的舌位一般要低于前一词素；由两个单音节词素构成的四音节复合词，第四个词素的舌位一般要低于第二个词素。例如：

| kun³³ phai³³ | 担负 | lu²³¹ʃa⁵⁵ | 食物 |
| 背负 抬 | | 喝 吃 | |
| lă³¹wu²⁵⁵ lă³¹tha²³¹ | 上下 | kă³¹nu³¹ kă³¹wa³¹ | 父母 |
| 下方 上方 | | 母 父 | |

景颇语存在双音节化倾向。从词的音节数量分布状况上看，景颇语的词在总体上双音节词占多数，而且双音节化出现在大部分词类上。我们统计了《景汉词典》的15,245个词，其中双音节词有8317个，占词汇总数的55%；在各类词中，只有助词、貌词是单音节的，其他均以双音节为主，其中以名词、句尾词的比例为最大。名词中双音节词有4794个，而单音节词只有545个；句尾词中双音节词有164个，而单音节词只有18个。其次是动词、副词（包括状词，下同）、代词。动词中双音节词有2009个，单音节词有1252个；副词中双音节词有1007个，单音节词有598个；代词中双音节词有61个，单音节词有20个。

双音节化倾向对景颇语语法的特点，包括构词方式、语法形式、语法意义以及句法特点等都有一定的影响。双音节化倾向在多数词类上都有反映，但在名词上反映最为强烈。（详见词类篇"名词"部分）

## 4.5 重叠是一个重要的语法手段

在景颇语里，重叠现象非常丰富，是表示语法意义的一个重要手段。各类实词和大部分虚词都有重叠现象，表示"强调""有些"等不同的语法意义。例如：

ʃan⁵⁵the³³ the³³ ko³¹　puŋ³¹li³¹kǎ³¹lo³³ ŋut⁵⁵ kau⁵⁵ mjit³¹ pjo³³ si³³
他们　（叠）（话）活儿　　做　　完　掉　思想　愉快 死
ŋa³¹ ma ʔ³¹ai³³.
正在（尾）
他们啊！活儿干完愉快极了。

phun⁵⁵ phun⁵⁵ ko³¹　si³¹ sai³³，phun⁵⁵phun⁵⁵ ko³¹　ʒai³¹ n⁵⁵
树　　（叠）（话）　结（尾）　树　（叠）（话）尚　没
si³¹ ai³³.
结（尾）
有些树结果了，有些树还没结果。

ʃan³¹ ʃan³¹ ko³¹　tʃǎ³³khji³³ʃan³¹ mu³³ ai³³．肉啊，麂子肉好吃。
肉　（叠）（话）麂子　　肉　好吃（尾）
动词的重叠，大多表示动作行为是"经常"的。例如：

ji³¹ nam³³ ʃaŋ³¹ tʃaŋ³³，mǎ³¹ʒaŋ³³ thuʔ³¹thuʔ³¹ʒai³¹ wa³¹ ai³³.
雨季　进入　的 话　雨　　下　（叠）（泛）（貌）（尾）
进入雨季的话经常下雨。

副词重叠表示程度加深。例如：

tai³¹niŋ³³na⁵⁵mam³³mam³³ ko³¹　mǎ³¹la³³laʔ²⁵⁵ n⁵⁵ kǎ³¹tʃa³³ mǎ³¹luʔ³¹ai³³.
今年　的 稻子（叠）（话）　特别　（叠）不　好　　（尾）
今年的稻子啊，特别不好。

## 4.6　语法化是制约语法演变的一个重要杠杆

　　语法化是景颇语语法结构调整、变化中的一种常见的现象。它是平衡、调整语言结构关系的一种手段，是构成语法演变的一种方式。景颇语的语法化与其他亲属语言相比，既有共性，又有个性。

　　景颇语实词的语法化，既出现在各类词上，也出现在词素上。语法化的发展存在不平衡性，产生了虚化程度不同的层次。虚化程度高的，变为纯虚词。例如：由人称代词 ŋai$^{33}$ "我" 虚化而成的句尾词 n$^{31}$ŋai$^{33}$ "指示第一人称单数"，已由实词完全变为虚词。一部分常用的动词用在动词谓语之后，语法化为体貌词，表示体、貌等语法意义。这类词不完全虚化，形成半实半虚的虚词。如 khʒat$^{31}$ 做动词时当"落、淌、掉"用，当貌词后语义虚化，表示动作行为是"自上而下"进行的。例如：

kha$^{ʔ31}$e$^{31}$ phun$^{55}$toŋ$^{33}$lǎ$^{55}$ŋai$^{51}$mi$^{33}$joŋ$^{33}$khʒat$^{31}$wa$^{31}$ʒa$^{ʔ31}$ai$^{33}$.
水（方）木头　　一　　一　淌　下　来（尾）
河里淌下一块木头。

kǎ$^{31}$tʃa$^{33}$ai$^{33}$khʒai$^{33}$khʒai$^{33}$paŋ$^{33}$toŋ$^{31}$ti$^{33}$　ta$^{55}$　nu$^{ʔ31}$ ai$^{33}$.
好　的 尽　（叠）放（貌）（泛）（貌）（尾）
尽挑了些好的放着。

　　貌词来源的动词，有的还在使用。例如：ʃi$^{33}$（他）khʒat$^{31}$（掉）wa$^{31}$（来）ʒa$^{ʔ31}$ai$^{33}$（尾）."他掉下来了"。所以母语人还能感到体貌词与源头动词的联系。这说明它尚未完全虚化。在复合词语素中，有的实语素已完全虚化，有的未完全虚化，构成不同的虚化层次。例如：n$^{33}$li$^{33}$ "谷种"，n$^{33}$ "谷"来自 mam$^{33}$ "谷"，由于语音发生较大变化，语法化程度较高，成为完全的虚语素。而 si$^{31}$pho$^{ʔ31}$ "棉花朵"的

si³¹"棉"，语音变化不大（pă³³si³³棉花），又有să³¹pho²³¹与之变读，因而虚化程度不高，母语人能联想到与原词的联系。

## 4.7　景颇语的语法形态已出现形态发达型向分析型转型的趋势

景颇语在藏缅语中虽是形态变化较多的一种语言，但能够看到它已出现向分析手段转型的趋势。拿形态变化丰富的动词的语法范畴来说，表示使动态的形态手段特别是变音手段逐渐减少，而分析手段在不断增多。又如，表示人称、数、体、方向等形态变化的句尾词，原来很丰富，但在年轻一代的口语里，已大量减少，出现简化、泛化的演变趋势。屈折型向分析型转型，也是藏缅语一些亲属语言演变的趋势。

景颇语的语法形态向分析型转变，这是就总趋势而言的。但在局部上，还存在与此相反的方向，即分析特点向屈折特点演化。如复合词的前一语素语法化为"半实半虚"前缀，就是一个倒流的例子。（见词汇部分）

景颇语语法类型的演变，不是单一途径的，而是有主有次的多途径的演变方式。不同的方式共融于一条演变链上，推动着语法结构的丰富和发展。在分析这一演变趋势时，要避免简单化。

## 4.8　景颇语语法分析的两个强调点

根据景颇语的特点以及多年来研究景颇语语法的经验，我们深深体会到景颇语的语法分析必须重视两个强调点。

一是必须重视语法与语音的相互制约关系。语法形式是通过语音来体现的，语音的状态、变化对语法的状态、变化有着强烈的制约作用。不考虑这个关系，就不能深入认识语法的内在特点。比如，景颇语的并列复合词就是按照元音和谐的规则安排词素顺序的，不从语音上分析就抓不住关键所在。又如，景颇语的构词法中存在的一些难以分析的语素，有些与语音结构的特点有关，包括语音的历史音变特点，所以若不研究语音，也就无法认识构词的特点。再如，景颇语语法类型向分析型演变也与语音的简化有关。景颇语的构词规律，有的受语音的类化制约。当然，语法研究与语义、语用结合也是必要的。

二是重视词法与句法相结合。景颇语语法的特点可从词法、句法两方面分析。但二者有交叉，即有的特点既出现在词法上，又在句法上有反映，所以在做分析时二者必须兼顾，不能顾此失彼。比如，动词的语法范畴有的表现在动词的形态变化上，如变音、加词缀等，这是词法研究的内容；但更多的是通过其他词来表示，如句尾词、貌词、关系助词等。这当中存在各种句法关系，是句法所要研究的。

# 二　词类篇

　　景颇语是一种以分析性特点为主但又有比较丰富的形态变化的语言。词的特点，不仅反映在内部结构上，还反映在词与词之间的句法关系上。对各类词的内外特点多做些分析，包括一些词的句法特点的分析，能更方便地认识景颇语的语法特点。如果词的内部特点分析不透，句法的关系也不可能分析透彻。传统研究汉语偏重词法分析，是有道理的。所以，本书词类篇的比例在全书中所占比例较大。

　　根据词的意义和语法特点，可将景颇语的词分为名词、代词、动词、形容词、数词、量词、貌词、状词、副词、关系助词、句尾词、语气词和感叹词等13类。名词、代词、动词、形容词、数词、量词、貌词、状词、副词是实词类；关系助词、句尾词、语气词、感叹词是虚词类。下面逐类进行分析。

# 1 名词

景颇语表示人和事物名称的词是名词。名词主要包括一般名词、专有名词、时间名词和方位名词等4类，各小类的意义和语法特点虽有共性，但都有差别。

## 1.1 名词的前缀

前缀在景颇语词类中分布广泛，但相对来说，名词的前缀比较丰富。所以本书特做专节分析。名词的前缀，是指表示某种名词意义、能与词根分离但又不能独立使用的语素。比如：mǎ$^{33}$niŋ$^{33}$ "去年"一词，niŋ$^{33}$ 是 "年"，可以独立使用；mǎ$^{33}$ 是前缀，含有 "去" 义，但不能独立使用。

### 1.1.1 名词前缀的类别

景颇语名词的前缀有两个重要特点：一是多类别性，即前缀内部在语义、语法特点上存在不同的差异。这反映了景颇语名词前缀形成过程中的多层次特点。二是部分前缀正处于逐步完善的初级阶段，抽象程度还不高。

名词前缀的语法功能有两种：一是表示词汇意义的，属于构词功能范畴；二是表示语法意义的，属于构形范畴。下面将分别叙述这两类不同性质的前缀。

从语义上观察，景颇语的前缀有的完全是表达语法意义，无任何词汇意义。比如：表示使动态的 ʃă$^{55}$-、tʃă$^{31}$- 前缀，只表示使动的语法意义，如 ʃă$^{31}$to$^{?31}$ "使断" 中的 ʃă$^{31}$，它加在自动词 to$^{?31}$ 之前表示使动义。a$^{55}$ 前缀，只表示名词化，如 a$^{55}$khup$^{55}$ "涩的" 中的 a$^{55}$ 前缀，与 khup$^{55}$ "涩" 结合后，起名词化的作用。这些都是典型的前缀。但有一些前缀，虽然具有前缀的主要特点，但尚未完全虚化，还带有一定程度的实词意义，处于半实半虚的状态。这种前缀，本书称之为"半实半虚前缀"。如 mă$^{55}$ ni$^{55}$ "昨天" 一词中的 mă$^{55}$，不能独立使用，也无任何实词义，分辨不出其来源。但它与词根 ni$^{55}$ "天" 结合后，整个词增添了 "昨" 义。

"半实半虚前缀" 中，有的来自名词的语法化，能分析出其源头。例如：să$^{31}$lum$^{33}$ "心脏" 一词，să$^{31}$ 由 mă$^{31}$sin$^{31}$ "心" 的 sin$^{31}$ 虚化而成，语音也发生了变化。这类前缀与来源不明的前缀也是不同的类别。

### 1.1.2 名词的构词前缀

名词构词前缀依其语义特点和语法功能可分为以下几类：

（1）表示时间的名词构词前缀有 ʃă$^{31}$-、mă$^{55}$-、ma$^{33}$-、tai$^{31}$-、lă$^{31}$-、moi$^{31}$- 等。它们用在表示时间单位的量词 ni$^{55}$ "天"、na$^{?55}$ "夜晚"、niŋ$^{33}$ "年" 的前面，构成表示不同时间的时间名词。ʃă$^{31}$- 表示泛指（没有固定的时限）；mă$^{55}$- 表示 "昨"；ma$^{33}$- 表示 "前"；tai$^{31}$- 表示 "今"；lă$^{31}$- 表示 "一"、moi$^{31}$- 表示 "前、前几"。① 例如：

ʃă$^{31}$：ʃă$^{31}$ni$^{55}$ 白天　　ʃă$^{31}$na$^{?55}$ 夜晚　　ʃă$^{31}$niŋ$^{33}$ 年
　　　　（前）天　　　　（前）夜　　　　（前）年

---

① 构词的成分应称词素或语素，如名语素、动语素等。但有的语素这样称呼不甚顺口，如量语素（量词充当语素）等。所以，本书一律以词类名称呼。

mă⁵⁵：mă⁵⁵ni⁵⁵ 昨天　　mă⁵⁵naʔ⁵⁵ 昨晚　　mă³³niŋ³³ 去年
　　　（前）天　　　（前）夜　　　　（前）年

ma³³：ma³³ni⁵⁵ 前天，前几天　　ma³³naʔ⁵⁵ 前晚
　　　（前）天　　　　　　　　（前）夜

tai³¹：tai³¹ni⁵⁵ 今天　　tai³¹naʔ⁵⁵ 今晚　　tai³¹niŋ³³ 今年
　　　（前）天　　　（前）夜　　　　（前）年

lă³¹：lă³¹ni⁵⁵ 一天　　lă³¹naʔ⁵⁵ 一夜　　lă³¹niŋ³³ 一年
　　　（前）天　　　（前）夜　　　　（前）年

moi³¹：moi³¹jaʔ⁵⁵ 前几天　　　moi³¹niŋ³³ 前年，前几年
　　　（前）天　　　　　　　　（前）年

上面所列的前缀，有的能分析出意义，有的不能。其中的 ʃă³¹-、mă⁵⁵-、ma³³- 等三个前缀单独看不出有实词意义，其来源也不清楚。tai³¹-、lă³¹-、moi³¹- 等能看出来源；tai³¹- 前缀来自指示代词 tai³³ "那"，语法化后声调由 33 变为 31；moi³¹- 来自名词 moi³¹ "原先"，语法化后语义变为 "前、前几"；lă³¹- 前缀来自实词 la⁵⁵ŋai⁵¹ "一" 的前一音节，lă³¹ 当前缀用时母语人已觉察不出与原词的联系。

（2）表示亲属称谓名词的前缀有 a⁵⁵-、n⁵⁵-（或 niŋ⁵⁵-）、kă³¹- 等。它们用在词根前，表示亲属称谓的不同人称：a⁵⁵- 表示第一人称或直称；n⁵⁵- 或 niŋ⁵⁵- 表示第二人称；kă³¹- 表示第三人称或泛称。不加前缀的亲属称谓名词，也表示第一人称或直称。加前缀 a⁵⁵- 后不改变词义，只起双音节化的作用。前缀与词根结合后，有的音节的声调还发生了变化。在来源上，第二人称的 n⁵⁵-（或 niŋ⁵⁵-）有可能来自人称代词的 naŋ³³ "你"；其他几个来源不明。

第一人称或直称　　　　　　第二人称
wa⁵¹，a⁵⁵wa⁵¹ 我父亲，父亲　　n⁵⁵ wa⁵¹（niŋ⁵⁵wa⁵¹）你父亲
父（前）父亲　　　　　　　（前）父亲

nu$^{51}$, a$^{55}$ nu$^{51}$  我母亲，母亲  n$^{55}$ nu$^{51}$（niŋ$^{55}$nu$^{51}$） 你母亲
母亲（前）母亲              （前）母亲

na$^{33}$, a$^{33}$ na$^{33}$  我姐姐，姐姐  n$^{33}$ na$^{33}$（niŋ$^{33}$na$^{33}$） 你姐姐
姐（前）姐姐              （前）姐姐

phu$^{51}$, a$^{55}$phu$^{51}$  我哥哥，哥哥  n$^{55}$phu$^{51}$（niŋ$^{55}$phu$^{51}$） 你哥哥
（前）哥哥              （前）哥哥

第三人称

kă$^{31}$ wa$^{31}$  他父亲，父亲
（前）父亲

kă$^{31}$ nu$^{31}$  他母亲，母亲
（前）母亲

kă$^{31}$ na$^{33}$  他姐姐，姐姐
（前）姐姐

kă$^{31}$ phu$^{31}$  他哥哥，哥哥
（前）哥哥

（3）lă$^{55}$-、mă$^{31}$-、tʃă$^{31}$-、n$^{31}$-(niŋ$^{31}$-)、khiŋ$^{55}$- 等用在名词前构成与词根意义相关的新词。新词与词根的意义关系有引申、扩大或缩小等。与这类前缀结合的词根，有一定的构词能力。如 mă$^{31}$sin$^{31}$ "心，胆子" 中的 sin$^{31}$ "心脏" 还能构成 sin$^{31}$pai$^{33}$ "脾脏"、sin$^{31}$woʔ$^{55}$ "肺"、sin$^{31}$tot̪$^{55}$ "（心）暴躁"。但这类前缀构词能力很低，只出现在少数几个词根上，甚至有的只出现在一个词根上。例如：

| 前缀 | 词根 | 汉义 | 构成的新词 | 汉义 |
|---|---|---|---|---|
| lă$^{55}$- | si$^{31}$ | 果子 | lă$^{55}$si$^{51}$ | 黄豆 |
| mă$^{31}$- | sin$^{31}$ | 内脏 | mă$^{31}$sin$^{31}$ | 心，胆子 |
| mă$^{31}$- | sha$^{31}$ | 儿子 | mă$^{31}$sha$^{31}$ | 人 |
| tʃă$^{31}$- | ʒit$^{31}$ | 田界 | tʃă$^{31}$ʒit$^{31}$ | 界，界线 |

| n³¹- 或 niŋ³¹- | po³³ | 头 | n³¹po³³, niŋ³¹po³³ | 领袖 |
| khiŋ⁵⁵- | kop⁵⁵ | 壳 | khiŋ⁵⁵kop⁵⁵ | 笋壳 |

### 1.1.3 名词构形前缀

构形前缀用在词根前，起构形作用，构成与词根不同词性的新词。在词汇意义上，有的基本相同，有的有差别。例如：khʒi³³ "酸" 和 tʃã³³khʒi³³ "酸的"，词汇意义基本相同；tʃim⁵⁵ "尝" 和 mã³¹tʃim⁵⁵ "经验"；pje²³¹ "踩" 和 lã³¹pje²³¹ "鞋"，词汇义有差别。常见的构形前缀有以下几类：

（1）tʃã⁵⁵-（或 tʃã³³-）、ʃã⁵⁵-（或 ʃã³³-）、sã⁵⁵-（或 sã³³-）用在单音节动词、形容词之前，构成与动词或形容词意义基本相同的名词。这几个前缀使用的场合不同：tʃã⁵⁵- 用在除 tʃ 做声母的所有音节之前；ʃã⁵⁵- 用在除送气音和 ʃ 做声母的所有音节之前；sã⁵⁵- 用在 ts 做声母的音节之前（也可变读为 ʃã⁵⁵-）。例如：

| 前缀 | 词根 | 汉义 | 构成的名词 | 汉义 |
| tʃã⁵⁵- | pha³¹ | 薄 | tʃã⁵⁵pha³¹ | 薄的 |
| tʃã⁵⁵- | ti²³¹ | 断 | tʃã⁵⁵ti²⁵⁵ | 断的 |
| tʃã³³- | tsam³³ | 朽 | tʃã³³tsam³³ | 朽的 |
| tʃã⁵⁵- | ka²⁵⁵ | 破 | tʃã⁵⁵ka²⁵⁵ | 破的 |
| tʃã³³- | khʒo²⁵⁵ | 干 | tʃã³³khʒo²⁵⁵ | 干的 |
| ʃã³³- | tʃe³³ | 会 | ʃã³³tʃe³³ | 会的 |
| ʃã⁵⁵- | tʃaŋ³³ | 黑 | ʃã⁵⁵tʃaŋ³³ | 黑的 |
| ʃã⁵⁵- | kji⁵⁵ | 瘦小 | ʃã⁵⁵kji⁵⁵ | 瘦小的 |
| sã³³- 或 ʃã³³- | tsaŋ³³ | 轻 | sã³³tsaŋ³³ ~ ʃã³³tsaŋ³³ | 轻的 |
| sã⁵⁵- 或 ʃã⁵⁵- | tsom³¹ | 美 | sã⁵⁵tsom⁵¹ ~ ʃã⁵⁵tsom⁵¹ | 美的 |

（2）mã³¹-、n³³-、lã³¹-（或 lã⁵⁵-）、kin³¹-、sum³¹-、ʃiŋ³¹-、pã⁵⁵- 用

在动词前构成名词。构成的新词中,有的表示动作行为的工具,有的表示动作行为的目的、结果等。例如:

| 前缀 | 词根 | 汉义 | 构成的名词 | 汉义 |
|---|---|---|---|---|
| mă$^{31}$- | tʃui$^{33}$ | 缝 | mă$^{31}$tʃui$^{33}$ | 线缝 |
| mă$^{31}$- | tʃim$^{55}$ | 尝 | mă$^{31}$tʃim$^{55}$ | 经验 |
| mă$^{31}$- | lai$^{55}$ | 改变 | mă$^{31}$lai$^{55}$ | 替身 |
| n$^{33}$- | thoŋ$^{33}$ | 遗留 | n$^{33}$thoŋ$^{33}$ | 遗产 |
| n$^{55}$- | phje$^{55}$ | 背 | n$^{55}$phje$^{51}$ | 背包 |
| lă$^{31}$- | noi$^{33}$ | 挂 | lă$^{31}$noi$^{55}$ | 靠山 |
| lă$^{31}$- | pje$^{ʔ31}$ | 踩 | lă$^{31}$pje$^{ʔ31}$ | 鞋 |
| lă$^{55}$- | khut$^{31}$ | 刮 | lă$^{55}$khut$^{55}$ | 刮刀 |
| kin$^{31}$- | poŋ$^{33}$ | 凸起 | kin$^{31}$poŋ$^{33}$ | 埂 |
| kin$^{31}$- | thoŋ$^{31}$ | 进入 | kin$^{31}$thoŋ$^{55}$ | 干季 |
| sum$^{31}$- | tso$^{ʔ55}$ | 爱 | sum$^{31}$tso$^{ʔ55}$ | 情人 |
| ʃiŋ$^{31}$- | kjit$^{31}$ | 拴 | ʃiŋ$^{31}$kjit$^{55}$ | 腰带 |
| pă$^{55}$- | nep$^{55}$ | 垫 | pă$^{55}$nep$^{55}$ | 垫子 |
| pă$^{55}$- | kham$^{33}$ | 担保 | pă$^{33}$kham$^{33}$ | 保人 |

(3) a$^{55}$-(或 a$^{31}$-、a$^{33}$-)有两种构词格式。一是用在形容词前构成名词。这种格式,构词能力很强,能构出大量的词。例如:

| 形容词 | 汉义 | 名词 | 汉义 |
|---|---|---|---|
| kha$^{55}$ | 苦 | a$^{31}$kha$^{55}$ | 苦的 |
| khup$^{31}$ | 涩 | a$^{55}$khup$^{55}$ | 涩的 |
| ŋok$^{31}$ | 憨 | a$^{31}$ŋok$^{31}$ | 傻子 |
| ŋjo$^{31}$ | 软弱 | a$^{31}$ŋjo$^{31}$ | 软弱无力的人 |
| maŋ$^{33}$ | 紫 | a$^{33}$maŋ$^{33}$ | 紫的 |

另一是在形容词前构成状态词。例如:

| 形容词 | 汉义 | 状态词 | 汉义 |
|---|---|---|---|
| tʃaŋ³³ | 黑 | a⁵⁵tʃaŋ⁵¹ | 漆黑状 |
| tam³¹ | 宽敞 | a⁵⁵tam⁵¹ | 宽敞状 |
| khʒi³³ | 酸 | a³³khʒi³¹ | 酸溜溜的 |
| pjo³³ | 舒服 | a³³pjo³³ | 舒服状 |

藏缅语的名词普遍有丰富的 a 前缀，a- 前缀是构词能力很强的一个前缀。但景颇语不同，a- 前缀主要是与形容词构成名词，属于构形性质，像亲属语言那样用 a- 来构词的很少。在文学语言中，由于节律的需要，在单音节名词前也有加 a- 的，带有语体色彩。例如：

| 口语用词 | 文学语言用词 | 汉义 |
|---|---|---|
| phun⁵⁵ | a³¹phun⁵⁵ | 树 |
| kom³³ | a³¹kom³³ | 杯子 |
| tʃum³¹ | a³¹tʃum³¹ | 盐 |
| koŋ³¹ | a³¹koŋ³¹ | 身材 |

带 a- 前缀的名词，有一些是从缅语、傣语里借来的。例如：

缅语借词：a³¹khaŋ⁵⁵ 权利　a³¹mu⁵⁵　工作　a³¹loŋ⁵⁵　天才
　　　　　a³¹mun⁵⁵ 粉末　a³¹mjat³¹ 利息　a³¹ʒaŋ⁵⁵　本钱
　　　　　a³¹sak³¹ 年龄　a³¹su⁵⁵ja²⁵⁵ 政府

傣语借词：a³¹thaŋ³³ 模型
　　　　　a⁵⁵naŋ⁵¹ 男子对女子的尊称

景颇语 a- 前缀与亲属语言的渊源关系，现在还看不清，值得深入研究。有的认为 a- 前缀是原始汉藏语就有的，现代亲属语言的 a- 相互间有亲缘关系，但有的持相反意见，有待进一步研究。[①]

（4）phă- 用在部分动词前面，构成表示从事该动作行为的人的名

---

[①] 参看黄树先《试论古代汉语前缀 A-》，《语言研究》2000 年第 2 期。

称。例如：

| 动词 | 汉义 | 前缀 | 构成的名词 | 汉义 |
|---|---|---|---|---|
| tʃau³³ | 分（食物） | phă³³- | phă³³tʃau³³ | 招待员 |
| on⁵⁵ | 领导 | phă⁵⁵- | phă⁵⁵on⁵⁵ | 领导者 |
| ʒaŋ⁵⁵ | 指挥 | phă⁵⁵- | phă⁵⁵ʒaŋ⁵⁵ | 指挥者 |

（5）kă³³-、kă̰³³-、kin³¹-、kum³¹-、khin³¹-、lă³³-、mă³¹-、n³¹-、pă³¹-、sum³¹-、ʃiŋ³³-、tiŋ³¹- 等用在状态词前构成名词。这些前缀，构词能力较弱。例如：

| 状态词 | 汉义 | 前缀 | 构成的名词 | 汉义 |
|---|---|---|---|---|
| pʒaŋ³³ | 裂开状 | kă³³- | kă³³pʒaŋ³³ | 杈子 |
| noi³³ | 粘连状 | kă̰³³- | kă̰³³noi³³ | 粘胶 |
| tʃum³¹ | 略尖状 | kin³¹- | kin³¹tʃum³³ | 尾部，末端 |
| wai³³ | 绕着（说） | kum³¹- | kum³¹wai³¹ | 隐语 |
| tep⁵⁵ | 夹一下状 | khin³¹- | khin³¹tep⁵⁵ | 压条（固定竹笆用） |
| jin³³ | 转动状 | lă³³- | lă³³jin³³ | 纺车（绕线用） |
| khʒet³¹ | 划一下状 | mă³¹- | mă³¹khʒet³¹ | 尺子 |
| ʒun⁵⁵ | 双人并行状 | mă³¹- | mă³¹ʒun⁵⁵ | 双生 |
| pat³¹ | 绕圈状 | n³¹- | n³¹pat³¹ | （背小孩的）背巾 |
| pje²³¹ | 踩一下状 | n³¹- | n³¹pje²³¹ | （扣兽的）扣子 |
| tʃup³¹ | 捏一下状 | pă³¹- | pă³¹tʃup⁵⁵ | 肉饭团 |
| pʒaʔ⁵⁵ | 分杈的 | sum³¹- | sum³¹pʒaʔ⁵⁵ | 毛虫 |
| tʃoʔ⁵⁵ | 头对头状 | ʃiŋ³³- | ʃiŋ³¹tʃoʔ⁵⁵ | 小嫩瓜 |
| nai³¹ | 拧动状 | tiŋ³¹- | tiŋ³¹nai³¹ | 螺旋 |

### 1.1.4 名词"半实半虚"前缀

景颇语有"半实半虚"前缀，这是景颇语前缀的一个重要特点。

这类前缀大多出现在双音节名词的前一音节，读音已发生变化，与原有的名词、动词、形容词等差别很大，并出现轻读现象。母语人大多已感觉不出与词根的联系。"半实半虚"前缀在语法化过程中出现不同的等级：有的语法化程度高，本族人的语感已分析不出是什么意思（加括号表示）；有的语法化程度低的，还能模糊地感到是来自哪个名词。"半实半虚"前缀中，有的是语音形式"类化"的结果，即由不同的词聚合为相同读音的前缀。"半实半虚"前缀主要有以下一些：

（1）语法化为 wă - 的，例如：

ŋa³³ 牛→ wă -

wă⁵⁵kun⁵¹ 牛力 　　wă³³khje³³ 黄牛　　wă³³pja³³ 流产牛崽
力　　　　　　　红　　　　　　下垂状

kă⁵⁵wa⁵⁵ 竹→ wă-

wă³¹tʃen³³ 竹片　　wă³¹toŋ³³ 砍下的竹子　wă³¹maŋ³³ 紫竹
片　　　　　　　段　　　　　　　　紫

ŋa⁵⁵ 鱼→ wă-

wă³¹khje³³ 黄鱼　wă³¹lai⁵⁵ 鲫鱼　　wă³¹man⁵⁵ 鲨鱼
红　　　　　　（　）　　　　　　（　）

wa³³ 牙→ wă-

wă³³man³³ 门牙　wă⁵⁵thap⁵⁵ 重牙　wă⁵⁵tap⁵⁵ 翘牙
面前　　　　　重叠　　　　　　翘

n³¹wa³³ 斧→ wă-

wă³³na³³ 斧眼　wă³³laŋ³³ 斧把　　wă⁵⁵thoŋ⁵¹ 斧背
耳　　　　　　拿　　　　　　　背

khai⁵⁵nu³³ 玉米→ wă-

wă³³phʒa³³ 玉米地　wă⁵⁵phji⁷⁵⁵ 玉米皮　wă⁵⁵khʒo⁷⁵⁵ 干玉米
地　　　　　　　　皮　　　　　　　　干

（2）语法化为 n- 或 niŋ-（n- 受后一音节声母影响有 m-、ŋ- 两个变体）的，例如：

sum³¹ 铁→n-

| n³¹ʃi³¹ 小刀 小 | n³¹pu³¹ 大砍刀（ ） | n³¹khʒut³¹ 磨刀石 洗 |

mam³³ 谷子→n-

| n³³nan³³ 新谷 新 | n³³khje³³ 红谷 红 | n⁵⁵loi⁵¹ 早稻 容易 |

naŋ³³ 你→n-

| n³³na³³ 你姐 姐 | n⁵⁵wa̠⁵¹ 你父 父 | n⁵⁵phu⁵¹ 你哥 哥 |

lă³¹mu³³ 天→n-

| n⁵⁵thoi⁵⁵ 日；天亮 | n⁵⁵sin⁵⁵ 黑天 黑 | n³¹ʃuŋ³³ 冷天 冷 |

n³¹kup³¹ 嘴→n-

| n³¹pjet³¹ 瘪嘴 瘪 | n³¹ʃo⁷³¹ 翘嘴 抽 | n³¹kʒa⁷⁵⁵ 咧嘴 咧 |

ma³¹ 孩子→n-

| n³¹jun³¹ 老八（女）八 | n³¹pja³¹ 流产儿 流 | n³¹kji⁷³¹ 私生子 孩 弯 |

（3）语法化为 să- 的，例如：

sin³¹ 心→să-

| să³¹lum³³ 心脏 园 | să³¹te⁵⁵ 肾脏 凑 | să³¹puk⁵⁵ 迟钝的人 迟钝 |

"半实半虚"前缀是景颇语前缀复合构词向构形构词演变的一个过渡阶段，可以说是一个中转站。其出现是构词语素语法化的结果，

受整个语言结构规则的制约。"半实半虚"前缀内部还存在不同的层次，是景颇语向分析型语言演变过程中逐渐推进的表现。

## 1.2 名词的重叠

重叠是景颇语名词的又一特点。多数名词都能重叠。重叠的作用除了表义的需要外，还有调节韵律的需要，二者紧密地结合在一起。重叠的方式是：单音节名词整体重叠；双音节名词只重叠后一音节。

重叠的作用主要是表示强调，突出句子的焦点，多是强调话题，后面带有话题标记 ko$^{31}$。例如：

sǎ$^{55}$lik$^{55}$lik$^{55}$　　ko$^{31}$　n$^{55}$ lu$^{ʔ31}$ na$^{33}$ ni$^{ʔ55}$ ai$^{33}$.
香烟　（叠）（话）不 吸　将要（尾）
香烟啊，我再也不抽了。

khoŋ$^{33}$ʃoŋ$^{33}$ʃoŋ$^{33}$ko$^{31}$ka$^{31}$ʃa$^{31}$a$^{ʔ31}$　ma$^{31}$tu̠$^{33}$mjit$^{31}$，ka$^{31}$ʃa$^{31}$ko$^{31}$
宽双　　（叠）（话）孩子 的　份儿　　考虑　孩子（话）
kǎ$^{33}$nu$^{31}$a$^{ʔ31}$ mǎ$^{31}$tu$^{33}$n$^{55}$mjit$^{31}$ʒe$^{33}$ai$^{33}$.
母亲　的 份儿　不考虑 是（尾）
宽双啊，尽替孩子考虑，而孩子不为母亲考虑。

tai$^{31}$niŋ$^{33}$ niŋ$^{33}$ko$^{31}$　 mam$^{33}$ kʒai$^{31}$lu$^{ʔ31}$na$^{33}$ sai$^{33}$.
今年　（叠）（话）谷子　很 有 将要（尾）
今年啊，谷子能丰收了。

tai$^{33}$　tʃǎ$^{31}$phot$^{31}$ phot$^{31}$ko$^{31}$　an$^{55}$the$^{33}$muŋ$^{31}$krai$^{31}$kji̠n$^{55}$ka̠u$^{55}$
那　 早上　　（叠）（话）我们　也 很 忙 掉
sǎ$^{55}$ka$^{ʔ55}$ ai$^{33}$.
（尾）
那天早上啊，我们也很忙。

tai³³ʃa³¹ni⁵⁵ni⁵⁵　na⁵⁵ mǎ³¹ʒaŋ³³thu³¹thu³¹ ko³¹lǎ³¹tu³¹lai³¹ ai³³.
那天　（叠）的　雨　　下（叠）（话）份　过（尾）
那天的雨啊，下得过头了。

但方位词与疑问代词结合时重叠表示"多数"。例如：
naŋ³³kǎ³¹ʒa³¹te⁽³¹⁾te³¹ sa³³n³¹ni⁵¹?　你去哪些地方？
你　哪儿　处（叠）去（尾）

n̩³³tai³³po⁽³¹⁾nam³¹si³¹kǎ³¹ʒa³¹ko̰⁽⁵⁵⁾ko̰⁽⁵⁵⁾tu³³a⁽³¹⁾ni⁵¹?
这　种　果子　哪　里（叠）长（尾）
这种果子长在哪些地方？

名词、代词与方位名词结合做句子成分若需要重叠，一般在方位名词上重叠。例如：

ʃi⁽⁵⁵⁾ phaŋ³³phaŋ³³ ko³¹n⁵⁵ khan⁵⁵ na³³ni⁽⁵⁵⁾ai³³.
他的 后面（叠）（话）不　跟　　要（尾）
他的后面啊，我怎么也不跟了。

khʒa⁵⁵mǎ³¹ka⁵⁵khu³³ khu³³ko³¹ khum³¹lai³¹nu⁽⁵⁵⁾ lu³³!
右　边　　方向（叠）（话）别　过（尾）呀
右边啊，你别过去呀！

tai³³sǎ³¹poi⁵⁵tha⁽³¹⁾tha³¹ na⁵⁵ko³¹　nje̱⁽⁵⁵⁾ a⁽³¹⁾khʒai³³ʒe⁵¹.
那 桌子　　上面（叠）的（话）我的　的　全　　是
那个桌子上的，全部是我的。

## 1.3　名词的"性""数"

景颇语"性""数"的表述，主要靠含有"性""数"的词或使用不同的词表示，缺少形态变化。

### 1.3.1 名词的阴性、阳性

（1）景颇语区分人的性别，有两种表示法：一是加 wa³³（表阳性）、tʃan³³（表阴性）的词表示。wa³³ 的本义是"男人"，tʃan³³ 的本义是"女人"，都是能独立使用的名词。二者用在另一名词后时，已有一定程度的虚化，在意义上除了表示"性"外，还含有"可尊敬"义。例如：

| 阳性 | 阴性 |
|---|---|
| mǎ³¹tuʔ³¹wa³³　丈夫 | mǎ³¹tuʔ³¹ tʃan³³　妻子 |
| 主人　　男 | 主人　　　女 |
| mǎ³¹naŋ³³wa³³　男伙伴 | mǎ³¹naŋ³³tʃan³³　女伙伴 |
| 伙伴　　男 | 伙伴　　　女 |
| pʰǎ⁵⁵ʒeŋ⁵⁵wa³³　男指挥 | pʰǎ⁵⁵ʒeŋ⁵⁵tʃan³³　女指挥 |
| 指挥　　男 | 指挥　　　女 |

但是，tʃan³³ 还有别的用法：用在姓氏或职业名称后面时表示"妻子"义。例如：mǎ³¹ʒan³¹（木然姓氏）tʃan³³ "木然的妻子"，pʰjen³³（军人）tʃan³³ "军人的妻子"。用在人称代词后面时，表示"姐妹"的意思。例如：ŋai³³tʃan³³ "我姐妹"，niŋ³³tʃan³³ "你姐妹"。第三人称用 kǎ³¹tʃan³³ "他姐妹"。

sǎ³¹ʒa³³（老师）wa³³ 是"男老师"，与其对称的"女老师"则用缅语借词 sǎ³¹ʒa³³maʔ³¹，sǎ³¹ʒa³³tʃan³³ 是"师母"义。tu³³ 最早只有"山官"义，加 wa³³，增添男性色彩，即"男性山官"，但由于景颇社会中没有女性山官，所以没有与其对称的"女性山官"一词，tu³³tʃan³³ 就表示"山官的妻子"。

二是性别用不同的词表示。例如：

| 阳性词 | 阴性词 |
|---|---|
| la³³　　　男人 | num³³　　　女人 |

| ʃă³¹pʒaŋ³¹ | 小伙子 | mă³¹khon³³ | 姑娘 |
| tiŋ³¹la³³ | 老头 | kum³¹kai³³ | 老太婆 |
| ʃiŋ³¹kʐa³³ | 鳏夫 | kai³¹ta⁵⁵ | 寡妇 |

（2）表示动物名称的名词后面加名词 la³¹ "公的"表示阳性，加名词 ji³¹ "母的"表示阴性。表性时有一定程度的虚化。例如：

| u³¹ | 鸡 | u³¹la³¹ | 公鸡 | u³¹ji³¹ | 母鸡 |
| waʔ³¹ | 猪 | waʔ³¹la³¹ | 公猪 | waʔ³¹ji³¹ | 母猪 |
| kui³¹ | 狗 | kui³¹la³¹ | 公狗 | kui³¹ji³¹ | 母狗 |
| woi³³ | 猴 | woi³³la³¹ | 公猴 | woi³³ji³¹ | 母猴 |

若动物名称是双音节词的，则 la³¹、ji³¹ 与之结合时大多只与名词的后一个音节结合，少数与整个词结合。例如：

| pai³¹nam³³ | 山羊 | nam³¹la³¹ | 公山羊 | nam³¹ji³¹ | 母山羊 |
| tum³¹su³³ | 黄牛 | su³¹la³¹ | 公黄牛 | su³¹ji³¹ | 母黄牛 |
| tʃa³³khji³³ | 鹿子 | khji³¹la³¹ | 公鹿子 | khji³¹ji³¹ | 母鹿子 |
| mă³¹kui³³ | 大象 | kui³¹la³¹ | 公象 | kui³¹ji³¹ | 母象 |
| pʒaŋ³¹tai⁵⁵ | 兔子 | pʒaŋ³¹tai⁵⁵la³¹ | 公兔 | pʒaŋ³¹tai⁵⁵ji³¹ | 母兔 |
| ʃă³¹ʐo³³ | 虎 | ʃă³¹ʐo³³la³¹ | 雄虎 | ʃă³¹ʐo³³ji³¹ | 雌虎 |

也有个别例外情况。例如：kum³¹ʐa³¹ "马"一词，加 wă⁵⁵la⁵⁵ "公水牛"表示阳性，加 wă⁵⁵ji⁵¹ "母水牛"表示阴性。

| kum³¹ʐa³¹wă⁵⁵la⁵¹ | 公马 | kum³¹ʐa³¹wă⁵⁵ji⁵¹ | 母马 |
| 马 | 公水牛 | 马 | 母水牛 |

（3）表示"阳性"的 la³¹ 与植物名词结合，表示这种植物是不会结果的。植物名称是双音节的，构词时多取后一音节。例如：

| nai³¹ | 芋头 | nai³¹la³¹ | 不长芋头的芋头 |
| kă⁵⁵khum⁵¹ | 南瓜 | khum³¹la³¹ | 不会结瓜的南瓜 |
| n³³kjin³³ | 黄瓜 | kjin³¹la³¹ | 不会结瓜的黄瓜 |

tʃaŋ³¹wom⁵⁵ 菠萝　　tʃaŋ³¹wom⁵⁵la³¹　龙舌兰（视为不会结果的菠萝）

还有少数非生物名词也可加 ji³¹、la³¹ 表示阴、阳性。例如：

ʃã³¹tuŋ³¹ 目瑙舞牌①　　tuŋ³¹la³¹ 刻有表示阳性花纹的目瑙舞牌

　　　　　　　　　　　tuŋ³¹ji³¹ 刻有表示阴性花纹的目瑙舞牌

### 1.3.2 名词的"数"

景颇语名词表示"多数"的后缀主要是 ni³³ "们"。the³³ "些"也能当少数名词的后缀表示"多数"。ni³³ 原本是指人的，如 tai³³ni³³ "那些人"，但后来扩展至动植物名词、非生物名词上。用在文学语言中时，表示"人格化"。② ni³³ 的用法主要有以下几种：

（1）ni³³ 用在表示人的名词后面表示多数。相当于汉语的"们"。例如：

tʃoŋ³¹ma³¹ ni³³　学生们　　　nu̠⁵¹ni³³　母亲们
学生　　　们　　　　　　　母亲们

mǎ³¹khon³³ni³³　姑娘们　　　ʃã³¹pʒaŋ³¹ ni³³　小伙子们
姑娘　　　们　　　　　　　小伙子　们

kǎ³¹nu³¹ kǎ³¹wa³¹ ni³³　父母们
母亲　父亲　们

nu̠⁵¹wa⁵¹ mjit³¹su⁵⁵ ni³³　父老乡亲们
父　母　先生　们

kam³³ʃoŋ³³ kam³³pa³¹ ni³³　干双、干巴们
干双　　干巴　们

---

① 景颇族举行传统舞蹈——目瑙舞时，在广场中央竖起的、纪念景颇族先人的牌坊。

② 但 mǎ³¹ʃa³¹ "人"的后面加 ni³³，不表示"人们"，是"别人、人家"的意思。汉语的"人们"，景颇语用 ʃiŋ³¹kjim³³mǎ³¹ʃa³¹（人类）ni³³ 表示。

（2）ni³³用在表示姓氏或户名的名词后，表"姓×的家"或"姓×的家人"，也是多数。例如：

n³¹khum³³ ni³³　姓岳的家　　lǎ³¹phai³¹ni³³　姓排的家
岳　　　　们　　　　　　　排　　　　们

lǎ³¹tho³³ ni³³　姓勒托的家　　no³³lum³¹ ni³³　姓诺龙的家
勒托　　　们　　　　　　　诺龙　　　们

（3）景颇族有用事物名称做户名的习惯，名词和少数宾动短语结构也可加 ni³³ 构成户名。加 ni³³ 后，指这一户人或这一家人（是不定量多数）。例如：

tum³¹sa³³ ni³³　姓巫师的家　　wa⁷³¹tu³¹ ni³³　姓野猪的家
巫师　　　们　　　　　　　野猪　　　们

wǎ³¹ʒo³³ ni³³　姓刺竹的家　　kǎ³³mai³³ ni³³　姓勺的家
刺竹　　　们　　　　　　　勺　　　　们

ʃau³¹kon³³ ni³³　姓烧罐的家　　sau⁵⁵ ni³³　姓油的家
烧罐　　　们　　　　　　　油　　们

wa⁷³¹phai³³ ni³³　姓抬猪的家　　ŋa³³ phja⁷²⁵⁵ ni³³　姓剖牛的家
猪 抬　　们　　　　　　　牛 剖　　们

这类结构在意义上同时表达名词的多数，因而出现歧义。要确定是哪个意义，则要依靠语境，如加上领属性修饰语，就专指名词的多数，解决了歧义。例如：

ʃan⁵⁵the³³ a⁷³¹ kum³¹ʒa³¹ ni³³　　他们的许多马
他们　　的　　马　　　些

nam³¹na⁵⁵ kui³¹lam⁵⁵ ni³³　　野外的许多野象
野外 的　野象　　　些

an⁵⁵the³³ a⁷³¹ nam³¹si³¹ phun⁵⁵ ni³³　　我们的许多果树
我们　　的　果　　树　　些

（4）ni³³用在表示植物、非生物的名词上表示"多数"，相当于汉语的"等"。例如：

ŋa³³ ni³³ 牛等（多数） kum³¹ʒa³¹ ni³³ 马等 u³¹ni³³ 鸡等
牛  等                    马     等         鸡等

还可以放在并列的名词后表示多数。例如：

pjek⁵⁵ u³¹ khʒaŋ³³ma³³ ni³³ 鸭子、鸡、鹅等
鸭子  鸡  鹅              等

să⁵⁵ku⁵¹ pai³¹nam³³ waʔ³¹ la³¹ waʔ³¹ khjam³³ ni³³
绵羊    山羊         公猪        未骟的猪       等
绵羊、山羊、公猪等

lă⁵⁵si⁵¹ ʃă³³pʒeŋ³³ kau³¹lum³¹ kau³¹tʃeŋ³³ ni³³
黄豆     豆荚        藠头         韭菜          等
黄豆、豆荚、藠头、韭菜等

nam³¹si³¹phun⁵⁵ ni³³ 果树等
果子  树          等

（5）ni³³用在并列的两个表示动物、植物或非生物名词的后面，泛指与这两个名词性质相近的同一类事物。例如：

ŋa³³ kum³¹ʒa³¹ ni³³              牲畜类
牛   马         类

u³¹ waʔ³¹ ni³³                    家畜家禽类
鸡  猪    类

kă⁵⁵khum⁵¹ n³³kjin³³ ni³³        瓜类
南瓜        黄瓜       类

phun⁵⁵ kă⁵⁵wa⁵⁵ ni³³              树木
树     竹子      类

lă⁵⁵khum⁵¹ lă³³ka³³ ni³³          凳子梯子类
凳子       梯子     类

lă³¹pu³¹pă³³ loŋ³³ ni³³　　　　　衣着
裤　　上衣　　类

（6）ni³³用在"的"字结构或表示处所的名词后面时是独立的名词，表示"人们"的意思。例如：

kat⁵⁵ sa³³ai³³ni³³　　　　　　上街的人们
街上　去　的　人们

ʃă³¹ku̠t³¹ ai³³ ni³³　　　　　　努力的人们
努力　　 的　 人们

mă³¹ʒe³³ na⁵⁵ ni³³　　　　　　寨子里的人们
寨子　　 的　 人们

jin³¹kjaŋ³³ na⁵⁵ ni³³　　　　　盈江的人们
盈江　　　的　 人们

pe³¹kji̠n³³na⁵⁵ ni³³　　　　　　北京的人们
北京　　　的　人们

并列的名词后还可加 ʒe³³（是）ai³³（的）ni³³，表示"等、等等（列举未尽）"的意思。表人名词和表物名词都能用。例如：

khon³³ʃoŋ³³ khon³³pok⁵⁵ ʒe³³ ai³³ ni³³　　大姐、二姐等人们
大姐　　　二姐　　　是　的　人们

wă⁵⁵pok⁵⁵ wă⁵⁵pa⁵¹ ʒe³³ ai³³ ni³³　　　大伯、二伯等人们
二伯　　　大伯　　是　的　人们

ʒoŋ³¹kok³¹ ʒoŋ³¹pa³¹ ʒe³³ ai³³ ni³³　　　老虎、豹子等动物
草豹　　　老虎　　　是　的　物

tʃum³¹ mă⁵⁵tʃap⁵⁵ ʒe³³ ai³³ ni³³　　　　盐、辣椒等调料
盐　　辣椒　　　是　的　物

除 ni³³ 外，the³³ "些"也用在亲属称谓名词后面，表示"多数"。但 the³³ "些"不能单独做名词使用。例如：

nu⁵¹ the³³　母亲们　　　phu⁵¹ the³³　哥哥们
母亲　们　　　　　　　哥哥　们
na̠u³³ the³³　弟弟们　　　ʃoŋ³³ the³³　姐姐们
弟弟　们　　　　　　　姐姐　们

ni³³ 和 the³³ 除了表复数外，还具有表类指的作用。所以，加 ni³³ 和 the³³ 的名词，不能与数词相结合，或者说，名词加了数词就不能再加 ni³³ 和 the³³，即二者有互斥性。如：

　　合法　　　　　　　　　　不合法
tʃoŋ³¹ma³¹mǎ³¹sum³³　　*tʃoŋ³¹ma³¹ni³³mǎ³¹sum³³
学生　　三　　　　　　　学生　　们　三
三个学生　　　　　　　　*三个学生们
mǎ³¹ʃa³¹mǎ³¹ŋa³³　五个人　*mǎ³¹ʃa³¹ni³³mǎ³¹ŋa³³　*五个人们
人　　五　　　　　　　　人　　们　五

## 1.4　名词的类称范畴

人类把名词分为不同的类，将客观事物纳入"类"的概念之下，以区别一个个具体的事物。但不同的语言，由于认识和语言特点上的差异，对名词"类"的归纳及其使用的语法形式不相同。景颇语的名词有"个称名词"和"类称名词"的对立，二者构成类称范畴。类称范畴是景颇语名词的重要特征之一，不仅具有语义特征，而且还存在形态特征。本文着重分析景颇语类称范畴的现状，并剖析其形成条件。

### 1.4.1　类称名词的语法特点

所谓"个称名词"，是指称一个个具体的事物；而"类称名词"

则总称一类事物。例如：ŋai³³（我）nam³¹si³¹（水果）lă⁵⁵ŋai⁵¹（一）ʃa⁵⁵（吃）ju³³（过）n³¹ŋai³³（尾）"我吃过一个水果了"这一句子，其中的 nam³¹si³¹ "水果"一词是个称名词，指具体的某个水果，或是"香蕉"，或是"橘子"。但 n³³tai³³（这）kọ²⁵⁵（里）nam³¹si³¹nam³¹so³³（水果）kʒai³¹（很）lo²⁵⁵（多）ai³³（尾）"这地方水果很多"一句，其中的 nam³¹si³¹nam³¹so³³ "水果"是类称名词，是总称水果类。二者除语义不同外，在语法形式上也不同：个称是基式，多是双音节的，而类称是在基式上加配音音节构成四音节词。

这个特点与汉语不同。汉语的"水果"，既可用作"个称"，如"这个水果很甜"，又可用作"类称"，如"水果有营养"。二者的形式一样，其个称与类称的差异主要在句子结构中体现。又如：汉语的"今天吃什么菜"，这个"菜"是个称名词，指的是某种菜，而"今天集市上卖的菜很多"，这一句中的"菜"是指各种各样的菜，是类称。两句中的"菜"形式相同，但意义不同。后面这个例子若用景颇语来表达，前者用 ʃat³¹mai⁵⁵ "菜（个称）"，后者则通过语法手段构成 ʃat³¹mai⁵⁵ʃat³¹mo³³ "菜（类称）"，二者语法形式不同。所以景颇语的类称名词译成汉语时，要注上"类称"二字，以与个称名词相区别。

在语法形式上，类称名词是在个称名词的基础上加配音音节或加另一个个称名词构成。类称范畴的语法形式有两个特点：一是四音节格式。凡构成类称名词的个称名词大都是双音节的（有少量是单音节的），而类称名词则是四音节的。四音节性成为类称名词的形态标志。二是音节之间存在语音和谐。多数是第一和第三音节相同，第二和第四音节语音和谐，或双声，或叠韵，或谐韵。所谓"谐韵"，是指第四音节韵母中的元音均比第二音节韵母中的元音的舌位低。有许多词仅是第二音节和第四音节语音和谐，有少数是第二、第四音节相同，例如：

双声：lă³³phʒo³³ lă⁵⁵phʒa⁵⁵　落叶　phun³³wu³³ phun⁵⁵wop⁵⁵　朽木
　　　（落叶个称）　　　　　　　　（朽木个称）

叠韵：puŋ⁵⁵ phʒo³¹ puŋ³³lo³³　白发老人
　　　（白发老人个称）
　　　tsin³³jam³³ tsin³³tam³³　灾难
　　　（灾难个称）

谐韵：thiŋ³¹nu³³ thiŋ³¹saŋ³³　大房子　sum³¹tsoʔ⁵⁵sum³¹ʒaʔ³¹　情人
　　　（大房子个称）　　　　　　　　（情人个称）

构成类称名词的词素主要有两种类型：一种是由一个双音节名词加上配音音节构成的；另一种是由两个双音节名词构成。这两种类型，语音形式和语义特征各有一些不同的特点。分述如下：

1. 双音节名词加配音音节

这类类称名词，配音音节有的在前，有的在后。配音音节与有实义的名词有语音和谐关系（多为声母相同，或押韵或谐韵）。配音音节在前在后与个称名词的元音舌位高低状况有关。一般是，第四音节元音的舌位比第二个元音低或者相同。因而，配音音节在前在后的选择，要由该名词的第二音节是什么元音来决定。若第二音节的元音是低元音，配音音节在前；若第二音节的元音是高元音，配音音节则在后。

配音音节在后的如：

thiŋ³¹pu³¹ thiŋ³¹pjen³³　左邻右舍　kai³¹nu³¹ kai³¹saŋ³³　夫人
邻居　　（配音）　　　　　　　　夫人　　（配音）

phun⁵⁵khjep⁵⁵phun⁵⁵khap⁵⁵ 碎木片　tsup⁵⁵ni³³ tsup⁵⁵naŋ³¹　破布
碎木片　　（配音）　　　　　　　破布　　（配音）

mau³¹mi³¹ mau³¹sa³³　故事　mă³¹kau³³ mă³¹jaŋ³³　附近
故事　　（配音）　　　　　　旁边　　（配音）

配音在前的如：

khau³¹thiŋ⁵⁵khau³³na³¹　水田　　　num³¹no³¹num³¹naŋ³³　同伴
（配音）　水田　　　　　　　（配音）　朋友

kum̪³³pho³³ kum̪⁵⁵phaʔ⁵⁵　礼品　　a³¹ʃu³¹ a³¹ʃan³¹　猎物
（配音）　礼品　　　　　　　（配音）　肉

ʃã³¹pʒi³¹ ʃã³¹pʒai³³　报酬　　　kaʔ⁵⁵ tin³¹ kaʔ⁵⁵pu³³　小竹篮
（配音）工资　　　　　　　　（配音）　小竹篮

a³¹kho³¹ a³¹khaŋ⁵⁵　权利　　　tin³¹lo³¹ tin³¹la³³　老头
（配音）权利　　　　　　　　（配音）老头

也有少量类称名词的词素由形容词、量词、动词等担任。例如：

ʃã³³ʒe³³　ʃã³³kan³³　英雄　　　ʃã⁵⁵kum̪⁵¹ ʃã⁵⁵kap⁵⁵　墙
勇敢（形）（配音）　　　　　　墙（名）贴（动）

sum³¹pum³¹　sum³¹taʔ³¹　许许多多的　　ʃã³¹ton⁵⁵ ʃã³¹taŋ³³　分寸
堆、群（量、动）（配音）　　　　　　　量（动）量（名）

2. 双音节个称名词加双音节个称名词

这类类称名词的语义构成有以下几种情况：

一是相加的关系。类称名词的语义是由两个个称名词合成的。例如：

lã³¹ko³³ lã³¹taʔ⁵⁵　手脚　　　pau³¹ji³¹ pau³¹la³¹　锣
脚　　手　　　　　　　　　　母锣　　公锣

phoʔ⁵⁵mji³³ phoʔ⁵⁵maŋ³¹ 中老年妇女　kã³¹juŋ³³　kã³¹tʃan³³ 兄弟姐妹
中年妇女　老年妇女　　　　　　　　女子的兄弟男子的姐妹

kã³¹ni³¹ kã³¹tsa³¹　岳父母　　lã³¹ni⁵⁵ lã³¹naʔ⁵⁵　一两天
岳母　岳父　　　　　　　　　一天　　一夜

phot⁵⁵tin³¹ phot⁵⁵ni⁵⁵ 明后天　　kã³¹loi³¹ n⁵⁵thoi⁵⁵　何时
后天　　明天　　　　　　　　　何时　　日

二是扩大的关系。即两个个称名词扩大引申而成类称名词。例如：

| | | | | |
|---|---|---|---|---|
| nam³¹pu³¹ | nam³¹paṇ³³ 花 | n⁵⁵pʰʐo⁵¹ | n³³kʰje³³ | 谷子 |
| 种子植物的花 | 供观赏的花 | 白谷 | 红谷 | |
| kʰa̰⁵⁵ʐo̰ʔ⁵⁵ | n³¹kʰap⁵⁵ 深洼陡坡 | ma̰⁵⁵tʂḭ⁵¹ | ma̰³¹jan³³ | 蝇类总称 |
| 小洼 | 崖 | 苍蝇 | 蚊 | |
| ka̰⁵⁵kʰum⁵¹ | n³³kjin³³ 瓜类 | ʃiŋ³³tai̯³³ | sum⁵⁵pʐaʔ⁵⁵ | 爬虫类 |
| 南瓜 | 黄瓜 | 软体虫 | 毛虫 | |
| la̰³¹ku̱ŋ³³ | ka³³mai³³ 炊具 | tʰiŋ³¹pʰut³¹ | tʰiŋ³¹ʐa³¹ | 故居 |
| 锅铲 | 瓢 | 遗迹 | 房基 | |
| pum³¹laŋ³¹ | ʃa̰³¹koŋ³¹ 崇山峻岭 | la̰³¹mu³¹ | ma̰³¹ʐaŋ³³ | 气候 |
| 山岭 | 高山 | 天 | 雨 | |
| tʰa̰³¹niŋ³³ | pʰʐa³¹niŋ³³ 明后年 | tai³¹ni⁵⁵ | tai³¹naʔ⁵⁵ | 目前 |
| 明年 | 大后年 | 今天 | 今晚 | |
| ma̰⁵⁵ni⁵⁵ | ma³³ni⁵⁵ 前几天 | | | |
| 昨天 | 前天 | | | |

三是由两个意义相关的个称名词构成类称名词。类称名词的基本意义与其中的一个个称名词的意义相同。例如：

| | | | | |
|---|---|---|---|---|
| n³¹ʐut⁵⁵ | n³¹ʐa³³ 骨骼 | la̰³¹mji̥ʔ³¹ | la̰³¹man⁵⁵ | 关节 |
| 骨骼 | 骨头 | 关节 | 关节之间 | |
| n³¹puŋ³³ | la̰³¹ʐu³³ 狂风 | ka̰³³si³³ | ka̰³³maŋ³³ | 样子 |
| 风 | 狂风 | 样子 | 答案 | |
| a³¹li³¹ | a³¹na³¹ 传染病 | niŋ³¹soi³³ | niŋ³¹saʔ³¹ | 生命 |
| 传染病 | 病 | 生命 | 气 | |
| tʰuŋ⁵⁵tʰiŋ³¹ | lai³¹li³¹ 文化 | u³¹pjit³¹ | u³¹tsa³³ | 麻雀 |
| 风俗习惯 | 文化 | 一种小鸟 | 麻雀 | |

四是由两个同义或近义的个称名词构成类称名词。例如：

| | | | | |
|---|---|---|---|---|
| pʰun³¹nu³³ | pʰun³¹kam³³ 大树 | la̰³¹kʰon⁵⁵ | kʰan³³se³³ | 苛捐杂税 |
| 大树 | 大树 | 税 | 税 | |

khon³¹tuŋ³³ khon³¹la³¹　　大姑娘　　niŋ³¹ʒum⁵⁵ niŋ³¹tau⁵⁵ 助手
大姑娘　　　大姑娘　　　　　　　助手　　　助手

khʒi⁷³¹tuŋ³³ khʒi⁷³¹waŋ³³ 胎儿　　a³¹khjiŋ³³ a³¹teŋ³¹　　时间
胎儿　　　　胎儿　　　　　　　　时间　　　时间

tʃã³¹phot³¹ mă³¹nap³¹　　大清早　　niŋ³¹ʃoŋ³³ niŋ³¹la³¹ 带头人
早晨　　　清早　　　　　　　　　带头人　　带头人

类称范畴在语义上除了"类称"这一中心意义外，在部分词上，有的还添加一些附加意义。其中，有的添加了义项，有的改变了意义。例如：

a³¹tʃu⁵⁵ ʃiŋ⁵⁵na⁵⁵　　　隐患（转义）
刺　　　鞭子

mă³¹liŋ³³ mă³¹la³¹　　　大森林（转义）
森林　　（配音）

mji⁷³¹ti⁵⁵ mji⁷³¹maŋ⁵⁵　瞎子（用于骂人）
瞎子　　（配音）

tsin³³jan³³ tsin³³tam³³　灾难（程度加深）
灾难　　灾难

mă⁵⁵lut⁵⁵ mă⁵⁵kho⁵¹　　草烟（亲切语气）
草烟　　（配音）

tau³³su⁵⁵ tau³³naŋ³³　　最后（语气加重）
最后　　（配音）

lă³¹to⁷³¹ lă³¹ŋa⁷³¹　　　时间，时机，场合（转义）
季节　　（配音）

综上两种结构类型，类称范畴的语音结构有以下三种形式。其中以第一、第二两种形式最为常见。（拉丁字母后的数码，1 表双声，2 表叠韵，3 表谐韵）

(1) ABAC 式

1) ABAC₁

tʃi³³woi³³ tʃi³³wa̱⁵¹　　祖辈　　khin³¹tot³¹ khin³¹taŋ³³　土坎儿
祖先　　祖辈（男性）　　　　土坎儿　（配音）

sum³¹wum³³ sum³¹wo³¹ 丛、草丛

丛、草丛　（配音）

2) ABAC₂

kǎ³¹wa³¹ kǎ³¹ʃa³¹　　父子　　kai³¹ta⁵⁵ kai³¹na³¹　寡妇
父　　子　　　　　　　　　　寡妇　　（配音）

n³¹khap⁵⁵ n³¹tʃap⁵⁵　悬崖峭壁　mǎ³¹kam³¹ mǎ³¹ʃam⁵⁵ 信仰
崖　　（配音）　　　　　　　信仰　　（配音）

3) ABAC₃

mǎ³¹khon⁵⁵ mǎ³¹ŋoi³¹　歌、歌曲　kǎ³¹ku³¹ kǎ³¹moi³³　公婆
歌　　（配音）　　　　　　　公公　婆婆

tsiŋ³³tu³³ tsiŋ³³man³³　草　　niŋ³¹po³³ niŋ³¹la³¹　领袖
草　　（配音）　　　　　　　领袖　　（配音）

(2) ABCD 式

1) ABCD₂

tʃǎ³¹phu³³ mǎ³¹nu³³　报酬　　li³¹wo⁵⁵ phun³¹to⁵⁵　伤风感冒
工钱　　价钱　　　　　　　　流感　　（配音）

mǎ³¹tse³¹ lǎ³¹pje⁵⁵　猛兽　　kǎ³¹thoŋ³¹ niŋ³¹tʃoŋ³³　村庄
猛兽　　（配音）　　　　　　村庄　　（配音）

2) ABCD₃

ʒuʔ⁵⁵jak³¹ tʃam³¹tʃau³¹　艰难困苦　　a³¹ʒon³¹ a³¹lai³¹　作风
困难　　困难　　　　　　　　　　　　作风　　作风

a³¹ʒoŋ³³　na³³ta³¹　（显）威风　ji²⁵⁵sun³³ khau³³na³¹　田地
光荣　　荣耀　　　　　　　　　田园　　水田

（3）ABCB 式

phun⁵⁵phaŋ³³ wa²³¹phaŋ³³ 竹树丛　n³³li³³ nai³¹ li³³　庄稼的种子
树丛　　　竹丛　　　　　　　谷种　芋种

n⁵⁵tat⁵⁵ nai³¹ tat³¹　　播种季节　n⁵⁵si⁵¹ nai³¹si³¹　　收成、收获
春播　芋 放　　　　　　　　谷穗　芋果

kin⁵⁵ʃa²⁵⁵ la²³¹ʃa²⁵⁵　　丑话　mă³¹sat³¹ tiŋ³¹sat³¹ 纪念
丑话　（配音）　　　　　　做（记号）（配音）

景颇语近代吸收的一些借词（主要是傣语、缅语、汉语），也能构成类称名词。有的是由借用的个称名词加配音音节构成，有的是由两个借用的个称名词构成。例如：

a³¹kju̥⁵⁵　　a³¹ʒa³³　　利益　lă³¹khon⁵⁵ khan³³se³³ 苛捐杂税
利益（缅）（配音）　　　　　税（缅）　税（傣）

khau³³thiŋ⁵⁵　khau³³na³¹　水田　tsau³¹lau³³ tsau³¹pan³¹ 作料
（配音）　　　水田（傣）　　　作料（汉）（配音）

a³¹khaŋ⁵⁵　　a³¹ja³³　　权利　kho³³kham⁵⁵ kho³³saŋ³³ 大国王
权利（缅）　（配音）　　　　国王（傣）　大国王（傣）

tu³¹sat³¹　　tu³¹mjeŋ⁵⁵　野兽　pʰă⁵⁵kji⁵⁵　pʰă³³ʒo³³ 作料
野兽（傣）（配音）　　　　　香菜（傣）　蒜（傣）

有少量类称名词兼用作状态词（又称状态副词）。例如：

si³³khʒuŋ³³si³³than³¹ 生死关头（类称）；生死存亡（状态词）：
si³³khʒuŋ³³si³³than³¹ ʒe³³　ai³³ n⁵⁵thoi⁵⁵ 生死存亡的日子
生死存亡　　　　　（泛）的　日子

niŋ³¹ʒum⁵⁵niŋ³¹tau̥⁵⁵ 助手、副手（类称）；互相帮助地：

ʃã³¹ta³¹　niŋ³¹ʒum⁵⁵niŋ³¹tau⁵⁵ʒai³¹　khat⁵⁵ʒaʔ³¹ kaʔ³¹ai³³.
互相　　互相帮助地　　　（泛）（貌）要　（尾）
我们要互相帮助。

### 1.4.2 类称名词的句法功能

景颇语名词的类称范畴不仅有其特殊的语音形态和语义特征，而且还有其独立的句法功能。其句法功能成为语法形式的一个重要标志。个称名词和类称名词在句法功能上的差异主要有：

（1）个称名词能受数量词和指代词的修饰，而类称名词不能。（以下打＊号的表示不能用）例如：

ŋai³³ nam³¹si³¹（＊nam³¹si³¹nam³¹so³³）lă⁵⁵ŋăi⁵¹ mi³³ʒaʔ³¹ n³¹ŋai³³.
我　水果　　　水果（类）　　一　　一　要（尾）
我要一个水果。

n³³tai³³ koʔ⁵⁵ kă³¹thoŋ³¹（＊kă³¹phoŋ³¹niŋ³¹tʃoŋ³³）mă³¹ŋa³³ ŋa³¹ ai³³.
这　　里　村子　　村子（类）　　　　　五　　　有（尾）
这里有五个村子。

nam³¹lap³¹（＊nam³¹lap³¹nam³¹lo³³）n³³tai³³ ko³¹ lă³³ŋu³³ lap³¹ ʒe⁵¹.
叶子　　　叶子（类）　　　这　（话）芭蕉　叶　是
这叶子是芭蕉叶。

n³³li³³（＊n³³li³³nai³¹li³³）tai³³the³³ loʔ⁵⁵ sai³³. 那些种子够了。
种子　种子（类）　那些　够　（尾）

（2）个称名词能受形容词修饰，而类称名词不能。例如：

n³³tai³³ koʔ³¹ kʒai³¹ na³¹ pjo³³ ai³³ mau³¹mji³¹（＊mau³¹mji³¹mau³¹sa³³）ʒe⁵¹.
这　（话）很　听　舒服的　故事　　　故事（类）　　　　　是
这是很好听的故事。

ʃi³³ ko³¹ ŋje⁽⁵⁵ a⁽³¹ num³¹naŋ³³（*num³¹no³¹num³¹naŋ³³）kǎ³¹tʃa³³ ʒe⁵¹.
他（话）我的 的 伙伴　　　　伙伴（类）　　　　　　好　　是
他是我的好伙伴。

（3）个称名词能受表示限制性的名词修饰，而类称名词不能。例如：

kha⁽³¹li³¹ a³¹na³¹（*a³¹na³¹a³¹khja⁵⁵）ʒai⁵⁵ ŋa³¹ ai³³. 是疟疾病。
疟疾　　　病　　　疾病（类）　　　是（貌）（尾）

tʃã³¹khʒai³³ mau³¹mji³¹（*mau³¹mji³¹mau³¹sa³³）ʒe⁵¹.
孤儿　　　故事　　　故事（类）　　　　　　是
（这）是孤儿的故事。

tai³³ kǎ³¹thoŋ³¹ niŋ³¹po³³（*niŋ³¹po³³niŋ³¹la³¹）wa³³ ʒe⁵¹.
那　寨子　　首领　　　首领（类）　　　者　是
是那寨子的首领。

类称名词不能受数量词、指代词、形容词和表示限制性的名词的修饰，是因为它所指示的名词是成类的、概括的，而不是具体的、个别的，就是说与语义的特点、认知的特点有关。类称名词与个称名词在句法上相同的特点也有不少，主要是：都能做句子的主语、宾语，并能做修饰语、时间地点状语以及领属性修饰语的中心语。但类称名词的使用范围较窄。例如：

1. 做主语

n³¹ʃuŋ³³tɐ³³ tu³¹ tʃaŋ³³ lǎ³¹mji⁽³¹lǎ³¹man⁵⁵（lǎ³¹mji⁽³¹）tʃe³³ mǎ³¹tʃi̠⁽⁵⁵ ai³³.
冬季　　 到 的话 关节（类）　　　关节　会 疼　（尾）
到冬天关节会疼。

kǎ³¹juŋ³³kǎ³¹tʃan³³（kǎ³¹juŋ³³）ko³¹ joŋ³¹ kham³³tʃa³³ ŋa³¹ma⁽³¹ai³³.
兄弟姐妹（类）　兄弟　（话）都　健康　（貌）（尾）
兄弟姐妹都健康。

lă³¹phum³¹lă³¹pho³³(lă³¹phum³¹)n³³kuŋ³¹ ai³³. 手脚不灵。
手脚（类）　　　　上臂　　不强　　（尾）

a³¹ʒon³¹a³¹lai³¹(a³¹ʒon³¹)n⁵⁵kǎ³¹tʃa³³ ai³³ mǎ³¹ʃa³¹ʒe⁵¹.
作风（类）　　　行为　　不　好　　的　人　是
是作风不好的人。

a³¹ŋo³³a³¹ŋam³¹(a³¹ŋam³¹)ko³¹ pha³³ ti³³ na³³?
剩下的（类）　　剩的　　（话）什么　做　将要
剩下的做什么？

2. 做宾语

kin⁵⁵ʃaʔ²⁵⁵laʔ³¹ʃaʔ²⁵⁵(kin⁵⁵ʃaʔ²⁵⁵)khum³¹ tsuŋ³³ muʔ³¹!
丑话（类）　　　　丑话　　别　说　（尾）
你们别说丑话！

ʃă³¹pʒi³¹ʃă³¹pʒai³³(ʃă³¹pʒai³³)thu³³ja³³na³³kuŋ⁵⁵?
报酬（类）　　　　报酬　　付　给　将要　吗
要付给报酬吗？

ʃi³³ ko³¹pǎ⁵⁵muŋ⁵¹pǎ³³man³¹(pǎ⁵⁵muŋ⁵¹)tʃe³³ ai³³ wa³³ ʒe⁵¹.
他（话）道理（类）　　　道理　　知道　的　者　是
他是懂道理的人。

n³³tai³³ ko³¹ sǎ³¹lu³³sǎ³¹lat³¹(sǎ³¹lat³¹)pʒu³³n³¹na⁵⁵luʔ³¹ai³³ʒe⁵¹.
这　（话）汗水（类）　　汗　出　之后　有　的　是
这是用汗水换来的。

tai³³ lam³³ ko³¹ n³¹pot³¹n³¹phaŋ³³(n³¹pot³¹)tam³³ ʒaʔ³¹ ai³³.
那　事　（话）根源（类）　　　根　找　要（尾）
这事要找根源。

naŋ³³ a³¹khjiŋ³³a³¹teŋ³¹(a³¹khjiŋ³³)khum³¹ lă³¹phot³¹ kau⁵⁵ uʔ³¹!
你　光阴（类）　　时间　　别　浪费　掉（尾）
你别浪费光阴！

### 3. 做修饰语

mǎ³¹naŋ³³ ʃă³¹ta²³¹n³¹su³¹n³¹non⁵⁵ ( n³¹su³¹ ) mjit³¹n³³mai³³ʒoŋ³³ai³³.
朋友　　互相　　妒忌（类）　妒忌　思想 不 可 以 有（尾）
朋友之间彼此不可有妒忌之心。

mǎ³¹lom⁵⁵mǎ³¹lam⁵⁵ ( mǎ³¹lom⁵⁵ ) tʃum³¹muŋ³¹kun³³u²³¹!
万一需要的（类）　万一需要的　盐　也　带（尾）
你把万一需要的盐也带上！

a³³tʃi³³a³³woi³³ ( a³³tʃi³³ ) a²³¹ka̠³¹mǎ³¹tat³¹ʒe⁵¹. (这)是长辈的遗嘱。
长辈（类）　　　祖父　的　遗嘱　　是

lă³¹pau⁵⁵lă³¹ʒa³³ ( lă³¹pau⁵⁵ ) lai³¹ka̠³³puk³¹ʒe⁵¹. (这)是历史书。
历史（类）　　　历史　　书　本 是

### 4. 做时间、地点状语

tai³¹ni⁵⁵ tai³¹na²⁵⁵ ( tai³¹ni⁵⁵ ) ʃa⁵⁵ na⁵⁵ ko³¹ lu³¹ ai³³. 目前吃的还有。
目前（类）　　今天　　　吃 的 （话）有（尾）

kǎ³¹loi⁵⁵n⁵⁵thoi⁵⁵ ( kǎ³¹loi⁵⁵ ) muŋ³¹ khum³¹ mǎ³¹lap³¹ ka̠u⁵⁵ u²³¹!
任何时候（类）　何时　　也　别　忘记　掉（尾）
（你）任何时候也不要忘记！

mǎ³¹liŋ³³mǎ³¹la³¹ ( mǎ³¹liŋ³³ ) ko²⁵⁵ tu³¹sat³¹tu³¹mjen⁵⁵ lo²⁵⁵ tik³¹ ai³³.
大森林（类）　森林　里　野兽（类）　　多 极（尾）
大森林里野兽很多。

ʃiŋ³¹tʃut³¹ʃiŋ³¹no³³ ( ʃiŋ³¹tʃut³¹ ) khan⁵⁵ tam³³ ju³³ u²³¹!
角落（类）　　　角落　　一带 找 看（尾）
（你）在角落到处找找看！

### 5. 做领属性修饰语的中心语

muŋ⁵⁵mǎ³¹ʃa³¹ a²³¹ a³¹kju̠⁵⁵a³¹ʒa³³ ( a³¹kju̠⁵⁵ ) mǎ³¹kop³¹mǎ³¹ka³³
人民　　　的　利益（类）　　利益　　保护

ʒa⁷³¹ ka⁷³¹ai³³.
要　（尾）
我们要保护人民的利益。

n⁵⁵ta̱⁵¹ mă³¹ka̱u³³mă³¹jaŋ³³（mă³¹ka̱u³³）khan⁵⁵ nam³¹si³¹phun⁵⁵
房屋　附近（类）　　　　附近　　一带　果子　树
kʒai³¹tu̱³³ŋa³¹ ai³³.
很　长（貌）（尾）
房屋的附近有许多果树。

ʃi⁷⁵⁵ a⁷³¹ lă³¹phum³¹lă³¹pho³³（lă³¹phum³¹）n³³ ku̱ŋ³³ ai³³.
他　的　手脚（类）　　　　上臂　　不　强　（尾）
他的手脚不灵活。

pʒat³¹ʃiŋ³¹ʒa³¹ a³¹sat³¹a³¹sa³³（a³¹sat³¹）kă³¹tʃa³³ ai³³.
社会　　　　秩序（类）　行为　好　（尾）
社会秩序好。

### 1.4.3 类称范畴形成的条件

类称范畴形成的条件，既有内部的，又有外部的。

（1）从认识规律上看，景颇语的名词形成类称范畴是在认识事物类别的基础上逐渐形成的。

（2）景颇语类称范畴的构成，带有这一民族对客观世界的认识特点。能构成类称范畴的名词，是以景颇族的社会生活条件、认识特点为依据的，即富有民族性。不是所有的个称名词都能构成类称名词，而只有那些在景颇族看来能扩大成类并存在多种类的名词才能构成类称名词。例如：nam³¹si³¹ "水果"包括各种类别，可以构成nam³¹si³¹nam³¹so³³ "水果"（类称）；mau³¹mji³¹mau³¹sa³³ "故事"（类称）是由一个个mau³¹mji³¹ "故事"构成的。但ʃat³¹ "饭"、n³³ku³³ "米"、

kui$^{31}$ "狗"、kum$^{31}$ʒa$^{31}$ "马"等不能构成类称名词。

（3）类称范畴的形成有其语音条件。能构成类称名词的主要是双音节名词。单音节和两个音节以上的名词大多不能构成类称名词。只有少数几个单音节名词能构成类称名词。就多数情况而言，即使是语义上有需要，语音上不合要求，也构不成类称名词。

类称范畴之所以选用四音节词的语法形式，是由景颇语的语音特点决定的。景颇语的词以双音节为主，特别是名词，双音节词的比例更大。

景颇语这种个称和类称的对立，在其他词类中也有反映。如泛指动词也是一种类称的性质。泛指动词有 ʒai$^{31}$、ti$^{33}$、ŋa$^{33}$、ŋu$^{55}$、ʒe$^{33}$ 等五个，其意义具有泛指、类称的特点。它不具体指某种动作行为，而能随不同的语言环境分别指明各种不同的动词意义。这就是说，类称范畴虽在名词中比较丰富，但在别的词类中也有反映。这种表义特点跟分析型语言的表义需要有关。（详见后文的"泛指动词"）

## 1.5　名词的双音节化

### 1.5.1　名词存在双音节化倾向

双音节化是景颇语语音结构中高于音素的一个语音特点。现代景颇语的语音构造存在双音节化的倾向，在名词上的表现最为突出。

景颇语的名词双音节词占多数。有的单音节词或三音节词，还可以自由变读为双音节词。例如：

| ta̰$^{ʔ55}$ | lă$^{31}$ta̰$^{ʔ55}$ | 手 |
| mai$^{31}$ | n$^{31}$mai$^{31}$ | 尾 |
| tḭ$^{ʔ31}$ | n$^{31}$tḭ$^{ʔ31}$ | 锅 |

| | | |
|---|---|---|
| ka̠ʔ⁵⁵ | n³¹ka̠ʔ⁵⁵ | 竹篮 |
| ŋi̠au³³ | lă³¹ŋi̠au³³ | 猫 |
| lam³³lă³³mo³³ | lam³³mo³³ | 大路 |
| ʃă³³kau³³khje³³ | kau³³khje³³ | 洋葱 |

景颇语内部机制存在双音节化的倾向，是由语音、语法、语义等的历史演变特点构成的。但双音节化倾向又会反过来制约语音、语法、语义的特点及其演变。研究名词，必须研究双音节化的构造及历史来源，否则就无法认识名词的特点。

### 1.5.2 名词双音节词的来源

名词双音节词主要有三个来源：

1. 来自古代带复辅音声母的单音节词

藏缅语的历史比较语言学研究成果认为，古代藏缅语曾有过丰富的复辅音声母，后来出现了向单辅音声母演变的趋势。在现今的语言里，有的语言（如嘉戎语、羌语、道孚语等语言）还保留了复辅音声母，而有的语言只有单辅音声母，没有复辅音声母（如彝语、哈尼语、载瓦语等语言）。从景颇语与亲属语言的比较中能够看到，景颇语有不少双音节词的前一音节，在亲属语言里与复辅音声母的前一辅音对应。据此可以推测，景颇语双音节词的前一音节是由古代复辅音声母的前一辅音演变而成的。其演变轨迹是：原先的复辅音声母的前一辅音与后一辅音分离后，加上元音构成一个新音节，使原来的单音节词变为双音节词。景颇语由此来源的双音节词，前一音节均读为弱化音节，即半个音节。两个音节合在一起是"一个半音节"。一个半音节是景颇语语音的一个重要的特征。例如：

景颇语　　　　藏缅语　　　　　　　　　　　汉义
lă³¹ko³³　　道孚 ʂko，却域 ʂko⁵⁵，贵琼 ŋga⁵⁵　脚

ʃă³¹kʒi³¹    羌 xtʂə,    道孚 skrə,    扎坝 ʂtʂʌ¹³    胆
tʃă⁵⁵khji⁵⁵  藏 rgja,    羌 ɕtɕɛ,    普米 stʃə⁵⁵    麂子
ʃă³¹ʒam³³    藏 sram,   道孚 ʂsəm,   却域 ʂsɛ⁵⁵    水獭
lă³¹pu̯³³    藏 sbrul                              蛇

在其他词类中也有这种对应。例如：

景颇语    藏缅语                                          汉义
mă³¹sum³³ 藏 gsum, 羌 khsə, 道孚 xsu                      三
mă³¹li³³  藏 bʑi, 羌 gzə, 道孚 rlʒə                       四
tʃă³¹khu³¹ 藏 dgu, 羌 zguəŋ, 普米 zgiɯ⁵⁵, 道孚 ngə        九
kă³¹ŋau³³ 藏 rŋo  道孚 rŋo                              炒
mă³¹tut⁵⁵ 藏 bstud 羌 zdə  嘉戎 kɐmthəp                接

与藏缅语中复辅音声母已全部消失或部分消失的语言相比，景颇语的双音节词在这些语言里则与单辅音的单音节词对应。例如：

景颇语    藏缅语                                          汉义
lă³¹mu³¹  却域 mu⁵⁵, 独龙 mu⁽ʔ⁾⁵⁵, 缅 mo⁵⁵, 怒 mu⁵⁵    天
n̩³¹sa⁽ʔ⁾³¹ 吕苏 se⁵⁵, 载瓦 so⁽ʔ⁾⁵⁵, 哈尼 sa³¹, 纳西 sa⁵⁵  气
n̩³¹tu̯k⁵⁵ 羌 duə, 普米 tu¹³, 嘉戎 tək, 怒 du³³          毒

**2. 来自复合词构词法**

景颇语有部分双音节词是由两个词根组成的复合词，这类复合词的构词方式是能产的，是丰富双音节词的一个重要手段。例如：

tʃoŋ³¹ma³¹      学生            sai³¹lam³³    血管
学校 孩子                        血   路
ma³¹pau³³      养子             kha⁽ʔ⁾³¹la⁵⁵  饮水沟
孩子养                          水 拿

有些双音节复合词是由一个双音节词和一个单音节词复合而成的。在构词时，双音节词省去了一个音节。例如：

（lǎ³¹）pu³³mut⁵⁵　灰蛇　　　（mǎ⁵⁵）tʃap³¹khje³³　红辣椒
　　蛇　灰　　　　　　　　　　辣椒　红

（lǎ³¹）pu³¹tʃaŋ³³　黑裤　　　（mǎ³¹）khʒai³¹noi⁵⁵　吊桥
　　裤　黑　　　　　　　　　　桥　吊

（n³¹）luŋ³¹tin³¹　小圆石　　（n³¹）kjin³¹li³¹　黄瓜种
　　石　圆的　　　　　　　　　黄瓜　种

复合词中的前一词素有的出现了语法化，变为弱化音节，有的还发生不同音节聚合为同一音节的现象。例如：

n³¹kaʔ⁵⁵　　　谷囤（n³¹ 由 mam³³ "谷"语法化而成）
谷　囤

wǎ³³ man³³　　门牙（wǎ³³ 由 wa³³ "牙"语法化而成）
牙　面前

wǎ³³ phʒa³³　　玉米地（wǎ³³ 由 khai⁵⁵nu³³ "玉米"语法化而成）
玉米　地

wǎ³³phaŋ³³　　竹丛（wǎ³³ 由 kǎ⁵⁵wa⁵⁵ "竹子"语法化而成）
竹　丛

wǎ³³khje³³　　黄牛（wǎ³³ 由 ŋa³³ "牛"语法化而成）
牛　红

wǎ³¹khje³³　　黄鱼（wǎ³¹ 由 ŋa⁵⁵ "鱼"语法化而成）
鱼　红

**3. 来自合成词构词法**

这种构词法如名词、形容词、状词等词根加前缀构成双音节名词。前缀中，有的起语法意义的作用（改变词性、增加语法意义等），有的改变词汇意义。起语法意义的如：

khut³¹　　　熟　　　　tʃã⁵⁵khut³¹　　　熟的

tʃan⁵⁵　　　多余　　　tʃã⁵⁵ tʃan⁵⁵　　　多余的

khje³³　　　红　　　　a³³khje³³　　　红的

| | | | |
|---|---|---|---|
| phʒo³¹ | 白 | a³¹phʒo³¹ | 白的 |
| poŋ³³ | 鼓出 | kin³¹poŋ³³ | 田埂 |
| tʃim⁵⁵ | 尝 | mă³¹tʃim⁵⁵ | 经验 |
| tʃui³³ | 缝 | mă³¹tʃui³¹ | 线缝 |
| tʃoʔ³¹ | 聚拢状 | kin³¹tʃoʔ³¹ | 中心、中央 |

改变词汇意义的如：

| | | | |
|---|---|---|---|
| sin³¹ | 内脏 | mă³¹sin³¹ | 心（指思想感情） |
| ʃa⁵¹ | 儿子，女儿 | mă³¹ʃa³¹ | 人 |
| kjaŋ³³ | 脾气 | a³¹kjaŋ³³ | 脾气；态度 |
| koŋ³¹ | 身体 | a³¹koŋ³¹ | 身材 |
| ta̠ʔ⁵⁵ | 手（用于专指） | lă³¹ta̠ʔ⁵⁵ | 手①（用于泛指） |

**4. 来自文学语言如唱词、诗歌等谐音的需要**

有的双音节词因文学语言如唱词、诗歌等谐音的需要，由单音节名词加上 a³¹/⁵⁵ 前缀构成双音节名词。例如：

| 一般口语 | 文学语言 | 汉义 |
|---|---|---|
| phun⁵⁵ | a³¹phun⁵⁵ | 树 |
| kom³³ | a³¹kom³³ | 杯子 |
| mji ʔ³¹ | a³¹mji ʔ³¹ | 眼睛 |
| lai³¹ | a³¹lai³¹ | 伎俩 |
| phʒo⁵⁵ | a⁵⁵phʒo⁵⁵ | 容貌 |

### 1.5.3 名词双音节化的前一音节聚合

景颇语双音节名词的第一个音节来源于不同的渠道，但在演变过

---

① 国外有的著作错误地把 lă³¹taʔ⁵⁵ "手" 中的 lă³¹ 认为是词根，与彝缅语表 "手" 义的 l- 确立对应关系。其实，彝缅语表 "手" 义的 l- 是与景颇语的 taʔ⁵⁵ 对应的。还有别的对应词可以证明。

程中，出于各种需要，如语言表达的经济原则、语音形式的类推等，出现音节聚合现象。音节聚合是语音简化的一种，是语音形式从繁到简的过渡阶段出现的一种音变现象。这种现象的出现是由景颇语本身的双音节化的特点决定的。

所谓音节聚合，是指同一音节形式有不同的来源，能表示众多的意义。如 n 音节就是由表示多种意义的词聚合而来的：n³³nau³³ "弟弟（第二人称）" 的 n³³，由 naŋ³³ "你" 弱化变来，n³³khje³³ "红谷" 的 n³³，由 mam³³ "谷子" 变来，n³¹pɻo⁷³¹ "岔路口" 的 n³¹，由 lam³³ "路" 变来。

从来源上看，聚合为相同语音形式的音节主要有以下几种来源：实词、虚词、复辅音的前一辅音、起配音作用的音节、分析不出意义的音节等。其中，有的音节还保留原有的读法，原读音与聚合后的读音形成两读；有的音节只有聚合后的读音，原读音已消失。

以 n（可变读为 niŋ）为例，它有以下几个来源：

一是来自实词的，主要是鼻音音节（声母或韵尾是鼻辅音 ŋ）。例如：sum³¹ "铁" 简化为 n（sum³¹ 已不单用，只出现在复合词中，如 sum³¹tu³³ "铁锤"，单用时是 phʒi³¹ "铁"）。例如：

n³¹tup⁵⁵ 秃刀　　　　　n³¹ ʃi³¹ 小刀
铁 秃　　　　　　　　铁 小

mam³³ "谷子" 简化为 n（mam³³ 在有的土语里读为 ma³³）。例如：

n³³khje³³ 红谷　　　　　n⁵⁵sa⁵¹ 陈谷
谷 红　　　　　　　　谷 旧

naŋ³³ "你" 简化为 n（只出现在亲属称谓名词之前，表示该亲属称谓属第二人称，近似前缀）。例如：

n⁵⁵wa⁵¹ 你父亲　　　　　n⁵⁵nu⁵¹ 你母亲
你 父　　　　　　　　你 母

lă³¹mu³¹ "天"简化为 n（lă³¹mu³¹ 的词根是 mu³¹）。例如：

n⁵⁵sin⁵⁵ 黑天　　　　　　n³¹phoŋ⁵⁵ 晴天
天 黑　　　　　　　　　天 晴

n³¹kup³¹ "嘴"简化为 n。例如：

n³¹pjet³¹ 瘪嘴　　　　　　n³¹ʃo⁷³¹ 翘嘴
嘴 瘪　　　　　　　　　嘴 翘

来自前缀的，由前缀 n 与动词或形容词词根一起构成名词。例如：

n³¹ʃoŋ³³ 带头人　　　　　n³¹pjo³³ 悦耳的
　先　　　　　　　　　　悦

有一些是与名词词根一起构成意义相关的名词的。例如：

n³¹sam⁵⁵ 威风　　　　　　n³¹phʒo⁵⁵ 容貌（用于死人）
　颜色　　　　　　　　　　貌

有的词加 n 后意义不变，与不加的构成自由变读。例如：

pha³³ ～ n³³pha³³ 什么　　mai³¹ ～ n³¹mai³¹ 尾巴

（有关双音节词的音节聚合，将在构词法一章中详述。这里只做简单介绍。）

## 1.6　景颇语方位词"里、处"的虚实两重性

景颇语里的方位词有 ko⁽⁵⁵⁾、e³¹、te⁷³¹、tha⁷³¹、khu³³ 等 5 个，用在名词、代词后表示"里、处"义。翻译汉语的"里、处"义时多用这 5 个词与之对应。这类词使用频率很高。如何确定它的词性，我们曾反复推敲，有时认为是属于名词的方位词，有时又认为是结构助词。① 这类词究竟是由带有实词义的方位词虚化而来还是由原来的关

---

① 在《景颇语语法》一书里，我和徐悉艰曾把 e³¹、tha⁷³¹ 视为状语助词。该书 1992 年 5 月由中央民族大学出版社出版。

系助词词汇化而成的，尚难判定，成为一个有待进一步研究的问题。在《景颇语方位词"里、处"的虚实两重性》一文中，我认为其是具有虚实两重性的方位词，是"两栖词"。[①] 本节还使用这一论点。

下面，就这类词的虚实两重性的特点做些具体分析，并兼论景颇语语法分析中必须使用的"跨性"原则。

### 1.6.1 方位词"里、处"的实词性

（1）表示实词义的"里、处"，主要用在名词、代词之后构成名词性短语，表示某种特定的方位（表1-1）。例如：

表1-1 景颇语方位词列表

|  | n$^{55}$ta$^{51}$ | 家 | n$^{33}$tai$^{33}$ | 这 |
| --- | --- | --- | --- | --- |
| ko̰$^{755}$ | n$^{55}$ta$^{51}$ko̰$^{755}$ | 在家里 | n$^{33}$tai$^{33}$ko̰$^{755}$ | 在这里 |
| e$^{31}$ | n$^{55}$ta$^{51}$e$^{31}$ | 在家里 | n$^{33}$tai$^{33}$e$^{31}$ | 在这里 |
| te$^{731}$ | n$^{55}$ta$^{51}$te$^{731}$ | 从家里 | n$^{33}$tai$^{33}$te$^{731}$ | 从这里 |
| tha$^{731}$ | n$^{55}$ta$^{51}$tha$^{731}$ | 在家里面 | n$^{33}$tai$^{33}$tha$^{731}$ | 在这里面 |
| khu$^{33}$ | n$^{55}$ta$^{51}$khu$^{33}$ | 从家（方向） | n$^{33}$tai$^{33}$khu$^{33}$ | 从这（方向） |

例句：

ma$^{31}$n$^{55}$ta$^{51}$ko̰$^{755}$ŋa$^{31}$ma$^{731}$ai$^{33}$.　　　　孩子们在家里。
孩子家　里　在（尾）

ʃi$^{33}$tai$^{33}$ko̰$^{755}$jup$^{55}$ŋa$^{31}$ai$^{33}$.　　　　他睡在那里。
他　那　里　睡　在（尾）

tʃoŋ$^{31}$ma$^{31}$ni$^{33}$joŋ$^{31}$ʃiŋ$^{31}$nip$^{31}$kǎ$^{31}$ta$^{31}$e$^{31}$tuŋ$^{33}$ka$^{731}$!
同学　们　都　树荫　下　处 坐（尾）

同学们都在树荫下坐吧！

---

[①] 该文载《民族语文》1998年第6期。

ʃi³³pum³¹e³¹ŋa³¹ai³³.　　　　　　他在山上。
他　山　处　在（尾）

nṵ⁵¹ n⁵⁵ta⁵¹te⁷³¹wa³¹mat³¹sai³³.　　母亲回家了。
母亲　家　里　回（貌）(尾)

an⁵⁵the³³tʃoŋ³¹te⁷³¹sa³³ka⁷³¹!　　我们去学校吧！
我们　学校　处　去（尾）

sǎ³¹poi⁵⁵tha⁷³¹paŋ³³tat³¹u⁷³¹!　　(你)放在桌子里面吧！
桌子　里　放　上（尾）

wo⁵⁵ʒa³¹tha⁷³¹ko³¹n⁵⁵mai³³paŋ³³ai³³.　那里面不可以放。
那　　里（话）不可以放　（尾）

mo³³to³³lam³³khu³³khom³³ka⁷³¹!　(我们)顺汽车路走吧！
汽车　路　方向走　　（尾）

kǎ³¹ʒa³¹khu³³sa³³a⁷³¹ni⁵¹?　　　　(你)从哪儿去?
哪儿　方向去（尾）

（2）虽然 ko⁷⁵⁵、e³¹、te⁷³¹、tha⁷³¹、khu³³ 等词都当"里、处"讲，基本用法也相同，但在语义、语法上还存在一些差异。主要是：

e³¹ 和 tha⁷³¹ 还能放在时间名词的后面，表示在某段时间内。例如：

mǎ³¹nap³¹e³¹khau³³na³¹te⁷³¹sa³³sai³³.　(他)清晨就去水田了。
清晨　里 水田　里 去（尾）

khjiŋ³³mǎ³¹sum³³tha⁷³¹ʒot³³ka⁷³¹!　（我们）三点钟起来吧！
点钟　三　　里　起（尾）

e³¹ 和 ko⁷⁵⁵ 虽都表示方位，但 e³¹ 表示大块的方位，而 ko⁷⁵⁵ 则表示小块的方位，如 muŋ³¹kan³¹（世界）e³¹ "世界上"、pum³¹（山）e³¹ "山里"，一般用 e³¹。而方位较小的则用 ko⁷⁵⁵。如 tʃiŋ³³kha³³lam³³（门）ko⁷⁵⁵ "门口"、sǎ³¹poi⁵⁵（桌子）ko⁷⁵⁵ "桌子上"，一般用 ko⁷⁵⁵。但二者在与一些词的配合上则无截然的界限，可以换用。例如：

ʃi³³n⁵⁵ta̠⁵¹ko̠ʔ⁵⁵(e³¹)ŋa³¹ai³³.　　　　他在家里。
他　家　　里　　里　在（尾）
kǎ³¹ʒa³¹ko̠ʔ⁵⁵(e³¹)tsap⁵⁵ŋa³¹a³¹ni⁵⁵? （他）站在哪儿?
哪儿　　里　　里　站　在（尾）

te²³¹ 多与 sa³³ "去"、wa³¹ "来"、juʔ⁵⁵ "下"、luŋ³¹ "上" 等位移动词相结合，表示欲往之方位。例如：

tʃoŋ³¹te²³¹sa³³wa³¹ sai³³.　　　　（他）上学校去了。
学校　里　去（貌）（尾）
pum³¹lǎ³¹ko³³te²³¹juʔ⁵⁵wa³¹sai³³.　（他）下山脚了。
山　脚　　里　下（貌）（尾）

tha²³¹ 表示在某个方位或某个时间内。例如：kha²³¹(河)tha²³¹ "河里面"、lǎ³¹ni⁵⁵mi³³tha²³¹ "某一天里"、tai³³tha²³¹ "那里面"。

khu³³ 表示的方位是动作行为的"方向"，是沿着这一方向施行动作行为的。其语义特点与另外几个略有不同。除指某一方向的处所之外，还引申指"按……方式"。例如：

tai³³khu³³sa³³ uʔ²³¹!　　　　（你）往这个方向去吧!
这　方向 去 （尾）
mo³³to³³khu³³sa³³ kaʔ²³¹!　　（我们）乘汽车去吧!
汽车　方式 去 （尾）

(3) 景颇语方位词除了能放在名词、代词之后表示方位或时间外，还能单独受动词、形容词的限制做句子成分的中心语。这时，其名词性就更明显了。例如：

ʃi³³ŋa³¹ai³³ko⁵⁵sa³³tʃai³³ uʔ²³¹!　（你）到他住的地方去玩吧!
他 在 的 处 去 玩 （尾）
nu⁵¹ sa³³ai³³khu³³ta̠m³¹ uʔ²³¹!　（你）按母亲去的方向找吧!
母亲 去 的 方向 找　（尾）

tso³¹ai³³ko⁵⁵tsap⁵⁵ u²³¹!　　　　　（你）站在高处吧!
高　的 处　站　（尾）

ʃi³³ʃã⁵⁵lo⁵¹tsan³³ai³³te²³¹sa³³a³¹kha³³!　他去那么远的地方!
他 那么　远　的 处 去（尾）

kǎ³¹pa³¹ai³³tha²³¹paŋ³³u²³¹!　　　　（你）放在大的里面!
大　　的 处 放 （尾）

te²³¹ 和 tha²³¹ 还能作为名词词根加前缀后构成合成词。这里的 te²³¹ 和 tha²³¹ 已具有比较实在的意义。例如：

kǎ³¹ te²³¹　哪里　　n⁵⁵ te²⁵⁵　这里　　lǎ³¹ tha²³¹　上面
（前）里　　　　（前）里　　　　　（前）里

te²³¹ 和 e³¹ 还能与方位词 ʃoŋ³³ "前"、phaŋ³³ "后" 结合成合成词。例如：

ʃoŋ³³te²³¹　前面　　phaŋ³³te²³¹　后面
前　处　　　　　　后　处

ʃoŋ³³e³¹　从前　　phaŋ³³e³¹　后来，以后
前　处　　　　　　后　处

这类合成词还能单独用于句子之外，与句中的动词距离很远，显然具有实词词根的性质。例如：

ʃoŋ³³te²³¹ŋai³³ ko³¹ tʃoŋ³¹ma³¹ lǎ⁵⁵ŋai⁵⁵ mi³³ ʒe²⁵⁵.
从前　我 （话）学生　　　一　　　一　是
从前我是一个学生。

phaŋ³³e³¹ ʃi³³pha³³kǎ³¹lo³³jaŋ³¹ŋai³³ muŋ³¹pha³³kǎ³¹lo³³na³³n³¹ŋai³³.
以后　他 什么 做　的 话 我 也　什么 做　　要　（尾）
以后他做什么我也做什么。

（4）在有的语境中，这些词还能像其他的名词、代词一样重叠。重叠后表示强调，若与疑问代词结合，重叠表示多数（不同于景颇语

虚词的重叠）。例如：

    kă³¹ʒa³¹ko̠ʔ⁵⁵ko̠ʔ⁵⁵sa³³n³¹ni⁵¹?　　　（你）去哪些地方呢？
    哪儿　里　里　去（尾）
    kă³¹ʒa³¹teʔ³¹teʔ³¹sa³³ju³³aʔ³¹ni⁵¹?　　　（你）去过哪些地方？
    哪儿　处　处　去　过（尾）
    tai³³să³¹poi⁵⁵thaʔ³¹thaʔ³¹na⁵⁵ko³¹　ŋie⁷⁵⁵　aʔ³¹khʒai³³ʒe⁵¹.
    那　桌子　里　里　的（话）我的　的　全　是
    那桌子里的全是我的。

除了 e³¹ 外，都能与表示范围的定语助词 na⁵⁵ "的" 结合，构成"的"结构作为句子成分使用。例如：

    n³³tai³³wa⁵⁵ko³¹　kă³¹ʒa³¹kă³¹thoŋ³¹ko̠ʔ⁵⁵na⁵⁵ʒeʔ⁵⁵?
    这　人（话）哪　寨　里　的　是
    这个人是哪个寨子的？
    kă³¹ʒa³¹teʔ³¹na⁵⁵ʒe⁵⁵?　　　　　　　是哪里的？
    哪　里　的　是

（5）这些词虽然都有实词的特点，但在不同的语境里，实词的意义强弱不同。一般说来，当它作为句子的中心成分时，实词性最强，表示实实在在的方位义，如下例 A、B；而当放在方位名词之后、动词之前时，实词意义较弱，如下例 C、D。

    A. ʃi³³ŋa³¹ai³¹ko̠ʔ⁵⁵sa³³tam³³uʔ³¹!　　　（你）到他的住处找吧！
       他　在　的　处　去　找　（尾）
    B. kʒai³¹tsaŋ³³ai³³teʔ³¹ŋa³¹ai³³.　　　（他）在很远的地方。
       很　远　的　处　在（尾）
    C. n⁵⁵khuʔ⁵⁵ko̠ʔ⁵⁵ŋa³¹ŋa³¹ai³³ko³¹joŋ³¹ʃa⁵⁵ju³³mă³³sai³³.
       屋　处　在　在　的（话）　都　吃　过（尾）
    在屋里的人都吃过了。

D. naŋ⁵¹te⁷³¹sa³³u⁷³¹!　　　　　　（你）来这里吧！
　　这里　处　来（尾）

（6）这些方位词虽与其他名词有着一些共同的特点，但也存在一些重要差异。主要的差异是：① 一般不能单独做句子成分。其功能主要是附在名词、代词后当补充成分，还能受动词、形容词的修饰当名词性短语的中心成分。② 不能受数量词的修饰。③ 不能当定语使用。由于主要做名词、代词的补充成分，而不当句子的主要成分，这大概是它容易发生虚化的原因之一。

### 1.6.2 方位词"里、处"的虚词性

"里、处"主要放在名词、代词之后组成状语性的短语，具有关系助词的功能。

（1）这类词在句中出现，不是为了表达实在意义的需要，而是为了语法结构的需要。如下面几个句子的"里、处"，前面名词的表义可有可无，不加也不影响意义的表达，但在语法结构上则是必不可少的：

naŋ³³khau³³na³¹te⁷³¹sa³³u⁷³¹!　　　你去水田吧！
你　水田　　处　去（尾）

ŋai³³pe³¹kjin³¹ko⁷⁵⁵ŋa³¹ŋa³¹n³¹ŋai³³.　　我在北京。
我　北京　　处　在（貌）（尾）

ʃi³³ko³¹　tʃoŋ³¹　e³¹　ŋa³¹ai³³.　　他在学校。
他（助）学校　处　在（尾）

当名词、代词修饰动词时，如果没有"里、处"的配合就难以成句，或会使原义改变。如下面几个不加方位词的句子都是病句。

*ʃi³³n⁵⁵khu⁷⁵⁵(ko⁷⁵⁵)ŋa³¹　ŋa³¹　ai³³.　　他在屋里。
　他　屋　里　　在（貌）（尾）

\*ŋaŋ⁵⁵n³³tai³³kha⁷³¹(e³¹)ʒoŋ³³ma⁷³¹ai³³.　　这河里有鱼。
　鱼　这　河　处　有（尾）

\*kǎ³¹nau³³kǎ³¹phu³¹(tha⁷³¹)kʒau³³tset³¹ai³³. 弟弟比哥哥更勤快。
　弟弟　　哥哥　　处　更　勤快（尾）

有的句子，加不加"里、处"其结构性质发生了变化，句子意义也随之发生变化。下面各组例句，前一句是修饰关系，即"里、处"与前面的名词、代词组成修饰关系，后一句不加"里、处"，动词与前面的名词、代词组成支配关系。

① naŋ³³ʃi³³ko⁷⁵⁵ʃã³¹ʒin⁵⁵u⁷³¹!　　　　你向他学习吧！（修饰）
　你　他　处　教、学（尾）
　naŋ³³ʃi³³phe⁷⁵⁵ʃã³¹ʒin⁵⁵u⁷³¹!　　　　你教他吧！（支配）
　你　他（助）教、学　（尾）

② ʃi³³n⁵⁵ ta̱⁵¹te⁷³¹wa³¹sai³³.　　　　他回家了。（修饰）
　他　家　处　　回（尾）
　ʃi³³n⁵⁵ta̱⁵¹wa³¹sai³³.　　　　他回家了。（支配）
　他　家　回（尾）

③ ʃi³³tʃoŋ³¹te⁷³¹luŋ³¹sai³³.　　　　他上学校去了。（修饰）
　他　学校　处　上（尾）
　ʃi³³tʃoŋ³¹ luŋ³¹sai³³.　　　　他上学了。（支配）
　他　学校　上　（尾）

④ naŋ³³lai³¹ka³³tha⁷³¹paŋ³³toŋ³¹u⁷³¹!　　你放进书里吧！（修饰）
　你　书　里　放　进　（尾）
　naŋ³³lai³¹ka³³paŋ³³toŋ³¹u⁷³¹!　　你把书放进去吧！（支配）
　你　书　放　进　（尾）

例①的ʃã³¹ʒin⁵⁵有"学、教"二义，前加ko⁷⁵⁵时用"学"义，前加宾语助词phe⁷⁵⁵时用"教"义，用"里、处"还是用宾语助词决定义项的选择。例②、③的 te⁷³¹ 具有状语助词的作用，而不加 te⁷³¹ 则是支配关系。例④ 加 tha⁷³¹ 表示"在其中"，是修饰关系；而不加 tha⁷³¹ 则是支配关系，意思迥然不同。但也有一些句子，加不加"里、处"并不改变句子意义或句法结构，加了只起强调作用。例如：

ʃi³³ʃã³¹niŋ³³ʃã³¹ku³¹(e³¹)n⁵⁵ta̠⁵¹a⁵⁵wa⁵¹ŋa³¹ ai³³. 他每年老回家。
他 年 每 处 家 老回（貌）（尾）

tha⁷³¹ 也可用在表示人或动物的名词或代词的后面，表示前面的事情是被比较的对象，这也属于结构关系的语法意义。例如：

naŋ³³ʃi³³tha⁷³¹ kʒau³³tso̠³¹ n³¹tai³³.    你比他更高。
你 他处 更 高 （尾）

（2）"里、处"还能与别的虚词或副词构成复合词。例如：ko⁷⁵⁵ 和 n³¹na⁵⁵（助词）结合为 ko⁷⁵⁵n³¹na⁵⁵ "自……起"，tha⁷³¹ 和 kʒau³³（副词"更"）结合为 tha⁷³¹kʒau³³ "比……更"，tha⁷³¹ 和 lai³¹（除）n³¹na⁵⁵ 结合为 tha⁷³¹lai³¹n³¹na⁵⁵ "除……外"。例如：

n³³tai³³ko⁷⁵⁵n³¹na⁵⁵wo⁵⁵ʒa³¹tu³¹khʒa³¹teŋ³³mă³¹sum³³tsa̠n³³ai³³.
这 自起 那 到（貌）里 三 远 （尾）
从这里到那里有三里远。

ŋai³³naŋ³³tha⁷³¹kʒau³³phum³³ai³³.    我比你更胖。
我 你 比 更 胖 （尾）

kă³¹nau³³ko³¹kă³¹phu³¹tha⁷³¹kʒau³³tso³¹ai³³.    弟弟比哥哥更高。
弟弟 （话）哥哥 比 高 （尾）

naŋ³³ ʃi³³ tha⁷³¹ kʒau³³tso̠m³¹ n³¹tai³³.    你比他更美。
你 他 比 美 （尾）

an⁵⁵ tha⁷³¹lai³¹n³¹na⁵⁵jo̠ŋ³¹sa³³ka⁷³¹!    除我俩外都去吧!
我俩 除……外 都 去（尾）

### 1.6.3 方位词"里、处"虚实两重性的理论价值

揭示景颇语"里、处"的虚实两重性，对我们认识语言现象以及语言研究方法会有一些新的启示。

语言成分的跨类现象带有普遍性，在许多语言里多少都会有，跨类成分既可以是词，也可以是词素。但就多数情况而言，跨类的跨度不会太大。例如：藏缅语族许多语言的形容词（部分）能兼动词用；哈尼语的结构助词 ne$^{33}$ 既表示施动，又表工具、从由；景颇语的 ai$^{33}$ 既是句尾词，又是关系助词。实词与虚词的兼用，是跨度较大的一种兼类，是两种性质不同的词性融在一个词上。在景颇语里，虚实融为一体的还有一种称为"半实半虚语素"的。这种语素来自实词，但在合成词中语义已虚化，语音形式也随之发生了变化。半实半虚语素的虚化程度不一。虚化程度高的，说这种语言的人已辨不出其原义，很像前缀；虚化程度低的，既有实词特点，又有虚词特点。[①] 跨类现象是景颇语语法的一个重要特点，是由其分析性特点决定的，值得深入研究。

以分析性特点为主的语言，当不同的词根（或词）排列在一起时，往往会使其中处于弱势的词根（或词）出现虚化现象。这种变化，不仅仅是方位词，还可以找到许多。如"动词中心语＋貌词补充语"的语法结构，居于补充地位的貌词就出现一定程度的虚化。又如双音节复合词，前一个实词素也由于处于语音弱化的地位而容易虚化。景颇语的实词（或实词素）虚化，存在一个逐步扩散的过程，在其过渡阶段（或称中间阶段），虚化的成分有实又有虚，这就具有虚实两重性。虚实两重性的表现多种多样：有的是在有的语境中当实词

---

① 如 mă$^{31}$ʃe$^{55}$（岔）"岔路"、mă$^{31}$ju$^{255}$"下坡路"中的 mă$^{31}$ 由 lam$^{33}$"路"虚化而来，抽象化较高，景颇人已经感觉不出与 lam$^{33}$"路"的关系。n$^{33}$na$^{33}$"你姐姐"、n$^{55}$nu$^{51}$"你母亲"中的 n$^{55}$，来自 naŋ$^{33}$"你"，虚化程度较低，景颇人能意识到二者的联系。

用,在有的语境中当虚词用,有的语言成分就是半虚半实的;有的以实为主,有的以虚为主等。而当虚化过程完全结束时,"实"的一面便消失殆尽,只剩下虚的一面,两面性的特征随之消失。由此可以认为,虚实两重性是实词虚化的过程中出现的一个阶段,它打破了语言现象的单一属性,而使语言现象具有跨类属性。

方位词"里、处"兼有关系助词的属性,还与景颇语关系助词比较发达有关。与同语族的亲属语言比较,景颇语的关系助词比较丰富,使用频率较高。如表示修饰的关系的定语助词,既有表修饰关系的,又有表领属关系的,各用不同的词,而大多数亲属语言则不分或者不用。又如状语助词中表示施动与表示工具的,景颇语用不同的词,而哈尼、载瓦、缅等语言则用相同的词。由于景颇语需要较多的关系助词,因而就调动了各种手段从不同渠道来丰富这一类词,而由方位词"里、处"兼做关系助词则是其中的一个渠道。

语言是属于动态性质的,其演变始终处于不断增加新的特征、不断改变旧的特征的过程中,常常是新旧交替、不同属性同时存在。这就是说,语言现象的属性常常不是单一的,不同质的特征会融在一起,使一个事物既有这方面特征,又有那方面特点。由于语言现象存在"两栖"特征,因而在观察、分析语言现象的方法上就不能绝对化,而应采取"跨性"原则的方法。所谓"跨性"原则,就是要承认有许多语言现象是跨类的,因而不能用"单一"的眼光去看待每一种语言现象,不能硬性认为甲就不能是乙,乙就不能是甲,非此即彼,非彼即此。在分析方法上必须是多元的,即同时分析不同属性的特征,并揭示其二者的内在关系(包括现时的、历史的)。但在过去的藏缅语语法研究中,有时看到"绝对化""单一化"的分析方法,使得本来是活生生的语言现象被看成是"呆板的""僵化的"。这对藏缅语语法的深入研究是很不利的。

# 2 代词

景颇语的代词是代替名词、动词、形容词、副词和数量短语的词。按意义和功能，代词可以分为人称代词、指示代词和疑问代词三类。代词是词类中属于形态变化较丰富的一类词，在各类代词中都有不同形式的形态变化。

## 2.1 人称代词

景颇语人称代词有数范畴（单数、双数、多数）、格范畴（一般格、领格）。在有的人称上，书面语和口语有不同的形式。

### 2.1.1 人称代词的"数"

景颇语人称代词的数分单数、双数和复数，没有"性"的区别，也没有尊称。单数人称代词有一般格和领格的区别。第一人称的双数、复数和第二人称的双数以及第三人称的单数、双数、复数都有书面语与口语之分。第三人称除指人外还指事和物，即把事和物"人化"了。此外，还有反身代词和泛称代词（表2-1）。

表 2-1　景颇语人称代词列表

| 人称\数格 | | 第一人称 书面语 | 第一人称 口语 | 第二人称 书面语 | 第二人称 口语 | 第三人称 书面语 | 第三人称 口语 |
|---|---|---|---|---|---|---|---|
| 单数 | 一般格 | ŋai³³ 我 | ŋai³³ 我 | nan³³ 你 | naŋ³³ 你 | ʃi³³ 他、它 | khji³³ 他、它 |
| 单数 | 领格 | nje⁷⁵⁵ 我的 | nje⁷⁵⁵ 我的 | na⁷⁵⁵ 你的 | na⁷⁵⁵ 你的 | ʃi⁷⁵⁵ 他的 | khji⁷⁵⁵ 他的 |
| 双数 | | an⁵⁵ 我俩 | jan⁵⁵ 我俩 | nan⁵⁵ 你俩 | ni⁵⁵jan⁵⁵ 你俩 | ʃan⁵⁵ 他俩 | khan⁵⁵ 他俩 |
| 复数 | | an⁵⁵the³³ 我们 | jan⁵⁵the³³ 我们 | nan⁵⁵the³³ 你们 | naŋ⁵⁵the³³ 你们 | ʃan⁵⁵the³³ 他们、它们 | khan⁵⁵the³³ 他们、它们 |
| 反身代词 | | ti̠⁷⁵⁵naŋ³³ 自己 | | | | | |
| 泛称代词 | | ma³¹ʃa³¹ni³³ 别人、人家，joŋ³¹ 大家、全部 | | | | | |

领格的用法有两点要说明：

一是在领格人称代词后面，还能再加表示领属关系的关系助词 a⁷³¹ "的"，出现语义、语法形式重叠。加不加 a⁷³¹ 意义相同。例如：

不加 a⁷³¹ 式　　　　　加 a⁷³¹ 式

nje⁷⁵⁵ lă³¹pu³¹　　　nje⁷⁵⁵ a⁷³¹ lă³¹pu³¹　　　我的裤子
我的　裤子　　　　　我的　的　裤子

na⁷⁵⁵ lai³¹ka̠³³　　　na⁷⁵⁵ a⁷³¹ lai³¹ka̠³³　　　你的书
你的　书　　　　　　你的　的　书

ʃi⁷⁵⁵ kup³¹tʃop⁵⁵　　ʃi⁷⁵⁵ a⁷³¹ kup³¹tʃop⁵⁵　　他的帽子
他的　帽子　　　　　他的　的　帽子

用 a⁷³¹ 的结构，不用非领格的人称代词。下面的例子是不合法的：

*ŋai³³ a⁷³¹ lă³¹pu³¹ 我的裤子　*ʃi³³ a⁷³¹ kup³¹tʃop⁵⁵ 他的帽子
我　的　裤子　　　　　　　　他　的　帽子

\*naŋ³³ a⁽³¹ lai³¹ka³³ 你的书
你　的　书

二是单数第一、二人称的人称代词与亲属称谓名词结合做定语时，不用领格形式，第一人称用原式，第二人称加 n⁵⁵ 或 niŋ⁵⁵，n⁵⁵ 或 niŋ⁵⁵ 在这里已具有前缀的性质。例如：

| 第一人称 | 第二人称 | |
|---|---|---|
| ŋai³³nau³³　我弟弟 | n³³nau³³ 或　niŋ³³nau³³ | 你弟弟 |
| 我　弟弟 | 你 弟弟　　你 弟弟 | |
| ŋai³³na³³　我姐姐 | n³³na³³ 或　niŋ³³na³³ | 你姐姐 |
| 我　姐姐 | 你 姐姐　　你 姐姐 | |
| ŋai³³nu⁵¹　我母亲 | n⁵⁵nu⁵¹ 或　niŋ⁵⁵nu⁵¹ | 你母亲 |
| 我　母亲 | 你 母亲　　你 母亲 | |
| ŋai³³tsa̱⁵¹　我岳父 | n⁵⁵tsa̱⁵¹ 或　niŋ⁵⁵tsa̱⁵¹ | 你岳父 |
| 我　岳父 | 你 岳父　　你 岳父 | |

## 2.1.2　反身代词 ti̱⁽²⁵⁵naŋ³³

反身代词主要是用来泛指任何人，也用来复指句中已出现过的某人或某生物，但不能复指无生命的事物。反身代词在句中只能单独使用，不与名词或人称代词连用，在句中主要当主语、定语用，不能充当宾语、状语、补语。（状语由副词 nan³³ "亲自" 充当。）例如：

ti̱⁽²⁵⁵naŋ³³ n³³tʃe³³ai³³a³¹mu⁵⁵ phe⁽²⁵⁵ pǎ⁵⁵ kon⁵¹ n³³mai³³tsu̱n³³ ai³³.
自己　　不 懂 的 事 　　（宾）随便　　不 可以 说　（尾）
自己不懂的事不能随便说。

ti̱⁽²⁵⁵naŋ³³ a⁽³¹ ʒai⁵⁵ ti̱⁽²⁵⁵naŋ³³ kon³¹ ʒa⁽³¹ai.
自己　的 东西 自己　　管 要 （尾）
自己的东西要自己管。

naŋ³³ ko³¹ti̯ʔ⁵⁵naŋ³³a̯ʔ³¹puŋ³¹li̯ko³¹ n⁵⁵kǎ³¹lo³³ ai³³.
你（话）自己 的 活儿（话） 不做 （尾）
你不干自己的活儿。

khai³³pjek̯⁵⁵ ko³¹ ti̯ʔ⁵⁵naŋ³³a̯ʔ³¹ti̯³¹ ti̯ʔ⁵⁵naŋ³³ n³¹tʃe̯³³phum⁵⁵ ai³³.
鸭子 （话）自己 的 蛋 自己 不 会 孵（尾）
鸭子啊，自己的蛋自己不会孵。

### 2.1.3 泛指代词 joŋ³¹ "大家、全部"

泛指代词 joŋ³¹ "大家、全部" 用来泛指所有的人、物或总括全部的人或物。泛指代词既可以独立做句子成分，又可用在复数人称代词、指示代词、一般名词的后面做复指成分，在句中可充当主语、宾语、定语。例如：

joŋ³¹ sa³³sǎ⁵⁵ka̯ʔ⁵⁵! 大家去吧！
大家 去（尾）

an⁵⁵the³³ joŋ³¹ ko³¹ n⁵⁵ kǎ³¹lo³³ʒa̯ʔ³¹ka̯ʔ³¹ai³³.
我们 大家（话）不 做 要（尾）
我们大家不需要做。

joŋ³¹ nam³¹si³¹ ʒe⁵¹. 全部是水果。
全部 水果 是

joŋ³¹ phe̯ʔ⁵⁵ ʃat³¹ ʃa⁵⁵ ʃǎ³¹ka⁵⁵ u̯ʔ³¹! （你）去叫大家吃饭吧！
大家（宾）饭 吃 叫 （尾）

joŋ³¹ a̯ʔ³¹puŋ³¹li³¹ʒai⁵⁵ ŋa³¹ ai³³. 是大家的活儿。
大家 的 活儿 是 在 （尾）

an⁵⁵the³³joŋ³¹ a̯ʔ³¹ lit⁵⁵ ʒe⁵¹. 是我们大家的任务。
我们 大家 的 任务 是

joŋ³¹ 还有个加中缀 mǎ⁵⁵ 的重叠式。其结构是在两个重叠的音节之间加中缀 mă⁵⁵，构成 joŋ³¹ mă⁵⁵joŋ⁵¹"全部"（加重语气）。其用法与 joŋ³¹joŋ³¹ 相同。例如：

mă³¹ʃa³¹ joŋ³¹mă⁵⁵joŋ⁵¹ ji⁷⁵⁵ te⁷³¹sa³³wa³¹mă³³sai³³.
人　　全部　　（叠）地　处　去（貌）（尾）

人全部到地里去了。

## 2.2　指示代词

景颇语的指示代词在句中起指示和替代的作用。有表示"位""数""状"等不同意义的类别。语法形式上有屈折变化，语法结构上有单纯词结构和复合词结构两类。

### 2.2.1　指示代词的"位"（高低、远近）

景颇语的指示代词有"位（高低、远近）"的变化，通过不同的语音形式表示所指事物位置的高低、远近。

衡量远近、高低的参数是以所指事物与说话人、听话人的距离远近、位置高低来确定的。指示代词依据远近分近指、远指和近远指 3 种：近指用来指示距离说话人较近的事物；远指用来指示距离说话人、听话人均较远的事物；近远指是指距离听话人较近而距离说话人较远的事物。远指根据高低又分为平指、高指和低指等 3 种，是以说话人和听话人的位置高低来区分的。

在语音形式上，近指和近远指是通过 n³³tai³³"这"、tai³³"那"表现其对立的。位置高低分别用半独立的根词 wo⁵⁵、tho⁵⁵、le⁵⁵ 表示。

此外，还有表示另指、专指、逐指等几个特殊的指示代词。

（1）近指 n³³tai³³"这"：指示距离说话人较近的事物。

（2）远指：分为"平、高、低"。

wo$^{55}$ʒa$^{31}$ "那（平指）"：指示距离说话人、听话人均较远而位置和说话人平行的事物。

tho$^{55}$ʒa$^{31}$ "那（高指）"：指示距离说话人、听话人较远而位置比说话人高的事物。

le$^{55}$ʒa$^{31}$ "那（低指）"：指示距离说话人、听话人较远而位置比说话人低的事物。

在口语中，wo$^{55}$ʒa$^{31}$、tho$^{55}$ʒa$^{31}$、le$^{55}$ʒa$^{31}$ 还可用第一个音节语音的长短表示远近，音拉得越长所指事物就越远。

（3）近远指 tai$^{33}$ "那"：指示距离听话人较近而距离说话人较远的事物。

此外，n$^{33}$tai$^{33}$ "这"和 tai$^{33}$ "那"和关系助词 a$^{ʔ31}$ "的"或 e$^{31}$（表示主动者）结合时，合音为 n$^{55}$te$^{ʔ55}$ 和 te$^{ʔ31}$：n$^{33}$tai$^{33}$+a$^{ʔ31}$（或 e$^{31}$）= n$^{55}$te$^{ʔ55}$；tai$^{33}$+a$^{ʔ31}$（或 e$^{31}$）= te$^{ʔ55}$。例如：

n$^{55}$te$^{ʔ55}$a$^{ʔ31}$ mǎ$^{31}$kap$^{31}$n$^{55}$ŋa$^{31}$ sai$^{33}$.　　　这个的盖子不在了。
这　　的　盖子　　不 在（尾）

te$^{ʔ55}$a$^{ʔ31}$mǎ$^{31}$kap$^{31}$kǎ$^{31}$naŋ$^{55}$toṇ$^{31}$ta$^{55}$　　nu$^{ʔ55}$ ni$^{51}$?
那　的 盖子　　哪儿　放置（貌）（尾）
（你）那个的盖子放在哪儿了？

kui$^{31}$ n$^{55}$te$^{ʔ55}$e$^{31}$　　ʃan$^{31}$ ʃa$^{55}$ kau$^{55}$ nu$^{ʔ55}$ ai$^{33}$.　这只狗把肉吃掉了。
狗 这　（关）肉　吃 掉 （尾）

lǎ$^{31}$mji$^{55}$te$^{ʔ55}$ e$^{31}$　ju$^{55}$ kǎ$^{31}$wa$^{55}$ sat$^{31}$ kau$^{55}$ nu$^{ʔ55}$ ai$^{33}$.
猫　　那（关）老鼠 咬　　杀 掉（尾）
那只猫咬死了老鼠。

### 2.2.2 指示代词的"数"

指示代词有"数"的范畴。其语音形式是在指示代词后加上半虚化的语素 ni³³ "人们、们"或后缀 the³³ "些"表示多数。例如：

| 单数 | 多数 |
|---|---|
| tʃoŋ³¹ma³¹ n³³tai³³ 这学生 | tʃoŋ³¹ma³¹ n³³tai³³ni³³ 这些学生 |
| 学生　　这 | 学生　　这　些 |
| mǎ³¹ʒau³³phun⁵⁵n³³tai³³ | mǎ³¹ʒau³³ phun⁵⁵ n³³tai³³ni³³ |
| 松树　　　这 | 松树　　　这　些 |
| 这松树 | 这些松树 |
| waʔ³¹ wo⁵⁵ʒa³¹　那猪 | waʔ³¹ wo⁵⁵ʒa³¹ ni³³ 那些猪 |
| 猪　那 | 猪　那　些 |
| sǎ³¹ʒa³³ wo⁵⁵ʒa³¹　那老师 | sǎ³¹ʒa³³ wo⁵⁵ʒa³¹ ni³³ 那些老师 |
| 老师　那 | 老师　那　些 |
| mǎ³¹ʃa³¹ n³³tai³³ 这人 | mǎ³¹ʃa³¹ n³³tai³³ the³³ 这些人 |
| 人　这 | 人　这　些 |
| tʃiŋ³³khʒaŋ³³ le⁵⁵ʒa³¹ | tʃiŋ³³khʒaŋ³³ le⁵⁵ʒa³¹ ni³³ |
| 青菜　　那下面 | 青菜　　那下面　些 |
| 那下面的青菜 | 下面那些青菜 |
| lai³¹ka̱³³ tho⁵⁵ʒa³¹ 那上面的书 | lai³¹ka̱³³ tho⁵⁵ʒa³¹ ni³³ 上面那些书 |
| 书　　那上面 | 书　　上面那　些 |

ni³³ 和 the³³ 的异同。

（1）在语义上，二者都表示多数，都能指代人和物。

（2）在用法上存在一些差异，主要是：加 ni³³ 和 the³³ 的指示代词在句中单独做主语、宾语时，加 ni³³ 的，指人又指物，而加 the³³ 的，就指物不指人。

| 加 ni³³ 的 | 加 the³³ 的 |
|---|---|
| n³³tai³³ ni³³ 这些（人或物） | n³³tai³³ the³³ 这些（物） |
| tho⁵⁵ʒa³¹ni³³ 那些（人或物） | tho⁵⁵ʒa³¹ the³³ 那些（物） |

但当复数指示代词做名词的限制语时,二者都能指人又指物。

加 ni$^{33}$ 的 　　　　　　加 the$^{33}$ 的

ma$^{31}$ n$^{33}$tai$^{33}$ ni$^{33}$　　　ma$^{31}$ n$^{33}$tai$^{33}$ the$^{33}$　　　这些小孩

phun$^{55}$ tho$^{55}$ʑa$^{31}$ni$^{33}$　　phun$^{55}$ tho$^{55}$ʑa$^{31}$ the$^{33}$　　那些树

二者的语义虽然基本相同,但也有细微的差异,在使用中不能互相替代。如下面句子的 ni$^{33}$ 和 the$^{33}$ 是不能互换的:

1a. mǎ$^{31}$ʃa$^{31}$ n$^{33}$tai$^{33}$ ni$^{33}$ ko$^{31}$ tʃoŋ$^{31}$ma$^{31}$ ʑai$^{55}$ sam$^{55}$ ma$^{ʔ31}$ai.

　　人　　这　些　　(话)学生　　是　　可能(尾)

　　这些人可能是学生。

1b. mǎ$^{31}$ʃa$^{31}$n$^{33}$tai$^{33}$ the$^{33}$sa$^{33}$tʃaŋ$^{33}$ʑam$^{33}$ sai$^{33}$.

　　人　这　　些　去　的话　够　　(尾)

　　这些人去的话够了。

2a. wa$^{ʔ31}$n$^{33}$tai$^{33}$ni$^{33}$sun$^{55}$nau$^{31}$ ʃaŋ$^{31}$ ai$^{33}$.

　　猪　那　　些　园子　太　　进　　(尾)

　　这些猪老进园子里去。

2b. wa$^{ʔ31}$ n$^{33}$tai$^{33}$ the$^{33}$ ʃa$^{31}$ lu$^{31}$ ni$^{ʔ55}$ai$^{33}$.

　　猪　这　　些　　只　有(尾)

　　我只有这些猪了。

3a. phun$^{55}$ n$^{33}$tai$^{33}$ ni$^{33}$ kʑai$^{31}$ kǎ$^{31}$pa$^{31}$tsom$^{31}$ŋa$^{31}$ ai$^{33}$.

　　树　这　　些　很　大　　好看　正在(尾)

　　这些树长得很好。

3b. mǎ$^{33}$niŋ$^{33}$ na$^{55}$ mam$^{33}$ n$^{33}$tai$^{33}$ the$^{33}$ ʃa$^{31}$ ŋam$^{31}$ sai$^{33}$.

　　去年　　的　谷子　这　　些　只　剩　(尾)

　　去年的谷子只剩下这些了。

通过以上例句的比较,大致可以认为,ni$^{33}$ 强调的是与单数相对应的多数,而 the$^{33}$ 强调的是不定量多数。

### 2.2.3 指示代词的"状"

景颇语有一类兼表性状的指示代词。这类指示代词主要用来指代和修饰事物的性状。其构造由两部分组成：前一个语素表示方位，后一个语素表示性状。如 ʃă$^{55}$te$^{51}$ "那么大、那么多"一词，由两个不能独立使用的语素组成。前一个 ʃă$^{55}$ 表指示义"那"，后一个 te$^{51}$ 表性状义"大、多"。

表示方位的，有 n$^{55}$ "这么"、ʃă$^{55}$ "那么"、wo$^{55}$ "（平面）那么"、tho$^{55}$ "（上面）那么"、le$^{55}$ "（下面）那么"、mă$^{55}$ "这样"等6个。表示性状的，通过词根的语音屈折变化表示正反义。例如：全降调的 te$^{51}$ 是"大、多"义，高平调的 te̥$^{?55}$ 是"小、少"义；lo$^{51}$ 是"长、高、远"义，lo̥$^{?55}$ "短、矮"义。

这类指示代词按前一音节方位义的差异，可分为以下六类：

(1) n$^{55}$te$^{51}$　　这么大，这么多
　　n$^{55}$te̥$^{?55}$　　这么小，这么少
　　n$^{55}$lo$^{51}$　　这么长，这么高、这么远、那么远的
　　n$^{55}$lo̥$^{?55}$　　这么短，这么矮

(2) ʃă$^{55}$te$^{51}$　　那么大，那么多
　　ʃă$^{55}$te̥$^{?55}$　　那么小，那么少
　　ʃă$^{55}$lo$^{51}$　　那么长，那么高、那么远、那么远的
　　ʃă$^{55}$lo̥$^{?55}$　　那么短，那么矮[①]

(3) wo$^{55}$te$^{51}$　　那么大，那么多
　　wo$^{55}$te̥$^{?55}$　　那么小，那么少
　　wo$^{55}$lo$^{51}$　　那么长，那么高、那么远、那么远的

---

① 带 ʃă$^{55}$ 前缀的这组指示代词，ʃă$^{55}$ 可变读为 ʃă$^{31}$，其词根部分也相应地变读为低调 te$^{31}$、te̥$^{?31}$、lo$^{31}$、lo̥$^{?31}$，读成低调时，语气上的强调程度比读高调时稍弱。

## 二 词类篇

　　　　wo$^{55}$lo$^{?55}$　　那么短，那么矮

（4）tho$^{55}$te$^{51}$　　（上面）那么大，（上面）那么多

　　　　tho$^{55}$te$^{?55}$　　（上面）那么小，（上面）那么少

　　　　tho$^{55}$lo$^{51}$　　（上面）那么长（高、远），（上面）那么远的

　　　　tho$^{55}$lo$^{?55}$　　（上面）那么短，（上面）那么矮

（5）le$^{55}$te$^{51}$　　（下面）那么大，（下面）那么多

　　　　le$^{55}$te$^{?55}$　　（下面）那么小，（下面）那么少

　　　　le$^{55}$lo$^{51}$　　（下面）那么长（高、远），（下面）那么远的

　　　　le$^{55}$lo$^{?55}$　　（下面）那么短，（下面）那么矮

（6）mǎ$^{55}$te$^{?55}$　　像……这样（或那样）大，像……这样（或那样）多的

　　　　mǎ$^{55}$ta̠$^{?55}$　　像……这样（或那样）小，像……这样（或那样）少的

　　　　mǎ$^{55}$lo$^{51}$　　像……这样（或那样）长（高、远），像……这样（或那样）远的

　　　　mǎ$^{55}$lo$^{?55}$　　像……这样（或那样）短，像……这样（或那样）矮的

　　这类性状指示代词在句中可以单独做宾语、修饰语。做修饰语时有的带语气助词wa$^{33}$、mi$^{33}$，副词ʃa$^{31}$"只、仅"，以增强性状义。例如：

ʃi$^{33}$ ʃǎ$^{55}$lo$^{51}$ tsan$^{33}$ ai$^{33}$ te$^{?31}$ sa$^{33}$ a$^{?31}$kha$^{33}$!　他去那么远的地方啊！
他　那么　远　的　处　去　（尾）

tho$^{55}$lo$^{51}$ ka$^{55}$ te$^{?31}$ ko$^{31}$ n$^{55}$ luŋ$^{31}$ na$^{33}$ ni$^{?55}$ ai$^{33}$.
那么　地方处　（话）不上　将要（尾）
（上面）那么远的地方，我上不去了。

wo$^{55}$te$^{51}$ tsom$^{31}$ ai$^{33}$ ko$^{31}$ n$^{55}$ŋa$^{31}$ sai$^{33}$.　那么多漂亮的，没有了。
那么多　漂亮　的　（话）不在　（尾）

ʃi³³ tho⁵⁵te⁵¹ lu³¹ŋa³¹ jaŋ³¹ khum³¹ ja³³ nu⁷⁵⁵!
他　那么多　有在　的话别　给　（尾）
他已经有那么多了，别给了！

ŋai³³ muŋ³¹ n³³tai³³ mǎ⁵⁵te⁵¹mi³³ lu³¹ n³¹ŋai³³.
我　也　这　像这样（语）有（尾）
我也有像这样多的。

n⁵⁵te⁵¹ mi³³ ko³¹ n⁵⁵ ʒa⁷³¹ n³¹ŋai³³. 这么多，我不要。
这么多（语）（话）不 要　（尾）

ŋai³³ phe⁷⁵⁵ ʃǎ⁵⁵te⁵¹ mi³³ tʃo⁷³¹ ʒit³³! 请你给我那么多！
我 （宾）那么多（语）给　（尾）

naŋ³³ tho⁵⁵te⁵¹ mi³³ la⁵⁵ u⁷³¹! 你拿（上面）那么多吧！
你　那么多（语）拿（尾）

n⁵⁵te⁵¹ wa³³ ʃa⁵⁵ mǎ³¹ju³³ai³³ ko³¹ mǎ³¹ʒi³³ ʃa⁵⁵ ka⁷³¹!
这么多（语）吃　想　的（话）买　吃（尾）
这么想吃，我们就买了吃吧！

ʃǎ⁵⁵te⁵¹ wa³³ tʃaŋ³³ ŋa³¹ jaŋ³¹ muŋ³¹n⁵³ tʃaŋ³³ai³³ ŋa³³ n³¹tai³³.
那么多（语）黑　在　的话也　不黑　的 说　（尾）
那么黑了，还说不黑。

ʃa⁵⁵te⁷⁵⁵ ʃa³¹ ko³¹ n⁵⁵ la⁵⁵na³³ n³¹ŋai³³. 那么少，我不拿了。
那么少　仅 （话）不 拿要（尾）

tho⁵⁵te⁷⁵⁵ ʃa³¹ ŋa³¹ sai³³. 只有（上面）那么点儿了。
那么少　仅 有（尾）

tʃum³¹le⁵⁵te⁷⁵⁵ mi³³ ʃa³¹ŋa³¹ sai³³. 盐只有（下面）那么一点儿了。
盐　那么少（语）只 在　（尾）

tho⁵⁵te⁷⁵⁵ mi³³ ʃa³¹jo⁷³¹ n³¹na⁵⁵wa⁷³¹lǎ³¹si³¹mat³¹sai³³.
那么少（语）只 喂　因此　猪瘦　掉（尾）
因为只喂（上面）那么少一点儿，所以猪瘦下去了。

性状指示代词还能做泛指形容词 lo$^{255}$ 的修饰语。lo$^{255}$ 的原义是"多",在受性状指示代词修饰时,语义随前面的性状指示代词的语义而发生变化。lo$^{255}$ 与 -te$^{255}$ "小、少"结合时,表示"小、少"的意思;与 -te$^{51}$ 或 -lo$^{51}$ 结合时,表示"大、长、高"的意思。例如:

ʃi$^{255}$ a$^{231}$ muŋ$^{31}$ tai$^{33}$ mǎ$^{55}$teʔ$^{255}$ ʃa$^{31}$lo$^{255}$ai$^{33}$ ʒe$^{51}$.
他的 的 也 那 像那样 只 小 的 是
他的也是像那个那样小的。

mǎ$^{33}$ko$^{33}$si$^{31}$n$^{33}$teʔ$^{255}$ʃa$^{31}$no$^{255}$ lo$^{255}$ ai$^{33}$.　梨才这么小。
梨　　　这么　仅还　小　（尾）

wa$^{231}$ tai$^{33}$ n$^{55}$te$^{51}$ lo$^{255}$ sai$^{33}$.　　　那头猪那么大了。
猪　　那 这么　大　（尾）

ʃi$^{33}$ muŋ$^{31}$ wo$^{55}$te$^{51}$ lo$^{255}$ sai$^{33}$.　　　他也那么大了。
他也　那么　大　（尾）

n$^{55}$lo$^{51}$ lo$^{255}$ ai$^{33}$ sum$^{33}$ʒi$^{33}$ʒe$^{51}$.　　是这么长的绳子。
这么　长　的　绳子　是

wo$^{55}$lo$^{51}$lo$^{255}$ai$^{33}$kǎ$^{55}$wa$^{55}$ʒe$^{51}$.　　是那么长的竹子。
那么　长　的 竹子　是

le$^{55}$lo$^{51}$ lo$^{255}$ ai$^{33}$ phun$^{55}$ʒe$^{51}$.　　是(下面)那么高的树。
那么　高　的　树　　是

wo$^{55}$ʒa$^{51}$ mǎ$^{55}$lo$^{51}$ lo$^{255}$ ai$^{33}$ la$^{55}$ wa$^{31}$ ʒit$^{31}$!
那　　那样　高　的　拿 回 （尾）
请你把像那个那样高的拿回来吧!

-lo$^{255}$ 还能做带 -lo$^{255}$ 的指示代词的被修饰语,表示"短、矮"等的意思。用在形容词 tsoʔ$^{31}$ "高"的前面时,则表示"矮"的意思。这组指示代词后面,常加副词 ʃa$^{31}$ "只、仅",ʃa$^{31}$ 的前或后,也可加 mi$^{33}$(语气助词)起强调作用。例如:

wo⁵⁵lo̰ʔ⁵⁵ʃa³¹ lo̰ʔ⁵⁵ ai³³ phun⁵⁵ ʒe⁵¹.　　是那么矮的树。
那么　　仅矮　的　树　　是

wo⁵⁵ʒa⁵¹ mă⁵⁵lo̰ʔ⁵⁵ʃa³¹lo̰ʔ⁵⁵ʃa³¹ ja³³nuʔ³¹ai³³.
那　　那样　只 短　的 只 给（尾）
他只给他像那个那样短的。

tho⁵⁵lo̰ʔ⁵⁵ʃa³¹tso̰³¹ai³³ phun⁵⁵ʒe⁵¹.　　是（上面）那么高的树。
那么　　只 高 的 树　　是

le⁵⁵lo̰ʔ⁵⁵mi³³ʃa³¹ŋam³¹sai³³.　　只剩下（下面）那么短的了。
那么（语）只 剩（尾）

n⁵⁵lo̰ʔ⁵⁵ ʃa³¹ mi³³ ko³¹ pha³³ ti³³na³³?　这么短，做什么用?
这么　只（语）（话）什么 做 要

### 2.2.4 修饰泛指动词的指示代词

从方式、状态上修饰动词的指示代词，有 niŋ⁵¹ "这样"、ʃiŋ³¹ "那样"、n⁵⁵tan⁵¹ "这样"、tan⁵¹ "那样" 等 4 个。这一组指示代词有不同于其他指示代词的特点，主要是：它们主要做泛指动词 ti³³ "指、弄、做"、ʒai³³ "干、办、搞、成"、ŋa³³ "说、讲、唱、感觉"、ŋu⁵⁵ "说、讲、称呼、感到"、ʒe³³ "是（表示事物、性状、动作等存在）" 等的状语，不做一般动词的状语。由指示代词与泛指动词构成的状中结构，在句中再做谓语的状语。例如：

（1）niŋ⁵¹ "这样"：

naŋ³³ muŋ³¹niŋ⁵¹ ʒai³¹ jup⁵⁵ uʔ³¹!　你也这样睡吧！
你　也　这样（泛）睡　（尾）

ʃi³³ niŋ⁵¹ ŋa³³ tsu̱n³³ai³³n⁵⁵ʒḛʔ⁵⁵ni⁵¹?　他是这样说的，不是吗？
他 这样（泛）说　的 不是 （尾）

（2）ʃiŋ³¹ "那样"：

kǎ³¹loi⁵⁵muŋ³¹ʃiŋ³¹ʒai³¹　n⁵⁵ta̠⁵¹sin⁵⁵mu⁽³¹⁾!
何时　也　那样（泛）家　　守　（尾）
你们什么时候也像那样看家吧!

ʃiŋ³¹　ŋa³³　pjo³³　ŋa³¹jaŋ³¹lǎ³¹ni⁵⁵ni³¹ni⁵⁵no⁽⁵⁵⁾ŋa³¹ ka⁽³¹⁾!
那样（泛）舒服　在 的话一 天 两 天再 在 （尾）
感到那样舒服的话就再呆一两天吧!

（3）n⁵⁵tan⁵¹ "这样":

n⁵⁵tan⁵¹ʒai³¹　mat³¹ sai³³. 像这样了。
这样 （泛） （貌） （尾）

ŋai³³muŋ³¹n⁵⁵tan⁵¹ŋa³³ai³³ka³¹na³¹n³¹ŋai³³.
我　也　这样（泛）的 话 听（尾）
我听到的也是这样说的。

（4）tan⁵¹ "那样":

n³¹pu³¹phun⁵⁵khai⁵⁵jaŋ³¹ tan⁵¹ti³³ khum³¹khai⁵⁵mu⁽³¹⁾!
核桃树　　 种　的话 那样做 别　 种（尾）
你们种核桃树的话,不要像那样种!

tan⁵¹ ŋa³³　kǎ³¹thet⁵⁵ai³³ka⁵⁵ e³¹ kǎ³¹niŋ³¹ʒai³¹ ŋa³¹n³¹ni⁵¹?
那样（泛）热　　的 地方 处 怎样　（泛）在（尾）
那样热的地方,你怎样待呢?

### 2.2.5 指示代词与方位名词结合

指示代词能与方位名词 ko̠⁽⁵⁵⁾、te⁽³¹⁾、khu³³、mǎ³¹ka⁵⁵、tha⁽³¹⁾ 等组成复合指示代词。由于方位名词存在不同的语义,所以给指示代词增添了附加意义。主要有以下五类:

（1）ko̠⁽⁵⁵⁾类: n³³tai³³ko̠⁽⁵⁵⁾ 这里, tai³³ko̠⁽⁵⁵⁾ 那里 , wo⁵⁵ʒa³¹ko̠⁽⁵⁵⁾ 那里

tho⁵⁵ʑa³¹ko̰ʔ⁵⁵（上面）那里，le⁵⁵ʑa³¹ko̰ʔ⁵⁵（下面）那里

（2）teʔ³¹ 类：n³³tai³³teʔ³¹（向）这儿，tai³³teʔ³¹（向）那儿，wo⁵⁵ʑa³¹ teʔ³¹（向）那儿

tho⁵⁵ʑa³¹ teʔ³¹（向上面）那儿，le⁵⁵ʑa³¹teʔ³¹（向下面）那儿

（3）khu³³ 类：n³³tai³³ khu³³（往）这里，tai³³ khu³³（往）那里

wo⁵⁵ʑa³¹ khu³³（往）那里，tho⁵⁵ʑa³¹ khu³³（往上面）那里

le⁵⁵ʑa³¹ khu³³（往下面）那里

（4）thaʔ³¹ 类：n³³tai³³ thaʔ³¹ 这上面，tai³³thaʔ³¹ 那上面，wo⁵⁵ʑa³¹ thaʔ³¹ 那上面

tho⁵⁵ʑa³¹ thaʔ³¹ 那里，le⁵⁵ʑa³¹ thaʔ³¹（下面）那下面

（5）mǎ³¹ka⁵⁵ 类：n³³tai³³ mǎ³¹ka⁵⁵ 这边，tai³³ mǎ³¹ka⁵⁵ 那边，wo⁵⁵ʑa³¹ mǎ³¹ka⁵⁵ 那上面，

tho⁵⁵ʑa³¹ mǎ³¹ka⁵⁵ 那上边，le⁵⁵ʑa³¹ mǎ³¹ka⁵⁵ 那下边

带 mǎ³¹ka⁵⁵ 的指示代词，其后面还可再加方位名词 teʔ³¹。例如：

tai³³mǎ³¹ka⁵⁵teʔ³¹ khum³¹sa³³, tʃu⁵⁵to̰³³ai³³. 别去那边，有刺。
那边　　　处别　去　刺　在（尾）

### 2.2.6 几个特殊的指示代词

（1）mǎ³¹thaŋ³¹ "（其中的）这个、那个、哪个"，不能单独充当句子成分，必须放在另一名词或代词或名词性短语之后，指示是该事物中的一个。例如：

tʃoŋ³¹ te²³¹nu⁵¹ mă³¹thaŋ³¹sa³³u²³¹ ka²³¹!
学校　处　妈妈　其中的　　去（尾）
让其中的一个母亲去学校吧！

ʃi³³n³³ʒau³³jaŋ³¹ko³¹　naŋ³³mă³¹thaŋ³¹sa³³ su²³¹!
他　不闲　的话（话）你　其中的　　去（尾）
他不闲的话，其中的你去吧！

ŋai³³tai³³mă³¹thaŋ³¹ʒa²³¹n³¹ŋai³³.　　　我要其中的那个。
我　那　其中的　要（尾）

mă⁵⁵na²⁵an⁵⁵　ju³³ ai³³ mă³¹thaŋ³¹mă³¹ʒi³³ u²⁵¹!
昨晚　我俩　看　的　其中的　买（尾）
你就买昨晚我俩看的其中那个吧！

khje³³ ai³³ mă³¹taŋ³¹ tsom³¹ ŋa³¹ ai³³.　　　其中红的那个漂亮。
红　的　其中的　漂亮　在（尾）

naŋ³³ ʒa²³¹ ai³³ kă³¹ʒa³¹ mă³¹thaŋ³¹ ʒe²⁵⁵?　你要其中的哪个？
你　要　的　哪个　其中的　　是

n³³tai³³ ko³¹ naŋ³³ ja³³ ai³³ mă³¹thaŋ³¹ʃe²³¹ʒai⁵⁵ŋa³¹ ai³³.
这　（话）你　给　的　其中的　才　是　在（尾）
这就是其中你给的那个。

（2）kă³¹ka³¹"另外的、其他的"，用来泛指任何事物。所指的事物都是在具体语言环境中省略的。此外，若要泛指人，则需加mă³¹ʃa³¹（人），即 kă³¹ka³¹mă³¹ʃa³¹"另外的人、其他的人"。在句中做主语、宾语和定语。例如：

kă³¹ka³¹ ko³¹ n⁵⁵ ŋa³¹ sai³³.　　　另外的没有了。
另外的（话）不　在　（尾）

kă³¹ka³¹ ko³¹ n⁵⁵mu⁵¹ni²⁵ ai³³.　　　（我）没有看见其他的。
其他的（话）没见　（尾）

n³³tai³³sum³³pan³³n⁵⁵ʒaʔ³¹ n³¹ŋai³³, kǎ³¹ka³¹ noʔ⁵⁵la⁵⁵ju³³ uʔ³¹ !
这 布 不要 （尾） 另外的 再 拿看 （尾）
这种布（我）不要，请（你）再拿另外的看看。

## 2.3 疑问代词

### 2.3.1 疑问代词的前缀 kǎ³¹

疑问代词大多带有前缀 kǎ³¹ 的标志。前缀 kǎ³¹ 与后面词根的结合，有的紧些，有的松些。结合松的，词根能分离出独立的意义。如 kǎ³¹teʔ³¹ "哪里" 一词，teʔ³¹ 是 "处"，可独立放在名词的后面表示处所，而 kǎ³¹loi⁵⁵ "何时" 一词，loi⁵⁵ 分解出来后没有意义。

疑问代词按疑问的对象可分为以下几组：

| 疑问对象 | 疑问代词 | | | |
|---|---|---|---|---|
| 问人 | kǎ³¹tai³³ | 谁 | kǎ³¹teʔ⁵⁵ | 谁的 |
| 问事物 | kǎ³¹ʒa³¹ | 哪 | pha³³ 或 n³³pha³³ | 什么 |
| 问时间 | kǎ³¹loi⁵⁵ | 何时 | kǎ³¹ten⁵⁵ | 什么时候 |
| 问处所 | kǎ³¹naŋ⁵⁵ | 哪里 | kǎ³¹teʔ³¹ | （去）哪里 |
| 问数目 | kǎ³¹te³¹ | 多少；多（表疑问） | | |
| 问方式、性质等 | kǎ³¹niŋ³¹ | 怎样、怎么、怎么样 | | |

### 2.3.2 疑问代词的用法解释

（1）kǎ³¹tai³³ "谁" 的后面可以加名词 ni³³ "人们"，构成复合疑问代词 kǎ³¹tai³³ni³³ "哪些人"。例如：

kat⁵⁵ sa³³ ai³³kǎ³¹tai³³ni³³ ʒai⁵⁵ mǎ⁵⁵ni⁵¹? 上街的是谁（多数）？
街子 去 的 谁 们 是 （尾）

但 kǎ³¹te⁵⁵ "谁的"的后面不能加 ni³³。kǎ³¹te⁵⁵ni³³ 是不合法的。

（2）pha³³ "什么"是单音节词，无 kǎ³¹ 标记。但 pha³³ "什么"可以变读为双音节的 n³³pha³³。n³³ 也相当于前缀。pha³³ 和 n³³pha³³ 意义一样。例如：

pha³³（n³³pha³³）khʐat³¹ wa³¹ sa⁵⁵ ni⁵¹?  什么掉下去了？
什么  什么   掉   （貌）（尾）

n³³tai³³ ko³¹  pha³³（n³³pha³³）phun⁵⁵ ʑe⁵⁵?   这是什么树？
这   （话）什么  什么    树   是

pha³³ 可以当中心语用，受名词性短语的修饰，表示"一样、似的"。这种句型多出现在成语等文学语言里。例如：

lǎ³¹mu³¹te³¹n³¹tan³³ton³¹ai³³ pha³³.  用弓瞄天。（比喻自不量力）
天空    弓   瞄 （尾）什么

tʃan³³pʐaŋ³³e³¹ mu⁵⁵kuŋ³³ai³³ pha³³.  大太阳下说雷响。
太阳 充满（方）雷  响 （尾）什么

（3）kǎ³¹te⁵⁵ "谁的"是 kǎ³¹tai³³ 的领格形式，是 kǎ³¹tai³³ 加关系助词 a³¹ 的合音。在句中使用时，还可再加 a³¹，出现语义、语法形式重叠，但词义不变。例如：

kǎ³¹te⁵⁵ kup³¹tʃop³¹ ʑe⁵⁵? = kǎ³¹te⁵⁵ a³¹ kup³¹tʃop³¹ ʑe⁵⁵?
谁的  帽子   是   谁的  的  帽子   是
是谁的帽子？

（4）kǎ³¹ʐa³¹ 单独用时，表示"哪个"的意思，当用在方位名词 ko⁵⁵ "处"、khu³³ "方向"、te³¹ "处"等前面时，表示"哪"的意思。例如：

kǎ³¹ʐa³¹ kʐau³³ tso³¹ a³¹ni⁵¹?    哪个最高？
哪个 最  高 （尾）

na⁵⁵ a³¹ ji⁵⁵ kǎ³¹ʐa³¹ko⁵⁵ ʑe⁵¹?   你的旱地在哪儿？
你的 的 旱地 哪   处  是

an⁵⁵the³³ kă³¹ʒa³¹ khu³³ wa³¹ jaŋ³¹ kʒau³³ni³¹ na³³ aʔ³¹ ni⁵¹?
我们　　哪　　方向　回　的话　最　　近　将要　（尾）
我们从哪个方向回去才最近？

ʃa⁵⁵the³³ kă³¹ʒa³¹teʔ³¹ sa³³ ma²³¹ ni⁵¹?　他们到哪儿去了？
他们　　哪　　处　去（尾）

（5）疑问代词 kă³¹loi⁵⁵ 和 kă³¹ten⁵⁵ 都是"何时"义，都用来问时间。其区别是：用 kă³¹loi⁵⁵ 发问时，要求回答的是具体特定的时间，如今天、明天、今年、明年等，或用数量词回答，如五点钟、三天、三年等。而用 kă³¹ten⁵⁵ 发问时，回答是 n⁵⁵ten⁵⁵ "这时"、ʃă³¹ten⁵⁵ "那时"等笼统的时间。例如：

问：ʃan⁵⁵the³³ kă³¹loi⁵⁵ wa³¹ mă⁵⁵ saʔ³¹ ni⁵¹? 他们何时回去了？
　　他们　　何时　回　（尾）

答：khjiŋ³³ mă³¹ŋa³³ e³¹　wa³¹ mă³³sai³³. 五点钟回去了。
　　点钟　五　（时）回　（尾）

　　ʃat³¹ ʃa⁵⁵ ŋut⁵⁵ ai³³ theʔ³¹ wa³¹ mă³³sai³³.
　　饭　吃　完　的　和　回　（尾）
　　（他）吃完饭就回去了。

问：ʃi³³　kă³¹ten⁵⁵ e³¹　wa³¹ mat³¹ aʔ³¹ni⁵¹? 他什么时候回去了？
　　他　何时　（时）回　掉　（尾）

答：mă⁵⁵ni⁵⁵ n⁵⁵ten⁵⁵ e³¹　wa³¹ mat³¹sai³³. 昨天这个时候回去了。
　　昨天　这时　（时）回　掉　（尾）

还有一个区别是：kă³¹loi⁵⁵ 能重叠后一音节表示多数，但 kă³¹ten⁵⁵ 不能。例如：

ʃi³³ kă³¹loi⁵⁵ loi⁵⁵ naŋ⁵¹ e³¹　sa³³ju³³ saʔ⁵⁵?
他　何时　（叠）这儿　（时）来　过　（尾）
他哪些时候来过这儿？

naŋ³³ maŋ³¹ʃi³¹ e³¹ sa³³ ai³³ kǎ³¹loi⁵⁵ loi⁵⁵ ʒe²⁵⁵ ta⁵¹?
你　芒市(方)　去　的　何时　（叠）是　（尾）
你去芒市是哪些时候？

（6）kǎ³¹niŋ³¹ "怎样" 在句中主要做泛指动词的状语。由于结合很紧，泛指动词有进一步虚化为 kǎ³¹niŋ³¹ 的后缀的趋势。例如：

sǎ³¹ʒa³³kǎ³¹niŋ³¹ŋu⁵⁵ tsun³³a²³¹ni⁵¹?　老师怎么说的？
老师　怎么　（泛）说　（尾）

naŋ³³ kǎ³¹niŋ³¹ʒai³¹　kǎ³¹lo³³jaŋ³¹ʃi³³muŋ³¹kǎ³¹niŋ³¹ʒai³¹　khan⁵⁵
你　怎样　（泛）做　的话他也　怎样　（泛）跟
kǎ³¹lo³³ ai³³.
做　（尾）
你怎么做，他也怎么做。

## 2.4　代词的重叠

景颇语的代词多数都能重叠。重叠的方式是单音节词全部重叠，多音节词只重叠后一音节。重叠的作用主要有两个：一是表示复数，二是表示强调。

### 2.4.1　重叠表示复数

疑问代词大多能重叠，重叠表示多数。重叠后在句中可做主语、宾语、状语、定语等。例如：

kǎ³¹tai³³ tai³³ wa³¹ mǎ³³sai³³?　　　哪些人回去了？
谁　（叠）回　（尾）

kǎ³¹tai³³tai³³　mǎ³¹khon⁵⁵ ŋa³¹ ai³³ kun⁵⁵?　哪些人在唱歌？
谁　（叠）唱　　在（尾）(语)

ʃi⁽ʔ⁾⁵⁵ a⁽ʔ⁾³¹ ʒai⁵⁵ kǎ³¹ʒa³¹ ʒa³¹ ʒe⁽ʔ⁾⁵⁵ ni⁵¹?　　他的东西是哪些？
他　的　东西　哪个　（叠）是　（尾）

n̠³³tai³³ the³³ ko³¹　kǎ³¹te⁽ʔ⁾⁵⁵te³¹ a⁽ʔ⁾³¹lai³¹ka̠³³ʒe⁽ʔ⁾⁵⁵?
这　些　（话）谁　（叠）的　书　是
这些是哪些人的书？

ʃi³³kǎ³¹loi⁵⁵loi⁵⁵ naŋ⁵¹ e³¹　sa³³ ju³³sa⁽ʔ⁾⁵⁵?
他 何时　（叠）这 （方）来　过（尾）
他哪些时候来过这里？

ʃan⁵⁵the³³ko³¹　kǎ³¹naŋ⁵⁵naŋ⁵⁵ na⁵⁵mǎ³¹ʃa³¹ʒe⁽ʔ⁾⁵⁵?
他们　（话）哪儿　（叠）的　人　是
他们都是哪儿的人？

ʃi³³kǎ³¹te⁽ʔ⁾³¹te⁽ʔ⁾³¹ sa³¹ a⁽ʔ⁾³¹ni⁵¹?　　　他去哪些地方？
他　哪儿　（叠）去　（尾）

naŋ³³ n̠³³pha³³pha³³ kǎ³¹lo³³ ŋa³¹ n̠³¹ni⁵¹?　你在做些什么？
你　什么　（叠）做（叠）在　（尾）

kǎ³¹niŋ³¹ "怎么" 重叠做状语时，主要修饰泛指动词。例如：

naŋ³³ niŋ³³nau³³ phe⁽ʔ⁾⁵⁵ kǎ³¹niŋ³¹ niŋ³¹ ŋu⁵⁵ tsun³³ ni⁽ʔ⁾³¹ni⁵¹?
你　你弟弟　（宾）怎么　（叠）(泛)说　（尾）
你对弟弟怎么说的？

ʃan⁵⁵the³³ kǎ³¹niŋ³¹ niŋ³¹ ʒai³¹ kǎ³¹lo³³ ma⁽ʔ⁾³¹ni⁵¹?
他们　怎样　（叠）(泛)做　（尾）
他们都怎样做？

kǎ³¹niŋ³¹ niŋ³¹ ʒe³³ ai³³ lam³³ a⁵⁵tsom⁵¹ ʃa³¹ tsun³³tan⁵⁵ u⁽ʔ⁾³¹!
怎样 （叠）(泛)的　事　好好　地　告　诉　（尾）
是怎样的事情,（你）好好地说吧？

## 2.4.2 重叠表示强调

表示强调的代词多用在话题句里。用在话题词之后，后面带上话题助词。

（1）人称代词除领属代词、反身代词不能重叠外，其余均能重叠，重叠表示强调，例如：

ŋai$^{33}$ŋai$^{33}$ko$^{31}$  naŋ$^{33}$ ko$^{?55}$si$^{33}$ na$^{33}$ sai$^{33}$ ŋu$^{55}$, ʃat$^{31}$ʃã$^{31}$tu$^{33}$kjin$^{55}$
我　我　（话）你　饿　　将要（尾）（泛）饭　煮　忙

si$^{33}$ ŋa$^{31}$ n$^{31}$ŋai$^{33}$.
死　在　（尾）

我啊，觉得你饿了，正在忙着做饭。

nan$^{55}$ nan$^{55}$ ko$^{31}$　kat$^{31}$shiŋ$^{31}$tʃoŋ$^{33}$ oŋ$^{33}$ n$^{31}$na$^{55}$ kǎ$^{31}$pu$^{33}$si$^{33}$ ŋa$^{31}$
你俩（叠）（话）跑　比赛　　赢　之后　高兴　死　正在

mǎ$^{31}$tai$^{33}$.
（尾）

你俩啊！跑赢后高兴极了。

ʃi$^{33}$ ʃi$^{33}$　phe$^{?55}$ ko$^{31}$　n$^{33}$ kam$^{33}$ ʃã$^{31}$ʒin$^{55}$ ja$^{33}$ n$^{31}$ŋai$^{33}$.
他（叠）（宾）（话）不　愿意　教　　给　（尾）

他啊，（我）不愿意教给他。

joŋ$^{31}$ joŋ$^{31}$　ko$^{31}$　n$^{55}$ taŋ$^{31}$ mǎ$^{31}$ʒi$^{33}$ n$^{31}$ŋai$^{33}$.
全部　全部　（话）不　胜任　买　　（尾）

全部啊，（我）买不了。

（2）指代事物指示代词的重叠也表示强调，大多是表示制止、否定或不满的语气。例如：

tai$^{33}$ tai$^{33}$ ko$^{31}$　khum$^{31}$ laŋ$^{33}$ kau$^{55}$ nu$^{?55}$.
那　那　（话）别　　用　　掉　（尾）

那个啊，（你）别用掉！

mă³¹ʃa³¹ n³³tai³³ tai³³ ko³¹ kă³¹naŋ⁵⁵ tu³¹ kă³¹naŋ⁵⁵ a³¹mu⁵⁵pʒu³³.
人 这 （叠）（话）哪儿 到 哪儿 事 出

这个人啊，到哪儿哪儿出事。

la³³ wo⁵⁵ʒa³¹ʒa³¹ ko³¹ ʃi³³ khʒai³³ ʃa³¹ ŋa³¹ ai³³ tson³¹non⁵⁵
男子 那 （叠）（话）他 独自 只 在 的 以为

sam⁵⁵ u²³¹ai³³.
大概（尾）

那个男子啊，以为只有他一个在。（即眼中无人）

kum³¹ʒa³¹ tho⁵⁵ʒa³¹ʒa³¹ ko³¹ n⁵⁵ tut³¹ să³³na³³.
马 那 （叠）（话）不 卖 将要

（上面）那匹马啊，不卖了。

num³³ le⁵⁵ʒa³¹ʒa³¹ ko³¹ ʃi³³ khʒai³³ ʃa³¹ tsom³¹ai³³tson³¹non⁵⁵
妇女 那 （叠）（话）他 独自 仅 漂亮 的 以为

sam⁵⁵ u²³¹ai³³.
大概（尾）

（下面）那位女子啊，以为就她一个漂亮。（做定语）

（3）指代事物性状的指示代词重叠后，在句中主要做定语、状语，表示对该成分的强调。例如：

ʃi²⁵⁵ a²³¹ sum³³ʒi³³ n⁵⁵lo⁵¹ lo³¹ lo²⁵⁵ai³³khʒai³³ʒai⁵⁵ lu²³¹ai³³.
他的 的 绳子 这么（叠）长 的 尽 是（尾）

他的绳子都是这么长的。

wo⁵⁵ te⁵¹te³¹ kă³¹pa³¹ai³³khʒai³³ʒe⁵¹. 尽是那么大的。
那么 （叠）大 的 尽 是

ʃă⁵⁵lo⁵¹lo³¹ ka⁵⁵ te²³¹ ko³¹ khum³¹sa³³ u²³¹!
那么 （叠）地方 处（话）别 去（尾）

那么远的地方，你别去！

le⁵⁵ tẹ⁷⁵⁵tẹ⁷⁵⁵ ʃa³¹ ko³¹ n̩⁵⁵ lo⁷⁵⁵a⁷³¹toŋ³³?
那么(叠)　只 (话)不 够 (尾)

只(下面)那么少一点,可能不够吧?

an⁵⁵the³³ a⁷³¹ mam³³tho⁵⁵lo⁷⁵⁵lọ⁷⁵⁵ ʃa³¹ lo⁷⁵⁵ mat³¹ sai³³.
我们　 的 稻子 那么　 (叠)只 矮 掉 (尾)

我们的稻子长得那么矮。

tai³³ mǎ⁵⁵lo⁷⁵⁵ lo⁷⁵⁵ʃa³¹lo⁷⁵⁵ai³³ khʒai³³ ʒe⁵¹.
那　那样短(叠)只 短 的 尽　 是

尽是像那个那样短的。

# 3 动词

景颇语的动词是表示动作行为、思想活动、发展变化的词。此外，表示存在、判断、联系的动词，如 ŋa³¹ "在"、ʒoŋ³³ "内有"、lu³¹ "有"、ʒe⁵¹ "是"、ʒai⁵⁵ "是" 等，也归入动词类。在景颇语句法结构中，动词大多做谓语，处于句子的核心地位。与其他词类相比，动词所负载的语法意义最丰富。

## 3.1 动词特点概述

景颇语的动词主要有以下 5 个特点：

（1）景颇语的动词是词类中数量最多、语法特点最丰富的一类词。它在句法结构中大多处于中心位置，其他的句子成分环绕着它构成各类动词短语结构。除了在特定的语境条件下出现的极少数无动词的句子外，动词是构成句子的强制性成分，即句子不能缺少动词。所以，研究景颇语的词法，动词的研究占很大的一块；动词研究得如何，直接关系到景颇语词法研究的质量。

（2）景颇语动词的语法范畴主要有：使动范畴、人称数范畴、体貌范畴、式范畴等。语法形式有内部语法形式和外部语法形式两种。内部语法形式有丰富的形态变化，形态变化主要有变音、加词缀（前缀、中缀，缺少后缀）、重叠等 3 类。表示人称、数、式等语法意义时主要是通过外部语法形式，即通过句尾词表示。句尾词体现的人称、数、式等语法意义，放在句尾词中分析。

（3）使动词、泛指动词是景颇语动词中具有特点的两小类词，本书将在动词部分做较细的分析。动词的体貌范畴，放在句法中分析。

（4）景颇语的动词在句中主要做谓语，此外还能做状语、补语、定语。由动词组成的名词化动词，还能当主语、宾语。

（5）动词与其他词类在来源、演变、结构上，都有不同程度的联系和交叉关系。例如：动词和形容词的部分特点相同，有许多是兼类的；有些动词与名词同形等。因此，分析动词时，要重视与其他词类的关系。

## 3.2 动词的使动范畴

动词的使动范畴是由自动态和使动态构成的。景颇语的使动范畴有丰富的形式和语义特征，是景颇语动词的重要特点之一。藏缅语历史比较的成果表明，使动范畴能够追溯到原始藏缅语，是原始藏缅语的一个范畴，构拟出原始藏缅语使动范畴的形式。景颇语的使动词与其他亲属语言有同源关系，如"垮/使垮"，景颇语是 $pja^{255}/phja^{255}$，普米语是 $bie^{55}/phie^{55}$，独龙语是 $bɹɯt^{55}/sɯ^{31}bɹɯt^{55}$，怒语是 $bia^{55}/phia^{55}$，载瓦语是 $pjo^{721}/phjo^{755}$，彝语是 $bia^{53}/phia^{55}$。所以，景颇语使动范畴的研究，具有重要的历史语法学价值。

### 3.2.1 使动范畴的概念及范围

所谓"自动态"，是指某种动作行为并非外力引起，而是行为者本身所发出的；"使动态"是指某种动作行为是由外力引起的。例如：

1a. $ma^{31}$ $su^{31}$ $sai^{33}$.　　　　　　　　　　孩子醒了。

　　孩子 醒 （尾）

1b. ʃi³³ ma³¹ pheʔ⁵⁵ tʃã³¹su³¹ nuʔ⁵⁵ ai³³.　　他把孩子弄醒了。
　　他　孩子（宾）使醒　　（尾）
2a. ʃã⁵⁵ku̱m⁵¹ tha²³¹ pã̱³³loŋ³³ noi³³ ŋa³¹ ai³³.　墙上挂着衣服。
　　墙　　　上　　衣服　　挂　在　（尾）
2b. ʃã⁵⁵ku̱m⁵¹ tha²³¹ pã̱³³loŋ³³ noi⁵⁵ toŋ³¹ uʔ²³¹!
　　墙　　　上　　衣服　　挂　着　（尾）
　　你把衣服挂在墙上吧！

上例的 a 和 b 句，是自动态和使动态对立的句子。例 1a 中的 su³¹ "醒"，表示 "醒" 是行为者自己发出的；1b 中 tʃã³¹su³¹ 的 "使醒"，表示 "醒" 是外力 "他" 引起的。二者通过加不加前缀 tʃã³¹ 表示自动、使动的对立。例 2a 中的 noi³³ "挂"，表示衣服是自然挂在墙上的，虽也是由外力引起，但因叙述者不知其外力或者不需要强调其外力；而例 2b 中的 noi⁵⁵ "挂"，表示 "挂" 是由 "你" 施力引起的。二者通过声调的变换表示自动、使动的对立。

自动和使动的对立，从意义上看，自动词的意义是单一的，而使动词所包含的意义不是单一的，是由 "因" 和 "果" 两个概念结合在一起的。如自动词 khom³³ "走"，只有 "走" 的意义，而使动词 tʃã³¹khom⁵⁵ "使走"，包含 "使" 和 "走" 两个意义，"使" 是原因，"走" 是结果。又如自动词 njo̱p⁵⁵ "瘪"，是个纯粹的 "瘪" 义，而使动词 a³¹njo̱p⁵⁵ "压瘪"，则包含 "压" 和 "瘪" 两个意义，"压" 是原因，"瘪" 是行为动作的结果。例如：

　　tʃã³¹khom⁵⁵ n³¹na⁵⁵ khom³³ sai³³.　　因为让走他就走了。
　　使走　　　因为　走　　（尾）
　　ʃiŋ⁵⁵ noi⁵⁵ njo̱p⁵⁵mat³¹sai³³.　　　　背篮瘪掉了。
　　背篮　　瘪　掉　（尾）
　　ʃiŋ⁵⁵ noi⁵⁵a³¹njo̱p⁵⁵ ka̱u⁵⁵ seʔ⁵⁵ai³³.　我把背篮压瘪了。
　　背篮　　压瘪　　掉　（尾）

naŋ³³ tʃă³¹khʒit³¹ ai³³　mă³¹tʃo³¹ ʃi³³ khʒit³¹ sai³³.
你　吓唬　　（尾）因为　　他 害怕 （尾）

因为你吓唬他，他害怕了。

景颇语的动词大多都具有构成自动和使动对立的能力。但有少数一些动词只有自动态，没有使动态。这些不具有使动能力的动词主要是：

（1）不能通过外力产生使动、表示与生理现象有关的动作行为。如 maŋ³³ "做（梦）"一词，只有自动词，没有使动词，因为没有外力"使做（梦）"。又如 tok̚⁵⁵ "长（毒疮）"、kʒat³¹ "（皮肤）干燥"等。

（2）表示自然现象的动词。如 puŋ³³ "刮（风）"一词，没有使动词，因为刮（风）不能由外力引起。又如 ʒu³³ "发（洪水）"、tʃo⁽³⁾⁵⁵ "结（小瓜）"等。

（3）在民族心理和风俗习惯上不允许构成使动意义的。如 thoi³¹ "（巫师）跳神"，不能是别人让巫师跳的。又如 noŋ³³ "（随田、地）安家"不是别人使唤的等。

景颇语的使动词大多是与自动词相对立的，但也有一部分是与形容词相对立的，还有少数是与名词、副词、状态词相对立的。在所统计的 679 个使动词中，与自动词对立的有 448 个，与形容词对立的有 194 个，与名词、副词、状词对立的有 37 个。① 例如：

动词　　　　　　　　使动词

tʃon³¹　　骑　　　　ʃă³¹tʃon³¹　　　使骑

kap⁵⁵　　粘　　　　ʃă³¹kap⁵⁵　　　使粘

khom³³　　走　　　　tʃă³¹khom³³　　使走

phai³³　　抬　　　　tʃă³¹phai³³　　使抬

---

① 这一部分有关使动词的统计均是徐悉艰做的。

| 形容词 | | 使动词 | |
|---|---|---|---|
| lo²⁵⁵ | 多 | ʃă³¹lo²⁵⁵ | 使多 |
| tam³¹ | 宽 | ʃă³¹tam³¹ | 使宽 |
| khje³³ | 红 | tʃă³¹khje³³ | 使红 |
| phʐo³¹ | 白 | tʃă³¹phʐo³¹ | 使白 |
| tsan̪³³ | 远 | să³¹tsan̪³³ | 使远 |

| 名词 | | 使动词 | |
|---|---|---|---|
| mun⁵⁵ | 细末 | a³¹mun⁵⁵ | 捻（成细末） |
| khjep⁵⁵ | 碎块 | a³¹khjep⁵⁵ | 成（碎块） |
| phra³³ | 整片的地 | a³¹phra³³ | 遍布 |
| mjiŋ³³ | 名字 | ʃă³¹mjiŋ³¹ | 使有名字 |
| tsam³¹ | 精神 | ʃă³¹tsam³¹ | 使有精神 |
| phʐo⁵⁵ | 容貌 | tʃă³¹phʐo⁵⁵ | 使有容貌 |

| 副词、状词 | | 使动词 | |
|---|---|---|---|
| kʐau³³ | 更 | ʃă³¹kʐau³³ | 使更好、称赞 |
| kʐai³¹ | 很 | ʃă³¹kʐai³¹ | 使很好 |
| kjet³¹ | 妥善状 | ʃă³¹kjet³¹ | 使妥善 |
| mjam⁵⁵ | 蓬乱状 | ʃă³¹mjam⁵⁵ | 使蓬乱 |

由形容词、副词或状词构成的使动词，表示性质、状态的变化是由外力引起的；由名词构成的使动词，表示该事物的获得是由外力促成的。例如：

ʃat³¹ nau³¹ ʃă³¹tu³³ ʃă³¹kja³¹ kau⁵⁵ sai³³.
饭　 太　 煮　　使软　 掉（尾）
饭煮得太软了。

na³¹tʃe²⁵⁵wă³³laŋ³³a⁵⁵tsom⁵¹ ʃa³¹ ʃă³¹kʐai³¹ ton³¹ uʔ³¹!
锄头　　把　　好好地　　 使很好　 着（尾）
你把锄头把弄好吧！

ʃi³³ kă⁵⁵ʒa⁵⁵ ʃă³¹mjam⁵⁵ toṇ³¹ ta⁵⁵ nu²³¹ ai³³.
他  头发    使蓬乱    放  （貌）（尾）
他把头发弄乱了。

ma³¹ pheʔ⁵⁵ mjiŋ³³ ʃă³¹mjiŋ³¹ ja³³ ʒit³¹!
孩子（宾） 名字   使有名字  给  （尾）
请你给孩子取个名字！

近代，景颇语从汉语、傣语、缅语中借来一些词，单音节的借词进入景颇语后，也能按景颇语的规律构成使动词。例如：

自动词                         使动词
lon³³     乱，捣乱（汉语借词）    ʃă³¹lon³³    使乱
ka³¹     跳（舞）（傣语借词）    ʃă³¹ka³¹    使跳（舞）

### 3.2.2 使动范畴语法形式的类型

使动范畴的语法形式有屈折形式和分析形式两种类型，屈折式较为丰富。这两种不同的形式，在意义上也存在差异。

1. 屈折式

表示使动态的屈折式可分为加前缀式和语音交替式两种。

（1）加前缀式。前缀有 ʃă³¹、tʃă³¹、să³¹、a³¹、ʃiŋ³¹ 等 5 个，只能用在单音节词前。根据形式和意义的不同特点又可分为两类。

一类是加 ʃă³¹、tʃă³¹、să³¹ 等前缀构成的使动词。这类词的构词能力较强，使用较广。在 679 个使动词中，带这类前缀的就有 649 个，占总数的 95.5%。这三种前缀表示的意义完全相同，但出现的条件不同。主要看后面的音节是什么声母：ʃă³¹ 出现在除送气音和清擦音以外的辅音做声母的音节前。此外，还出现在元音开头的音节前。例如：

自动词              使动词
pom³³    发胀      ʃă³¹pom³³    使发胀
pʒa³³    生存      ʃă³¹pʒa⁵⁵    使生存

| | | | |
|---|---|---|---|
| pʒak³¹ | （关系）破裂 | ʃă³¹pʒak³¹ | 使（关系）破裂 |
| man³³ | 习惯 | ʃă³¹man³¹ | 使习惯 |
| to²³¹ | 断 | ʃă³¹to²³¹ | 使断 |
| tai⁵⁵ | 成为 | ʃă³¹tai⁵⁵ | 使成为，使当 |
| nan³¹ | 跟 | ʃă³¹nan³¹ | 使跟 |
| ka²³¹ | 裂 | ʃă³¹ka²³¹ | 使裂 |
| tsap⁵⁵ | 站立 | ʃă³¹tsap⁵⁵ | 使站立 |
| tsim³¹ | 安定 | ʃă³¹tsim³¹ | 使安定 |
| tʃai³¹ | 转动 | ʃă³¹tʃai³¹ | 使转动 |
| tʃan⁵⁵ | 剩余 | ʃă³¹tʃan⁵⁵ | 使剩余 |
| je²³¹ | 缺口 | ʃă³¹je²³¹ | 使缺口 |
| wo⁵⁵ | 漂 | ʃă³¹wo⁵⁵ | 使漂 |
| ok⁵⁵ | 复发 | ʃă³¹ok⁵⁵ | 使复发 |

tʃă³¹ 出现在送气音和清擦音做声母的音节前。例如：

| 自动词 | | 使动词 | |
|---|---|---|---|
| phai³³ | 抬 | tʃă³¹phai³³ | 使抬 |
| phʒe²⁵⁵ | 变种 | tʃă³¹phʒe²⁵⁵ | 使变种 |
| phje⁵⁵ | 挎 | tʃă³¹phje⁵⁵ | 使挎 |
| thin⁵⁵ | 沉下 | tʃă³¹thin⁵⁵ | 使沉下 |
| thun³³ | 缩短 | tʃă³¹thun³³ | 使缩短 |
| kha²³¹ | 分离 | tʃă³¹kha²³¹ | 使分离 |
| khʒak⁵⁵ | 合适 | tʃă³¹khʒak⁵⁵ | 使合适 |
| sin³³ | 晕 | tʃă³¹sin³³ | 使晕 |
| ʃut⁵⁵ | 错 | tʃă³¹ʃut⁵⁵ | 使错 |

să³¹ 只出现在清塞擦音 ts 做声母的音节之前，凡用 să³¹ 的地方都能用 ʃă³¹ 代替。但 să³¹ 不出现在 s 做声母的音节之前。例如：

自动词　　　　　　使动词

tsam³³　　朽　　　să³¹tsam³³～ʃă³¹tsam³³　　使朽

tsa³¹　　毁　　　să³¹tsa³¹～ʃă³¹tsa³¹　　使毁

tsap⁵⁵　　站　　　să³¹tsap⁵⁵～ʃă³¹tsap⁵⁵　　使站

自动词构成使动词时，有一些词的声调发生变化。其中，大多数是中平调变为高平调。其变化的条件，现在还认识不清。例如：

自动词　　　　　　使动词

khom³³　　走　　　tʃă³¹khom⁵⁵　　使走

phai³³　　抬　　　tʃă³¹phai⁵⁵　　使抬

khʒuŋ³³　　活　　　tʃă³¹khʒuŋ⁵⁵　　使活

ʒam³³　　适合　　tʃă³¹ʒam⁵⁵　　使适合

ju²⁵⁵　　下　　　ʃă³¹ju³¹　　使下

jat³¹　　腐烂　　ʃă³¹jat⁵⁵　　使腐烂

另一类是加前缀 a³¹、ʃiŋ³¹ 的。这类使动词能产性较弱，数量较少，目前只发现 17 个。其词义的特点是：在所包含的"因"和"果"这两个概念中，"因"概念的"致使"意义比前一类具体，有具体的动作行为。例如：

自动词　　　　　　　　使动词

pa³³ 成（大面积）　　a³¹pa³³　　　压成块，拍成块

pʒep³¹　裂，碎　　　a³¹pʒep³¹　　打裂，拍裂，拍碎

phjaŋ⁵⁵　丧失（尊严）　a³¹phjaŋ⁵⁵　用语言使丧失（尊严）

kʒop³¹　碎　　　　a³¹kʒop³¹　　踩碎，压碎

tot⁵⁵　越过　　　　ʃiŋ³¹tot⁵⁵　　跨越过

nip³¹　荫，被遮　　ʃiŋ³¹nip³¹　　使荫，遮住（光线）

kʒup³¹　绕（圈）　　ʃiŋ³¹kʒup³¹　使绕成圈

waŋ³³　（环状物）放大　ʃiŋ³¹waŋ³³　使（环状物）放大

带 a³¹ 前缀的使动词，除个别外，还能换用 ʃã³¹ 或 tʃã³¹ 前缀。例如：

| 自动词 | | 使动词 | |
|---|---|---|---|
| phjak³¹ | 毁 | a³¹phjak³¹ ~ tʃã³¹phjak³¹ | 使毁 |
| njop⁵⁵ | 瘪 | a³¹njop⁵⁵ ~ ʃã³¹njop⁵⁵ | 使瘪 |
| kʒop³¹ | 碎 | a³¹kʒop³¹ ~ ʃã³¹kʒop³¹ | 使碎 |

使动词在句中主要做谓语，也可做定语、补语等。例如：

pat⁵⁵kom³³ ʃã³¹kʒop³¹ kau⁵⁵ sai³³. 玻璃杯被搞碎了。
玻璃杯　使碎　掉　（尾）

ŋai³³ ʃã³¹kʒop³¹ kau⁵⁵ ai³³ pat⁵⁵kom³³ ʒe⁵¹. 是我弄碎的玻璃杯。
我　使碎　掉　的　玻璃杯　是

ŋai³³kǎ³¹pjeʔ³¹ ʃã³¹kʒop³¹ kau⁵⁵ seʔ⁵⁵ai³³. 我踩碎的。
我　踩　使碎　掉　（尾）

ŋai³³ pat⁵⁵kom³³ a³¹kʒop³¹ kau⁵⁵ seʔ⁵⁵ ai³³. 我把玻璃杯压碎了。
我　玻璃杯　使碎　掉　（尾）

ŋai³³ a³¹kʒop³¹ kau⁵⁵ ai³³ pat⁵⁵kom³³ ʒe⁵¹. 是我压碎的玻璃杯。
我　压碎　掉　的　玻璃杯　是

naŋ³³ n⁵⁵ʒaʔ³¹tʃaŋ³³ ko³¹ lǎ³¹wan³³ ʃã³¹pai⁵⁵ kau⁵⁵ uʔ³¹!
你　不要　的话（话助）　快　使还　（貌）（尾）
你不要的话，快还回去！

ʃi³³ pheʔ⁵⁵ ʃã³¹potʔ³¹ ai³³ kǎ³¹tai³³ ʒeʔ⁵⁵? 使他生气的是谁？
他（宾）使生气　的　谁　是

naŋ³³ woi³³ ʃã³¹pjo³³ ai³³ mǎ³¹tʃo³¹ kʒai³¹ pjo³³ kau⁵⁵ sǎ⁵⁵kaʔ⁵⁵ ai³³.
你　带领 使快乐 的　因为　很　快乐（貌）（尾）
因为你带大家快乐，所以我们很快乐。

naŋ³³ khjiŋ³³ să³¹nit³¹ tu³¹ tʃaŋ³³ wan³¹ ʃă³¹tu̯³¹ tu³¹ ti³³ u²³¹!
你　　点　钟　七　　　到　的话　灯　　使亮　　亮　搞（尾）

你到七点钟开灯吧！

（2）变音式。变音式只保存在少数词中，主要有以下三种形式：

第一种是同部位声母送气不送气交替，不送气表自动，送气表使动。例如：

自动词　　　　　　　　使动词

pja⁇⁵⁵　　　　垮　　　phja⁇⁵⁵　　　使垮

pjan̯³³　　　　开　　　phjan³¹　　　解开

kă³¹wan³¹　　绕着　　khă⁵⁵wan⁵¹　　绕上

也有个别相反的情况，即送气表自动，不送气表使动。例如：

khă⁵⁵jom⁵¹　（自）卷　　kă³¹jom³¹　　使卷

第二种是不同韵母的交替。有的是不同韵尾的交替，带 -ŋ 韵尾的表自动，带 -n 韵尾的表使动；有的是不带韵尾的表自动，带 -t 韵尾的表使动。例如：

自动词　　　　　　　　使动词

mă³¹laŋ³³　　直　　　mă³¹lan⁵⁵　　使直

tuŋ³³　　　　坐　　　tun⁵⁵　　　　使坐

mă³¹ti³³　　　湿　　　ma³¹tit³¹　　　使湿

ʃă³¹mu³³　　　动　　　ʃă³¹mot³¹　　　使动

第三种是不同声调的交替。中平调表自动，高平调表使动。例如：

自动词　　　　　　　　使动词

ʒoŋ³³　　　　在　　　ʒoŋ⁵⁵　　　　使在

jam³³　　　当（奴隶）　jam⁵⁵　　　使当（奴隶）、奴役

noi³³　　　　挂着　　noi⁵⁵　　　　挂上

例句：

ʃi³³tʃoŋ³¹luŋ³¹sai³³.　　　　　　他上学了。
他　学　上　（尾）

ʃi³³pheʔ⁵⁵tʃoŋ³¹ʃă³¹lun⁵⁵ʒam³³sai³³.　　该让他上学了。
他（宾）学校 使上　适合（尾）

phun⁵⁵thaʔ³¹pă³³loŋ³³noi³³ŋa³¹ai³³.　　衣服挂在树上。
树　上　衣服　挂 在（尾）

phun⁵⁵thaʔ³¹pă³³loŋ³³noi⁵⁵ ŋa³¹ai³³.　　把衣服挂在树上。
树　上　衣服　使挂 在（尾）

wă⁵⁵loŋ⁵¹e³¹ ŋa³³ʒoŋ³³ŋa³¹ai³³.　　　牛关在牛圈里。
牛厩　里 牛 关 在（尾）

ŋa³³sa³³ʒoŋ⁵⁵ uʔ³¹!　　　　　　去把牛关上！
牛 去 使关（尾）

n³³tai³³koʔ⁵⁵tuŋ³³ uʔ³¹!　　　　　你坐在这里！
这　处　坐　（尾）

naŋ³³tiʔ³¹tun⁵⁵ uʔ³¹!　　　　　你把锅坐上吧！
你　锅 使坐（尾）

phun⁵⁵mă³¹laŋ³³ai³³.　　　　　　树直。
树　直　（尾）

n³¹thu³³mă³¹koʔ³¹mat³¹sai³³, noʔ⁵⁵mă³¹laŋ⁵⁵la⁵⁵weʔ³¹kaʔ³¹!
刀　弯　掉（尾）　还　弄直　来（尾）
刀弯了，把它弄直吧！

2.分析式

分析式是景颇语使动范畴能产性最高的语法形式，在语用中出现频率最高。分析式是在自动词后加 ʃă³¹ŋun⁵⁵ 构成使动式。ʃă³¹ŋun⁵⁵ 是个半后缀的虚词，来源于动词。它还能独立当动词用，表示"使唤、让、派"等意义。例如：ma³¹（孩子）phe⁵⁵（宾助）khum³¹（别）ʃă³¹ŋun⁵⁵（使唤）u³¹（尾）！"你别使唤孩子！"但当它放在自动词后时，则出现一定程度的语法化，表示动词"致使"的语法意义。

分析式比屈折式使用得广泛，不仅能用在单音节动词后面，还能用在多音节动词后面。我们对132个单音节动词逐个进行分析，看到能用屈折式的只有12个，能用分析式的则有73个，两种形式都不能用的有47个。例如：

ŋai³³ phe⁵⁵lai³¹kă³³ ka³³ ʃă³¹ŋun⁵⁵ni³¹ ai³³. 他让我写字。
我 （宾）字　　写　让　　（尾）

上述12个能用屈折形式的动词中，有10个还能用分析形式表达。这就是说，景颇语中表达"致使"义的ʃă³¹ŋun⁵⁵不仅可用在无使动词与之对立的动词后面，还可用在有使动词与之对立的自动词的后面。例如：

① ma³¹ phe⁵⁵lă³¹pu³¹ʃă³¹pu³¹u³¹!　　你给孩子穿上裤子！
　 孩子（宾）裤子　使穿　（尾）

② ma³¹ phe⁵⁵ lă³¹pu³¹pu³¹ ʃă³¹ŋun⁵⁵u³¹!　　你让孩子穿上裤子！
　 孩子（宾）裤子　穿　让　（尾）

例①和例②的自动词pu³¹分别构成两个不同形式的使动态，前者用屈折形式，后者用分析形式。这种现象在景颇语中普遍存在。

屈折形式和分析形式在语法意义和语法作用上不完全相同。徐悉艰在《景颇语的使动范畴》一文中做了如下分析："主要区别是：用屈折形式的句子主语是直接完成'致使'行为的；用分析形式的句子，主语则不直接执行动作，而是'致使'客体去完成。"试比较下面的例句。

① naŋ³³ ma³¹ phe⁵⁵pă³³loŋ³³ tʃă³¹phun⁵⁵ u³¹!你帮孩子穿衣服！
　 你　孩子（宾）被子　使穿　（尾）

② naŋ³³ma³¹pheʔ⁵⁵pă³³loŋ³³phun⁵⁵ʃă³¹ŋun⁵⁵uʔ⁵⁵! 你让孩子穿衣服!
    你   孩子(宾)衣服   穿   让   （尾）
③ ʃi³³ ma³¹pheʔ⁵⁵ ʃă³¹jup⁵⁵ nuʔ⁵⁵ai³³.       他哄孩子睡觉。
    他 孩子(宾)使睡   （尾）
④ ʃi³³ma³¹ pheʔ⁵⁵jup⁵⁵ʃă³¹ŋun⁵⁵ nuʔ⁵⁵ai³³.    他让孩子睡觉。
    他 孩子(宾)睡   让   （尾）

以上四个例子中,例①、例③均为屈折形式表示的使动态,动作行为都是由主语完成的,前者的主语 naŋ³³"你"直接帮孩子穿衣服,后者的主语 ʃi³³"他"直接哄孩子睡。例②、例④均为用分析形式表示的使动态,主语均没有直接动手完成动作行为,而是"致使"宾语 ma³¹"孩子"自己去穿衣,自己去睡觉。用分析形式表达的句子,就是一般的兼语式句子,句中的"致使"对象——宾语,也是执行谓语动词的动作行为的主语。因此,这种用分析式表达的使动态句子,其宾语必须是能发出动作行为的人或动物。例如:

ʃi³³ pheʔ⁵⁵na³¹tʃeʔ⁵⁵paiʃ⁵⁵ʃă³¹ŋun⁵⁵kau⁵⁵ nuʔ⁵⁵ ai³³.
他（宾）锄头   退还 让   掉   （尾）
（他）让他退掉锄头。

kui³¹ pheʔ⁵⁵ʃan³¹ ʃă³¹tʃut⁵⁵ʃă³¹ŋun⁵⁵uʔ²³¹! （你）让狗追赶猎物吧!
狗 （宾）猎物 追赶   让   （尾）

此外,表达使动态的屈折形式和分析形式可同时用在一个句子中,即在使动词后面再加上表达"致使"意义的动词 ʃă³¹ŋun⁵⁵,共同表示甲使乙、乙使丙的双重使动语态。例如:

nu⁵¹ ʃi³³ pheʔ⁵⁵ ma³¹ʃă³¹jup⁵⁵ ʃă³¹ŋun⁵⁵ nuʔ⁵⁵ ai³³.
妈妈 他（宾）孩子使睡   让   （尾）
妈妈让他哄孩子睡觉。

naŋ³³ʃi³³phe⁵⁵n⁵⁵phje⁵¹tʃã³¹khje³³ʃã³¹ŋun⁵⁵uˀ³¹!
你　他(宾)背包　　使红　　让　　(尾)①
你让他把背包染红!

　　景颇语这三种不同的语法形式的产生和演变具有层次性,在演变上与分析性语言不断增强的演变趋势同步。总的看来,屈折式是最先产生的,是原始藏缅语就有的。但后来由于语音结构的变化出现了衰退,所以在藏缅语各种语言里只剩下少量的音变词,景颇语也一样。不同语言存在的少量音变词,是古代使动范畴语法形式的残留,是古代使动词遗留的活化石。但这种形式由于受到语音系统有限性的制约,表达语义有限,必然会被新的形式所代替。景颇语等语言后来出现了前缀式,使动前缀能够出现在各种语音特征的自动词前面,在语义表达功能上比变音式大幅度增加;但前缀式由于受到双音节韵律的制约,只能出现在单音节自动词之前,也有局限性。后来出现的分析形式,不但能与单音节自动词结合,还能与双音节自动词结合,表达功能无限扩大,成为最有活力的一种语法形式。

## 3.3　泛指动词

### 3.3.1　什么是泛指动词

　　泛指动词是动词的一个特殊类别。景颇语的动词从表义特点上分,可分为"表具体义"和"表泛指义"两类。表具体义的动词只表示一个专门的动词意义,如来、去、走、跑、吃、看、听等。虽然一般动词有的也有多个义项,但毕竟是有限的。而表泛指义的动词,则

---

① 引自徐悉艰《景颇语的使动范畴》,载《民族语文》1984年第1期。

能够依据不同的语境,产生一系列相近或相关的意义。先看下面两个例子:

(1) pă$^{33}$loŋ$^{33}$ ʃiŋ$^{31}$ khum$^{31}$ ti$^{33}$ u$^{ʔ31}$!
　　 衣服　　这样　不要　（泛）（尾）
　　 你不要这么弄（褶、放等）衣服!

(2) ʃiŋ$^{31}$ khum$^{31}$ ʒai$^{31}$!
　　 这么　不要　（泛）
　　 不要这么做（干、搞、办、弄、整）!

例(1)的 ti$^{33}$ 在不同的语境中有"弄、褶、放"等不同的语义;例(2)的 ʒai$^{31}$ 在不同的语境中有"办、弄、整"等不同的语义。它在不同语境下取其中一个意义。

泛指动词是实义动词语法化的产物。它使用频率很高,在景颇语句法结构中有着特殊的功能,对动词句的构成和发展有着重要的制约和影响作用。泛指动词是景颇语词法的一个重要特点,研究景颇语的动词必须弄清泛指动词的特点。

### 3.3.2 泛指动词的类别

景颇语泛指动词有 ʒai$^{31}$、ti$^{33}$、ŋa$^{33}$、ŋu$^{55}$、ʒe$^{33}$,这 5 个泛指动词按其语义、语法特点可分为三类:

1. ʒai$^{31}$ 和 ti$^{33}$

表示"干、做、办、拿、摸、变、成……"等通过人体四肢发出的动作行动。二者的差别是:ʒai$^{31}$ 强调动作行为自身的发生、变化,不强调是否触及另一事物,而 ti$^{33}$ 强调动作行为的发生、变化是触及另一事物的。二者都可以带宾语,也可以不带。所以,ʒai$^{31}$ 和 ti$^{33}$ 的区别主要是语义上的及物不及物,而不是语法结构方面的。先比较下面两个句子。

(1) ʃiŋ³¹ khum³¹ʒai³¹ lu³³!　　　不要这样做!
　　这样 不要 （泛）（语）
(2) ʃiŋ³¹ khum³¹ti³³　lu³³!　　　不要这样做（这个）!
　　这样不要 （泛）（语）

例（1）、例（2）两句的基本意义相同，都是"不要这样做"。区别在于：说前一句时，说话者心中强调的是"做"，而说后一句时强调的是"做什么"。又如：

(3) nam³¹si³¹khje³³khje³³ʒai³¹ wa³¹ sai³³.　果子变成红红的了。
　　果子　　红　　（叠）（泛）（貌）（尾）
(4) ʃi³³ khʒai³³ʃa³¹ kǎ³¹le⁵⁵kǎ³¹lau³¹ ʒai³¹ jup⁵⁵to̠³³ŋa³¹ ai³³.
　　他 独自 地　翻来覆去状　（泛）睡　着 在 （尾）
　　他独自翻来覆去地睡着。
(5) a³¹khjep⁵⁵a³¹khap⁵⁵ ti³³　a³¹ʃep³¹ kau⁵⁵ seʔ⁵⁵ ai³³.
　　细碎状　　　　（泛）削　　掉　（尾）
　　我已削成细碎的了。
(6) an⁵⁵the³³ joŋ³¹pheʔ⁵⁵a³¹ʒoi⁵⁵a³¹ʒip⁵⁵ ti³³ sat³¹ mjiʔ³¹ ai³³.
　　我们　　都 （宾）踩躏状　　（泛）杀 （尾）
　　他极力踩躏我们。

例（3）、例（4）两句的 ʒai³¹ 补不出宾语。例（5）的 ti³³ 虽不出现宾语，但隐含着宾语。 a³¹ʃep³¹ "削"是有对象的。例（6）出现宾语，语法上是及物的。

2. ŋa³³ 和 ŋu⁵⁵

表示"说、讲、唱、叫、想、感到、觉得……"等与言语、心理活动有关的动作行动。二者的差别是：ŋa³³ 强调动作行为自身的发生、变化，不触及另一事物，而 ŋu⁵⁵ 强调动作行为的发生、变化，触及另一事物。二者都可以带宾语，也可以不带。所以，ŋa³³ 和 ŋu⁵⁵ 的区别主要是语义上的及物不及物，而不是语法结构上的。比较下面的两个句子：

（7）ʃan⁵⁵the³³ kǎ³¹niŋ³¹ ŋa³³tsun³³maʔ³¹ni⁵¹? 他们怎么说的？
　　　他们　　怎么　（泛）说（尾）
（8）ʃan⁵⁵the³³ kǎ³¹niŋ³¹ ŋu⁵⁵ tsun³³maʔ³¹ni⁵¹?
　　　他们　　怎么　（泛）说　（尾）
　　　他们怎么（对他）说的？

这两句的基本意义也是相同的，都是"他们怎么说的"。区别在于：说前一句时，说话者心中强调的是"他们说"，而后一句除了表示"他们说"外，还强调"对谁说"。例（7）的 ŋa³³ 虽然可以补出宾语，但主要强调主体的动作行为，而例（8）的 ŋu⁵⁵ 强调"提醒""说"，触及另一对象，但句中并不出现宾语。

由此看来，景颇语的这两类泛指动词的区别，不完全是传统语法上所说的"及物与不及物"。传统语法上及物与不及物的分法，主要是就能不能带宾语而言的，能带宾语的是及物动词，不能带宾语的是不及物动词。但这里所说的"触及"与"非触及"，主要是就语义而言的，并与语法结构存在交叉。用 ʒai³¹ 和 ŋa³³ 时，主要强调某个动作行为的出现和存在，不关心是否触及别的对象，大多不带宾语，但也可以带宾语，不带宾语时有的也隐含着宾语。如例（7）的 tsun³³ "说"，是个及物动词，实际上隐含着与"话"有关的宾语。例（8）的 tsun³³ "说"也是个及物动词，在言语使用中语义指向的宾语是"话"。至于景颇语泛指动词的这类区别应取什么术语，有待进一步确定。

3. ʒe³³

ʒe³³ 与以上两组泛指动词的特点略有不同。其动作义较弱，具有判断义，表示性质状态、动作行为的存在。其来源与判断词

"是"ʒe⁵⁵（用在一般语气的叙述句里）、ʒe⁵¹（用在强调语气的叙述句里）、ʒe⁽⁵⁵（用在疑问句里）有关。它一般不能单独做句子成分，而要与其他修饰成分一起才能做句子成分。做句子成分时，要后带关系助词ai³³，不像其他几个泛指动词一样能带句尾词。ʒe³³还常与tson³¹"像"一起连用，构成固定短语tson³¹ʒe³³ai³³"像……似的"。例如：

（9）naŋ³³ko̠⁽⁵⁵sa³³ sa³³ ʒe³³ ai³³ kǎ³¹tai³³ʒe⁽⁵⁵?
　　你　处　去（叠）(泛) 的　谁　是
　　经常去你那儿的是谁？

（10）ŋaŋ³¹ na³³tson³¹ ʒe³³ ai³³ lǎ³¹ta̠⁽⁵⁵ lom³¹ ʒit³¹!
　　　牢固　要　像　（泛）的　挑选　参加（尾）
　　　请你帮我挑个结实的。

（11）ʃi³³ ko³¹ sum³³nuŋ³³ ʃiŋ³³ti³³ ʒe³³ ai³³ mǎ³¹ʃa³¹ ʒe⁵¹.
　　　他（话）慈祥状　　　（泛）的　人　　是
　　　他是个慈祥的人。

（12）mǎ³¹ni³³ sum³¹ ʒe³³ ai³³ wa³³ kǎ³¹tai³³ ʒe⁽⁵⁵ta̠⁵¹?
　　　微笑状　　（泛）的　者　谁　是（尾）
　　　在微笑的那位是谁？

泛指动词还能前加n³¹音节，主要起配音作用。如：n³¹ŋa³³、n³¹ʒe³³。加n³¹是适应双音韵律的需要。例如：

（13）a⁵⁵tui⁵¹n³¹ŋa³³ai³³mi³³ ʃa⁵⁵mǎ³¹ju³³ŋa³¹n³¹ŋai³³.
　　　甜　（泛）的（语）吃　想　（貌）(尾)
　　　我感到想吃甜的。

（14）ʃi⁽⁵⁵ a⁽³¹ ko³¹ a³³tʃaŋ³³n³¹ʒe³³ai³³ʒai⁵⁵lu⁽³¹ai³³.
　　　他的　的（话）黑　（泛）的　是　　（尾）
　　　他的是黑的。

（15）a⁵⁵than⁵¹n³¹ti³³　ʃa⁵⁵kau̯⁵⁵ se⁷⁵⁵ai³³.　　他拼命地吃掉。
　　　　拼命地　（泛）吃 掉　　（尾）
（16）a⁵⁵lap³¹n³¹ʒai³¹puŋ³¹li³¹kǎ³¹lo³³ŋa³¹ ai³³.他不停地干活。
　　　　不停地（泛）活儿　做　　　在 （尾）
（17）n³¹kup³¹ a⁵⁵khun⁵¹　n³¹ŋa³³ai³³.　　　他感到口干渴。
　　　　口　　干燥的　（泛）（尾）
（18）a⁵⁵lǎ³¹tʃa⁷³¹n³¹ŋu⁵⁵tǎ³¹ʒu³³kau̯⁵⁵ u⁷³¹!　　你重重地批评他吧！
　　　　重重地　（泛）　批评　（貌）(尾)
（19）a⁵⁵mǎ³¹ʒim⁵⁵ n³¹ʒe³³ ai³³ khum³¹ ʒe⁷⁵⁵.　是强壮结实的身体。
　　　　强壮结实　（泛）的　身体　是

人类表达自己的情感，主要分两类，一类是与动作行为有关的，另一类是与性质、状态有关的。与动作行为有关的，又有两类，一类是与四肢的动作有关的，是看得见的，另一是与心理活动、大脑活动、言语活动有关的，是看不见的。景颇语的五个泛指动词，大体囊括这几方面的意义，能基本满足人们交际的需要。这就是说，景颇语泛指动词的出现，以及类别划分的特点，是由语用的认知特点和实际交际需要决定的。

### 3.3.3 泛指动词的句法功能

泛指动词具有动词的主要特点，但也存在一些不同点。相同点主要有以下5点：

（1）在句中都能单独做谓语，而且做谓语时，除 ʒe³³ 外，都能带句尾词。例如：

tai³³ pha³³ ti³³　mo⁵⁵ŋa³¹ n³¹ni⁵¹?　　　你想做什么？
那　什么（泛）想　在 （尾）
tai³³ tson³¹ ʒai³¹ u⁷³¹!　　　　　　　像那样做吧！
那　像 （泛）（尾）

tai³³ khu³³ sa³³u⁽³¹⁾! 你往那儿去吧!
那　方向　去（尾）

（2）都能受副词的修饰。例如：

naŋ³³ kum³¹ʒoŋ⁵⁵ kum³¹ʒa⁽³¹⁾khum³¹ ʒai³¹ u⁽³¹⁾!
你　自高自大状　　　不要　（泛）（尾）
你不要自高自大！

naŋ³³ khum³¹ ti³³ u⁽³¹⁾! 你不要摸!
你　勿　（泛）（尾）

naŋ³³ ʃi³³ phe⁽⁵⁵⁾pha³³n⁵⁵ ŋu⁵⁵ n³¹ŋai³³. 我没对他说什么。
我　他（宾）什么 没（泛）（尾）

ŋai³³ ʃi³³ phe⁽⁵⁵⁾ n⁵⁵ ŋa³³ n³¹ŋai³³. 我没对他说。
我　他（宾）没（泛）（尾）

ʒai⁵⁵ n⁵⁵ ʒai⁵⁵ʒe³³ ai³³ tat⁵⁵ʃin⁵⁵ khʒai³³ tam³³ ju³³ ʒe³³ ŋa³¹
行　不　行（泛）的　电影　净　找　看（泛）（貌）
n³¹tai³³ lu³³!
（尾）呀
你净找不行的电影看呀！

（3）都能受貌词的补充。例如：

ŋai³³khʒai³³ʃa³¹ʒai⁵⁵tim⁵¹sa³³na³³kui⁵⁵kui⁵⁵ ŋu⁵⁵ ta⁵⁵we⁽³¹⁾ai³³.
我　独自　　即使　去 要　敢（叠）（泛）（貌）（尾）
即使是我一个人，我也敢去。

pje⁽³¹⁾ ti³³ tat³¹ u⁽³¹⁾! 你踩一下吧!
踩一下地（泛）（貌）（尾）

ʃat³¹ŋjap³¹ŋjap³¹ŋa³³ mat³¹ sai³³. 饭有点软了。
饭　有点软的　（泛）（貌）（尾）

（4）泛指动词与其他动词一样能重叠，重叠表示动作的多数。例如：

naŋ³³ʃiŋ³¹ khʒai³³ŋu⁵⁵ ŋu⁵⁵ ti³³ n³¹na³³ʃi³³kʒai³¹ kă³¹ja²³¹
你　那样　净　（泛）（叠）（泛）后　他　很　害羞
kau̠⁵⁵ aŋ³¹nuʔ³¹ai³³.
（貌）该（尾）
你老那样说，他该感到很害羞。
khum³¹ ti³³　ŋu⁵⁵ mă³¹kaŋ³³tan⁵¹ khʒai³³ti³³　ti³³　ʒai³¹ n³¹tai³³.
不要　（泛）（泛）一边　这样净　（泛）（叠）（泛）（尾）
刚说不要做还不断做。

（5）泛指动词与其他动词一样，能构成"前缀 a⁵⁵ + 动词 + ŋa³¹+ 句尾词"的格式，表示动作的经常性。例如：

kă³¹te³¹tsu̠n³³ tim⁵¹ ʃă³¹ni⁵⁵ʃă³¹naŋ³³ tan⁵¹ ʃa³¹a⁵⁵ti³³ŋa³¹　uʔ³¹ ai³³.
怎么　说　即使　天　每　这样地　老 做（貌）（尾）
不管怎么说，每天也老这样在做。
tai³³ tson³¹ ʃa³¹ a⁵⁵ ʒai³¹ ŋa³¹ maʔ³¹ai³³.　　他们老像那样做。
那　像　仅　老（泛）在　（尾）

不同点主要有以下 5 点：

（1）泛指动词能受状态词修饰，而一般动词不能。例如：
mjiʔ⁵⁵pʒui³³si³¹a³¹pja³¹ ŋa³¹　ai³³.　　　眼泪往下滴。
眼泪　　　下垂状（泛）（尾）
ʃiŋ⁵⁵na⁵⁵theʔ³¹pat⁵⁵ ti³³　kă³³pat⁵⁵ uʔ³¹!　你用鞭子抽打吧！
鞭子　　用　拍打状（泛）抽打　（尾）
lă³¹kat³¹ tʃă³¹khu³¹ pja³¹ ʒai³¹ khʒat³¹ wa³¹ sai³³.
蜂　蜜　　黏滴状（泛）掉　下　（尾）
蜂蜜滴下来了。

（2）泛指动词能受指示代词 niŋ⁵¹ "这样"、ʃiŋ³¹ "那样"等的限制，而一般动词不能。例如：

niŋ⁵¹ ti³³　kǎ³¹lo³³ u²³¹!　你就这样做吧!
这样（泛）做　　（尾）

ʃiŋ³¹ ʒai³¹ khum³¹ka³³ u²³¹! 你不要那样写!
那样（泛）别　　写　（尾）

（3）一般动词有自动态和使动态的区别，而泛指动词没有。如下面的构词虽然在语义结合上是符合逻辑的，但构词规则是不合法的。例如：

\*ʃã³¹ʒai³¹　\*ʃã³¹ ti³³　\*ʃã³¹ ŋa³³　\*ʃã³¹ŋu⁵⁵　\*ʃã³¹ ʒe³³

（4）不同的泛指动词可以同时出现在同一谓语中。例如：

① tai³¹ni⁵⁵ ko³¹ ʃat³¹ʃa⁵⁵na³³ ŋu⁵⁵ wa³¹ ʒe³³ ni²³¹ ai³³.
　今天　（话）饭　吃　要（泛）（貌）（泛）（尾）
　我今天想吃饭。

② n³³tai³³ tson³¹wa³¹ a³¹ʒai³¹ to³³　ai³³ko³¹ kǎ³¹niŋ³¹ŋu⁵⁵
　这　像　（貌）老（泛）（貌）的（话）怎么　（泛）
　tsun³³ na³³ ʒai³¹ wa³¹ sai³³ kun⁵⁵?
　说　要（泛）（貌）（尾）（语）
　老像这样，怎么说呢？

例①有两个泛指动词，ŋu⁵⁵表示"想"义，对象是"吃饭"；ʒe³³表示全句"我今天想吃饭"的存在。例②的ŋu⁵⁵表示"说"义，强调对他说；后一个ʒai³¹也表示"说"义，但只强调说话者说。

从以上的异同分析中可以看到，泛指动词与一般动词具有一些共同的特点，在归属上应放在动词类中。但它与一般动词还存在一些重要的差异，包括语义和语法特点的差异，所以属于动词的一个类别，在动词中应独立成一个小类。

### 3.3.4　泛指动词的语法化

泛指动词的语法化与其所在的句法位置有关。所以这里先要讲泛

指动词的句法结构类型。泛指动词的句法结构有三种:

第一种是泛指动词单独做句子的谓语。例如:

(1) ʃi³³ ko³¹ ʃi³³ pheʔ⁵⁵ ja³³ na³³ ŋa³³ sai³³. 他说要给他了。
　　他（话）他（宾）给　要（泛）（尾）

(2) khum³¹ʃa⁵⁵mă⁵⁵ saʔ⁵⁵ ŋu⁵⁵ kă³¹te³¹ laŋ³¹ tsun³³ tim⁵¹, a⁵⁵ ʃa⁵⁵
　　不要　吃（尾）（泛）多少　次　说　即使　老　吃
　　ŋa³¹ ai³³.
　　（貌）（尾）
　　说多少遍不要吃还老在吃。

(3) jiʔ⁵⁵ sa³³ na³³ ŋu⁵⁵ ŋa³¹ n³¹ŋai³³. 我说要去地里。
　　地　去　要（泛）（貌）（尾）

(4) tai³¹ni⁵⁵ ko³¹ mam³³ tan³¹sa³³ kaʔ³¹ ŋa³³ ai³³ ŋu⁵⁵ sa³³
　　今天　　（话）谷子　割　去（尾）（泛）的（泛）去
　　tsun³³ suʔ³¹!
　　说　（尾）
　　你去告诉（大家）说今天去割谷子!

例(1)的 ŋa³³、例(2)和例(3)的 ŋu⁵⁵ 都是单独做谓语。但这种句子出现频率较低。这是因为泛指动词的语义是泛指的,需要有状语的限制,使其意义具体化。例(4)的 ŋa³³ 和 ŋu⁵⁵ 是并列谓语,前者表示说了什么,后者表示已经对人说了。

第二种是由状语加泛指动词构成谓语。状语多由状词、副词、否定词、代词、重叠动词（或形容词）等担任。例如:

(5) khje³³khje³³ʒai³¹ sai³³. 变成红红的了。
　　红　（叠）（泛）（尾）

(6) mă³¹ʃa³¹nau³¹loʔ⁵⁵n³¹na⁵⁵mă³¹tsut⁵⁵mă³¹tsat⁵⁵ŋa³³ ai³³.
　　人　太　多　因为　拥挤不堪状　　（泛）（尾）
　　因为人太多,感到拥挤不堪。

（7）kǎ³¹niŋ³¹ti³³　jaŋ³¹ kǎ³¹niŋ³¹mai³³.　　怎么做怎么行。
　　　怎么　（泛）的话　怎么　行

（8）ja⁵⁵the³³ko³¹　wa³¹wa³¹sa³³sa³³ʒai³¹　ŋa³¹ma⁽³¹ai³³.
　　　最近　（话）回　回　去　去（泛）（貌）（尾）
　　　最近他们来来回回地走。

例（5）的 ʒai³¹ 受重叠形容词 khje³³ khje³³ 的修饰；例（6）的 ŋa³³ 受状词 mǎ³¹tsu̱t⁵⁵mǎ³¹tsa̱t⁵⁵ 的修饰；例（7）的 ti³³ 受代词 kǎ³¹niŋ³¹ 的修饰；例（8）的 ʒai³¹ 受重叠动词 wa³¹ wa³¹ sa³³ sa³³ 的修饰。

第三种是由状语加泛指动词再加一般动词（即表示具体意义的动词）构成谓语。三者的关系是：状语加泛指动词先组成修饰语，再修饰一般动词。例如：

（9）naŋ³³kǎ³¹niŋ³¹ʒai³¹　kǎ³¹lo³³n³¹ni⁵¹?　　你怎么做？
　　　你　怎么　（泛）做　（尾）

（10）phʒaŋ³³ ʒai³¹ pai⁵⁵wa³¹mat³¹ sai³³.　　迅速地又回去了。
　　　迅速状（泛）又　回（貌）（尾）

（11）naŋ³³ ʃiŋ³¹ ti³³　khum³¹kǎ³¹lo³³ u⁽³¹!　你不要那样地做！
　　　你　那样（泛）不要　做　（尾）

（12）kap⁵⁵kap⁵⁵ti³³　mǎ³¹kap³¹to̱n³¹ u⁽³¹！　你紧紧地贴上吧！
　　　紧贴状　（泛）贴　　（貌）（尾）

（13）kǎ³¹le⁵⁵kǎ³¹lau³¹ti³³　kǎ³¹kaŋ³³tat³¹ u⁽³¹！
　　　翻来覆去状　（泛）烤　　（貌）（尾）
　　　你翻来覆去地烤吧！

（14）naŋ³³ko³¹　kǎ³¹niŋ³¹ŋu⁵⁵ mjit³¹ŋa³¹ n³¹ni⁵¹？
　　　你　（话）怎么　（泛）想　（貌）（尾）
　　　你（对他）怎么想的？

例（9）泛指动词 ʒai³¹ 与代词结合共同修饰"做"；例（10）的 ʒai³¹ 与状词结合共同修饰"回"；例（11）的泛指动词 ti³³ 与指示代词结合共同修饰"做"，中间还加修饰副词"不要"khum³¹；例（12）、例（13）的泛指动词 ti³³ 与状词结合共同修饰"做""烤"；例（14）的 ŋu⁵⁵ 与指示代词结合共同修饰"想"。

以上三种结构，语法化主要出现在第二、第三种的句子中。这是因为这两种形式的泛指动词要不处在表示实在意义的状语后面，要不前面既有表示实在意义的状语，后面又有表示实在意义的动词，所以容易语法化。可见，泛指动词的位置及其前后是否存在实义词，是发生语法化的主要条件。

泛指动词语法化后，大多变为状语的后缀"地"。如例（12）的 ti³³ 动词的意义已很弱，已经弱化为 kap⁵⁵kap⁵⁵ "紧贴状"的后缀。在母语人的心中，已辨不出它是个动词，而是当成一个虚义词了。

景颇语泛指动词的演变趋势是语法化范围不断扩大。语法化的进一步发展，就出现脱落。这在当前的语用中已有表现，年轻人泛指动词的使用有逐渐减少的趋势，在有的句型中可以不用泛指动词。如下面例句括号内的泛指动词，许多人特别是青少年已不用了。

（15）n⁵⁵khuʔ⁵⁵mă³¹tsat⁵⁵ʃă³¹pat³¹（ʒe³³）ai³³.　　屋内肮脏。
　　　 屋里　肮脏状　　　　　　（泛）（尾）

（16）ʃi³³mă³¹tsan³¹mă³¹jan⁵⁵（ʒe³³）ai³³.　　他（很）穷。
　　　 他 穷苦状　　　　　（泛）（尾）

（17）ʃă⁵⁵nut⁵⁵ʃă⁵⁵nat⁵⁵（ʒai³¹）mat³¹ sai³³.　　弄得乱七八糟了。
　　　 乱七八糟状　　　（泛）（貌）（尾）

（18）pă³³loŋ³³mă³¹tsat⁵⁵ʃă³¹pat³¹（ŋa³³）ai³³.　　感到衣服脏了。
　　　 衣服　肮脏状　　　　　　（泛）（尾）

（19）thep³¹ thep³¹（ti³³）ta⁵⁵mu²³¹!　　（你们）妥善地放好！
　　　　妥善地　　（泛）放（尾）
（20）ŋjeʔ⁵⁵ taʔ⁵⁵ mă³¹tsut³¹ mă³¹tsat³¹（ŋa³³）ai³³.
　　　　我的　手　粗糙状　　　　（泛）（尾）
　　　　我的手（很）粗糙。

泛指动词是否虚化和脱落，还与状语的性质有关：状语如果动作性强，泛指动词容易虚化或脱落；状语如果是性质、状态的，则泛指动词不容易虚化或脱落。

泛指动词的脱落，必然导致句法结构的变化。第二种结构由于泛指动词的脱落，使原来的状语提升为谓语。第三种结构由于有泛指动词，谓语存在两个层次，而泛指动词脱落后，则变为一个层次。以"请你仔仔细细地告诉他吧"为例分析泛指动词脱落与否的层次。

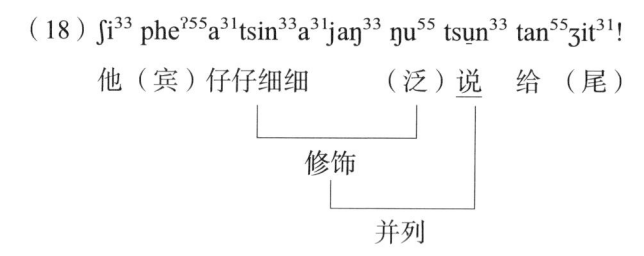

（18）ʃi³³ pheʔ⁵⁵ a³¹tsin³³a³¹jaŋ³³ ŋu⁵⁵ tsun̩³³ tan⁵⁵ ʒit³¹!
　　　　他（宾）仔仔细细　　（泛）说　给　（尾）
　　　　　　　　　　　　修饰
　　　　　　　　　　　　　　　　并列

（19）ʃi³³ pheʔ⁵⁵ a³¹tsin³³a³¹jaŋ³³ tsun̩³³tan⁵⁵ ʒit³¹!
　　　　他（宾）仔仔细细　　　说　给　（尾）
　　　　　　　　　　　　修饰

例（18）是两个层次，例（19）是一个层次。

泛指动词逐渐虚化引起的语法结构变化，使原来的语法形式改变为新的语法形式，这就是现代语言学所提出的"再分析"（reanalysis）。

但与指示代词结合的泛指动词，与指示代词融合为一个实词，向实语素的方向演变。这是不同于语法化方向的词汇化趋向。如下面例句的 ʃiŋ³¹ʒai³¹ 和 niŋ⁵¹ti³³：

naŋ³³ʃiŋ³¹ʒai³¹khum³¹kǎ³¹lo³³uʔ³¹! 你不要那样做！
你　　那样　　不要　做　（尾）

niŋ⁵¹ti³³kǎ³¹lo³³jaŋ³¹ mai³³ ai³³. 这样做就可以了。
这样　做　的话　可以（尾）

景颇语泛指动词的出现与分析性特点的增强有关。分析性语言由于音节少，要扩大表义功能，必然要在音节内部的义项上挖掘潜力，出现能够表示多种意义的泛指动词（或称"泛义动词"）。①

## 3.4 存在动词

表示事物的存在、领有的词称存在动词。它有一些不同于其他动词的特点，可视为动词中的一类。

### 3.4.1 存在动词的类别

景颇语的存在动词共有五个，分别表示不同的存在意义。其中有两个是使动词，所以分为三类。

（1）lu³¹"有"和 ʃǎ³¹lu³¹"使有"：表示事物的领有。例如：

mjit³¹ khʒum⁵⁵ tʃaŋ³³ n³¹kun³¹ lu³¹ ai³³. 团结就有力量。
团结　　　的话　力量　有（尾）

ʃi³³ pheʔ⁵⁵ a³¹kju⁵⁵ khum³¹ ʃǎ³¹lu³¹ ja³³ uʔ³¹! 你不要给他好处！
他（宾）利益　不要　使有　给（尾）

（2）ŋa³¹"存在"：表示事物的存在。不能构成使动词。例如：

---

① 参看戴庆厦《反响型语言与隐性语义实化——以藏缅语景颇语、哈尼语为例》，载《民族语文》2021 年第 1 期。

nu̱⁵¹ n⁵⁵ta̱⁵¹ ŋa³¹ ai³³.　　　　　　妈妈在家里。
妈妈 家　在（尾）

wa⁽³¹ kǎ³¹naŋ⁵⁵ ŋa³¹ ŋa³¹ a⁽³¹ni⁵¹?　　猪在哪儿？
猪　　哪儿　　在（貌）（尾）

ʃiŋ³¹kan³¹te⁽³¹ kǎ³¹tai³³ n⁵⁵ ŋa³¹ sa⁽⁵⁵ni⁵¹?　外面没人吗？
外面　　（方）谁　没 在（尾）

（3）ʒoŋ³³"在…（里面）"和 ʒoŋ⁵⁵"使在（里面）"：表示一事物存在于另一事物内，二者通过声调变化表示使动。例如：

kha⁽³¹khoŋ³¹　e³¹ ŋa⁵⁵ ʒoŋ³³ ai³³.　　　水沟里有鱼。
水沟　　　里 鱼 有　（尾）

mǎ³¹liŋ³³ e³¹　ʃã³¹ʒo³³ tʃã⁵⁵khji⁵⁵ ʒe³³ ai³³ ni³³ ʒoŋ³³ ma⁽³¹ ai³³.
森林　（方）老虎　　麂子（泛）的　等 在　（尾）
森林里有老虎、麂子等。

sum⁵⁵pu̱⁽⁵⁵ tha⁽³¹ lai³¹ka³³ ʒoŋ³³ ai³³.　　箱子里有书。
箱子　　（方）书　　有　（尾）

u³¹ phe⁽⁵⁵ u³¹ʒo³³ tha⁽³¹ ʒoŋ⁵⁵ toŋ³¹ u⁽³¹!
鸡（宾）鸡笼　（方）使在（貌）（尾）
（你）把鸡关在鸡笼里吧！

### 3.4.2 存在动词的语法特点

存在动词与一般动词相比，相互间的相同点是主要的，但也存在一些差异，主要体现在以下 5 个方面：

（1）在句子结构中单独做谓语时，存在动词的出现频率比一般动词高。它也能带宾语、补语、状语。例如：

带宾语：ŋai³³ ŋa³³ lǎ⁵⁵ŋai⁵¹ mi⁵³ lu³¹ n³¹ŋai³³. 我有一头牛。
　　　　我　牛　一　　一　有（尾）

带补语：ŋa³³ ʒoŋ⁵⁵ kau⁵⁵ u²³¹!　　　　（你）把牛关起来！
　　　　牛　使在　（貌）（尾）
带状语：khai⁵⁵nu³³ wǎ³³li³³ n⁵⁵ lu³¹ mǎ⁵⁵nit⁵⁵ ni⁵¹?
　　　　玉米　　种籽　没　有　（尾）
　　　　你们有玉米吗？
　　　　mǎ³¹ʃa³¹kʒai³¹ŋa³¹ma²³¹ai³³.　　　　人很多。
　　　　人　　很　　在（尾）

（2）存在动词也能在重叠式中间再加中缀 mǎ⁵⁵ 或 mi⁵⁵，表示"所有的"。例如：

ŋa³¹mǎ⁵⁵(mi⁵⁵)ŋa⁵¹　所有在的　lu³¹mǎ⁵⁵(mi⁵⁵)lu⁵¹　所有有的
在（中）　　在　　　　有（中）　　　有

加前缀表示"经常"义。例如：

a⁵⁵　ŋa³¹ŋa³¹ ai³³　经常在的　　a⁵⁵　lu³¹ŋa³¹ ai³³　经常有的
（前）在（貌）的　　　　　　　（前）在（貌）的

（3）存在动词中的 lu³¹、ʒoŋ³³ 也能构成使动态的 ʃa³¹lu³¹ "使有"和 ʒoŋ⁵⁵ "使在（里面）"。例如：

ʃi³³ phe²⁵⁵ n³¹sa²³¹ ʃǎ³¹lu³¹ ja³³ u²³¹!　　你接济他吧！
他（宾）气　　使有　给（尾）
naŋ³³ŋa³³sa³³ʒoŋ³⁵su²³¹!　　　　你去把牛圈起来！
你　牛　去　圈　（尾）

（4）存在动词不能受动量词的修饰。

（5）存在动词一般不能重叠。

## 3.5　判断动词

判断动词是动词中特殊的一类，具有许多不同于一般动词的特点。它在句中表示判断意义，相当于汉语的"是"。

### 3.5.1 判断动词的类别

景颇语表示判断意义的动词有 4 个，用法各不相同，各有自己的语法意义。但它们之间在语音上有联系，都具有 ʒ 声母，ʒ 声母把它们联系在一起。这种变化，可视为形态变化。但它们之间是如何分化出来的，尚不得知。

（1）ʒe⁵⁵"是"：用在一般语气的叙述式的判断句里，后面带有叙述式的句尾词 ai³³。例如：

n³³tai³³ko³¹ pjeŋ³³tʃaŋ³³ʒe⁵⁵ai³³. 这是黑板。
这 （话）黑板 是 （尾）

ʃi³³ko³¹ ŋai⁵⁵nau³³ʒe⁵⁵ai³³. 他是我弟弟。
他（话）我弟弟 是 （尾）

mǎ³¹ŋa³³ ʒe⁵⁵ ai³³. 是五个。
五 是 （尾）

（2）ʒe⁵¹"是"：用在语气肯定的、强调的叙述式判断句的句尾。例如：

ŋai³³ʒe⁵¹, ʃi³³ n⁵⁵ʒe⁵¹. 是我，不是他。
我 是 他 不 是

ʃi³³ ko³¹ nje⁵ sǎ³¹ʒa ʒe⁵¹. 他是我的老师。
他（话）我的 老师 是

n³³tai³³lai³¹kǎ³³nje⁵ a⁵¹ ʒe⁵¹, na⁵⁵ a⁵¹n⁵⁵ʒe⁵¹.
这 书 我的 的 是 你的 的 不 是
这本书是我的，不是你的。

（3）ʒe⁵"是"：用在疑问式判断句里。例如：

n³³tai³³phoŋ³³tin³³kǎ³¹te⁵a⁵¹ ʒe⁵? 这钢笔是谁的？
这 钢笔 谁 的 是

kum³¹phʐo³¹joŋ³¹ kǎ³¹te³¹ʒeʔ⁵⁵?　　总共是多少钱？
钱　　总共　多少　是

naʔ⁵⁵aʔ³¹ n⁵⁵phje⁵¹kǎ³¹ʒa³¹ʒeʔ⁵⁵?　　你的背包是哪个？
你的的　背包　哪个　是

（4）ʒai⁵⁵ "是"：用在叙述句里，表示肯定的承认。例如：

ʃoŋ³³ ʒai⁵⁵ŋa³¹ ai³³.　　　　　　是我的姐姐。
姐姐　是 （貌）（尾）

ŋjeʔ⁵⁵ ŋa³³ʒai⁵⁵ŋa³¹ ai³³.　　　　是我的牛。
我的　牛　是 （貌）（尾）

## 3.5.2 判断动词的语法特点

判断动词有自己独特的语法特点。主要是：

（1）判断动词中，ʒai⁵⁵ 具有较多的实义动词特点，在语法特点上与一般动词较近。比如：ʒai⁵⁵ 可以加 ʃã³¹ 构成使动词 ʃã³¹ʒai⁵⁵，表示"使是、纠正、改正、清理"等义。其他几个都不能。例如：

mjit³¹ ʃã³¹ʒai⁵⁵　纠正错误思想　　　mǎ³¹juʔ³¹ʃã³¹ʒai⁵⁵　清嗓子
思想　纠正　　　　　　　　　　　嗓子　　清理

又如，ʒai⁵⁵ 可以带表示体貌义的补语，其他几个都不能。例如：

n³³tai³³poʔ³¹ʒai⁵⁵ŋa³¹ ai³³.　　　　　　是这样。
这　　样　是 （貌）（尾）

n⁵⁵kǎ³¹tʃa³³aiʔ³³mǎ³¹ʃa³¹ʒai⁵⁵matʔ³¹waʔ³¹ sai³³.　成了不好的人。
不好　　的 人　是 掉 （貌）（尾）

（2）判断动词虽然有的也能带句尾词，但不像一般动词那样与句尾词有较广泛的结合能力。除 ʒai⁵⁵ 能与较多的句尾词结合外，另外几个在句中大多居于句尾，或与少量几个句尾词结合。如 ʒe⁵⁵ 与 ai³³ 结合，ʒeʔ⁵⁵ 与表示疑问语气的 ni⁵¹、ta⁵¹、toŋ³³ 等句尾词的词根结合。

（3）判断动词除受 n$^{55}$ "不"限制外，一般不带别的状语。受副词 n$^{55}$ "不"限制的如：

n$^{55}$ ʒe$^{51}$　　不是　　　n$^{55}$ʒe$^{ʔ55}$ni$^{51}$　不是吗？　　n$^{55}$ʒai$^{55}$　不是
　不　是　　　　　　不　是　（尾）　　　　　不　是

但不能受 khum$^{31}$ "不要"的限制（除 ʒai$^{55}$ 外）。下面的组合是不合法的：

*khum$^{31}$ʒe$^{51}$　　　*khum$^{31}$ʒe$^{55}$　　　　*khum$^{31}$ ʒe$^{ʔ55}$
　不要　　是　　　　　不要　　是　　　　　　不要　　是

（4）判断动词在句子中的职务是做谓语，表示判断。其宾语主要由名词、代词或名词性短语担任，但这类谓宾结构的特点，在语义关系上与由一般动词组成的谓宾结构有很大的差异。（例见上）

## 3.6　动词的重叠

景颇语的动词具有较强的重叠功能，大多数动词都能重叠。重叠是景颇语动词的一个重要特点。重叠的方式是：单音节动词全部重叠；多音节动词有的只重叠后一音节，有的全部重叠。重叠所发生的意义变化，因重叠方式不同而不同，还因它在句中充当成分不同而不同，有的还与主语是什么人称有关。动词重叠式在句中主要做状语，其次是做主语、谓语。

### 3.6.1　动词重叠做状语

做状语的重叠动词，只能修饰 ʒai$^{31}$、ti$^{33}$、ŋa$^{33}$、ŋu$^{55}$、ʒe$^{33}$ 等泛指动词，不能修饰一般动词。

（1）单音节动词的重叠式，表示动作行为是"经常"的。例如：

ji³¹nam³³ ʃaŋ³¹ tʃaŋ³¹, mă³¹ʐaŋ³³ thu⁷³¹thu⁷³¹ʐai³¹ wa³¹ ai³³.
雨季　进入 的话　雨　　　下　（叠）（泛）（貌）（尾）
进入雨季的话经常下雨。

naŋ³³ ka̠³³ ka̠³³ ti³³ u⁷³¹!　　　　　你经常写吧!
你　写（叠）（泛）（尾）

ʃi³³ n⁵⁵teŋ⁵⁵ e³¹　sa³³ sa³³　ʐe³³　ai³³.　他经常这时候去。
他　这时候（方）去　（叠）（泛）（尾）

若用在第一人称做主语的句子中,则表示动作行为是"轻微"的。例如:

ŋai³³ tʃe³³tʃe³³ ŋu⁵⁵ ni⁷⁵⁵ ai³³.　　　我有点会了。
我　会（叠）（泛）（尾）

ŋai³³ pot³¹ pot³¹ ŋu⁵⁵ kau⁵⁵ ta⁵⁵ se⁷⁵⁵ ai³³. 我对他有点生气了。
我　生气（叠）（泛）（貌）（貌）（尾）

（2）双音节动词全部重叠表示动作行为是"轻微"的,若只重叠后一音节,则表示动作行为是"经常"的。例如:

ʃat³¹ʃa⁵⁵teŋ³¹ tu³¹sam³³ sai³³　ko⁷⁵⁵si³³ko⁷⁵⁵si³³ŋa³³　wa³¹　ʐe³³
饭 吃 时间 到 大概（尾）饿　　（叠）（泛）（貌）（泛）
ni⁷⁵⁵ai³³.

（尾）

吃饭时间到了,我有点饿了。

ʃat³¹ʃa⁵⁵teŋ³¹ tu³¹tʃaŋ³³, ko⁷⁵⁵si³³si³³　ŋa³³　wa³¹　ʐe³³ ni⁷⁵⁵ai³³.
饭 吃 时间 到 的话 饿　　（叠）（泛）（貌）（泛）（尾）
到吃饭的时间,我经常感到饿。

tsi³¹thu⁵⁵n³¹na⁵⁵ mă³¹tʃi⁷³¹mă³¹tʃi⁷⁵⁵ŋa³³　wa³¹ ʐe³³ ni⁷⁵⁵ ai³³.
药 打 之后 痛　　（叠）　（泛）（貌）（泛）（尾）
我打针之后,感到有点痛。

144　二　词类篇

tsi³¹thu⁵⁵n³¹na⁵⁵mă³¹tʃiʔ⁵⁵tʃiʔ⁵⁵ ŋa³³ wa³¹ ʒe³³ niʔ⁵⁵ ai³³.
药　打　之后　痛　　（叠）（泛）（貌）（泛）（尾）
我打针之后，经常感到痛。

wo⁵⁵ʒa³¹ koʔ⁵⁵ ʃă³¹mu³³ ʃă³¹mu³³ ʒai³¹ ŋa³¹ ai³³. 那里有点动。
那　　（方）动　　（叠）　（泛）（貌）（尾）

wo³³ʒa³¹koʔ⁵⁵ʃa³¹mu³³mu³³ ʒai³¹ ŋa³¹ ai³³.　　　那里经常动。
那　　里　动　　（叠）（泛）（貌）（尾）

### 3.6.2 动词重叠做话题

动词重叠式做话题时一般只出现在主谓谓语句的话题句里，在它的后面必须加话题标记 ko³¹（话题助词），表示"论……要算……""关于……就……"等意义。重叠方式是单音节词全部重叠，双音节词只重叠后一音节。例如：

phai³³phai³³ko³¹ ʃi³¹lu³¹phai³³ai³³.　　论抬，要算他能抬。
抬　（叠）（话）他 能 抬　（尾）

ʃan³¹ʃa⁵⁵ʃa⁵⁵ ko³¹ ʃi³³ lu³¹ʃa⁵⁵ ai³³.　　论吃肉，要算他能吃。
肉　吃（叠）（话）他　能　吃 （尾）

lă⁵⁵khum⁵¹kă³¹lo³³ lo³³ ko³¹ ʃi³³pjin³¹ai³³. 论做凳子，要算他行。
凳子　　做　　（叠）（话）他 行　（尾）

ʃă³¹kjaʔ⁵⁵kja⁵⁵ ko³¹ ʃi³³ kʒau³¹ kam³³ʃă³¹kjaʔ⁵⁵ai³³.
打扮　（叠）（话）他 最　愿意 打扮　（尾）
论打扮，要算他最爱打扮。

kă³¹lo³³lo³³muŋ³¹ʃi³³lu³¹kă³¹lo³³ai³³，ʃa⁵⁵ʃa⁵⁵ muŋ³¹ʃi³³lu³¹
做（叠）也　他 能 做　（尾）吃（叠）也　他 能

ʃa⁵⁵ ai³³.
吃（尾）

论干活要算他能干，论吃也要算他能吃。

n³³tai³³teʔ³¹sa³³sa³³　koɜ¹　n³³sa³³na³³niʔ³¹ ai³³.
这　里　来（叠）（话）不来　将（尾）
说到来不来，我就不来了。

ʃi³³ pheʔ⁵⁵ ja³³ja³³　ko³¹　n³³ ja³³ na³³ niʔ⁵⁵ ai³³.
他（宾）给（叠）（话）不 给　要（尾）
关于给不给他，我就不给了。

重叠式后面加 ai³³ "的"的，表示"凡是"义。例如：

tai³¹ni⁵⁵khai⁵⁵khai⁵⁵ai³³ ko³¹　lǎ³¹tsai³³phun⁵⁵khʒai³³ʒe⁵¹.
今天　种（叠）的（话）臭椿　树　尽　是
凡是今天种的，都是臭椿树。

mǎ⁵⁵ni⁵⁵sa³³sa³³　ai³³ko³¹ kam̩³³sa³³ai³³khʒai³³ʒai⁵⁵mǎ⁵⁵sai³³.
昨天　去（叠）的（话）愿意 去 的 尽　是（尾）
凡是昨天去的，都是愿意去的。

ʃi³³mǎ³¹ʒi³¹ʒi³³ai³³ ko³¹kǎ³¹pa³¹ai³³khʒai³³ʒe⁵¹.
他 买（叠）的（话）　大 的 尽　是
凡是他买的，都是大的。

nu⁵¹ kǎ³¹tsu̱t⁵⁵tsu̱t⁵⁵ ai³³ ko³¹ tsom̩³¹ai³³khʒai³³ʒe⁵¹.
母亲 擦　（叠）的（话）干净 的 尽 是
凡母亲擦的，都是干净的。

### 3.6.3 动词重叠做谓语

动词重叠式做谓语，只能做感叹句中的谓语。在句中要加句尾词 ai³³ 和表示感叹的语气词 wa³³ "啊"。重叠的作用在于强调动作行为，附加"真……"义。重叠的方式是单音节词全部重叠，双音节词只重叠后一音节。例如：

ma³¹ n⁵⁵te²⁵⁵a²³¹khʒap³¹khʒap³¹ai³³ wa³³! 这孩子真能哭啊!
孩子 这 的 哭 (叠)(尾)啊

tai³¹ni⁵⁵na⁵⁵ khaʔ³¹tuŋ³³tuŋ³³ ai³³ wa³³!
今天 的 河水 涨 (叠)(尾)啊
今天的河水涨得真大啊!

mǎ³¹ʃa³¹teʔ⁵⁵aʔ³¹mǎ³¹suʔ³¹suʔ³¹ ai³³ wa³³! 那人真能骗啊!
人 那 的 欺骗 (叠)(尾)啊

tʃoŋ³¹ma³¹n⁵⁵teʔ⁵⁵aʔ³¹ʃã³¹kut³¹kut³¹ai³³ wa³³! 这学生真努力啊!
学生 这 的 努力 (叠) (尾)啊

### 3.6.4 动词重叠做定语

动词重叠式能够做名词 ni³³ "人们" 的定语。但在定语后要加关系助词 ai³³ "的"。重叠式表示 "凡是……都……" 的附加意义。若强调主语，还可加话题助词。重叠方式是单音节词全部重叠，双音节词只重叠后一音节。例如：

n⁵⁵khuʔ⁵⁵ko̥ʔ⁵⁵ŋaŋ³¹ŋaŋ³¹ ai³³ni³³ ko³¹ joŋ³¹ ʃa⁵⁵ju³³mǎ³³sai³³.
屋 里 在 (叠)的 人们 (话)全部 吃 过 (尾)
凡是在屋里的人，都吃过了。

tai³¹naʔ⁵⁵n³³tai³³koʔ⁵⁵saʔ³³tʃai³³tʃai³³ ai³³ni³³ ko³¹ tʃoŋ³¹ma³¹
今晚 这 里 来 玩 (叠)的 人们 (话)学生
khʒai³³ʒe⁵¹.
尽 是
凡是今晚来这里玩的人，都是学生。

khum³¹ʃa³¹kjaŋ³³kjaŋ³³ai³³ni³³ ko³¹ khum³¹kǎ³¹tʃa³³ai³³khʒai³³ʒe⁵¹.
身体 锻炼 (叠)的 人们(话)身体 好 的 尽 是
凡是锻炼身体的人，身体都好。

## 3.7 动词的词缀

景颇语动词的词缀中前缀最为丰富。此外，还有一个中缀 mă$^{31}$（或 mi$^{31}$）。缺少后缀。

### 3.7.1 前缀

前缀主要有以下几类。a$^{31}$、ʃă$^{31}$、să$^{31}$、tʃă$^{55}$ 等均可做动词前缀。

（1）动词可以加前缀 a$^{31}$，表示"经常、不断"的意思。有的意义发生了一些变化。如下例的 lu$^{31}$ "有"加 a$^{55}$ 后成为 a$^{55}$lu$^{31}$ "老有、一定"。例如：

| | | | |
|---|---|---|---|
| mă$^{31}$ni$^{33}$ | 笑 | a$^{55}$mă$^{31}$ni$^{55}$ | 经常笑 |
| ŋa$^{31}$ | 在 | a$^{55}$ŋa$^{31}$ | 经常在 |
| kă$^{31}$lo$^{33}$ | 做 | a$^{55}$kă$^{31}$lo$^{33}$ | 不断地做 |
| thi$^{55}$ | 读 | a$^{55}$thi$^{55}$ | 不断地读 |
| len$^{33}$ | 引入 | a$^{31}$len$^{33}$ | 引诱 |
| lu$^{31}$ | 有 | a$^{55}$lu$^{31}$ | 老有，一定 |
| ʒin$^{55}$ | 碾 | a$^{31}$ʒin$^{55}$ | 折腾 |
| kă$^{31}$tʃoŋ$^{31}$ | 吓 | a$^{55}$kă$^{31}$tʃoŋ$^{31}$ | 突然 |

但也有少数单音节动词，虽然加了前缀 a$^{31}$，并不改变意义。例如：
khaŋ$^{31}$ ～ a$^{31}$khaŋ$^{31}$ 捆　　khjen$^{55}$ ～ a$^{31}$khjen$^{55}$ 刮

（2）动词加前缀 ʃă$^{31}$、să$^{31}$、tʃă$^{31}$ 构成使动态。（例见前）。

（3）动词加前缀 tʃă$^{55}$ 构成动词化名词。例如：

| | | | |
|---|---|---|---|
| po$^{ʔ31}$ | 破 | tʃă$^{55}$po$^{ʔ55}$ | 破的 |
| taŋ$^{31}$ | 赢 | tʃă$^{55}$taŋ$^{51}$ | 赢的 |
| ti$^{ʔ31}$ | 断 | tʃă$^{55}$ti$^{ʔ55}$ | 断的 |

| | | | |
|---|---|---|---|
| ka$^{231}$ | 裂 | tʃã$^{55}$ ka$^{255}$ | 裂的 |
| khat$^{55}$ | 焦 | tʃã$^{55}$ khat$^{55}$ | 焦的 |
| khʒap$^{31}$ | 哭 | tʃã$^{55}$ khʒap$^{55}$ | 哭的 |
| lam$^{55}$ | 乱逛 | tʃã$^{33}$ lam$^{55}$ | 乱逛的 |
| lu$^{31}$ | 有 | tʃã$^{55}$ lu$^{51}$ | 现成的 |
| mau$^{33}$ | 呆 | tʃã$^{55}$ mau$^{33}$ | 发呆的 |
| ŋoi$^{33}$ | 响 | tʃã$^{55}$ ŋoi$^{33}$ | 响的 |

### 3.7.2 中缀

(1) 大多数单音节动词和部分双音节动词重叠后中间嵌入中缀 mǎ$^{31}$(或 mi$^{31}$)，表示"所有……的"意义。例如：

phʒoŋ$^{33}$mǎ$^{31}$　phʒoŋ$^{33}$joŋ$^{31}$wa$^{31}$ kau$^{55}$ ʃã$^{31}$ŋun$^{55}$mu$^{231}$!
跑　　(中)　跑　都　回　(貌)使　　(尾)
(你们)让所有跑的都回去！

ŋa$^{31}$mǎ$^{31}$ ŋa$^{31}$ʃan$^{55}$the$^{33}$a$^{231}$ ʒe$^{51}$. 所有在的都是他们的。
在 (中) 在　他们　　的　是

(2) 部分单音节动词重叠后中间嵌入中缀 lǎ$^{31}$ 音节构成含有"明明……的"附加意义的名词。例如：

ʃi$^{33}$mu$^{31}$ lǎ$^{31}$ mu$^{51}$ e$^{31}$ n$^{55}$ mu$^{51}$ ai$^{33}$ ŋa$^{33}$ai$^{33}$.
他 看见 (中) 看见　里　没　看见 (尾) 说 (尾)
他明明看见的，说没有看见。

n$^{33}$ mai$^{33}$kǎ$^{31}$lo$^{33}$ai$^{33}$ tʃe$^{33}$ lǎ$^{31}$　tʃe$^{33}$　e$^{31}$ kǎ$^{31}$lo$^{33}$nu$^{255}$ai$^{33}$.
不　可以　做　　的　知道 (中) 知道　里　做　　(尾)
(他)明明知道不可以做，却做了。

部分单音节动词重叠后中间加否定副词 n$^{33}$ "不"构成含有"不太……的"附加意义的状词，在句中修饰泛指动词。例如：

tʃe³³ n³³ tʃe³³ ʒe³³　ai³³mǎ³¹ʃa³¹ʒe⁵¹.　　　是不太认识的人。
知道　不知道（泛）的 人　　是

tum⁵⁵ n⁵⁵tum⁵⁵ŋu⁵⁵ mat³¹ ni⁽⁵ ai³³ʒe⁵¹.　　　我是记不太清了。
记得　不 记得（泛）(貌)(尾)　 是

　　景颇语有前缀、中缀，但缺乏后缀。为什么？这与藏缅语北部一些后缀发达的语言，如羌语、普米语、独龙语等很不一样。藏缅语语法类型演变的方向是从黏着式向分析式，景颇语也是这样。景颇语没有后缀，但有丰富的表示人称、数的句尾词。是否可以这样认为：景颇语过去也有丰富的后缀，后来，后缀与动词脱离了，演变为独立的句尾词，在演变过程中受到类化、节律化等规律的制约。句尾词是虚词，由后缀到虚词，是景颇语的动词由黏着性向分析性演变的结果。

# 4 形容词

形容词是表示人或事物的性质或状态的词。从意义上看,形容词可分为性质形容词和状态形容词两类。性质形容词如 kă³¹thet³¹ "热"、khʒi³³ "酸"、tui³¹ "甜"、tiŋ³³man³³ "老实" 等,状态形容词如 kă³¹tʃi³¹ "小"、khje³³ "红"、kă³¹lu³¹ "长"、n³¹nan³³ "新" 等。

## 4.1 形容词与动词的关系

景颇语形容词和动词的关系很密切,二者的语法特征既有共同点,又有不同点。有一些词难以区分是形容词还是动词,如 ʃut⁵⁵ "错"、kă³¹pu³³ "高兴" 等。因此,二者究竟是一类词还是两类词,曾有过不同的意见。《景颇语语法纲要》(1957)合为一类,称为"谓词"。我和徐悉艰在《景颇语语法》(1992)一书中将动词和形容词分立。动词和形容词分类的这种分歧,不仅存在于景颇语研究中,藏缅语族其他语言的研究也有这种现象。这当中涉及词类划分标准的理论问题,还与对语料认识的差异有关。本书仍把动词和形容词分立,作为两个词类。

先看景颇语的形容词与动词的异同。相同点主要有3点:

(1)形容词和动词在句中功能大体一样,即都能做谓语、补语、定语。做谓语时必须加句尾词表示"人称、数、式"等语法意义。例如:

ʃi³³mjit³¹let⁵⁵ai³³.　　　　　　　他（很）聪明。
他　聪明　　（尾）
ŋje⁷⁵⁵ pă³³loṇ³³ tsom³¹ŋa³¹ li⁷³¹ni⁵¹？　我的衣服漂亮吗？
我的　衣服　　漂亮（貌）（尾）
naŋ³³ka̱³³ʃut⁵⁵sin³³tai³³.　　　　　你写错了。
你　写　错　　（尾）
kă³¹tsi̱³³ai³³ʃat³¹mai⁵⁵ʒe⁵¹.　　　　是凉的菜。
凉　　的菜　　是

（2）形容词和动词一样都能受副词 kʒai³¹ "很"、n⁵⁵ "不、没" 的限制，也都能受副词 tik³¹ "极" 的补充。例如：

ʃi³³kʒai³¹kă³¹pu³³ai³³.　　　　　他很高兴。
他　很　　高兴　（尾）
n³³tai³³pă³³si³³ n⁵⁵kă³¹tʃa³³ai³³.　这棉花不好。
这　棉花　　不好　　（尾）
ʃat³¹mai⁵⁵n³³tai³³mu³³ tik³¹ai³³.　这菜好吃极了。
菜　　这　　好吃极（尾）

（3）形容词重叠式可做泛指动词的状语，动词也可以。例如：

nam³¹si³¹khje³³khje³³ ʒai³¹ mat³¹ sai³³.　果子有点红了。
果子　红　（叠）（泛）（貌）（尾）
tui³¹tui³¹ ŋa³³kʒai³¹mu³³ ŋa³¹ ai³³.　甜甜的很好吃。
甜（叠）的　很　　好吃（貌）（尾）
naŋ³³ka̱³³ka̱³³ ti³³ u⁷³¹!　　　　你经常写吧！
你　写（叠）（泛）（尾）

但在上述的共同点中还有差异，即"同中有异"。主要是：

（1）形容词做谓语时不能出现在命令式句型上，也不能跟命令式句尾词结合，而动词则能。例如：

naŋ³³³kǎ³¹lo³³u³¹! 你做吧！　　*naŋ³³kǎ³¹pu³³u³¹! 你高兴吧！
你　做　（尾）　　　　　你　高兴　（尾）

（2）形容词做定语时，能放在名词前，也能放在名词后，而动词做定语时，只能放在名词之前。例如：

kǎ³¹pa³¹ai³³phun⁵⁵　大的树　　phun⁵⁵kǎ³¹pa³¹　大树
大　的　树　　　　　　　　树　大

sa³³ai³³mǎ³¹ʃa³¹　　去的人　　*mǎ³¹ʃa³¹sa³³　　去的人
去　的　人　　　　　　　　人　去

（3）动词中的及物动词能带宾语，但形容词都不能带宾语。这也是形容词与动词相区别的重要特点之一。

（4）形容词不能受否定副词 khum³¹ "勿" 的限制，而动词则能。例如：

*naŋ³³khum³¹kǎ³¹tʃa³³u³¹!　　你不要好！
你　不要　好（尾）

naŋ³³khum³¹sa³³u³¹!　　　　你不要去！
你　不要　去（尾）

（5）形容词能加上 a⁵⁵ 前缀构成副词，也能重叠构成副词，当作一般动词的状语使用；而动词不能。例如：

a⁵⁵　lǎ³¹wan³³kǎ³¹lo³³u³¹!　　你快做吧！
（前）快　　做　（尾）

a⁵⁵　tsom⁵¹ ʃa³¹ ka³³mu³¹!　　你们好好地写吧！
（前）好　地　写　（尾）

lo³⁵⁵lo³⁵⁵　mǎ³¹ʑi³³u³¹!　　你多多地买吧！
多（叠）买　　（尾）

lǎ³¹wan³³wan³³ʃa⁵⁵mu³¹!　　你们快快吃！
快　（叠）吃（尾）

此外，在重叠的语义表达、句法特点上，形容词与动词还有一些不同的特点。

总之，形容词有自己的一些特点，使它与动词构成差异。但这种差异的性质如何，层次如何，有待进一步确定。景颇语形容词与动词的一些不同特点，决定二者在小类上存在类别差异。但诸多的共性，则显示二者在大类上是一致的。所以我认为，在景颇语的词类划分上，将二者分为两个不同的类别为好。但在整个词类的分类系统中，形容词和动词的分立应属于下一层面，是较接近的关系层次。

## 4.2 形容词的重叠

重叠是形容词的重要特点之一。形容词重叠有以下几个特点：(1) 在句中主要做状语，还可做主语，少数可做谓语。(2) 重叠的方式是：单音节形容词全部重叠，双音节形容词全部重叠或只重叠后一音节。不同的重叠方式产生不同的意义。(3) 同一的重叠方式充当不同的句子成分时，意义不同。也就是说，形容词的重叠受重叠的方式及在句中充当什么成分影响。

### 4.2.1 形容词重叠做状语

(1) 单音节或双音节形容词全部重叠，做泛指动词的限制语，表示性质状态的程度是"浅微"的或"略微"的。例如：

phʒi³¹khje³³khje³³ʒai³¹ mat³¹ sai³³.　　铁有点红。
铁　红 （叠）（泛）（貌）（尾）

khʒi³³khʒi³³ŋa³³ kʒai³¹mu³³ ŋa³¹ ai³³.　　酸酸的很好吃。
酸 （叠）（泛）很　好吃（貌）（尾）

ʃat³¹mai⁵⁵n³³tai³¹mu³³ mu³³ ŋa³³ ai³³.　　这菜有点好吃。
菜　　这　　好吃（叠）（泛）（尾）

na˧˥ kă⁵⁵ʒa⁵⁵kă³¹lu³¹kă³¹lu³¹ti³³ to˧˥u˧˥!　你把头发剪长点！
你的 头发　长　　（叠）（泛）剪（尾）

khă³¹luŋ³³khă³¹luŋ³³ʒe³³ ai³³ ti˧˥u˧˥!　你摘嫩嫩的吧！
嫩　　　　（叠）　（泛）的　摘（尾）

lam³³mă³¹nen³³mă³¹nen³³ŋa³³　ai³³khom³¹n⁵⁵tʃaŋ³¹lu³¹n³¹ŋai³³.
路　滑　　　（叠）　（泛）的 走　不快　能（尾）
路有点滑，我走不快。

（2）双音节形容词重叠后一音节限制泛指动词 ʒe³³ 时，表示性质状状态是"经常"的。例如：

ja˧˥na⁵⁵ta³³tu³¹tʃaŋ³¹kă³¹thet⁵⁵thet⁵⁵ʒe³³ ai³³.
下　的 月 到 的话 热　　（叠）（泛）（尾）
到了下个月，天气经常（很）热。

ʃi³³ka³¹ʃă³¹ka³³jaŋ³¹ lă³¹wan³³wan³³ ʒe³³　ai³³.
他 话 说　的话 快　　（叠）　（泛）（尾）
他讲起话来总是很快。

pum³¹ka⁵⁵ na⁵⁵kha˧˥lă³¹kji⁵⁵ kji⁵⁵　ʒe³³　ai³³.
山　 地方 的　水　冰凉　（叠）（泛）（尾）
山上的水经常是冰凉的。

n³³tai³³ko˧⁵lam³¹mă³¹nen³³nen³³ ʒe³³ ai³³.　这里的路经常是滑的。
这　里 路　滑　　　（叠）（泛）（尾）

（3）表示事物形状的双音节形容词重叠后一音节限制形容词 lo˧˥ "大、小、长、短"时，表示程度的加深，还表示所指示的事物是多数。当 lo˧˥ 表示"小、短"等意思时，其后需加副词 ʃa³¹ "只"。动词则不能。例如：

ʃi˧˥ a˧˥u³¹ti³¹ko³¹ kă³¹pa³¹pa³¹ lo˧˥ai³³khʒai³³ʒe⁵¹.
他的 的 鸡蛋（话）大　　（叠）大 的 尽　是
他的鸡蛋尽是很大的。

n³³tai³³khǎ³¹ʒo⁽²⁵⁵⁾na⁵⁵kǎ⁵⁵wa⁵⁵ko³¹ kǎ³¹lu³¹lu³¹ lo⁽²⁵⁵⁾ai³¹khʒai³³ʒe⁵¹.
这　　山洼　　的　竹子　（话）长　　（叠）长　的　都　　是
这山洼里的竹子都是很长的。

ʃan⁵⁵the³³kǎ³¹tʃi̭³³tʃi̭³³　ʃa³¹lo⁽²⁵⁵⁾ti̭m⁵¹ mjit³¹kʒai³¹su⁵⁵ma⁽²³¹⁾ai³³.
他们　　小　　（叠）只　小　虽然　思想　很　　成熟（尾）
他们虽然都很小，但是很懂事。

kǎ³¹tun̪³¹tun̪³¹ ʃa³¹lo⁽²⁵⁵⁾ai³³　mi³³　ʒai³¹khum³¹po⁵⁵!
矮　　（叠）只　矮　的　（语）还　不要　　拔
都这么矮，不要拔！

### 4.2.2 形容词重叠做主语

重叠的形容词一般只能做主谓谓语句中的主语，表示该主语是与形容词的性质状态有关的事或物。这种主语，也是句子的话题，其后面要加话题助词 ko³¹。加 ko³¹ 表示"论……要算……"的意思。例如：

kha⁵⁵kha⁵⁵ ko³¹　tsi̭³¹n³³tai³³po⁽²³¹⁾kha⁵⁵sai³³.
苦　（叠）（话）药　这　　种　苦　（尾）
论苦的东西，要算这药最苦了。

tʃaŋ³³tʃaŋ³³ko³¹ n³³tai³³wa³³tʃaŋ³³ai³³. 论快的话，要算这人最快。
快　（叠）（话）这　人　快　（尾）

tsom³¹tsom³¹ ko³¹ an⁵⁵the³³a⁽²³¹⁾nam³¹pan³³tsom³¹sai³³.
美丽（叠）（话）我们　的　花　　美丽（尾）
论美丽的话，要算我们的花最美丽了。

若重叠的形容词后加 ai³³ "的"，再加 ko³¹，则表示"凡是……的"的意思。例如：

phʒo³¹phʒo³¹ai³³ ko³¹ naŋ³³la⁵⁵u⁽²³¹⁾! 凡是白的，你都拿吧！
白　　（叠）的　（话）你　拿（尾）

kǎ³¹tun³¹tun³¹ ai³³ko³¹ khum³¹mǎ³¹ʒi³³u²³¹! 凡是短的，你别买！
短 （叠）的（话）不要 买 （尾）

tsaŋ³³tsaŋ³³ai³³ ko³¹ ma³¹ ni³³phe⁵⁵ tʃǎ³¹phai⁵⁵ka²³¹!
轻 （叠）的 （话）孩子 们 （宾）让抬 （尾）
凡是轻的，让孩子们抬吧！

### 4.2.3 形容词重叠做谓语

重叠式形容词做谓语时，多用在感叹句中，其后多加表示感叹的语气词 wa³³ "啊"。重叠的作用是表示性质状态的加深，重叠的方式是单音节词全部重叠，双音节词重叠后一音节。重叠后附加"真……"的意义。动词也有这种重叠。例如：

pǎ³³loŋ³³n³³tai³³ tsom³¹tsom³¹ai³³ wa³³! 这衣服真美啊！
衣服 这 美丽 （叠）（尾）啊

n⁵⁵ta⁵¹kǎ³¹pa³¹tai³³khik³¹khik³¹ai³³ wa³³! 那大楼真雄伟啊！
楼 大 那 雄伟（叠）（尾）啊

tai³¹ni⁵⁵na⁵⁵tʃan³³kǎ³¹thet⁵⁵thet⁵⁵ ai³³ wa³³! 今天的天气真热啊！
今天 的 太阳 热 （叠）（尾）啊

mǎ³³ko³³si³¹n³³tai³¹kǎ³¹pa³¹pa³¹ ai³³ wa³³! 这梨真大啊！
梨 这 大 （叠）（尾）啊

### 4.2.4 重叠加中缀构成名物化

单音节形容词和少数双音节形容词重叠后中嵌 mi³¹ 或 mǎ³¹ 中缀，能构成含有"所有……的"意思的名词。这个特点也与动词相同。例如：

mu³³ mi³³ mu³³ ko³¹ mǎ³¹tʃi²⁵⁵ai³³ni³³ phe²⁵⁵ tʃo²³¹ʃa⁵⁵ka²³¹!
好吃 （中）好吃（话）病 的 人们（宾）给 吃（尾）
我们把所有好吃的都给病人吃吧！

tsọm³¹mă⁵⁵ tsọm⁵¹ ko³¹ muŋ⁵⁵taŋ³³tai³¹to ʔ³¹n⁵⁵thoi⁵⁵ e³¹ laŋ⁵⁵na³³
漂亮（中）漂亮 （话）国庆节　　　　（方）用 要
mă³¹tụ³³ta⁵⁵ka ʔ³¹!
为了　　留（尾）
我们把所有漂亮的都留在国庆节用吧！

khje³³mă³³ khje³³ko³¹ mjin³³sai³³ʒai⁵⁵ŋa³¹ ai³³.
红 （中）红 （话）成熟 了 是 （貌）（尾）
所有红的，都是熟了的。

kă³¹tʃa³³mi³³ kă³¹tʃa³³ko³¹ să³¹ʒa³³phe ʔ⁵⁵ ja³³ka ʔ³¹!
好 （中）好 （话）老师 （宾）给（尾）
我们把所有好的都给老师吧！

## 4.3 形容词的态

动词的使动态在部分形容词里也有。若要强调性质、状态受外力影响而发生变化，可以用形容词的使动态。在所统计的 14 000 多个词中，只有 194 个形容词存在与其相对立的使动态。其语法形式与动词同。这种使动态的形容词，已具有动态的特点。例如：

naŋ³³pă³³si³³pă³³loŋ³³tha ʔ³¹ pă³³si³³paŋ³³tʃa³³that³¹u ʔ³¹!
你 棉 衣 （方）棉花 放 使厚 （尾）
你在棉衣上把棉花加厚些！

phun⁵⁵nau³¹khai⁵⁵să³¹tiŋ³³kạu⁵⁵ sai³³.　树种得太密了。
树 太 种 使密 （貌）（尾）

形容词使动态的语法形式同动词一样，有屈折式和分析式两种。屈折形式主要是在单音节形容词前加 tʃă³¹、ʃă³¹、să³¹ 构成使动态。例如：

| 形容词 | | 使动态 | |
|---|---|---|---|
| khik³¹ | 雄伟 | tʃǎ³¹khik³¹ | 使雄伟 |
| pham³³ | 松,松弛 | tʃǎ³¹pham³³ | 使松,使松弛 |
| that³¹ | 厚 | tʃǎ³¹that³¹ | 使厚 |
| suŋ³¹ | 深 | tʃǎ³¹suŋ³¹ | 使深 |
| sup³¹ | 密 | tʃǎ³¹sup³¹ | 使密 |
| ʃam³¹ | 动听 | tʃǎ³¹ʃam³¹ | 使动听 |
| tset³¹ | 勤快 | ʃǎ³¹tset³¹ | 使勤快 |
| jak³¹ | 难 | ʃǎ³¹jak³¹ | 使难 |
| wom³¹ | 松软 | ʃǎ³¹wom³¹ | 使松软 |
| tu̱p⁵⁵ | 齐 | ʃǎ³¹tu̱p⁵⁵ | 使齐 |
| tso̱³¹ | 高 | ʃǎ³¹tso̱³¹ | 使高 |
| to̱n³³ | 纯 | ʃǎ³¹to̱n³³ | 使纯 |
| ʒiŋ³³ | 茂盛 | ʃǎ³¹ʒiŋ³³ | 使茂盛 |
| tsan³³ | 远 | sǎ³¹tsan³³ ~ ʃǎ³¹tsan³³ | 使远 |
| tsu̱ʔ⁵⁵ | 酸 | sǎ³¹tsu̱ʔ⁵⁵ ~ ʃǎ³¹tsu̱ʔ⁵⁵ | 使酸 |

形容词使动态的屈折式也有少数用语音交替手段来表示。其例词少,大约是历史的残留。例如:

| 形容词 | | 使动态 | |
|---|---|---|---|
| ŋjo̱p⁵⁵ | 瘪 | a³¹ŋjo̱p⁵⁵ | 使(瘪) |
| mǎ³¹laŋ³³ | 直 | mǎ³¹laŋ⁵⁵ | 使直 |
| mǎ³¹ti³³ | 湿 | mǎ³¹tit³¹ | 使湿 |

分析形式也是在形容词后面加动词 ʃǎ³¹ŋun⁵⁵ "让、派" 构成使动态。ʃǎ³¹ŋun⁵⁵ 表示使动时,具有虚化特点,表示"致使"义。分析形式比屈折形式使用广泛,不仅能用在单音节形容词后面,还能用在多音节形容词后面。例如:

naŋ³³ʃi³³ phe⁷⁵⁵ʒi³¹khje³³ʃã³¹ŋun⁵⁵u⁷³¹!　　　你让他把线染红！
你　他（宾）线　红　让　　（尾）
ŋai³³nu⁵¹ phe⁷⁵⁵ kă³¹pu³³ʃã³¹ŋun⁵⁵n³¹ŋai³³.　　我让母亲高兴。
我　母亲（宾）　高兴　让　　（尾）

# 5 数词

数词是表示数目的词。景颇语由于量词不太发达，计数时数词大多可以单独做句子成分，不与量词结合。数词在表义上有基数、序数、概数、分数和倍数等不同类别，各有不同的结构特点和语法特点。下面分类叙述。

## 5.1 基数词

基数词表示数目的多少。可分为单纯基数词和合成基数词两种。

### 5.1.1 单纯基数词

单纯数词在构词上有以下几个特点：

（1）个位数有9个：从"一"至"九"。十位数有 $ʃi^{33}$ "十"和 $khun^{33}$ "二十"两个。还有表示"百、千、万、十万、千万"和"亿"等位数的数词。总共加起来有17个。

（2）从音节数上看，"一"到"十"中只有"六"和"十"是单音节词，其余8个都是双音节词。双音节数词占大多数的特点，对量词的演变有着一定的制约作用。（另见"量词部分"）

（3）从语源上看，"千"以下的是本语词，而且与同语族的亲属语言有同源关系。"千"以上（包括"千"在内）的都是外来借词。其中 $khjiŋ^{33}$ "千"、$mun^{31}$ "万"借自傣语，$sen^{31}$ "十万"、$kă^{31}ti^{31}$ "亿"

借自缅甸语，ʑi³¹ "千万"借自汉语。

（4）有的数词有两种形式。如"一"有两个，"二"也有两个。17个单纯数词如下：

| | | | |
|---|---|---|---|
| lă⁵⁵ŋai⁵¹ | 一 | mi³³ | 一 |
| lă⁵⁵khoŋ⁵¹ | 二 | ni³³ | 二 |
| mă³¹sum³³ | 三 | mă³¹li³³ | 四 |
| mă³¹ŋa³³ | 五 | kʒu̱ʔ⁵⁵ | 六 |
| să³¹ni̱t³¹ | 七 | mă³¹tsat⁵⁵ | 八 |
| tʃă³¹khu³¹ | 九 | ʃi³³ | 十 |
| khun³³ | 二十 | tsa̱³³ | 百 |
| khjiŋ³³ | 千（傣） | mun³¹ | 万（傣） |
| sen³¹ | 十万（缅） | ʑi³¹ | 千万 |
| kă³¹ti³¹ | 亿（缅） | | |

表示"一"有 lă⁵⁵ŋai⁵¹ 和 mi³³ 两个词。二者用法的不同点主要有：

（1）"一"限制名词时不能只用 lă⁵⁵ŋai⁵¹ 或者只用 mi³³，必须是二者连在一起成 lă⁵⁵ŋai⁵¹mi³³ 使用。例如：

pă³³loŋ³³lă⁵⁵ŋai⁵¹mi³³　一件衣服　jup⁵⁵ku̱³¹lă⁵⁵ŋai⁵¹mi³³　一张床
上衣　一　一　　　　　　床　一　一

（2）"一"和量词一起限制名词时用 mi³³，而不用 lă⁵⁵ŋai⁵¹。例如：

mai³¹sau³¹lap³¹mi³³　一张纸　mam³³taŋ³¹mi³³　一箩谷子
纸　张　一　　　　　谷子　箩　一

mă³¹ʃa³¹mă³¹ʑai³³mi³³　一个人
人　个　一

（3）用来限制带前缀 lă⁵⁵-（表示"一"）的固定数量结构时，用 mi³³，而不用 lă⁵⁵ŋai⁵¹。例如：

162　二　词类篇

lă³¹phot³¹ mi³³　一个早上　　lă³¹lam³³ mi³³　　一庹
一个早上 一　　　　　　　一庹　一

lă³¹niŋ³³ mi³³　　一年　　　lă³¹phai⁵⁵ mi³³　　一抱
一年 一　　　　　　　　　一抱 一

（4）"一"用于构成合成基数词时，只能用 lă⁵⁵ŋai⁵¹，不用 mi³³。例如：

khun³³lă⁵⁵ŋai⁵¹　二十一　　mă³¹li³³ʃi³³lă⁵⁵ŋai⁵¹　四十一
二十 一　　　　　　　　四 十 一

（5）"一"限制千位数以上位数数词时，用 mi³³，而不用 la⁵⁵ŋai⁵¹。例如：

khjiŋ³³mi³³　　一千　　　　ʒi³¹ mi³³　　　　一千万
千 一　　　　　　　　　　千万 一

mun³¹mi³³　　一万　　　　kă³¹ti³¹mi³³　　　一亿
万 一　　　　　　　　　　亿 一

sen³¹ mi³³　　十万
十万 一

（6）表示约数、序数时，用 lă⁵⁵ŋai⁵¹，不用 mi³³。例如：

khjiŋ³³lă⁵⁵ŋai⁵¹lă⁵⁵khoŋ⁵¹　　一二千
千 一 二

thiŋ³¹ko³³mă³¹sum³³mă³¹li³³　　三四户
户 三 四

pʒoʔ⁵⁵lă⁵⁵ŋai⁵¹　初一　　　　nam⁵⁵pat⁵⁵lă⁵⁵ŋai⁵¹　第一
初 一　　　　　　　　　　　第 一

（7）名词、量词兼类的词，与数词 mi³³ 结合的是量词，与 lă⁵⁵ŋai⁵¹mi³³ 结合的是名词。例如：

① ʃi³³wa³¹ ai³³ kat⁵⁵mi³³ʒai⁵⁵sai³³.
他 去 （关）街 一 是 （尾）
他回去有一街了（相当于五天）。

ʃat³¹sa̤³¹poi⁵⁵mi³³ to⁵⁵ tʃo⁷³¹ ma⁷³¹ai³³. 他们请了一桌酒席。
饭 桌 一 宴请 招待（尾）

② n³³tai³³pa̤³³ e³¹kat⁵⁵la̤⁵⁵ŋai⁵¹mi³³ʃa³¹ŋa³¹ai³³.
这 坝子 上街 一 一 只 有（尾）
这个坝子上只有一个街（集市）。

ŋai³³sa̤³¹poi⁵⁵la̤⁵⁵ŋai⁵¹mi³³lu³¹n³¹ŋai³³. 我有一张桌子。
我 桌子 一 一 有（尾）

上例 ① 中与数词 mi³³ "一" 结合的 kat⁵⁵ "街" 和 sa̤³¹poi⁵⁵ "桌子"，其词性为量词；例 ② 中与数词 la̤⁵⁵ŋai⁵¹ "一" 结合的 kat⁵⁵ "街" 和 sa̤³¹poi⁵⁵ "桌子"，其词性为名词。由于词性不同，所表达的意义也不同。

能与数词 mi³³ "一" 结合的名量兼类词常见的有：

| tʃut³¹ | 角儿 | tʃut³¹mi³³ | 一个角儿 |
| kat⁵⁵ | 街（集市） | kat⁵⁵mi³³ | 一个街 |
| lam³³ | 事 | lam³³mi³³ | 一件事 |
| ta̰ʔ⁵⁵ | 手 | ta̰ʔ⁵⁵mi³³ | 一只手 |
| kok³¹ | 房间 | kok³¹mi³³ | 一间房 |
| tap³¹ | 火塘 | tap³¹mi³³ | 一个火塘 |
| pʒat³¹ | 时代 | pʒat³¹mi³³ | 一个时代 |
| kap³¹ | 朝代 | kap³¹mi³³ | 一个朝代 |
| poi³³ | 局（比赛一次叫一局） | poi³³mi³³ | 一个局 |
| tʃa̤⁵⁵khʒiŋ⁵¹ | 片刻 | tʃa̤⁵⁵khʒiŋ⁵¹mi³³ | 一会儿 |

为什么 "一" 有这么复杂的用法？为什么有 la̤⁵⁵ŋai⁵¹ 还不够，还

要加个 mi$^{33}$？顾阳（2009）认为："mi$^{33}$ 和显性量词的关系非常密切，与此同时，景颇语的量词体系正在发展，所以［名词＋量词＋mi$^{33}$］的结构应该日趋稳定。而［名词＋lă$^{55}$ŋai$^{51}$＋mi$^{33}$］的模式也有其独特的功能，即标记无定指涉性。"他还认为："这两个模式究竟会一直共存下去，还是会经过竞争，其中一个在语法化进程中胜出，将二者的功能合二为一，遂使另一个逐渐被淘汰？这要依景颇语语法体系的整体语法化进程而定。"[①] 我对这个问题还未形成有把握的认识。

在景颇语里，除了 lă$^{55}$ŋai$^{51}$ 和 mi$^{33}$ 表示"一"外，还有一个前缀 lă$^{31}$- 也表示"一"的概念。但 lă$^{31}$- 使用的场合有限，只能加在位数数词 tsa̱$^{33}$"百"、mun$^{31}$"万"以及 kă$^{31}$ti$^{31}$"亿"的后一音节的前面，构成表"一"的意义。例如：

lă$^{31}$tsa̱$^{33}$　一百　　lă$^{31}$mun$^{31}$　一万　　lă$^{31}$ti$^{31}$　一亿

这类复合词用在诗歌语言中，具有押韵的功能。例如：

lă$^{31}$mun$^{31}$ tʃiŋ$^{31}$khaŋ$^{31}$ a$^{31}$lat$^{31}$, lă$^{31}$tsa̱$^{33}$ laŋ$^{31}$　e$^{31}$　mă$^{31}$jat$^{31}$.
一　万　　山梁　　　繁殖　　一　百　山岗（方）繁衍

在一万个山梁上繁殖，在一百个山岗上繁衍。

表示"二"的除 lă$^{55}$khoŋ$^{51}$ 外，还有一个不能独立使用的语素 ni$^{33}$-。这个 ni$^{33}$ 只能与百位数数词和表示时间单位的量词结合在一起使用。例如：

ni$^{33}$tsa̱$^{33}$　　二百　　　　　ni$^{33}$na$^{ʔ55}$　　两晚

ni$^{33}$ni$^{55}$　　两天　　　　　ni$^{33}$niŋ$^{33}$　　两年

ni$^{33}$phot$^{31}$　　两个早上

景颇语的 ni$^{33}$ 应是一个古词，是古词在复合词中的残留。它和亲属语言的"二"有同源关系，如藏文的 gȵis，哈尼语是 ni$^{31}$。为什么后来被双音节词 lă$^{55}$khoŋ$^{51}$ "二"所代替，值得研究。

---

① 顾阳《lanʒai mi 与景颇语数名结构再析》，《语言科学》2009 年第 3 期。

### 5.1.2 合成基数词

景颇语计数使用的是十进制计数法。除 khun³³ "二十"用单纯基数词表示外,十以上的数目都用合成法组成合成基数词表示。合成基数词的合成方式有以下几个特点:

(1)个位数数词放在十位数数词、百位数数词前面的,是相乘的关系;放在后面的,是相加的关系。例如:

mă³¹li³³ʃi³³　四十(4×10)　　　kʒu̠ʔ⁵⁵ ʃi³³　　六十(6×10)
四　　十　　　　　　　　　　　　六　　十

ʃi³³mă³¹ŋa³³　十五(10+5)　　　ʃi³³ lă⁵⁵khoŋ⁵¹　十二(10+2)
十　五　　　　　　　　　　　　　十　二

mă³¹sum³³tsa³³mă³¹ŋa³³　三百零五(3×100+5)
三　　百　　　五

(2)个位数数词放在"千"以上的位数数词的后面时是相乘的关系。十位数数词也能放在"千"以上位数数词的后面,表示相乘的关系。例如:

khjiŋ³³mă³¹li³³　　　　四千(1000×4)
千　　四

kă³¹ti³¹să³¹nit³¹　　　七亿(100,000,000×7)
亿　　七

mun³¹ʃi³³să³¹nit³¹　　十七万(10,000×17)
万　十　七

sen³¹ ʃi³³　　　　　百万(100,000×10)
十万 十

此外,还有以下一些用法:

(1)出现在 mă³¹sum³³ "三"上的半前缀 mă³¹,组成合成数词时可以与 sum³³ 分离省去。如：sum³¹ʃi³³ "三十"。但出现在 mă³¹li³ "四"、mă³¹ŋa³³ "五"上的，在组成合成数词时就不能分离。例如：mă³¹li³³ʃi³³ "四十"、mă³¹ŋa³³ʃi³³ "五十"、să³¹nit³¹ʃi³³ "七十"、mă³¹tsat⁵⁵ʃi³³ "八十"。这是为什么？是否与常用有关？有待进一步研究。

（2）表示"一百"时用了lă³¹tsa̱³³，不用tsa̱³³（百）mi³³（一）或tsa̱³³（百）lă⁵⁵ŋai⁵¹（一）。

（3）表示"二百"时用ni³³tsa̱³³或lă⁵⁵khoŋ⁵¹（二）tsa̱³³（百）。

（4）表示"一万"和"一亿"时，有两种表示方法：一种是在位数数词后面加个位数数词mi³³表示，如mun³¹（万）mi³³（一）"一万"、kă³¹ti³¹（亿）mi³³（一）；另一种是用带前缀的固定数量结构lă³¹mun³¹ "一万"、lă³¹ti³¹ "一亿"表示。

（5）在"一百"以上的数目中，要在百位数后面加关系助词e³¹，表示语气有短暂的停顿。例如：

lă³¹tsa̱³³　e³¹　mă³¹li³³ʃi³³să³¹nit³¹　　一百四十七
一百　　（关）四　　十　七

khjiŋ³³mă³¹tsat⁵⁵tʃă³¹khu³¹tsa̱³³　e³¹　　sum³¹ʃi³³lă⁵⁵ŋai⁵¹
千　　八　　九　　百　（关）三　　十　　一
八千九百三十一

当mi³³ "一"出现在e³¹的前面时，则需变读为mi ʔ⁵⁵。例如：

khjiŋ³³miʔ⁵⁵　e³¹　　lă³¹tsa̱³³　　　　一千一百
千　　一　　（关）一　百

mun³¹miʔ⁵⁵　e³¹　　khjiŋ⁵⁵mă³¹sum³³　e³¹　　mă³¹li³³tsa̱³³sum³¹ʃi³³
万　　一　　（关）千　　三　　　（关）四　　　百　三　十
一万三千四百三十

有个新现象要提及，即随着手机的普及，景颇人报数时大多不用景颇语数词而用当地汉语方言报数词。青少年更为突出。

## 5.2 序数、分数、概数、倍数的表示法

数词除了表示事物的多少外，还能通过词的组合格式或使用不同的词，表示数的顺序等意义。这些数的表示法比较复杂，有许多小规则。

### 5.2.1 序数表示法

序数的表示方法有两种：

（1）在基数词前加表示序数的词 nam⁵⁵pat⁵⁵ "第"（系英语借词）、pɔ⁷⁵⁵ "初"（从月份的一日算起）和 si⁷³¹ "初"（从月份的十五日算起）。这三个词只与数词结合，不与数量短语结合。例如：

nam⁵⁵pat⁵⁵lă⁵⁵ŋai⁵¹　第一　　　nam⁵⁵pat⁵⁵lă⁵⁵khoŋ⁵¹　第二
第　　一　　　　　　　　　　　　第　　二
pɔ⁷⁵⁵lă⁵⁵ŋai⁵¹　初一　　　　pɔ⁷⁵⁵mă³¹ŋa³³　初五
初　　一　　　　　　　　　　初　　五
si⁷³¹ lă⁵⁵ŋai⁵¹　（初）十六　si⁷³¹ lă⁵⁵khoŋ⁵¹　（初）十七
（初）一　　　　　　　　　（初）二

（2）用"数量短语+ŋu⁵⁵（称、叫）+ na⁵⁵（的）+ 名词（或量词）"的格式表示。例如：

lă⁵⁵ŋai⁵¹ja⁷⁵⁵ŋu⁵⁵na⁵⁵ʃă³¹ni⁵⁵　　第一天
一　　天　称　的　天
lă⁵⁵khoŋ⁵¹ja⁷⁵⁵ŋu⁵⁵na⁵⁵ʃă³¹ni⁵⁵　第二天
二　　天　称　的　天
mă³¹sum³³laŋ³¹ŋu⁵⁵na⁵⁵laŋ³¹　　第三次
三　　次　称　的　次

mǎ³¹ʒai³³lǎ⁵⁵ŋai⁵¹ŋu⁵⁵na⁵⁵wa³³　　第一位（男性）
个、位　一　　称　的 者

（3）亲属称谓排行有从"第一"至"十"，因性别而异。其顺序是：

|  | 男性 | 女性 |
|---|---|---|
| 老大 | kam³³ | ko̠ʔ⁵⁵ |
| 老二 | no³³ | lu̠ʔ⁵⁵ |
| 老三 | laʔ³¹ | ʒoi³³ |
| 老四 | tu̠⁵⁵ | thuʔ³¹ |
| 老五 | taŋ³³ | ka̠i³³ |
| 老六 | jo³³ | kha⁵⁵ |
| 老七 | ʒoi³³ | pʒi̠³³ |
| 老八 | jun³¹ | jun³¹ |
| 老九 | kji̠ŋ³³ | kji̠ŋ³³ |
| 老十 | kji̠ŋ³³naŋ³¹ | kji̠ŋ³³naŋ³¹ |
| 老幺 | kji̠ŋ³³thaŋ⁵⁵ | kji̠ŋ³³thaŋ⁵⁵ |

景颇族多用排行名称取名。姓加在名字之前。直呼其名时多在名字之前加 ma³¹ "孩子"。例如：

n³¹khum³³no³³　岳老二（男）　　n³¹khum³³luʔ⁵⁵　岳老二（女）
岳　　老二　　　　　　　　　岳　　　老二

ma³¹ kam³³　麻干（男老大）　　ma³¹ pʒi̠³³　麻比（女老七）
孩子 老大　　　　　　　　　孩子 老七

（4）月份的序列用不同的词表示。阴历月份的顺序是：

| khʒu³³ | 一月 | ʃi³¹mǎ³¹ʒi³³ | 七月 |
|---|---|---|---|
| ʒa³³ | 二月 | kup³¹ʃi³¹ | 八月 |
| wut³¹ | 三月 | kup³¹tu̠ŋ³³ | 九月 |
| ʃã³¹la³¹ | 四月 | kǎ⁵⁵la⁵⁵ | 十月 |

tʃă³¹thum³³　　五月　　　mă³¹tʃi³³　　十一月

ʃă³¹ŋan³³　　六月　　　mă⁵⁵ka⁵¹　　十二月

阳历月份的序列则用"ʃă³³ta̠³³(月)+数词"的格式表示。例如：

ʃă³³ta̠³³lă⁵⁵khoŋ⁵¹　二月　　ʃă³³ta̠³³mă³¹li³³　四月
月　　二　　　　　　　　月　　四

ʃă³³ta̠³³ʃi³³ lă⁵⁵ŋai⁵¹ 十一月
月　　十　一

### 5.2.2 概数表示法

概数有两种表示方法：

（1）用相邻的两个数目表示。数目小的在前，数目大的在后。例如：

mă³¹ʒai³³lă⁵⁵khoŋ⁵¹mă³¹sum³³　　两三个人
个、位　　二　　　三

ŋa³³să³¹nit³¹mă³¹tsa̠t⁵⁵　　　　七八头牛
牛　七　　　八

laŋ³¹mă³¹tsat⁵⁵tʃă³¹khu³¹　　　　八九次
次　　八　　九

用"四十"以上的两个相邻的十位数表示概数时，前一个"十"要略去。例如：

mă³¹li³³mă³¹ŋa³³ʃi³³　四五十　　kʒṵ²⁵⁵să³¹nit³¹ʃi³³　六七十
四　五　十　　　　　　　　　　六　七　十

用"三百"以下的两个相邻百位数表示概数时，位数数词"百"都要出现；但用"三百"以上的两个相邻的百位数表示概数时，前一个"百"要略去。例如：

lă³¹tsa̠³³ni³³tsa̠³³　　一二百　　ni³³tsa̠³³mă³¹sum³³tsa̠³³　二三百
一百　二百　　　　　　　二　百　三　　百
mă³¹li³³mă³¹ŋa³³tsa̠³³　四五百　　mă³¹sum³³mă³¹li³³tsa̠³³　三四百
四　五　百　　　　　　　三　　　四　　百

用千位以上的两个相邻的数目表示概数时，后一个数目的位数数词要略去。例如：

khjiŋ³³lă⁵⁵ŋai⁵¹lă⁵⁵khoŋ⁵¹ 一二千　khjiŋ³³mă³¹ŋa³³kʒu̠ʔ⁵⁵　五六千
千　一　　二　　　　　　　千　　五　　六
mun³¹să³¹nit³¹mă³¹tsa̠t⁵⁵　　　　kă³¹ti³¹mă³¹tsa̠t⁵⁵tʃă³¹khu³¹
万　七　八　　　　　　　　　亿　八　　　九
七八万　　　　　　　　　八九亿

但是，"九"与"十"不能连用表示概数。也不能用不连续的数词表示概数。

（2）用在数词后面加上表示概数的词表示。常用的有以下三个词：

一是 tă³¹ʒam⁵⁵ "大约、大概"。其前面的数词可以是一个，也可以是相邻的两个。例如：

mă³¹ʃa³¹mă³¹ʒai³¹tʃă³¹khu³¹tă³¹ʒam⁵⁵　　大约九个人
人　　个　　九　　大约
tʃoŋ³¹ma³¹mă³¹ʒai³³mă³³ŋa³³ʃi³³tă³¹ʒam⁵⁵　大概五十个学生
学生　个　　五　十　大概
taŋ³¹kʒu̠ʔ⁵⁵să³¹nit³¹tsa̠³³tă³¹ʒam⁵⁵　　　大约六七百箩
箩　六　七　百　大约
mun³¹lă⁵⁵khoŋ⁵¹mă³¹sum³³tă³¹ʒam⁵⁵　　　大概二三万
万　二　三　大概

二是加 tʃan⁵⁵ "多、多余" 表示，用在数词后面，表示所估计的数目比该数词表示的数目大。例如：

kum³¹phʐo³¹lap³¹mǎ³¹ŋa³³ʃi³³tʃan⁵⁵　　　五十多元钱
钱　　元　五　　十多

sǎ³¹ʐa³³lǎ³¹tsa̠³³tʃan⁵⁵　　　　　　　一百多位老师
老师　一百　　多

waʔ³¹khjiŋ⁵⁵mi³³tʃan⁵⁵　　　　　　　一千多头猪
猪　　千　　一多

三是 taŋ³³ "上下、左右"。其前面的数词可以是一个，也可以是相邻的两个。例如：

ʃan³¹kjin³³mǎ³¹sum³³taŋ³³　　　　　三斤左右的肉
肉　斤　三　　　左右

tʃoŋ³¹ʃi³³ taŋ³³　　　　　　　　　　学校十所左右
学校　十　上下

a³³sak³¹mǎ³¹li³³ʃi³³ taŋ³³　　　　　年纪四十左右
年纪　四　　十　左右

kum³¹phʐo³¹ni³³tsa̠³³taŋ³³　　　　　二百元上下
钱　　　二百　上下

mǎ³¹ʐai³¹mǎ³¹tsat⁵⁵tʃǎ³¹khu³¹taŋ³³　八九个人
个　　八　　九　　　左右

### 5.2.3 分数表示法

表示一个单位的几分之几的数，用 "tham³¹（倍）+ 数词 + thaʔ³¹（上面）+ na⁵⁵（的）+ tham³¹+ 数词" 的格式表示。分母在前，分子在后。thaʔ³¹ 是方位词，原是用在名词或代词之后表示 "在此之上" 或 "在此之中"，用在这里有一定程度的语法化。例如：

tham³¹mǎ³¹ŋa³³thaʔ³¹ na⁵⁵tham³¹mǎ³¹sum³³　五分之三
倍　　五　　（方）的　倍　　三

tham³¹mǎ³¹li³³tha⁽³¹ na⁵⁵tham³¹mi³³　　四分之一
倍　四　（方）的　倍　一

tham³¹lǎ³¹tsa³³tha⁽³¹ na⁵⁵tham³¹mǎ³³ŋa³³　　百分之五
倍　一百　（方）的　倍　五

tham³¹lǎ³¹khjiŋ³³tha⁽³¹ na⁵⁵tham³¹mi³³　　千分之一
倍　一千　（方）的　倍　一

以上用来说百分比的格式，可以依靠语境的帮助，简化为"tham³¹+数词"的格式。例如：

tham³¹mǎ³¹ŋa³³　　百分之五　　tham³¹hkun³³　　百分之二十
倍　五　　　　　　　　　　　　倍　二十

### 5.2.4 倍数表示法

倍数表示法是："基数（包括相邻的两个基数词）+ thaŋ⁵⁵（倍）"。例如：

lǎ⁵⁵khoŋ⁵¹thaŋ⁵⁵　　两倍　　ʃi³³mǎ³¹ŋa³³thaŋ⁵⁵　　十五倍
二　　倍　　　　　　　　　　　十五　倍

mǎ³¹tsa̱t⁵⁵ʃi³³thaŋ⁵⁵　　八十倍　　mǎ³¹li³³mǎ³¹ŋa³³thaŋ⁵⁵　　四五倍
八　十　倍　　　　　　　　　　　　四　五　倍

lǎ³¹tsa̱³³ni³³tsa̱³³thaŋ⁵⁵　　一二百
一百　二百　倍

此外，有时也用 tham³¹（倍）表示。tham³¹ 用在基数词前。这样用时，其形式和表示百分比的简略式相同，出现歧义。究竟指哪一种，要由具体语境来判断。例如：

tai³¹niŋ³³na⁵⁵mam³³mǎ³¹niŋ³³na⁵⁵tha⁽³¹ tham³¹mǎ³¹ŋa³³tʃan⁵⁵sai.
今年　的　谷子　去年　的　上面倍　五　多余（尾）
今年谷子比去年多五倍。

ka⁵⁵sau⁵⁵ kă³¹tʃa³³ ai³³ mă³¹tʃo³¹ n³³li³³ a⁽ʔ⁾³¹ tham³¹ 280 tă³¹ʒam⁵⁵
土力　　　好　的　原因　谷种　的　倍　　　　大约
pʒu̠³³ai³³.
出　（尾）

因为土地肥沃，产量比种子约多280倍。

## 5.3 数词的重叠

景颇语的数词可以重叠。重叠的方式是单音节数词全部重叠，多音节词只重叠最后一个音节。数词重叠式在句中能做主语、宾语，少数能做定语。重叠式的语法意义随它在句中担当的成分而定。

### 5.3.1 数词重叠做主语

数词重叠式做主语时，表示"强调"。其谓语多表示"不满或做不到"的意义。lă⁵⁵ŋai⁵¹ "一"的重叠式表示"有些，有的"的意义。例如：

mun³¹mi³³khjiŋ³³mă³¹ŋa³³ŋa³³　ko³¹　n³³ ja³³lu³¹na³³ ʒe⁵¹.
万　一　千　五　　　（叠）（话）不 给　能 将　要是
一万五千元啊，是不能给的。

lă³¹tsa̠³³tsa̠³³　ko³¹　ŋai³³n⁵⁵ʒa⁽ʔ⁾³¹mă³¹ju³³n³¹ŋai³³.
一百　（叠）（话）我　不要　想　　（尾）
一百个啊，我不想要。

lă⁵⁵ŋai⁵¹ŋai³¹ ko³¹ kă³¹tʃa³³ai³³, lă⁵⁵ŋai⁵¹ŋai³¹ ko³¹ n⁵⁵kă³¹tʃa³³ai³³.
一　（叠）（话）好　　（尾）一　　（叠）（话）不好　　（尾）
有些个好，有些个不好。

lă⁵⁵ŋai⁵¹ŋai³¹ ko³¹ ŋaŋ³¹ ai³³, lă⁵⁵ŋai⁵¹ŋai³¹ ko³¹ n⁵⁵ ŋaŋ³¹ ai³³.
一 （叠）（话）结实（尾）一 （叠）（话）不 结实（尾）
有的结实，有的不结实。

### 5.3.2 数词重叠做宾语

数词重叠式一般只做双宾语句子中的直接宾语。重叠式表示"每……各"的附加意义。例如：

naŋ³³mă³¹ʒai³³mi³³pheʔ⁵⁵sum³¹ʃi³³ʃi³³ kă³¹ʒan⁵⁵ja³³uʔ³¹!
你 个 一（宾）三 十（叠）分 给（尾）
你分给每人各三十个吧！

nan⁵⁵the³³thiŋ³¹ko³¹mi³³ pheʔ⁵⁵lă⁵⁵khum⁵¹mă³¹tsat̪⁵⁵tsat̪⁵⁵tut̪³¹ja³³muʔ³¹!
你们 户 一（宾）凳子 八 （叠）卖 给（尾）
你们卖给每户八张凳子吧！

ʃan⁵⁵the³³phuŋ³³mi³³mă³¹ŋa³³tsa̪³³ e³¹ mă³¹tsat̪⁵⁵ʃi³³mă³¹sum³³
他们 组 一 五 百 （关）八 十 三
sum³³lu³¹la⁵⁵mă³³sai³³.
（叠）能 拿（尾）
他们每组各能分得五百八十三斤。

### 5.3.3 数词重叠做定语

主要由数词"一"的重叠式做定语。重叠式表示"某一"或"有些、有的"的附加意义。例如：

ʃi³³theʔ³¹thuk⁵⁵khat⁵⁵ai³³mă³¹ʃa³¹lă⁵⁵ŋai⁵¹ŋai³¹ ŋa³¹ na³³ ʒe⁵¹.
他 与 合适 相互 的 人 一 （叠）在 将要 是
有与他合得来的人。

pă⁵⁵lin⁵⁵lă⁵⁵ŋai⁵¹ŋai³¹ ko³¹ kă³¹pa³¹ai³³, lă⁵⁵ŋai⁵¹ŋai³¹ ko³¹
瓶子　一　　（叠）（话）大　　（尾）一　　（叠）（话）
kă³¹tʃi³¹ai³³.
小　　（尾）
有的瓶子大，有的瓶子小。

n⁵⁵ta⁵¹lă⁵⁵ŋai⁵¹ŋai³¹ ko³¹ tso̥³¹ai³³, lă⁵⁵ŋai⁵¹ŋai³¹ ko³¹ nem³¹ai³³.
房子　一　　（叠）（话）高（尾）一　　（叠）（话）低　（尾）
有的房子高，有的房子低。

# 6 量词

量词是表示人、事物或动作单位的词。在藏缅语族语言中，景颇语的量词属于不发达的一类。与亲属语言相比，可以明显看出景颇语量词数量较少，特别是个体量词数量少。在句子中，个体名词计量时大多不用量词，名词可直接与数词结合计量。尽管如此，从系统上看，量词在景颇语中还是独立的一类。

景颇语的量词可分为名量词和动量词两大类。这两类量词的特点相差很大。在数量上，名量词多些，动量词只有几个；在用法上，名量词不全是强制性的，个体量词大多可以不用，而动量词则必须用，是强制性的；在语序上，二者也不同。下面分类叙述。

## 6.1 名量词

名量词是表示事物数量单位的词。下面就景颇语名量词的类型、结构、来源等做些分析。

### 6.1.1 名量词的分类

景颇语的名量词可以从不同的角度来分类。从意义和功能上可分为以下 5 类：

（1）个体单位量词：用于个体事物。例如：

  mă$^{31}$ʒai$^{33}$ 个（人）    siŋ$^{31}$tsin$^{33}$ 绺（头发）

| | | | |
|---|---|---|---|
| num³¹ʒai³³ | 个（人） | ʒaŋ³¹ | 件（聘礼） |
| lok³¹ | 畦（水田） | kaŋ³³ | 绞（线、纱） |
| tik⁵⁵ | 畦（蔬菜） | n̩³¹phaŋ³³ | 棵（树）、丛（竹子） |
| kho³¹ | 句（话） | siŋ³¹koŋ³³ | 根（头发） |
| to³¹ | 段、节 | tă³¹tʃok³¹ | 小块（土地） |
| pje̠³³ | 片、张、块 | khop³¹ | 层（谷堆层） |
| toŋ³³ | 筒（竹子、木材） | thap³¹ | 层（被子） |
| tau̠³³ | 道（门） | tsaŋ³³ | 层（房子）、级（上下） |
| ʃă³¹ʒi³³ | 瓣（瓜、果） | lam³¹ | 层（土） |
| tok³¹ | 小坨（烟丝） | | |

（2）集体单位量词：用于由两个以上的个体组成的事物。例如：

| | | | |
|---|---|---|---|
| man³³ | 双、对（鞋、手镯等） | khau³³liŋ³³ | 谷铺（割下谷子的量） |
| kap³¹ | 双、对（筷子） | thik⁵⁵ | 代（人）、阶段、段落 |
| thau³³ | 套（衣服） | jum³³ | 大捆 |
| phuŋ³³ | 群（人、羊、猴等） | tsu̠ʔ⁵⁵ | 捆（大叶子） |

（3）度量衡和货币单位量词：用于计算长度、宽度、容量、重量、面积等。这一类量词中，有许多是外来借词。

计算长度、宽度的如：

| | |
|---|---|
| pre̠n³³ | 指（宽） |
| lă³¹pha³¹ | 巴掌（宽度） |
| kum³¹tun³³ | 拃（拇指与食指张开的距离） |
| lă³¹lam³³ | 庹、排（两臂平伸的距离） |
| lă³¹kham³³ | 步、拃（拇指与中指张开的距离） |
| toŋ³¹ | 尺、肘（由肘弯至中指尖之间的长度。缅语借词。） |

计算重量的如：

| | | | |
|---|---|---|---|
| kjin³³ | 斤（汉语借词） | the³³ | 钱 |

tʃoi³³　　三市斤（傣语借词）　　phun³³　分（汉语借词）
khan⁵⁵　　十两 （傣语借词）　　ʒoŋ³¹　两
mu⁵⁵　　　半钱　　　　　　　　phak⁵⁵　瓶（半斤，傣语借词）
poŋ³³　　　磅（英语借词）

计算容量的如：

siŋ³¹　　升（汉语借词）　　　　puk³¹　袋（相当于三箩）
tu³¹　　　斗（汉语借词）　　　　taŋ³¹　箩（缅语借词）
jik³¹　　　四分之一箩（缅语借词）　phai⁵⁵　半箩
pje³³　　　一升半（缅语借词）　　tʃo⁵⁵　十箩（傣语借词）

计算货币单位的如：

lap³¹　　　元　　　　　　　　　　kjoʔ³¹　角（汉语借词）
fun³³　　　分（汉语借词）　　　　phun³³　分（汉语借词）

phun³³ 和 fun³³（分）意义相同，语音形式不同，是不同时间借入的。

（4）不定量单位量词：表示不定数量的量词。如：loi³¹ "些"、kau³³ 或 n³³kau³³ "部分"、kǎ³¹tʃi³³ "一点儿"。它们后带数词 mi³³ "一" 使用。例如：

loi³¹mi³³　　一些　　　　　　　n³³kau³³mi³³　　一部分
kau³³mi³³　　一部分　　　　　　kǎ³¹tʃi³³mi³³　　一点儿

（5）时间单位量词：用于计算时间单位。例如：

ni⁵⁵　　　天、日　　　　　　　phot³¹　　　个（早上）
naʔ⁵⁵　　个（晚上）　　　　　　jaʔ⁵⁵　　　天、日
niŋ³³　　　年

这些表示时间单位的量词，是由名词转用的，还带有名词的特点。在句法上，不能单独做句子成分，必须与数词、代词结合才能做句子成分。它们表示 "一" 和 "二" 数目时，分别加 lǎ³¹- 和 ni³³- 表示。例如：

| lă³¹ni⁵⁵ | 一天 | ni³³ni⁵⁵ | 两天 |
| lă³¹niŋ³³ | 一年 | ni³³niŋ³³ | 两年 |
| lă³¹phot³¹ | 一个早上 | ni³³phot³¹ | 两个早上 |
| lă³¹naʔ⁵⁵ | 一个晚上 | ni³³naʔ⁵⁵ | 两个晚上 |
| tai³¹ni⁵⁵ | 今天 | tai³¹phot³¹ | 今早 |
| tai³¹niŋ³³ | 今年 | tai³¹naʔ⁵⁵ | 今晚 |

### 6.1.2 合成名量词的结构分析

从结构上看，名量词可分为单纯量词和合成量词两类。其中以单纯量词占绝大多数，合成量词的数量不多。

景颇语的合成量词颇具特点，在其他亲属语言中少有。其组成方式主要有7种：其中5种是由名词词素与名词、动词、量词、状态词和形容词词素构成的；两种是由动词或形容词词素加前缀构成的。分述如下：

（1）名词素 + 名词素

| si³¹ khap⁵⁵ | 担（棉花） | thiŋ³¹ ko³³ | 户 |
| 棉花 担子 | | 房子 脊檩 | |
| num³³po³³ | 个（妻子） | la³³ po³³ | 个（丈夫） |
| 女人 头 | | 男人 头 | |
| ʃan³¹po³³ | 头（猎物） | | |
| 肉 头 | | | |

（2）名词素 + 动词素

| sin³¹taʔ³¹kaʔ³¹ | 半庹、半排 | si³¹ kaʔ³¹ | 坨（棉花） |
| 胸 分开 | | 棉花 分开 | |
| si³¹ mjan³³ | 根（线） | wă³³ʒoŋ³³ | 个（指整个牧场的 |
| 棉花 伸直 | | 牛 有 | 牛群） |

thiŋ$^{31}$ kʒam$^{33}$ 块（地板、楼板） thiŋ$^{31}$nep$^{55}$ 块（地板、楼板）
房子 搭　　　　　　　　　房子 垫

（3）名词素＋量词素

wa$^{ʔ31}$ phaŋ$^{33}$ 丛（竹子） kai$^{31}$ toŋ$^{33}$ 个（圆柱
竹子 棵　　　　　　　　　竹子 筒　　形珠子）

phuŋ$^{31}$ kup$^{31}$ 双、对（祭鬼神时称 lǎ$^{31}$ tʃok$^{31}$ 撮
水（古词）双 量"鱼"）　　　手 坨、粒 （宝塔形）

tsiŋ$^{31}$ khat$^{55}$ 根（茅草） n$^{55}$ khjep$^{55}$ 粒（谷子）
茅草 根　　　　　　　　　稻谷 碎块

wa$^{55}$ khjep$^{55}$ 粒（玉米）
玉米 碎块

（4）名词素＋状词素

lǎ$^{31}$ kʒa$^{ʔ31}$ 把（草） kai$^{31}$ lep$^{31}$ 片（姜片）
手 抓物状　　　　　　　　姜 薄片状

kai$^{31}$ lep$^{31}$ 个（扁形珠子） si$^{31}$ lan$^{31}$ 堆（棉花）
珠子 薄片状　　　　　　　棉花 成堆状

（5）名词素＋形词素

kai$^{31}$pa$^{33}$ 整块（姜）
姜 宽

（6）前缀＋动词

ʃiŋ$^{31}$ kʒam$^{33}$ 块（地板、楼板） mǎ$^{31}$ kun$^{33}$ 背（柴、茅草）
（前）搭　　　　　　　　　（前）背（用脊背驮）

（7）前缀＋状词素

sum$^{31}$ po$^{ʔ31}$ 串（果实） lǎ$^{31}$ pat$^{31}$ 把（谷秧）
（前） 累累状　　　　　　　（前）往返状

带有名词词素的合成量词，兼有名词的意义。所以，在句中若不

出现名词中心语,从量词上也能知道所限制的名词是什么。因为在合成量词中,含有所指的名词素。例如:

(pă$^{31}$si$^{33}$)să$^{31}$lan$^{31}$ mi$^{33}$　　一堆棉花

棉花　　　堆　　　一

(tsiŋ$^{33}$)tsiŋ$^{31}$khat$^{55}$mi$^{33}$　　一根杂草

杂草　　　根　　　一

上例的 să$^{31}$lan$^{31}$ "堆"只能用来计"棉花"的量,tsiŋ$^{31}$khat$^{55}$ "根(杂草)"只能用来计"杂草"的量,加上它们本身分别含有"棉花""杂草"的词汇意义,所以,即使不带中心语名词也能知道所指的中心语是什么。这说明,这些量词还未完全从名词中分化出来,还带有名词的特点。这是量词不发达语言所具有的特点。

合成量词的出现,除了表义的需要外,还与景颇语双数韵律的要求有关。景颇语的数词多是双音节的,与量词结合时若量词也是双音节的,就能构成双数韵律,符合景颇语双数韵律的习惯。

### 6.1.3 兼用量词的来源

景颇语的名量词若从功能上分,可分为专用名量词和兼用名量词两类。所谓"专用",是指只当量词用而不当别的词类用。如 mă$^{31}$ʒai$^{33}$ "个(人)",n$^{31}$phaŋ$^{33}$ "棵(树)",man$^{33}$ "双、对(衣服、手镯、鞋)",tik$^{55}$ "畦(蔬菜)",phai$^{55}$ "半箩"等。但还有许多名量词是兼用的。所谓"兼用",是指它们来自别的词类,做量词是兼用的。

兼用名量词的构成主要有三种手段:

其一,取形状特点与名量词有关的名词当量词。属于这一类的多是个体量词。常用的约有 20 个。如用 khum$^{31}$ "身体"做名量词时,表示"头、只、个、条"等意义,用来称量一般动物、瓜果以及某些事物的数量。又如用名词 siŋ$^{31}$kjaŋ$^{55}$ "穗"做名量词时,表示"穗、枝、嘟噜"等意义，用来称量谷穗、麦穗和形状像谷穗的花枝、果实等名词。

其二，用名词构成合成专用量词。其中有的是用名词加名词、动词、状态词、量词等组成的；有的是用动词词根加前缀构成的。用这种方式构成的量词，有个体量词，也有度量衡单位和集体单位量词，约有 30 个。

名词 + 名词——量词

ʃan³¹ po³³　头（猎物）　　　　　num³³ po³³　个（妻子）
肉　　头　　　　　　　　　　　女人　头

名词 + 动词——量词

thiŋ³¹nep⁵⁵　块（地板、楼板）　sin³¹ta²³¹ka²³¹　半庹（两手左右
房子 垫　　　　　　　　　　　胸　　隔　　平伸距离的一半）

名词 + 状词——量词

si³³ lan³¹　堆（棉花）　　　　 kai³¹lep³¹　片（姜片）
棉花 成堆状　　　　　　　　　姜　薄片状

名词 + 量词——量词

phuŋ³¹kup³¹　双（祭祀中称"鱼"）　wa³¹phaŋ³³　丛（竹子）
水　　双　　　　　　　　　　　　竹　丛

前缀 + 动词——量词

mă³¹ kun⁵⁵　背（柴、茅草）　　ʃiŋ³¹ kʒam³³　块（楼板）
（前）背　　　　　　　　　　　（前）搭

其三，临时用表示容量的名词做名量词或者借用与量的形成有密切关系的动词做名量词。如 lă⁵⁵si⁵¹（黄豆）wan³³（碗）mi³³（一）"一碗黄豆"、ʃat³¹（饭）ti²³¹（锅）mi³³（一）"一锅饭"、tʃă³¹ʒu⁵¹（酒）pă⁵⁵lin⁵⁵（瓶子）mi³³（一）"一瓶酒"中的量词。具体有以下 5 个来源：

（1）来自表示容器、器具的名词。例如：

pha⁷³¹wan³³mi³³　　　一碗粥（wan³³ 当名词用时是"碗"义）
　粥　 碗　一
tʃă⁵⁵ʒu⁵¹tiŋ³¹khʒu³³mi³³
　酒　　　筒　　　一
一筒酒（tiŋ³¹khʒu³³ 当名词用时是"酒筒"义）
man³³thum³¹khu³³mi³³
　谷子　碓　　一
一碓谷子（thum³¹khu³³ 当名词用时是"碓心"义）
ʃat³¹n³¹kup³¹mi³³　　　一口饭（n³¹kup³¹ 当名词用时是"嘴"义）
　饭　口　　一

（2）来自表示事物整体的名词。

khum³¹：名词意义为"身体"，用作量词时，表示"个、只、头"等意义，使用范围比较广，一般动物名称、瓜果名称以及部分圆形事物名称都可以用它来称量。例如：

u³¹ hkum³¹mi³³　一只鸡　　n³³kjin³³khum³¹mi³³ 一条黄瓜
鸡　 只　 一　　　　　　黄 瓜　 条　 一
ŋa³³khum³¹mi³³　一头牛　　u³¹ti³¹khum³¹mi³³　一个鸡蛋
牛　头　一　　　　　　　　鸡蛋　个　 一

计算动物的数量时，均可不用量词，只是在计算要食用或已被食用的动物的数量时，则要借用 khum³¹ 做量词。这就是说，动物名词用不用量词，受"食用/非食用"语义的制约。

po⁷³¹：名词意义为"种类"，用作量词时，表示"种"的意义。它不仅能称量具体名词的种类，还能称量抽象名词的种类。例如：

phun⁵⁵po⁷³¹mi³³　一种树　　sum³³pan³³po⁷³¹mi³³ 一种布
树　 种　一　　　　　　　　布　　种　一
tu³¹sat³¹po⁷³¹mi³³ 一种动物　ʒai⁵⁵ po⁷³¹mi³³　　一种东西
动物　　种　一　　　　　　东西　种　一

siŋ³¹kjaŋ⁵⁵：名词意义为"穗"，当量词用时表示"穗、枝、嘟噜"等意义，用来称量谷穗、麦穗和形状像谷穗的花枝、果实等。例如：

mam³³siŋ³¹kjaŋ⁵⁵mi³³　　　　　khau³¹lan³¹mam³³siŋ³¹kjaŋ⁵⁵mi³³
谷子　穗　　　一　　　　　　麦子　　　　穗　　　一
一穗谷穗　　　　　　　　　　一穗麦穗

nam³¹pan³³siŋ³¹kjaŋ⁵⁵mi³³　　　tʃiŋ⁵⁵ma⁵⁵si³¹siŋ³¹kjaŋ⁵⁵mi³³
花　　枝　　　一　　　　　　盐酸果　　嘟噜　　一
一枝花　　　　　　　　　　　一嘟噜盐酸果

tum³³：名词意义为"核、籽"，当量词用时表示"粒、个"等意义，用来称量果核、豆籽、米粒（只能用在要说明一粒米也没有了的时候）等。例如：

no⁽³¹lep⁵⁵tum³³tum³³mi³³　　　一粒峨眉豆
峨眉豆籽　　粒　一

sum³³wum³³si³¹tum³³tum³³mi³³　　　一个核桃
桃子 核　　　　　个　一

pjap³¹：名词意义为"（矮的植物）丛"，当量词用时表示"丛"的意义，用来称量刺丛、花丛等。例如：

mǎ³³ka³³pjap³¹pjap³¹mi³³　　　　tʃu⁵⁵ pjap³¹mi³³
木瓜丛　　丛　一　　　　　　　刺儿　丛　一
一丛木瓜丛　　　　　　　　　　一丛刺儿

lǎ⁵⁵nap⁵⁵：名词意义为"（抓饭吃时垫在手心上的）叶子"，当量词用时表示"撮"的意义，专用来称量用叶子垫着抓来吃的饭。例如：

ʃat³¹lǎ⁵⁵nap⁵⁵mi³³　　　　　一撮饭
饭　撮　　　一

ta⁽³¹khʒap³¹：名词意义为"幅面"，当量词用时表示"幅"的意义，专用来称量布帛、尼绒等的幅面。例如：

　　sum³³paṇ³³ta⁷³¹khʒap³¹mi³³　　一幅布
　　　布　　　　幅　　　　一

niŋ⁵⁵kam⁵¹：名词意义为"台阶"，当量词用时表示"阶"的意义，专用来称量梯子、楼梯的台阶。例如：

　　lǎ³³ka̠³³niŋ³³kam⁵¹mi³³　　　一阶梯子
　　梯子　　阶　　　　一

kin³¹poŋ³³：名词意义为"田埂"，当量词用时表示"团"的意义，专用来称量大的土块。例如：

　　ka⁵⁵kin³¹poŋ³³mi³³　　　　一团土
　　土　团　　　　一

kǎ³¹ta⁷³¹：名词的意义为"饭菜包"，当量词用时表示"包"的意义，专用来称量饭包和菜包捆在一起的饭菜包。例如：

　　ʃat³¹kǎ³¹ta⁷³¹mi³³　　　　一包饭菜包
　　饭包　　　　一

paŋ³³：名词的意义为"同伴"，当量词用时表示"群"的意义，专用来称量人群。例如：

　　mǎ³¹ʃa³¹paŋ³³mi³³　　　　一群人
　　人　　群　一

lam³¹ʃe⁵⁵（或 num³¹ʃe⁵⁵、n³¹ʃe⁵⁵）：名词意义为"岔路"，当量词用时表示"条"的意义，专用来称量岔路。主要用在唱词中，计数量时，位于数词的后面。例如：

　　lǎ⁵⁵khoŋ⁵¹num³¹ʃe⁵⁵　　　两条岔路
　　两　　　条（岔路）

lam³¹pʒo⁷³¹（或 num³¹pʒo⁷³¹、n³¹pʒo⁷³¹）：名词意义为"岔路"，当量词用时表示"个"的意义，专用来称量岔路口。主要用在唱词中，计数量时，位置在数词的后面。例如：

lă⁵⁵khoŋ⁵¹lam³¹pro²³¹　　　　两个岔路口
两　　个　（岔路口）

jin³¹wa³³：名词意义为"大片旱地"，当量词用时表示"大片"的意义，专用来称量大片旱地。主要用在文学语言中，计数量时，位于数词的后面，并且其后常带有动词。例如：

lă⁵⁵ŋai⁵¹ jin³¹ wa³³（wan³¹）（挖）一大片旱地
一　　　大片（旱地）挖

（3）使用与量的形状有关的名词做名量词。

lap³¹：名词意义为"叶子"，当量词用时用来称量薄的片状物。例如：

mau³¹sau³¹lap³¹mi³³　一张纸　　　phun⁵⁵lap³¹lap³¹mi³³　一片树叶
纸　　张　一　　　　　　　树叶　　片　一

man³³：名词意义为"脸"，当量词用时表示"页"的意义。例如：

lai³¹ka³³man³³mi³³　　一页书
书　　页　一

ʃaŋ³³khoŋ³³：名词意义为"圈儿"，当量词用时表示"个"的意义，用来称量环形的东西。由于量词含有名词意义，所以中心成分用 nam³¹paṇ³³ "花"也能体现"花圈儿"的意思。例如：

nam³¹paṇ³³ʃaŋ³³khoŋ³³mi³³　　　phʒi³¹ʃaŋ³³khoŋ³³ mi³³
花　　　个（圈儿）一　　　　　铁　　个（圈儿）一
一个花圈　　　　　　　　　　　一个铁圈儿

（4）使用名词本身做量词。这类名词用作量词时，其名词的词汇意义没有虚化，前面不能再出现名词。例如：

只能说：ta²⁵⁵mi³³　一只手　　　不能说：ta²⁵⁵ta²⁵⁵mi³³　一只手
　　　　手　一　　　　　　　　　　　　手　手　一

能充当这类量词用的名词，常见的有以下一些：

| tʃut³¹ | 角儿 | kat⁵⁵ | 街（集市） |
| lam³³ | 事 | kok³¹ | 房间 |
| tap³¹ | 火塘 | pʒat³¹ | 时代 |
| kap³¹ | 朝代 | poi³³ | 局（比赛一次叫一局） |

（5）使用有关的动词做量词。主要是使用与量的形成有密切关系的动词表量。例如：

tʃum³¹mă³¹kai³¹mi³³ 一包盐　　mai³¹sau³¹mă³¹jon³³mi³³ 一卷纸
　盐　　包　一　　　　　　　纸　　　卷　一
ʃuʔ³¹ sum³³ʒoi³³ mi³³　　　n³³ku³³ lă³¹tup̱⁵⁵mi³³
青蛙　串（成一圈）一　　　米　握　一
一串青蛙　　　　　　　　　一把米

此外，个别形容词也可做量词。如 pa̱³³"宽"做量词时，表示"张、块、把"等意义。例如：

mai³¹sau³¹pa̱³³mi³³　一张纸　　lă⁵⁵ŋu⁵⁵pa̱³³mi³³　一把香蕉
纸　　　张　一　　　　　　　香蕉　　把　一

### 6.1.4 名量词中的外来借词

从量词是否借用的角度看，景颇语的名量词可分为固有词和外来借词两类。景颇语由于量词不发达，因此从其他语言中借入不少名量词来丰富自己。

大部分借自汉语、傣语、缅语和英语，也有个别的借自载瓦语。外来借词大多是近代借入的，借汉语的，其语音特点接近近代汉语西南官话。例如：

来自汉语的：to³³ "驮"，tun³³ "顿（饭）"，thau³³ "套（衣服）"，tau³¹ "道（门）"，mu⁵⁵ "亩"，siŋ³¹ "升"，tu³¹ "斗"，phun³³ "分"，kjo²³¹ "角（钱）"，kjin³³ "斤"。

来自傣语的：luŋ⁵⁵"片（水田）"，lau⁵⁵"响（枪声）"，tʃoi³³"砒（等于三市斤）"，khan⁵⁵"三市两（一砒的十分之一）"，khop³¹"层（谷堆层）"，phak⁵⁵"半斤（用于量酒）"，tʃiŋ³¹"个（楞角）"，khau³¹liŋ³¹"铺（由割谷子时随手放下的稻谷形成）"，tʃok³¹"坨、粒（宝塔形）"，tʃo̠⁵⁵"十箩"，khon⁵⁵"只（手）、头（驮子的一端）"。

来自缅语的：teŋ³³"英里或公里"，lak³¹"支（枪）"，up³¹"匹（布）"，taŋ³¹"箩"，tʃik³¹"一箩的四分之一"，pje³³"一箩的八分之一"，mu⁵⁵"半钱"，mju⁵⁵"种、类"，thup³¹"卷、条"，pu⁵⁵"包（香烟）、听（罐头）"。

来自英语的：mă⁵⁵nit⁵⁵"分，分钟"，sek⁵⁵ka̠n³³"秒（时间单位）"，poŋ³³"磅"，puk³¹"本"，pha³¹luŋ³³"英里的八分之一"。

来自载瓦语的：tsum³¹"双（筷子、鞋等）"。

借用的名量词进入景颇语后，服从景颇语的语音、句法规则。

### 6.1.5 名量词的用与不用

名量词在句中用与不用有 3 种情况：必须使用、不使用、可用可不用。分述如下：

（1）必须使用名量词的有以下 4 种条件。

一是计算度量衡货币单位的：

| tʃum³¹tʃoi³³mi³³ | 一砒盐 | pun⁵⁵ʒam³¹lă³¹lam³³mi³³ | 一尺布 |
| 盐　砒　一 | | 布　　　　尺　一 | |
| tʃa³¹　ʒoŋ³¹mi³³ | 一两金子 | mau³¹sau³¹lă³¹pha³¹mi³³ | 一巴掌纸 |
| 金子　两　一 | | 纸　　　　巴掌　一 | |
| mam³³taŋ³¹mi³³ | 一箩谷子 | khau⁵⁵na³¹mu³¹mi³³ | 一亩水田 |
| 谷子　箩　一 | | 水田　　亩　一 | |
| n³³ku³¹siŋ³¹mi³³ | 一升米 | kum³¹phʒo³¹kjo²³¹mi³³ | 一角钱 |
| 米　　升　一 | | 钱　　　　角　一 | |

## 6 量词

二是计算集体单位的：

mă³¹ʃa³¹phuŋ³³mi³³ 一群人　　ŋa³³kap³¹mi³³ 一对牛（犁田用）
人　　群　　一　　　　　　牛　对　一

kjep³¹tin³³man³³mi³³ 一双皮鞋
皮鞋　　双　　一

三是计算时间单位的：

mă³¹sum³³ja⁷⁵　　三天　　　mă³¹sum³³phot³¹　三个早上
三　　天　　　　　　　　三　　　　　早上

mă³¹li³³na⁷⁵　　　四夜　　　mă³¹ŋa³³niŋ³³　　五年
四　夜　　　　　　　　　五　　年

四是计算动作、行为单位的：

kă³¹laŋ³¹mi³³ʃa⁵⁵　吃一次　　laŋ³¹mi³³mjit³¹　想一下
次　　一　　吃　　　　　　　下　一　想

să³¹nit³¹ja⁷⁵khom³³ 走七天
七　　天　　走

（2）不用量词的两种条件：

一是计算可数名词个体单位的数量时，大都可以不用名量词。其中有两种不同的情况：一是词汇库里有但不用；二是词汇库里没有所以没能用。后者的情况居多。名词可以直接与数词结合计算数量。其中表示"一"的概念是，应并列使用两个表示"一"的数词 lă⁵⁵ŋai⁵¹ 和 mi³³。例如：

ti⁷³¹mă³¹sum³³　　三口锅　　tʃoŋ³¹lă⁵⁵ŋai⁵¹mi³³　一所学校
锅　三　　　　　　　　　　学校　一　　一

pau³¹lă⁵⁵khoŋ⁵¹　两个锣　　sa³³pja³³mă³¹li³³　　四块肥皂
锣　两　　　　　　　　　　肥皂　四

二是与个体名词结合的数词是合成数词时，习惯上不用名量词。

有的个体名词虽有与之相配的名量词，但这种量词只在计算 10 以下的数量时用，而在计算 10 以上的数量（即需用合成数词）时，习惯上不用量词。试对比以下例子：

po$^{31}$luŋ$^{55}$khum$^{31}$kʒu̥$^{ʔ55}$　　　　nam$^{31}$si$^{31}$khum$^{31}$lă$^{55}$khoŋ$^{51}$
球　　　个　　六　　　　　　果子　　个　　二
六个球　　　　　　　　　　　两个果子

po$^{31}$luŋ$^{55}$sum$^{31}$ʃi$^{33}$mă$^{31}$ŋa$^{33}$　　nam$^{31}$si$^{31}$ʃi$^{33}$mă$^{31}$sum$^{33}$
球　　　三　　十　五　　　　果子　　十　三
三十五个球　　　　　　　　　十三个果子

这里所说的不用名量词，不是指绝对不能用量词，而是说习惯上不用。如果用了也符合语法规范。

（3）可用可不用名量词的条件：

主要是指个体名词用不用名量词。部分个体名词虽有与之相配的量词，但在习惯上可以不用量词，只是当需要明确计量单位也就是语用的需要时，才用名量词。例如"一支筷子"，一般说成 khoi$^{33}$tse$^{31}$（筷子）lă$^{55}$ŋai$^{51}$（一）mi$^{33}$（一），不用量词，但若要突出量的单位，以示与"双、把"等的区别，也可加上量词 khat$^{55}$ "支"，说成 khoi$^{33}$tse$^{31}$（筷子）khat$^{55}$（支）mi$^{33}$（一）。其他又如：

tʃaŋ$^{31}$wom$^{55}$si$^{31}$mă$^{31}$tsat$^{55}$ = tʃaŋ$^{31}$wom$^{55}$si$^{31}$khum$^{31}$mă$^{31}$tsat$^{55}$
菠萝　　　　　八　　　菠萝　　　　个　　八
八个菠萝

u$^{31}$ti$^{31}$să$^{31}$nit$^{31}$ = u$^{31}$ti$^{31}$khum$^{31}$să$^{31}$nit$^{31}$　　七个鸡蛋
鸡蛋　　七　　　鸡蛋　个　　七

名量词可用可不用，反映了景颇语量词的使用从不确定到确定的变化过程，是量词产生和丰富发展过程中的过渡现象。它是适应景颇语计量不断复杂化与精确化演变的需要而产生的。这种现象，对汉藏语量词起源与演变的研究是有价值的。

## 6.2 动量词

景颇语的动量词很少，可分为专用动量词和兼用动量词两类。

### 6.2.1 专用动量词

景颇语表示动量时，必须加动量词。动量词在表动量的句法结构中是强制性的，这是动量词不同于名量词的一个重要特点。

景颇语的动量词只有 laŋ³¹ "次、向、遍、趟" 和 kă³¹laŋ³¹ "（一）次、（一）回、（一）趟" 两个，泛用于表示各种动作的次数。二者用法不同：laŋ³¹ 可与所有的数词结合。如 lă⁵⁵khoŋ⁵¹ laŋ³¹ "两次"，mă³¹sum³³laŋ³¹ "三次"。当数词是 "一" 时，laŋ³¹ 只能与 mi³³ "一" 结合，说成 laŋ³¹mi³³ "（一）次"，而不能说成 laŋ³¹lă⁵⁵ŋai⁵¹。而 kă³¹laŋ³¹ 中的 kă³¹ 是前缀，表示 "一" 义。kă³¹laŋ³¹ 在句中只能与 mi³³ "一" 结合在一起使用，说成 kă³¹laŋ³¹mi³³ "一次"，而不能与别的数词结合。kă³¹laŋ³¹mi³³ 和 laŋ³¹mi³³ 意义相同，都表示 "一次"。例如：

ʃi³³laŋ³¹mi³³sa³³ju³³sai³³.　　　　他去过一次了。
他 次 一 去过（尾）

ʃi³³kă³¹laŋ³¹mi³³sa³³ju³³sai.　　　他去过一次了。
他 一次 一 去 过（尾）

ŋai³³kă³¹laŋ³¹mi³³wa³¹ju³¹să³³ŋai³³.　　我回去过一趟。
我 一趟 一 回 过 （尾）

an⁵⁵the³³mă³¹sum³³laŋ³¹thi⁵⁵să⁵⁵kaʔ⁵⁵ai⁵¹.　　我们念过三遍了。
我们 三 遍 念 （尾）

ʃan⁵⁵the³³lă⁵⁵khoŋ⁵¹laŋ³¹mu³¹ju³³mă³³sai³³.　他们看过两回了。
他们　　二　　回　看　过（尾）

laŋ³¹ 的历史来源，现还不清楚。

### 6.2.2 兼用动量词

兼用动量词数量不多。主要使用表示时间段落的名词当动量词。例如：

mă³¹sum³³jaʔ⁵⁵khom³³ai³³lam³³ʒe⁵¹.　是需要走三天的路程。
三　　　天　走　的　路　是

ʃă³³taȥ³³lă⁵⁵khoŋ⁵¹tu³¹sai³³.　有两个月了。
月　　二　　到（尾）

mă³¹li³³niŋ³³ʃa³¹ŋa³¹ʒa³¹sai³³.　只剩下四年了。
四　　年　只　在　差（尾）

mă³¹sum³³phot³¹kă³¹lau³¹tʃaŋ³³ŋut⁵⁵na³³sai³³.
三　　　早上　犁　　的话　完　要（尾）
犁三个早上的话就犁完了。

mă³¹ŋa³³naʔ⁵⁵ʃă³¹ʒin⁵⁵niʔ⁵⁵ai³³.　我学了五个晚上。
五　　晚上　学习　（尾）

## 6.3　量词在句法结构中的语序

能与量词结合的词类，最常见的是数词，其次是指示代词和询问数目的疑问代词。此外，少数表性状的形容词也能与名量词结合。"的"字结构能与专用动量词结合。

量词在句法结构中的语序是：

（1）与数词结合时，名量词居于数词之前，语序是"名+名量+

数"。动量词居于数词之后,其语序是"数+动量+动"。这两条是主要的语序。例如:

tʃoŋ³¹ma³¹mǎ³¹ʒai³³mǎ³¹li³³　　lǎ⁵⁵khoŋ⁵¹laŋ³¹sa³³
学生　　个　四　　　　　　二　　次　去
四个学生　　　　　　　　　去两次

但 mi³³ 不同,都在名量词、动量词之后。语序是:名+名量+mi³³;动量+mi³³+动。例如:

mǎ³¹ko³³si³¹khum³¹mi³³　一个梨　　laŋ³¹mi³³khʒap³¹　哭一次
梨子　　个　　一　　　　　　　　　次　一　哭

表示时间单位的名量词,与数词结合时,其位置只能在数词的后面。例如:

mǎ³¹sum³³ja?⁵⁵　三天　　　　mǎ³¹li³³na?⁵⁵　四个晚上
三　　天　　　　　　　　　　四　　晚上

mǎ³¹ŋa³³niŋ³³　五年　　　　kʒu̥?⁵⁵phot³¹　六个早上
五　　年　　　　　　　　　　六　　早上

如果时间单位是"一"时,名量词加前缀 lǎ³¹,后面再加数词 mi³³ "一"。例如:

lǎ³¹　ni⁵⁵mi³³　一天　　　　lǎ³¹　niŋ³³ mi³³　一年
(前)日　一　　　　　　　　(前)年　一

lǎ³¹　na?⁵⁵mi³³　一个晚上
(前)晚　一

如果时间单位是"二"时,则有两种说法。一种是用古词 ni³³ 表示;另一种是在量词前加数词表示(这两种用法有的地区有些不同)。例如:

ni³³ni⁵⁵;lǎ⁵⁵khoŋ⁵¹ ja?⁵⁵　　两天
两天　　两　　　天

ni³³niŋ³³；lă⁵⁵khoŋ⁵¹ niŋ³³　　两年
两　年　　两　　年

ni³³na̠ʔ⁵⁵；lă⁵⁵khoŋ⁵¹ na̠ʔ⁵⁵　　两个晚上
两　晚　　两　　晚

ni³³phot³¹；lă⁵⁵khoŋ⁵¹ phot³¹　　两个早上
两　早　　两　　早

（2）与疑问代词、指示代词结合时，名量词居前，动量词居后。语序是：名+名量+疑代/指代；疑代/指代+动量+动词。例如：

n⁵⁵ta̠⁵¹thiŋ³¹ko³³kă³¹te³¹　　　kă³¹te³¹ja̠ʔ⁵⁵khom³³
家　户　多少　　　　　几　天　走
几户人家　　　　　　　走几天

kă³¹te³¹la̠ŋ³¹sa³³　　　　　n³³tai³³khum³¹lă⁵⁵khoŋ⁵¹
多少　次　去　　　　　　这　个　二
去几次　　　　　　　　　这两个

n³³tai³³la̠ŋ³¹ sa³³　　　　　tai³³la̠ŋ³¹n³³sa³³
这　次　去　　　　　　　那　次　不去
这次去　　　　　　　　　那次不去

（3）若名词另加形容词，则量词在形容词之前。语序是：名+量+形+数。例如：

ʃan³¹toŋ³³kă³¹tʃi³¹mă³¹sum³³　　三小块肉
肉　块　小　三

waʔ³¹khum³¹kă³¹pa³¹lă⁵⁵khoŋ⁵¹　　两大头猪
猪　头　大　二

（4）"的"结构的量词语序。

"的"结构在名量词、动量词之前。受"的"限制的量词虽无数词，但表示"一"数量。例如：

tai³³ʃã³¹loi⁵⁵na⁵⁵laŋ³¹sa³³　　　那时候的一次去
那　时候　的　次　去
mă⁵⁵ni⁵⁵na⁵⁵laŋ³¹ kă³¹lo³³　　　昨天那一次做的
昨天　那　次　做

有少数名量词与数词结合时，其位置在数词后，还有个别的在数词之前、之后均可。它们主要用在文学语言中，只有少数计量长度单位的量词能用在日常口语中。当数词用在量词之前时，在量词或数量结构的前面均不能再加名词。例如：

lă⁵⁵khoŋ⁵¹pʒen³³　　两指　　　lă⁵⁵khoŋ⁵¹kham³³　两拃
二　　指（宽）　　　　　二　　　拃
lă⁵⁵khoŋ⁵¹lam³³　　　两庹（也可用数量结构 ni³³lam³³ 表示）
二　　庹
lă⁵⁵khoŋ⁵¹num³¹pʒo⁽³¹　两个岔路口
二　　个（岔路口）
lă⁵⁵khoŋ⁵¹num³¹ʃe⁵⁵　　两条岔路（用于文学语言中）
二　　条（岔路）
lă⁵⁵khoŋ⁵¹jin³¹wa³³ wan³¹
二　　块（旱地）做
两块旱地（用于文学语言中，后面需加动词 wan³¹ "做"）
lă⁵⁵khoŋ⁵¹thiŋ³¹kʒam³³　两块地板（用于文学语言中）
二　　块（地板）
也可说成　thiŋ³¹kʒam³³ lă⁵⁵khoŋ⁵¹
　　　　　块　（地板）二

这类名量词与指示代词或询问数目的疑问代词结合时，位置同其他名量词一样。

## 6.4 量词充当的句子成分

量词大多不能单独充当句子成分，必须与数词、代词结合在一起做句子成分。名量词与数词、代词结合后在句中主要充当主语、宾语、定语；动量词与数词结合后，在句中主要充当状语。例如：

做主语：thiŋ³¹ko³³lă⁵⁵khoŋ⁵¹thot³¹mă³³sai³³.　　两户搬走了。
　　　　　户　　二　　搬　　（尾）

　　　　　siŋ³¹mi³³ ʃa³¹ko³¹　n⁵⁵loʔ⁵⁵ʃa⁵⁵na³³　ʒe⁵¹.
　　　　　升　 一　 只（话）不 够　吃 将要 是
　　　　　只一升是不够吃的。

做宾语：khum³¹mă³¹sum³³ʃa⁵⁵niʔ⁵⁵ai³³.　　我吃了三个。
　　　　　个　　三　　吃（尾）

　　　　　kup³¹lă⁵⁵khoŋ⁵¹kă³¹ʒan⁵⁵ja³³ʒit³¹!　　请分给我两双。
　　　　　双　　二　　分　　给（尾）

做定语：mă³¹ʒai³³mă³¹tsat⁵⁵aʔ³¹ʃat³¹ʒe⁵¹.　　是八个人的饭。
　　　　　个　　八　 的 饭 是

　　　　　să³¹nit³¹jaʔ⁵⁵na⁵⁵khă⁵⁵tum⁵¹laŋ³³kau⁵⁵mă³³sai³³.
　　　　　七　　天　的 工夫　 用　掉　（尾）
　　　　　他们用了七天的工夫。

做状语：ʃi³³mă³¹sum³³naʔ⁵⁵jup⁵⁵sai³³.　　他睡三晚了。
　　　　　他　三　　晚 睡 （尾）

　　　　　ŋai³³n⁵⁵ta⁵¹kă³¹laŋ³¹mi³³ʃa³¹noʔ⁵⁵wa³¹n³¹ŋai³³.
　　　　　我 家 次　　一 仅 还 回 （尾）
　　　　　我仅回了一次家。

但动量词能单独做"的"短语的中心语。（例见上）

## 6.5 量词和数量结构的重叠

### 6.5.1 量词的重叠

景颇语的量词大都能重叠。除了表示时间单位的量词不能单独重叠外,还有少数量词因受词义限制而不能重叠。重叠的方式是:单音节词全部重叠,复音节词只重叠后一音节。重叠后的意义与其做什么句子成分有关。分述如下:

(1)重叠做主语的:量词重叠做主语时,能表示两种意义。一种是表示"有些、有的";另一种表示"强调",但其前面必须加指示代词。例如:

jaŋ³³jaŋ³³ ko³¹ kǎ³¹lu³¹ai³³, jaŋ³³jaŋ³³ ko³¹ kǎ³¹tun³¹ai³³.
根 (叠)(话)长 (尾) 根 根 (话)短 (尾)
有些根长,有些根短。

thiŋ³¹ko³³ko³¹ ko³¹ thot³¹mǎ³³sai³³. 有的户搬走了。
户 (叠)(话)搬 (尾)

laŋ³¹laŋ³¹ ko³¹ mǎ³¹ʒi³³sai³³. 有几次买了。
次(叠)(话)买 (尾)

n³³tai³³lok³¹lok³¹ ko³¹ kǎ³¹loi⁵⁵muŋ³¹mam³³n⁵⁵kǎ³¹tʃa³³ai³³.
这 畦 (叠)(话)何时 也 稻子 不好 (尾)
这几畦田啊!什么时候也长不好稻子。

tai³³laŋ³¹laŋ³¹ ko³¹ kʒai³¹sum⁵⁵mat³¹sai³³. 那几次啊!损失很大。
那 次(叠)(话)很 损失 掉 (尾)

(2)重叠做宾语的:量词重叠做宾语时也有两种意义。一种是充当判断动词 ʒe²³¹ "是" 的宾语,其前面需加疑问代词 kǎ³¹ʒa³¹ "哪";

另一种是充当双宾语中的直接宾语,表示"每一"的意义。例如:

kǎ³¹ʒa³¹thiŋ³¹ko³³ ko³³ ʒe⁷⁵⁵ni⁵¹ ? 是哪些户呢?
哪　　户　　 (叠)是 (尾)

kǎ³¹ʒa³¹laŋ³¹laŋ³¹na⁵⁵ʒe⁷⁵⁵ni⁵¹ ? 是哪几次(做)的?
哪　　次　次　的　是(尾)

ʃan⁵⁵the³³phuŋ³³mi³³ phe⁷⁵⁵ taŋ³¹taŋ³¹kǎ³¹ʒan⁵⁵ja³³ u⁷³¹!
他们　　组　一 (宾)笼(叠)分　　给(尾)
你分给他们每组一笼吧!

mǎ³¹ʒai³³mi³³phe⁷⁵⁵laŋ³¹laŋ³¹sa³³ʃǎ³¹ŋun⁵⁵u⁷³¹!
个　　一(宾)次(叠)去 使　(尾)
你让每人去一次吧!

重叠量词做判断动词的宾语时,除受疑问代词修饰外,还可以受动词带 ai³³ "的"结构的修饰。例如:

naŋ³³kʒan³³ai³³kǎ³¹ʒa³¹jan³³jan³³ ʒe⁷⁵⁵ ? 你砍的是哪些根?
你 砍　的 哪　　根 (叠)是

ʃi³³ʃǎ³¹pon³¹ai³³kǎ³¹ʒa³¹ʃǎ³¹pon³¹pon³¹ ʒe⁷⁵⁵ ? 他捆的是哪些捆?
他 捆　　的 哪　　捆　　 (叠)是

(3)重叠做状语的:名量词重叠做状语时,一般不直接修饰动词,需与泛指动词 ti³³、ʒai³¹ 等结合修饰动词,表示"逐次"的意义。例如:

tʃiŋ³³khʒaŋ³³tik⁵⁵tik⁵⁵ ti³³　khai⁵⁵ka⁷³¹!
青菜　　　 畦(叠)(泛)种　(尾)
青菜我们一畦一畦地种吧!

mam³³lok³¹lok³¹ ʒai³¹ mjin³³wa³¹sai³³.
稻子　畦 (叠)(泛)熟 起来(尾)
稻子一畦一畦地成熟起来了。

动量词重叠做状语时，表示"各一次"的意义，若重叠式后面加副词 sha³¹ "仅、只"，其重叠式则附加"难得一次"的意义。例如：

nan⁵⁵the³³n⁵⁵ta⁵¹laŋ³¹laŋ³¹ wa³¹mu⁽³¹⁾!　你们各回一次家吧！
你们　　家　　次（叠）回（尾）

kǎ³¹laŋ³¹laŋ³¹ʃa³¹ka³¹ai³³ ko³¹ a⁵⁵tsom⁵¹ka³¹u⁽³¹⁾!
次　（叠）　写　的（话）好好地　写（尾）
你难得写一次，好好写吧！

### 6.5.2 数量结构的重叠

量词多与数词结合成数量结构后再重叠。重叠的方式是：以数量结构为单位重叠，重叠其最末一个音节。景颇语的名量词在数词前，动量词在数词后。当数量结构中的量词是名量词时，重叠数词或数词的最后一个音节；当数量结构中的量词是动量词时，则重叠动量词或者动量词的最后一个音节。重叠式的功能和意义，由充当什么句子成分而定：做主语时，起强调主语的作用，并多用在否定句中，若数词是 lǎ⁵⁵ŋai⁵¹ "一"时，则表示"有些、有的"的意义；做宾语时，重叠则附加"每……各"的意义；做状语时，若量词是名量词，则需与泛指动词 ti³³、ʒai³¹ 等结合一起修饰一般动词，表示"逐次"的意义，若是动量词，则表示"各……次"的意义。分别举例如下：

（1）做主语。例如：

ma⁵⁵mǎ³¹tsat⁵⁵tsat⁵⁵ ko³¹ n⁵⁵lu⁵¹ to⁵⁵ na³³ n³¹tai³³!
顿　八　　（叠）（话）不能　招待将要（尾）
八顿，你招待不了吧！

kjin³³mǎ³¹li³³ʃi³³tʃǎ³¹khu³¹khu³¹ ko³¹ n⁵⁵taŋ⁵¹ phai³³n³¹ŋai³³.
斤　四　十九　（叠）　（话）不胜任抬　（尾）
四十九斤，我抬不了。

lă⁵⁵khoŋ⁵¹laŋ³¹laŋ³¹ ko³¹ n³³ kam³³sa³³ka²³¹ai³³.
两     次（叠）(话)不 愿意 去 （尾）
两次，我们不愿意去。

khum³¹lă⁵⁵ŋai⁵¹ŋai³¹ ko³¹ kă³¹tʃa³³ai³³，lă⁵⁵ŋai⁵¹ŋai³¹ ko³¹ n⁵⁵kă³¹
个   一    （叠）(话) 好 （尾）一 （叠）(话)不 好
tʃa³³ai³³.
（尾）
有些个好，有些个不好。

khjep⁵⁵lă⁵⁵ŋai⁵¹ŋai³¹ ko³¹ n³³ tʃa³³ ai³³. 有的粒不饱满。
粒    一    （叠）(话)不饱满（尾）

（2）做宾语。试比较下列 A、B 两句：

1A. an⁵⁵the³³joŋ³¹mă³³joŋ⁵¹jan³³mă³¹ŋa³³ ŋa³³ khai⁵⁵ka²³¹!
    我们  大家  （叠）行 五   （叠）种 （尾）
    我们大家每人种五行吧！

1B. an⁵⁵the³³joŋ³¹mă³³joŋ⁵¹ jan³³mă³¹ŋa³³khai⁵⁵ka²³¹!
    我们  大家  （叠）行 五    种 （尾）
    我们大家一起种五行吧！

2A. nan⁵⁵the³³lă⁵⁵khoŋ⁵¹laŋ³¹laŋ³¹ sa³³khai⁵⁵mu²³¹!
    你们   二    次（叠）去 讲 （尾）
    你们去讲两次吧！

2B. nan⁵⁵the³³lă⁵⁵khoŋ⁵¹laŋ³¹sa³³khai⁵⁵mu²³¹!
    你们   二    次 去 讲 （尾）
    你们去各讲两次吧！

（3）做状语。试比较下列 A、B 两句：

1A. nan⁵⁵the³³mă³¹ʒai³³mă³¹sum³³sum³³ ʒai³¹ sa³³mu²³¹!
    你们  个   三   （叠）(泛)去（尾）

你们三个三个地去吧！

1B. nan⁵⁵the³³mă³¹sum³³sa³³mu⁽ʔ⁾³¹!
　　你们　　三　　去（尾）

　　你们三个人去吧！

2A. an⁵⁵the³³lok³¹lă⁵⁵khoŋ⁵¹khoŋ³¹ ti³³ tʃḛʔ⁵⁵ka⁽ʔ⁾³¹!
　　我们　畦　二　　（叠）（泛）锄（尾）

　　我们两畦两畦地锄吧！

2B. an⁵⁵the³³lok³¹lă⁵⁵khoŋ⁵¹tʃḛʔ⁵⁵ka⁽ʔ⁾³¹!
　　我们　畦　二　　锄（尾）

　　我们锄两畦吧！

# 7 状词

状词是从状态上修饰、限制动词的一类实词。它自成体系，有区别于副词、形容词的语法特点（包括句法特点、构词特点）和语义特点，应该是一个独立的词类。状词表达的概念非常丰富，能够形象、生动地修饰、限制各种动作行为和性质状态。过去我把它放在副词类中，现在看来副词是容纳不了这一庞大而又有特点的状词的。

分析状词，必须抓住其句法功能和词的构造两大特点。以下从句法特征（包括重叠）、构词手段和语义特征等三个方面来展示状词的特点。

## 7.1 状词的句法特征

### 7.1.1 状词句法位置的特殊性

在句法结构中，状词大多是做泛指动词 ti$^{33}$、ʑai$^{31}$、ŋa$^{33}$、ŋu$^{55}$、ʑe$^{33}$ 的状语，二者构成状中结构共同做句子的谓语。这种状中结构还可以再做另一动词谓语的状语。但状词不能受别的成分修饰。状词修饰泛指动词的如：

（1）khum$^{31}$tiŋ$^{31}$a$^{31}$ʑet$^{55}$a$^{31}$ʑat$^{55}$ ti$^{33}$ kau$^{55}$ sai$^{33}$.
　　身体　全　东一道西一道（泛）（貌）（尾）
　　全身被划得东一道西一道的。

7 状词 203

(2) n³¹puŋ³³puŋ³³n³¹na⁵⁵mam³³a³¹pje³³a³¹pa³³ʒai³¹ mat³¹sai³³.
　　风　　刮　　　之后　稻子 成片地倒伏（泛）（貌）（尾）
　　刮风之后稻子成片地倒伏了。

(3) ŋai³³khʒai³³ʃa³¹ʒai³⁵⁵n³¹na⁵⁵khʒit⁵⁵khʒit³¹ma⁵⁵ma⁵⁵ŋu⁵⁵kau⁵⁵niʔ⁵⁵ai³³.
　　我　独自 只是 因为　　惶恐不安状　　　（泛）（貌）（尾）
　　因为只我一个人，所以感到惶恐不安。

(4) kǎ³¹tai³³n⁵⁵ŋa³¹n³¹na⁵⁵a³¹tsin³³a⁵⁵tsu⁵¹ŋa³³ ai³³.
　　谁　　不 在 因为　静悄悄状　　（泛）（尾）
　　因为谁也不在，感到静悄悄的。

(5) u³¹mun³³tson³¹a³³tsaŋ³³n³¹waŋ³¹waŋ³¹ʒe³³ ai³³.
　　鸡 毛　像　轻　　飘飘状　　（泛）（尾）
　　像鸡毛一样轻飘飘的。

(6) mǎ³¹ʃa³¹n³³tai³³ka³¹tsun³³jaŋ³¹a³¹toŋ⁵⁵a³¹ŋaŋ⁵⁵ŋa³³ ai³³.
　　人 这　　话 说　的话 糊里糊涂状（泛）（尾）
　　这人说话糊里糊涂的。

(7) naŋ³³ʒi³¹theʔ³¹khʒuʔ³¹　ti³³ kǎ³¹lun³¹tat³¹ uʔ³¹!
　　你　矛 用　使劲戳进状（泛）戳　（貌）（尾）
　　你用矛使劲戳进去吧!

(8) khʒa³³tʃit³¹ ŋa³³pjen³³mat³¹ wa³¹ sai³³.
　　蝉　吱地（泛）飞　（貌）（貌）（尾）
　　蝉"吱"地一声飞去了。

(9) mǎ³¹nam³¹ni³³tuŋ³³pji³³n³³tuŋ³³phʒaŋ³³ ʒai³¹pai⁵⁵wa³¹ mat³¹sai³³.
　　客人　们 坐 连 不 坐 迅速状（泛）又　回（貌）（尾）
　　客人们连坐也不坐迅速地又返回去了。

(10) n³³tai³³ko⁵¹a⁵⁵sit⁵⁵n³¹tut⁵⁵ŋa³³ai⁵³tʃǎ⁵⁵ʒu⁵¹ʒe⁵¹.
　　这 （话）淡而无味状（泛）的 酒　　是
　　这是淡而无味的酒。

（11）ʃi³³phe⁷⁵⁵　a³¹tsin³³a³¹jaŋ³³ŋu⁵⁵ tsu̱n³³tan⁵⁵ʒit³!
　　　　他（宾）　仔仔细细状　（泛）说　给（尾）
　　　　请你仔仔细细地告诉他吧！

例（1）的状词 a³¹ʒet⁵⁵a³¹ʒat⁵⁵ "东一道西一道状"，修饰泛指动词谓语 ti³³；例（2）的状态词 a³¹pje̱³³a³¹pa³³ "成片地倒伏状"，修饰泛指动词谓语 ʒai³¹。例（3）至例（6）的状词，也都是修饰泛指动词谓语。但例（7）的谓语是动词 kǎ³¹lun³¹ "戳进"，状语由 "状词 khʒu⁷³¹ '使劲戳进状' + 泛指动词 ti³³" 构成。例（8）的谓语是动词 pje̱n³³，状语由 "状词 tʃi̱t³¹ '使劲戳进状' + 泛指动词 ŋa³³" 构成。

状词与泛指动词 ŋa³³、ʒe³³ 结合而成的短语还能充当定语，定语表示事物的性质、状态、特征。定语和它所修饰、限制的中心词之间，必须加关系助词 ai³³ "的"。例如：

（1）a³¹kuŋ⁵⁵a³¹lau⁵⁵ŋa³³ai³³ka³¹n³³mai³³mǎ³¹tat³¹ai³³.
　　　引诱地　（泛）的 话 不 可以 听　（尾）
　　　引诱的话不能听。

（2）tʃa⁷³¹tʃa⁷³¹la̱n⁵⁵la̱n⁵⁵ŋa³³ ai³³nam³¹si³¹ʒe⁵¹.
　　　硬邦邦状　　　（泛）的 果子　　是
　　　是硬邦邦的果子。

（3）n³³tai³³ko³¹kǎ³¹tsi̱ŋ³¹phʒap³¹phʒap³¹ʒe³³ ai³³ŋa⁵⁵ʒe⁵¹.
　　　这 （话）新鲜状　　　　　　（泛）的 鱼 是
　　　这是新新鲜鲜的鱼。

（4）tai³³ ko³¹lǎ⁵⁵puk⁵⁵lǎ⁵⁵pak⁵⁵ʒe³³ ai³³n³¹thu³³ʒe⁵¹，ŋai³³n⁵⁵ʒa⁷³¹n³¹ŋai³³.
　　　那（话）粗劣状　　（泛）的 刀　是　我 不要（尾）
　　　那是粗劣的刀，我不要。

例（1）的状词 a³¹kuŋ⁵⁵a³¹lau⁵⁵ "引诱地" 修饰泛指动词 ŋa³³，二者共同做名词 ka³¹ "话" 的定语。例（2）的状词 tʃa⁷³¹tʃa⁷³¹la̱n⁵⁵la̱n⁵⁵ "硬

邦邦状"修饰泛指动词 ŋa³³，二者共同做名词 nam³¹si³¹ "果子"的定语。例（3）的状词 kǎ³¹tsiŋ³³phʒap³¹phʒap³¹ "新鲜状"修饰泛指动词 ʒe³³，二者共同做名词 ŋa⁵⁵ "鱼"的定语。例（4）的状词 lǎ⁵⁵puk⁵⁵lǎ⁵⁵pak⁵⁵ "粗劣状"修饰泛指动词 ŋa³³，二者共同做名词 nam³¹si³¹ "果子"的定语。

状词和泛指动词一起做定语时，可以省略名词中心语。中心语省略后，状词和泛指动词组成的结构便成了句子的成分。例如：

n³³tai³³ nu⁵⁵nu⁵⁵ ʒe³³ ai³³( ma³¹ )ko³¹ na⁷⁵⁵a³¹ma³¹n⁵⁵ʒe⁷⁵⁵ni⁵¹ ?
这　丰满细嫩状（泛）的　孩子（话）你的　的　孩子不　是（尾）
这个长得丰满细嫩的（孩子）是你的孩子吗？

mji⁷³¹ mjem⁵⁵　　ʒe³³　ai³³( wa³³ )kǎ³¹tai³³ʒe⁵¹ ?
眼睛　眯着眼睛状（泛）的　者　　谁　　是
眯着眼睛的（人）是谁？

状词若带 a⁵⁵ 前缀（四个音节的除外），被修饰的泛指动词为了韵律的需要，在它的前面要加 n³¹ 音节。例如：

nan⁵⁵the³³a⁵⁵kjiŋ⁵¹n³¹ti³³kǎ³¹lo³³mu⁷³¹!
你们　　紧张地　（泛）做　（尾）
你们紧张地干吧！

ʃi³³khʒai³³ʃa³¹a⁵⁵thaŋ³³　n³¹ʒai³¹ŋau³³phai³³ŋa³¹　ai³³.
他　独自　仅　多次来回地（泛）木材　抬（貌）（尾）
他独自多次来回地抬木料。

mǎ³¹naŋ³³phe⁷⁵⁵a⁵⁵phoi⁵¹n³¹ŋa³³khum³¹tʃǎ³¹phoi³¹u⁷³¹!
朋　友　（宾）贬低地（泛）别　　贬低　（尾）
你不要贬低朋友！

ʃi³³a⁷³¹ ʃi³¹　na³¹n³¹na⁵⁵a⁵⁵khup⁵⁵n³¹ŋu⁵⁵n³¹ŋai³³.
他　的　消息　听　之后　不愉快状（泛）（尾）
听到他的消息后，我心里很不愉快。

tai³³tʃan³³mǎ³¹ʑi³¹ai³³sum³³pan̠³³ko³¹a⁵⁵khje⁵¹n³¹ʒe³³ai³³ ʒe⁵¹.
那 妇女 买    的 布  （话）很红的 （泛）的 是
那妇女买的布是很红的。

值得重视的是，在现代景颇语的口语中，有少数状词已丢开泛指动词，单独充当句子的谓语或直接修饰、限制一般动词。这一现象在青少年的口语中表现得比较突出。于是，在句式中出现了加泛指动词和不加泛指动词两种并存并用的形式。这已成为一种演变趋势。其演变的成因，是景颇语分析性特点进一步增强。例如（括号中的泛指动词可以省略）：

（1）mǎ³³ka̠³³ʑi³¹ʃǎ⁵⁵nut⁵⁵ʃǎ⁵⁵nat⁵⁵（ʒai³¹）mat³¹sai³³.
　　花 线　　乱七八糟状　　（泛）（貌）（尾）
　　花线弄得乱七八糟了。

（2）pǎ³³lon̠³³mǎ³¹tsat⁵⁵ʃǎ³¹pat³¹（ʒai³¹）mat³¹sai³³.
　　衣服　肮脏状　　　（泛）（貌）（尾）
　　衣服脏了。

（3）ʃi³³mǎ³¹tsan³¹mǎ³¹jan⁵⁵（ʒe³³）ai³³. 他很穷。
　　他　穷苦　　　　（泛）（尾）

（4）na³¹khin̠³¹ a⁵⁵lo⁇⁵⁵a⁵⁵lom⁵⁵（ʒai³¹）khjen³³ton̠³¹ sai³³.
　　农具　充足地　　（泛）准备（貌）（尾）
　　农具准备充足了。

（5）mǎ³¹tu̠³³n⁵⁵mu³¹ ai³³, tǎ³¹kam⁵⁵tǎ³¹la⁇³¹（ŋa³³）n³³mai³³tsun̠³³ai³³.
　　头儿 不见（尾）赌咒地　　（泛）不可以说（尾）
　　不要无根据地赌咒。

（6）pha³³kǎ³¹lo³³tim⁵¹tʃip⁵⁵tʃip⁵⁵kup⁵⁵kup⁵⁵（ti³³）mjit³¹ʒa³¹ ai³³.
　　什么 做　即使 周密地　　（泛）思考 要（尾）
　　做什么都要周密思考。

## 7.1.2 状词的重叠

单音节的状词均能重叠。重叠后表示意义加深或动作行为次数增多。对比下列 A、B 例句：

（1）表示意义加深的，例如：

1A. ʃiŋ³¹let³¹loi³¹mi³³pʒam³¹ ŋa³³ ai³³.　　舌头感到有点麻。
　　舌头　一点　麻的（泛）（尾）

1B. nje⁷⁵⁵ta̠⁷⁵⁵pʒam³¹pʒam³¹ ŋa³³　n³¹ŋai³³.　我的手感到很麻。
　　我的手　麻的（叠）（泛）（尾）

2A. sem³¹　ʒai³¹ tu̠³³ai³³mam³³ʃe⁷³¹tan³¹pjo̠³³ ai³³.
　　旺盛状（泛）长 的 稻子 才　割　舒服（尾）
　　长得旺盛的稻子才割得舒服。

2B. mam³³sem³¹ sem³¹　ʒai³¹ tu̠³³ wa³¹ sai³³.　稻子长得很旺盛。
　　稻子 旺盛状（叠）（泛）长（貌）（尾）

3A. ʃi³³khʒai³³ʃa³¹ ŋjan³¹　ʒai³¹ sa³³ mat³¹ wa³¹ sai³³.
　　他 独自　仅 慢地（泛）去（貌）（貌）（尾）
　　他独自慢慢地走了。

3B. ʃi³³mă³¹tʃi⁷⁵⁵n³¹na⁵⁵ŋjan³¹ ŋjan³¹ʒai³¹khom³³ŋa³¹ ai³³.
　　他 病　　因为　慢地 （叠）（泛）走（貌）（尾）
　　因为病了，他慢腾腾地走着。

4A. sen³¹　ʒe³³　　ai³³ n³¹thu³³ ʒe⁵¹.
　　有点尖状（泛）的 刀　　是
　　是有点尖的刀。

4B. sen³¹　　sen³¹ ʒe³³ ai³³ n³¹thu³³ ʒe⁵¹.
　　有点尖状（叠）（泛）的 刀　　是
　　是尖尖的刀。

（2）表示动作行为次数增多的，例如：

1A. ʃi³³ mji⁷³¹  mun³¹   ʒai³¹ sai³³, pha³³ŋa³³mǎ³¹ju³³ai³³ kun⁵⁵？
    他 眼睛  使眼色状（泛）（尾） 什么 说  想   （尾）（助）
    他使眼色了，不知想说什么？

1B. ʃi³³mji⁷³¹mun³¹    mun³¹ ti³³    kǎ³¹ʃa³¹phe⁷⁵⁵wa³¹ʃã³¹ŋun⁵⁵
    他 眼睛 使眼色状（叠）（泛动）孩子（宾） 回    让
    kau⁵⁵nu⁷⁵⁵ai³³.
    （貌）（尾）
    他不断使眼色，把孩子打发回去了。

2A. tsap⁵⁵e³¹ŋai³³phe⁷⁵⁵ mja⁷³¹    ti³³  a³¹mja⁷³¹tat³¹ ni⁷³¹ ai³³.
    熊（施）我（宾） 抓一下状（泛）抓     （貌）（尾）
    我被熊抓了一下。

2B. tsap⁵⁵e³¹ mja⁷³¹    mja⁷³¹ ti³³  a³¹mja⁷³¹toŋ³¹ nu⁷³¹ai³³.
    熊（施）抓一下状（叠）（泛）抓     （貌）（尾）
    熊抓了他几下。

3A. sum³³pan³³pʒet⁵⁵    ŋa³³a³¹ʃep³¹kau⁵⁵ sai³³.
    布      哧一声地（泛）撕  （貌）（句尾）
    布"哧"地一声被撕掉了。

3B. sum³³pan³³tai³¹the³³pʒet⁵⁵   pʒet⁵⁵ ŋa³³ kaŋ³³tʃe⁵⁵ ŋa³¹ ai³³.
    布    那 些 哧一声地（叠）（泛）拉 破（貌）（尾）
    他在"哧哧"地撕那些布。

4A. puŋ⁵⁵po⁷³¹n³¹na⁵⁵kha⁷³¹ tsit³¹   ʒai³¹ pʒu³³wa³¹ sai³³.
    桶  破 因 为 水  喷射状（泛）出 （貌）（尾）
    桶破了，水喷射出来了。

4B. khai³¹loŋ³³po⁷³¹n³¹na⁵⁵kha⁷³¹ tsit³¹ tsit³¹ʒai³¹ pʒu³³ŋa³¹  ai³³.
    水管    破 因为 水 喷射状（叠）（泛）出（貌）（尾）
    水管破了，水猛地喷射出来。

5A. phun⁵⁵ŋan³¹　ʒai³¹ to⁽³¹wa³¹ sai³³.　　　树慢地断下来了。
　　树　　慢地　（泛）断（貌）（尾）

5B. phun⁵⁵ ŋan³¹　　ŋan³¹ ʒai³¹to⁽³¹ wa³¹ sai³³. 树慢慢地断下来了。
　　树　　慢慢地（叠）（泛）断（貌）（尾）

6A. sum³³ʒi³³ pʒut³¹　　　　ŋa³³ kaŋ³³ti⁽³¹kau⁵⁵sai³³.
　　绳子　咔嚓一声地（泛）拉 断（貌）（尾）
　　"咔嚓"一声把绳子拉断了。

6B. pʒut³¹　　　　pʒut³¹ ŋa³³ mam³³tan³¹ŋa³¹ma⁽³¹ai³³.
　　咔嚓一声地（叠）（泛）稻子　割　（貌）（尾）
　　他们"咔嚓咔嚓"地在割稻子。

7A. sǎ³¹poi⁵⁵e³¹ ʒa⁽⁵⁵　　ti³³　mǎ³¹ʒa⁽⁵⁵toŋ³¹u⁽³¹!
　　桌子 （方）迅速搁上（泛）搁　（貌）（尾）
　　你迅速地搁在桌子上吧！

7B. n³¹tsa³³ e³¹ ʒa⁽⁵⁵　　ʒa⁽⁵⁵ ti³³　mǎ³¹ʒa⁽⁵⁵toŋ³¹ u⁽³¹!
　　上面（施）迅速搁上（叠）（泛）搁　（貌）（尾）
　　你快把它们都搁上吧！

8A. sǎ⁵⁵nat⁵⁵lǎ⁵⁵khoŋ⁵¹ tʃai³³　ti³³　kǎ³¹tʃai⁵⁵toŋ³¹ŋa³¹ma⁽³¹ai³³.
　　枪　二　　　　交叉地（泛）交叉　放　（貌）（尾）
　　两支枪交叉地放着。

8B. sǎ⁵⁵nat⁵⁵n³³tai³³the³³ tʃai³³　tʃai³³ ti³³　kǎ³¹tʃai⁵⁵toŋ³¹ u⁽³¹!
　　枪　这　些　交叉地（叠）（泛）交叉　放　（尾）
　　你把这些枪都交叉着放吧！

## 7.2　状词的构词手段

状词能通过不同的构词手段构成意义、用法不同的状词，表示多种不同的语义。构词手段主要有：加前缀；加配音音节；重叠；词根复合等。下面举四个词根造词的例子：

tʃaŋ³³ 黑：a⁵⁵tʃaŋ⁵¹ 　　　　　　　　漆黑状

　　　　　a³³tʃaŋ⁵¹a³³maŋ³³ 　　　　　发紫状

　　　　　a⁵⁵tʃaŋ⁵¹n³¹na²³¹na²³¹ 　　乌黑乌黑状

　　　　　a⁵⁵tʃaŋ⁵¹n³¹pʒim⁵⁵pʒim⁵⁵ 乌亮乌亮状

ʒaʔ⁵⁵ 稀：a³¹ʒan³³a³¹ʒaʔ⁵⁵ 　　　　稀稀疏疏状

　　　　　ʒiʔ⁵⁵ʒiʔ⁵⁵ʒaʔ⁵⁵ʒaʔ⁵⁵ 　　　零零落落状

　　　　　khaŋ⁵⁵ʒiʔ⁵⁵khaŋ⁵⁵ʒaʔ⁵⁵ 　稀稀拉拉状

tʃin³³ 腻：a³³tʃin³³ 　　　　　　　　腻烦状

　　　　　a³³tʃin³³a³³naŋ³³ 　　　　厌烦状

　　　　　a³³tʃin³³a³³na³³ 　　　　　厌烦状

ŋui³¹ 慢：a⁵⁵ŋui⁵¹ 　　　　　　　　慢状

　　　　　kau³¹ŋui⁵⁵ 　　　　　　　慢慢状

　　　　　kau³¹ŋui⁵⁵kau³¹si⁵⁵ 　　　慢腾腾状

　　　　　a⁵⁵ŋui⁵¹a⁵⁵tui⁵¹ 　　　　　慢悠悠状

### 7.2.1 变音造词

大部分单音节状词和部分双音节状词是来自动词、形容词和名词的。或取双音节动词、形容词、名词的后一音节，或在单音节动词、形容词、名词上增加一个音节，也有在双音节动词上减去一个音节的，还有改变读音的。状词的构成，特别是多音节状词（主要是四个音节）的构成，前后音节讲究语音和谐。语音和谐的方式有叠音、双声、叠韵和谐韵等。（详见构词法部分）变音构词方式主要有以下几种：

（1）减音构成状词。一些双音节动词、形容词和少数名词可以去掉前缀或半前缀，留下词根当状词。减去的前缀主要有：a³¹、tʃin³³、 tiŋ³³、kă³¹、kăn³³、kum³³、khum³³、thiŋ³³、lă³³、mă³³、ʒuŋ³³ 等。其中以减去 kă³¹ 音节的占大多数，其次是减去 a³¹、mă³³、tiŋ³³ 音节。例如：

| 动词 | | 状词 | |
|---|---|---|---|
| kă³¹not³¹ | 挪动 | not³¹ | 挪动状 |
| kă³¹laŋ³¹ | 挥动 | laŋ³¹ | 晃一下状 |
| kă³¹thep³¹ | 挨近 | thep³¹ | 挨近状 |
| a³¹phʒop³¹ | 咂 | phʒop³¹ | 咂嘴状 |
| a³¹ʃep³¹ | 撕 | ʃep³¹ | 一下子撕掉状 |
| mă³¹laʔ³¹ | 撬 | laʔ³¹ | 一次撬起状 |
| mă³¹khʒet³¹ | 划 | khʒet³¹ | 划一道状 |
| tiŋ³¹kʒup³¹ | 围圈 | kʒup³¹ | 围着状 |
| 形容词 | | 状词 | |
| mă³¹kʒa³¹ | 锋利 | kʒa³¹ | 锋利状 |
| ă³¹mjam⁵⁵ | （头发）乱 | mjam⁵⁵ | 蓬乱状 |
| kă³¹pum³³ | 皱 | pum³³ | 有点皱状 |
| lă³¹ŋjan³¹ | 慢 | ŋjan³¹ | 慢悠悠状 |
| 名词 | | 状词 | |
| ʒuŋ³¹kuʔ⁵⁵ | 弓背 | kuʔ⁵⁵ | 有点弯垂状 |
| kă³¹pʒaʔ⁵⁵ | 桠杈 | pʒaʔ⁵⁵ | 分杈状 |

（2）增音构成状词。在动词、形容词前加前缀 a³³/⁵⁵ 构成状词。例如：

| 动词 | | 状词 | |
|---|---|---|---|
| thaŋ³³ | 返回 | a⁵⁵thaŋ³¹ | 多次来回地 |
| kjiŋ³¹ | 抽缩 | a⁵⁵kjiŋ³¹ | 猛烈地、拼命地 |
| khʒit⁵⁵ | 怕 | a⁵⁵khʒit⁵⁵ | 赶紧地 |

形容词                    状词

lă³¹tʃa⁷³¹    严重       a⁵⁵lă³¹tʃa⁷³¹    重重地、过分地

kă³¹thet⁵⁵   热        a⁵⁵kă³¹thet⁵⁵    热乎乎地

khʒi³³       酸        a³³khʒi³³        很酸状

khun³¹       干        a⁵⁵khun⁵¹        干燥状

tam³¹        宽        a⁵⁵tam⁵¹         宽敞状

（3）变调构成状词。由单音节动词、形容词变调构成状词。例如：

动词                    状词

non³¹        地震       non³³            摇晃状

khʒum⁵⁵      遇见       khʒum³³          面对面状

jeŋ³³        辟开、排除   jeŋ³¹            靠边状

（4）引申新义项构成状词。语音不变，引申新义项。例如：

动词                    状词

mun³¹        撒（粉状物） mun³¹            使眼色状

sen³¹        裹（小脚）   sen³¹            有点尖状

ap⁵⁵         哑、不响     ap⁵⁵             整个地覆盖状

mak⁵⁵        发呆、发愣   mak⁵⁵            苦恼地

tʃip⁵⁵       严实         tʃip⁵⁵           黑黝黝、昏沉沉

pham³¹       弯           pham³¹           成弓形状

（5）拟声造出状词。模仿声响造出状词。例如：

puk³¹                   砰地（物体落地声）

pʒuk⁵⁵                  "扑通"一声地（物体落水声）

tʃep³¹                  咔嚓咔嚓（物体折断声）

tʃi³¹                   唧地（喧嚷声）

tʃit³¹                  吱地（蝉叫声）

pʒok³¹pʒok³¹            扑突扑突（水沸声）

ʒut³¹ʒut³¹　　　　　　　哗哗地（下雨声）
khʒik³¹khʒik³¹　　　　　咯咯地（笑声）
ŋut³¹ŋut³¹　　　　　　　呜呜地（大猪的叫声）
sok³¹sok³¹sak³¹sak³¹　　沙沙地（树叶落地声）
puŋ³¹puŋ³¹paŋ³¹paŋ³¹　噼里啪啦地
ʒuŋ³¹ʒuŋ³¹jaŋ³¹ʒaŋ³¹　嘎吱嘎吱地（在竹板上走动的声音）

### 7.2.2 派生词构造法

景颇语派生词主要由词根加陪衬音节构成。陪衬音节大多与词根有语音和谐关系。但也有不和谐的，其来源不明。例如：

| kă³¹tut³¹kă³¹tat³¹ | 随心所欲地 | a³¹ʒut³³a³³ʒat³³ | 擦一擦状 |
| 相遇 （陪衬音节） | | 摩擦 （陪衬音节） | |
| kă³¹lu³¹kă³¹laŋ³³ | 太长的 | a³¹ɲok³¹a³¹ɲok³¹ | 泥泞不堪状 |
| 长 （陪衬音节） | | 泥泞 （陪衬音节） | |
| mă³¹sop³¹mă³¹sap³¹ | 偷偷摸摸状 | a³¹ʒan³³a³¹ʒa⁷⁵ | 稀稀疏疏状 |
| 摸 （陪衬音节） | | 稀 （陪衬音节） | |
| a³¹wu⁷³¹a³¹sin³³ | 肮脏污秽状 | kă³¹tʃi³¹tek⁵⁵tek⁵⁵ | 矮小状 |
| 倒霉 （陪衬音节） | | 小 （陪衬音节） | |

陪衬音节 ʃă⁵⁵la⁷⁵（单独无意义），能附加在一部分不同的词根上。例如：

| a³¹mja⁷³¹ ʃă⁵⁵la⁷⁵ | 乱抓状 | a³¹ɲa⁷³¹ ʃă⁵⁵la⁷⁵ | 自暴自弃状 |
| 抓 （陪衬音节） | | 自暴自弃 （陪衬音节） | |
| kă³¹pa³¹ ʃă⁵⁵la⁷⁵ | 补补贴贴状 | a³¹kja³¹ ʃă⁵⁵la⁷⁵ | 开玩笑状 |
| 修补 （陪衬音节） | | 哈哈笑 （陪衬音节） | |

有一类状词是由带前缀 a³³ 的形容词再加上重叠的陪衬音节构成的。重叠的陪衬音节前有的还可加 n³¹ 音节。例如：

a³³tsaŋ³³n³¹woŋ³¹woŋ³¹　　　轻飘飘状
轻　　（叠式陪衬音节）

a⁵⁵kja⁵¹n³¹phaʔ³¹phaʔ³¹　　　轻绵绵状
软　　（叠式陪衬音节）

a⁵⁵tʃaŋ⁵¹n³¹pʒimʔ⁵⁵pʒimʔ⁵⁵　　乌亮状
黑　　（叠式陪衬音节）

a³³li³³n³¹nak⁵⁵nak⁵⁵　　　沉甸甸状
重　　（叠式陪衬音节）

a³³sit⁵⁵n³¹pa³³pa³³　　　惨白状
淡　　（叠式陪衬音节）

a⁵⁵ka³¹thet⁵⁵n³¹phot³¹phot³¹　　热烘烘状
热　　　（叠式陪衬音节）

### 7.2.3 复合词构造法

这种造词法主要是句法造词，以联合结构为常见。联合结构大多数用两个或四个意义相近或相关的单纯词联合构成。又可分为以下 7 类：

（1）由两个意义相近的动词（若动词是单音节的，则需前加 a³¹ 音节）联合构成。例如：

kum³¹lau³¹kum³¹le⁵⁵　挑拨离间状　ʃã³¹mu³³ʃã³¹mot³¹　动来动去状
挑拨　反　　　　　　　　　　动　　使动

ʃã³¹ʒoŋ⁵⁵ʃã³¹ʒaʔ³¹　喜悦状　　　a³¹si³³a³¹sat³¹　　狠狠地打状
喜爱　使爱　　　　　　　　　　死　　杀

a³¹put³¹a³¹pai³³　　胡闹状　　　a³¹put³¹a³¹ŋun³¹　嘀嘀咕咕状
纠缠　缠　　　　　　　　　　　啰唆　嘀咕

a$^{31}$non$^{31}$a$^{31}$wam$^{31}$　　　　　摇摇晃晃状
摇动　上下晃动

（2）由两个意义相近的形容词（若形容词是单音节的则需前加a$^{55}$音节）联合构成。例如：

kă$^{31}$lu$^{31}$kă$^{31}$pa$^{31}$　　　　　高高大大状
长　　　大

mă$^{31}$kji$^{ʔ31}$mă$^{31}$ko$^{ʔ31}$　　　　弯弯曲曲状
卷曲　　　弯曲

mă$^{31}$tʃoŋ$^{31}$mă$^{31}$ʒoŋ$^{31}$　　　　参差不齐状
冒尖　　　向上长

a$^{55}$khun$^{51}$　a$^{55}$khʒo$^{ʔ55}$　　　　干燥状
（表面）干（内部）干

a$^{55}$ŋui$^{51}$a$^{33}$ŋon$^{33}$　　　　和蔼状
慢　　舒服

a$^{31}$nu$^{ʔ55}$a$^{31}$nai$^{33}$　　　　坚韧状
软绵绵　　韧

a$^{31}$phu$^{33}$a$^{31}$khjiŋ$^{33}$　　　　臭烘烘状
臭　　恶臭

（3）由单音节动词、名词或量词加单音节量词联合构成，两个词的前面均需加a$^{31}$音节。例如：

a$^{31}$phje$^{ʔ55}$a$^{31}$lam$^{31}$　　　　烂成一道一道的
烂　　层

a$^{31}$ʃep$^{31}$a$^{31}$lap$^{31}$　　　　破破烂烂状
撕　　片、页

a$^{31}$to$^{31}$a$^{31}$taŋ$^{33}$　　　　碎段状
节　　段

a$^{31}$sep$^{31}$a$^{31}$lap$^{31}$　　　　　　鱼鳞状
鳞甲　　页

a$^{31}$pje$^{33}$a$^{31}$pa̠$^{33}$　　　　　　成片倒伏状
片　　张

（4）由两个表示否定关系的结构联合构成。例如：

n$^{55}$ʒa$^{51}$n$^{55}$ʒa$^{51}$　　装着不要状　　n$^{55}$khut$^{55}$n$^{55}$khat$^{55}$　半生不熟状
不　要　不　要　　　　　　　　　不　熟　不　烧焦

n$^{55}$khʒit$^{55}$n$^{55}$kaŋ$^{51}$　无所畏惧状　　n$^{55}$sim$^{51}$n$^{55}$sa$^{ʔ55}$　　不停状
不　怕　不　腼腆　　　　　　　　不　息　不　休息

n$^{55}$tʃa$^{ʔ55}$n$^{55}$phʒa$^{ʔ55}$　依依不舍状　　n$^{55}$mon$^{51}$n$^{55}$man$^{51}$　陌生状
不　舍　不　尽　　　　　　　　　不　熟悉 不　习惯

（5）由两对重叠的形容词联合构成。例如：

tso̠$^{31}$tso̠$^{31}$ʒap$^{31}$ʒap$^{31}$　　　　　高高大大状
高（叠）大（叠）

ŋaŋ$^{31}$ŋaŋ$^{31}$kaŋ$^{33}$kaŋ$^{33}$　　　　　牢固状
结实（叠）紧（叠）

ti̠n$^{31}$　ti̠n$^{31}$　pu̠$^{33}$　　pu̠$^{33}$　　　矮胖矮胖状
矮胖（叠）小而胖（叠）

nu$^{55}$　　nu$^{55}$ pok$^{55}$ pok$^{55}$　　　丰满壮实状
丰满（叠）壮实（叠）

mo$^{ʔ31}$mo$^{ʔ31}$maŋ$^{33}$maŋ$^{33}$　　　　浅紫色状
紫红（叠）紫　（叠）

ŋok$^{31}$ŋok$^{31}$ŋa$^{55}$ŋa$^{55}$　　　　　　愚笨状
笨　（叠）呆（叠）

mu$^{33}$　mu$^{33}$ mai$^{33}$ mai$^{33}$　　　　好好地（吃）
好吃（叠）好　（叠）

7　状词　217

（6）由两对重叠的动词（或动词词根）联合构成。例如：

luŋ³¹luŋ³¹ju̠⁵⁵ju̠⁵⁵　　　　上上下下状
上（叠）下（叠）

non³¹non³¹wam³¹wam³¹　　摇晃颠簸状
摇晃（叠）颠簸（叠）

ŋut⁵⁵ŋut⁵⁵kʒeʔ⁵⁵kʒeʔ⁵⁵　　彻底状
完（叠）完毕（叠）

khoʔ³¹khoʔ³¹theʔ³¹theʔ³¹　东扣西除状
洒（叠）滴（叠）

toŋ⁵⁵　toŋ⁵⁵tap³¹tap³¹　　　向上呆望状
向上呆望（叠）仰（叠）

tum³¹tum³¹ the³¹ the³¹　　　轻言细语状
嘀咕（叠）私语（叠）

pʒi⁵⁵ pʒi⁵⁵ pʒa⁵⁵pʒa⁵⁵　　　有醉意状
过瘾（叠）散（叠）

（7）由两对表示并列或主谓或补充关系的结构并列构成，其中，第一音节和第三音节相同。例如：

jup³¹muʔ³¹jup³¹maʔ³¹　　　熟睡状
睡　阴　睡　麻里

kaŋ³³tun³³kaŋ³³tʃen³³　　　拉来拉去地
拉　牵拖拉　绷

mjit³¹tʃum³³mjit³¹thum³¹　 悲观失望状
思想 受苦 思想 尽

mjit³¹ si³³mjit³¹than³¹　　 绞尽脑汁地
思想 死 思想 昏

pa⁵⁵ si³³ pa⁵⁵than³¹　　　　劳累不堪地
累　死　累　昏

tʃum³³si³³tʃum³³than³¹　　　　艰难地
艰难 死 艰难 昏

## 7.3　状词的语义特征

状词的语义（除象声造词外），均由动词、形容词、名词引申、转化而来。因此，状词语义与原词的意义有密切联系，多数是表示动作行为进行的方式、状态，有的表示对事物性状的感觉。状词语义表达的特征主要有以下两点：

### 7.3.1　细腻性和丰富性

状词的语义分得较细，能区别各种细微的差别，表达在不同环境下出现的各种不同的状态、性质和声音。如形容"弯曲"这个形状的就有：

kji⁽³¹kji⁽³¹　　　　　　　　卷曲的
kji⁽³¹kji⁽³¹ko⁽³¹ko⁽³¹　　　 弯弯曲曲的
mǎ³¹kji⁽³¹mǎ³¹ko⁽³¹　　　 卷卷曲曲的
ʃiŋ³¹kji⁽³¹ʃiŋ³¹ko⁽³¹　　　 弯转状
thiŋ³¹kji⁽³¹thiŋ³¹ko⁽³¹
卷卷曲曲的（弯度比 mǎ³¹kji⁽³¹mǎ³¹ko⁽³¹ 略大）
thiŋ⁵⁵ko̥⁵⁵thiŋ⁵⁵ka⁽⁵⁵
弯弯曲曲的（指黄瓜等的弯曲）
ku⁵⁵　　　　　　　　　　弯曲状、驼背状

表达"淡"这个性质的有：

sit³¹sit³¹　　　　有点淡　　sip⁵⁵sam³¹　　　 稍淡一点
a⁵⁵sit⁵⁵　　　　 很淡　　　a⁵⁵sit⁵⁵a⁵⁵wat⁵⁵　淡而无味
a⁵⁵sit⁵⁵n³¹tut⁵⁵　淡而无味（比 a⁵⁵sit⁵⁵a⁵⁵wat⁵⁵ 程度深）

表达"喧嚷、吵嚷"这种声音的有：

| | |
|---|---|
| ʃai³¹ | 大声争论地（喧嚷） |
| tʃi³¹ | 唧唧地尖声地（喧嚷） |
| ʒo³¹ʒo³¹ʒa³¹ʒa³¹ | 乱哄哄地（吵嚷） |
| kă³¹ʒu³¹kă³¹ʒa³¹ | 吵吵嚷嚷状 |
| pun³¹pun³¹ | 小声地（只听见声音、听不清内容） |
| ŋun³¹ŋun³¹ | 讥笑、嘲笑地（喧哗） |

修饰"砍"或"切"这个动作状态的有：

| | |
|---|---|
| phjot⁵⁵ | 斜着砍状 |
| toi³³ | 平着砍状 |
| tek⁵⁵ | 砍断细小物状 |
| kă³¹lop³¹kă³¹lap³¹ | 稍微削一下状 |
| lop³¹ | 拉薄片状 |
| set³¹ | 又快又细地切状 |
| kʒat⁵⁵ | 一刀砍断状 |
| khʒoŋ³¹ | 断成两截状 |
| phʒu̯t⁵⁵ | 完全砍断状 |
| pʒak⁵⁵ | 彻底砍（或破）成两半状 |
| pʒaŋ³³ | 从中间砍（或裂开）成两半状 |

修饰"说"这个动作行为的有：

| | |
|---|---|
| tho⁵⁵le⁵⁵ | 借口状 |
| a³¹ŋun³¹a³¹ŋan³³ | 唠唠叨叨状 |
| pă⁵⁵luʔ⁵⁵pă⁵⁵leʔ⁵⁵ | 真真假假状 |
| a³¹khʒiʔ⁵⁵a³¹khʒai⁵⁵ | 详详细细状 |
| mă³¹lu³³mă³¹a³¹ | 吞吞吐吐状 |
| kum³¹wai³¹kum³¹si⁵⁵ | 拐弯抹角状 |
| kʒau⁵⁵kʒau⁵⁵ | 盛气凌人状 |
| a⁵⁵tʃaʔ⁵⁵wa³³ | 大声状 |

| | |
|---|---|
| tap³¹tap³¹ | 不服气状 |
| pʒaŋ³³pʒaŋ³³ | 清清楚楚状 |
| le⁵⁵le⁵⁵tho⁵⁵tho⁵⁵ | 胡乱状 |
| tʃa³³mǎ³¹ʒa³³ | 夸大状 |
| ʃã³¹tan³¹n³¹khan⁵⁵ | 背后胡说状 |
| a³¹tuŋ³³a³¹khaŋ³³ | 东拉西扯状 |
| n³³mu³³n⁵⁵maʔ⁵⁵ | 刺耳状 |
| a³¹phjop⁵⁵a³¹phjap⁵⁵ | 花言巧语状 |
| kheʔ⁵⁵kheʔ⁵⁵ | 理直气壮状 |
| kǎ³¹tum³¹ka³¹the³¹ | 小声状 |
| soi³³ | 点一下状 |
| pot³¹pot³¹ | 有点生气状 |

### 7.3.2 多种语义的包含性

在一个状态词中，能包含多个互相关联的不同意义。例如：ap⁵⁵ 的意义是"整个地覆盖状"，主要意义是"覆盖"，另有"整个地"的附加意义；a³³pjo⁵⁵a⁵⁵len⁵¹ 的意义是"舒适而令人留恋的"，其中心意义是"舒适"，附加意义是"令人留恋的"；a³¹ʒi⁵⁵ǎ³¹ʒip⁵⁵ 的意义是"任意欺诈状"，其中心意义是"欺诈"，另外还包括"任意"的附加意义。

又如：mu³³mu³³mai³³mai "吃得心情好又愉快的状态"；a³¹pje̱³³a³¹pa̱³³ "成片地倒伏状"；a³¹khjiŋ³¹a³¹khoŋ³¹ "到处被牵连着状"；phʒop³¹ "嘬着嘴喝状"；kǎ³¹jun³³kǎ³¹pju̱n³³ "到处都漏状"；tʃit⁵⁵ "使劲地抓住状"；a³¹khʒiʔ³¹ǎ³¹khʒaʔ³¹ "像网似的缠着状"；a³¹pʒep³¹ǎ³¹pʒep³¹ "布满长条形裂纹状"，等等。

这种多义性的特点与状词多为复合词有关。同一个词由多个语素构成，特别是并列语素构成的复合词，能容纳多个不同的语义，为状词包含多种语义提供了可能性。

# 8 貌词

"貌"是现代语言学近期新出现的一个很有用的语法学概念,可以用来解释语言中不同于体的语法特点。但由于"貌"和"体"在一些语言中界线不清,因而存在"貌"和"体"在某一语言中究竟应该分立还是不分立的两种对立的意见。主张分立的认为,"貌"代表"面",表示非过程,强调动作的立体存在,这和"体"不同。

景颇语有"貌"的语法范畴,其语法意义非常丰富。"貌"的语法形式是在动词或形容词谓语的后面加上貌词来体现的。景颇语的"貌词"自成一个系统,其特点有别于其他词类。在语音形式上,貌词都是单音节的,没有双音节和多音节的。

我和徐悉艰在《景颇语语法》中称之为"助动词",认为它是表示谓语的不同状态,后来考虑到它具有表示"貌"的语法意义的功能,认为改为"貌词"较好。

## 8.1 貌词的来源

貌词主要来自动词,由动词虚化(或称语法化)而成。如貌词 ŋa$^{31}$ 表示动作行为的存在或正在进行,是由动词的"在"虚化而成的;貌词 mat$^{31}$ 表示动作行为的终结或者性质状态的变化是由事物自身完成的,其动词义是"遗失";貌词 khʒat$^{31}$ 表示动作行为是"从上向下"的,做动词时当"落"讲;貌词 tat$^{31}$ 表示动作行为影响到宾语，是由动词"放"虚化而成。

大部分貌词是从动词虚化来的，能从动词上找到出处。貌词的形式与动词相同，但语义及语法功能不同。景颇语的动词有单音节也有双音节，貌词都取自单音节动词，不取双音节动词。在语义上，它与原动词的语义相关。做动词时，意义比较实在，做貌词时，意义比较抽象。比较下列①、②句子中的 mat$^{31}$：

① khum$^{31}$tam$^{33}$nu$^{ʔ55}$! mat$^{31}$ aŋ$^{31}$ sai$^{33}$.　　别找了，肯定遗失了。
　　别　　找（尾）　遗失（貌）（尾）

② ʃan$^{55}$the$^{33}$joŋ$^{31}$ wa$^{31}$mat$^{31}$ mă$^{33}$sai$^{33}$.　　他们都回去了。
　　他们　　全部　回（貌）（尾）

例①的 mat$^{31}$ 是动词，表示"遗失"的动词义，在句中做谓语。但例②的 mat$^{31}$ 则是谓语 wa$^{31}$"回"的补语，表示"回"的状态，是"回"的虚化义。

虚化的貌词还能与原动词同现。例如：

joŋ$^{31}$ mat$^{31}$ mat$^{31}$ sai$^{33}$.　　　　　都遗失掉了。
都　遗失（貌）（尾）

上例的前一个 mat$^{31}$ 是动词，表示"遗失"义，后一个 mat$^{31}$ 是貌词，表示动作行为的终结。

## 8.2　貌词的语法特点

（1）不能单独做谓语。它的位置总是放在动词的后面，和动词一起组成谓语。例如：

aŋ$^{55}$the$^{33}$ʃă$^{31}$ta$^{ʔ31}$a$^{55}$tsom$^{51}$ʃa$^{31}$kă$^{31}$ʒum$^{31}$khat$^{55}$ka$^{ʔ31}$!
我们　互相　好好地　　帮助　（貌）（尾）
我们好好地互相帮助吧！

ja⁷⁵⁵the³³tʃan³³kǎ³¹thet³¹wa³¹ ʐa⁷³¹ai³³.　　最近太阳热起来了。
最近　太阳　　热（貌）（尾）
ŋai³³pe³¹kjin³³lǎ⁵⁵khoŋ⁵¹laŋ³¹tu³¹ ju³³　ni⁷⁵⁵ai³³.
我　北京　　　两　　次　到（貌）（尾）
我到过北京两次了。

有的貌词，还可与产生它的动词一起连用，这说明貌词已从动词中分离出来了，成为一个独立的成分，例如：

ʃi³³ n⁵⁵ta⁵¹ŋa³¹ ŋa³¹ ai³³.　　　　他正在家。
他　家　在（貌）（尾）
kum³¹ʐa³¹ tat³¹ tat³¹ sǎ³³ŋai³³.　　　我把马放了。
马　　　放（貌）（尾）
nje⁷⁵⁵ a⁷³¹ʐai⁵⁵ mat³¹ mat³¹ sai³³.　　我的东西丢了。
我的 的 东西 丢失（貌）（尾）

（2）貌词不能单独带宾语，它必须与动词一起带宾语。例如：
ʃi³³sǎ³¹ʐa³³phe⁷⁵⁵ ja³³ ta⁵⁵ sai³³.　　他给老师了。
他 老师（宾）给（貌）（尾）
ŋai³³tʃoŋ³¹luŋ³¹mǎ³¹ju³³n³¹ŋai³³.　　我想上学。
我　学校　上（貌）（尾）

（3）貌词不能受副词限制，如果在谓语中要加副词，副词必须放在动词的前面。例如：
ʃi³³khun⁵⁵mjin³¹te⁷³¹ n⁵⁵luŋ³¹ ju³³　ai³³.　　他没去过昆明。
他 昆明　　地方 没 去（貌）（尾）
nan⁵⁵the³³ma⁷⁵⁵khʐa³¹ʃa⁵⁵kau⁵⁵mu⁷³¹!　　你们全部吃掉吧！
你们　　全部　　吃 貌（尾）

（4）貌词大多数能重叠。重叠的貌词在句中只能修饰泛指动词，表示动作行为是"经常"的。动词带貌词的结构，如果需要通过重叠

表示动作的"经常"义,只能在貌词上重叠。例如:

ʃi³³mǎ³¹tʃiʔ⁵⁵ai³¹ni³³pheʔ⁵⁵tsi̱³¹sa³³thu⁵⁵ja³³  ja³³ ti³³  uʔ³¹ai³³.
他 病    的 人(宾) 药 去 打(貌)(叠)(泛)(尾)
他经常给病人打针。

an⁵⁵the³³lai³¹ka³¹ʃǎ³¹ʒin⁵⁵kǎ³¹ʒum³³khat⁵⁵khat⁵⁵ ʒai³¹  kaʔ³¹!
我们    文化   学习   帮助   (貌)(叠)(泛)(尾)
我们经常互相帮助学习吧!

naŋ³³ʃǎ³¹naʔ⁵⁵ʃǎ³³naŋ³³mau³¹mui³¹khai³¹tan⁵⁵ tan⁵⁵  ti³³  ʒit³¹ jo⁵¹!
你 晚   每     故事   讲 (貌)(叠)(泛)(尾)(语)
你每晚都给我讲故事吧!

ŋai³³theʔ³¹n⁵⁵khʒum⁵⁵tʃaŋ³³ʃoŋ³³ pheʔ⁵⁵ ja³³toŋ³¹ toŋ³¹  ti³³  uʔ³¹!
我 和 不 相遇   的话 姐姐(宾) 给(貌)(叠)(泛)(尾)
你如果遇不上我,就给姐姐吧!

muŋ³¹mau³¹khaʔ³¹tsom³¹tik³¹tik³¹sai³³ wa³³!
瑞丽江    漂亮  极(叠)(尾)啊
瑞丽江美丽极了啊!

(5)两个或两个以上的貌词可以连用。例如:

mǎ³¹ʒaŋ³³thu³¹wa³¹ ŋa³¹ ai³³.     雨刚开始下。
雨   下(貌)(貌)(尾)

n⁵⁵phje⁵¹thaʔ³¹paŋ³³ toŋ³¹  ta⁵⁵ sai³³.   已经放在背包里了。
背包   里 放 (貌)(貌)(尾)

ʃan⁵⁵the³³n⁵⁵khuʔ⁵⁵eʔ³¹lai³¹ka³³puk³¹paŋ³³ toŋ³¹  ta⁵⁵  wa³¹ ŋa³¹
他们   屋里 处书   本 放 (貌)(貌)(貌)(貌)
maʔ³¹ai³³.
(尾)
他们正在把书本放进屋里。

（6）貌词不能加前缀，也不能构成使动词。

综合以上 6 点，可以证明貌词虽然来自动词，但与动词的特点相去甚远。貌词不能单独做谓语，以及不能受副词修饰的特点，说明它已不具备实词的特点。但它能重叠，语音也不弱化，说明多少还有实词的特点。由此可以认为，貌词是个语法化尚未彻底的半实半虚的虚词，介于实词和虚词之间。

景颇语实词和虚词的界线具有一定程度的模糊性，有一些词语介于实词和虚词之间，貌词就是其中的一种。

## 8.3 貌词的类别

貌词形成不同类别，是由以下两个因素引起的：一是貌词的虚化程度存在不同的层次。由于有的虚化程度高些，有的低些，即使是同一个词，有的也存在虚化程度不同的意义，虚化程度高低的不同，构成貌词的不同类别。如貌词 ju$^{33}$ 表"经历"义，来自动词"看"，虚化程度较高；而 lom$^{55}$ 为"参与"义，来自动词"参加"，虚化程度较低。二是由貌词的开放性特点决定的。由于动词虚化为貌词是一个不断扩大的过程，呈开放性，在不同时期出现的，就构成了不同的类别。

貌词表示的语法意义大致有三类：表示动作行为的态势；表示动作行为的结果；表示动作行为的属性等。

### 8.3.1 态势貌

表示动作行为的态势，是指出动作行为以什么态势进行。常见的有：tʃai$^{33}$、sat$^{31}$、tik$^{31}$、khʒat$^{31}$、wa$^{31}$、khom$^{33}$、paŋ$^{33}$、ŋa$^{31}$、ju$^{33}$、to̥$^{33}$、mă$^{31}$kaŋ$^{33}$ 等。

## 226 二 词类篇

（1）tʃai³³：随意貌，来自动词"玩"。例如①：

ʃi³³ n³³ tʃe³³tʃai³³ai³³.　　　　　　他不会玩。
他 不 会 玩（尾）

joŋ³¹ tʃǎ³¹tha⁷³¹ tʃai³³ŋa³¹ ma⁷³¹ai³³.　　（他们）都在聊天。
都　　聊天　　（貌）（貌）（尾）

nan⁵⁵the³³ sa³³khoŋ³³ tʃai³³mu⁷³¹!　　你们去随意走走吧！
你们　　去 走　（貌）（尾）

（2）sat³¹：激烈貌，来自动词"杀"。一般总放在带有宾语的动词的后面。例如：

wa⁷³¹lǎ⁵⁵khoŋ⁵¹sat³¹sai³³.　　　　　　杀了两头猪。
猪　两　　杀（尾）

ʃi³³ phe⁷⁵⁵ mǎ³¹ni³³ sat³¹ sai³³.　　　笑死他了。
他（宾） 笑　（貌）（尾）

ma³¹ phe⁷⁵⁵khum³¹ tǎ³¹ʒu³³ sat³¹ jo⁵¹!　别严厉批评孩子！
孩子（宾）别　　批评　（貌）（语）

naŋ³³nau³¹ʃǎ³¹tʃut̠⁵⁵ sat³¹ n³¹na⁵⁵ kʒai³¹pa⁵⁵ mat³¹ni⁷⁵⁵ai³³.
你 太 追 （貌）因为 很 累 （貌） （尾）
因为你追得太急，所以我非常累。

naŋ³³nau³¹tsu̠n³³sat³¹ n³¹na⁵⁵ʃi³³kǎ³¹ja⁷³¹sai³³.
你 太 说 （貌）因为 他 害羞 （尾）
因为你说得太多，所以他害羞了。

（3）tik³¹：极限貌，来自动词"到头、实现"。例如：

ʃi³³tsu̠n³³ai³³ka³¹tik³¹ wa³¹ sai³³.　　他说的话到头了。
他 说 的 话 到头（貌）（尾）

---

① 下文每一个貌词下的例句，第 1 个为动词用法，其余为貌词用法。

tai³¹niŋ³³na⁵⁵mam³³ko³¹ kǎ³¹tʃa³³tik³¹sai³³. 今年的谷子好极了。
今年　的　谷子（话）好　　（貌）（尾）

ʃi³³a²³¹pǎ³³loŋ³³tsom³¹tik³¹ ai³³.　　他的衣服漂亮极了。
他 的 衣 服　漂亮（貌）（尾）

mjit³¹ju³³ tik³¹ n³¹na⁵⁵kǎ³¹lo³³ai³³lam³³ʒe⁵¹.
思 考 过（貌）之 后 做　的 事 是
是再三思考之后做的事。

（4）khʒat³¹：由上向下貌，来自动词"落"。例如：

nam³¹si³¹ khʒat³¹wa³¹ sai³³.　　果子掉下来了。
果子　掉 （貌）（尾）

phun⁵⁵lap³¹ ti²³¹ khʒat³¹ sai³³.　　树叶掉下来了。
树叶　断 （貌）（尾）

phun⁵⁵ joŋ³³khʒat³¹ wa³¹ sai³³.　　木头漂下来了。
木头 淌 （貌） （貌）（尾）

（5）wa³¹：逐渐进行貌，来自动词"回"。例如：

ʃi³³ wa³¹ sai³³.　　他回去了。
他 回 （尾）

mǎ³¹ʒaŋ³³pai⁵⁵ thu³¹wa³¹ ʒa²³¹ai³³.　　雨又下了。
雨 又 下 （貌）（尾）

ʃi³³ ʃǎ³¹kut³¹ wa³¹ sai³³.　　他努力了。
他 努力 （貌）（尾）

（6）khom³³：表示动作行为是流动貌，来自动词"走"。其后面常带另一貌词 ŋa³¹"正在"。例如：

ʃi³³lam³³khom³³ŋa³¹ ai³³.　　他在走路。
他 路 走 （貌）（尾）

ŋa³³ʃǎ³¹mat³¹kau⁵⁵n³¹na⁵⁵ŋa³³tam³³khom³³ŋa³¹n³¹ŋai³³.

牛　丢失　掉　之后　牛　找（貌）（貌）（尾）

牛丢失了，我正在到处找牛。

ʃi³³san⁵⁵ khom³³ŋa³¹ai³³.　　　　　　他正在四处询问。

他　询问（貌）（貌）（尾）

tsi³¹sǎ³¹ʒa³³ni³³tsi³¹tsi³¹khom³³　ŋa³¹maʔ³¹ai³³.

医生们　　药　治（貌）（貌）（尾）

医生们正在巡回医疗。

naŋ³³pha³³poʔ³¹wa³³mjit³¹khom³³　ŋa³¹n³¹ni⁵¹？

你　　什么　（语）想　（貌）（貌）（尾）

你反复地在想什么？

（7）paŋ³³：表示动作行为是处于正在进行的阶段或处于正在开始投入的阶段，来自动词"放，放入"。使用时，其后面要加另一貌词wa³¹。例如：

n³³tai³³ko̱ʔ⁵⁵paŋ³³uʔ³¹！　　　　　　你放在这里吧！

这　（方）放（尾）

phot⁵⁵ni⁵⁵ko̱ʔ⁵⁵n³¹naʃǎ³¹ʒin⁵⁵ paŋ³³ wa³¹sǎ⁵⁵kaʔ⁵⁵！

明天　从　　学习（貌）（貌）（尾）

我们从明天开始学习吧！

tʃan³³ lo³³ sai³³，kǎ³¹lo³³paŋ³³ wa³¹ sǎ⁵⁵kaʔ⁵⁵！

太阳　升起（尾）　做　（貌）（貌）（尾）

太阳升高了，我们开始干活吧！

jaʔ⁵⁵the³³ ko³¹an⁵⁵the³³ ka⁵⁵ e³¹mam³³tan³¹paŋ³³ wa³¹na³³mǎ³³sai³³.

最近　（话）我们　地方（方）稻子　割（貌）（貌）将要（尾）

最近正是我们（这）地方开始割稻子的时候了。

khau³³na³¹kǎ³¹lau³¹ paŋ³³ wa³¹ ŋa³¹ maʔ³¹ai³³.
水田　　犁　　（貌）（貌）（貌）（尾）
他们开始犁水田了。

（8）ŋa³¹：表示动作行为正在进行或正存在着，来自动词"在"。例如：

ʃi³³n⁵⁵ŋa³¹ai³³.　　　　　　　　　他不在。
他 不 在（尾）

naŋ³³jaʔ⁵⁵ pha³³kǎ³¹lo³³ ŋa³¹n³¹ni⁵¹？　你现在在做什么？
你　现在 什么 做　（貌）（尾）

ʃi³³kʒai³¹ʃǎ³¹ku̠t³¹ŋa³¹ai³³.　　　　　他很努力。
他 很　努力（貌）（尾）

ʃan⁵⁵the³³ʃat³¹ʃa⁵⁵ŋa³¹ maʔ³¹ai³³.　　他们正在吃饭。
他们　　饭 吃（貌）（尾）

naʔ⁵⁵aʔ³¹pǎ³¹loŋ³³kʒai³¹tsom³¹ŋa³¹ maʔ³¹ai³³. 你的衣服很漂亮。
你的 的 衣服　很　漂亮（貌）（尾）

（9）ju³³：表示动作行为已经过去或者表示"试一试"义，来自动词"看"。例如：

n³³tai³³tat⁵⁵ʃin³¹ ʒi³³ ju³³　ju³³ sǎ⁵⁵ni⁵¹？
这　 电影　（语）看（貌）（尾）
这个电影你看过了吗？

pe³¹kjin³³lǎ⁵⁵khoŋ⁵¹laŋ³¹tu³¹ ju³³　niʔ⁵⁵ai³³. 我到过北京两次了。
北京　　二　　次 到（貌）（尾）

ŋai³³ kǎ³¹loi⁵⁵ muŋ³¹n³³phum³³ ju³³ n³¹ŋai³³.
我　什么 时候　也　没　胖　（貌）（尾）
我什么时候也没胖过。

an$^{55}$the$^{33}$ka$^{55}$ e$^{31}$ ko$^{31}$ n$^{55}$kǎ$^{31}$ʃuŋ$^{33}$ ju$^{33}$ ai$^{33}$.
我们 地方(方)(话) 没 冷 (貌)(尾)

我们那个地方，没有冷过。

naŋ$^{33}$n$^{33}$tai$^{33}$po$^{ʔ31}$nam$^{31}$si$^{31}$ʃa$^{55}$ ju$^{33}$ u$^{ʔ31}$! 这种果子你吃吃看！
你 这 种 果子 吃(貌)(尾)

mǎ$^{31}$khon$^{55}$n$^{33}$tai$^{33}$the$^{33}$nan$^{55}$the$^{33}$mǎ$^{31}$khon$^{55}$ju$^{33}$ mu$^{ʔ31}$!
歌 这 些 你们 唱 (貌)(尾)

这些歌你们唱唱看吧！

（10）to$^{33}$：表示动作行为处在某种静止阶段，来自动词"在，处在"。常与另一貌词 ŋa$^{31}$ "正在"连用。例如：

na$^{ʔ55}$n$^{31}$thu$^{33}$n$^{33}$tai$^{33}$ko̱$^{ʔ55}$to̱$^{33}$ ŋa$^{31}$ ai$^{33}$. 你的刀在这里。
你的刀 这里 在(貌)(尾)

ʃi$^{33}$nan$^{55}$the$^{33}$phe$^{ʔ55}$ la$^{31}$ to̱$^{33}$ ŋa$^{31}$ ai$^{33}$. 他正在等你们。
他 你们 (宾) 等(貌)(貌)(尾)

naŋ$^{33}$pha$^{33}$ʒai$^{31}$mau$^{33}$ to̱$^{33}$ ŋa$^{31}$ n$^{31}$tai$^{33}$. 你为什么在发呆？
你 为什么 发呆(貌)(貌)(尾)

nan$^{55}$the$^{33}$n$^{33}$tai$^{33}$ko̱$^{ʔ55}$khum$^{31}$a$^{55}$kǎ$^{31}$leŋ$^{31}$ to̱$^{33}$ jo$^{51}$!
你们 这 里 别 老躺 (貌)(语)

你们别老躺在这里哟！

（11）mǎ$^{31}$kaŋ$^{33}$：表示动作行为是"先行"的。若两个重复使用，表示"一边……一边……""越……越……"。例如：

naŋ$^{33}$sa$^{33}$mǎ$^{31}$kaŋ$^{33}$su$^{ʔ31}$! 你还是先去吧！
你 去(貌) (尾)

ʃi$^{33}$mjit$^{31}$mǎ$^{31}$kaŋ$^{33}$ka$^{33}$mǎ$^{31}$kaŋ$^{33}$ŋa$^{31}$ai$^{33}$. 他一边想，一边写。
他 想 一边 写 一边 (貌)(尾)

ʃi³³kǎ³¹pa³¹mǎ³¹kaŋ³³mǎ³¹na³¹mǎ³¹kaŋ³³ai³³. 他越大越傻。
他 大 越 傻 越 （尾）

naŋ³³noʔ⁵⁵sa³³ mǎ³¹kaŋ³³ uʔ³¹! 你还是先去吧！
你 还 去 （貌）（尾）

### 8.3.2 结果貌

表示动作行为或性质状态变化的结果。常见的有：la⁵⁵、ta⁵⁵、toṇ³¹、thum³¹、tat³¹、khʒat³¹。

（1）la⁵⁵：结果取得貌。表示动作行为结果的取得，来自动词"拿"。例如：

lai³¹ka̠³³la⁵⁵ wa³¹ ʒit³¹! 你把书拿来！
书 拿（貌）（尾）

naŋ³³ a⁵⁵tsọm⁵¹ʃa³¹ ka̠³³mǎ³¹tsiṇ³³ la⁵⁵ uʔ³¹! 
你 好好 地 写 记 （貌）（尾）
你好好地记上吧！

ʃi³³ ko̠ʔ⁵⁵ sa³³ san⁵⁵ la⁵⁵ suʔ³¹! 你到他那里去问吧！
他（方） 去 问 （貌）（尾）

mǎ³¹lap³¹ka̠u⁵⁵na³³ka̠³³mǎ³¹tsiṇ³³ la⁵⁵ kaʔ³¹!
忘记 （貌）要 写 记 （貌）（尾）
会忘掉的，我们记上吧！

nau³¹pa⁵⁵sai³³, n³¹tsiṇ³³noʔ⁵⁵luʔ³¹ la⁵⁵ kaʔ³¹!
太 累 了 水 再 喝（貌）（尾）
太累了，我们再喝点水吧！

ŋai³³pheʔ⁵⁵noʔ⁵⁵la³¹ la⁵⁵ ʒit³¹! 请您再等我一下吧！
我（宾） 再 等（貌）（尾）

（2）ta⁵⁵：结果保留貌。表示动作行为或性质状态的延续及其结果的保存，来自动词"放下"。例如：

a³¹mu⁵⁵n³³tai³³noʔ⁵⁵ta⁵⁵ uʔ³¹!　　　　你暂且放下这工作！
工作　这　还　放（尾）

kǎ³¹tai³³ toṇ³¹ ta⁵⁵ ai³³ nam³¹si³¹ ʒe⁵¹?　　是谁放下的水果？
谁　　放（貌）的　水果　是

tʃoŋ³¹ma³¹pheʔ⁵⁵ja³³ ta⁵⁵ uʔ³¹!　　　　你给学生吧！
学生　（宾）给（貌）（尾）

ʃi³³n⁵⁵ŋa³¹tʃaŋ³³，ʃiʔ⁵⁵kǎ³¹nau³³pheʔ⁵⁵ ja³³ ta⁵⁵ uʔ³¹!
他 不 在 的话 他的 弟弟（宾）给（貌）（尾）
他不在的话，你就交给他弟弟吧！

n³³tai³³kǎ³¹tai³³toṇ³¹ta⁵⁵ ai³³lai³¹ka³³ʒe⁵¹?
这　谁　　放（貌）的 书　是
这是谁放下的书？

tai³¹ni⁵⁵kʒai³¹kǎ³¹ʃuŋ³³ ta⁵⁵ niʔ³¹ai³³?　　今天我感到很冷。
今天　很　冷（貌）（尾）

ma³¹ n³³tai³³khum³¹kǎ³¹thet³¹ ta⁵⁵ nuʔ³¹ai³³.
孩子 这　　身体 热　（貌）（尾）
这孩子发烧了。

（3）toṇ³¹：结果放置貌。表示动作行为结果的放置，来自动词"放置，搁"。例如：

phun⁵⁵n³³tai³³koʔ⁵⁵toṇ³¹muʔ³¹!　　　　你们把柴放在这里吧！
柴　这（方）放（尾）

ma³¹ pheʔ⁵⁵ ʒi³³ tsuṇ³³ toṇ³¹ sǎ⁵⁵ni⁵¹?　　你告诉孩子了吗？
孩子（宾）可　说　（貌）（尾）

ʃi³³ khʒai³³ ʃa³¹ kǎ³¹lo³³ toṇ³¹ nuʔ⁵⁵ai³³.　　他独自做好的。
他　独自　只　做　　（貌）（尾）

ʃi³³ pheʔ⁵⁵ tsuṇ³³ toṇ³¹ sǎ⁵⁵ni⁵¹?　　　你告诉他了吗?
他（宾）说　（貌）（尾）

ʃǎ³³ta³³paṇ³³kʒai³¹khai⁵⁵ toṇ³¹ seʔ⁵⁵ai³³.　我种了很多向日葵。
向日葵　　　很　种　（貌）（尾）

naŋ³³mu³¹ toṇ³¹ai³³sum³³paṇ³³sa³³mǎ³¹ʒi³³uʔ³¹!
你　看（貌）的　布　　去　买　　（尾）
你去买看上的布吧!

ʃan⁵⁵the³³aʔ³¹mu⁵⁵ʃi³³khʒai³³ʃa³¹kǎ³¹lo³³ toṇ³¹ nuʔ⁵⁵ai³³.
他们　　的活儿他　独自　只　做　　（貌）（尾）
他们的活儿,他独自做完了。

(4) thum³¹: 顶极貌。表示动作行为的结果已达到极端,来自动词"尽,完"。例如:

luʔ³¹ʃa⁵⁵thum³¹sai³³.　　　　粮食吃完了。
粮食　完　（尾）

tiʔ³¹thaʔ³¹na⁵⁵ʃat³¹ʃa⁵⁵thum³¹sai³³.　　锅里的饭吃光了。
锅　里　的　饭　吃（貌）（尾）

ŋjeʔ⁵⁵aʔ³¹sa³³pja³³laŋ³³thum³¹ sai³³.　　我的肥皂用完了。
我的　的　肥皂　用（貌）　（尾）

ʃi³³tsuṇ³³thum³¹sai³³.　　　　他说到头了。
他　说（貌）（尾）

(5) tat³¹: 表示动作行为影响到宾语,来自动词"放,派"等。例如:

naŋ³³tʃum³¹tat³¹uʔ³¹!　　　　你放盐吧!
你　盐　放（尾）

ŋje⁽⁷⁾⁵⁵a⁽⁷⁾³¹lai³¹ka̠⁽³³⁾sǎ³³poi⁵⁵tha⁽⁷⁾³¹paŋ³³ tat³¹ u³¹!
我的 的 书 桌子 上 放 （貌）（尾）
我的书请你放在桌子上吧！

naŋ³³tsu̠ŋ³³ai³³khu³³tsu̠ŋ³³ tat³¹ ja³³ sai³³.
你 说 的 方向 说 （貌）（貌）（尾）
按照你说的说给他了。

naŋ³³pai³¹nam³³tat³¹ tat³¹ u⁽⁷⁾³¹! 你把羊放出去吧！
你 羊 放 （貌）（尾）

nan⁵⁵the³³ʃi³³ phe⁽⁷⁾⁵⁵a⁵⁵tso̠m⁵¹ʃa³¹ʃǎ³¹tum⁵⁵tat³¹ mu⁽⁷⁾³¹!
你们 他（宾）好好地 启发 （貌）（尾）
你们好好地启发他一下！

（6）khʒat³¹：表示动作行为是"由上向下"的，来自动词"落，掉"。例如：

nam³¹si³¹khʒat³¹wa³¹ sai³³. 果子掉下来了。
果子 掉 （貌）（尾）

kha⁽⁷⁾³¹e³¹a³¹ʒai³¹lǎ⁵⁵ŋai⁵¹mi³³joŋ³³khʒat³¹wa³¹ʒa⁽⁷⁾³¹ai³³.
河 里 东西 一 一 淌（貌）（貌）（尾）
河里有个东西流下来。

phun⁵⁵lap³¹ti⁽⁷⁾³¹khʒat³¹sai³³. 树叶掉下来了。
树叶 断 （貌）（尾）

moi³¹prat³¹ko̠⁽⁷⁾⁵⁵n³¹na⁵⁵khai³¹khʒat³¹ wa³¹ ai³³mau³¹mji³¹ʒe⁵¹.
古时 （方）（连）讲 （貌）（貌）的 故事 是
是从古代流传下来的故事。

ʃan⁵⁵the³³joŋ³¹lǎ⁵⁵ŋai⁵¹phʒa⁽⁷⁾³¹phai³³khʒat³¹wa³¹mǎ³¹ʒa⁽⁷⁾³¹ai³³.
他们 都 一 平均 抬 （貌）（貌）（尾）
他们每人都抬一个下来了。

### 8.3.3 属性貌

表示动作行为和性质状态的某种属性。常见的有：mat$^{31}$、kau$^{55}$、lom$^{55}$、khat$^{55}$、naŋ$^{55}$、to$^{31}$、khʒa$^{31}$ 等。

（1）mat$^{31}$：大多用在不及物动词或形容词谓语的后面，表示动作行为的终结或性质状态的变化是由事物自身完成的，来自动词"丢失"。例如：

ʃi$^{ʔ55}$ kum$^{31}$phʒo$^{31}$mat$^{31}$sai$^{33}$.　　　　　他的钱丢了。
他的 钱　　　 丢　 了

ʃan$^{55}$the$^{33}$joŋ$^{31}$n$^{55}$ta$^{51}$te$^{ʔ31}$wa$^{31}$mat$^{31}$mǎ$^{33}$sai$^{33}$. 他们大家都回家了。
他们　大家 家　里 回（貌）（尾）

ŋai$^{33}$khai$^{55}$ai$^{33}$kǎ$^{55}$wa$^{55}$si$^{33}$ mat$^{31}$ sai$^{33}$.　　我种的竹子死了。
我　种　的 竹子　 死（貌）（尾）

kha$^{ʔ31}$khoŋ$^{31}$ko$^{ʔ55}$na$^{55}$kha$^{ʔ31}$khjet$^{31}$mat$^{31}$sai$^{33}$. 水沟里的水干了。
水沟　　 里 的 水　 干（貌）（尾）

ŋje$^{ʔ55}$nṳ$^{51}$kum$^{31}$kai$^{33}$mat$^{31}$ sai$^{33}$.　　　　我的母亲老了。
我的 母亲 老　 （貌）（尾）

但是有下面一些条件，mat$^{31}$ 也能用在及物动词的后面。

① 及物使动词的前面若有另外一个自动词，该使动词的后面可以用 mat$^{31}$。例如：

mǎ$^{55}$ni$^{55}$na$^{55}$ji$^{ʔ55}$ŋam$^{31}$sa$^{33}$ʃǎ$^{31}$ŋut$^{55}$ mat$^{31}$ wa$^{31}$mǎ$^{33}$sai$^{33}$.
昨天　的 余活儿 去 使完 （貌）（貌）（尾）
昨天的余活儿，他们去做完了。

ʃi$^{33}$ phe$^{ʔ55}$ mo$^{33}$to$^{33}$ woi$^{33}$ ʃǎ$^{31}$tʃon$^{31}$mat$^{31}$wa$^{31}$ mǎ$^{33}$sai$^{33}$.
他（宾） 汽车　 带领 使乘 （貌）（貌）（尾）
他们用汽车把他带走了。

② 及物动词谓语的前面若有 wa³¹ "回去"或 sa³³ "去"等自动词，及物动词的后面可以加 mat³¹。例如：

ʃan⁵⁵the³³ʃat³¹wa³¹ʃa⁵⁵ mat³¹ mǎ³³sai³³.　　他们回去吃饭了。
　他们　　饭　回　吃（貌）（尾）

ʃi³³ŋa³³sa³³khoi³¹mat³¹ aŋ³¹sai³³.　　　　他该去借牛了。
　他 牛 去 借 （貌） 该 （尾）

ʃi³³ma³¹ tʃu ʔ⁵⁵wa³¹ʃã³¹tʃu ʔ⁵⁵mat³¹ sai³³.　　他回去给孩子喂奶了。
　他 孩子 奶　回去 喂　　（貌）（尾）

ʃi³³n⁵⁵ta̠⁵¹sa³³ka̠³¹lo³³lom³¹ mat³¹sai³³.　　他去参加盖房了。
　他 房子 去 做　参加　　（貌）（尾）

③ 及物动词谓语若带状语，也可以加 mat³¹。例如：

ʃi³³mǎ⁵⁵ni³¹ko̠ʔ⁵⁵n³¹na⁵⁵tun⁵⁵n⁵⁵je⁵⁵mat³¹ sai³³.
　他 昨天 从　　　地 不 扫（貌）（尾）
他从昨天开始就不扫地了。

khʒu³³ta³³koʔ⁵⁵n³¹na⁵⁵naŋ³³tʃoŋ³¹n⁵⁵luŋ³¹ mat³¹ni ʔ⁵⁵toŋ³³?
　正月　　从　　　你 学校 不　上（貌）（尾）
你从正月开始不上学了吗？

naŋ³³mǎ³¹ŋa³³jaʔ⁵⁵tup⁵⁵mam³¹n⁵⁵khai⁵⁵lom³¹mat³¹ nit⁵⁵tai³³.
　你　五　　天 整 稻子 不　种 （貌）（貌）（尾）
你有整五天没参加种稻了。

④ 及物动词谓语后面若需要加貌词 wa³¹ 表示动作行为"正在逐渐进行中"时，在及物动词谓语与 wa³¹ 之间可以加 mat³¹。例如：

ʃi ʔ⁵⁵ aʔ³¹kup³¹tʃop⁵⁵ʃi³³tʃop⁵⁵ mat³¹wa³¹ sai³³.
　他的　的 帽子　 他 戴 （貌）（貌）（尾）
他的帽子他戴上了。

ʃan⁵⁵the³³ʃi³³ phe⁷⁵⁵woi³³ʃă³¹pjo̯³³mat³¹wa³¹mă³³sai³³.
他们　　他（宾）带　使高兴（貌）（貌）（尾）
他们带他去他（很）高兴。
khau³³na³¹pa̯³¹te⁷³¹mjit³¹ʃă³¹pjo̯³³ mat³¹ wa³¹ sai³³.
水田　　坝（方）心　使愉快（貌）（貌）（尾）
他在田间散心。

⑤在复句中，当前面的分句表示原因时，后一分句的及物谓语动词也能加貌词 mat³¹。例如：

nau³¹ko̯⁷⁵⁵si³³ n³¹na⁵⁵ ʃat³¹ʃoŋ³³ʃa⁵⁵ mat³¹ ni⁷⁵⁵ai³³.
太　饿　　因为　饭　先　吃（貌）（尾）
我因为太饿了，所以先把饭吃掉啦！

ŋai³³khʒai³³ʒai⁵⁵ n³¹na⁵⁵ khau³³na³¹n⁵⁵kă³¹lo³³mat³¹ni⁷⁵⁵ai³³.
我　独自是　因为　水田　　不做　（貌）（尾）
我因为只一个人，所以不种水田了。

tʃoŋ³¹ e³¹ nau³¹ʃap³¹să³¹tsaŋ³³ n³¹na⁵⁵ n⁵⁵ʃap³¹ja³³khʒo⁷⁵⁵mat³¹ sai³³.
学校(处)太　借　麻烦　因为　不借给　同意　（貌）（尾）
因为向学校借多了，所以学校不愿借了。

（2）kau⁵⁵：用在及物动词或兼做动词用的形容词后面，表示动作行为的终结是由外力促成的（动词义为"扔，丢"）。例如：

ŋje⁷⁵⁵a⁷³¹poŋ³³tin³³ʃă³¹mat³¹ kau⁵⁵ să⁵⁵li⁷⁵⁵ai³³.　我把钢笔弄丢了。
我的的　钢笔　　丢失　（貌）（尾）

ŋa³³ e³¹ mam³³ ʃa⁵⁵ kau⁵⁵ sai³³.　　　　　牛把谷子吃掉了。
牛（宾）谷子 吃（貌）(尾)

ŋau³³să³¹tsam³³kau⁵⁵ sai³³.　　　　　　　把木料弄朽了。
木料 使朽　（貌）(尾)

tai³¹ni⁵⁵ŋai³³ ko³¹ kʒai³¹kǎ³¹ʃuŋ³³ kau⁵⁵ ni⁷⁵⁵ai³³.

今天　我（话）很　冷　　（貌）（尾）

今天我太冷了。

a³¹mu⁵⁵n³³tai³³ʃi³³ phe⁷⁵⁵ kʒai³¹pa⁵⁵ kau⁵⁵ nu⁷⁵⁵ai³³.

事　　这　他（宾）很 累 （貌）（尾）

这件事太劳累他了。

此外，kau⁵⁵和mat³¹还能区分"有意"或"无意"。加kau⁵⁵时表示动作行为是有意用外力促成的；加mat³¹时表示动作行为是无意由外力促成的。试比较下列各A、B例句：

1A. phun⁵⁵phji⁷³¹ko⁵⁵ kau⁵⁵ n³¹na⁵⁵phʒaŋ³¹ka⁷³¹!

　　树皮　　剥（貌）之后　削　（尾）

　　我们把树皮剥掉后再削吧！

1B. phun⁵⁵phji⁷³¹ko⁵⁵ mat³¹ sai³³.　　　　树皮剥落了。

　　树皮　　剥 （貌）（尾）

2A. naŋ³³pǎ³³loŋ³³kǎ³¹le⁵⁵phun⁵⁵kau⁵⁵nit⁵⁵tai³³. 你上衣反着穿。

　　你　上衣　反　穿　（貌）（尾）

2B. ʃi³³lǎ³¹pu³¹ kǎ³¹le⁵⁵ mat³¹ sai³³.　　　他裤子穿反了。

　　他 裤子　反 （貌）（尾）

3A. n³¹sa³¹the⁷³¹n³¹nan³³khum³¹kǎ³¹jau³³kau⁵⁵ lu³³!

　　旧　和　新　　别　掺杂 （貌）（语）

　　旧的和新的不要掺杂在一起呀！

3B. n³¹sa³¹the⁷³¹n³¹nan³³kǎ³¹jau³³mat³¹ sai³³.

　　旧　和　新　　掺杂 （貌）（尾）

　　旧的和新的掺杂在一起了。

4A. tʃi²³¹kʒoŋ³¹kǎ³¹wa⁵⁵ai³³ko³³khjen³¹the²³¹lǎ³¹ko³³a³¹khjen³¹
蚊子　　咬　　的　绑腿　用　腿　缠

ka̠u⁵⁵ u²³¹!
（貌）（尾）

蚊子要咬的，你用绑腿把腿缠起来吧！

4B. ŋa³³sum³³ʒi³³phun⁵⁵tu⁵¹tha²³¹a³¹khjen³¹ mat³¹ sai³³.
牛绳　　树墩　　上　缠　　（貌）（尾）

牵牛的绳子缠在树墩上了。

5A. ʃan⁵⁵lam³³e³¹n³³ku³³a³¹kat³¹ ka̠u⁵⁵ mǎ⁵⁵nu²⁵⁵ai³³.
他俩　路　上　米　　洒（貌）（尾）

他俩在路上把米弄洒了。

5B. ʃi³³n⁵⁵sǎ³¹ti²³¹n³¹na⁵⁵lǎ⁵⁵si⁵¹a³¹kat³¹ mat³¹ sai³³.
他不　小心　因为　黄豆　洒　（貌）（尾）

他因为不小心，把黄豆洒了。

6A. naŋ³³pha³³ʒai³¹khʒaŋ³¹khji³³po̠t³¹po⁵⁵ka̠u⁵⁵ n³¹ni⁵¹?
你　为什么　萝卜　　拔（貌）（尾）

你为什么把萝卜拔掉？

6B. n³¹puŋ³³nau³¹tʃa²³¹n³¹na⁵⁵phun⁵⁵po⁵⁵ mat³¹ sai³³.
风　太　厉害因为　树　　拔（貌）（尾）

因为风太大，树被拔起来了。

（3）lom⁵⁵：表示动作行为是参与他人的活动而进行的，来自动词"参加"。例如：

ŋai³³muŋ³¹lom⁵⁵na³³.　　　　我也要参加。
我　也　参加 要

kǎ³¹niŋ³¹ ti³³jaŋ³¹ mai³³ na³³kun⁵⁵? naŋ³³muŋ³¹no⁽⁵⁵⁾mjit³¹
怎样 （泛）的话 可以 将要 呢　　你　也　再　想
lom⁵⁵ ʒit³¹！
（貌）（尾）

怎样做才好呢？你也帮我想想吧！

ŋai³³khʒai³³ʃa³¹n⁵⁵taŋ⁵¹ n³¹ŋai³³naŋ³³muŋ³¹no⁽⁵⁵⁾sa³³phai³³
我 独自 仅 不胜任（尾）你　也　再 去 抬
lom⁵⁵ ʒit³¹！
（貌）（尾）

我独自胜任不了，你也再去抬吧！

naŋ³³kǎ³¹lo³³ lom⁵⁵jaŋ³¹ ko³¹tai³¹ni⁵⁵ŋut⁵⁵na³³sai³³.
你　 做　（貌）的话（话）今天　 完 将要（尾）
你参加做的话，今天就做完了。

n⁵⁵phu⁵¹ko⁽⁵⁵⁾khan⁵⁵jup⁵⁵ lom⁵⁵ su⁽³¹⁾.　　去跟你哥哥睡吧！
你哥（方） 跟 睡 （貌）（尾）

（4）khat⁵⁵：表示动作行为是相互的，来自动词"打仗"。例如：
phjen³³ khat⁵⁵ ŋa³¹ma⁽³¹⁾ai³³.　　士兵在打仗。
兵　 打仗 （貌）（尾）

an⁵⁵ ʃǎ³¹ta⁽³¹⁾a⁵⁵tsom⁵¹ʃa³¹kǎ³¹ʒum³³ khat⁵⁵ ka⁽³¹⁾！
我俩 互相　 好好地　 帮助 （貌）（尾）
我俩互相好好地帮助吧！

nan⁵⁵a³¹jan³³ʃa³¹lai³¹kǎ³³ʃa³¹kun⁵⁵ khat⁵⁵ a³¹ni⁵¹?
你俩 经常地　信　捎 （貌）（尾）
你俩经常通信？

ʃan⁵⁵the³³tʃǎ³¹tha⁽³¹⁾ khat⁵⁵ ŋa³¹ma⁽³¹⁾ai³³.　　他们正在聊天。
他们　 聊天 （貌）（貌）（尾）

ŋa³³lă⁵⁵khoŋ⁵¹tă³¹ʒu²³¹ khat⁵⁵ ŋa³¹ ma²³¹ai³³. 两只牛在斗。
牛　两　　　斗　　（貌）（貌）（尾）

（5）naŋ³³：表示动作行为是跟随他人而进行的，来自动词"跟，跟随"。例如：

ʃi²⁵⁵ a²³¹phaŋ³³naŋ³³ u²³¹!　　　　你跟在他的后面吧!
他的 的　后面　跟（尾）

ʃi³³ ko²⁵⁵khan⁵⁵ naŋ³³ wa³¹ ai³³kă³¹tai³³ʒe²⁵⁵？跟他回去的是谁?
他（方）跟（貌）回去 的　 谁　 是

ŋai³³muŋ³¹khan⁵⁵ju³³ naŋ³³ ŋa³¹n³¹ŋai³³.　　我也跟着看。
我　也　　跟　看（貌）（貌）（尾）

naŋ³³ʃi³³kă³¹lo³³ai³³ khu³³ kă³¹lo³³ naŋ³³ u²³¹!
你 他做　 的方式　做　（貌）（尾）
你仿照他做的做吧!

ʃi³³kă³¹niŋ³¹ŋa³³ thi⁵⁵ jaŋ³¹nan⁵⁵the³³muŋ³¹kă³¹niŋ³³ ŋa³³ thi⁵⁵
他　怎样（泛）读 的话　你们　 也　怎样 （泛）读
naŋ³³ mu²³¹!
（貌）（尾）
他怎样读，你们也跟着怎样读吧!

（6）to³¹、khʒa³¹：表示动作行为要达到某种程度为止。这两个貌词的意义和用法基本相同，使用中可以互换。例如：

an⁵⁵the³³ŋut⁵⁵to³¹(或 khʒa³¹)kă³¹lo³³ka²³¹! 我们直到做完为止!
我们　完（貌）（貌）　　做 （尾）

ʃi³³ phe²⁵⁵khʒo⁵⁵ to³¹(或 khʒa³¹)phji⁵⁵na³³.
他（宾）肯 （貌）（貌）　　讨 要
一直要得到他同意为止。

ʃan³¹tai³³the³³mjo⁷⁵⁵khʒa³¹（或 to³¹）ʃã³¹mjo⁷⁵⁵na³³.
肉　　那些　　煮烂（貌）（貌）　　使煮烂　要
那些肉一直要煮烂为止。

nam³¹si³¹mjin³³khʒa³¹（或 to³¹）ʃe⁷³¹ʃa⁵⁵na³³.
果子　　成熟（貌）（貌）　　才　吃　要
一直要等到果子成熟了才吃。

### 8.3.4 态度貌

表示说话者对动作行为所持的态度，有表示意志和愿望的，有表示估计的，也有表示打算的。常见的有：na³³、sǎ³³na³³、mǎ³¹ju³³、sam⁵⁵、mo⁵⁵、khʒup³¹、to³³等。除 mo⁵⁵、khʒup³¹来自动词外（当动词用时能单独做句子成分），其他的看不出与动词的关系。分述如下：

（1）na³³：表示愿望，同时表示动作行为将要进行，还能表示"很可能"。例如：

ŋai³³muŋ³¹sa³³ na³³.　　　　　　　我也要去。
我　也　去（貌）

tai³¹ni⁵⁵naŋ³³kǎ³¹te⁷³¹sa³³na³³ ʒe⁷⁵⁵ta⁵¹？今天你要去哪儿？
今天　你　哪儿　去（貌）是（尾）

ʃan⁵⁵the³³phot⁵⁵ni⁵⁵muŋ³¹sa³³kǎ³¹ʒum³³na³³ ta⁷³¹.
他们　　明天　　也　去　帮助　（貌）（尾）
据说他们明天也要去帮忙。

ʃan⁵⁵the³³tʂe³³ na³³ mǎ³³sai³³.　　　他们很可能知道了。
他们　　知道（貌）（尾）

ʃan⁵⁵the³³phot⁵⁵te⁷³¹sa³³mu³¹na³³ ma⁷³¹ai³³.
他们　　明早　　去　见　（貌）（尾）
他们明天早上很可能会见到。

（2）să³³na³³：表示动作行为即将进行。由 na³³"愿望、将要"貌与前缀 să³³"立即"义组成。若用在主语是第二、第三人称陈述句里，需在后面加表示转述语气的助词 ta⁽²³¹⁾"听说"。例如：

ŋai³³ wa³¹ să³³na³³.　　　　　　我要马上回去。
我　回去（貌）

an⁵⁵the³³ʃat³¹ʃa⁵⁵să³³na³³.　　　我们马上要吃饭了。
我们　饭　吃（貌）

naŋ³³muŋ³¹n⁵⁵wa³¹ să³³ na³³ta⁽²³¹⁾.　听说你也不回去了。
你　也　不 回去（貌）　听说

ʃan⁵⁵the³³ja⁽²⁵⁵⁾tʃaŋ³³jup⁵⁵să³³na³³ ta⁽²³¹⁾.
他们　马上　睡（貌）听说
听说他们马上要睡觉了。

（3）mă³¹ju³³：表示动作行为是说话者所期望的，来自动词"想"。例如：

ʃi³³ phe⁽²⁵⁵⁾lai³¹ka³³ka³³ja³³mă³¹ju³³n³¹ŋai³³.　我想写信给他。
他（宾）信　写 给（貌）（尾）

ʃan⁵⁵the³³tʃoŋ³¹te⁽²³¹⁾ sa³³ mă³¹ju³³ma⁽²³¹⁾ai³³.　他们想去学校。
他们　学校（方）去（貌）（尾）

n³³tai³³ʃat³¹mai⁵⁵ŋai³³n⁵⁵ʃa⁵⁵mă³¹ju³³n³¹ŋai³³.　我不想吃这个菜。
这　菜　我 不 吃（貌）（尾）

ŋai³³n⁵⁵ta⁵¹e³¹ ʒai³³ wa³¹ʃa³¹tʃip⁵⁵mă³¹ju³³n³¹ŋai³³.
我　家（方）东西 回 使齐全（貌）（尾）
我想回去把东西备齐。

（4）sam⁵⁵：表示估计，相当于汉语的"看来""可能""大概""好像"等。例如：

ʃan⁵⁵the³³tʃiŋ³¹pho³¹ka³¹tʃe³³khʒai³³ʒai⁵⁵ sam⁵⁵ ma³¹ai³³.
他们　　景颇　　话　会　全　　是（貌）(尾)
看来他们都懂景颇话。

tai³¹ni⁵⁵ko³¹kǎ³¹tai³³muŋ³¹n̩³³sa³³ sam⁵⁵ma³¹ai³³.
今天（话）谁　　也　没 去（貌）(尾)
今天可能谁也没去。

ʃan⁵⁵the³³ʃǎ³¹ta³¹kʒai³¹kǎ³¹ʒum³³khat⁵⁵ sam⁵⁵ ma³¹ai³³.
他们　　互相　　很　帮助　　（貌）（貌）(尾)
他们大概互助得很好。

mǎ⁵⁵ni⁵⁵ŋai³³wa³¹ ai³³ʃǎ³¹loi⁵⁵，naŋ³³n̩⁵⁵ŋa³¹sam⁵⁵n̩³¹tai³³.
昨天　我　回去　的　时候　　你　不 在（貌）(尾)
我昨天回去的时候你好像不在。

(5) mo⁵⁵：表示"打算，企图"义，来自动词"(企图)做"。例如：

naŋ³³pha³³mo⁵⁵n̩³¹ni⁵¹？　　　你打算做什么？
你　什么 做 (尾)

naŋ³³pha³³kǎ³¹lo³³mo⁵⁵ n̩³¹ni⁵¹？　　　你打算做什么？
你　什么 做　　（貌）(尾)

tai³¹na³⁵⁵ko³¹an⁵⁵the³³joŋ³¹tat⁵⁵ʃin³¹sa³³ju³³ mo⁵⁵ŋa³¹ ka³¹ai³³.
今晚　（话）我们　大家　电影　去 看（貌）（貌）(尾)
今晚我们大家打算去看电影。

phjen³³ni³³tʃǎ³¹then³¹ʃǎ³¹ʒun³¹mo⁵⁵ ŋa³¹ ma³¹ai³³.
敌人　　破　　坏　　(貌) 正在 (尾)
敌人正在企图搞破坏。

lǎ³¹kut³¹ni³³a³¹ʒai⁵⁵lǎ³¹ku⁵⁵mo⁵⁵ŋa³¹ ma³¹ai³³.
小偷　们 东西　偷　（貌）正在 (尾)
小偷正想偷东西。

（6）khʒup³¹：表示动作行为在无意中接触到某物或意外达到某目的，来自动词"碰"。例如：

pha³³muŋ³¹n⁵⁵khʒup³¹nuʔ⁵⁵ai³³.　　　他什么也没碰上。
什么 也 没 碰 （尾）

ŋai³³n³¹luŋ³¹ʃa⁵⁵khʒup³¹n³¹ŋai³³.　　　我吃着石头了。
我 石头 吃 （貌）（尾）

tʃum³¹kʒai³¹kha⁵⁵ai³³ʃat³¹mai⁵⁵ʃa⁵⁵khʒup³¹nuʔ⁵⁵ai³³.
盐 很 咸 的 菜 吃（貌）（尾）
他吃着了很咸的菜。

tai³¹ni⁵⁵ma³¹thuʔ³¹theʔ³¹khʒum⁵⁵khʒup³¹n³¹ŋai³³.
今天 麻途 与 遇见 （貌）（尾）
今天我无意中遇见了麻途。

ʃi³³ pheʔ⁵⁵laŋ³¹mi³³san⁵⁵khʒup³¹juʔ³¹ n³¹ŋai³³.
他（宾）次 一 问 （貌）（貌）（尾）
我（无意中）问过他一次。

（7）to³³：表示以为动作行为已经发生。例如：

ʃi³³sa³³ to³³ sai³³ ʃeʔ³¹ ŋu⁵⁵ jaŋ³¹, ʒai³¹n³³sa³³aʔ³¹kha³³！
他 去（貌）（尾）才 以为 的话，还 没 去 （尾）
我以为他去了，原来还没有去呀！

ʃan⁵⁵the³³ʃat³¹ʃa⁵⁵ to³³ aŋ³¹mă³³sai³³ʃeʔ³¹ŋu⁵⁵ jaŋ³¹, ʒai³¹ n⁵⁵
他们 饭 吃（貌）该（尾） 才 以为的话 还 没
ʃa⁵⁵maʔ³¹kha³³！
吃 （尾）
我以为他们已经吃饭了，原来还没有吃！

nan⁵⁵the³³jup⁵⁵ to³³sai³³ʃeʔ³¹ʃă³¹tuʔ³¹jaŋ³¹, ʒai³¹n⁵⁵jup⁵⁵mă³³kha³³！
你们 睡（貌）（尾）才 认为 的话，还 没 睡 （尾）
我以为你们已经睡了，原来还没有睡！

mǎ³¹ʒai³³mǎ³¹ŋa³³ʒai⁵⁵ to³³ ai³³ʃeʔ³¹ŋu⁵⁵jaŋ³¹, mǎ³¹ʒai³³ʃi³³tin̠³¹
个　　　　五　　是（貌）的 才 以为 的 话　个　　　十　整
wa³³maʔ³¹kha³³！
（语）（尾）

以为他们只有五个人，原来有整十个人呀！

# 9 副词

副词表示动作行为和性质状态相关的程度、范围、时间、频率、情态以及否定、肯定等情况。景颇语的副词虽然数量不多，但自成系统，有别于其他词类的语法特点。状词的语义虽与副词有相同点，但二者的语法功能很不相同，如状词只做泛指动词的修饰语，而副词不做泛指动词的修饰语。除了语法特点外，二者在构词上还各有特点。所以本书将二者分为两个词类。

## 9.1 副词的语法特征

副词的语法特征主要有以下几个：

（1）在句中的功能主要是做动词、形容词谓语的状语，但不能做泛指动词的状语。这是副词与状词最大的区别。

（2）副词的位置都在中心语之前，大多紧靠谓语。例如：

an$^{55}$the$^{33}$tʃom$^{55}$kǎ$^{31}$lo$^{33}$ka$^{ʔ31}$!　　　我们一起做吧！
我们　一起　做　（尾）

ʃi$^{33}$kǎ$^{31}$tʃa$^{33}$kjin$^{55}$ai$^{33}$.　　　他确实忙。
他　确实　忙（尾）

naŋ$^{33}$a$^{55}$lǎ$^{31}$wan$^{33}$ʃa$^{55}$ u$^{ʔ31}$!　　　你快吃！
你　快快地　吃（尾）

nau³¹lo⁷⁵⁵sai³³，loi³¹mi³³ʃǎ³¹kʒit³¹kau⁵⁵u⁷³¹!
太　多　了　　一点儿　　减少　　掉（尾）

太多了，你给少一点吧！

上面几个例子的tʃom⁵⁵ "一起"、kǎ³¹tʃa³³ "确实"、a⁵⁵lǎ³¹wan³³ "快快地"、nau³¹ "太" 等都是修饰、限制谓语的副词，都紧靠谓语。

有些副词虽在谓语之前，但可以被别的词间隔，如时间副词也可放在句首。例如：

mi³¹jat⁵⁵ʃi³³sa³³ju³³sai³³.　　　　刚才他去过了。
刚才　他　去　过（尾）

ma⁷⁵⁵khʒa³¹ "全部"、muŋ³¹ "也" 可以放在宾语之前。例如：

tʃoŋ³¹ma³¹ma⁷⁵⁵khʒa³¹mǎ³¹ʒai³³mǎ³¹ŋa³³ʃi³³ʒe⁵¹.
学生　　全部　　　个　　　五　　　十　是

学生全部是五十人。

naŋ³³muŋ³¹niŋ⁵¹　ʒe³³ kup³¹tʃop⁵⁵ʒa⁷³¹n³¹ni⁵¹?
你　也　这样（泛）帽子　　要（尾）

你也要这样的帽子吗？

nu̱⁵¹ muŋ³¹ʃiŋ³¹ ŋa³³ tsu̱n³³ai³³.　　　母亲也是那样说的。
母亲　也　那样（泛）　说（尾）

（3）副词一般不受其他词类的修饰、限制，其后面也不能加关系助词、句尾词等虚词，也不能加貌词。

（4）副词中的kʒau³³、kʒai³¹、khʒai³³ 等少数几个单音节副词能重叠。重叠后表示语气加重或程度加深。例如：

kʒau³³kʒau³³tso̱m³¹ai³³ʃe⁷³¹ʒa⁷³¹n³¹ŋai³³.　最最漂亮的我才要。
最　（叠）漂亮　的　才　要（尾）

kʒai³¹kʒai³¹kǎ³¹pa³¹ai³³ʒa⁷³¹n³¹ŋai³³.　　我要很大很大的。
很　（叠）大　　的 要（尾）

n³³po³³ʃat³¹khʒai³³khʒai³³ʃa⁵⁵ jaŋ³¹ ko³¹ ʃa⁵⁵lau³³ai³³.
糯米 饭 尽 （叠）吃 的话（话）吃 腻（尾）

尽吃糯米饭的话，会吃腻的。

（5）有的副词如 muŋ³¹ "也"、tʃe³¹ "越" 在句中能起关联作用，常用两个相同的副词连接两个动词或形容词，也可连接一个动词和一个形容词。例如：

kjep³¹tin³³n³³tai³³ ko³¹tsɔm³¹muŋ³¹tsɔm³¹ai³³, ŋaŋ³¹muŋ³¹
皮鞋 这 （话）漂亮 也 漂亮（尾）结实 也

ŋaŋ³¹ ai³³.
结实（尾）

这皮鞋又好看，又结实。

ma³¹ni³³ ko³¹ʃã³¹ʒin⁵⁵muŋ³¹ʃã³¹ʒin⁵⁵mă³³sai³³, tʃai³³muŋ³¹
孩子们（话）学 也 学 （尾） 玩 也

tʃai³³mă³³sai³³.
玩 （尾）

孩子们学也学了，玩也玩了。

naŋ³³kă³¹ŋau³³ai³³ʃat³¹mai⁵⁵, tʃe³¹ju³³tʃe³¹ʃa⁵⁵mă³¹ju³³n³¹ŋai³³.
你 炒 的 菜 越 看 越 吃 想 （尾）

你炒的菜我越看越想吃。

kyin³¹ʃau³³ ko³¹tʃe³¹kă³¹pa³¹tʃe³¹mu³³ ai³³. 西瓜越大越好吃。
西瓜 （话）越 大 越 好吃（尾）

ʃi³³ ko³¹ tʃe³¹kă³¹leŋ³¹tʃe³¹lă³¹kon³¹ai³³. 他越躺越懒。
他（话）越 躺 越 懒 （尾）

副词 muŋ³¹ 还能放在主语和宾语之间。例如：

la²³¹kam³³muŋ³¹kă³¹nu³¹ko²⁵⁵sa³³ wa³¹ sai³³. 勒干也去母亲那儿了。
勒干 也 母亲 （方）去（貌）（尾）

naŋ³³muŋ³¹ŋai³³pheʔ⁵⁵ʃã³¹ʒin⁵⁵ja³³ʒit³¹! 请你也教给我吧!
你 也 我(宾)教 给(尾)

(6) 有少数几个表示程度的单音节副词,实词性较强,能加使动前缀构成使动词。这种由副词构成的使动词,句法特点与其他动词相同。例如:

副词 使动词
kʒai³¹ 很 ʃã³¹kʒai³¹ 使很好
kʒau³³ 最 ʃã³¹kʒau³³ 称赞、赞扬(使更好)

例句:
na³¹tʃeʔ⁵⁵noʔ⁵⁵ʃã³¹kʒai³¹laŋ³³uʔ³¹! 你把锄头弄好了再用吧!
锄头 再 使好 用(尾)
ʃi³³pheʔ⁵⁵ʃã³¹kʒau³³ maʔ³¹ai³³. 他们表扬他。
他(宾)赞扬 (尾)

## 9.2 副词的分类

副词从意义和用法上可以分为以下几类:
(1) 程度副词:主要表示性质状态、动作行为的程度。常见的有:
kʒau³³ 最、更 ʃi³³ kʒau³³kă³¹tʃi³¹ai³³. 他更小。
他 更 小(尾)
kʒai³¹ 很 ʃiʔ⁵⁵ aʔ³¹ mjit³¹kʒai³¹kă³¹tʃa³³ai³³. 他的思想很好。
他的的 思想 很 好(尾)
tʃe³¹ 越、愈 tʃe³¹ tsu̱n tʃe³¹khʒap³¹ai³³. 他越说越哭。
越 说 越 哭(尾)
nau³¹ 太 lă³¹pu³¹n³³tai³³nau³¹ kă³¹pa³¹ai³³. 这裤子太大。
裤子 这 太 大(尾)

na⁽²³¹⁾tɕiŋ⁵⁵ 特别　　　　na⁽²³¹⁾tɕiŋ⁵⁵tsom³¹ai³³.　　他特别美丽。
　　　　　　　　　　　　特别　　美丽（尾）

mǎ³¹la³³la⁽²⁵⁵⁾ 特别、实在　puŋ³¹li³¹mǎ³¹la³³la⁽²⁵⁵⁾ kjin⁵⁵ai³³.
　　　　　　　　　　　　工作　　非常　　　忙（尾）
　　　　　　　　　　　　工作非常忙。

mǎ³¹na³¹mǎ³¹ka³¹ 非常　mǎ³¹na³¹mǎ³¹ka³¹kǎ³¹lu³¹ai³³.
　　　　　　　　　　　　非常　　　　长　　（尾）
　　　　　　　　　　　　非常长。

mǎ³¹nu⁽²³¹⁾mǎ³¹na³¹ 非常　mǎ³¹nu⁽²³¹⁾mǎ³¹na³¹lo⁽²⁵⁵⁾ai³³. 非常多。
　　　　　　　　　　　　非常　　　　　多（尾）

tsom⁵⁵ʒa⁽²³¹⁾ 相当　　　tsom⁵⁵ʒa⁽²³¹⁾mi³³tsan³³ai³³.　相当远。
　　　　　　　　　　　　相当　　（语）远（尾）

ʒam³³ʒam⁵⁵ 相当　　　　ʒam³³ʒam⁵⁵lo⁽²⁵⁵⁾ai³³.　　　相当多。
　　　　　　　　　　　　相当　　　　多（尾）

（2）范围副词：主要表示动作行为的范围，有的也修饰、限制形容词，表示性质状态的范围。这类副词有个特点：在句法上虽是修饰、限制动词或形容词的，但在语义上，则与前面的名词、代词或名词性短语更为密切，常跟在它们的后面。而且在语音上，与前面的成分距离更近。

tɕom⁵⁵ 共同　　　　an⁵⁵ tɕom⁵⁵ kǎ³¹lo³³ka⁽²³¹⁾!　　我俩共同做吧！
　　　　　　　　　　我俩 共同　做　（尾）

ʒau³¹ 一起　　　　nan⁵⁵the³³ʒau³¹ sa³³mu⁽²³¹⁾!　　你们一起去吧！
　　　　　　　　　　你们　　一起 去（尾）

a³¹ʒau³¹ 一同　　　an⁵⁵ a³¹ʒau³¹ʃa⁵⁵ka⁽²³¹⁾!　　我俩一同吃吧！
　　　　　　　　　　我俩 一同　吃（尾）

| phon³¹ 连同 | n³³tai³³the⁽³¹ phon³¹la⁵⁵sa³³ u⁽³¹! |
|  | 这　和　连同　拿　去（尾） |
|  | 连同这个你一起拿去吧！ |
| joŋ³¹phon³¹ 总共 | joŋ³¹phon³¹ mǎ³¹ŋa³³ʃi³³ʒe⁵¹.　总共是五十。 |
|  | 总共　　五十　　是 |
| ma⁽⁵⁵khʒa³¹ 全、都 | ma⁽⁵⁵khʒa³¹ ʃa⁵⁵kau⁵⁵sai³³. |
|  | 全　　　吃（貌）（尾） |
|  | 全吃完了。 |
| n³³laŋ³³ 统统 | an⁵⁵ the³³n³³laŋ³³sa³³ka⁽³¹ai³³.　我们统统去。 |
|  | 我们　　统统　　去（尾） |
| tʃu³³ 单独 | ʃi³³ tʃu³³ ŋa³¹ai³³.　　　　　他单独在。 |
|  | 他　单独　在（尾） |
| khʒai³³ 独自 | naŋ³³khʒai³³sa³³u⁽³¹! |
|  | 你　独自　去（尾） |
|  | 就你独自去吧！ |
| ʃa³¹ 仅 | lǎ⁵⁵khoŋ⁵¹ʃa³¹ŋa³¹ai³³.　　　仅有两个。 |
|  | 两　　仅有　（尾） |

（3）时间、频率副词。

| mi³¹ 早就 | mi³¹ sa³³sai³³.　　　　　他早就去了。 |
|  | 早就　去（尾） |
| mi³¹mi³¹ 早已 | mi³¹mi³¹ sa³³sai³³.　　　　他早已去了。 |
|  | 早已　　去（尾） |
| mi³¹jat⁵⁵ 刚刚 | mi³¹jat⁵⁵sa³³sai³³.　　　　　他刚刚去了。 |
|  | 刚刚　去（尾） |
| ja⁽⁵⁵ʃa³¹ 刚才 | ja⁽⁵⁵ʃa³¹sa³³sai³³.　　　　　他刚才去了。 |
|  | 刚才　去（尾） |

| | | |
|---|---|---|
| ʃoŋ³³ 先 | naŋ³³ʃoŋ³³sa³³u²³¹!<br>你 先 去（尾） | 你先去吧！ |
| ja²⁵⁵tʃaŋ³³ 立即 | naŋ³³ ja²⁵⁵tʃaŋ³³kǎ³¹lo³³u²³¹!<br>你 立即 做 （尾） | 你立即做吧！ |
| kan³³ 赶快 | naŋ³³ kan³³ʃa⁵⁵u²³¹!<br>你 赶快 吃（尾）. | 你赶快吃吧！ |
| lau³³ 快（催促） | naŋ³³ lau³³ sa³³ u²³¹!<br>你 快 去（尾） | 你快去吧！ |
| tu̱t⁵⁵noŋ³³ 经常 | tu̱t⁵⁵noŋ³³kǎ³¹lo³³ai³³pu̱ŋ³¹li³¹ʒe⁵¹.<br>经常 干 的 活 是<br>经常要干的活。 | |
| tiŋ³¹noŋ³³ 经常 | tiŋ³¹noŋ³³ a³³ sa³³ ŋa³¹ ai³³.<br>经常 （前）去（貌）（尾） | 他经常去。 |
| pai⁵⁵ 又、再 | naŋ³³ pai⁵⁵tsu̱n³³u²³¹!<br>你 再 说（尾） | 你再说吧！ |
| muŋ³¹ 也 | naŋ³³muŋ³¹pai⁵⁵tsu̱n³³u²³¹!<br>你 也 再 说 （尾） | 你也再说吧！ |
| no²⁵⁵ 还 | kǎ³¹tai³³ no²⁵⁵sa³³na³³?<br>谁 还 去 要 | 谁还要去？ |
| ʒai³¹ 还、尚 | ŋai³³ʒai³¹n³³ tʃe³³n³¹ŋai³³.<br>我 还 不 知道（尾） | 我还不知道。 |
| kǎ³¹ʒai³¹ 还、尚 | kǎ³¹ʒai³¹ n³³thi⁵⁵n³¹ŋai³³.<br>还 没 读（尾） | 我还没读。 |
| kǎ³¹laŋ³¹ta̱²⁵⁵ 一次 | kǎ³¹laŋ³¹ta̱²⁵⁵ʃa⁵⁵kau⁵⁵sai³³.<br>一次 吃（貌）（尾） | 一次就吃掉了。 |

另外，还有由 tut⁵⁵ 状态词"接上状"、副词 noŋ³³"常常"加时间方位助词 e³¹ 构成的副词 tut⁵⁵e³¹"经常"、noŋ³³e³¹"经常"。例如：

nu⁵¹ phe⁽⁵⁵ tut⁵⁵e³¹ a⁵⁵tum⁵⁵ ŋa³¹ n³¹ŋai³³.　　我经常想念母亲。
母亲（宾）经常　老想念（貌）（尾）

noŋ³³e³¹n⁵⁵ta⁵¹ŋa³¹ ai³³.　　　　　　　　　他经常在家。
经常　家（貌）（尾）

（4）否定副词：景颇语的否定词是二分的，只有 n⁵⁵"不、没"和 khum³¹"勿、别、不要"两个。其中，n⁵⁵"不、没"的出现频率比 khun³¹"不要"要高。（详见句法篇）

（5）表示不同的语气和感情的副词。常见的有：

ʃeʔ³¹ 才　　　　　　　ʃat³¹ʃa⁵⁵n³¹na³³ʃeʔ³¹wa³¹na³³n³¹ŋai³³.
　　　　　　　　　　　饭 吃 之后 才 回 要（尾）
　　　　　　　　　　　我吃饭后才回去。

mǎ³³khoi³³ 也许、可能　mǎ³³khoi³³ n³³sa³³a³¹toŋ³³!
　　　　　　　　　　　可能　　 不 去（尾）
　　　　　　　　　　　他可能不去吧！

kǎ³¹tʃa³³ wa³³ 果然　　kǎ³¹tʃa³³ wa³³kʒai³¹tsom³¹ai³³.
　　　　　　　　　　　果然　　 很　美（尾）
　　　　　　　　　　　果然很美。

kǎ³¹noi³³ 几乎　　　　kǎ³¹noi³³ʃa³¹kap³¹khʒa⁵⁵sai³³.
　　　　　　　　　　　几乎　　 打 中（尾）
　　　　　　　　　　　几乎打中了。

tʃau⁵⁵ 倒是　　　　　ŋai³³tʃau³³naŋ³³pheʔ⁵⁵mu³¹ju³¹sǎ³³ŋai³³.
　　　　　　　　　　　我　倒是 你（宾）看见 过（尾）
　　　　　　　　　　　我倒是看见过你了。

9　副词　255

tʃom⁵⁵ 倒是、倒　　　ŋai³³tʃom⁵⁵ʃi³³phe⁷⁵⁵mu³¹ju³³sa̯³³ŋai³³.
　　　　　　　　　　　我　倒是　他（宾）看见　过（尾）
　　　　　　　　　　　我倒是看见过他了。

（6）情态副词：用来描绘动作行为的形状和方式等。常见的有：

tiŋ³¹sa³³ 有意、故意　　ʃi³³ tiŋ³¹sa³³tsun̯³³ai³³.　　他故意说的。
（又读 tiŋ³¹saŋ³³）　　他　故意　说　（尾）

tiŋ³¹ŋam³³ 逐步地　　　tiŋ³¹ŋam³³ʃa³¹ka̯³¹lo³³u⁷³¹!
　　　　　　　　　　　逐步地　　做　（尾）
　　　　　　　　　　　逐步地做吧！

a⁵⁵la̯⁵⁵ka⁵⁵ 白白地　　a⁵⁵la̯⁵⁵ka⁵⁵la̯³¹phot³¹kau̯⁵⁵ sai³³.
　　　　　　　　　　　白白地　　浪费　（貌）（尾）
　　　　　　　　　　　白白地浪费掉了。

pe³³pe³³ 白白地　　　　pe³³pe³³ la̯³¹phot³¹kau̯⁵⁵sai³³.
（借汉）　　　　　　　白白地　　浪费　（貌）（尾）
　　　　　　　　　　　白白地浪费掉了。

nan³³ 亲自　　　　　　ti̯⁷⁵⁵naŋ³³ nan³³ka̯³¹lo³³ʒa³¹ ai³³.
　　　　　　　　　　　自己　　亲自做　　要（尾）
　　　　　　　　　　　要自己亲自做。

nan³³ nan³³ 亲自（强调） ʃi³³ nan³³ nan³³ka̯³¹lo³³ai³³ʒe⁵¹.
　　　　　　　　　　　亲自　（叠）做　　的　是
　　　　　　　　　　　他亲自做的。

khʒa⁷⁵⁵ 亲眼　　　　　ŋai³³khʒa⁷⁵⁵mu³¹sa̯³³ŋai³³.
　　　　　　　　　　　我　亲眼　看见　（尾）
　　　　　　　　　　　我亲眼看见的。

表示情态的副词中，有一些是由"前缀 a⁵⁵＋形容词或动词＋后缀 ʃa³¹"构成的。这种模式构成的副词具有能产性。例如：

a⁵⁵ tso̱m⁵¹ 好好地　　　　　a⁵⁵ tso̱m⁵¹ʃa³¹ 好好地
（前）美　　　　　　　　（前）美（后）
a⁵⁵ lă³¹wan³³ 迅速地　　　 a⁵⁵ lă³¹wan³³ʃa³¹ 迅速地
（前）快　　　　　　　　（前）快　（后）
a⁵⁵ pui⁵¹ʃa³¹ 慢慢地　　　 a⁵⁵ loi⁵¹ ʃa³¹ 很容易地
（前）慢（后）　　　　　（前）容易（后）
a⁵⁵ lu⁵¹ʃa³¹ 一定　　　　 a⁵⁵ tiŋ³³ ʃa³¹ 直直地
（前）有（后）　　　　　（前）直（后）

## 9.3　副词的构词特点

从构造上看，副词有以下几类：

（1）单纯词。以单音节词为多，也有少量一个音节以上的。例如：

kʒau³³ 最、更　　　　　　nan³³ 亲自
kʒai³¹ 很　　　　　　　　 tʃa̱u⁵⁵ 倒是、倒
naʔ³¹tʃiŋ⁵⁵ 特别　　　　　tsom⁵⁵ʒa̱ʔ³¹ 相当
mă³¹la³³la²⁵⁵ 特别、实在　mă³¹na³¹mă³¹ka̱³¹ 非常
tiŋ³¹sa³³（又读 tiŋ³¹saŋ³³）有意、故意

（2）由两个语素构成的复合词。例如：

joŋ³¹phon³¹ 总共　　　　　ma²⁵⁵khʒa³¹ 全、都
都　连同　　　　　　　　尽　至尽状
ja²⁵⁵ ʃa³¹ 刚才　　　　　　noŋ³³e³¹ 经常
现在 仅　　　　　　　　　常　里
kă³¹tʃa³³ wa³³ 果然、果真
好　（语）

（3）由实语素加词缀构成。例如：

a$^{31}$　ʒau$^{31}$ 一同　　　　　　a$^{55}$　lu$^{51}$ ʃa$^{31}$ 一定
（前）一同　　　　　　　　（前）有（后）

a$^{55}$　kă$^{31}$tʃoŋ$^{31}$ʃa$^{31}$ 突然地、忽然　a$^{55}$　tiŋ$^{33}$ ʃa$^{31}$ 直直地、准准地
（前）吓　（后）　　　　　（前）直（后）

（4）重叠构成。重叠增加强调义。例如：

ʒam$^{33}$ʒam$^{55}$ 相当　　　　　　nan$^{33}$ nan$^{33}$ 亲自
相当（叠）　　　　　　　　亲自（叠）

副词也有少量是借用的。如 pe$^{33}$pe$^{33}$ "白白地" 借自汉语，a$^{55}$lă$^{55}$ka$^{55}$ "白白地" 借自缅语。

# 10　关系助词

关系助词是帮助短语、句子组成各种结构关系的助词，是景颇语组词造句的一个重要语法手段，也是常用的语法标记。其主要功能是使所连接的成分存在某种语法关系。

关系助词是封闭性的词类，虽数量不多，但作用很大，是分析型语言的一个重要特点，语义关系、语法成分的关系，要靠它来指明、确定。

关系助词的语法特征主要是：没有形态变化；大多不能重叠；以单音节词为多；也有少量是由几个实词语法化而成的词。

关系助词表示的结构关系有并列关系和偏正关系两种，以后者为多。一般情况下，一个关系助词只表示二者中的一种，但也有个别关系助词两种关系都能表达。在结构层面上，关系助词有的用在短语内，有的用在分句之间。

## 10.1　并列关系助词

（1）the$^{231}$ "和、与、跟、同"：连接名词、代词和名词性短语。其位置在被连接的成分之间。例如：

ma$^{31}$kam$^{33}$the$^{231}$ma$^{31}$no$^{33}$　　　　老大和老二
老大　　和　　老二

tai³¹ni⁵⁵theʔ³¹phot⁵⁵ni⁵⁵ŋai³³n⁵⁵ta⁵¹n⁵⁵ŋa³¹n³¹ŋai³³.
今天　和　明天　　我　家　　不　在（尾）
今天和明天我不在家。

如果连接的成分有两个以上，theʔ³¹一般用在后两个成分的中间。例如：

ʃiʔ⁵⁵ aʔ³¹kǎ³¹nu³¹kǎ³¹waʔ³¹theʔ³¹kǎ³¹na³³joŋ³¹khun⁵⁵mjin³¹teʔ³¹
他的的　母亲　父亲　和　姐姐　都　昆明　（方）
luŋ³¹waʔ³¹mǎ³³sai³³.
上　（貌）(尾)
他的父亲、母亲和姐姐都去昆明了。

（2）in³¹ "又……又……"：连接两个同时存在的性质状态。例如：

kǎ³¹lu³¹ in³¹　kǎ³¹pa³¹　　　　又长又大
长　　（关）　大

（3）let³¹ "边……边……、一边……一边……"：连接两个同时存在的动作行为。例如：

khom³³ let³¹　ʃa⁵⁵　　　　　边走边吃
走　　（关）　吃

let³¹可以重复使用，即两个动词各带一个。例如：

ʃat³¹ʃa⁵⁵let³¹tat³¹ʃin³¹ju³³let³¹　　边吃饭边看电影
饭　吃　边　电影　看　边

（4）n³¹thom⁵⁵ "然后、而"：承接两个前后发生的动作行为。例如：

ʃat³¹ʃa⁵⁵n³¹thom⁵⁵kat³¹sa³³　　　吃完饭后上街去
饭　吃　然后　　街　去

n³¹thom⁵⁵也可用来连接两个并列的形容词，相当于汉语的"而"。例如：

260　二　词类篇

lǎ³¹wan³³n³¹thom⁵⁵kǎ³¹tʃa³³　　　　快而好
快　　而　　好

（5）n⁵⁵ka⁵⁵"不但、不仅、不只"：连接递进关系的分句。用在前一分句之后，常与副词 ʃa³¹"只、仅"、pji³³"连"、muŋ³¹"也"配合使用。例如：

an⁵⁵the³³pheʔ⁵⁵n⁵⁵ʃǎ³¹kon̩³¹ai³³ ʃa³¹n⁵⁵ka⁵⁵，pji³³ no³³tǎ³¹ʒu³³
我们（宾）不　表扬（尾）只　不但　甚至 还 批评

tat³¹　ai³³.
（貌）（尾）

他不但不表扬我们，甚至还批评我们。

ʃi³³n³³ka³³mǎ³¹tsiŋ³³ai³³ʃa³¹n⁵⁵ka⁵⁵，pji³³ a⁵⁵tsom̩⁵¹ʃa³¹n⁵⁵mǎ³¹tat³¹ai³³.
他 不 写 记　（尾）只 不但　连　好好地　不 听（尾）

他不仅不记笔记，连听都不好好听。

ma³¹koʔ⁵⁵tsom̩³¹ai³³ʃa³¹n⁵⁵ka⁵⁵let⁵⁵muŋ³¹let⁵⁵　ai³³.
麻果　漂亮　只 不 但 聪明 也 聪明（尾）

麻果不但漂亮，而且聪明。

（6）pai⁵⁵n³¹na⁵⁵"再则、再说"：由 pai⁵⁵"再"和 n³¹na⁵⁵"而且"词汇化（两个词合成一个词）、语法化（由副词加连词进一步虚化为连词）而成。其功能是连接表示递进关系的分句。例如：

ŋai³³ʃi³³pheʔ⁵⁵soʔ³¹na³³a³¹ten̩³¹n⁵⁵lu³¹n³¹ŋai³³,pai⁵⁵n³¹na⁵⁵ʃi³³muŋ³¹
我　他（宾）约　要　时间　没 有（句尾）再说　　他 也

a³¹ten̩³¹n⁵⁵lu³¹ nu²³¹ai³³.
时间 没 有（尾）

我没有时间约他，再说他也没有时间。

（7）ʃiŋ³¹n⁵⁵ʒai⁵⁵"或、不然、否则"：由 ʃiŋ³¹"那样"、n⁵⁵"不"和 ʒai⁵⁵"是"三个词词汇化、语法化而成。可以连接短语结构中的成分，也可连接分句。连接分句时，在下一分句的句首。例如：

wa⁽³¹ʃan³¹ʃiŋ³¹n⁵⁵ʒai⁵⁵ŋa̠³³ʃan³¹ʃiŋ³¹n⁵⁵ʒai⁵⁵pai³¹nam³³ʃan³¹mă³¹
猪肉　　或者　　牛肉　　或者　　羊肉　　买
ʒi³³ti̠m⁵¹mai²³ai³³.
即使 可以（尾）

买猪肉、牛肉或羊肉都可以。

ja⁽⁵⁵　ko³¹　lai³¹ka̠³³ka̠³³ʃiŋ³¹n⁵⁵ʒai⁵⁵lai³¹ka̠³³ju³³mă³¹ju³³n³¹ŋai³³.
现在（话）字　　写　或者　　书　看　想　（尾）

我现在想写字或者想看书。

ʃi³³ ko³¹an⁵⁵the³³joŋ³¹a⁽³¹mă³¹tu³³sa³³ʃe⁽³¹ʒe⁵¹，ʃiŋ³¹n⁵⁵ʒai⁵⁵
他（话）我们　全部 的　份 儿　去 才　是　　不然
n³³sa³³na³³ʒe⁵¹。
不 去要　　是

他是为了我们大家才去的，不然是不去的。

## 10.2　偏正关系助词

偏正关系助词有宾语助词、定语助词、状语助词等3类。

### 10.2.1　宾语助词 phe⁽⁵⁵

用在宾语的后面，表示前面的成分是宾语。口语多用 e⁽⁵⁵。例如：

ʃi³³phe⁽⁵⁵tsu̠n³³tan⁵⁵　　　　　告诉他
他（宾）告诉

sǎ³¹ʒa³³phe⁽⁵⁵tso³¹ʒa⁽³¹　　　　热爱老师
老师（宾）热　爱

不是所有的宾语都要使用宾语助词。使用宾语助词的条件主要有：凡能发出施动行为并与人有关的名词或代词如人称代词、人名、亲属称谓等做宾语时，一般要加。例如：

ʃi³³kǎ³¹nu³¹pheʔ⁵⁵mji t³¹tum⁵⁵uʔ³¹ai³³.　　　他想念母亲。
他　母亲（宾）想念　　（尾）

an⁵⁵the³³nan⁵⁵the³³pheʔ⁵⁵kǎ³¹ʒum⁵⁵kaʔ³¹ai³³.　　我们帮助你们。
我们　你们　（宾）帮助　（尾）

如果宾语是不能施动的事物，一般不加。例如：

ʃi³³ʃat³¹ʃǎ³¹tu³³ŋa³¹maʔ³¹ai³³.　　　　　　他在煮饭。
他 饭 煮　（貌）（尾）

ŋai³³phu⁵¹lai³¹ka³³lǎ⁵⁵ŋai⁵¹mi³³mǎ³¹ʒi³³wa³¹ sai³³.
我 哥哥 书 一 一 买 （貌）（尾）
我哥买回了一本书。

宾语是动物名词时，施受关系有可能出现混淆的要加，不会发生混淆的可以不加。例如：

waʔ³¹ji³¹waʔ³¹la³¹pheʔ⁵⁵kǎ³¹wa⁵⁵nuʔ⁵⁵ai³³.　　母猪咬公猪。
母猪 公猪 （宾）咬 　（尾）

kǎ³¹thoŋ³¹ n³³tai³³ wǎ³³loi³³lǎ⁵⁵tsa³³ tʃan⁵⁵ mǎ³¹ʒi³³ sai³³.
寨子 这 水牛 一百 多 买 （尾）
这寨子买了一百多头水牛。

上面两个句子的前一句，是"母猪咬公猪"还是"公猪咬母猪"，两种可能性都存在，所以要加宾语助词。后一句的谓语"买"，宾语肯定是水牛，所以不加宾语助词。

结构比较复杂的短语或句子形式做宾语时，为了明晰句子成分习惯加宾语助词（但也可不加）。例如：

tai³³ wa³³ko³¹khai⁵⁵n⁵⁵mai⁵¹ kǎ³¹niŋ³¹ti³³khai⁵⁵na³³pheʔ⁵⁵
那 人（话）庄稼　　怎么 （泛）种 要（宾）

n³³tʃe³³u ʔ³¹ ai³³.

不 懂（尾）

那人不懂得怎么种庄稼。

an⁵⁵the³³sǎ³¹ʒa³³ ni³³tsuŋ³³ai³³ka³¹phe ʔ⁵⁵a⁵⁵tsom̩⁵¹ʃa³³

我们　老师　们 说　的 话（宾）好好　　地

mǎ³¹tat³¹ ʒa ʔ³¹ai³³.

听　　（尾）

我们要好好地听老师的话。

宾语加上 phe ʔ⁵⁵ 后，可以提到主语的前面做话题。后面还可以加上话题助词 ko³¹。例如：

muŋ⁵⁵tan³³mǎ³¹kop³¹mǎ³¹ka³³lam³³phe ʔ⁵⁵ko³¹ʃǎ³¹ŋaŋ³¹ʃǎ³¹kaŋ³³

国家　　保卫　　　　事（宾）（话）巩固

ʒa ʔ³¹ka ʔ³¹ai³³.

要　（尾）

我们要巩固国防。

ʃi³³phe ʔ⁵⁵ko³¹ŋai³³n³³kam³³ʃǎ³¹ʒin⁵⁵ja³³n³¹ŋai³³.

他（宾）（话）我 不 愿　教　　　给（尾）

对他，我不愿意教。

### 10.2.2 定语助词

用在定语的后面，表示前面的成分是定语，其意义相当于汉语的"的"。有 ai³³、a ʔ³¹、na⁵⁵ 等 3 个，语法功能各不相同。

（1）ai³³：用在动词、形容词或以动词、形容词为主要成分的短语后面。例如：

tʃe³³ai³³ mǎ³¹ʃa³¹　　　　　会的人

会的　人

mǎ³¹ʃa³¹ ni³³ kʒau³³ kat³¹ai³³mam³³muŋ⁵⁵tan³³ pheʔ⁵⁵sak³¹

人们 最 好的 稻谷 国家 （宾）交

ja³³mǎʔ³¹ai³³.

给 （尾）

人们把最好的稻谷交给了国家。

（2）aʔ³¹：用在名词或代词后，表示领属关系。例如：

sǎ³¹ʒa³³ aʔ³¹ka³¹ 老师的话

老师 的 话

ʃiʔ⁵⁵ aʔ³¹na³³ji³³ 他的手表

他的 的 手表

（3）na⁵⁵：放在名词或代词的后面，表示某事物是属于某个范围或某个时间之内的。例如：

tai³¹ni⁵⁵na⁵⁵lǎ³¹mu³¹ 今天的天气

今天 的 天气

tʃoŋ³¹kǎ³¹pa³¹na⁵⁵tʃoŋ³¹ma³¹ 大学的学生

大学 的 学生

定语助词还能加在名词、代词、形容词、动词和短语等后面，组成名词化"的"字结构。"的"字结构相当于一个名词，在句中能做主语、宾语。例如：

nam³¹si³¹nʔ³³tai³³the³³ko³¹kǎ³¹tʃa³³ai³³khʒai³³ʒe⁵¹.

果子 这 些（话）好 的 全 是

这些果子全是好的。

mǎ³¹ʃa³¹tai³³ko³¹kǎ³¹naŋ⁵⁵na⁵⁵ʒai⁵⁵aʔ³¹ni⁵¹？

人 那（话）哪儿 的 是 （尾）

那人是哪儿的？

定语助词用与不用，主要有以下几个条件：

（1）定语在中心语的前面时加定语助词 ai³³；若在后面则不加。例如：

phun⁵⁵ kă³¹pa³¹ 大树　　　　kă³¹pa³¹ai³³phun⁵⁵ 大的树
树　　大　　　　　　　　大　　的　　树

（2）人称代词做定语时，若不是领格形式必须加定语助词 a⁷³¹，若是领格形式则可加可不加。例如：

na⁷⁵⁵(a⁷³¹) khe⁵⁵tan³³ 你的铅笔　　ŋje⁷⁵⁵(a⁷³¹) nu⁵¹ 我的母亲
你的　的　铅笔　　　　　　　我的　的　母亲

（3）定语表示类别、数量时，不加定语助词。例如：

tʃiŋ³¹pho⁷³¹lai³¹ka³³ 景颇文　　mu³¹wa³¹ muŋ⁵⁵ mă³¹ʃa³¹ 中国人
景颇　　文　　　　　　　　中　国　　　　人

（4）定语表示时间、地点时，必须加定语助词 na⁵⁵。例如：

ja⁷⁵⁵ na⁵⁵ lam³³ 现在的事情　　kă³¹naŋ⁵⁵ na⁵⁵ mă³¹ʃa³¹ 哪儿的人
现在 的　事情　　　　　　哪儿　　的　　人

### 10.2.3 状语助词

用在状语的后面，表示前面的成分是状语。常用的有以下几个：

（1）工具助词 the⁷³¹：用在作为工具的名词后面，表示动作行为是由该名词做工具进行的。例如：

niŋ³¹wa³³ the⁷³¹phun⁵⁵tha⁷³¹ 用斧头砍柴
斧头　　用　柴　　砍

n³¹thu³³the⁷³¹kă³¹toi³¹ 用刀割
刀　　用　　割

（2）施动助词 e³¹：用在充当施动者的名词、代词后面，强调动作行为是由该名词、代词发出的。例如：

kǎ³¹na³³e³¹mǎ³¹ʑi³³ja³³　　　　　由姐姐买给

姐姐（施）买　　给

ʃi³³e³¹　ʃa⁵⁵ kau⁵⁵　　　　　　被他吃掉

他（施）吃（貌）

（3）方位助词 e³¹：用在名词或代词后面，表示动作行为在某段时间或某个方位之内。例如：

n³³tai³³khaʔ³¹e³¹ ŋa⁵⁵ ʒoŋ³³maʔ³¹ai³³.　　这河里有鱼。

这　　河（方）鱼　有（尾）

ʃi³³ tʃoŋ³¹ e³¹ ŋa³¹ ai³³.　　　　　　　他在学校。

他 学校（方）在（尾）

状语后面的方位助词 e³¹，可加可不加，加了表示突出和强调。例如：

ʃi³³ ko³³ŋjen³¹ ʃǎ³¹ku³¹（e³¹）n⁵⁵ta̱⁵¹a⁵⁵wa³¹ŋa³¹ ai³³.

他 过年　 每　（方）家（前）回（貌）（尾）

他每逢过年都回家。

状语如果是说明动作行为的地点，其后一般要加方位助词 e³¹。例如：

n⁵⁵ta⁵¹e³¹kǎ³¹tai³³n⁵⁵ŋa³¹a³¹ni⁵¹？　　谁在家里？

家（方）谁　　不 在（尾）

### 10.2.4 连接偏正分句的关系助词

主要有表示因果关系、假设关系、让步关系、转折关系的关系助词。

（1）表示因果关系的关系助词有以下几个：

1）mǎ³¹tʃo³¹ "因为……所以……"

前面的说明原因，后面的说明结果。关系助词放在词、短语后的如：

na⁷⁵⁵mă³¹tʃo³¹ŋai³³n⁵⁵lu³¹sa³³ni⁷⁵⁵ai³³. 因为你所以我不能去。
你的 因为 我 不 能 去（尾）

ma³¹a⁷³¹mă³¹tʃo³¹ʃi³³n⁵⁵wa³¹sai³³.
孩子的 因为 他 不 回（尾）
因为孩子，所以他不回来了。

为了强调结果，可把表示结果的分句提前，这时 mă³¹tʃo³¹ 仍放在表示原因的分句后面。例如：

ʃat³¹mai⁵⁵n³³mu³³ ai³³naŋ³³a⁵⁵tsom⁵¹ʃa³¹n⁵⁵ʃã³¹tu³³tʃã³¹khut³¹ai³³
菜 不 好吃（尾）你 好好地 不 煮 使 熟（尾）
mă³¹tʃo³¹ʒe⁵¹.
因为 是
菜不好吃，是因为你没有好好地煮熟。

mă³¹tʃo³¹ 还可与疑问代词 pha³³ 连用，词汇化为一个复合词，表示"为什么"。例如：

naŋ³³pha³³mă³¹tʃo³¹n³³tsuŋ³³n³¹ni⁵¹？ 你为什么不说呢？
你 为什么 不 说 （尾）

2）n³¹khan³³（又读 niŋ³¹khan³³）"由于……缘故"

ma³¹kam³³a⁷³¹n³¹khan³³e³¹ n⁵⁵phje⁵¹ko⁷⁵⁵na⁵⁵kum³¹phʒo³¹ʃã³¹mat³¹
老大 的 由于 （施）背包 里 的 钱 丢失
kau⁵⁵ni⁷⁵⁵ai³³.
（貌）（尾）
由于老大的缘故，我背包里的钱丢失了。

（2）表示假设关系的关系助词有以下几个：

1）tʃaŋ³³、jaŋ³¹ "……的话、……的时候"

tʃaŋ³³ 和 jaŋ³¹ 不完全相同，不能互换使用，两者的主要区别是：tʃaŋ³³ 所表示的假设条件是尚未实现的，或者是预测的、估计的；jaŋ³¹

所表示的假设条件是已经过去了的，或者已经被肯定了的。例如：

ni³³ni⁵⁵kǎ³¹lo³³tʃaŋ³³ŋut⁵⁵na³³sai³³.　　做两天的话就做完了。
二　天　做　　的话 完毕 要（尾）

n̩³¹kun³¹kǎ³¹pa³¹tat³¹ʑa²³¹tʃaŋ³³，ʃi³³pheʔ⁵⁵muŋ³¹ʃã³¹lom⁵⁵
力气　　大　　 放 要 的时候 他（宾）也　使参加
lom⁵⁵ ti³³　u²³¹!
（叠）（泛）（尾）

要使大力气的时候，你就也让他参加吧！

用 jaŋ³¹ 的如：

ŋai³³noʔ⁵⁵ŋa³¹jaŋ³¹　　ko³¹ ʃi³³puŋ³¹li³¹kǎ³¹lo³³kʑai³¹ʃã³¹kut³¹ai³³.
我　还　 在 的时候（话）他 活儿　做　　 很　努力（尾）
我还在的时候，他干活很努力。

naŋ³³kǎ³¹ʑa³¹ʑa²³¹jaŋ³¹，kǎ³¹ʑa³¹ja³³na³³n̩³¹ŋai³³.
你　 哪个　要　的话　哪个　给 要（尾）
你要哪个，就给你哪个。

2）to̥⁵⁵"假如"

同 tʃaŋ³³、jaŋ³¹ 的区别是：更强调假设的条件以及不含"的时候"的意义。它的后面经常跟话题助词 ko³¹。例如：

an⁵⁵the³³ ʑai⁵⁵to̥⁵⁵　ko³¹ ŋut⁵⁵ na³³sǎ⁵⁵kaʔ⁵⁵ai³³.
我们　　是 假如（话）完毕 要 （尾）
假如是我们的话，就做完了。

（3）表示让步关系的关系助词，常用的是 tim̩⁵¹（又读 ti⁵⁵muŋ³¹，合音为 tim̩⁵¹）"即使、虽然、尽管"：前一分句表示让步。例如：

mǎ³¹ʑaŋ³³n⁵⁵thu³¹tim̩⁵¹mam³³khai⁵⁵sǎ³³na³³.
雨　　不 下 即使 稻子　栽　就要
即使不下雨，我们也要栽秧。

ʃi³³a³¹sak³¹kǎ³¹tʃi³¹tim̪⁵¹puŋ³¹li³¹kʒai³¹ʃǎ³¹ku̪t³¹ai³³.
他 年纪 小 虽然 活儿 很 努力（尾）
他虽然年纪小，不过干活很卖力。

（4）表示转折关系的助词，主要用 ʒai⁵⁵tim̪⁵¹（又读 ʒai⁵⁵ti̪ʔ⁵⁵muŋ³¹）"但是、可是、然而、不过"：由判断动词 ʒai⁵⁵ "是" 和连词 tim̪⁵¹、ti̪ʔ⁵⁵muŋ³¹ 词汇化而成。例如：

tiʔ³¹pji³³pʒut³¹mat³¹khʒa³¹tim̪⁵¹,ʃat³¹mai⁵⁵ʒai³¹n⁵⁵lu³³kǎ³¹ʃin³¹paŋ³³
锅 连 开 （貌）（貌）可是 菜 尚 未 能 洗 放
ŋa³¹ n³¹ŋai³³.
（貌）（尾）
锅都开了，可是菜还没洗好不能放进去。

n³³tai³³ko³¹ kǎ³¹wa³¹mǎ³¹ʒi³³ʃǎ³¹lan³¹ai³³n³¹thu³³ʒe⁵¹，ʒai⁵⁵tim̪⁵¹
这（话） 他 父亲 买 使用 的 刀 是 不过
ʃi³³ n³³ʒaʔ³¹ ai³³.
他 不 爱（尾）
这是他父亲买给他的刀，不过他不喜欢。

（5）表示推论关系的助词，常用的是 sǎ⁵⁵jaŋ⁵¹ "既然"，由前缀与 jaŋ³¹ "的话" 构成。例如：

ko̪ʔ⁵⁵si³³sǎ⁵⁵jaŋ⁵¹ko³¹ʃat³¹ʃǎ³¹tu³³mǎ⁵⁵nuʔ⁵⁵!
饿 既然（话）饭 煮 （尾）
既然饿了，你们就煮饭吧！

jup³¹tu̪ŋ³³ti̪ŋ³¹sǎ⁵⁵jaŋ⁵¹lai³¹ka̪³³noʔ⁵⁵thi⁵⁵ŋa³¹n³¹niʔ⁵¹.
深 夜 全 既然 书 还 读（貌）（尾）
已是深夜了，你还在读书吗？

## 10.3 并列、偏正兼用的关系助词

常见的是 n³¹na⁵⁵。它既能表示联合关系，又能表示因果关系。表示联合关系的如：

ʃi³³ ko³¹ po³³nuʔ⁵⁵tʃai³³n³¹na⁵⁵ʃa³¹ʒe³³ai³³.　　他机灵而勇敢。
他（话）脑　　灵　而　勇敢（尾）

lă³¹phot³¹mi³³ʃa³¹sa³³n³¹na⁵⁵n³³sa³³sai³³.
一早上　一　只　去　而　不　去（尾）
只去了一个早上，就不去了。

表示偏正关系的如：

lă³¹ko³³thaʔ³¹tsi³¹tʃa³³toṇ³¹n³¹na⁵⁵wot³¹n⁵⁵tʃuŋ³³mat³¹sai³³.
脚　（方）药　涂（貌）因为　蚂蟥 不 叮（貌）（尾）
脚上涂了药，蚂蟥就不叮了。

an⁵⁵the³³n³³tʃe̞³³n³¹na⁵⁵ʃa³¹ʃeʔ³¹naŋ³³pheʔ⁵⁵sa³³san⁵⁵kaʔ³¹ai³³.
我们　不　懂　因为　只　才　你（宾）来　问　（尾）
我们不懂，才来问你的。

有时为了强调结果，可把表示结果的分句提前，这时 n³¹na³³ 仍放在表示原因的分句后面，即在全句的后面。例如：

n⁵⁵khuʔ⁵⁵e³¹u³¹ʃă³¹ʒoŋ⁵⁵toṇ³¹mă³¹tai³³, mă⁵⁵ni⁵⁵tʃiŋ³³kha³³n⁵⁵laʔ³¹
屋里（方）鸡 使 存在（貌）（尾）　昨天　门　　没关
n³¹na⁵⁵ʒe⁵¹.
因为　是
鸡关在屋里了，因为昨天没关门。

此外，n³¹na⁵⁵ 还可用来连接表示时间、处所和方位的名词性短语充当的状语，表示"从"的意思。例如：

ʃan⁵⁵the³³khjiŋ³³mǎ³¹tsat̩⁵⁵n³¹na⁵⁵kǎ³¹lo³³phaŋ³³mǎ³³sai³³, ja⁽⁵⁵
他们　　点钟　八　　从　做　开始（尾）　　现在
tu³¹khʒa³¹no⁽⁵⁵kǎ³¹lo³³ŋa³¹ ma⁽³¹ai³³.
到（貌）还　做　（貌）（尾）

他们从八点钟就开始做了，直到现在还在做。

ʃan⁵⁵the³³khjiŋ³³tʃǎ³¹khu³¹n³¹na⁵⁵ja⁽⁵⁵ tu³¹khʒa³¹no⁽⁵⁵ʃa⁵⁵
他们　　点钟　九　　从　　现在　到（貌）还　吃
ŋa³¹ma⁽³¹ai³³.
（貌）（尾）

他们从九点吃到现在还在吃。

n³³tai³³ko⁽⁵⁵n³¹na⁵⁵kǎ³¹lau³¹phaŋ³³ ka⁽³¹! 我们从这里开始犁吧！
这　（方）从　　犁　开始（尾）

n³¹son³¹ko⁽⁵⁵n³¹na⁵⁵wa³¹ai³³tai³¹ni⁵⁵ʃi⁵⁵mǎ³¹ŋa³³ja⁽⁵⁵tu³¹sai³³.
陇川（方）从　回　的　今天　十　五　　　天　到（尾）

他从陇川回来至今已有十五天了。

tʃoŋ³¹n³¹na⁵⁵ja⁽⁵⁵ʃa³¹tu³¹wa³¹ n³¹ŋai³³. 我刚刚从学校回来。
学校　从　刚刚　到（貌）（尾）

kat⁵⁵n³¹na⁵⁵wa³¹ai³³kʒi³¹na⁽⁵⁵ni⁽⁵⁵ai³³. 我从街上回来已经很久了。
街　从　　回　的　很　久（尾）

maŋ³¹ʃi³³ko⁽⁵⁵n³¹na⁵⁵tʃǎ³¹phaŋ³³tu³¹khʒa³¹teŋ³³kǎ³¹te³¹no⁽⁵⁵
芒市（方）　从　　遮放　　到（貌）公里 多少　还
tsan̩³³a⁽³¹ni⁵¹?
远　（尾）

从芒市到遮放还有多少公里？

n³³tai³³lai³¹ka̩³¹puk³¹ko⁽⁵⁵n³¹na⁵⁵thot³¹ka³³la⁵⁵ ai³³ ʒe⁵¹.
这　书　　本　（方）从　　誊　写（貌）（尾）是
是从这本书上抄来的。

woi³³ni³³phun⁵⁵n³¹tsa̱³³n³¹na⁵⁵ka⁵⁵teʔ³¹kum³¹thon³¹khʐat³¹mă³³sai³³.
猴子 们 树 上面 从 地（方）跳 （貌）（尾）

猴子（多数）从树上跳下来了。

sin³¹pʐoʔ⁵⁵n³¹na⁵⁵sin³¹naʔ⁵⁵teŋ³¹mă³¹sum³³kaŋ³¹ai³³.
东 从 西 公里 三 距离（尾）

从东到西相距三公里。

ʃan⁵⁵the³³luŋ³¹pu̱³³kă³¹ta̱³¹koʔ⁵⁵n³¹na⁵⁵ʃiŋ³¹kan³¹teʔ³¹pʐu³³wa³¹mă³³sai³³.
他们 岩洞 内 （方）从 外面（方）出 （貌）（尾）

他们从岩洞里跑出来。

lam³³mă³¹kau³³koʔ⁵⁵n³¹na⁵⁵sun⁵⁵kă³¹ta̱³¹teʔ³¹ʃaŋ³¹wa³¹mă³³sai³³.
路 旁边 （方）从 园子内 （方）进 （貌）（尾）

他们从路边进入园子里了。

lam³³lă³¹pʐan³³koʔ⁵⁵n³¹na⁵⁵wa³¹mat³¹sai³³. 他从半路就回去了。
路 中间 （方）从 回 （貌）（尾）

如果 n³¹na⁵⁵ 连接的状语是动词 sa³³、wa³¹ "来、去" 时，前面的方位名词则要加 teʔ³¹ 连用。例如：

khau³³na³¹teʔ³¹ n³¹na⁵⁵wa³¹ai³³ mă³¹sum³³jaʔ⁵⁵ʐai⁵⁵niʔ⁵⁵ai³³.
水田 （方）从 回 的 三 天 是（尾）

我从水田里回来有三天了。

sin³¹pʐoʔ⁵⁵teʔ³¹n³¹na⁵⁵sin³¹naʔ⁵⁵teʔ³¹mă³¹ʐaŋ³¹thuʔ³¹wa³¹sai³³.
东 （方）从 西 （方）雨 下 （貌）（尾）

雨从东边开始往西边下起来了。

景颇语的关系助词是如何形成的？从词源上考察，看不出关系助词与其他词类在来源上的关系。与相近的亲属语言相比，大多没有同源关系。这说明景颇语的关系助词是景颇语与这些亲属语言分化后才产生的。从用法上看,景颇语的关系助词与相近的亲属语言存在一些不同的特点。如定语助词,景颇语用三个不同的词表示,而有些语言(如哈尼语、载瓦语)则都用一个词。又如状语助词,景颇语也有多个,而哈尼语、载瓦语、缅语等语言则只用一个。这些都说明景颇语关系助词的形成具有自己的特点。

# 11 句尾词

## 11.1 句尾词的句法功能

句尾词是位于句子末尾，表示谓语的人称、数、式、方向等语法意义的助词。过去的研究成果中曾有"语尾助词""句尾助词"等称法，我习惯使用"句尾词"。

景颇语的句尾词很丰富，种类多，用法复杂，是亲属语言所没有或少有的语法特点。它对藏缅语代词化的研究以及藏缅语如何从屈折式向分析式演变，都有重要价值，是不多见的"活化石"。

对句尾词的属性应如何认识，如它是属于动词的，还是属于谓语的，还是属于整个句子的，是特点特殊的虚词，还是后缀，看法不一。我认为，它与谓语的关系最为密切，当然它还与主语有关系。由于谓语除了由动词充当外，形容词也能充当，因而句尾词不能只看成与动词有关系。景颇语的句尾词与亲属语言如嘉戎语、道孚语等的后缀不同。那些语言的后缀是紧贴在动词之后，与动词紧密融在一起的；而景颇语的句尾词则不同，在语流上、在构造上都独立于动词之外，是独立存在的虚词。但景颇语的句尾词又与一般的虚词不同，它有形态变化，词内能分析出表示不同语法功能的语法形式。

有迹象表明，景颇语的句尾词有可能是由动词的后缀演变而来的，即后缀与动词词根分离，演变为独立的虚词。这种演变与景颇语的语法形式由黏着型向分析型演变的总趋势是一致的。

句尾词在句子中的语法功能，主要是表示谓语的人称、数、式、方向等4个语法意义。此外，有的还兼表动作先后、禁止语气等意义。

### 11.1.1 句尾词指示句法成分

句尾词在句中能指明哪个是主语，哪个是宾语，哪个是物主成分。

（1）指示主语：句尾词大多只指示主语。例如：

ʃi³³ kʒai³¹ tset³¹ ai³³.　　　　　　他很勤快。
他　很　勤快（尾）

naŋ³³ a⁵⁵ tso̩m⁵¹ ʃa³¹ mjit³¹ u²³¹!　　你好好地想想吧！
你　好好　地　想（尾）

（2）既指示主语又指示宾语：具有这种功能的，只有少数句尾词。它同时指示主语和宾语的人称，但在数上大多只表示宾语的数，主语的数可以不管。例如：

ŋai³³ naŋ³³ pheʔ⁵⁵ tsu̩ŋ³³ să⁵⁵teʔ⁵⁵ai³³.　　我对你说了。
我　你（宾）　说　（尾）
（表示主语是第一人称，宾语是第二人称单数）

jaʔ⁵⁵ ʃă³¹ʒin⁵⁵ ni²³¹!　　　　　　你现在教我吧！
现在　教　（尾）
（表示主语是第二人称单数，宾语是第一人称单数）

（3）表示物主：有一些句尾词用来指明句子成分的物主属于什么人称、数。例如：

ʃi³³ aʔ³¹ pă ʔ³¹lo̩ŋ³³ kʒai³¹ ŋaŋ³¹ luʔ³¹ai³³.　　他的衣服很结实。
他　的　衣服　很　结实（尾）

an⁵⁵the³³ aʔ³¹ tʃo̩ŋ³¹na³¹tʃiŋ⁵⁵ tso̩m³¹ mă³¹liʔ³¹ai³³.
我们　的　学校　非常　美丽（尾）
我们的学校非常美丽。

由于句尾词在句中已指明了主语、宾语的人称和数，因而当人称代词做主语和宾语时可以省略。例如：

（ŋai³³）n⁵⁵ʃa⁵⁵n³¹ŋai³³.　　　　　　　　我不吃。
　我　　不 吃（尾）

（naŋ³³）jaʔ⁵⁵ kǎ³¹ʒum⁵⁵ niʔ⁵⁵!　　　　你现在帮我吧！
　你　 现在 帮　　（尾）

（ʃi³³）kǎ³¹te³¹ sa³³ aʔ³¹ni⁵¹？　　　　　他去哪儿呢？
　他　 哪儿　 去　（尾）

（ŋai³³ ʃi³³ pheʔ⁵⁵）sa³³ ʃǎ³¹ka⁵⁵ la⁵⁵weʔ³¹kaʔ³¹!　我去把他叫来！
　我　 他（宾）　去　叫　　（貌）（尾）

### 11.1.2　句尾词表示"人称"和"数"

人称有第一人称、第二人称、第三人称。人以外的事物做主语或宾语时，都用第三人称的句尾词表示。数分单数和复数两种，双数包括在复数内。有些句尾词，还表示主语和宾语中的物主名称的人称和数。例如：

ŋai³³ ko³¹ tʃiŋ³¹pho?³¹ mǎ³¹ʃa³¹ ʒai⁵⁵ n³¹ ŋai³³.　　我是景颇人。
我（话）景颇　　人　　是（尾）

naŋ³³ ko³¹mu³¹wa³¹ mǎ³¹ʃa³¹ ʒai⁵⁵ n³¹ tai³³.　　　你是汉族人。
你（话）汉族　　人　　是（尾）

ʃi³³ ko³¹sam³³ mǎ³¹ʃa³¹ ʒe⁵⁵ ai³³.　　　　　　　他是傣族人。
他（话）傣族 人　　是（尾）

an⁵⁵the³³ ko³¹ tʃiŋ³¹phoʔ³¹ mǎ³¹ʃa³¹ ʒai⁵⁵ kaʔ³¹ai³³.
我们　（话）景颇　　　人　　是（尾）
我们是景颇人。

句尾词还能出现在主谓结构做句子成分的句子当中，指示主谓结构的主语。例如：

să³¹ʒa³³ muŋ³¹ nan⁵⁵the³³ lai³¹ka³³ tʃe³³ wa³¹ mă³¹ʒin³¹tai³³ ŋa³³
老师　　也　你们　　字　　懂（貌）(尾)　　（泛）
kʒai³¹ kă³¹pu³³ ŋa³¹ ai³³.
很　高兴　（貌）(尾)

老师也为你们懂很多字而很高兴。

nan⁵⁵the³³ n⁵⁵ ʒaʔ³¹ na³³ mă³¹tai³³ ŋu⁵⁵n⁵⁵la⁵⁵ sa³³ niʔ⁵⁵ ai³³.
你们　　不　要（貌）(尾)　　（泛）不 拿　来（尾）

想来你们不要，所以我没拿来。

### 11.1.3 句尾词表示"式"

式即句子的语气，指明说话者的态度。式共有6种：叙述式、疑问式、命令式、商量式、测度式和惊讶式。例如：

叙述式：naŋ³³ sa³³ sin³³tai³³.　　　你去了。
　　　　你　去（尾）

疑问式：naŋ³³ sa³³ să⁵⁵ni⁵¹？　　　你去了吗？
　　　　你　去（尾）

命令式：naŋ³³ sa³³ uʔ³¹！　　　　你去吧！
　　　　你　去（尾）

商量式：ŋai³³ sa³³ n³¹kaʔ³¹！　　　我去吧！
　　　　我　去（尾）

测度式：naŋ³³ sa³³ să³³toŋ³³？　　你去了吗？
　　　　你　去（尾）

惊讶式：naŋ³³ sa³³ să³³kha³³！　　原来你去！
　　　　你　去（尾）

(1) 一般式和强调式：在这 6 种式中，表示命令式和商量式的句尾词，还可以根据语气的强调和非强调再分为一般式和强调式两类。非强调的为一般式，语气比较和缓，不要求对方马上执行说话者的意图。强调式的语气急迫、坚决，要求对方马上执行说话者的意图。比较下面两组句子 A、B 例句：

1A. naŋ³³ sa³³ u²³¹！　　　　　　你去吧！
　　你　去（尾）
　　（一般式，语气和缓，不要求对方马上去）

1B. naŋ³³ sa³³ nu²⁵⁵！　　　　　　你就去吧！
　　你　去（尾）
　　（强调式，语气坚决，要求对方马上去）

2A. kau³¹ ŋui⁵⁵ ʃa³¹ wa³¹ ka²³¹！　　我们慢慢回去吧！
　　慢慢地　　　回（尾）
　　（一般式，语气和缓的敦促）

2B. kau³¹ ŋui⁵⁵ ʃa³¹ wa³¹ sǎ⁵⁵ ka²⁵⁵！　我们就慢慢回去吧！
　　慢慢地　　　回（尾）
　　（强调式，语气强调的敦促）

(2) 存在式和变化式：在叙述式、疑问式、测度式、惊讶式等四个句式中，根据说话者的态度或意图，句尾词还分为存在式和变化式两类。存在式是告诉别人存在一件什么事，谓语说明主语有什么动作行为，有什么性质状态。这类句子相当于汉语"……的"或"是……的"的句型。另一类叫变化式，表示变化的语气，谓语说明动作行为或性质状态的变化，或发生了一件什么事，做了一件什么事，相当于汉语的句型"……了"。比较下列 A 句和 B 句：

1A. ʃi³ tʃe³³ ai³³．　　　　　　　　他懂的。
　　他　懂（尾）

1B. ʃi³³ tʃe³³ sai³³.　　　　　　　　他懂了。
　　他 懂 （尾）

2A. naŋ³³ kʒai³¹ ʃă³¹kut̪³¹ n³¹ tai³³.　　你是很努力的。
　　你　很　努力　　　（尾）

2B. naŋ³³ kʒai³¹ ʃă³¹kut̪³¹ sin³³tai³³.　　你很努力了。
　　你　很　努力　（尾）

变化式多数指动作行为已经完成，或性质状态已经变化。在有的句子中，由于加上貌词，还能表示动作行为或性质状态的变化尚未完成，处于正在开始或正在进行阶段。这也是一种变化，表示"开始"的变化。例如：

ʃi³³ lai³¹ka³³ thi⁵⁵ wa³¹ sai³³.　　　　他开始读书了。
他　书　读　（貌）（尾）

ma³¹ khʒap³¹ wa³¹ sai³³.　　　　　　孩子哭起来了。
孩子　哭　（貌）（尾）

### 11.1.4 句尾词表示"方向"

方向有正方向和反方向两种。正方向表示动作行为向说话者的方向进行；反方向表示动作行为背离说话者的方向进行。例如：

nan⁵⁵the³³ lă³¹wan³³ sa³³ wa³¹ mă³¹ʒit³¹!　你们快来吧！
你 们　　快　来（貌）（尾）

nan⁵⁵the³³ lă³¹wan³³ sa³³ wa³¹ mă³¹sit³¹!　你们快去吧！
你 们　　快　去（貌）（尾）

在有的语境中，表示正方向的句尾词还表示"由无到有""由小到大"的演变进程。例如：

tʃan³³ pʒu³³ wa³¹ ʒă ʔ³¹ai³³.　　　　　太阳出来了。
太阳　出（貌）（尾）

ʃi³³ tʃe³³ wa³¹ ʒă²³¹ai³³.　　　　　　　他开始懂了。
他　懂（貌）（尾）

此外，有少数几个句尾词还兼表该谓语的动作行为是先于另一动作行为的。例如：

naŋ³³ n³³tai³³ ko⁷⁵⁵ tuŋ³³ ŋa³¹ la⁷³¹！　你在这里先坐着吧！
你　这　里　坐（貌）（尾）

nan⁵⁵the³³ joŋ³¹ n⁵⁵ta̠⁵¹ e³¹ la³¹ ŋa³¹ mă³¹la⁷³¹！
你　们　全部 家　里 等（貌）（尾）
你们都先在家里等着！

有几个命令式句尾词兼表禁止语气，专用在否定句中。例如：

naŋ³³ khum³¹ sa³³ sa⁷⁵⁵！　　　　　你不要去！
你　不要　去（尾）

khum³¹ mă³¹ni³³ ma⁵⁵sa⁷⁵⁵！　　　　你们都不要笑！
不要　笑　（尾）

综上所述，景颇语的句尾词在句中表示的语法意义可用下表表示：

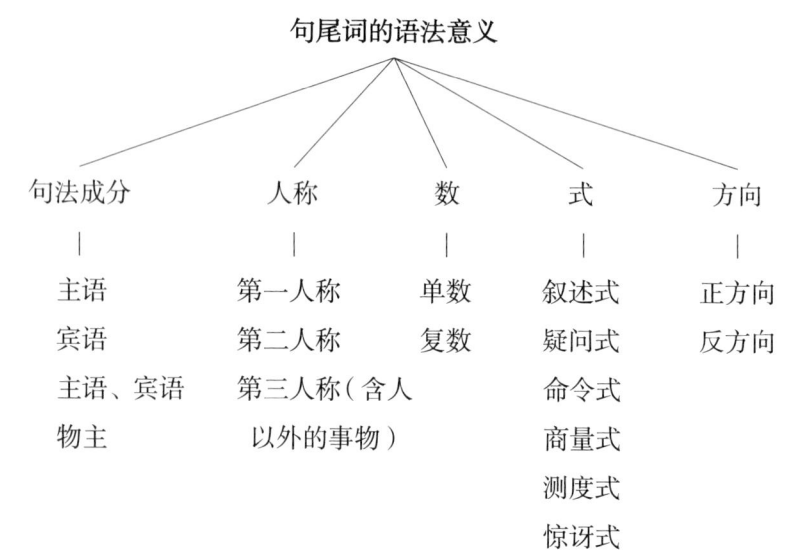

**句尾词的语法意义**

| 句法成分 | 人称 | 数 | 式 | 方向 |
| --- | --- | --- | --- | --- |
| 主语 | 第一人称 | 单数 | 叙述式 | 正方向 |
| 宾语 | 第二人称 | 复数 | 疑问式 | 反方向 |
| 主语、宾语 | 第三人称（含人以外的事物） |  | 命令式 |  |
| 物主 |  |  | 商量式 |  |
|  |  |  | 测度式 |  |
|  |  |  | 惊讶式 |  |

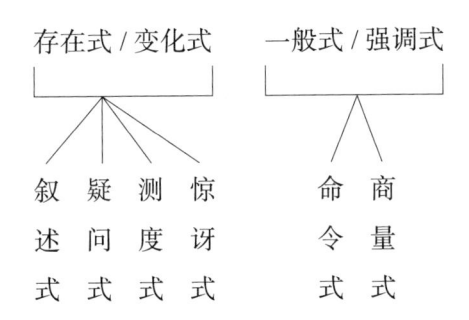

```
存在式/变化式          一般式/强调式
    ┌──┼──┐              ┌──┐
   叙 疑 测 惊           命  商
   述 问 度 讶           令  量
   式 式 式 式           式  式
```

## 11.2 句尾词的语法手段

句尾词表示语法意义的语法手段有屈折式和分析式两种。屈折式有加前缀、变换前缀、变换语音（声母、韵母、声调）。分析式是使用不同的词根。

### 11.2.1 屈折式

1. 变换前缀

（1）整个音节变换：主要是表示单数和多数。例如：

n³¹tai³³ 和 mǎ³¹tai³³：用在叙述句里，表示主语是第二人称，谓语是存在式。前者表单数，后者表多数。

ni²⁵⁵ka²³¹ 和 sǎ²⁵⁵ka²⁵⁵：用在商量句里，表示征求听话者同意第一人称施行某种动作行为，表强调语气。前者表单数，后者表多数。

（2）变换声母：有的是零声母与声母的变换。零声母表示存在式，声母表示变化式。例如：

u²³¹ni⁵¹ 和 nu²⁵⁵ni⁵¹：用在疑问句里，表示主语是第三人称单数，宾语是第三人称。前者是存在式，后者是变化式。

a³¹toŋ³³ 和 sǎ²⁵⁵toŋ³³：用在测度句里，表示主语是第一人称单数。前者是存在式，后者是变化式。

有的是不同声母变换的。例如：

te⁷³¹ai³³ 和 we⁷³¹ai³³：用在叙述句里，表示主语是第一人称，宾语是第二人称单数。前者是存在式，后者是变化式。

表示方向的句尾词，也是通过不同声母的变换表示不同的方向。正方向的词根声母为 ʒ，反方向的词根声母为 s。例如：

ʒit³¹ 和 su⁷³¹：用在命令句里，表示说话者命令第二人称单数施行某种动作行为，一般语气。前者是正方向，后者是反方向。

（3）变换韵母：有区别物主的不同人称，也有区别主语人称的。例如：

li⁷³¹ai³³ 和 lit³¹tai³³：用在存在式的叙述句里，表示主语或宾语的领有者的人称、数。前者指第一人称单数，后者指第二人称单数。

ni⁵⁵ai³³ 和 nit⁵⁵tai³³：用在变化式叙述句里，表示主语或宾语的领有者的人称单数。前者是第一人称单数，后者是第二人称单数。

（4）变换声调：主要表示不同的式，有表示存在式、变化式的，也有表示一般语气、强调语气的。例如：

nu⁷³¹ai³³ 和 nu⁵⁵ai³³：用在叙述句里，表示主语是第三人称单数，宾语是第三人称。前者是存在式，后者是变化式。

sit³¹ 和 sit⁵⁵：用在命令句里，表示说话者命令第二人称单数离开自己去施行某种动作行为。前者的敦促语气是一般的，后者是强调的。

ni⁷³¹ 和 ni⁵⁵：用在命令句里，表示说话者命令第二人称施动作行为给第一人称单数。前者是一般语气，后者是强调语气。

2. 加前缀

加前缀主要用在单数变复数上，即复数形式是在单数词根上加前缀表示。例如：

sai³³ 和 mǎ³³sai³³：二者都用在叙述句里，表示主语是第三人称，谓语是变化式。但前者表单数，后者表多数。

sa⁷⁵⁵ 和 mǎ⁵⁵ sa⁷⁵⁵：二者都用在命令句里，表示说话者禁止第二人称施行动作行为，为强调语气。但前者表单数，后者表多数。

只有个别例外：多数是词根，单数加前缀。例如：

n³¹ka⁷³¹ 和 ka⁷³¹：用在商量句里，表示征求听话者同意第一人称施行某种动作行为，一般语气。但前者加前缀的表单数，后者不加前缀的表多数。

有的句尾词，有加前缀和不加前缀两种形式，语法意义和用法完全一样。例如：

sǎ⁵⁵li⁷⁵⁵ai³³ 和 li⁷⁵⁵ai³³：二者都用在叙述句里，表示物主主语或物主宾语是第一人称单数，谓语是变化式。

sǎ⁵⁵ni⁷⁵⁵ai³³ 和 ni⁷⁵⁵ai³³：二者都用在叙述句里，表示主语是第一人称单数，谓语是变化式。

### 11.2.2 分析式

分析式主要用不同的词根表示不同的式。例如：ai³³ 表叙述语气；ni⁵¹ 表疑问语气；ka⁷³¹ 表商量语气；toŋ⁵³ 表测度语气；kha³³ 表惊讶语气。以上几个词根，构词能力强，能与不同的前缀分别组成一大类表示某一语气的句子。例如：

叙述语气句尾词：

ai³³　　　表示主语是第三人称单数，谓语是存在式。

nit⁵⁵tai³³　表示主语是第二人称单数，谓语是变化式，强调语气。

n³¹ŋai³³　　表示主语是第一人称单数，谓语是存在式。

mǎ³³sai³³　表示主语是第三人称复数，谓语是变化式。

命令式句尾词：

u²³　　　　表示主语是第二人称单数，一般语气。

sa⁵⁵　　表示说话者禁止第二人称单数施行动作行为，强调语气。
sit³¹　　表示说话者命令第二人称单数离开自己去施行动作行为，一般敦促语气。
ni⁻³¹　　表示说话者命令第二人称施动作行为给第一人称单数，一般语气。

## 11.3　句尾词人称标记的多选择性

句尾词所体现的主语人称，也就是藏缅语语言学界所关注的谓语人称形式与主语的一致关系。"一致关系"的研究，历来受到藏缅语语言学家的重视，成为动词研究中的热点之一。以往已有过一些研究成果，也有过不同观点的争论。

景颇语谓语的人称形式是通过位于句子末尾的句尾词来表示的，是藏缅语"一致关系"的一种特殊的类型。为了增强、扩大句子的语言表达功能，景颇语句尾词的人称标志与主语之间不是简单的"一对一"的关系，而是具有多选择性、多功能性的特点。

### 11.3.1　句尾词人称标记多选择性的类别

景颇语句尾词在句中出现什么人称标记，大多与主语存在一致关系。即主语是什么人称，句尾词也用什么人称。例如：

1) ( ŋai³³ ) n³³sa³³　n³¹ŋai³³ .　　　　我不去。
　　我　不去　（尾）
2) ( nan⁵⁵the³³ ) n³³sa³³ mǎ⁵⁵ni⁵¹ ?　　你们不去吗？
　　你们　　不去　（尾）
3) ( naŋ³³ ) n⁵⁵ta⁵¹wa³¹u⁻³¹ !　　　　你回家吧！
　　你　家　回（尾）

例1)的主语是第一人称单数"我",动词后与之相配的句尾词用第一人称单数形式 $n^{31}\eta ai^{33}$。例2)的主语是第二人称复数"你们",与之相配的句尾词 $m\check{a}^{31}tai^{33}$ 也是第二人称多数形式。例3)的主语是第二人称单数"你",动词后与之相配的句尾词是 $u^{231}$,也是第二人称单数形式。由于句尾词反映了主语的人称、数,所以句中的人称代词主语和人称代词宾语可以省略。

但是,句尾词的人称形式与主语不是简单的"一对一"的关系。由于语境的不同和表达上的需要,句尾词的人称标记与主语形式存在一种以上的选择,因而会出现不一致的现象。例如:(以下例句中加斜杠的句尾词表示选择用法)

4) $\eta je^{255}\int i\eta^{31}ma^{33}\ e^{31}\ mu\eta^{31}kha^{33}\eta a^{31}a^{231}to\eta^{33}\ /\ li^{231}to\eta^{33}$?
   我的 脊背 (方) 也 疤 有(尾)/ (尾)
   我的背上还有疤吗?

5) $t\int o\eta^{31}ma^{31}jo\eta^{31}a^{31}mju^{55}\ k\check{a}^{31}te^{31}tu^{31}ma^{231}ni^{51}/\ m\check{a}^{55}ni^{51}$?
   学生 都 民族 多少 到(尾)/ (尾)
   学生都有多少个民族?

例4)的主语是第三人称形式(非人称的事物都用第三人称标记),句尾词可以用第三人称形式 $a^{231}to\eta^{33}$;但如果要强调主语的领属定语,也可用表示领属定语的第一人称形式 $li^{231}to\eta^{33}$,这时句尾词的人称形式与主语就不一致,而与定语一致。例5)的主语是第三人称多数"学生",句尾词可用第三人称多数 $ma^{231}ni^{51}$;但如果想表达包括被问的学生也在内,就可以用第二人称多数的形式 $m\check{a}^{55}ni^{51}$,句尾词就与主语不一致。

人称标志的多选择性,是由多种因素或条件决定的。其中,有的与强调重点的不同有关,有的与谓语对主语的语义选择有关,有的与说话者附加的主观意图有关,还有的与句型有关。常见的主要有以下 9 种：

（1）主语带领属定语的，句尾词既可与主语的人称一致，也可与领属定语的人称一致。不同的一致关系，强调的重点不同，但句子的基本义相同。例如：

6）nan$^{55}$the$^{33}$a$^{231}$mǎ$^{31}$naŋ$^{33}$ni$^{33}$wa$^{31}$mat$^{31}$mǎ$^{33}$sai$^{33}$ / lit$^{55}$ai$^{33}$.
　　你们　　的　朋友　　们　回（貌）（尾）/　（尾）
你们的朋友们都回去了。

7）ʃi$^{255}$n$^{55}$phje$^{51}$kʒai$^{31}$tsom$^{31}$ ai$^{33}$ / lu$^{231}$ai$^{33}$.　　他的背包很漂亮。
　　他的　背包　很　漂亮（尾）/（尾）

8）ŋje$^{255}$puŋ$^{31}$kho$^{255}$kʒai$^{31}$kǎ$^{31}$lu$^{31}$ai$^{33}$　/　lu$^{231}$ai$^{33}$.
　　我的　包头巾　　很　长　（尾）/（尾）
我的包头巾很长。

例 6）的主语"朋友们"是第三人称多数，句尾词可用第三人称多数 mǎ$^{33}$sai$^{33}$；若要强调领属者"你们的"，就用领属者是第二人称多数的句尾词 lit$^{55}$ai$^{33}$。例 7）的主语"背包"是第三人称单数，句尾词可用第三人称单数 ai$^{33}$；若要强调领属者"他的"，也可用表示领属者是第三人称单数的句尾词 lu$^{231}$ai$^{33}$。例 8）的主语"包头巾"是第三人称单数，句尾词可用第三人称单数 ai$^{33}$；若为了强调领属者"我的"，也可用领属者是第一人称单数的句尾词 lu$^{231}$ai$^{33}$。以上三个例句，后一个句尾词的人称标记与主语不一致。

（2）隐藏领属定语的主语，句尾词的使用允许多选择，即可以使用不同的人称形式指示不同的领属定语。主语的领属者是什么人称，要由句尾词的人称形式来定。随着句尾词的更换，句子的基本义也随之变化。例如：

9）kum$^{31}$kai$^{33}$tiŋ$^{31}$la$^{33}$no$^{255}$khum$^{33}$ma$^{231}$ni$^{51}$ / lit$^{31}$ni$^{51}$ / lu$^{231}$ni$^{51}$？
　　老太太　老大爷　还　活　（尾）　　/（尾）　/（尾）
（他们的、你的、他的）老人还在吗？

10) n⁵⁵ta̠⁵¹mǎ³¹ʃa³¹joŋ³¹kǎ³¹te³¹ʒai⁵⁵  mǎ⁵⁵ni⁵¹ / ma⁽ʔ⁾³¹ni⁵¹?
　　家　人　　都　多少　是　（尾）　/（尾）
　　（你们的、他们的）家里人都有多少？

（3）为了表达"自谦、亲切、客气"的语气，常用第一人称标志的句尾词，表示说话者也在内。这就使得句尾词人称标记与主语不一致。例如：

11) tʃoŋ³¹ma³¹tu³¹khum³³mǎ³³sai³³ / sǎ⁵⁵kaʔ⁵⁵ai³³ .
　　学生　　到　齐（尾）/（尾）
　　学生到齐了。

12) khut³¹muŋ³¹khut³¹sai³³，thon³¹ uʔ³¹ / sǎ⁵⁵kaʔ⁵⁵ !
　　熟　也　熟（尾）　端　（尾）/（尾）
　　熟也熟了，端下来吧！

例11）的主语是第三人称多数，句尾词可用第三人称多数 mǎ³³sai³³ 与之一致，但也可用第一人称多数 sǎ⁵⁵kaʔ⁵⁵ai³³，表示"我"也在内。例12）的主语是第二人称单数，句尾词可用第二人称单数 uʔ³¹ 与之一致，但也可用第一人称多数形式 sǎ⁵⁵kaʔ⁵⁵，表示"我"也参与。

下面这个句子由两个分句组成，主语是一个。但前一分句的句尾词用第二人称多数 mǎ⁵⁵saʔ⁵⁵，与主语"你们"一致，而后一分句则改用第一人称多数 kaʔ³¹，与主语不一致。因为后一分句，说话者把自己也算在内，含有客气的意味。

13)（nan⁵⁵the³³）khum³¹kǎ³¹ʒu³¹mǎ⁵⁵saʔ⁵⁵ !  a⁵⁵tso̠m⁵¹ʃa³¹tuŋ³³kaʔ³¹!
　　（你们）　不要　闹　（尾）　　好好地　　坐（尾）
　　（你们）不要闹了！好好地坐吧！

（4）句子若带宾语，句尾词的人称标志既可与主语一致，又可同时与宾语一致。例如：

14）ŋai³³ʃi³³pheʔ⁵⁵tsun̠³³tan⁵⁵să³³ŋai³³ / weʔ²³¹ai³³.
　　我　他（宾）告诉　　（尾）　/（尾）
　　我告诉他了。

15）naŋ³³ʃi³³pheʔ⁵⁵ja³³să⁵⁵ni⁵¹ / nit⁵⁵ni⁵¹？　你给他了吗？
　　你　他（宾）给（尾）/（尾）

例14）的主语是第一人称单数"我"，可以使用只表示主语人称形式的să³³ŋai³³。但这个句子带第三人称单数宾语"他"，说话者如果要强调宾语是谁，也可使用既表示主语又表示宾语的句尾词weʔ²³¹ai³³。例15）的主语是第二人称单数"你"，可以使用只表示主语人称形式的să⁵⁵ni⁵¹。但这个句子带第三人称单数宾语"他"，也可用既表主语又表宾语的句尾词nit⁵⁵ni⁵¹，表示要强调宾语是谁。

（5）主语不明确，或无法补出的，句尾词大多用第三人称形式，若要表示客气的语气，可用第一人称形式。例如：

16）pha³³n³³ʒa³¹sai³³，wa³¹să⁵⁵kaʔ⁵⁵！　　没关系，回去吧！
　　没关系　（尾）　回（尾）

17）pai⁵⁵khʒum⁵⁵kaʔ²³¹！　　　　　　再见！
　　再　见　（尾）

18）wun³¹li⁵⁵lu³¹uʔ²³¹ kaʔ²³¹！　　　　吉祥如意！
　　吉祥如意　（尾）

19）n³³tai³³pheʔ⁵⁵pha³³ŋa³³maʔ²³¹ni⁵¹？　这叫什么？
　　这　（宾）什么　称（尾）

20）lă³³ma³³wa³³ka³³tu³³sa³³jaŋ³¹，kă³¹ʒa³¹lam³³khu³³saʔ³³maʔ²³¹ni⁵¹？
　　假如　　嘎都　去 的话　哪　　路（方）去（尾）
　　假如去嘎都的话，从哪条路去？

21）pha³³tim⁵¹ʃa³¹lu³¹laŋ³³tʃaŋ³³ʒai⁵⁵sai³³！　是什么能用就行了！
　　什么 即使 仅 有 用 的话 行（尾）

以上各句的句尾词，例16）、例17）、例18）用第一人称形式，例19）、例20）、例21）用第三人称形式。

（6）主语是第三人称形式的，若要强调说话者或听话者也在内，句尾词可以用第一或第二人称的形式。例如：

22）să³¹ʒa³³the⁷³¹tʃoŋ³¹ma³¹joŋ³¹khjiŋ³¹mă³¹tsat⁵⁵tʃan⁵⁵ʒai⁵⁵
　　老师　和　同学　　都　千　八　　余　是
　　ma⁷³¹ai³³ / ka⁷³¹ai³³.
　　（尾）/（尾）
　　（我们）老师和同学共有八千多人。

23）n⁵⁵ta⁵¹mă³¹ʃa³¹ kă³¹te³¹ʒai⁵⁵ma⁷³¹ni⁵¹ / mă⁵⁵ni⁵¹ ?
　　家　人　　多少　是（尾）/（尾）
　　（你们）家里有多少人？

例22）的主语是第三人称多数，句尾词可用第三人称多数ma⁷³¹ni⁵¹与主语一致；但如果要强调也包括说话者在内，句尾词就用第一人称多数形式的ka⁷³¹ai³³。例23）的主语是第三人称多数，但要含听话者在内，也可用第二人称多数形式的句尾词mă⁵⁵ni⁵¹。

（7）复合句中的前一分句，句尾词人称标志的区分不甚严格，ai³³、sai³³泛用的较常见。例如：

24）an⁵⁵the³³mă³¹tsan³¹ai³³ ko³¹, ma³¹ nau³¹lo⁷⁵⁵n³¹na⁵⁵ʒe⁵¹.
　　我们　穷　（尾）(话) 孩子 太 多 因为 是
　　我们之所以穷，是因为孩子太多。

25）ŋai³³n³¹tʃe³³ai³¹ʃa³¹n⁵⁵ka⁵⁵, să³¹ʒa³³pji n³³ tʃe³³ai³³mi³³.
　　我 不 懂（尾）不仅　 老师　连 不 懂 的（语）
　　不仅我不懂，连老师也不懂。

26）nan⁵⁵the³³joŋ³¹kum³¹pho³¹lu³¹ sai³³mă³¹tʃo³¹, pha³³muŋ³¹
　　你们　都　钱　　　有(尾)因为　　什么　也

lu³¹mǎ³¹ʒi³³sai³³.
能　买（尾）

因为你们都有钱了，所以什么也能买了。

例24）的主语是"我们"，句尾词用第三人称的 ai³³；例25）的主语是"我"，句尾词也用第三人称的 ai³³；例26）的主语是"你们"，句尾词用的是第三人称的 sai³³。

（8）向第二人称发出疑问的疑问句，不管主语是什么人称，都用第二人称单数形式的句尾词。例如：

27）nan⁵⁵the³³ka⁵⁵ e³¹ khjen³³n⁵⁵khʒat³¹n³¹ni⁵¹？
你们　地方(方)霜　不下　（尾）

你们那地方不下霜吗？

28）khjiŋ³³kǎ³¹te³¹thu³¹sǎ⁵⁵ta̠⁵¹？　　　几点了？
时间 多少　指 （尾）

例27）、例28）的主语是"地方""时间"，都是第三人称，但句尾词的人称标志都用第二人称单数形式。

（9）现代景颇语的句尾词出现了简化的趋势，特别是在青少年的口语里，句尾词的简化趋势最为明显。其演变特点主要是：句尾词由多到少；由复杂到简单；表示第三人称的句尾词 ai³³、sai³³ 泛化使用，代替了第一、二人称。这种趋势，扩大了句尾词人称标志与主语的非一致性。例如：

29）ŋai³³ʃat³¹ʃa ⁵⁵sai³³（应为 sǎ³³ŋai³³）.　　我吃饭了。
我　饭 吃（尾）　　（尾）

30）mǎ³¹ʃa³¹ni³³kʒai³¹tʃat⁵⁵ŋa³¹ai³³（应为 ma²³¹ai³³）.
人　 们 很　拥挤 在(尾)　　（尾）

人们很拥挤。

31）u³¹khai⁵⁵phe⁷⁵⁵ʃiŋ³³run³³lă⁵⁵khoŋ⁵¹laŋ³¹jo⁷³¹sai³³（应为să³³ŋai³³）.
　　小鸡　（宾）碎米　　两　　　次　喂（尾）　（尾）
　　（我）给小鸡喂了两次碎米。

32）nep³¹khji³¹ʒe³³　ai³³ lai³¹ muŋ³¹lai³³kau⁵⁵ʒa⁷³¹ai³³（应为ka⁷³¹ai³³）.
　　鼻涕擤（泛）的 习惯 也　　改　掉　要（尾）　　（尾）
　　（我们）要改掉擤鼻涕的习惯。

例29）的主语是"我"，句尾词应该用第一人称单数形式，但许多人改用第三人称单数 sai³³。例30）的主语是"人们"，句尾词应该用第三人称多数形式，但许多人用第三人称单数 ai³³。例31）的主语是我（省略），句尾词应该用第一人称单数形式，但许多人改用第三人称单数 sai³³。例32）的主语是"我们"（省略），句尾词应该用第一人称多数形式，但许多人改用第三人称单数 ai³³。

**11.3.2　句尾词人称标记多选择性的成因和条件**

通过以上的分析，对景颇语句尾词人称标志与主语一致关系的性质、功能，以及谓语人称标志多选择性的成因和条件，会有一些新的认识。主要有以下几点：

（1）多选择性除了主语外，还与宾语（如例4））、定语（如例8）、例9）、例10））以及句子成分形式以外的语义成分（包括省略的、说话者附加的）存在一致关系。这种一致关系，既受语法、语义条件的制约，还受语用条件的制约。句尾词语法标志多功能性的特点，决定了它的多选择性的特点。

（2）人称标记的一致关系，是为了增强、扩大语言表达能力而生成的一种语义、语法手段。也就是说，它不是消极地、单纯地为"一致"而一致，只限于达到形式一致的效果，而是积极地从不同方面增强、补充句子的表现能力，甚至还能表达在句中没有出现的（或省略的，或隐藏的）语义成分。如果主语所指对象不明确，句尾词还能通过语法形式的变换来体现所指的意义（如例11）、例12）），包括强调的重点是什么、范围是什么等（如例13）、例14）、例15））。

景颇语是以谓语为中心的一种分析性语言。句中的主语、宾语、状语、定语、补语等都可以省略，唯有谓语不能，任何句子都必须有谓语。而谓语则能够通过附着在上面的各种语法形式和语法意义，来补充、增强句子的表达能力。(例26）、例27）、例28））

（3）严格地说，景颇语句尾词与主语的人称一致关系是述题与话题的一致关系。由于谓语的语法标志还能表示主语以外的成分，因而以往的"人称一致关系"的提法是不甚准确的。当然，由于充当话题的多是主语，所以在感觉上容易判断为与主语的关系。

景颇语的句子成分结构（主语与谓语）与话题结构（话题与述题）虽有部分交叉，但是属不同层次的语法结构。景颇语由屈折型向分析型发展，其语法形式的关系必然会与话题结构发生密切的关系。

（4）揭示谓语人称标志多选择性的成因和条件，对我们解释藏缅语人称一致关系的历史来源及类型学特征都会有帮助。

## 11.4 句尾词的分类

句尾词根据其语法意义和语法形式可分为以下六类：叙述式句尾词、疑问式句尾词、测度式句尾词、惊讶式句尾词、命令式句尾词、商量式句尾词。同一类下面又因人称、数、式、方向等语法意义的不同又有小类的区别。

### 11.4.1 叙述式句尾词

叙述式句尾词表达叙述语气，大多数以音节 ai（或以 ai 做韵母的音节）收尾。例如：

n³¹ŋai³³：表示主语是第一人称单数，谓语是存在式。例如：
ŋai³³ ko³¹tʃiŋ³¹pho⁽ʔ⁾³¹ʒai⁵⁵n³¹ŋai³³.　　　我是景颇人。
我（话）景颇人　　是（尾）

ma⁽ʔ⁾³¹ai³³：表示主语是第三人称复数，谓语是存在式。例如：
ʃă³¹ta⁽ʔ⁾³¹ kʒai³¹ mjit³¹khʒum⁵⁵ ma⁽ʔ⁾³¹ai³³.　（他们）互相很团结。
互相　　很　团结　　　（尾）

li⁽ʔ⁾³¹ai³³：表示物主主语是第一人称单数，谓语是存在式。例如：
ŋje⁽ʔ⁾⁵⁵ pă³³loŋ³³ kʒai³¹ phʒo³¹ li⁽ʔ⁾³¹ai³³.　　我的衣服很白。
我的　衣服　　很　　白　（尾）

### 11.4.2 疑问式句尾词

疑问式句尾词用在表示疑问语气的句子里。又可分为两类：一类是带 ni⁵¹ 的，一类是带 ta̭⁵¹ 的。带 ni⁵¹ 的用在一般疑问句里。例如：
ʃi³³ naŋ³³ phe⁽ʔ⁾⁵⁵ lai³¹ka̭³³ ja³³ a⁽ʔ⁾³¹ni⁵¹？　　他给你书吗？
他　你（宾）书　　给　（尾）
ʃi³³ ʃi³³ phe⁽ʔ⁾⁵⁵ n³³ sa³³ kă³¹ʒum³³ u⁽ʔ⁾³¹ni⁵¹？　他不去帮他吗？
他　他（宾）不　去　帮助　　（尾）

带 ta̭⁵¹ 尾的，主要出现在以下两种句型中：(1)用在含有估计语气的疑问句里。说话者对某种事情有了一定的认识，但是还不能完全肯定，因此就用估计的语气发问，目的是要听话者证实他的估计。(2)用在出现疑问代词的疑问句里，说话者要听话者回答疑问代词所指示的未知问题。例如：
ʃi³³ naŋ³³ phe⁽ʔ⁾⁵⁵ pha³³ ja³³ a³¹ta̭⁵¹？　　他给你什么呢？
他　你（宾）什么　给　（尾）

ʃi³³ kǎ³¹tai³³ pheʔ⁵⁵ sa³³ kǎ³¹ʒum³³ uʔ³¹ta̠⁵¹?
他　谁　　（宾）　去　帮助　　（尾）

他去帮助谁呢？

在用法上，用 ta⁵¹ 尾的不及 ni⁵¹ 尾广泛。凡用 ta⁵¹ 尾的都能换用 ni⁵¹ 尾，而用 ni⁵¹ 尾的却不能换用 ta̠⁵¹ 尾。

### 11.4.3 命令式句尾词

命令式句尾词用在表达命令语气的句子里，表示说话者命令听话者施行某种动作行为。韵母以 [ -ʔ ]、[ -p ]、[ -t ] 收尾。命令式句尾词除了区分不同的人称、数外，还区分一般语气和强调语气。一般式为低降调，强调式为高平调。例如：

nan⁵⁵the³³ joŋ³¹ kǎ⁵⁵wa⁵⁵ sa³³ phai³³ muʔ³¹!
你们　　全部　竹子　　去　抬　　（尾）

你们都去抬竹子吧！

jaʔ⁵⁵ ko³¹ khum³¹ ʃa⁵⁵ saʔ⁵⁵ !　　（你）现在不要吃！
现在（话）不要　　吃（尾）

nan⁵⁵the³³ joŋ³¹ sa³³ mǎ³¹ ʒit³¹!　　你们都来吧！
你们　　全部　来　（尾）

tʃan³³ tu³¹ wa³¹sai³³ lau³³ sa³³ sit⁵⁵!　太阳落山了，你快去吧！
太阳　到（貌）（尾）快　去（尾）

sǎ³¹ʒa³³ ŋai³³ pheʔ⁵⁵ noʔ⁵⁵ tsun̠³³tan⁵⁵ niʔ³¹!
老师　我　（宾）　再　　说　（貌）（尾）

老师你再对我说吧！

### 11.4.4 商量式句尾词

商量式句尾词用在表示商量语气的句子里，表示说话者跟听话者商量施行某种动作行为。词根为 ka⁽³¹。

ŋai³³ kǎ³¹lo³³ we⁽³¹ ka⁽³¹!　　　我替他做!
我　做　　（尾）

ʃi³³ pheʔ⁵⁵ sa³³ ja³³ kau⁵⁵ mǎ³¹ seʔ³¹ kaʔ³¹!
他 (宾) 去 给（貌）（尾）
我去给他吧!

ʃi³³ lu³¹ sǎ⁵⁵jaŋ⁵¹ ko³¹ ŋai³³ pheʔ⁵⁵ pai⁵⁵ n³¹thaŋ³³ ja³³ niʔ³¹kaʔ³¹!
他 有 的 话（话）我 (宾) 再 回 给 （尾）
他有的话，再还给我吧!

ʃi³³ ʃi³³ pheʔ⁵⁵ sa³³ kǎ³¹ʒum³³ uʔ³¹kaʔ³¹! 他去帮助他吧!
他 他 (宾) 去 帮忙 （尾）

ʃi³³ tʃe³³ ai³³, sa³³ suʔ³¹ kaʔ³¹! 他懂的，就他去吧!
他 懂（尾）去（尾）

### 11.4.5 测度式句尾词

测度式句尾词用在表示测度语气的句子里。所谓测度，就是说话者对某件事做猜测、估计，或者做不完全断定的判断。这类句子有点像叙述句，因为它也以叙述某件事的存在、变化为目的；但又有点像疑问句，因为所叙述的事是说话者还不能完全肯定的，多少带有疑惑的语气。

测度式句尾词以 toŋ³³ 收尾。只要把疑问式句尾词的 ni⁵¹ 换上 toŋ³³，就是测度式句尾词。例如：

naʔ⁵⁵ pǎ³³loŋ³³ nau³¹ kǎ³¹lu³¹ lit³¹toŋ³³ ?　你的衣服太长了吧?
你的 衣服　太 长　 （尾）

naŋ³³ n⁵⁵nu⁵¹ pheʔ⁵⁵ mu³¹ nit⁵⁵toŋ³³ i⁵¹ ?　你看见你母亲了吧?
你 你母亲 (宾) 见 （尾）（语）

ʃan⁵⁵the³³ ma³¹no³³ pheʔ⁵⁵ʒai³¹ n⁵⁵ ʃap³¹ ja³³ muʔ³¹toŋ³³ ?
他 们　　麻诺（宾）还 没 借 给 （尾）
他们还没借给麻诺吧？

o³³, ŋai³³ ʃi³³ pheʔ⁵⁵ju³³ ʃut⁵⁵ niʔ⁵⁵toŋ³³ ?
噢　我 他（宾）看 错 （尾）
噢，我看错他了吧？

### 11.4.6 惊讶式句尾词

惊讶式句尾词用在对某件事表示惊讶语气的句子里。所谓惊讶，是指说话者对某件事的发生原先不是这么估计的，或原先没有预料到，后来才明白的，因而感到惊讶。惊讶式句尾词以 kha³³ 收尾。只要把疑问式句尾词的 ni⁵¹ 换上 kha³³，就是惊讶式句尾词。例如：

ma³¹laʔ³¹aʔ³¹ khe⁵⁵tan³³ n⁵⁵ ʒai⁵⁵ luʔ³¹kha³³ !
麻拉　 的 钢笔　　不 是（尾）
原来不是麻拉的铅笔！

naŋ³³ muŋ³¹ sa³³ ʒin³¹kha³³ !　　　　原来你也来了！
你　 也　 来 （尾）

ʃi³³ pheʔ⁵⁵ʒai³¹ n³³ ja³³ muʔ³¹kha³³ !　　原来他还没给他！
他（宾）还 没 给（尾）

ma³¹thuʔ³¹pheʔ⁵⁵ʒai³¹ n⁵⁵ ʃã³¹na³¹ weʔ³¹kha³³ !
麻途　（宾）还 没 通知 （尾）
原来我还没通知麻途！

naŋ³³ ʃi³³ pheʔ⁵⁵ kǎ³¹ʒum³³ nit⁵⁵kha³³ !　　原来你帮助他了！
你 他（宾）帮助　　（尾）

## 11.5 句尾词的来源及演变趋势

### 11.5.1 句尾词的来源

句尾词是怎样产生的？这当中涉及两个问题：一是在词源上与什么词有关，是由什么词转化而来的？二是形成句尾词的客观条件是什么，是什么因素促使景颇语产生如此丰富的句尾词？

先谈词源。通过词源比较，能够看到有些句尾词与实词有关。按照先实后虚的认识规律，可以认为这些句尾词是由实词虚化而成的。目前，只发现来自人称代词和动词两类。

来自人称代词的有两个：一是来自第一人称单数的人称代词 ŋai$^{33}$ "我"；另一个是来自第二人称单数的人称代词 naŋ$^{33}$ "你"。分述如下：

1. 第一人称单数的人称代词 ŋai$^{33}$ "我"

（1）句尾词 n$^{31}$ŋai$^{33}$，用在第一人称单数做主语的存在式叙述句里。

（2）句尾词 sǎ$^{33}$ŋai$^{33}$，用在第一人称单数做主语的变化式叙述句里。

（3）句尾词 ʒin$^{31}$ŋai$^{33}$，用在第一人称单数做主语、来方向的叙述句里。

例句：

| | |
|---|---|
| ŋai$^{33}$tʃe$^{33}$n$^{31}$ŋai$^{33}$. | 我懂。 |
| 我　懂（尾） | |
| ŋai$^{33}$tʃe$^{33}$ sǎ$^{33}$ŋai$^{33}$. | 我懂了。 |
| 我　懂　（尾） | |
| ŋai$^{33}$tu$^{31}$ ʒin$^{31}$ŋai$^{33}$. | 我到了。 |
| 我　到　（尾） | |

2. 第二人称单数人称代词 naŋ³³ "你"

（1）句尾词 n³¹tai³³，用在第二人称单数做主语的存在式叙述句里。

（2）句尾词 n³¹ni⁵¹，用在第二人称单数做主语的存在式疑问句里。

（3）句尾词 ʒin³¹ni⁵¹，用在第二人称单数做主语、正方向的疑问句里。

例句：

naŋ³³kʒai³¹ʃä³¹ku̯t³¹n³¹tai³³.　　　你很努力。
你　很　努力　（尾）

naŋ³³n³³ja³³n³¹ni⁵¹？　　　你不给吗？
你　不　给（尾）

naŋ³³muŋ³¹sa³³ʒin³¹ni⁵¹？　　　你也来吗？
你　也　来（尾）

但第一、二人称复数代词及第三人称代词，没有转为句尾词的。这可能与它们是后起的有关系。

来自动词的句尾词有以下几个。其中，有的语音形式不变，有的变了，主要是韵母发生变化。

3. 动词 la³¹ "等待"

（1）句尾词 laʔ³¹ 用在第二人称单数做主语、动作行为具有等待义的命令句里。

（2）句尾词 mä³¹laʔ³¹ 用在第二人称复数做主语、动作行为具有等待义的命令句里。

例句：

naŋ³³n³³tai³³koʔ⁵⁵la³¹ŋa³¹　laʔ³¹!　　　你在这里等着！
你　这　　里　等（貌）（尾）

nan⁵⁵the³³joŋ³¹tʃoŋ³¹　e³¹　la³¹　ŋa³¹　laʔ³¹!　　　你们都在学校等着！
你们　　都　学校（方）等　（貌）（尾）

4. 动词 sit³¹ "移动"

（1）句尾词 sit³¹ 用在第二人称单数做主语、动作行为是去方向的命令句里，表示一般敦促语气。

（2）句尾词 mǎ³¹sit³¹ 用在第二人称复数做主语、动作行为是去方向的命令句里，表示一般敦促语气。

例句：

naŋ³³kau³¹ŋui⁵⁵ʃa³¹wa³¹ sit³¹ jo⁵¹!　　你慢慢地回去吧！
你　慢慢地　　回去（尾）（语）

nan⁵⁵the³³nan³³ʃeʔ³¹sa³³mǎ³¹ʒi³³la⁵⁵ mǎ³¹sit³¹！
你们　　亲自　才　去　买　　（貌）（尾）
你们亲自去买吧！

5. 动词 sa³³ "去"

（1）句尾词 suʔ³¹ 用在第二人称单数做主语的命令句里，动作行为是去方向。

（2）句尾词 mǎ³¹suʔ³¹ 用在第二人称复数做主语的命令句里，动作行为是去方向。

例句：

naŋ³³lau³³sa³³suʔ³¹！　　　　　你快去吧！
你　快　去（尾）

joŋ³¹sa³³kǎ³¹ʒum³³mǎ³¹suʔ³¹！　　你们都去帮忙吧！
都　去　帮忙　（尾）

6. 动词 ʒa³¹ "要"

（1）句尾词 ʒit³¹ 用在第二人称单数做主语的命令句里，动作行为是来方向。

（2）句尾词 ʒit³¹kaʔ³¹ 用在商量句里，表示征求听话者同意第三人称单数到自己方向来施行动作行为。

(3) 句尾词 ʒa⁽³¹ ai³³ 用在第三人称单数做主语的叙述句里，动作行为是正方向。

例句：

ŋai³³koʔ⁵⁵sa³³ʒit³¹!　　　　　你来我这里！
我（处）去（尾）

ʃi³³sa³³kă³¹ʒum³³ ʒit³¹kaʔ³¹!　　他来帮忙吧！
他 去　帮忙　（尾）

ʃi³³muŋ³¹sa³³ʒaʔ³¹ai³³.　　　　他也来了。
他 也　来（尾）

7. 动词 lu³¹ "有"

(1) 句尾词 luʔ³¹ai³³ 用在第三人称单数做领有主语或领有宾语的存在式叙述句里。

(2) 句尾词 liʔ³¹ 用在第一人称单数做领有主语或领有宾语的存在式疑问句里。

例句：

ʃiʔ⁵⁵ lai³¹ka̠³³kʒai³¹kă³¹tʃa³³luʔ³¹ai³³.　　他的书很好。
他的 书　　很　好　（尾）

ŋjeʔ⁵⁵lă³¹pu³¹n³⁵tso̠m³¹liʔ³¹ni⁵¹?　　我的裤子不美吗？
我的 裤子　不 美（尾）

景颇语的实词转为句尾词时，有两种方式：一是取整个音节，如来自第一人称代词的 ŋai³³，来自动词的 sit³¹。二是取声母，如来自第二人称代词的 naŋ³³，取声母 n，来自动词的 sa³³ 取声母 s，ʒa³¹ "要"取声母 ʒ，lu³¹ "有"取声母 l。在以上两种方式中，第二种最多。

从每组句尾词的系统看，大多数的句尾词都是类推产生的。如由人称代词 naŋ³³ "你" 转来的句尾词都具有 n 声母或 n 韵尾，或 n 音节。例如：

n³¹tai³³ 用在第二人称单数做主语的存在式叙述句里；

nit⁵⁵ tai³³ 用在第二人称单数做主语的强调式叙述句里；

ʒin³¹tai³³ 用在第二人称单数做主语的叙述句里，动作行为是正方向；

ni⁽³¹ 用在第二人称单数做主语、第一人称做宾语的命令句里。

又如由动词 lu³¹ "有"转来的句尾词，都带有 l 声母。例如：

lit³¹tai³³ 用在第二人称单数做领有主语或领有宾语的存在式叙述句里；

li⁽³¹ni⁵¹ 用在第一人称单数做领有主语或领有宾语的存在式疑问句里；

li⁽⁵⁵ni⁵¹ 用在第一人称单数做领有主语或领有宾语的变化式、疑问句里。

### 11.5.2 句尾词系统形成的语言条件

景颇语句尾词如此丰富，变化又如此复杂，构成景颇语语法的一个重要特点，使其在藏缅语中独树一帜。藏缅语有的语言（如载瓦语等），虽然有表示句子的人称、数、语气的虚词，但数量很少，而且不成系统。那么，景颇语为什么能产生如此数量的句尾词呢？它究竟是与什么语言条件有关？要回答这个问题，必须研究动词的整体特点。

藏缅语的一些语言（主要是北部语群的语言），动词的形态变化比较发达。动词的形态有加词缀（前缀、后缀）、变音、重叠等。景颇语的动词形态变化不甚发达，只保留少量前缀，无后缀，变音现象也少。少量的前缀主要是表示动词的使动意义。在景颇语里，表示语气、人称、数、方向等语法意义的语法形式，都由句尾词来担任。景颇语的句尾词有少量与别的亲属语言的动词形态能找到对应关系。如与独龙语比较，表示第二人称单数的语法形式，景颇语是句尾词中的 n，而独龙语是动词前缀 nɯ$^{31}$。试看下列例句：

  景颇语：naŋ$^{33}$tam$^{33}$n$^{31}$tai$^{33}$.　　　　　你找。
　　　　你　找　（尾）

  独龙语：na$^{53}$nɯ$^{31}$la$^{53}$.　　　　　　　你找。
　　　　你（前）找

  景颇语：naŋ$^{33}$tʃe$^{33}$ʃa$^{55}$n$^{31}$ni$^{51}$？　　　你会吃吗？
　　　　你　会　吃（尾）

  独龙语：na$^{53}$kai$^{53}$ma$^{55}$nɯ$^{31}$sɔ$^{53}$？　　你会吃吗？
　　　　你　吃　（前）　会

表第一人称单数的语法形式，景颇语是句尾词，而独龙语是动词的韵尾。例如：

  景颇语：ŋai$^{33}$n$^{33}$sa$^{33}$n$^{31}$ŋai$^{33}$.　　　我不去。
　　　　我　不　去（尾）

  独龙语：ŋa$^{51}$mu$^{31}$diŋ$^{53}$.　　　　　我不去。
　　　　我　不　找

  景颇语：ŋai$^{33}$tam$^{33}$n$^{31}$ŋai$^{33}$.　　　　我找。
　　　　我　找　（尾）

  独龙语：ŋɔ$^{53}$ laŋ$^{53}$.　　　　　　　我找。
　　　　我　找

应该进一步研究的是，景颇语表示人称、数的语法形式，为什么不与动词粘在一起，而是脱离动词聚合为一个独立的虚词类呢？经综合考察，我认为这与景颇语语音结构发展的特点有关。

在景颇语里，动词中的双音节词占多数，即使是一些基本词，也是双音节词居多。在所统计的3582个动词中，双音节词有2009个，占56.9%，单音节词只有1252个，占34.9%，此外还有一些三音节词、四音节词。形容词也是双音节词多于单音节词。在所统计的 555 个形容词中，双音节词有 267 个，单音节词有 227 个。双音节词的语音模式，大多是"前弱后强"，即前一音节是弱化音节，后一音节是重音节。弱化音节有两个来源：一是由复辅音声母的前一辅音分离而出构成一个音节，即由带复辅音声母的单音节词分化成两个单辅音声母的音节，前一个为弱化音节。另一来源是前缀，主要是表示使动意义。如 ʃã$^{31}$ti$^{731}$ "使断"、tʃã$^{31}$kha$^{731}$ "使分离"。双音节词居多，使得语音系统中出现了双数韵律；而双数韵律的出现又促使双音节词数量的增加。由于景颇语的动词、形容词以双音节词居多，而双音节词的特点又排斥在其前后再加前缀或后缀（因为它不符合双数韵律的特点），因而主要表示动词、形容词语法意义的语法成分只好推至动词、形容词之后，以句尾词的形式出现。景颇语的句尾词也是以双音节词为主，双音节词也以"前弱后强"的模式出现。在 350 个句尾词中，双音节词 64 个，单音节词 18 个，三音节词 138 个，四音节词 30 个。三音节词是由表示人称、数的双音节词素加表示语气的单音节词素构成；在读音上，其第三音节的音长拉长一倍，与四音节词的音长相当，也构成双数韵律。句尾词由双音节或三音节构成，一方面符合双数韵律，另一方面使其有足够的容量表示多种语法意义。总之，双数韵律的出现，使得一部分表示语法意义的成分聚合在一起，成为独立于动词（或形容词）之外的虚词。这是景颇语不同于其他亲属语言（如独龙语、羌语、嘉戎语等）的重要特点之一。

　　动词上存在形态变化的语言，也存在不同语法成分聚合在一个语音单位上的现象。如羌语支"有些表人称范畴的语法成分是可以离析的，有些表示人称范畴的语法成分因与表示时态的语法成分合成为一体，很难将它单独离析出来。数范畴往往与人称范畴结合用一种形式""一般说来，一个词缀表示一种语法意义，但有时一个词缀或几个词缀相连表示几种复合的语法意义"。① 所不同的是,景颇语是将这些语法成分独立成为一个虚词。

类推、类化是句尾词向系统化方向丰富发展的主要手段。从共时分析中得知,景颇语句尾词经过长期演变,已形成一个严密的系统,表现在各个语法意义配合整齐,而且其语法形式的变化很有规律。比如在语法意义上,各大类、各小类的句尾词,在人称上都有第一、第二、第三等三个人称,在数上都有单数、复数的对立;表示叙述、疑问、测度、惊讶等语气的句尾词,大多有存在与变化的对立;表示命令、商量等语气的句尾词,大多又分一般和强调的不同语气。在语法形式上,单数变复数主要是在词根上加词缀 mă$^{31}$ 表示,不同的人称靠变换声母或韵母表示;一般语气与强调语气的对立靠变化声调表示;存在式与变化式靠有无声母或变化声调表示;不同的方向由变化声母、韵母表示。

一般认为,藏缅语的第三人称以及各人称的复数是后起的,因而可以认为这些后起的语法形式之所以有如此严格的语音关系,应该是类推、类化的结果。语法形式的类推、类化,使得景颇语的语法意义、语法形式由少变多,由不整齐变得整齐。

当然,景颇语的句尾词由后缀分离初期变为独立的虚词,是由景颇语或整个藏缅语由黏着、屈折型向分析型演变的大势决定的。景颇语的句尾词还保留形态变化的一些特征,是这一演变过程的过渡特征,是符合演变大势的。

### 11.5.3 景颇语句尾词的发展趋势

从景颇语内部以及亲属语言间比较中能够得出这样一个认识:景颇语句尾词历史上曾经历了比较充分、系统的发展过程。但到了近期,

---

① 黄布凡:《汉藏语概论》(羌语支部分),北京大学出版社1991年版。

又转入了一个新阶段,即出现了简化、弱化、泛化的趋势。这种趋势表现为:有的句尾词已不被多数人所使用,在不同人群、不同语境中存在使用上的差异。这种社会语言学的差异主要是:(1)聚居区用得较多,而杂居区用得较少;(2)书面语用得多,口语相对简化;(3)老年人用得多,青年人用得少;(4)景颇语水平好的用得多,差的用得少。

句尾词的简化,主要是人称、数的简化、泛化。比较明显的是:表示第三人称单数的句尾词 sai³³、ai³³ 有逐渐取代第一、二人称单数和各人称单数的趋势。如下列例句的句尾词在部分地区、部分人中已被 sai³³、ai³³ 所代替:

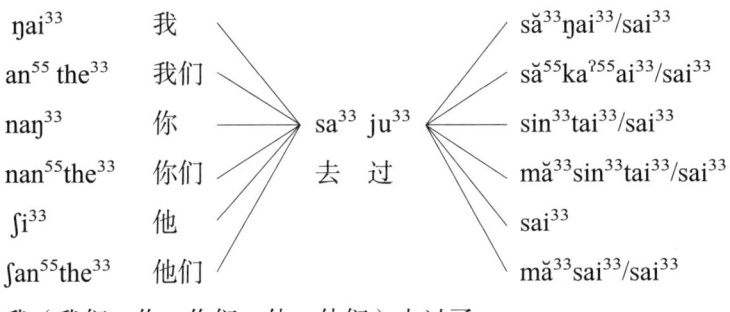

| | | | |
|---|---|---|---|
| ŋai³³ | 我 | | să³³ŋai³³/sai³³ |
| an⁵⁵the³³ | 我们 | | să⁵⁵ka⁷⁵⁵ai³³/sai³³ |
| naŋ³³ | 你 | sa³³ ju³³ | sin³³tai³³/sai³³ |
| nan⁵⁵the³³ | 你们 | 去 过 | mă³³sin³³tai³³/sai³³ |
| ʃi³³ | 他 | | sai³³ |
| ʃan⁵⁵the³³ | 他们 | | mă³³sai³³/sai³³ |

我(我们、你、你们、他、他们)去过了。

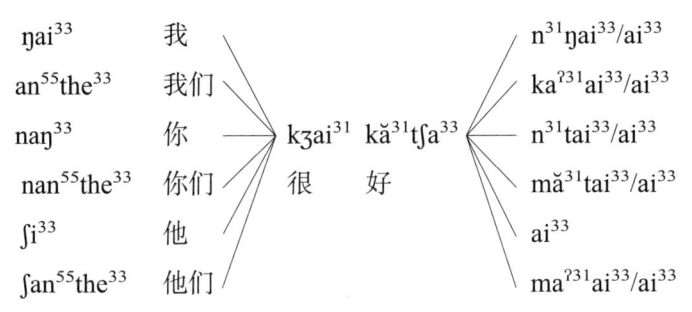

| | | | |
|---|---|---|---|
| ŋai³³ | 我 | | n³¹ŋai³³/ai³³ |
| an⁵⁵the³³ | 我们 | | ka⁷³¹ai³³/ai³³ |
| naŋ³³ | 你 | kʒai³¹ kă³¹tʃa³³ | n³¹tai³³/ai³³ |
| nan⁵⁵the³³ | 你们 | 很 好 | mă³¹tai³³/ai³³ |
| ʃi³³ | 他 | | ai³³ |
| ʃan⁵⁵the³³ | 他们 | | ma⁷³¹ai³³/ai³³ |

我(我们、你、你们、他、他们)很好。

至于表示语气、方向的句尾词,简化的比较少。只是由于人称、数的简化,属于这两类的句尾词也大大减少。

景颇语的形态变化先聚合在句尾词上,然后句尾词再逐渐简化,是景颇语向分析型演变的一个重要途径。与景颇语有亲缘关系的语言，也存在由黏着、屈折型向分析型演变的趋势。正如黄布凡教授所指出的："羌语支有一部分语言和方言形态变化相当丰富，如羌语、嘉戎语，其丰富程度在藏缅语族中居于首位。杂居或接近汉语、彝语通行区的语言（如贵琼语、尔苏语、史兴语、纳木兹语等）形态变化大大减弱，正在或已经由黏着型向分析型发展。"①

### 11.5.4 从景颇语句尾词看藏缅语代词化的来源

如何认识藏缅语代词化的来源，是藏缅语语法研究中的一个重要课题。目前，国内外学术界对代词化的来源有两种完全对立的意见：一种认为它是原始藏缅语的特点，现在藏缅语中的代词化现象是原始藏缅语的遗存；另一种认为是后来产生的，不是原始的藏缅语就有的。景颇语句尾词的特征及其来源能为探讨藏缅语代词化的来源问题提供一些线索。

景颇语的句尾词与藏缅语有代词化现象的语言相比，有对应关系的是第一、二人称单数，第三人称及第一、二人称复数无对应关系。羌语支人称范畴的语法手段有附加词缀（包括前缀和后缀）、词根内部屈折和加助词等。如嘉戎语，前缀只表示人称，后缀既表示人称也表示数。② 而景颇语都在动词后加句尾词表示。试看下列对应：

| 嘉戎语 | 景颇语 | 嘉戎语 | 景颇语 |
| --- | --- | --- | --- |
| tʃʰɛ-ŋ | sa$^{33}$n$^{31}$ŋai$^{33}$（我）去 | tʃʰɛ-i | sa$^{33}$ka$^{ʔ31}$ai$^{3}$（我们）去 |
| tə-tʃʰɛ-n | sa$^{33}$n$^{31}$tai$^{33}$（你）去 | tə-tʃʰɛ-ɲ | sa$^{33}$mǎ$^{31}$tai$^{33}$（你们）去 |
| tʃʰɛ | sa$^{33}$ai$^{33}$（他）去 | kə-tʃʰɛ | sa$^{33}$ma$^{ʔ31}$ai$^{33}$（他们）去 |

---

① 黄布凡：《汉藏语概论》（羌语支部分），北京大学出版社1991年版。
② 同上。下列嘉戎语例句也引自该书，不再一一标注。

景颇语和羌语支语言都有反映主语人称、数的语法成分，又都有既反映主语又反映宾语的人称、数的语法成分；景颇语和羌语还有反映主语和宾语的领有人称。但这些表示相同语法意义的语法成分，景颇语与羌语支之间则无同源关系。

由此看来，原始藏缅语的代词化形式的构拟，最多只能推至第一、二人称单数，而多数形式是后来才产生的。即使是第一、二人称单数形式，有的语言（如克伦语）也是后来才产生的。可以肯定的一点是，代词化的出现早在原始藏缅语时期就已有了萌芽，其萌芽的条件与原始藏缅语语音、语法以及语义的特点有关。

从亲属语言比较中推测，原始藏缅语的形态变化比较发达，而且形态变化主要集中在动词上。如动词的使动范畴，大约也是原始藏缅语的重要特征之一，能够构拟出原始形式。为什么原始藏缅语存在比较复杂的形态变化，而后来又趋于简化？弄清这个问题是很有意义的，但又是一个难点较大的问题，因为它不是由一个因素决定的。

我认为原始藏缅语存在比较复杂的形态变化，与当时的语音结构有关。原始藏缅语的语音结构比较复杂，声母、韵母比较丰富，多音节词比例大，没有声调。这种语音布局容易产生形态变化。因为词的多音节性容易通过音节的变换表示不同的语法意义。声母、韵母简化后，产生了声调；有声调的语言容易产生词根语，每个音节大都有其独立的意义。词根语和有声调的语言，比较注重韵律，容易衍生出双声叠韵律和双数韵律。从现代藏缅语的情况看，凡声母韵母丰富、没有声调或声调不发达的语言，形态变化都比较发达（如羌语支语言）；而声母韵母不丰富、声调相对发达的语言，形态变化则相对贫乏（如缅彝语支语言）。

在藏缅语里，代词化现象居于动词之后的比较多，但也有居前的。居前的语言，有的是人称代词语音弱化、语义虚化的结果。人称代词居于动词之前,与动词关系密切,久而久之,与动词黏着一起,并弱化、虚化为动词的前缀。由于它已变为前缀,实词虚化了,因而在它前面还能再加人称代词,出现了"语义叠合"。克伦语就属于这一类的例子。克伦语是分布在藏缅语区南端的一种语言,在许多重要特点上与其他语言不同(如 SOV 型)。但克伦语有代词化的前缀,前缀前还能再加人称代词。第一、二人称单数前加弱化的人称代词,双数、复数前加人称代词的第一音节,也需弱化。第三人称无此形式。可以认为克伦语代词化前缀是后来的产物,是人称代词虚化的结果。例如:①

(ja³³)jă³³ mi⁵⁵ne³¹li⁵⁵.　　　　　我睡着了。
　我 (前)睡　着　了

(na³³)nă³³mi⁵⁵ne³¹li⁵⁵.　　　　　你睡着了。
　你 (前)睡　着　了

pu³¹wɛ⁵⁵θe³¹ pŭ³¹ kă³¹ mi⁵⁵ lɔ³³ lɔ⁵⁵.　我们要睡了。
　我们　　(前)(前)睡　　　了

θu⁵⁵wɛ⁵⁵θe³¹ θŭ³¹ kă³¹ mi⁵⁵ lɔ³³ lɔ⁵⁵.　你们要睡了。
　你们　　(前)(前)　睡　　　了

a³¹wɛ⁵⁵mi⁵⁵ne³¹li⁵⁵.　　　　　　　他睡着了。
　他　睡　着　了

双音节词前一音节弱化,是藏缅语部分语言的一个共同特点。例如:

克伦语:kă³¹pɔ³³　光　　pă³¹na³¹　水牛　kă³¹jɔ³³　慢
载瓦语:ʃŏ²¹mau⁵⁵　毛　nŏ²¹phjo²¹　耳朵　jŏ²¹klap⁵⁵　鳞
阿昌语:să³¹le²⁵⁵　沙　kă³¹lam³¹　乌鸦　tsă³¹oi³¹　儿童

---

① 戴庆厦、傅爱兰、刘菊黄:《克伦语》,载《藏缅语十五种》,燕山出版社1991年版。

独龙语：pɯ̌³¹ma⁵⁵ 妇女　　mɯ̌³¹li⁵³ 地方　　aŋ³¹u⁵⁵ 头

景颇语：mă³¹ʃa³¹ 人　　lă⁵⁵ŋai⁵¹ 一　　kă³¹pa³¹ 大

景颇语的一部分双音节复合词，前一语素弱化后，语义出现了虚化，变成了似前缀又不似前缀的半实半虚语素。[①] 例如：

mam³³ 谷→ n

n⁵⁵loi⁵¹ 早谷　　　　　　　n⁵⁵phʒo⁵¹ 白谷

　早　　　　　　　　　　　　白

lam³³ 路→ mă

mă³¹ʃe⁵⁵ 岔路　　　　　　　mă³¹lun⁵⁵ 上坡路

　岔　　　　　　　　　　　　上

这种语音弱化、语义虚化的演变模式，在一定程度上制约了代词化形成的特点。

亲属语言间现存的共同语言特征，有的是原始形式的遗存，有的则可能是后来各自产生的。之所以能产生共同的语言特征，是因为亲属语言间共同具有适合产生共同特征的因素。不要以为现存特征都是由原始共同语留下来的。每个语言现象的产生，都有它内部系统的条件。我想，这个认识对研究藏缅语代词化现象是适用的。

## 11.6　句尾词总表

景颇语的句尾词对藏缅语动词形态的研究很有价值。鉴于句尾词已出现简化、泛化的趋势，有必要做记录、保存的工作。本书尽可能收全已出现的句尾词，并进行分类、解释，为研究者提供研究语料。这里收录的句尾词有316个，有一部分在口语中已不使用。排列如下：

---

[①] 戴庆厦、徐悉艰:《景颇语词汇学》，中央民族大学出版社1995年版。

叙述式句尾词共 8 类，73 个；疑问式句尾词共 7 类，58 个；测试句尾词共 7 类，58 个；惊讶式句尾词共 7 类，58 个；商量式句尾词共 6 类，38 个；命令式句尾词共 7 类，31 个。以叙述句的为最多，命令句的最少。分列如下：

### 11.6.1 叙述式句尾词

（1）用在各人称做主语的叙述句里，共有 12 个。

| | |
|---|---|
| n$^{31}$ŋai$^{33}$ | 表示主语是第一人称单数，存在式 |
| ka$^{231}$ai$^{33}$ | 表示主语是第一人称复数，存在式 |
| să$^{33}$ŋai$^{33}$ | 表示主语是第一人称单数，变化式 |
| să$^{55}$ka$^{255}$ai$^{33}$ | 表示主语是第一人称复数，变化式 |
| n$^{31}$tai$^{33}$ | 表示主语是第二人称单数，存在式 |
| mă$^{31}$tai$^{33}$ | 表示主语是第二人称复数，存在式 |
| sin$^{33}$tai$^{33}$ | 表示主语是第二人称单数，变化式 |
| mă$^{33}$sin$^{33}$tai$^{33}$ | 表示主语是第二人称复数，变化式 |
| ai$^{33}$ | 表示主语是第三人称单数，存在式 |
| ma$^{231}$ai$^{33}$ | 表示主语是第三人称复数，存在式 |
| sai$^{33}$ | 表示主语是第三人称单数，变化式 |
| mă$^{33}$sai$^{33}$ | 表示主语是第三人称复数，变化式 |

（2）用在各人称做物主主语或物主宾语的叙述句里，共有 18 个，其中有 6 个是变读词。

| | |
|---|---|
| li$^{231}$ai$^{33}$ | 表示物主主语或物主宾语是第一人称单数，存在式 |
| mă$^{31}$ li$^{231}$ai$^{33}$ | 表示物主主语或物主宾语是第一人称复数，存在式 |

| | |
|---|---|
| să⁵⁵li²⁵⁵ai³³ | 表示物主主语或物主宾语是第一人称单数，变化式 |
| （li²⁵⁵ai³³） | |
| mă⁵⁵ să⁵⁵li²⁵⁵ai³³ | 表示物主主语或物主宾语是第一人称复数，变化式 |
| （mă⁵⁵ li²⁵⁵ai³³） | |
| lit³¹tai³³ | 表示物主主语或物主宾语是第二人称单数，存在式 |
| mă³¹ lit³¹tai³³ | 表示物主主语或物主宾语是第二人称复数，存在式 |
| să⁵⁵ lit⁵⁵tai³³ | 表示物主主语或物主宾语是第二人称单数，变化式 |
| （lit⁵⁵tai³³） | |
| mă⁵⁵ să⁵⁵ lit⁵⁵tai³³ | 表示物主主语或物主宾语是第二人称复数，变化式 |
| （mă⁵⁵ lit⁵⁵tai³³） | |
| lu²³¹ai³³ | 表示物主主语或物主宾语是第三人称单数，存在式 |
| mă³¹ lu²³¹ai³³ | 表示物主主语或物主宾语是第三人称复数，存在式 |
| să⁵⁵ lu²⁵⁵ai³³ | 表示物主主语或物主宾语是第三人称单数，变化式 |
| （lu²⁵⁵ai³³） | |
| mă⁵⁵ să⁵⁵ lu²⁵⁵ai³³ | 表示物主主语或物主宾语是第三人称复数，变化式 |
| （mă⁵⁵ lu²⁵⁵ai³³） | |

（3）用在第一、第二人称做主语的叙述句里。只有变化式，没有存在式，共有 6 个，其中 3 个是变读词。

  ni⁵⁵ai³³     表示主语是第一人称单数，变化式

 （săe⁵⁵ ni⁵⁵ai³³）

  nit⁵⁵tai³³     表示主语是第二人称单数，变化式

 （să⁵⁵nit⁵⁵tai³³）

  mă⁵⁵nit⁵⁵tai³³    表示主语是第二人称复数，变化式

 （mă⁵⁵să⁵⁵nit⁵⁵tai³³）

（4）用在各人称做主语的句子里，体现动作行为是正方向的，共有 6 个。

  ʒiŋ³¹ŋai³³     表示主语是第一人称单数，正方向

  ʒă³¹kaʔ³¹ai³³    表示主语是第一人称复数，正方向

  ʒin³¹tai³³     表示主语是第二人称单数，正方向

  mă³¹ʒin³¹tai³³    表示主语是第二人称复数，正方向

  ʒaʔ³¹ai³³     表示主语是第三人称单数，正方向

  mă³¹ ʒaʔ³¹ai³³    表示主语是第三人称复数，正方向

（5）用在第三人称做主语的叙述句里，兼表其动作行为先于说话者，共有 4 个。

  laʔ³¹ai³³     表示主语是第三人称单数，存在式

  mă³¹laʔ³¹ai³³    表示主语是第三人称复数，存在式

  laʔ³¹sai³³     表示主语是第三人称单数，变化式

  mă³¹laʔ³¹sai³³    表示主语是第三人称复数，变化式

（6）用在第一人称做主语，第二、第三人称做宾语的叙述句里，宾语区分单复数，共 11 个，其中有 3 个是变读词。

  teʔ³¹ai³³     表示主语是第一人称、宾语是第二人称

          单数，存在式

| | |
|---|---|
| mă³¹ te²³¹ai³³ | 表示主语是第一人称、宾语是第二人称复数，存在式 |
| sin⁵⁵ te²⁵⁵ai³³ | 表示主语是第一人称、宾语是第二人称单数，变化式 |
| （să⁵⁵ te²⁵⁵ai³³） | |
| mă⁵⁵sin⁵⁵te²⁵⁵ai³³ | 表示主语是第一人称、宾语是第二人称复数，变化式 |
| （mă⁵⁵ să⁵⁵ te²⁵⁵ai³³） | |
| we²³¹ai³³ | 表示主语是第一人称、宾语是第三人称单数，存在式 |
| （se²³¹ai³³） | |
| mă³¹we²³¹ai³³ | 表示主语是第一人称、宾语是第三人称复数，存在式 |
| se²⁵⁵ai³³ | 表示主语是第一人称、宾语是第三人称单数，变化式 |
| mă⁵⁵ se²⁵⁵ai³³ | 表示主语是第一人称、宾语是第三人称复数，变化式 |

（7）用在第三人称做主语，第一、第二人称做宾语的叙述句里，宾语区分单复数，共有 8 个，其中 3 个是变读词。

| | |
|---|---|
| ni²³¹ai³³ | 表示主语是第三人称、宾语是第一人称单数，存在式 |
| mă³¹ ni²³¹ai³³ | 表示主语是第三人称、宾语是第一人称复数，存在式 |
| （mji²³¹ai³³） | |
| mă⁵⁵ni²⁵⁵ai³³ | 表示主语是第三人称、宾语是第一人称复数，变化式 |
| （mă⁵⁵sa⁵⁵nit⁵⁵ai³³） | |

nit³¹tai³³　　　　　　　　表示主语是第三人称、宾语是第二人称
　　　　　　　　　　　　　单数，存在式

mǎ³¹nit³¹tai³³　　　　　　表示主语是第三人称、宾语是第二人称
　　　　　　　　　　　　　复数，存在式

（mjit³¹ tai³³）

（8）用在第三人称做主语、第三人称做宾语的叙述句里，宾语区分单复数，共有 8 个，其中 4 个是变读词。

u⁽ʔ³¹⁾ai³³　　　　　　　　表示主语是第三人称单数、宾语是第
　　　　　　　　　　　　　三人称，存在式

（nu⁽ʔ³¹⁾ai³³）

mu⁽ʔ³¹⁾ai³³　　　　　　　表示主语是第三人称、宾语是第三人
　　　　　　　　　　　　　称复数，存在式

（mǎ⁵⁵ nu⁽ʔ³¹⁾ai³³）

nu⁽ʔ⁵⁵⁾ai³³　　　　　　　表示主语是第三人称、宾语是第三人
　　　　　　　　　　　　　称单数，变化式

（sǎ⁵⁵ nu⁽ʔ⁵⁵⁾ai³³）

mǎ⁵⁵ nu⁽ʔ⁵⁵⁾ai³³　　　　 表示主语是第三人称复数、宾语是第
　　　　　　　　　　　　　三人称，变化式

（mǎ⁵⁵ sǎ⁵⁵nu⁽ʔ⁵⁵⁾ai³³）

### 11.6.2　疑问式句尾词

（1）用在各人称做主语的疑问句里，共 12 个。

a⁽ʔ³¹⁾ni⁵¹　　　　　　　　主语是第一人称单数存在式
ka⁽ʔ³¹⁾ni⁵¹　　　　　　　 主语是第一人称复数存在式
sa⁽ʔ⁵⁵⁾ni⁵¹　　　　　　　 主语是第一人称单数变化式
sǎ⁵⁵ka⁽ʔ⁵⁵⁾ni⁵¹　　　　　 主语是第一人称复数变化式

| | |
|---|---|
| n³¹ni⁵¹ | 主语是第二人称单数存在式 |
| mă⁵⁵ni⁵¹ | 主语是第二人称复数存在式 |
| să⁵⁵ni⁵¹ | 主语是第二人称单数变化式 |
| mă⁵⁵sin⁵⁵ni⁵¹ | 主语是第二人称复数变化式 |
| aʔ³¹ni⁵¹ | 主语是第三人称单数存在式 |
| maʔ³¹ni⁵¹ | 主语是第三人称复数存在式 |
| săʔ⁵⁵ni⁵¹ | 主语是第三人称单数变化式 |
| ma⁵⁵saʔ⁵⁵ni⁵¹ | 主语是第三人称复数变化式 |

（2）用在各人称做物主主语或物主宾语的疑问句里，共有18个，其中有6个是变读词。

| | |
|---|---|
| liʔ³¹ni⁵¹ | 表示物主主语或物主宾语是第一人称单数，存在式 |
| mă³¹ liʔ³¹ni⁵¹ | 表示物主主语或物主宾语是第一人称复数，存在式 |
| să⁵⁵liʔ⁵⁵ni⁵¹ | 表示物主主语或物主宾语是第二人称单数，变化式 |
| （liʔ⁵⁵ni⁵¹） | |
| mă⁵⁵ să⁵⁵liʔ⁵⁵ni⁵¹ | 表示物主主语或物主宾语是第二人称复数，变化式 |
| （să⁵⁵ liʔ⁵⁵ni⁵¹） | |
| lit³¹ni⁵¹ | 表示物主主语或物主宾语是第二人称单数，存在式 |
| mă³¹ lit³¹ni⁵¹ | 表示物主主语或物主宾语是第二人称复数，存在式 |
| să⁵⁵lit⁵⁵ni⁵¹ | 表示物主主语或物主宾语是第二人称单数，变化式 |
| （lit⁵⁵ni⁵¹） | |

mă⁵⁵ să⁵⁵lit⁵⁵ni⁵¹　　　　　表示物主主语或物主宾语是第二人称复数，变化式

（să⁵⁵ lit⁵⁵ni⁵¹）

lu²³¹ni⁵¹　　　　　　　表示物主主语或物主宾语是第三人称单数，存在式

mă³¹ lu²³¹ni⁵¹　　　　　表示物主主语或物主宾语是第三人称复数，存在式

să⁵⁵luʔ⁵⁵ni⁵¹　　　　　表示物主主语或物主宾语是第三人称单数，变化式

（luʔ⁵⁵ni⁵¹）

mă⁵⁵ să⁵⁵luʔ⁵⁵ni⁵¹　　　表示物主主语或物主宾语是第三人称复数，变化式

（să⁵⁵ luʔ⁵⁵ni⁵¹）

（3）用在第二、第三人称做主语的疑问句里，为正方向，共有4个。

ʒin³¹ni⁵¹　　　　　　　表示主语是第二人称单数，正方向

mă³¹ ʒin³¹ni⁵¹　　　　　表示主语是第二人称复数，正方向

ʒa²³¹ni⁵¹　　　　　　　表示主语是第三人称单数，正方向

mă³¹ ʒa²³¹ni⁵¹　　　　　表示主语是第三人称复数，正方向

（4）用在第三人称做主语，第一、第二人称做宾语的疑问句里，共有5个。

niʔ³¹ni⁵¹　　　　　　　表示主语是第三人称、宾语是第一人称单数，存在式

mă³¹ niʔ³¹ni⁵¹　　　　　表示主语是第三人称、宾语是第一人称复数，存在式

mă⁵⁵niʔ⁵⁵ni⁵¹　　　　　表示主语是第三人称、宾语是第一人称复数，变化式

nit³¹ni⁵¹    表示主语是第三人称、宾语是第二人称
单数，存在式

mǎ³¹ nit³¹ni⁵¹    表示主语是第三人称、宾语是第二人称
复数，存在式

（5）用在第三人称做主语、第三人称做宾语的疑问句里，主语区分单复数，共有6个，其中2个是变读词。

u²³¹ni⁵¹    表示主语是第三人称单数、宾语是第三
人称，存在式

（nu²³¹ni⁵¹）

mu²³¹ni⁵¹    表示主语是第三人称复数、宾语是第三
人称，存在式

（mǎ³¹ nu²³¹ni⁵¹）

nu²⁵⁵ni⁵¹    表示主语是第三人称单数、宾语是第三
人称，变化式

mǎ⁵⁵nu²⁵⁵ni⁵¹    表示主语是第三人称复数、宾语是第三
人称，变化式

（6）用在第一人称做主语，第二、第三人称做宾语的疑问句里，宾语区分单复数，共有10个，其中2个是变读词。

te²³¹ni⁵¹    表示主语是第一人称、宾语是第二人
称单数，存在式

mǎ³¹ te²³¹ni⁵¹    表示主语是第一人称、宾语是第二人
称复数，存在式

sin⁵⁵te²⁵⁵ni⁵¹    表示主语是第一人称、宾语是第二人
称单数，变化式

（sǎ⁵⁵ te²³¹ni⁵¹）

mǎ$^{55}$ sin$^{55}$te$^{ʔ55}$ni$^{51}$　　　　表示主语是第一人称、宾语是第二人
　　　　　　　　　　　　　称复数，变化式

（mǎ$^{55}$sǎ$^{55}$ te$^{ʔ55}$ni$^{51}$）

we$^{ʔ31}$ni$^{51}$　　　　　　　表示主语是第一人称、宾语是第三人
　　　　　　　　　　　　　称单数，存在式

mǎ$^{31}$ we$^{ʔ31}$ni$^{51}$　　　　表示主语是第一人称、宾语是第三人
　　　　　　　　　　　　　称复数，存在式

se$^{ʔ31}$ni$^{51}$　　　　　　　表示主语是第一人称、宾语是第三人
　　　　　　　　　　　　　称单数，变化式

mǎ$^{55}$se$^{ʔ31}$ni$^{51}$　　　　表示主语是第一人称、宾语是第二人
　　　　　　　　　　　　　称复数，变化式

（7）用在第一、第二人称做主语，第三人称做宾语的疑问句里，主语区分单复数，没有存在式，只有变化式，共有 3 个。

ni$^{ʔ55}$ni$^{51}$　　　　　　　表示主语是第一人称单数、宾语是第
　　　　　　　　　　　　　三人称，变化式

nit$^{55}$ni$^{51}$　　　　　　　表示主语是第二人称单数、宾语是第
　　　　　　　　　　　　　三人称，变化式

nit$^{55}$ni$^{51}$　　　　　　　表示主语是第一人称复数、宾语是第
　　　　　　　　　　　　　三人称，变化式

### 11.6.3 命令式句尾词

（1）用在第二人称做主语的命令句里，共有 4 个。

u$^{ʔ31}$　　　　　　　　　表示主语是第二人称单数，一般语气
mu$^{ʔ31}$　　　　　　　　表示主语是第二人称复数，一般语气
nu$^{ʔ55}$　　　　　　　　表示主语是第二人称单数，强调语气
mǎ$^{55}$nu$^{ʔ55}$　　　　　　表示主语是第二人称复数，强调语气

（2）用在第二人称做主语的命令句里，为禁止语气，共有 2 个。

| | |
|---|---|
| sa⁵⁵ | 表示主语是第二人称单数，强调语气 |
| mă⁵⁵sa⁵⁵ | 表示主语是第二人称复数，强调语气 |

（3）用在第二人称做主语的命令句里，兼表正反方向，只有一般语气，共有4个。

| | |
|---|---|
| ʒit³¹ | 表示主语是第二人称单数，一般语气，正方向 |
| mă³¹ʒit³¹ | 表示主语是第二人称复数，一般语气，正方向 |
| suʔ³¹ | 表示主语是第二人称单数，一般语气，反方向 |
| mă³¹suʔ³¹ | 表示主语是第二人称复数，一般语气，反方向 |

（4）用在第二人称做主语的命令句里，含有敦促的语气，去方向，共有4个。

| | |
|---|---|
| sit³¹ | 表示主语是第二人称单数，一般敦促语气，去方向 |
| mă³¹sit³¹ | 表示主语是第二人称复数，一般敦促语气，去方向 |
| sit⁵⁵ | 表示主语是第二人称单数，强调敦促语气，去方向 |
| mă³¹sit⁵⁵ | 表示主语是第二人称复数，强调敦促语气，去方向 |

（5）用在第二人称做主语的命令句里，含"等待"义，主语区分单复数，只有2个，无强调式。

| | |
|---|---|
| laʔ³¹ | 表示主语是第二人称单数，一般语气 |
| mă laʔ³¹ | 表示主语是第二人称复数，一般语气 |

（6）用在第二人称做主语、第一人称做宾语的命令句里，宾语区分单复数，共有 5 个，其中 1 个是变读词。

| | |
|---|---|
| ni$^{ʔ31}$ | 表示主语是第二人称、宾语是第一人称单数，一般语气 |
| mǎ$^{31}$ni$^{ʔ31}$ | 表示主语是第二人称、宾语是第一人称复数，一般语气 |
| （mji$^{ʔ31}$） | |
| ni$^{ʔ55}$ | 表示主语是第二人称、宾语是第一人称单数，强调语气 |
| mǎ$^{55}$ni$^{ʔ55}$ | 表示主语是第二人称、宾语是第一人称复数，强调语气 |

（7）用在第一人称做主语，第二、第三人称做宾语的命令句里，宾语区分单复数，共有 10 个。

| | |
|---|---|
| te$^{ʔ31}$ | 表示主语是第一人称、宾语是第二人称单数，一般语气 |
| mǎ$^{31}$te$^{ʔ31}$ | 表示主语是第一人称、宾语是第二人称复数，一般语气 |
| sin$^{55}$te$^{ʔ55}$ | 表示主语是第一人称、宾语是第二人称单数，强调语气 |
| （sǎ$^{55}$te$^{ʔ55}$） | |
| mǎ$^{55}$sin$^{55}$te$^{ʔ55}$ | 表示主语是第一人称、宾语是第二人称复数，强调语气 |
| （mǎ$^{55}$sa$^{55}$te$^{ʔ55}$） | |
| we$^{ʔ31}$ | 表示主语是第一人称、宾语是第三人称单数，一般语气 |
| （se$^{ʔ31}$） | |

mǎ³¹ we³¹　　　　　　　表示主语是第一人称、宾语是第二人
　　　　　　　　　　　　称复数，一般语气

（mǎ³¹se³¹）

### 11.6.4　商量式句尾词

（1）用在第一人称做主语的商量句里，共有 4 个。

n³¹kaʔ³¹　　　　　　　表示主语是第一人称单数，一般式
kaʔ³¹　　　　　　　　表示主语是第一人称复数，一般式
niʔ⁵⁵ kaʔ³¹　　　　　　表示主语是第一人称单数，强调式
sǎ⁵⁵ kaʔ⁵⁵　　　　　　表示主语是第一人称复数，强调式

（2）用在第一人称做主语，第二、第三人称做宾语的商量句里，宾语区分单复数，共有 12 个，其中 4 个为变读词。

teʔ³¹ kaʔ³¹　　　　　　表示主语是第一人称、宾语是第二人
　　　　　　　　　　　　称单数，一般语气

mǎ³¹ teʔ³¹ kaʔ³¹　　　　表示主语是第一人称、宾语是第二人
　　　　　　　　　　　　称复数，一般语气

weʔ³¹ kaʔ³¹　　　　　　表示主语是第一人称、宾语是第三人
　　　　　　　　　　　　称单数，一般语气

（seʔ³¹ kaʔ³¹）

mǎ³¹ weʔ³¹ kaʔ³¹　　　 表示主语是第一人称、宾语是第三人
　　　　　　　　　　　　称复数，一般语气

（mǎ³¹ seʔ³¹ kaʔ³¹）

sin⁵⁵teʔ⁵⁵ kaʔ³¹　　　　表示主语是第一人称、宾语是第二人
　　　　　　　　　　　　称单数，强调语气

（sǎ⁵⁵ teʔ⁵⁵ kaʔ³¹）

322　二　词类篇

| mǎ⁵⁵sin⁵⁵ te⁷⁵⁵ ka⁷³¹ | 表示主语是第一人称、宾语是第二人称复数，强调语气 |
| （mǎ⁵⁵ sǎ⁵⁵ te⁷⁵⁵ ka⁷³¹） | |
| se⁷⁵⁵ ka⁷³¹ | 表示主语是第一人称、宾语是第三人称单数，强调语气 |
| mǎ⁵⁵ se⁷⁵⁵ ka⁷³¹ | 表示主语是第一人称、宾语是第三人称复数，强调语气 |

（3）用在第三人称做主语、第一、第二人称做宾语的商量句里，宾语区分复数，共有 6 个，其中 1 个是变读词。

| ni⁷³¹ka⁷³¹ | 表示主语是第三人称、宾语是第二人称单数，一般语气 |
| mǎ³¹ ni⁷³¹ka⁷³¹ | 表示主语是第三人称、宾语是第一人称复数，一般语气 |
| （mji⁷³¹ ka⁷³¹） | |
| mǎ⁵⁵ni⁷⁵⁵ka⁷³¹ | 表示主语是第三人称、宾语是第一人称复数，强调语气 |
| nit³¹ ka⁷³¹ | 表示主语是第三人称、宾语是第一人称单数，一般语气 |
| mǎ³¹ nit³¹ ka⁷³¹ | 表示主语是第三人称、宾语是第一人称复数，一般语气 |

（4）用在第三人称做主语、第三人称做宾语的商量句里，主语区分单复数，共有 6 个，有 2 个是变读词。

| u⁷³¹ka⁷³¹ | 表示主语是第三人称单数、宾语是第三人称，一般语气 |
| （nu⁷³¹ka⁷³¹） | |

| | |
|---|---|
| mu²³¹ka²³¹ | 表示主语是第三人称复数、宾语是第三人称，一般语气 |
| （mă³¹ nu²³¹ka²³¹） | |
| nu²⁵⁵ka²³¹ | 表示主语是第三人称单数、宾语是第三人称，强调语气 |
| mă⁵⁵ nu²⁵⁵ka²³¹ | 表示主语是第三人称复数、宾语是第三人称，强调语气 |

（5）用在第三人称做主语的商量句里，兼表方向，只有一般语气，共有 4 个。

| | |
|---|---|
| ʒit³¹ka²³¹ | 表示主语是第三人称单数，正方向，一般语气 |
| mă³¹ ʒit³¹ka²³¹ | 表示主语是第三人称复数，正方向，一般语气 |
| su²³¹ ka²³¹ | 表示主语是第三人称单数，反方向，一般语气 |
| mă³¹ su²³¹ ka²³¹ | 表示主语是第三人称复数，反方向，一般语气 |

（6）用在第二、第三人称做主语的句子里，表示祝愿或希望，共有 6 个。

| | |
|---|---|
| nit⁵⁵ka²³¹ | 表示主语是第二人称单数，强调语气 |
| mă⁵⁵ nit⁵⁵ka²³¹ | 表示主语是第二人称复数，强调语气 |
| u²³¹ka²³¹ | 表示主语是第三人称单数，一般语气 |
| mu²³¹ka²³¹ | 表示主语是第三人称复数，一般语气 |
| nu²⁵⁵ka²³¹ | 表示主语是第三人称单数，强调语气 |
| mă⁵⁵ nu²⁵⁵ka²³¹ | 表示主语是第三人称复数，强调语气 |

### 11.6.5 测度式句尾词

（1）用在各人称做主语的测度句里，共 12 个。

| | |
|---|---|
| a$^{ʔ31}$toŋ$^{33}$ | 主语是第一人称单数存在式 |
| kǎ$^{ʔ31}$toŋ$^{33}$ | 主语是第一人称复数存在式 |
| sǎ$^{ʔ55}$toŋ$^{33}$ | 主语是第一人称单数变化式 |
| sǎ$^{55}$kǎ$^{ʔ55}$toŋ$^{33}$ | 主语是第一人称复数变化式 |
| n$^{31}$toŋ$^{33}$ | 主语是第二人称单数存在式 |
| mǎ$^{31}$toŋ$^{33}$ | 主语是第二人称复数存在式 |
| sǎ$^{55}$toŋ$^{33}$ | 主语是第二人称单数变化式 |
| mǎ$^{55}$sin$^{55}$toŋ$^{33}$ | 主语是第二人称复数变化式 |
| a$^{ʔ31}$toŋ$^{33}$ | 主语是第三人称单数存在式 |
| ma$^{ʔ31}$toŋ$^{33}$ | 主语是第三人称复数存在式 |
| sa$^{ʔ55}$toŋ$^{33}$ | 主语是第三人称单数变化式 |
| mǎ$^{55}$sa$^{ʔ55}$toŋ$^{33}$ | 主语是第三人称复数变化式 |

（2）用在各人称做物主主语或物主宾语的疑问句里，共有 18 个，其中有 6 个是变读词。

| | |
|---|---|
| li$^{ʔ31}$toŋ$^{33}$ | 表示物主主语或物主宾语是第一人称单数，存在式 |
| mǎ$^{31}$ li$^{ʔ31}$toŋ$^{33}$ | 表示物主主语或物主宾语是第一人称复数，存在式 |
| sǎ$^{55}$li$^{ʔ55}$toŋ$^{33}$ | 表示物主主语或物主宾语是第一人称单数，变化式 |
| （li$^{ʔ55}$toŋ$^{33}$） | |
| mǎ$^{55}$ sǎ$^{55}$li$^{ʔ55}$toŋ$^{33}$ | 表示物主主语或物主宾语是第一人称复数，变化式 |
| （mǎ$^{55}$ li$^{ʔ55}$toŋ$^{33}$） | |

| | |
|---|---|
| lit³¹toŋ³³ | 表示物主主语或物主宾语是第二人称单数，存在式 |
| mă³¹ lit³¹toŋ³³ | 表示物主主语或物主宾语是第二人称复数，存在式 |
| să⁵⁵lit⁵⁵toŋ³³ | 表示物主主语或物主宾语是第二人称单数，变化式 |
| （lit⁵⁵toŋ³³） | |
| mă⁵⁵ să⁵⁵lit⁵⁵toŋ³³ | 表示物主主语或物主宾语是第二人称复数，变化式 |
| （mă⁵⁵ lit⁵⁵toŋ³³） | |
| lu ʔ³¹toŋ³³ | 表示物主主语或物主宾语是第三人称单数，存在式 |
| mă³¹ lu ʔ³¹toŋ³³ | 表示物主主语或物主宾语是第三人称复数，存在式 |
| să⁵⁵lu ʔ⁵⁵toŋ³³ | 表示物主主语或物主宾语是第三人称单数，变化式 |
| （lu ʔ⁵⁵toŋ³³） | |
| mă⁵⁵ să⁵⁵lu ʔ⁵⁵toŋ³³ | 表示物主主语或物主宾语是第三人称复数，变化式 |
| （mă⁵⁵ lu ʔ⁵⁵toŋ³³） | |

（3）用在第二、第三人称做主语的疑问句里，为正方向，共有4个。

| | |
|---|---|
| ʒin³¹toŋ³³ | 表示主语是第二人称单数，正方向 |
| mă³¹ ʒin³¹toŋ³³ | 表示主语是第二人称复数，正方向 |
| ʒa ʔ³¹toŋ³³ | 表示主语是第三人称单数，正方向 |
| mă³¹ ʒa ʔ³¹toŋ³³ | 表示主语是第三人称复数，正方向 |

（4）用在第三人称做主语，第一、第二人称做宾语的疑问句里，共有 5 个。

  ni$^{231}$toŋ$^{33}$       表示主语是第三人称、宾语是第一人称单数，存在式

  mǎ$^{31}$ ni$^{231}$toŋ$^{33}$      表示主语是第三人称、宾语是第一人称复数，存在式

  mǎ$^{55}$ni$^{255}$toŋ$^{33}$      表示主语是第三人称、宾语是第一人称复数，变化式

  nit$^{31}$toŋ$^{33}$       表示主语是第三人称、宾语是第二人称单数，存在式

  mǎ$^{31}$ nit$^{31}$toŋ$^{33}$      表示主语是第三人称、宾语是第二人称复数，存在式

（5）用在第三人称做主语、第三人称做宾语的疑问句里，主语区分单复数，共有 6 个，其中 2 个是变读词。

  u$^{231}$toŋ$^{33}$       表示主语是第三人称单数、宾语是第三人称，存在式

  （nu$^{231}$toŋ$^{33}$）

  mu$^{231}$toŋ$^{33}$       表示主语是第三人称复数、宾语是第三人称，存在式

  （mǎ$^{31}$ nu$^{231}$toŋ$^{33}$）

  nu$^{255}$toŋ$^{33}$       表示主语是第三人称单数、宾语是第三人称，变化式

  mǎ$^{55}$nu$^{255}$toŋ$^{33}$      表示主语是第三人称复数、宾语是第三人称，变化式

（6）用在第一人称做主语，第二、第三人称做宾语的疑问句里，宾语区分单复数，共有 10 个，其中 2 个是变读词。

| | |
|---|---|
| te⁽³¹ toŋ³³ | 表示主语是第一人称、宾语是第二人称单数，存在式 |
| mă³¹ te⁽³¹ toŋ³³ | 表示主语是第一人称、宾语是第二人称复数，存在式 |
| sin⁵⁵te⁽⁵⁵toŋ³³ | 表示主语是第一人称、宾语是第二人称单数，变化式 |
| （să⁵⁵ te⁽³¹toŋ³³） | |
| mă⁵⁵ sin⁵⁵te⁽⁵⁵toŋ³³ | 表示主语是第一人称、宾语是第二人称复数，变化式 |
| （mă⁵⁵să⁵⁵ te⁽³¹toŋ³³） | |
| we⁽³¹toŋ³³ | 表示主语是第一人称、宾语是第三人称单数，存在式 |
| mă³¹ we⁽³¹toŋ³³ | 表示主语是第一人称、宾语是第三人称复数，存在式 |
| se⁽³¹toŋ³³ | 表示主语是第一人称、宾语是第三人称单数，变化式 |
| mă⁵⁵se⁽³¹toŋ³³ | 表示主语是第一人称、宾语是第三人称复数，变化式 |

（7）用在第一、第二人称做主语，第三人称做宾语的疑问句里，主语区分单复数，没有存在式，只有变化式，共有 3 个。

| | |
|---|---|
| ni⁽⁵⁵toŋ³³ | 表示主语是第一人称单数、宾语是第三人称，变化式 |
| nit⁵⁵toŋ³³ | 表示主语是第二人称单数、宾语是第三人称，变化式 |
| mă⁵⁵nit⁵⁵toŋ³³ | 表示主语是第二人称复数、宾语是第三人称，变化式 |

### 11.6.6 惊讶式句尾词

（1）用在各人称做主语的疑问句里，共 12 个。

| | |
|---|---|
| a⁽ʔ³¹⁾kha³³ | 主语是第一人称单数存在式 |
| ka⁽ʔ³¹⁾kha³³ | 主语是第一人称复数存在式 |
| sa⁽ʔ⁵⁵⁾kha³³ | 主语是第一人称单数变化式 |
| să⁵⁵ka⁽ʔ⁵⁵⁾kha³³ | 主语是第一人称复数变化式 |
| n³¹kha³³ | 主语是第二人称单数存在式 |
| mă⁵⁵kha³³ | 主语是第二人称复数存在式 |
| să⁵⁵kha³³ | 主语是第二人称单数变化式 |
| mă⁵⁵sin⁵⁵kha³³ | 主语是第二人称复数变化式 |
| a⁽ʔ³¹⁾kha³³ | 主语是第三人称单数存在式 |
| ma⁽ʔ³¹⁾kha³³ | 主语是第三人称复数存在式 |
| sa⁽ʔ⁵⁵⁾kha³³ | 主语是第三人称单数变化式 |
| mă⁵⁵sa⁽ʔ⁵⁵⁾kha³³ | 主语是第三人称复数变化式 |

（2）用在各人称做物主主语或物主宾语的疑问句里，共有 18 个，其中有 6 个是变读词。

| | |
|---|---|
| li⁽ʔ³¹⁾kha³³ | 表示物主主语或物主宾语是第二人称单数，存在式 |
| mă³¹ li⁽ʔ³¹⁾kha³³ | 表示物主主语或物主宾语是第二人称复数，存在式 |
| să⁵⁵li⁽ʔ⁵⁵⁾kha³³ | 表示物主主语或物主宾语是第二人称单数，变化式 |
| （li⁽ʔ⁵⁵⁾kha³³） | |
| mă⁵⁵ să⁵⁵li⁽ʔ⁵⁵⁾kha³³ | 表示物主主语或物主宾语是第二人称复数，变化式 |
| （să⁵⁵ li⁽ʔ⁵⁵⁾kha³³） | |

| | |
|---|---|
| lit³¹kha³³ | 表示物主主语或物主宾语是第二人称单数，存在式 |
| mă³¹ lit³¹kha³³ | 表示物主主语或物主宾语是第二人称复数，存在式 |
| să⁵⁵lit⁵⁵kha³³ （lit⁵⁵kha³³） | 表示物主主语或物主宾语是第二人称单数，变化式 |
| mă⁵⁵ să⁵⁵lit⁵⁵kha³³ （să⁵⁵ lit⁵⁵kha³³） | 表示物主主语或物主宾语是第二人称复数，变化式 |
| lu ʔ³¹kha³³ | 表示物主主语或物主宾语是第三人称单数，存在式 |
| mă³¹ lu ʔ³¹kha³³ | 表示物主主语或物主宾语是第三人称复数，存在式 |
| să⁵⁵lu ʔ⁵⁵kha³³ （lu ʔ⁵⁵kha³³） | 表示物主主语或物主宾语是第三人称单数，变化式 |
| mă⁵⁵ să⁵⁵lu ʔ⁵⁵kha³³ （să⁵⁵ lu ʔ⁵⁵kha³³） | 表示物主主语或物主宾语是第三人称复数，变化式 |

（3）用在第二、第三人称做主语的疑问句里，为正方向，共有4个。

| | |
|---|---|
| ʒin³¹kha³³ | 表示主语是第二人称单数，正方向 |
| mă³¹ ʒin³¹kha³³ | 表示主语是第二人称复数，正方向 |
| ʒa ʔ³¹kha³³ | 表示主语是第三人称单数，正方向 |
| mă³¹ ʒa ʔ³¹kha³³ | 表示主语是第三人称复数，正方向 |

（4）用在第三人称做主语，第一、第二人称做宾语的疑问句里，共有 5 个。

  ni$^{731}$kha$^{33}$       表示主语是第三人称、宾语是第一人称单数，存在式

  mǎ$^{31}$ ni$^{731}$kha$^{33}$      表示主语是第三人称、宾语是第一人称复数，存在式

  mǎ$^{55}$ni$^{755}$kha$^{33}$      表示主语是第三人称、宾语是第一人称复数，变化式

  nit$^{31}$kha$^{33}$       表示主语是第三人称、宾语是第二人称单数，存在式

  mǎ$^{31}$ nit$^{31}$kha$^{33}$      表示主语是第三人称、宾语是第二人称复数，存在式

（5）用在第三人称做主语、第三人称做宾语的疑问句里，主语区分单复数，共有 6 个，其中 2 个是变读词。

  u$^{731}$kha$^{33}$        表示主语是第三人称单数、宾语是第三人称，存在式

  （nu$^{731}$kha$^{33}$）

  mu$^{731}$kha$^{33}$       表示主语是第三人称复数、宾语是第三人称，存在式

  （mǎ$^{31}$ nu$^{731}$kha$^{33}$）

  nu$^{751}$kha$^{33}$       表示主语是第三人称单数、宾语是第三人称，变化式

  mǎ$^{55}$nu$^{755}$kha$^{33}$      表示主语是第三人称复数、宾语是第三人称，变化式

（6）用在第一人称做主语，第二、第三人称做宾语的疑问句里，宾语区分单复数，共有 10 个，其中 2 个是变读词。

| | |
|---|---|
| te$^{ʔ31}$kha$^{33}$ | 表示主语是第一人称、宾语是第二人称单数，存在式 |
| mă$^{31}$ te$^{ʔ31}$kha$^{33}$ | 表示主语是第一人称、宾语是第二人称复数，存在式 |
| sin$^{55}$te$^{ʔ55}$kha$^{33}$ | 表示主语是第一人称、宾语是第二人称单数，变化式 |
| （să$^{55}$ te$^{ʔ31}$kha$^{33}$） | |
| mă$^{55}$ sin$^{55}$te$^{ʔ55}$kha$^{33}$ | 表示主语是第一人称、宾语是第二人称复数，变化式 |
| （mă$^{55}$să$^{55}$ te$^{ʔ31}$kha$^{33}$） | |
| we$^{ʔ31}$kha$^{33}$ | 表示主语是第一人称、宾语是第三人称单数，存在式 |
| mă$^{31}$ we$^{ʔ31}$kha$^{33}$ | 表示主语是第一人称、宾语是第三人称复数，存在式 |
| se$^{ʔ31}$kha$^{33}$ | 表示主语是第一人称、宾语是第三人称单数，变化式 |
| mă$^{55}$se$^{ʔ31}$kha$^{33}$ | 表示主语是第一人称、宾语是第三人称复数，变化式 |

（7）用在第一、第二人称做主语，第三人称做宾语的疑问句里，主语区分单复数，没有存在式，只有变化式，共有 3 个。

| | |
|---|---|
| ni$^{ʔ55}$kha$^{33}$ | 表示主语是第一人称单数、宾语是第三人称，变化式 |
| nit$^{55}$kha$^{33}$ | 表示主语是第二人称单数、宾语是第三人称，变化式 |
| nit$^{55}$kha$^{33}$ | 表示主语是第一人称复数、宾语是第三人称，变化式 |

# 12　语气词

语气词在句中是表示语气的词。大多数放在句子的末尾，表示整个句子的语气，有的还能放在句子的中间，表示句子成分的感情色彩。放在句尾的，都在句尾词的后面。它只表示语气，不像句尾词还能表示句子的人称、数、方向等语法意义，这是它与句尾词的主要区别。

语气词主要有以下几类。

（1）i$^{33}$ 和 i$^{51}$：用在叙述句的后面，表示反问的语气。i$^{33}$ 是反问自己；i$^{51}$ 是反问别人，并含有征求对方意见的语气。例如：

sa$^{33}$　ai$^{33}$　i$^{33}$，n$^{55}$sa$^{33}$　ai$^{33}$　i$^{33}$？　　去呢，还是不去呢？
去（尾）（语）不 去（尾）（语）

nu$^{51}$　a$^{ʔ31}$a$^{31}$na$^{31}$mai$^{33}$wa$^{31}$　sai$^{33}$　i$^{33}$？　妈妈的病可能好了吧？
妈妈的 病　　　好（貌）（尾）（语）

joŋ$^{31}$kham$^{31}$tʃa$^{31}$ŋa$^{31}$　ai$^{33}$　　i$^{51}$？　　都健康吗？
都　健康　　（貌）（尾）（语）

nan$^{55}$the$^{33}$laŋ$^{33}$ai$^{33}$n$^{31}$thu$^{33}$joŋ$^{31}$nan$^{55}$the$^{33}$tup$^{31}$ai$^{33}$　i$^{51}$？
你们　用的刀　　都 你们　　打（尾）（语）
你们用的刀是你们打的，是吗？

（2）ta$^{ʔ31}$：用在叙述句的句末表示转述语气，可译为"听说、据说"。例如：

wa$^{51}$　n$^{55}$ta$^{51}$wa$^{31}$mai$^{31}$　sai$^{33}$　ta$^{ʔ31}$.　　听说爸爸回家了。
爸爸家　回（貌）（尾）（语）

ma³¹la²³¹să³¹ʑa³³tai̯³³sai³³ ta²³¹. 听说麻拉成了老师。
麻拉　老师　成（尾）(语)

tai̯³³tson³¹ŋa³³tsuŋ³³ai³³ ta²³¹. 听说是那样说的。
那　像（泛）说　（尾）(语)

mă³¹kui³³khʑit³¹jaŋ³¹tʃiŋ³¹lam³¹n⁵⁵pu̯⁵⁵ʃă³¹nu³¹ma²³¹ai³³ ta²³¹.
大象　　怕　的话 象鼻　下面　靠　（尾） （语）
据说怕大象的话要靠在象鼻下面。

放在句中时，ta²³¹ 强调听说者是谁。例如：

tʃoŋ³¹up³¹ta²³¹ŋa³³jaŋ³¹ nan⁵⁵the³³joŋ³¹sa³³mă³¹su³³ ta²³¹.
校长　听说说 的话 你们　都 去（尾）　听说
听校长说你们都去。

（3）n⁵⁵then⁵⁵：用在叙述句后面表示估计语气，相当于"可能、大概、恐怕"。例如：

ʃi³³n³³sa³³sai³³ n⁵⁵then⁵⁵. 他可能不去了。
他 不去（尾）(语)

phu⁵¹mă³¹tʃi²⁵⁵sai³³n⁵⁵then⁵⁵. 哥哥恐怕病了。
哥哥 病　（尾）(语)

ma²⁵⁵khʑa³¹ʃut⁵⁵ai³³khʑai³³ʑai⁵⁵n⁵⁵then⁵⁵. 可能全错了。
全　　错（尾）全　是　（语）

ma³¹ni³³joŋ³³kat⁵⁵te²³¹sa³³mă³³sai³³n⁵⁵then⁵⁵.
孩子们 都　街（方）去（尾）　（语）
孩子们可能都上街去了。

（4）ku̱n⁵⁵：用在叙述句句尾表示不确定的疑问语气。例如：

ʃi³³ n⁵⁵ʑa²³¹sai³³ku̱n⁵⁵？ sa³³san⁵⁵ju³³ su²³¹!
他 不 要（尾）(语)　 去 问 看（语）
他不要了？你去问问看！

ma³¹taŋ³³n⁵⁵ʒaʔ³¹sai³³kun⁵⁵? 麻当不要了吗?
麻当　不要（尾）（语）

ʃat³¹ʃoŋ³³ʃa⁵⁵na³³kun⁵⁵? ʃiŋ³¹n⁵⁵ʒai⁵⁵aʔ³¹mu⁵⁵ʃoŋ³³poŋ³³na³³kun⁵⁵?
饭　先　吃　要（语）　或者　　事情　先　商量 要（语）
先吃饭呢？还是先商量事情？

kun⁵⁵ 还能放在名词性短语的后面，表示疑问语气。例如：

kǎ³¹paʔ³¹ai³³kun⁵⁵，kǎ³¹tʃi³¹ai³³ kun⁵⁵? 是大的，还是小的?
大　　的（语）　小　　的　（语）

（5）lo³¹：用在省略动词谓语的句子末尾，表示不确定的疑问语气。例如：

n̩³³tai³³kǎ³¹niŋ³¹lo³¹? 这个怎么样?
这　怎样　（语）

kǎ³¹teʔ³¹lo³¹? 哪儿?
哪儿（语）

pha³³poʔ³¹lo³¹? 什么?
什么　（语）

kǎ³¹niŋ³¹lo³¹? 怎么了?
怎么　（语）

（6）mi³³：用在句尾或句中表示疑惑或不满的语气。例如：

naŋ³³pji³³n³³tʃe̥³³ ai³³ mi³³. 连你也不懂。
你　连　不　懂（尾）（语）

tʃo³¹ai³³mi³³ʒe⁷⁵⁵，n⁵⁵tʃo³¹ai³³mi³³ʒeʔ⁵⁵，ŋai³³muŋ³¹n³³tʃe̥³³n³¹ŋai³³.
对　的（语）是　不　对　的（语）是　我　也　不　知（尾）
是对呢，还是不对呢？我也不知道。

（7）le³¹：用在命令句的后面，表示催促语气。例如：

lau³³kǎ³¹lo³³uʔ³¹ le³¹! 你快做吧!
快　做　（尾）（语）

ʃiŋ³¹ khum³¹ti³³ u⁽³¹ le³¹!　　　　　　不要那么搞嘛！
那么　不要　搞（尾）（语）

（8）o³¹：用在不带句尾词的疑问句后面，表示疑惑语气。例如：
pha³³ta⁽³¹lo³¹？ ŋai³³ʒai³¹n⁵⁵tʃe³³mǎ³¹tat³¹n³¹ŋai³³.
什么说（语）　我　还　不　会　听　　　（尾）
你说什么啊？我还不会听。

kǎ³¹te⁽³¹sa³³ lo³¹，ŋai³³phe⁽⁵⁵tsun³³tan⁵⁵ʒit³¹!
哪里　去（语）　我（宾）告诉　　（尾）
去哪儿，你告诉我吧！

总之，景颇语居于句尾表示语气的有两类，一类是句尾词，有形态变化，数量多；另一类是语气词，无形态变化，数量少。二者功能不同，相互补足。[①]

---

① 参看戴庆厦《景颇语两类句尾词的功能互补》，载《云南师范大学学报》2016年第4期。

# 13 感叹词

感叹词是用来表示强烈的感情以及表示招呼、应答、呼唤的词。如 $a^{31}ka^{51}$ "哎哟（表示疼痛）"、$e^{51}$ "喂（表示打招呼）"、$oi^{51}$ "唉（表示答应，语气较客气）"、$o^{55}ʒo^{33}$ "啊喏（唤狗声）"等。

## 13.1 感叹词的特征

感叹词是词类中比较特殊的一种。在词义上，大多没有比较具体、实在的词汇意义，只表示某种感叹和呼应的声音。在结构上，它在句中与其他句子成分没有结构上的关系，是游离于句子结构之外的独立成分。例如：

$e^{31}$ $lo^{51}$ ! $ja^{255}tʃaŋ^{33}$ $sa^{33}$ $na^{33}$ $n^{31}ŋai^{33}$.　　行啊！我马上就去。
行啊　　　马上　去 要（尾）

$a^{31}the^{255}$ ! $lă^{31}ko^{33}$　$kă^{31}pa^{55}$ $kau^{55}$ $se^{255}ai^{33}$. 啊呀！我的脚烫着了。
啊呀　　脚　　　烫　（貌）（尾）

景颇语的感叹词能区分一些细微的感情，同一类感情往往使用几个不同的词表示。如表示答应的感叹词，$oi^{51}$ "唉" 表示一般的感情，而 $a^{51}$ "唉" 则含有不很礼貌的色彩。又如表示惊讶的 $wa^{51}$ "啊" 表示一般的惊讶，而 $wai^{55}$ "哎" 除惊奇外还略含不满的情感。

景颇语有少数感叹词含有实词的语义。如：$mo^{231}$ 既表 "催促" 义，又含有动词 "给" 义；$lo^{31}lo^{31}$，既有 "催促" 义，又有动词

"来"义。例如：

mo²³¹! n³³tai³³ laŋ³³ u²³¹!　　　　给！你用这个吧！
给　　这　　用（尾）

lo³¹lo³¹! n³³tai³³ ʃa⁵⁵ u²³¹!　　　　来来！你就吃这个吧！
来来　　这　　吃（尾）

少数感叹词可以重叠使用，重叠后表示语气的加重。例如：

o³¹! tai³¹ni⁵⁵ tun⁵⁵je⁵⁵ ai³³ ko³¹ naŋ³¹ ʃe²³¹ ʒe²⁵⁵kha³³!
喔　今天　　地　扫　的（话）你　才　是　（语）
喔！今天扫地的原来是你啊！

o³¹ o³¹! ʃi³³ ʃe²³¹ ʒe²⁵⁵ kha³³!　　喔喔！原来是他！
喔喔　他　才　是（语）

kha³¹! la⁵⁵ tat³¹ u²³¹!　　　　　　唉！你拿吧！
唉　拿（貌）（尾）

kha³¹kha³¹! ŋai³³ phe²⁵⁵ la⁵⁵ ja³³ ʒit³¹!　唉！请你拿给我吧！
唉　唉　我（宾）拿　给（尾）

## 13.2　感叹词类别

根据感叹意义的异同，可以将景颇语的感叹词分为4类：表示"赞许、同意、满意"；表示"答应、招呼、邀请、催促"；表示"惊讶、惊奇、惊恐、恐怕"；表示"疼痛、寒冷"等。

### 13.2.1　表示"赞许、同意、满意"

（1）au³¹lo³³：好啊（表示赞许、同意）

au³¹lo³³! ʃaŋ³¹ ʒit³¹　lo⁵¹!　　　　好啊！请进！
好啊　　进（尾）（语）

（2）um³¹lo³³：好啊（表示同意）

um³¹lo³³！jaʔ⁵⁵ sa³³ na³³ n³¹ŋai³³.　　好啊！我现在就去！
好啊　　现在　去　要（尾）

（3）m³¹mǎ³¹lo³³：好啊（表示赞许或同意）

m³¹mǎ³¹lo³³！ phot⁵⁵naʔ⁵⁵ teʔ³¹ pai⁵⁵ ʒau³¹ wa³¹ kaʔ³¹！
好啊　　　 明晚　　（方）再　一起　回（尾）
好啊！明天晚上我们再一起回去吧！

（4）um³¹mǎ³¹lo³³：好啊（表示同意，语气亲切）

um³¹ mǎ³¹lo³³！ phot⁵⁵ni⁵⁵ pai⁵⁵ khʒum⁵⁵ kaʔ³¹！
好啊　　　　　明天　　再　见　（尾）
好啊！我们明天再见吧！

（5）e³¹：唉（表示同意）

e³¹！ mai³³ ai³³ tai³³ni⁵⁵ sa³³ kaʔ³¹！　唉！我们今天去吧！
唉　 行（尾）　今天　 去（尾）

（6）e³¹lo³³：好啊（表示同意）

e³¹lo³³！phot⁵⁵ni⁵⁵ sa³³ na³³ n³¹ŋai³³！　好啊！我明天就去。
好啊　　明天　 去 要（尾）

（7）a³¹ʒa³¹：好（表示满意）

e³¹lo³³！tʃo³¹ sai³¹.　　　　　　好！对了。
好　　对（尾）

（8）a³¹ka³¹ka³¹：哎呀（表示高兴、惊讶）

a³¹ka³¹ka³¹！ ŋa⁵⁵ kʒai³³ ʒoŋ³³ ŋa³¹ ai³³ lo³³！
哎呀　　　 鱼　 很　 有（貌）（尾）（语）
哎呀！鱼真多！

（9）mo³¹：好（表示赞许）

mo³¹！jaʔ⁵⁵ tʃom⁵⁵ kap³¹ khʒa⁵⁵sai³³.　好！现在倒是打着了！
好　 现在 倒是 打（貌）（尾）

## 13.2.2 表示"答应、招呼、邀请、催促"

(1) oi$^{51}$：唉（表示答应，语气较客气）

oi$^{51}$！ pha$^{33}$ po$^{231}$ lo$^{33}$！　　　　　唉！什么事啊！
唉　什么　样（语）

(2) a$^{51}$：唉（表示答应，含有不礼貌的语气）

a$^{51}$！ pha$^{33}$ san$^{55}$ n$^{31}$ni$^{51}$？　　　　　唉！你问什么呢？
唉　什么　问（尾）

(3) we$^{51}$：喂（表示打招呼）

we$^{51}$！ wo$^{55}$ʒa$^{31}$ kǎ$^{31}$tai$^{33}$ ʒe$^{ʔ55}$？　　喂！那是谁？
喂　那　谁　是

(4) e$^{51}$：喂（表示打招呼）

e$^{51}$！ khau$^{33}$！　　　　　　　　喂！老表！
喂　老表

(5) kha$^{31}$lu$^{33}$：唉（表示打招呼，请对方让路）

kha$^{31}$lu$^{33}$！ ŋai$^{33}$ lai$^{31}$ we$^{ʔ31}$ka$^{ʔ31}$！　唉！让我过去！
唉　　　我　过　（尾）

(6) kai$^{31}$：喂（表示打招呼）

kai$^{31}$！ ja$^{ʔ55}$ sa$^{33}$ nu$^{ʔ55}$！　　　　喂！现在去吧！
喂　现在　去（尾）

(7) la$^{ʔ31}$：喂（表示请给的语气）

la$^{ʔ31}$！ ŋje$^{ʔ55}$ n$^{31}$thu$^{33}$ lau$^{33}$ ja$^{33}$ ʒit$^{31}$！
喂　我的　刀　快　给（尾）
喂！请你快把我的刀给我！

(8) lak$^{55}$：喂（表示请求快给的语气）

lak$^{55}$！ la$^{55}$ tat$^{31}$　u$^{ʔ31}$！　　　　喂！你快拿来吧！
喂　　拿（貌）（尾）

13　感叹词　　339

（9）kha³¹：唉（表示索取或接受物品）

kha³¹! wo⁵⁵ʒa³¹ pu̱n⁵⁵ʒam⁵¹ no⁽ʔ⁾⁵⁵ ju³³ju³³ ka⁽ʔ⁾³¹!
唉    那   布       再    看看（尾）
喂！再拿那布来看看！

（10）kha³¹ko³¹：唉（表示再三索取或接受物品）

kha³¹ko³¹! lau³³ ja³³ ʒit³¹!    唉！你快给我吧！
唉      快   给（尾）

（11）lo³¹lo³¹：来（表示邀请，语气亲切）

lo³¹lo³¹! lǎ³¹wan³³ kǎ³¹lo³³ ka⁽ʔ⁾³¹!   来！我们快做吧！
来    快      做    （尾）

（12）mo⁽ʔ⁾³¹：给（表示要交给对方某物）

mo⁽ʔ⁾³¹! n³³tai³³ laŋ³³ u⁽ʔ⁾³¹!      给你！你用这个吧！
给    这   用（尾）

（13）mok⁵⁵：给（表示给某物时生气的语气）

mok⁵⁵! naŋ³³ n³¹ʒe³³ ai³³ mǎ³¹ʃa³¹!   给！你这样的人！
给    你（泛）的     人

（14）pai³¹pai³¹：来来（表示动作朝着说话人所在的地方）

pai³¹pai³¹! naŋ³³ jup⁵⁵ mǎ³¹ju³³ jaŋ³¹ ko³¹ ja⁽ʔ⁾⁵⁵jup⁵⁵ nu⁽ʔ⁾⁵⁵!
来来    你   睡   想   的话（话）现  睡  （尾）
来来！你想睡的话现在就睡吧！

（15）pai³¹le³¹：来吧（呼唤对方）

pai³¹le³¹! naŋ³³ kui⁵⁵ jaŋ³¹ ko³¹ ja⁽ʔ⁾⁵⁵ jo⁽ʔ⁾³¹ khat⁵⁵ ka⁽ʔ⁾³¹!
来吧    你   敢   的话（话）现  搏斗（貌）（尾）
来吧！你敢的话现在就搏斗吧！

（16）lo³¹le³¹：来（表示催促，语气加强）

lo³¹le³¹! ʃa⁵⁵ sǎ⁵⁵ka⁽ʔ⁾⁵⁵!        来！我们吃吧！
来    吃（尾）

（17）lo³¹lo⁵¹：来啊（表示催促、不耐烦语气）

lo³¹lo⁵¹！lǎ³¹wan³³ kǎ³¹lo³³ ka²³¹！　　来啊！我们快做吧！
来啊　　快　　做　　（尾）

（18）sa³¹sa³¹：走（表示催促）

sa³¹sa³¹！sa³³ wa³¹ sǎ⁵⁵ka²⁵⁵！　　　　走！我们去吧！
走　　去（貌）（尾）

### 13.2.3 表示"惊讶、惊奇、惊恐、恐怕"

（1）the⁵⁵：啊（表示惊讶）

the⁵⁵！wan³¹ no²⁵⁵ tʃi²⁵⁵ a²³¹kha³³！　　啊！火还旺着呢！
啊　　火　还　　旺　　（尾）

（2）a³¹ʒu⁵¹：哎呀（表示惊奇）

a³¹ʒu⁵¹！phjen³³ ni³³ a²³¹ n³¹sen⁵⁵ ʃe²³¹ ʒai⁵⁵ ʒe³³ ŋa³¹ ai³¹.
哎呀　敌人　们　的　声音　才　是（泛）（尾）
哎呀！这肯定是敌人的声音！

（3）pai³¹：哎呀（表示惊讶），唉（表示同意）

pai³¹！tiŋ³¹la³³ni³³tu³¹ khʒa³¹sa³³ mǎ³¹ʒa²³¹ai³³.
哎呀　老人　们　到　（貌）来　（尾）
哎呀！老人们也来了。

pai³¹！ja²⁵⁵ paŋ³³ nu²⁵⁵！
唉　　现在　放　（尾）
唉！你现在放吧！

（4）a⁵⁵lo⁵¹：哎呀（表示惊讶）

a⁵⁵lo⁵¹！ŋje²⁵⁵ lai³¹ka̠³³ naŋ⁵¹ to̠³³ ŋa³¹ a²³¹kha³³！
哎呀　我的　书　　这里　在　（貌）（尾）
哎呀！原来我的书在这里！

（5）a³¹ka⁵¹：啊（表示惊奇）

a³¹ka⁵¹！ naŋ³³ ŋai³³ tha⁽ʔ⁾³¹ n³¹ kun³¹ kʒau³³ tʃa³¹ ŋa³¹ n³¹tai³³．
啊　　你　我　里　　力量　　更　硬（貌）（尾）

啊！你比我力量大。

（6）wa⁵¹：啊（表示惊奇）

wa⁵¹！ ŋa⁵⁵ kǎ³¹pa³¹ wa³³ lo̥³³！
啊　　鱼　　大　（貌）（语）

啊！好大的鱼！

（7）jo⁵¹：啊（表示惊奇）

jo⁵¹！ ja⁽ʔ⁾⁵⁵ then³¹ mat³¹ sai³³！
啊　　现在　　坏　（貌）（尾）

啊！现在坏了！

（8）we⁵¹e³¹：啊（表示惊奇）

we⁵¹e³¹！ n³³tai³³ ko̥⁽ʔ⁾⁵⁵ mǎ⁵⁵ti⁵¹ kʒai³¹ tu̥³³ ŋa³¹ ai³³ lo⁵¹！
啊　　　 这里　　 蘑菇　　　　 很　 长（貌）（尾）（语）

啊！这里蘑菇长得真多啊！

（9）wok⁵⁵e⁵¹：啊（表示惊诧）

wok⁵⁵e⁵¹！ naŋ³³ phe⁽ʔ⁾⁵⁵ n³³ khʒa⁵⁵ a⁽ʔ⁾³¹ni⁵¹？　啊！没碰着你吧？
啊　　　 你　（宾）　不　碰　（尾）

（10）ok⁵⁵：哎呀（表示惊恐）

ok⁵⁵！ ʃi³³ mǎ³¹tʃi⁽ʔ⁾⁵⁵ ŋa³¹ ai³³．　　　　哎呀！他病了。
哎呀 他　病　　（貌）（尾）

（11）tʃi⁵¹：啊（表示惧怕）

tʃi⁵¹！ ʃǎ³³ʒo³³ wa³¹ lo⁵¹！　　　　　　啊！老虎来了！
啊　　 老虎　 来（语）

### 13.2.4 表示"疼痛、寒冷"

（1）a³¹ka̠⁵¹：哎哟（表示疼痛）

a³¹ka̠⁵¹！ kʒai³¹ mǎ³¹tʃi̠ʔ⁵⁵ sai³³ lo⁵¹！　　哎哟！真痛！
哎哟　　很　　痛　　　了（语）

（2）a⁵⁵ka̠⁵⁵lo⁵¹：哎哟（表示疼痛）

a⁵⁵ka̠⁵⁵lo⁵¹！ khum³¹ ti³³！　　　　　　哎哟！别动！
哎哟　　　别　　动

（3）a³¹si⁵¹：哎哟（表示寒冷的感觉）

a³¹si⁵¹！ kʒai³¹ kǎ³¹ʃuŋ³³ ai³³　lo⁵¹！　　哎哟！真冷啊！
哎哟　　很　　冷　　　（尾）（语）

（4）a⁵⁵tsi̠⁵¹：咝（表示冷的感觉）

a⁵⁵tsi̠⁵¹！ kǎ³¹tʃa³³ wa³³ kǎ³¹ʃuŋ³³ ai³³．　　咝！真冷。
咝　　　真　　　冷　　　　　　（尾）

（5）tsi⁵¹：咝（表示冷的感觉）

tsi̠⁵¹！ kʒai³¹ kǎ³¹ʃuŋ³³ ai³³．　　　　　　咝！真冷。
咝　　很　　冷　　　　（尾）

# 三　构词篇

　　景颇语的词从结构上看，可分为单纯词和合成词两类。单纯词只包含一个有意义的成分，有单音节的，也有多音节的。合成词都是多音节的，以双音节词居多。

　　合成词的构词方法有两种：一种是复合词构词法，即用两个或两个以上的词（或词根）构成新词；另一种是形态构词法，即用词（或词根）加附加成分或改变词的语音构成新词的方法。

# 1 复合词构词法

复合词大多用两个词构成。构成复合词的语素若来自双音节词，有的只取其中的一个音节。如 loŋ$^{31}$khje$^{33}$ "红衣" 的 loŋ$^{31}$，来自 pǎ$^{33}$loŋ$^{33}$ "衣服" 的后一音节；ko$^{33}$khjen$^{31}$ "裹脚布" 的 ko$^{33}$，来自lǎ$^{31}$ko$^{33}$ "脚" 的后一音节。复合词又可分为4类：并列式、修饰式、支配式、主谓式。

## 1.1 并列式

并列式复合词的两个语素词类相同，意义或同类，或相近。

### 1.1.1 并列式类别

只有名、动、形三种语素能进入这种结构，以"名＋名"组合的居多。从语素的类别及意义上看，又可分以下几类。

（1）名语素＋名语素＝名词

两个名语素并列组成名词。名词的意义大多是两个语素相加的意义，但也有少数是相关的意义。例如：

| nu̱$^{51}$wa̱$^{51}$ | 父母 | tʃi$^{33}$ khai$^{51}$ | 祖父、外祖父 |
| 母 父 | | 曾祖父 祖母 | |
| tʃi$^{33}$ woi$^{33}$ | 曾祖父、祖先 | phu$^{31}$nau$^{33}$ | 兄弟 |
| 曾祖父 曾祖母 | | 兄 弟 | |

num³³la³³ 男女 lă³¹ko³³lă³¹ta̯ʔ⁵⁵ 手脚
女 男 脚 手

mă⁵⁵ni⁵⁵ma³³ni⁵⁵ 前几天 thom⁵⁵phaŋ³³ 将来
昨天 前天 后 后来

kă⁵⁵khum⁵¹n³³kjin³³ 瓜类 tʃum³¹mă⁵⁵tʃap⁵⁵ 调味品
南瓜 黄瓜 盐 辣子

lă³¹pu³¹ pă⁵⁵loŋ⁵⁵ 衣服 tʃiŋ³³pau³¹ 锣鼓
裤子 上衣 鼓 锣

n³¹puŋ³³lă³¹ʒu³³ 狂风 ʃan³¹ŋa⁵⁵ 荤菜
风 狂风 肉 鱼

sai³¹ʃan³¹ 亲骨肉
血 肉

（2）动语素+动语素=名词

luʔ³¹ʃa⁵⁵ 食物 kup³¹tʃop⁵⁵ 帽子
喝 吃 戴 套

tsup³¹phoŋ³¹ 会议 pu³¹ phun⁵⁵ 衣着
聚合 聚集 穿（裤）穿（衣）

（3）动语素+动语素=动词

pan³¹saʔ⁵⁵ 休息 toʔ³¹tan³¹ 决定
休息 歇 断 割

kun³³phai³³ 担负 phan⁵⁵ʃă³¹lat³¹ 创造
背 抬 创造 创造

tip³¹sep³¹ 剥削 tă³¹ʒu³³ʃă³¹ʒin⁵⁵ 批评
压 削 骂 教

（4）形语素+形语素=形容词

ŋui³¹pjo³³ 舒服 tiŋ³³man³³ 老实
满意 高兴 直 老实

| | | | |
|---|---|---|---|
| kham³³tʃa³³ | 健康 | nem³¹tso³¹ | 高低 |
| 康　好 | | 低　高 | |
| khum³³tsup⁵⁵ | 齐全 | khun³¹ khʒo⁷⁵⁵ | 干燥 |
| 全　齐 | | 表面干内部干 | |
| tan³¹ pʒa⁷⁵⁵ | 清楚 | | |
| 清晰 清楚 | | | |

### 1.1.2 并列式语素顺序

1. 制约语素顺序的规则和模式

并列结构复合词里的语素前后次序，按严格的规则组合，不是任意排列的。其规则与语义关系不大，而是受前后音节元音舌位"前高后低"搭配规律的制约。这种搭配，也是一种和谐，但不是相同、相近的和谐，而是相异的和谐。如：nu⁵¹（母）wa⁵¹（父）"父母"一词，后一语素的元音是 a，前一语素的元音是 u。由于受语音规则的制约，这个词在语义上是阴性在前，阳性在后。ku³³（公）moi³³（婆）"公婆"则是阳性在前，阴性在后，因后一音节的元音低于前一音节。元音搭配还有以下几个具体条例：

（1）若语素的元音是复合元音，和谐时主要元音在起作用。例如：

| | | | |
|---|---|---|---|
| kun³³phai³³ | 担负 | tʃiŋ³³pau³¹ | 锣鼓 |
| 背　抬 | | 鼓　锣 | |

（2）三个音节的复合词，取双音节词的后一语素与单音节语素和谐。例如：

| | | | |
|---|---|---|---|
| tʃum³¹mă⁵⁵tʃap⁵⁵ | 调味品 | tʃu⁵⁵ pă⁵⁵la⁵⁵ | 子弹和箭的总称 |
| 盐　辣椒 | | 子弹 箭 | |

（3）元音舌位高低相同的，一般是有辅音韵尾的在无辅音韵尾的后面。例如：

sai³¹ʃan³¹　　　　亲骨肉　　　ʃã³³ta³³tʃan³³　　日月
血　肉　　　　　　　　　　　　　月　日

（4）若一个语素带鼻音韵尾，另一个语素带塞音韵尾，大多是带塞音韵尾的居后。例如：

tan³¹ pʒa⁵⁵　　　　清楚　　　　khum³³tsup⁵⁵　　齐全
清晰 清楚　　　　　　　　　　　全　齐

phan³¹ shǎ³¹lat³¹　　创造　　　pan³¹sa⁵⁵　　　　休息
创造　创造　　　　　　　　　　休息 歇

（5）相同的元音和谐（松紧不计），以意义排前后。两个语素中，与整个复合词的意义较近的放在前面。例如：

ŋaŋ³¹kaŋ³³　　　　结实　　　　ʃan³¹ŋa⁵⁵　　　　荤菜
牢　绷紧　　　　　　　　　　　肉　鱼

景颇语的基本元音有五个，在并列复合词中的和谐情况有以下一些模式：

| 居前的元音 | 居后的元音 |
|---|---|
| i | i　e　a　o　u |
| u | i　e　a　o　u |
| e | e　a　o |
| o | e　a　o |
| a | a |

从上面的模式看出，居前的元音舌位越高，后面与之搭配的元音越多；反之亦然。如果居前的元音为 i、u，五个元音都能同它和谐；如果居前的元音为 a，则只有一个 a 能同它和谐。就是说，居前的元音舌位高低与搭配的能量大小成正比。例如：

i-i　　mǎ⁵⁵ni⁵⁵ma⁵⁵ni⁵⁵　　前几天　　pha⁵³¹tʃi⁵⁵niŋ³¹li³³　　知识
　　　昨天　前天　　　　　　　　　　知识　（配音）

## 1 复合词构词法

| | | | |
|---|---|---|---|
| i-e | tip³¹sep³¹ 压 剥 | 剥削 | kjin⁵⁵kǎ³¹tep³¹ 忙 逼 | 危机 |
| i-a | tiŋ³¹man³³ 直 老实 | 老实 | tʃi³³ khai³¹ 曾祖父祖母 | 祖父 |
| i-o | kjit³¹noi⁵⁵ 栓 挂 | 吊 | mǎ³¹tʃi⁽ʔ⁾⁵⁵mǎ³¹ko⁵⁵ 病 （配音） | 疾病 |
| i-u | lǎ³¹ti³¹ lǎ³¹mun³¹ 一千万 一千万 | 千千万万 | mǎ³¹sin³¹mǎ³¹lum³³ 心 心脏 | 心脏 |
| u-i | kǎ⁵⁵khum⁵¹n³³kjin³³ 南瓜 黄瓜 | 瓜类 | mjit³¹khʒum⁵⁵kum³¹tin³¹ 团结 使成团 | 团结 |
| u-e | mǎ³¹su⁽ʔ⁾³¹mǎ³¹lem⁵⁵ 骗 哄 | 哄骗 | phun⁵⁵pǎ⁵⁵nep⁵⁵ 穿 垫子 | 被褥 |
| u-a | phun⁵⁵kǎ⁵⁵wa⁵⁵ 木 竹 | 竹木类 | phun³¹ʃiŋ³¹kaŋ³¹ 威信 威风 | 威望 |
| u-o | khun³¹ khʒo⁽ʔ⁾⁵⁵ 表面干 内部干 | 干燥 | mǎ³¹su⁽ʔ⁾³¹mǎ³¹ko⁽ʔ⁾³¹ 骗 弯 | 虚伪 |
| u-u | n³¹puŋ³³lǎ³¹ʒu³³ 风 狂风 | 狂风 | kun³¹tiŋ³¹khu³³ 家庭 家庭 | 家庭 |
| e-e | n⁵⁵se⁵⁵nai³¹se⁵⁵ 经吃（配音） | 经吃的 | n⁵⁵kʒem³³n⁵⁵nem⁵¹ 看不上 （配音） | 看不上 |
| e-o | kǎ³¹thet³¹kǎ³¹mot³¹ 热 （配音） | 生病的 | nem³¹tso³¹ 低 高 | 高低 |
| e-a | tʃǎ³¹then³¹ʃǎ³¹pja⁽ʔ⁾⁵⁵ 弄坏 弄垮 | 破坏 | mǎ³¹kjep³¹mǎ³¹kap³¹ 粘 （配音） | 黏黏的 |
| o-e | tho⁵⁵tho⁵⁵le⁵⁵le⁵⁵ 那（上方）那（下方） | 胡思乱想 | po⁵⁵po⁵⁵pje⁵⁵pje⁵⁵ 便宜 （配音） | 很便宜的 |

o-o puŋ⁵⁵phʒo³¹puŋ⁵⁵lo³³ 白发老人　mǎ³¹lom⁵⁵mǎ³¹kom⁵⁵ 万一需要的
　　头　白　（配音）　　　　万一需要（配音）

o-a lǎ³¹ko³³lǎ³¹taʔ⁵⁵　手脚　　　thom⁵⁵phaŋ³³　　将来
　　脚　　手　　　　　　　　　后面　以后

a-a lǎ³¹taʔ⁵⁵lǎ³¹wa³¹ 挑肥拣瘦地　kham³³tʃa³³　　　健康
　　挑选（配音）　　　　　　　康　好

2. 搭配规则的例外

以上所说的语音规则管辖了绝大部分并列复合词，但也有少数词有例外，即后一语素的元音高于前一元音。例外的条件主要与语义有关。

（1）前一语素的意义比后一语素更重要，元音舌位虽然低也放在前面。例如：

tʃa³¹kum³¹phʒo³¹　　财产（财产中金子比银子更为重要）
金　银

tʃǎ³¹then³¹ʃǎ³¹ʒun³¹　破坏（构成"破坏"义，前者更重要）
弄坏　　弄散

（2）若有一个语素是借词，这个借词语素大多放在本族语词语素之后，而不受"前高后低"的搭配规律的制约。例如：

lǎ³¹khon⁵⁵khan³³si³³　苛捐杂税　mǎ³¹kan⁵⁵a³¹mu⁵⁵　工作
捐　税　（傣语）　　　　　　　专业　工作（缅语）

tan³¹tan³¹leŋ⁵⁵leŋ⁵⁵　一清二楚
清　楚　亮（汉语）

（3）由文学语言词和口语词作为语素结合而成的并列复合词，一般是文学语言语素在前，而不受"前高后低"的搭配规律的制约。如：

ʃǎ³¹kʒoi³¹phuŋ³¹tsin³³　水　　　sin³¹tai³³na³¹sin³¹　心
水（文）水（口）　　　　　　　心（文）心（口）

可见，并列复合词构成的顺序，主要遵循语音原则，但在一些词上语义原则也起作用。这两个原则在有的词上会出现"竞争"。表现为语音原则要求以元音和谐规律来构词，要求语义服从语音；而语义原则则强调语义领先，不顾语音和谐，凡语义较重要的必须居前，从而违背"前高后低"的语音搭配。竞争的过程出现了两读。如：nam$^{31}$lap$^{31}$（叶子）nam$^{31}$lo$^{33}$（配音）"叶子的总称"，也可读为 nam$^{31}$lo$^{33}$nam$^{31}$lap$^{31}$。phot$^{55}$ni$^{55}$（明天）phot$^{55}$tin$^{31}$（后天）"明后天"也可读为 phot$^{55}$tin$^{31}$ phot$^{55}$ni$^{55}$。

前后音节的元音搭配，是区别并列复合词和并列短语的一个标志。并列短语一般不受元音和谐规律的制约，前一个词的元音可高于后一个词，也可低于后一个词。而且，前后词的次序比较灵活，可以相互调换。例如：

lă$^{31}$pu$^{31}$the̠$^{231}$pă$^{33}$loŋ$^{33}$ = pă$^{33}$loŋ$^{33}$the̠$^{231}$ lă$^{31}$pu$^{31}$　　衣服和裤子
裤子　和　衣服　　　衣服　和　裤子

puŋ$^{31}$sap$^{31}$the̠$^{231}$n$^{33}$kjin$^{33}$ = n$^{33}$kjin$^{33}$ the̠$^{231}$puŋ$^{31}$sap$^{31}$　　丝瓜和黄瓜
丝瓜　和　黄瓜　　黄瓜　和　丝瓜

但是，并列复合词的语素顺序已在一定程度上"扩散"到并列短语上。表现在有的并列短语虽然语素的前后次序可以更换，但其中常用的一种，其语素顺序与并列复合词相同。例如：

复合词　　　　　　词组

nu$^{51}$wa$^{51}$　　父母　　kă$^{31}$nu$^{31}$the̠$^{231}$kă$^{31}$wa$^{31}$　母亲和父亲
母　父　　　　　　母亲　和　父亲

　　　　　　　　　= kă$^{31}$wa$^{31}$the̠$^{231}$kă$^{31}$nu$^{31}$　父亲和母亲
　　　　　　　　　父亲　和　母亲

lă$^{31}$ko$^{33}$lă$^{31}$ta$^{255}$ 手脚　lă$^{31}$ko$^{33}$the̠$^{231}$lă$^{31}$ta$^{255}$　脚和手
脚　手　　　　　　脚　和　手

354　三　构词篇

$$= \text{lă}^{31}\text{ta}^{?55}\text{the}^{?31}\text{lă}^{31}\text{ko}^{33} \quad 手和脚$$
$$手\ 和\ \ 脚$$

不仅如此，并列复合词里的语素顺序，还"扩散"到并列复句中去。有的并列复句，两个分句的主语用什么词，也按元音和谐的规则安排先后，特别是在诗歌语言里更为明显。例如：

$\text{nu}^{51}\text{ko}^{31}\text{khai}^{55}\text{mu}^{55}\text{mă}^{31}\text{ʃa}^{31}\text{ʒe}^{51}$，$\text{wa}^{51}\text{ko}^{31}\text{tʃak}^{31}\text{mu}^{55}\text{mă}^{31}\text{ʃa}^{31}\text{ʒe}^{51}$.
母（话）农民　　　　是　父（话）工人　　　　是
母亲是农民，父亲是工人。

$\text{ʃoŋ}^{33}\text{e}^{31}\text{kha}^{55}$，$\text{phaŋ}^{33}\text{e}^{31}\text{ʃa}^{55}$. 先有苦，后才有吃。（即先苦后甜）
先（方）苦　后（方）吃

$\text{lă}^{31}\text{mun}^{31}\text{tʃiŋ}^{31}\text{khaŋ}^{31}\text{e}^{31}\text{lat}^{31}$，$\text{lă}^{31}\text{tsa}^{33}\text{a}^{31}\text{laŋ}^{33}\text{e}^{31}\text{mă}^{31}\text{jat}^{31}$.
一万　山岭（方）繁殖　一百　山岗（方）　繁衍
在一万个山岭上繁殖，在一百个山岗上繁衍。

景颇语并列结构复合词的元音搭配，也是元音和谐，但则是相异性的元音和谐。可以认为是一种构词形态。

## 1.2　修饰式

修饰式复合词由中心语素和修饰语素构成，是几种构词中最能产的。大多是双音节的，也有三音节、四音节。有的双音节词当语素构词时，取其词根音节。在语序上，名语素做名语素、量语素的修饰成分的居前，形语素、动语素、状态语素做名语素的修饰成分的居后，但动语素当名语素的修饰成分的也有居前的。又可分7类：

### 1.2.1　名修饰语素 + 名中心语素 = 名词

这类复合名词的语素，都是表示实体意义的名语素。时间名词、方位名词、抽象名词不能用来充当这类名词语素。例如：

mji̠ʔ³¹mun³³    睫毛
眼  毛

tʃoŋ³¹ma³¹    学生
学校孩子

loŋ³¹ta̠ʔ⁵⁵    袖子
衣  手

ti̠ʔ³¹phji̠ʔ³¹    蛋白
蛋  皮

ʃi³¹ lai³¹ka̠³³    报纸
消息书

ti̠ʔ³¹kap³¹    锅盖
锅 盖

pnm³¹ka⁵⁵    山区
山  地

sai³¹lam³³    血管
血  路

tsi³¹sǎ³¹ʒa³³    医生
药 老师

pǎ³³si³³n³¹pa⁵⁵    棉被
棉   被子

tat⁵⁵wan³¹    电灯
电  火

n³¹puŋ³³li³³    飞机
风   船

waʔ³¹loŋ³¹    猪圈
猪   圈

### 1.2.2 名中心语素＋形修饰语素＝名词

tʃap³¹tsiŋ³³    青辣椒
辣椒 青

khʒaŋ³¹kha⁵⁵    苦菜
菜  苦

tʃum³¹tui³¹    糖
盐 甜

kau³¹khje³³    洋葱
葱 红

pjen³³tʃaŋ³³    黑板
板  黑

khʒaŋ³¹khʒi³³    酸菜
菜  酸

kjin³¹ka̠³³    香瓜
瓜  花色

tsi³¹tui³¹    糖精
药 甜

kaʔ⁵⁵tʃi³³    小筐
筐 小

pu³¹tʃaŋ³³    黑裤
裤 黑

khon³³sek⁵⁵　巧姑娘　　　tu²³¹poŋ³³　　瘿袋
姑娘　灵巧　　　　　　　脖子凸

kan³³khje³³　红痢　　　　pu̱³¹kha⁵⁵　　苦肠
肚　红　　　　　　　　　肠　苦

kui³¹khje³³　黄狗　　　　kha²³¹kjip³¹　峡谷
狗　红　　　　　　　　　河　窄

### 1.2.3 名中心语素＋动修饰语素＝名词

ma³¹pau³³　　养子　　　　mji³¹kjo³¹　　瞎子
子　养　　　　　　　　　眼　瞎

num³¹pai⁵⁵　退婚妇女　　mai⁵⁵thu³¹　　春菜
女　还　　　　　　　　　菜　春

kha²³¹lu²³¹　食用水　　　ʃat³¹ŋam³¹　　剩饭
水　喝　　　　　　　　　饭　剩

khʒai³¹noi⁵⁵　吊桥　　　na³¹poi³³　　 出租的田
桥　吊　　　　　　　　　田　租

thaŋ³³tip³¹　 打字机　　　tum³¹kʒok⁵⁵　花纹竹筒
模子　打　　　　　　　　筒　刻

ti²³¹ka²³¹　 破锅　　　　 luŋ³¹nep⁵⁵　　垫石
锅　裂　　　　　　　　　石　垫

kha²³¹thaŋ⁵⁵　逆流　　　 loŋ³¹ka²³¹　　对襟衣
水　回　　　　　　　　　衣　裂

loŋ³¹wo²³¹　 破衣　　　　luŋ³¹ʒap³¹　　石滩
衣　破　　　　　　　　　石　铺满

wa²³¹tam⁵⁵　乱跑的猪　　kui³¹tam⁵⁵　 流浪狗
猪　逛　　　　　　　　　狗　逛

## 1.2.4 动修饰语素 + 名中心语素 = 名词

| pjaŋ³³li³³ | 飞机 | jup⁵⁵ku³¹ | 床 |
| 飞 船 | | 睡 床 | |
| jup⁵⁵ʒa³¹ | 睡处 | sa²⁵⁵ʒa³¹ | 歇处 |
| 睡 处 | | 歇 处 | |
| tai³¹to³¹ka⁵⁵ | 出生地 | jup⁵⁵kok³¹ | 寝室 |
| 出生 地 | | 睡 室 | |
| jam³³ŋa³³ | 牲畜 | khʒap³¹ka³¹ | 哭歌（对逝者表 |
| 当（奴隶）牛 | | 哭 话 | 达哀思的歌） |

## 1.2.5 名中心语素 + 状态修饰语素 = 名词

| ʒuŋ³¹ku²⁵⁵ | 弓背 | wŭ⁵⁵ʒoŋ³¹ | 翘牙 |
| 背 有点弯状 | | 牙 耸立状 | |
| mji²³¹le²⁵⁵ | 鼓眼珠的人 | ti³¹koŋ⁵⁵ | 高鼻子 |
| 眼 鼓出状 | | 鼻稍高状 | |
| loŋ³¹kʒo²⁵⁵ | 套头衣 | mai³¹tut³¹ | 秃尾 |
| 衣 对着状 | | 尾 秃状 | |
| thuŋ³¹tut⁵⁵ | 短水筒 | lam³³tok⁵⁵ | 直路 |
| 水筒 短秃状 | | 路 直接地 | |

## 1.2.6 名修饰语素 + 量中心语素 = 量词

| wa²³¹phaŋ³³ | 丛（竹丛） | tsiŋ³¹khat⁵⁵ | 根（茅草） |
| 竹 棵 | | 茅草根 | |
| niŋ³¹the²³¹ | 滴 | si³¹khap⁵⁵ | 担（棉花） |
| 雨 点 | | 棉 担 | |

### 1.2.7 名中心语素+状态修饰语素=量词

si³¹lam³³ （一）堆（棉花）　　laʔ³¹kʒaʔ³¹ （一）把（辣椒）
棉　成堆状　　　　　　　　　手　抓物状

## 1.3 支配式

名被支配语素+动支配语素=名词或量词，构成名词的居多。例如：

| tiŋ³¹je⁵⁵ | 扫把 | ti³¹kap³¹ | 锅盖 |
| 地 扫 | | 锅盖 | |
| na³¹tʃeʔ⁵⁵ | 锄头 | po³³tʃop⁵⁵ | 帽子 |
| 田 锄 | | 头 套 | |
| tsi³¹kut³¹ | 筀子 | tu³¹pat³¹ | 围巾 |
| 虱 消除 | | 脖 围 | |
| ko³³khjen³¹ | 裹腿 | tʃiʔ³¹kʒoŋ³¹kʒaŋ³¹ | 蚊帐 |
| 腿 裹 | | 蚊子　隔 | |
| khaʔ³¹la⁵⁵ | 引水沟 | man³³ju³³ | 镜子 |
| 水 拿 | | 脸 看 | |
| tsi³¹tʃup³¹ | 吸管 | lǎ³¹ko³³ʃǎ³¹kʒin³¹ | 光脚 |
| 药 吸 | | 脚 使光 | |
| tʃoŋ³¹up³¹ | 校长 | mǎ³³niŋ³³tin³¹ | 前年 |
| 学校掌管 | | 去年 隔 | |

构成量词的如：

| si³¹　kaʔ³¹ | 朵（棉花朵） | thiŋ³¹nep⁵⁵ | 块（楼板） |
| 棉花 分开 | | 房子 垫 | |
| sin³¹taʔ³¹kaʔ³¹ | 半 | thiŋ³¹kʒam³³ | 块（地板） |
| 胸　　分开 | | 房　搭 | |

## 1.4 主谓式

主谓式复合词由主语素和谓语素构成。这种构词形式能产度低，有以下两类：

### 1.4.1 名被陈述语素＋动陈述语素或形陈述语素＝名词

| mjit³¹su⁵⁵ | 先生 | koŋ³³tsom³¹ | 身材美的人 |
| 思想 成熟 | | 身材 美 | |
| tʃoŋ³¹tat³¹ | 假期 | ka³¹khʒiŋ³¹ | 句号 |
| 学校 放 | | 话 停 | |
| tʃan³³kʒi³³ | 旱天 | kha²³¹pho²³¹ | 河流发源地 |
| 太阳 旱 | | 河 开头 | |

### 1.4.2 名被陈述语素＋动陈述语素或形陈述语素＝动词

| ka³¹lo²⁵⁵ | 吵架 | mjit³¹ʒu²⁵⁵ | 发愁 |
| 话 多 | | 思想 愁 | |
| mjit³¹phʒaŋ³¹ | 醒悟 | mă³¹sin³¹pot³¹ | 发怒 |
| 思想 醒 | | 心 怒 | |

## 1.5 复合词前一语素的虚化

景颇语的复合词有一个其他亲属语言少有的特点，那就是有的复合词的前一语素变为弱化音节。弱化音节的声韵调特征，部分或全部发生音变，语义也随之虚化。变音和语义虚化，使得复合词前一语素具有前缀的特点，反映了景颇语实语素向前缀方向演化的趋势。常见的有：

ŋa³³ "牛" → wǎ⁵⁵ [ 读 wǔ⁵⁵]

| wǎ⁵⁵khʒat³¹ | 生小牛的时间 | wǎ⁵⁵kjip⁵⁵ | 瘦牛 |
| 牛　生 | | 牛　瘦 | |

kǎ⁵⁵wa⁵⁵ "竹" → wǎ³¹ [ 读 wǔ³¹]

| wǎ³¹that³¹ | 厚壁的竹子 | wǎ³¹pot³¹ | 竹根 |
| 竹　厚 | | 竹　根 | |

ka⁵⁵ "土" → kǎ⁵⁵ [ 读 kɔ̌⁵⁵]

| kǎ⁵⁵mut³¹ | 肥土 | kǎ⁵⁵tʃaŋ³³ | 黑土 |
| 土　灰 | | 土　黑 | |

na³³ "耳朵" → lǎ⁵⁵[ 读 lɔ̌⁵⁵]

| lǎ⁵⁵kjo⁵¹ | 耳屎 | lǎ³³pjiŋ³³ | 耳根 |
| 耳　干瘪 | | 耳　根 | |

mam³³ "谷子" → n³³

| n³³po³³ | 糯谷 | n³³nan³³ | 新谷 |
| 谷　杆 | | 谷　新 | |

pǎ³³si³³ "棉花" → sǎ³¹[ 读 sǐ³¹]

| sǎ³¹phʒa³³ | 棉地 | sǎ³¹khap⁵⁵ | （棉花）担 |
| 棉　地 | | 棉　担 | |

tum³¹si³³ "豪猪" → sǐ³¹

| sǐ³¹tʃap³¹ | 豪猪的膻味 | sǐ³¹ ku⁵⁵ | 豪猪臀部的肉 |
| 豪猪辣 | | 豪猪丰满状 | |

mǎ³¹sin³¹ "心脏" → sǎ³¹ [ 读 sɔ̌³¹]

| sǎ³¹kʒi³¹ | 胆 | sǎ³¹te⁵⁵ | 肾脏 |
| 心　胆 | | 心　肾 | |

lam³³ "路" → num³¹、n³¹ → mǎ[ 读 mɔ̌³¹]（几种形式并存使用）

lam³¹sun³³　　num³¹sun³³　　mă³¹sun³³　小路
路　小　　　　路　小　　　　路　小

tʃiŋ³³khă³³ "门" → khă⁵⁵[读khə̆⁵⁵]

khă⁵⁵noi⁵⁵　　门楣　　　　khă⁵⁵lap⁵⁵　窗子
门　吊　　　　　　　　　　门　叶

wa⁵⁵ "牙" → wă⁵⁵[读wŭ⁵⁵]

wă⁵⁵tap⁵⁵　　翘牙　　　　wă⁵⁵kha³³　缺牙的人
牙　翘　　　　　　　　　　牙　缺

khai⁵⁵nu³³ "玉米" → wă⁵⁵[读wŭ⁵⁵]

wă⁵⁵ khʐoʔ⁵⁵　未脱粒的干玉米　　wă⁵⁵ phji²³¹　玉米皮
玉米 干　　　　　　　　　　　　玉米 皮

ŋa⁵⁵ "鱼" → wă³¹[读wŭ³¹]

wă³¹tsaŋ³³　细鳞鱼　　　wă³¹phai³³　一种大鱼
鱼　层　　　　　　　　　鱼　抬

niŋ³¹wa³³ "斧头" → wa⁵⁵[读wŭ⁵⁵]

wă⁵⁵thoŋ³¹　斧背　　　　wă⁵⁵tsi̱⁵¹　（安斧子的）铁楔
斧　后　　　　　　　　　斧　细

## 2 形态构词法

景颇语的形态构词法有加词缀、变音、重叠等手段。词缀主要是前缀和后缀，中缀较少，景颇语属于前缀比较发达的语言。在藏缅语族语言中，景颇语的形态变化居中，即其形态不及北部形态发达的语言如嘉戎语、普米语等，但又比南部形态不发达的语言如彝语、哈尼语、缅语丰富。形态构词法的发达程度也居中。

### 2.1 前缀式

由词根语素加前缀构成。前缀有构词前缀和构形前缀两种。

#### 2.1.1 构词前缀

前缀的作用主要是改变词根的意义，构成与词根意义相关、词类相同的新词。景颇语构词前缀的能力不强，一个前缀只能跟少数几个不同的词根结合。

1. 表示时间意义的前缀

有 ʃã$^{31}$（表泛指，没有固定的时限）、tai$^{31}$（表"今"）、mă$^{55}$（表"昨、去"）、lă$^{31}$（表"一"），与词根 ni$^{55}$ "天"、na$^{55}$ "夜晚"、niŋ$^{33}$ "年"等构成不同时间的名词（详见"名词类"）。例如：

ʃã$^{31}$ni$^{55}$　白天　tai$^{31}$ni$^{55}$　今天　mă$^{33}$ni$^{55}$　昨天

ma$^{33}$ni$^{55}$　前天　lă$^{31}$ni$^{55}$　一天

## 2. 表示亲属称谓人称的前缀

有 a⁵⁵（表第一人称）、n⁵⁵（或 miŋ³³，表第二人称）、kǎ³¹（表第三人称或泛称），与亲属称谓词根构成不同人称的亲属称谓。（详见"名词类"）例如：

a⁵⁵wa⁵¹　　　我的父亲　　　　　　n⁵⁵wa⁵¹，niŋ⁵⁵wa⁵¹　你的父亲
kǎ³¹wa³¹　　　他的父亲、父亲

## 3. 表示方位、时间、状态的前缀

有 n⁵⁵"这、这么"、ʃǎ³¹"那、那么"、kǎ³¹"哪、多么"，与词根 te̠ʔ³¹"处、地"、teŋ³³"里"、ten³¹"时候"、te̠ʔ⁵⁵"少、小"、te⁵¹"多、大"、lo⁵¹"长、远"、lo̠ʔ⁵⁵"短"等构成名词或代词。例如：

n⁵⁵te̠ʔ⁵⁵　　　这儿　　　　　　n⁵⁵teŋ³³　　　这里
ʃǎ³¹teŋ³³　　　那里　　　　　　ʃǎ³¹te̠ʔ⁵⁵　　　那么少
kǎ³¹te̠ʔ³¹　　　哪儿　　　　　　kǎ³¹lo³¹　　　多么长

## 4. 具有转义作用的前缀

加前缀后，有的引申了词根的意义，有的扩大或缩小了词根的意义，有的给词根增添了附加意义。常见的有 a³¹、mǎ³¹、lǎ⁵⁵、tʃǎ³¹、n³¹（或 niŋ³¹）、khin³¹、ʃiŋ³¹ 等。例如：

koŋ³¹　　　　身体　　　　　　　a³¹koŋ³¹　　　身材
lat³¹　　　　最早的（名）　　　a³¹lat³¹　　　长子，长女
kʒe̠ʔ³¹　　　编　　　　　　　　a³¹kʒe̠ʔ³¹　　缠绕
phum⁵⁵　　　孵　　　　　　　　a³¹phum⁵⁵　　搂抱
thon⁵⁵　　　剥（树皮）　　　　a³¹thon⁵⁵　　占便宜
len³¹　　　　引（水）　　　　　a³¹len³¹　　　引诱
lom³¹　　　　参加　　　　　　　a³¹lom³¹　　　拉拢
tʃe⁵⁵　　　　锄　　　　　　　　a³¹tʃe⁵⁵　　　啄
kʒe̠ʔ³¹　　　舂（第二道）　　　a³¹kʒe̠ʔ³¹　　冲走

| | | | |
|---|---|---|---|
| sin³¹ | 内脏 | mă³¹sin³¹ | 心、胆量 |
| tsi̱³¹ | 药 | mă³¹tsi̱³¹ | 酒药 |
| lum³³ | 温，暖 | mă³¹lum³³ | 煮（稀的食物） |
| po³³ | 头 | niŋ³¹po³³ | 领袖 |
| si³¹ | 果子 | lă⁵⁵si⁵¹ | 黄豆 |
| ʒit³¹ | 田界，地界 | tʃă³¹ʒit³¹ | 界，界线 |
| kop³¹ | 壳 | khin⁵⁵kop⁵⁵ | 笋壳 |
| tʃut³¹ | 角儿（相接处） | ʃiŋ³¹tʃut⁵⁵ | 角落 |

### 2.1.2 构形前缀

前缀的作用主要是通过改变词根的词性或语法作用构成新词。不同的前缀构词能力强弱不一，强的能构成上百个词，弱的只能构成几个词。

1. 构成使动意义的前缀

这类前缀数量多，有 tʃă³¹、ʃă³¹、să³¹、a³¹、ʃiŋ³¹。用在动词、形容词前构成使动词（详见动词类）。例如：

| 自动词 | | 使动词 | |
|---|---|---|---|
| khap⁵⁵ | 接上 | tʃă³¹khap⁵⁵ | 使接上 |
| ʃut⁵⁵ | 错 | tʃă³¹ʃut⁵⁵ | 使错 |
| na³³ | 醉 | ʃă³¹na³³ | 使醉 |
| ʒap⁵⁵ | 渡过 | ʃă³¹ʒap⁵⁵ | 使渡过 |
| tsoŋ³³ | 吓跑 | să³¹tsoŋ³³ | 使吓跑 |
| tsi̱m³³ | 赎不回 | să³¹tsi̱m³³ | 使赎不回 |
| pʒep³¹ | 裂 | a³¹pʒep³¹ | 敲裂 |
| non³¹ | 震动 | a³¹non³¹ | 摇动 |
| nip³¹ | 荫 | ʃiŋ³¹nip³¹ | 使荫 |
| waŋ³³ | 放大 | ʃiŋ³¹waŋ³³ | 使放大 |

| 形容词 | | 使动词 | |
|---|---|---|---|
| khje³³ | 红 | tʃă³³khje³³ | 使红 |
| pha³¹ | 薄 | tʃă³³pha³¹ | 使薄 |
| tup⁵⁵ | 齐 | ʃă³¹ tup⁵⁵ | 使齐 |
| ni³¹ | 近 | ʃă³¹ni³¹ | 使近 |
| tsai | 干净 | să³¹tsai³³ | 使干净 |
| tsan³³ | 远 | să³¹tsan³³ | 使远 |

前缀 ʃă³¹ 还能用在少量名词、副词、状态词前，构成使动词。例如：

| mjiŋ³³ | 名字 | ʃă³¹ mjiŋ³³ | 使有名字 |
|---|---|---|---|
| tsam³³ | 精神 | ʃă³¹ tsam³³ | 使有精神 |
| kʒau³³ | 更 | ʃă³¹ kʒau³³ | 使更好、称赞 |
| kʒai³¹ | 很 | ʃă³¹ kʒai³¹ | 使很好 |
| kʒai³¹ | 妥善地 | ʃă³¹ kʒai³¹ | 使妥善地 |
| mjam⁵⁵ | 蓬乱状 | ʃă³¹mjam⁵⁵ | 使蓬乱 |

2. 构成名词的前缀

（1）tʃă⁵⁵、ʃă⁵⁵ 前缀用在动词、形容词前构成名词。这类前缀的构词能力很强，几乎可用在所有单音节动词或形容词之前。（详见名词类）例如：

| to̰³¹ | 断 | tʃă⁵⁵to̰³¹ | 断的 |
|---|---|---|---|
| khʒuŋ³³ | 活 | tʃă⁵⁵khʒuŋ³³ | 活的 |
| tu̠n³³ | 溶化 | ʃă⁵⁵tu̠n³³ | 溶化的 |
| tum³³ | 醒 | ʃă⁵⁵tum³³ | 醒的 |
| lom⁵⁵ | 参加 | ʃă⁵⁵lom⁵⁵ | 参加的 |
| mu³³ | 好吃 | tʃă⁵⁵mu³³ | 好吃的 |
| thoi³¹ | 黄 | tʃă⁵⁵ thoi³¹ | 黄的 |

| ŋjap⁵⁵ | 软 | tʃă⁵⁵ŋjap⁵⁵ | 软弱无力的 |
| tʃaŋ³³ | 黑 | ʃă⁵⁵tʃaŋ³³ | 黑的 |
| lum³³ | 温 | ʃă⁵⁵lum³³ | 温的 |
| tʃaʔ³¹ | 硬 | ʃă⁵⁵tʃaʔ³¹ | 硬的 |

（2）pă⁵⁵、phă⁵⁵、kă³¹、lă⁵⁵（lă³¹）、mă³¹、n⁵⁵（n³¹）、kin³¹、kum³¹、khin³¹、sum³¹、tiŋ³¹、ʃiŋ³¹ 等前缀用在动词、形容词、状词前构成名词。每个前缀均只能构成少量的词。其中，lă³¹ 或（lă⁵⁵）、mă³¹、n³¹ 的构词能力相对强些。

| 动词/形容词、状词 | | 名词 | |
| nep⁵⁵ | 垫 | pă⁵⁵nep⁵⁵ | 垫子 |
| on⁵⁵ | 领导 | phă⁵⁵on⁵⁵ | 领导者 |
| noi³³ | 黏连状 | kă³¹noi³³ | 黏胶 |
| ʃot³¹ | 铲 | lă⁵⁵ʃot³¹ | 刮子（刮锄头上的泥）|
| ʒut³¹ | 擦 | lă⁵⁵ʒut³¹ | 刷子 |
| jin³³ | 转动状 | lă³¹jin³³ | 纺车 |
| lun⁵⁵ | 使上 | mă³¹lun⁵⁵ | 上坡路 |
| ju̱ʔ⁵⁵ | 下 | mă³¹ju̱ʔ⁵⁵ | 下坡路 |
| kap³¹ | 盖 | mă³¹kap³¹ | 盖子 |
| khʒet³¹ | 划一下状 | mă³¹khʒet³¹ | 尺子 |
| tsṳn³³ | 说 | mă³¹tsṳn³³ | 指示 |
| jom⁵⁵ | 减少 | mă³¹jom³¹ | 少数 |
| sin⁵⁵ | 黑 | n⁵⁵sin⁵⁵ | 黑夜 |
| tup³¹ | 打 | n³¹tup³¹ | 铁匠 |
| theŋ⁵⁵ | （用容器）量 | kin³¹theŋ⁵⁵ | 规格 |
| loŋ³³ | 通洞状 | kin³¹loŋ³³ | 山洞 |
| tʃum³³ | 略尖状 | kin³¹tʃum³³ | 尾部，末端 |

| wai³¹ | 绕着 | kum³¹wai³¹ | 隐语 |
| ti⁽³¹ | 顶着状 | khin³¹ti⁽³¹ | 撑杆 |
| pat³¹ | 包,裹 | sum³¹pat³¹ | 背巾 |
| thaŋ³³ | 回 | sum³¹thaŋ³³ | 返回 |
| ʒa⁽³¹ | 要 | sum³¹ʒa⁽³¹ | 爱情 |
| kjit³¹ | 拴,系 | ʃiŋ³¹kjit⁵⁵ | 腰带 |
| nan⁵⁵ | 跟走 | ʒiŋ³¹nan⁵⁵ | 附带物 |
| nai³¹ | 拧动状 | tiŋ³¹nai³¹ | 螺旋 |

（3）a⁵⁵前缀用在形容词前构成名词。例如：

| 形容词 | | 名词 | |
| phʒo³¹ | 白 | a⁵⁵phʒo³¹ | 白的 |
| khje³³ | 红 | a⁵⁵khje³³ | 红的 |
| tsaŋ³³ | 轻 | a⁵⁵tsaŋ³³ | 轻的 |
| phom³³ | 麻 | a⁵⁵phom³³ | 麻的 |

3. 构成动词的前缀

构成动词的前缀主要有两类：

（1）a³¹、mǎ³¹、kǎ³¹、kum³¹、tiŋ³¹、tum³¹、ʃiŋ³¹等前缀加在状态词前，构成与状态词意义相关的动词。例如：

| 状词 | | 动词 | |
| pai³¹ | 弯一道状 | a³¹pai³¹ | 缠绕 |
| mam⁵⁵ | 模糊状 | a³¹mam⁵⁵ | 模糊（用于眼） |
| tsit³¹ | 喷射状 | a³¹tsit³¹ | 喷射 |
| kʒet³¹ | 啃一口状 | mǎ³¹kʒet³¹ | 啃 |
| ti⁽³¹ | 顶着状 | mǎ³¹ti⁽³¹ | 抵住,撑住 |
| taŋ³¹ | 歪斜状 | kǎ³¹taŋ³¹ | 跌倒 |
| pjim³¹ | 有点亮状 | kǎ³¹pjim³¹ | 闪耀,闪烁 |

| | | | |
|---|---|---|---|
| lot⁵⁵ | 跃过状 | kum³¹lot⁵⁵ | 跳跃 |
| kʒup⁵⁵ | 网住状 | tiŋ³¹kʒup⁵⁵ | 网住 |
| khʒan³¹ | 碰一下状 | tiŋ³¹khʒan³¹ | 碰一下（表提醒） |
| phjot⁵⁵ | 斜着砍状 | tum³¹phjot⁵⁵ | 斜着砍 |
| phʒut³¹ | 全断状 | tum³¹phʒut³¹ | 脱节，分离 |
| kjim³¹ | 聚集状 | ʃiŋ³¹kjim³¹ | 收集 |
| tʃu³¹ | 有点撅状 | ʃiŋ⁵⁵tʃu⁵¹ | 撅 |
| pja³¹ | 下垂状 | a³¹pja³¹ | 下垂 |
| mjaʔ³¹ | 抓一下状 | a³¹mjaʔ³¹ | 抓（伤） |
| pʒut³¹ | 咔嚓声地 | a³¹pʒut³¹ | （用力）扯 |

此外，还有几个构词能力较弱的前缀。如 n³¹、lǎ³¹、sum³¹、tǎ³¹、tʃǎ⁵⁵ 等。例如：

| 状词 | | 动词 | |
|---|---|---|---|
| wat³¹ | 悬空状 | n³¹wat³¹ | 甩 |
| khjuŋ⁵⁵ | 缩着状 | lǎ³¹khjuŋ⁵⁵ | 缩着 |
| pjau³¹ | 成串状 | sum³¹pjau³¹ | 成串挂 |
| kʒoʔ⁵⁵ | 套着状 | tǎ³¹kʒoʔ⁵⁵ | 套，罩 |
| ʒuŋ³³ | 低头状 | tǎ³³ʒuŋ³³ | 低（头） |
| tʃom³¹ | 蹲着状 | tʃǎ⁵⁵tʃom⁵¹ | 蹲 |

（2）a³¹ 加在名词前构成动词。例如：

| 名词 | | 动词 | |
|---|---|---|---|
| mun⁵⁵ | 细末 | a³¹mun⁵⁵ | 捻（成细末） |
| khjep⁵⁵ | 碎块 | a³¹khjep⁵⁵ | 成（碎块） |
| phʒa³³ | 整片的地 | a³¹phʒa³³ | 遍布 |
| put³¹ | 土堆 | a³¹put³¹ | 粘满 |

### 4. 构成形容词的前缀

构成形容词的前缀主要有 a$^{31}$ 和 mǎ$^{31}$ 两个，构成的词不多。a$^{31}$ 用在名词、状态词前，mǎ$^{31}$ 用在状态词前。例如：

| 名词 | | 形容词 | |
|---|---|---|---|
| tsip$^{55}$ | 窝 | a$^{31}$tsip$^{55}$ | 蓬乱 |
| pjap$^{31}$ | 丛 | a$^{31}$pjap$^{31}$ | 弯垂 |
| 状词 | | 形容词 | |
| la$^{31}$ | 闪亮状 | a$^{31}$la$^{31}$ | 闪闪的 |
| kʒa$^{31}$ | 锋利状 | mǎ$^{31}$kʒa$^{31}$ | 锋利 |
| ʒoŋ$^{31}$ | 耸立状 | mǎ$^{31}$ʒoŋ$^{31}$ | 竖 |

### 5. 构成状词、副词的前缀

构成状词、副词的前缀有 a$^{55}$ 一个，加在形容词和少数动词前。例如：

| 形容词、动词 | | 状词 | |
|---|---|---|---|
| tʃaŋ$^{33}$ | 黑 | a$^{55}$tʃaŋ$^{33}$ | 漆黑状 |
| tam$^{31}$ | 宽敞 | a$^{55}$tam$^{31}$ | 宽敞状 |
| khʒi$^{33}$ | 酸 | a$^{55}$khʒi$^{33}$ | 酸酸地 |
| phoi$^{31}$ | 败坏 | a$^{55}$phoi$^{51}$ | 贬低地 |
| sin$^{33}$ | 晕 | a$^{33}$sin$^{33}$ | 晕沉沉的 |

构成的状词如果后面再加上 "n$^{31}$ + 叠音" 的后缀，则表示状词程度再加深。例如：

| 形容词 | | 状词 | |
|---|---|---|---|
| tʃaŋ$^{33}$ | 黑 | a$^{55}$tʃaŋ$^{33}$n$^{31}$na$^{ʔ31}$na$^{ʔ31}$ | 乌黑状 |
| tsaŋ$^{33}$ | 轻 | a$^{33}$tsaŋ$^{33}$n$^{31}$woŋ$^{31}$woŋ$^{31}$ | 轻飘状 |
| kǎ$^{31}$thet$^{31}$ | 热 | a$^{55}$kǎ$^{31}$thet$^{31}$n$^{31}$phoi$^{31}$phoi$^{31}$ | 热腾腾状 |
| li$^{33}$ | 重 | a$^{33}$li$^{33}$n$^{31}$nak$^{55}$nak$^{55}$ | 沉甸甸状 |

$a^{55}$ 还可加在形容词、动词前构成副词。这类副词带有后缀 $ʃa^{31}$ 的标记。例如：

| 形容词、动词 | | 副词 | |
|---|---|---|---|
| tso̱m³¹ | 美 | a⁵⁵tso̱m⁵¹ʃa³¹ | 好好地 |
| pui³¹ | 慢 | a⁵⁵pui⁵¹ʃa³¹ | 慢慢地 |
| tan³¹ | 清楚 | a⁵⁵tan⁵¹ʃa³¹ | 清楚地 |
| kă³¹tʃoŋ³¹ | 吓 | a⁵⁵ kă³¹tʃoŋ³¹ʃa³¹ | 突然地 |

### 2.1.3 韵律前缀

景颇语前缀的作用，除了构词、构形两大作用外，还有一个作用是起双音节化的韵律作用。这类前缀加在单音节名词、动词和状词前，构成词性、词义完全相同而使用环境略有不同的新词。大多出现在诗歌、唱词等文学语言中。

其中 $a^{31}$（$a^{55}$）的使用频率最高，能用在所有的单音节名词和部分动词前。此外，还有 $ʃiŋ^{31}$（$ʃiŋ^{55}$）、$tiŋ^{31}$、$tum^{31}$ 等。例如：

| 单音节 | 双音节 | |
|---|---|---|
| nu̱⁵¹ | a⁵⁵nu̱⁵¹ | 妈妈 |
| phu⁵¹ | a⁵⁵phu⁵¹ | 哥哥 |
| po³³ | a³¹po³³ | 头 |
| mji ʔ³¹ | a³¹mji ʔ³¹ | 眼 |
| khum³¹ | a³¹khum³¹ | 身体 |
| ju⁵⁵ | a³¹ju⁵⁵ | 鼠 |
| kui³¹ | a³¹kui³¹ | 狗 |
| phun⁵⁵ | a³¹phun⁵⁵ | 树，柴 |
| ti ʔ³¹ | a³¹ti ʔ³¹ | 锅 |
| ko̱ŋ³¹ | a³¹ko̱ŋ³¹ | 山梁 |

| pum³¹ | a³¹pum³¹ | 山 |
| put³¹ | ʃiŋ³¹put³¹ | 松土堆 |
| mun⁵⁵ | ʃiŋ⁵⁵mun⁵⁵ | 面儿，粉末 |
| jun⁵⁵ | a³¹jun⁵⁵ | 碎末 |
| wak³¹ | a³¹wak³¹ | （双手）打招呼 |
| soi³³ | a³¹soi³³ | 窥视 |
| ŋam³³ | tiŋ³¹ŋam³³ | 不间断状 |
| pjom³³ | tum³¹pjom³³ | 并列状 |

### 2.1.4 半前缀

景颇语的前缀中有一类是由实词虚化而来的，处于实词和前缀之间，我称之为"半前缀"。半前缀既有虚的一面，又有实的一面，为半实半虚的语素。

来自双音节词的半前缀，有的来自前一个音节，有的来自后一个音节。由于虚化程度不同，其语音形式与原词的差异存在或大或小的不同。有的半前缀，虚化程度高，与原词在语音形式上差异很大，母语人在语感上已感觉不到与原词的联系，实际上已与原词发生了分离。只有通过比较研究，才能确定二者的语源关系。例如：n⁵⁵lap⁵⁵ "稻叶"、n⁵⁵phun⁵⁵ "稻秆"、n³³li³³ "谷种"、n⁵⁵tsit⁵⁵ "青谷"、n⁵⁵phʒo⁵¹ "白谷"、n⁵⁵tat⁵⁵ "春播" 这组词，前一音节都是 n⁵⁵，n⁵⁵ 都含有"稻谷"义，但单独已觉察不出其义。经进一步比较，可以确定 n⁵⁵ 是由 mam³³ "稻" 虚化而来的，二者之间不仅意义相同，语音有相近处，而且其差异符合景颇语语音简化的规律。可见，这个 n⁵⁵，已经处于半虚化状态，正向着前缀方向演变。如：

lă³¹phaŋ⁵⁵　聋子　（lă³¹ 由 na³³ "耳朵" 虚化而来）
耳　聋

num³¹ʃe⁵⁵　岔路　　（num³¹ 由 lam³³ "路" 虚化而来）
路　岔

wă³³lam⁵⁵　闲逛的牛（wă³³ 由 ŋa³³ "牛" 虚化而来）
牛　闲逛

phă⁵⁵on⁵⁵　领导者　（phă⁵⁵ 由 phoʔ³¹ "人" 虚化而来）
人　领导

wă⁵⁵tsaŋ³³　细鳞鱼　（wă⁵⁵ 由 ŋa⁵⁵ "鱼" 虚化而来）
鱼　轻

wă⁵⁵khʒoʔ⁵⁵　干玉米（wă⁵⁵ 由 khai⁵⁵nu³³ "玉米" 的 nu³³ 虚化而来）
玉米 干

si³¹ʒin⁵⁵　脱籽棉（si³¹ 由 pă³³si³³ 的 si³¹ "棉花" 虚化而来）
棉　轧

khă⁵⁵noi⁵⁵　门楣　（khă⁵⁵ 由 tʃiŋ³³kha³³ "门" 的 kha³³ 虚化而来）
门　吊

si³¹ pʒum³¹　豪猪　（si³¹ 由 tnm³¹si³³ "豪猪" 的 si³³ 虚化而来）
豪猪 箭

## 2.2　后缀式和中缀式

由中心成分语素加后缀、中缀构成新词。景颇语的后缀、中缀很少，而且不典型，含有较多的实语素意义。常见的有以下一些：

（1）表示多数意义的 the³³。the³³ 用在代词语素和名语素的后面。例如：

n³³tai³³the³³　这些　　　　　tai³³the³³　　那些
　这　些　　　　　　　　　　　那　些

an⁵⁵the³³　我们　　　　　　nan⁵⁵the³³　你们
　我 们　　　　　　　　　　　你 们

## 2 形态构词法

phu⁵¹the³³　哥哥们　　　　nau̯³³the³³　弟弟们
哥哥　们　　　　　　　　弟弟　们

（2）表示动物性别意义的，有表阳性的 la³¹ 和表阴性的 ji³¹。用在名语素后。la³¹ 在有的词上已引申为"大"或"不结果"义。例如：

u³¹la³¹　　公鸡　　　　u³¹ji³¹　　母鸡
鸡　公　　　　　　　　鸡　母

kui³¹la³¹　公狗　　　　kui³¹ji³¹　母狗
狗　公　　　　　　　　狗　母

ko²³¹la³¹　雄犀鸟　　　ko²³¹ji³¹　雌犀鸟
犀鸟　雄　　　　　　　犀鸟　雌

pau³¹la³¹　大锣　　　　phuŋ³¹la³¹　水力
锣　大　　　　　　　　水　大

phun⁵⁵la³¹　不结果的果树　nai³¹la³¹　不长小芋头的芋头
树　　大　　　　　　　　芋头　大

这两个表示性别的语素是由实词虚化而来的，但还能独立当名词使用。例如：

u³¹n̯³³tai³³ko³¹ la³¹ ʒe⁵¹, u³¹wo⁵⁵ ʒa³¹ko³¹ji³¹ ʒe⁵¹.
鸡 这 （话）公的 是　鸡 那 （话）母的 是
这只鸡是公的，那只鸡是母的。

（3）表示"大、小"义的。nu³³ 用在少数表自然现象建筑物的名语素后表"大"，tuŋ³³ 放在少数表示植物、动物的名语素后表"大"义。ʃi³¹ 放在少数表示自然现象、用具、人物的名语素后表示"小"义。例如：

kha²³¹nu³³　大河　　　　thiŋ³¹nu³³　大房子
河　大　　　　　　　　房　大

phun³¹nu³³　大树　　　　tap³¹nu³³　　大房间
树　大　　　　　　　　房　大

nai³¹tuŋ³³　　山药　　　　kha²³¹tuŋ³³　　大水
芋头 大　　　　　　　　　河　大

u³¹tuŋ³³　　　大鸡　　　　khon³¹tuŋ³³　　大姑娘
鸡 大　　　　　　　　　　姑娘 大

kha²³¹ʃi³¹　　小河　　　　niŋ³¹ʃi³¹　　　小刀
河 小　　　　　　　　　　刀 小

pu³¹ʃi³¹　　　小肠
肠 小

（4）副词后缀 -ʃa³¹。加在形容词后。由副词 ʃa³¹ "仅、只" 虚化而成。形容词前还要加前缀 -a⁵⁵。例如：

a⁵⁵tsom⁵¹ʃa³¹　　好好地　　　　a⁵⁵loi⁵¹ʃa³¹　　轻易地
（前）美（后）　　　　　　　（前）易（后）

a⁵⁵ tiŋ³³ʃa³¹　　密密地　　　　a⁵⁵pui⁵¹ʃa³¹　　慢慢地
（前）密（后）　　　　　　　（前）慢（后）

（5）中缀式。由两个相同的中心成分语素中加中缀构成的词。又有两个形式：

一是加中缀 mǎ³³ 或 mǐ³³，加在两个相同的动词（或形容词）当中构成名词，表示"所有的物"的意思。例如：

thi⁵⁵mǎ⁵⁵thi⁵⁵　　所有读的　　laŋ³³mǎ⁵⁵laŋ³³　　所有用的
读（中）读　　　　　　　　用（中）用

ŋa³¹mǎ⁵⁵ŋa⁵¹　　所有在的　　ʃa⁵⁵mǎ⁵⁵ʃa⁵⁵　　所有吃的
在（中）在　　　　　　　　吃（中）吃

khje³³mǎ³³khje³³　所有红的　　tsom³¹mǎ⁵⁵tsom⁵¹　所有美的
红（中）红　　　　　　　　美　（中）美

二是加中缀 lǎ³³：加在两个相同的动词当中，表示"明明的"附加意义的名词。例如：

| mu³¹ lă⁵⁵ mu⁵¹ | 明明看见的 | tum⁵⁵lă⁵⁵tum³³ | 明明想起的 |
| 看见（中）看见 | | 想（中）想 | |
| tʃe̠³³lă³¹tʃe̠³³ | 明明知道的 | na³¹lă⁵⁵ na⁵¹ | 明明听见的 |
| 知（中）知 | | 听见（中）听见 | |

## 2.3 变音式

通过语音变化构成新词。声韵调三者皆有变的。变音后，有的变化词汇意义，有的变化语法意义。变音规则比较复杂，每条规则所管的例词不多。

（1）变化声母构词的，多是送气不送气的变化。例如：

| ka⁽³¹ | 裂 | kha⁽³¹ | 离开 |
| pja⁽⁵⁵ | 垮 | phja⁽⁵⁵ | 拆 |
| pjak³¹ | （关系）破裂 | phjak³¹ | 垮 |
| ti⁽³¹ | 断（指东西） | thi⁽³¹ | 断（指没命了） |
| poŋ³³ | 凸出 | phoŋ³³ | 敞开地 |

（2）变化韵母构词的有改变元音的，也有改变韵尾的。例如：

| lă³¹ŋu³³ | 芭蕉 | lă³¹ŋa³³ | 野芭蕉 | | |
| ju³¹ | 衰退 | jo³¹ | 减弱 | jom³³ | 减少 |
| a⁽⁵⁵ | 愣 | ap⁵⁵ | 停（指响声、鸣声） | | |

（3）变化声调构词的，这一类变音构词比较丰富。有许多是构成不同词性的词。例如：

| 名词 | | 动词 | |
| num³³ | 妻子，女子 | num⁵⁵ | 当成（妻子） |
| mă³¹tu̠t⁵⁵ | 接班人 | mă³¹tu̠t³¹ | 接 |
| na³³ | 耳 | na³¹ | 听见 |

| mǎ³¹kha³³ | 口 | mǎ³¹kha³¹ | 张开 |
| ŋjau³³ | 猫 | ŋjau⁵⁵ | （猫）叫 |
| mǎ³¹nau³¹ | 目瑙舞 | mǎ³¹nau³³ | 跳（目瑙舞） |
| jon³¹ | 悲事 | jon³³ | 悲哀 |
| mǎ³¹kum⁵⁵ | 屋脊 | mǎ³¹kum³³ | 罩，捂 |
| lǎ³¹khon⁵⁵ | 税，捐 | lǎ³¹khon³³ | 捐款 |
| 名词 | | 形容词 | |
| sau⁵⁵ | 油 | sau³³ | 肥 |
| ʒam⁵⁵ | 合适的青年人 | ʒam³³ | 合适，够 |
| khʒu³³ | 正月 | khʒu⁵⁵ | 饱 |
| 名词 | | 量词 | |
| lǎ³¹kham⁵⁵ | 步子 | lǎ³¹kham³³ | 步 |
| 动词 | | 量词 | |
| lǎ³¹lam⁵⁵ | （按庹）量 | lǎ³¹lam³³ | 庹（两手平伸的长度） |
| 形容词 | | 副词 | |
| kǎ³¹tʃi³¹ | 小 | kǎ³¹tʃi³³ | 小小的 |

此外，有的通过变音，区别词的派生意义。有以下几类：
（1）大类和小类的关系。例如：

| tʃi³³ | 曾祖父 | tʃi⁵⁵ | 死后变鬼的祖父 |
| poi⁵⁵ | 节日 | poi³¹ | 葬礼 |
| sum⁵⁵ | 损失，失败 | sum³³ | （竹子）败落 |

（2）本义和引申义的关系。例如：

| sum³¹ʒi³³ | 绳子 | sum³¹ʒi³¹ | 生命 |
| ʃã³¹poi³³ | 使扬起 | ʃã³¹poi³¹ | 播送 |
| sai³¹ | 血 | sai⁵⁵ | 性格 |
| nu³³ | （绳）松 | nu³¹ | （命）不好 |

| ʃă³¹waŋ³³ | 使（绳圈扩大） | ʃă³¹waŋ⁵⁵ | 使（思想）开阔 |
| tim³¹ | 收口 | tim³³ | 堵（水） |

（3）近义关系。例如：

| la³³ | 阳性（指人） | la³¹ | 阳性（其他动物） |
| tʃi³³ | 阴性（指人） | tʃi³¹ | 阴性（其他动物） |
| lai³³ | 改变 | lai⁵⁵ | 分歧 |
| kă³¹lai³³ | 变，转变 | kă³¹lai⁵⁵ | 换 |
| n³¹thaŋ⁵⁵ | 颠倒 | n³¹thaŋ³³ | 折回，返回 |
| ʃă³¹ka³³ | 说 | ʃă³¹ka⁵⁵ | 叫 |
| ʒun³¹ | 拆，拆卸 | ʒun³³ | 落下，脱落 |
| kă³¹toŋ³¹ | 停顿 | kă³¹toŋ⁵⁵ | 中断 |
| ʒan³¹ | 理顺 | ʒan⁵⁵ | 分（家） |
| pʒup⁵⁵ | 戳（用尖物） | pʒup³¹ | 戳（用粗物） |
| mă³¹jun⁵⁵ | 悄悄地 | mă³¹jun³³ | 暗地里 |

（4）改变声调和变声母或韵母构成新词的，例如：

| tʃu³³ | 刺儿 | tʃut³¹ | 刺入状 |
| koŋ³³ | 獠牙 | koŋ⁵⁵ | 翘起状 |
| luŋ³¹ | 上（去） | lun⁵⁵ | 使上 |
| tuŋ³³ | 坐 | tun⁵⁵ | 使坐（锅） |
| tʃuŋ³¹ | 栽、插 | tʃun⁵⁵ | 立 |
| ju³¹ | 衰退 | juʔ⁵⁵ | 下（来） |
| pjaʔ⁵⁵ | 垮 | pjak³¹ | 破裂 |
| pjo³³ | 化（油、蜡） | pju³¹ | 溶化，肥的 |
| pjan³³ | 展开 | phjan³¹ | 解开 |
| mă³¹ti³³ | 湿 | mă³¹tit³¹ | 使湿 |
| pʒɔʔ⁵⁵ | 初 | pʒu³³ | 出 |

# 3　四音格构词法

四音格词是由四个音节按照一定的规律搭配起来的词。景颇语四音格词很丰富，是一种能产的构词格式。我们对《景汉辞典》所收的15 245条词进行了穷尽式的统计分析，筛选出四音格词1127条，占收词总数的的7.5%。在文学语言中，四音格词出现的比例比一般口语更高；在景颇语水平较高的人中，四音格词的使用频率也比其他人高。景颇语丰富、复杂的四音格词，具有一定的语言学研究价值，但过去对此研究较少。与非四音格词相比，四音格词无论在语音上，还是在语法、语义上都有自己的一些特点。它既有复合构词的特点，又有形态构词的特点，而且在修辞上还能表达非四音格词所不能表达的意义和感情色彩。所以在构词法中单独列出分析。[①]

## 3.1　四音格词的语音结构

景颇语有大量的四音节词，但不是所有的四音节词都是四音格词。我们对四音格词的界定原则是：按照一定的语音和谐规律和构词规则搭配起来的四音节词才是四音格词，无语音和谐规律的四音节词，不在四音格词之列。

---

① 我与孙艳合作研究景颇语四音格词，写了一篇《景颇语四音格词产生的机制及其类型学特征》，刊载于《中国语文》2005年第5期。这部分内容使用了该论文的成果。

## 3 四音格构词法

前后音节在语音上的关系，有叠音、双声、叠韵、谐韵等几种主要结构形式。叠音指的是音节完全相同；双声是两个音节的声母相同；叠韵是两个音节的韵母相同；谐韵是指两个音节的元音按前高后低的规律搭配（如前一个音节的元音是 o，后一个元音是 a）。语音搭配主要出现在第二音节和第四音节之间。语音和谐对不同声调和元音松紧的要求不严，即不同声调的音节可以互相搭配，松元音音节可与紧元音音节搭配。

从音节是否重叠看，四音格词可以区分为以下 6 种类型。每类下面又可以从是否存在双声、叠韵、谐韵再分为若干小类。

（1）ABAC 型：又可分为 4 类。

① $AB_1AC_1$ 型：第二音节和第四音节双声（1 表双声）。例如：

| nam³¹lap³¹nam³¹lo³³ | 叶子（总称） | nam³¹si³¹nam³¹so³³ | 水果（总称） |
| kǎ³¹ʒen³¹kǎ³¹ʒi³³ | 孤孤单单 | mǎ³¹lu⁷⁵⁵mǎ³¹le⁷⁵⁵ | 滑头滑脑 |
| waŋ³¹lu³³waŋ³¹laŋ³¹ | 无法无天 | a³¹pʒun³¹a³¹pʒu³¹ | 流离失所 |
| kǎ³¹jin³³kǎ³¹je³¹ | 转动状 | a³¹pʒen³¹a³¹pʒu³¹ | 四处离散状 |

② $AB_2AC_2$ 型：第二音节和第四音节叠韵（2 表叠韵）。例如：

| kǎ³¹thoŋ³¹kǎ³¹tʃoŋ³³ | 村子（总称） | puŋ⁵⁵phʒo⁵¹puŋ⁵⁵lo³³ | 白发老人 |
| a⁵⁵ŋui⁵¹a⁵⁵tui⁵¹ | 轻言细语的 | a³¹ʒo⁷⁵⁵a³¹thoʔ⁵⁵ | 狼吞虎咽的 |
| kin³¹sin³³kin³¹jin³³ | 晕头转向 | mǎ³¹na³¹mǎ³¹ka³¹ | 特别地 |
| mǎ³¹lom⁵⁵mǎ³¹kom⁵⁵ | 万一需要的 | kǎ³¹maŋ³¹kǎ³¹tsaŋ³³ | 四处飞溅状 |

③ $AB_3AC_3$ 型：第二音节和第四音节谐韵（3 表谐韵）。例如：

| n³¹pot³¹n³¹phan³³ | 根源 | phun⁵⁵tu⁵¹phun⁵⁵kho³³ | 各种树桩 |
| mǎ³¹thik⁵⁵mǎ³¹lot⁵⁵ | 崎岖不平 | mǎ³¹kji³¹mǎ³¹ko⁷³¹ | 弯弯曲曲的 |
| n⁵⁵mo⁵¹n⁵⁵ja⁵¹ | 要什么有什么 | lǎ³¹tʃen³¹lǎ³¹kha⁷⁵⁵ | 另眼地 |
| lǎ³¹pat³¹lǎ³¹ʒa³³ | 热情接待状 | sum³¹puŋ³¹sum³¹ta⁷³¹ | 许许多多的 |

④ AB₁₃AC₁₃ 型：第二音节和第四音节既双声又谐韵。例如：

| ʃã³¹pʒi³¹ʃã³¹pʒai³³ | 各种报酬 | kum³¹lu³³kum³¹laŋ³³ | 作威作福状 |
| ʃã³¹tʃe³³ʃã³¹tʃaŋ³¹ | 使有本领 | kum³¹lu³³kum³¹lan³¹ | 吊儿郎当地 |
| kǎ³¹tʃoŋ³¹kǎ³¹tʃa⁵⁵ | 意外出现的 | a³¹ʃun³¹a³¹ʃan³¹ | 摇摇晃晃的 |
| a³¹soŋ⁵⁵a³¹saŋ⁵⁵ | 开玩笑地 | kǎ³¹lik⁵⁵kǎ³¹lok⁵⁵ | 东一块西一块地 |
| a³¹puk³¹a³¹pak³¹ | 笨拙状 | mǎ⁵⁵kʒi⁵⁵mǎ⁵⁵kʒa⁵⁵ | 生疏状 |

（2）AABB 型：又分为两类。

① A₁A₁B₁B₁：第一音节和第二音节叠音，第三音节和第四音节叠音；四个音节双声。例如：

| nu⁵⁵nu⁵⁵nai⁵⁵nai⁵⁵ | 丰满状 | sok³¹sok³¹sak³¹sak³¹ | 沙沙声 |
| ʒu³³ʒu³³ʒa³³ʒa³³ | 和和气气地 | mu³³mu³³mai³³mai³³ | 丰富可口 |
| ʒo³¹ʒo³¹ʒa³¹ʒa³¹ | 乱哄哄地 | kji²³¹kji²³¹ko²³¹ko²³¹ | 弯弯曲曲 |
| wuŋ³¹wuŋ³¹waŋ³¹waŋ³¹ | 又肥又大状 | | |

② AA₃BB₃：第一音节和第三音节谐韵，第二音节和第四音节谐韵。一、二音节相叠，三、四音节相叠。例如：

| tiŋ³¹tiŋ³¹man³³man³³ | 老老实实 | tsim³¹tsim³¹ʒa³³ʒa³³ | 风平浪静 |
| wum³³wum³³tʃa³¹tʃa³¹ | 蓬蓬勃勃 | nu⁵⁵nu⁵⁵pok⁵⁵pok⁵⁵ | 丰满匀称状 |

（3）ABAB 型：第一、三音节相同，第二、四音节相同。

| nip⁵⁵la³¹nip⁵⁵la³¹ | 一明一暗 | n³³kam³³n³³kam³³ | 不愿意状 |
| a³¹tap³¹a³¹tap³¹ | 一块一块 | n⁵⁵ʒa⁵¹n⁵⁵ʒa⁵¹ | 没错似的 |
| a³¹lok³¹a³¹lok³¹ | 一丘一丘 | kǎ³¹man³¹ka³¹man³¹ | 空空的 |

（4）ABCB 型：第二音节和第四音节相叠。

| mǎ³¹sat³¹tiŋ³¹sat³¹ | 纪念物 | n³³li³³nai³¹li³³ | 种子 |
| kin⁵⁵ʃa²⁵⁵la²³¹ʃa²³¹ | 各种丑话 | n⁵⁵tat⁵⁵nai³¹tat⁵⁵ | 播种季节 |
| sum⁵⁵po²³¹wa²³¹po²³¹ | 各种各样的 | n⁵⁵si⁵¹nai³¹si⁵¹ | 收成 |
| sǎ⁵⁵li⁵⁵wun³¹li⁵⁵ | 财产 | | |

（5）ABCC 型：第三音节和第四音节相叠。

kă³¹tsiŋ³³phʒap³¹phʒap³¹ 新鲜的　　kă³¹tun³¹tok⁵⁵tok⁵⁵ 矮墩墩的

（6）ABCD 型：又可分为两类。

① AB$_2$CD$_2$ 型：第二音节和第四音节叠韵。例如：

tʃă³¹phu³³mă³¹nu³³ 报酬　　kă³¹loi⁵⁵n⁵⁵thoi⁵⁵ 何日
li³¹wo⁵⁵phun³¹to⁵⁵ 感冒　　khaʔla⁷³¹n³¹paʔ³¹ 负伤
a³¹pa⁵⁵ʃa⁵⁵la⁵⁵ 急忙催促状　　ʃă³¹koŋ³³niŋ³¹toŋ³¹ 洋洋得意的
mă³¹tsiŋ³³sum³¹thiŋ³¹ 铭记

② AB$_3$CD$_3$ 型：第二音节和第四音节谐韵。例如：

a³¹ʒoŋ³³na³³taʔ³¹ 本事　　lă³¹kon³¹puŋ⁵⁵khan⁵⁵ 懒人
a³¹thik⁵⁵lă³¹pau⁵⁵ 家谱　　pă³¹tiŋ³¹sum³¹tsan³³ 远方
ʃă³¹kuŋ³¹tʃa³³phan³³ 使精通　　tʃa³¹pau³¹jam³¹ŋa³³ 财产
jiʔ⁵⁵sun³³khau³³na³¹ 田地

以上 6 类四音格词的音节关系及数量比例见下表：

**表 3-1　四音格词音节类型表**

| 音节类型 | ABAC | AABB | ABAB | ABCB | ABCC | ABCD |
|---|---|---|---|---|---|---|
| 音节关系 | 1、3 音节重叠 | 1、2 音节，3、4 音节重叠 | 1、3 音节，2、4 音节重叠 | 2、4 音节重叠 | 3、4 音节重叠 | 音节之间不重叠 |
| 数量 | 866 | 54 | 11 | 16 | 7 | 171 |
| 百分比（%） | 77 | 5 | 1 | 1.4 | 0.6 | 15 |

从表 3-1 可以看出景颇语四音格词的几个特点：

其一，景颇语的 6 类四音格词中，有 5 类具有形式不同的音节重叠，其中包含双声、叠韵、谐韵 3 个最基本的音节关系，使得景颇语的四音格词呈现出典型的联绵特征。这也是景颇语四音格词区别于其他语言四音格词的特征之一。

其二，6种类型中，ABAC型占绝对优势，这是景颇语四音格词的常规格式，其基本形式为第1与第3音节重叠，第2与第4音节互为双声、叠韵或谐韵。这一类型占四音格词总数的77%。其中1、3音节重叠，2、4音节既双声又谐韵的最为典型，有213个，占常规形式的近三分之一。

其三，处于第二位的是ABCD型。这一类型是6种类型中唯一无重叠关系的，但绝大部分具有偶数音节的语音和谐关系。

景颇语四音格词的语音和谐，主要表现为1、3音节的重叠和2、4音节的双声押韵。在我们统计的1127个四音格词中，具有音节和谐关系的有1102个，占四音格词总数的98%；无和谐关系的有25个，仅占总数的2%。

音节和谐又分四种类型：（1）双声押韵；（2）无双声，但押韵；（3）只双声，无押韵，（4）无双声，无押韵。各类数量、比例及在四音格词中的分布列表如下：

表3-2 四音格词音节和谐表

| 音节和谐\音节类别 | ABAC | ABCD | AABB | ABAB | ABCB | ABCC | ABBC | 合计 | 百分比（%） |
|---|---|---|---|---|---|---|---|---|---|
| 双声押韵 | 382 | 9 | 18 | 12 | 16 | 1 |  | 438 | 38.8 |
| 无双声只押韵 | 460 | 149 | 33 |  |  | 5 | 2 | 649 | 57.7 |
| 只双声无押韵 | 13 |  | 2 |  |  |  |  | 15 | 1.3 |
| 无双声无押韵 | 10 | 13 | 1 |  |  | 1 |  | 25 | 2.2 |

由表3-2看出，景颇语的四音格词主要的音节规律是2、4音节的押韵，并且主要分布在ABAC和ABCD两个类型中；既双声又押

韵则主要是 ABAC 型的和谐规律。叠韵是指韵母完全相同的音节关系，又可分为有韵尾和无韵尾两小类。谐韵主要是指韵母不同，但音节中的元音具有和谐关系。所谓元音和谐是指前后音节的元音按舌位前高后低搭配的音节关系。谐韵中又可按韵尾的不同分为三小类：(1)元音和谐，韵尾相同；(2)元音和谐，韵尾不同；(3)元音和谐，无韵尾。此外，元音相同但韵尾不同、元音不同但舌位高低相同、元音不和谐但韵尾和谐的音节关系也属谐韵之列。二、四音节押韵的比例如表 3-3 所列：

表 3-3 四音格词二、四音节押韵表（押韵词共计 1086 条）

| 押韵类别 | 叠韵 有韵尾 | 叠韵 无韵尾 | 谐韵 元音和谐 韵尾相同 | 谐韵 元音和谐 韵尾不同 | 谐韵 元音和谐 无韵尾 | 谐韵 元音相同 韵尾不同 | 谐韵 元音不同 舌位相同 | 谐韵 元音不谐 韵尾和谐 |
|---|---|---|---|---|---|---|---|---|
| ABAC | 83 | 34 | 229 | 368 | 80 | 32 | 16 | |
| ABCD | 30 | 15 | 9 | 57 | 6 | 29 | 9 | 3 |
| AABB | 2 | 1 | 12 | 19 | 8 | 3 | 6 | |
| ABAB | 8 | 3 | | | | | | |
| ABCB | 10 | 6 | | | | | | |
| ABCC | | | | 5 | 1 | | | |
| ABBC | | | | 2 | | | | |
| 小类合计 | 133 | 59 | 240 | 451 | 94 | 64 | 31 | 3 |
| 百分比（%） | 13.3 | 5.5 | 22.3 | 41.9 | 8.7 | 5.9 | 2.8 | 0.2 |
| 总类合计 | 192 | | 883 | | | | | |
| 百分比（%） | 17.8 | | 82.1 | | | | | |

总之，语音和谐是景颇语四音格词的主要特征。语音和谐指构词中有规则的语音配合，是一种形态手段。景颇语四音格词有了这种形态标志，使它与无语音和谐的四音节词或其它复合词构成区别。

## 3.2 四音格词的语法结构和语义特征

从构词上看,景颇语的四音格词大致可以分为三类。一类是联绵四音格词,一类是复合四音格词,还有一类是由单纯词(一个或两个)加配音音节组成的四音格词。后两类的四音格词都可以分解出一个或一个以上有意义的词出来。但四音格词的意义,同其中分解出的词义相比,有的扩大了所指事物的范围,有的加深了性质、状态的程度,有的对动作、行为起强调和加重的作用等。

从分布比例上看,由两个有意义的双音节语素并列构成的四音格词(包括极少量由四个单音节语素构成的),占四音格词总数的 51.9%;另一类是由有意义的双音节语素和无意义的双音节语素(绝大多数是配音音节)并列构成,占四音格词总数的 48.1%,其中前一个双音语素有意义,后一个无意义的占优势,前一个双音节语素无意义的较少;两个双音节语素均无意义的只有很小的一部分。语义关系如表 3-4 所列(+ 表示语素有意义;- 表示语素无意义。)

表 3-4 四音格词语义类型表

| 语义结构类型<br>数量 | ＋＋ | ＋－ | －＋ | －－ |
| --- | --- | --- | --- | --- |
| 四音格词 | 588 | 398 | 116 | 44 |
| 百分比(%) | 51.9 | 34.6 | 10.1 | 3.4 |

### 3.2.1 联绵四音格词

从现时的语感和理解来看,联绵四音格词的各个音节不能拆出意义,至于在过去有无意义,现在不得而知。例如:

sǎ³¹luŋ⁵⁵sǎ³¹la³³　随从者　　　a³¹tsin³³a³¹jaŋ³³　详细地
thau³³li³³thau³³la³³　周全地　　　waŋ³¹lu³³waŋ³¹laŋ³¹　无法无天
kǎ³¹ti̱k⁵⁵kǎ³¹ta̱k⁵⁵　荒无人烟的　　mǎ³¹kʒi³³mǎ³¹kʒa⁵⁵　陌生状
mǎ³¹na³¹mǎ³¹ka³¹　特别地　　　mǎ³¹ʒim⁵⁵mǎ³¹kam⁵⁵　强壮状
kǎ⁵⁵ʒi⁵⁵kǎ⁵⁵thi⁵⁵　十分吝啬　　tǎ⁵⁵ʒum⁵¹tǎ³³ʒai³³　一小坨的

### 3.2.2 复合四音格词

复合四音格词又可分为二合式和四合式两类。二合式是用两个词性相同、词义相近的双音节单纯词并列组成，其词义大多是这两个双音节单纯词的意义的总和。二合式可分为6类：

（1）由名词加名词组成四音格词。例如：

kǎ³¹ʃu³¹ kǎ³¹ʃa³¹　　　子孙后代　　a³¹ʒon³¹ a³¹sam⁵⁵　作风
孙子　儿子　　　　　　　　　　　　行为　脾气
a³¹li³¹ a³¹na³¹　　　　疾病（总称）　n³¹po̱t³¹ n³¹phaŋ³³　根源
传染病 病　　　　　　　　　　　　根　丛
nam³¹pu̱³¹ nam³¹pa̱ŋ³³ 花（总称）　lǎ³³kuŋ³³ ka³³mai³³ 炊具
会结果的花 供观赏的花　　　　　　锅铲　瓢
n⁵⁵sin⁵⁵ n⁵⁵thoi⁵⁵　　昼夜　　　　tǎ⁵⁵ʒa⁵⁵ kǎ³¹muŋ³¹　理论
黑夜　白天　　　　　　　　　　　　道理　道理

（2）由形容词加形容词组成的四音格形容词或状态词。例如：

kǎ³¹lu³¹ kǎ³¹pa³¹ 远大，重大　mǎ³¹kji⁷³¹ mǎ³¹ko⁷³¹ 弯弯曲曲状
长　　大　　　　　　　　　　　小的弯曲 弯曲

（3）由动词加动词组成的四音格状态词或动词。例如：

ʃã³¹ŋaŋ³¹ ʃã³¹kan³³ 使牢固　ʃã³¹ŋui³¹ ʃã³¹pjo³³ 使幸福
使结实 使绷紧　　　　　　　使舒服 使高兴

kă³¹tau³³ kă³¹tap³¹　来回折腾状　tʃă³¹san³¹ tʃă³¹seŋ⁵⁵　使清洁
翻腾　　　　顽皮　　　　　　　使清澈　使清除

（4）由动词加形容词组成四音格状态词。例如：

kă³¹pu³³ kă³¹ʒa³³　高高兴兴地　mă³¹su²³¹ mă³¹koʔ³¹　虚伪状
高兴　　振动　　　　　　　　　骗　　弯

（5）由量词与量词或量词与其他实词再加前缀 a³¹ 组成的四音格状态词。例如：

a³¹ pje³³ a³¹ pa³³　一片一片的　a³¹sep³¹ a³¹lap³¹　鱼鳞似的
（前）片（前）张　　　　　　　（前）鳞（前）片

a³¹ jan³³a³¹joŋ³¹　成条成块的　a³¹phjeʔ⁵⁵a³¹lam³¹（伤口）一道一道的
（前）行（前）全　　　　　　（前）破（前）层

此外，还有个别由代词加代词组成的四音格名词。例如：

kă³¹teʔ³¹ n⁵⁵teʔ³¹　双方
那儿　这儿

（6）由 4 个单音节词（或词根）组成的四音格词。又分 4 类：

① 用 4 个动词两个两个一组并列组成四音格名词或四音格动词。例如：

ŋa³¹luʔ³¹ŋa³¹ʃa⁵⁵　生活　　sep³¹luʔ³¹sep³¹ʃa⁵⁵　剥削
在 喝 在 吃　　　　　　　削 喝 削 吃

ka³³luʔ³¹ka³³ʃa⁵⁵　经商　　map⁵⁵ luʔ³¹ map⁵⁵ ʃa⁵⁵　欺诈
做 喝 做 吃　　　　　　　蒙骗 喝 蒙骗 吃

② 用两个修饰关系的短语，以重叠或并列的关系组成四音格状态词。例如：

n⁵⁵ʒaʔ⁵⁵ n⁵⁵ʒaʔ⁵⁵　不要状　n⁵⁵tiʔ⁵⁵n⁵⁵khaʔ⁵⁵　难分难舍状
不 要　不 要　　　　　　　不截断 不分离

n⁵⁵mon⁵¹ n⁵⁵man⁵¹ 陌生状　　n⁵⁵tut⁵⁵ n⁵⁵taŋ⁵⁵　畅通无阻状
不熟悉　不习惯　　　　　　不 阻碍 不 挡

③用两对重叠的形容词以并列关系组成四音格形容词。例如：

kji⁽³¹kji⁽³¹ko⁽³¹ko⁽³¹　弯弯曲曲状　khʒu⁵⁵khʒu⁵⁵kat⁵⁵ kat⁵⁵ 饱饱的
曲　曲　弯　弯　　　　　　饱　饱　饱满 饱满

nu̱⁽⁵⁵nu̱⁽⁵⁵nai³³ nai³³ 瘫软状　ŋok³¹ŋok³¹ŋa⁵⁵ ŋa⁵⁵ 愚笨状
软　软　稀烂 稀烂　　　　　笨　笨　呆　呆

④用两个主谓关系的词组，以并列关系组成四音格名词。例如：

muŋ³¹tiŋ³¹muŋ³¹tʃiŋ³¹ 国泰民安　niŋ³¹puk⁵⁵niŋ³¹pak⁵⁵ 钝刀
国　泰　国　平安　　　　　刀　笨　刀　钝

ka³¹tui³¹ka³¹sau³³ 甜言蜜语
话　甜　话　肥

### 3.2.3 由单纯词加陪衬音节组成的四音格词

（1）由名词加配音音节组成四音格名词。这类四音格名词的意义比所组成的名词所指的范围宽，表示总体意义。例如：

thiŋ³¹pu³¹ thiŋ³¹pjeṉ³¹　左邻右舍　ʃã⁵⁵kum⁵¹ ʃã⁵⁵kap⁵⁵ 墙（总称）
邻居　　（配）　　　　　　墙　　　（配音）

kum³³pho³³ kum³³phaʔ⁵⁵ 各种礼品　lă⁵⁵phʒo³³ lă⁵⁵phʒa⁵⁵ 各种落叶
（配）　礼品　　　　　　　（配）　落叶

phun³³wu³³ phun³³wop⁵⁵ 朽木（总称）
（配）　朽木

（2）由形容词加配音音节组成四音格状态词，其状态义比形容词义有所扩展。例如：

a⁵⁵kjiŋ⁵¹ a⁵⁵kaŋ⁵¹ 紧张状　　n³¹khjeṉ³¹ n³¹khaṉ³¹ 歪歪地
紧张　（配）　　　　　　　歪　　（配）

să³¹up³¹ să³¹ap³¹　　闷热状　　a³¹tsaŋ³³ a⁵⁵waŋ⁵¹　轻巧状
闷　　（配）　　　　　　　轻　　（配）

a³¹ŋja⁷³¹ ʃa⁵⁵la⁷⁵⁵　自暴自弃地　mă³¹tsa⁷³¹ ma³¹la⁷³¹　乱糟糟地
软　　（配）　　　　　　　乱　　（配）

tha³³ni³³tha³³na⁷⁵⁵　永远
（配）　　久

此外，还有个别用形容词加配音音节组成四音格名词。例如：

mă³¹tse³¹ lă³¹pje⁵⁵　猛兽
凶恶　（陪衬）

（3）由动词加配音音节组成四音格动词。例如：

n̩³³tʃu³³ n̩³³toŋ³³　　仇恨　　kă³¹wan³¹ kă³¹tsan³³　访问（多次）
恨　　（配）　　　　　　　访问　　（配）

ka³¹lo⁷⁵⁵ ka³¹la⁷⁵⁵　吵闹　　tsiŋ³¹ʒi³¹ tsiŋ³¹ʒat⁵⁵　欺压虐待状
吵架　（配）　　　　　　　虐待　（配）

lă³¹nu³³ lă³¹khu³³　照顾　　kă³¹ʃi⁷⁵⁵ kă³¹ʃai⁵⁵　参差不齐状
（配）　保养　　　　　　　（配）　错开

kă³¹lik⁵⁵ kă³¹lok⁵⁵　东一块西一块地
（配）　脱落

（4）由量词加配音音节组成四音格状态词。例如：

a³¹　khjep⁵⁵ a³¹khap⁵⁵　细细碎碎的　a³¹ to³¹a³¹taŋ³³　碎段状
（前）片　（配）　　　　　　　　　（前）段（配）

（5）由两个单音节动词再加两个相同的陪衬音节组成四音格名词
或状态词。例如：

mă³¹lu⁷³¹mă³¹ʃa⁵　口粮　　tiŋ³¹ ju⁷⁵⁵tiŋ³¹ lun⁵⁵　忐忑不安地
（配）喝（配）吃　　　　　（配）下（配）上

(6)景颇语中的外来借词也能按上述构词方式同本语词一起组成四音格词。借词同本语词在意义上有的相同，有的相近，有的则由借词加上配音音节构成。例如：

tsau³¹lau³³　tsau³¹ pa̱n³³　　作料（总称）
作料（借汉）（配）　花（本语）

khau³³thiŋ⁵⁵ khau³³na³¹　　水田（总称）
（配）　　　田（借傣）

a³¹kju⁵⁵　　a³¹ʑa³³　　功劳，贡献
利益（借缅）（配）

景颇语四音格词可以根据表达的需要借用外来词作为构词成分，还可以借入一个与本族语语义相同的词并立构成四音格词。可以说，四音格词是一个比较开放的构词方式。例如：

ku³¹ tʃi³¹ ku³¹ jaŋ³³　　各种各样，形形色色
样　小　样　样（汉借）

a³¹khjiŋ³³　a³¹te̱n³¹　　光阴，时间
时间（缅借）时间

kă³¹man³¹ li³¹la³¹　　空空的，白白的
空的　　白的（傣借）

景颇语的词类有13类，四音格词只出现在7类上。在词类的分布上是不均等的，相差很大。列表如下：

表 3-5　四音格词的词类分布表

| 词类<br>分布 | 状态词 | 名词 | 动词 | 形容词 | 数词 | 量词 | 代词 |
|---|---|---|---|---|---|---|---|
| 数量 | 627 | 395 | 91 | 11 | 1 | 1 | 1 |
| 百分比（%） | 55.7 | 35 | 8 | 0.97 | 0.08 | 0.08 | 0.08 |

## 390　三　构词篇

从表 3-5 的统计表明，分布最广的词类是状态词，其次是名词。状态词的比例占首位，说明四音格词的语言功能主要是为了增强描写性。而名词四音格词主要表示事物的总称、泛称，亲属称谓的各种附加意义，表明四音格词的还具有表达整体性、概括性的功能。另外，近百个动词性四音格词基本上是语义加合型的，也包括部分使动性四音格词。例如：

状态词：tan$^{31}$tan$^{31}$leŋ$^{55}$leŋ$^{55}$ 一清二楚　　tʃip$^{55}$ tʃip$^{55}$kup$^{55}$kup$^{55}$ 周密的
名　词：niŋ$^{31}$soi$^{33}$niŋ$^{31}$sa$^{ʔ31}$ 生命总称　　kă$^{31}$tʃi$^{33}$kă$^{31}$woi$^{33}$ 祖辈、祖先
动　词：mă$^{31}$ni$^{31}$a$^{31}$soŋ$^{55}$ 嘲笑　　　　ʃa$^{31}$tʃoi$^{31}$ʃă$^{31}$pʒa$^{ʔ55}$ 使……纯洁
形容词：phaŋ$^{31}$lo$^{33}$phaŋ$^{31}$ʒa$^{ʔ31}$ 饥寒交迫　　ŋa$^{31}$ʒu$^{ʔ55}$ŋa$^{31}$jak$^{31}$ 艰难
数　词：lă$^{31}$ti$^{31}$lă$^{31}$mun$^{31}$ 千千万万　　lă$^{31}$mun$^{31}$lă$^{31}$tsa$^{33}$ 千百万
量　词：lă$^{31}$tup$^{55}$lă$^{31}$tap$^{55}$ 一两把
代　词：kă$^{31}$te$^{ʔ31}$n$^{55}$te$^{ʔ55}$ 两边、双方

## 3.3　大量产生四音格词的语言机制

从以上的分析中可以看出，景颇语的四音格词非常丰富，不仅数量多，而且构成方式多样，韵律特征突出。那么，景颇语为什么会产生如此大量的四音格词？固然，四音格词大量产生的主要动力应该是说这种语言的人认识深化的结果，是多样化表达的需要。但认识的深化和表达的多样化，必须靠语言内部机制的支撑，要有语言表达的条件，这是语言研究所必须解决的问题。我们认为，引起景颇语大量产生四音格词的语言机制主要有以下几个：

### 3.3.1　双音节化韵律机制为大量产生四音格词提供了基本模式

景颇语的四音格词大部分是由双音节词构成的，而双音节化是四

音格词的韵律特征之一。从韵律上分析，四音格词在句子中虽是一个单位，但在语流中则是两两在一起，中间存在间隔，即按2+2的音节韵律在运行。比如亲属称谓词的四音格词共有50个，都是由两个双音节复合词并列合成。例如：

kă³¹tʃi³³ kă³¹woi³³　祖辈　　　ŋai³³ku³¹ŋai³³moi³³　我的公婆
曾祖父 曾祖母　　　　　　　我公公 我婆婆
kă³¹juŋ³³ kă³¹tʃan³³　兄弟姐妹
兄弟　姐妹

双音节化是景颇语语音演变的一个重要特征，它不仅仅制约语音的特点，而且还影响语法的特点（包括语法形式和语法意义）。如在景颇语的词类上，双音节化倾向反映很明显，从不同词类的音节数量分布上可以看到双音节化倾向。在《景汉词典》15245个词中，双音节词就有8299个，占词汇总数的54%。在各类词中，除助词、助动词都是单音节的外，其他各类词都以双音节为多。名词、句尾词的双音节词比例最大，其次是动词、状态词、代词。具体数字如下：

|  | 双音节词数 | 单音节词数 |
| --- | --- | --- |
| 名词 | 4794 | 545 |
| 句尾词 | 164 | 18 |
| 动词 | 2009 | 1252 |
| 状态词 | 999 | 573 |
| 代词 | 61 | 20 |

景颇语出现双音节化有多种影响因素，情况很复杂，现在还不可能说清楚。但复辅音声母简化为单辅音声母，则可以认定是促使景颇语双音节化的重要途径之一。经比较研究，我们看到景颇语在历史上曾经历了复辅音声母转化为单辅音声母的过程，这个过程是复辅音声母的单音节词因前一辅音分离出去后加上元音后构成另一个音节，使

原来的单音节词变为双音节词。

双音节化是高于声、韵、调层次的语音特征。双音节化还伴之以叠音、双声、叠韵、谐韵、元音和谐，以及前一音节的弱化、类化、聚合等语音特征，构成了一种富有节奏感的音律。它波及到语言结构的各个方面，也为四音格词的大量出现提供了温厚的土壤。双音节化是景颇语历史演变的一个重要内容，也是景颇语内部固有的语音规律。

### 3.3.2 丰富的韵母体系为四音格词的发展提供了有利的条件

景颇语有 88 个韵母，其中除了 10 个单韵母外还有由 7 个辅音韵尾构成的 70 个辅音尾韵母。辅音韵尾有 -m、-n、ŋ、-p、-t、-k、-ʔ 等 7 个。此外，还有元音韵尾 -i、-u 两个，组成 8 个复元音韵母。常用单韵母 a 可自成音节，仅是出现在 1、3 位置上构成叠音关系的四音格词就多达 235 个，占四音格词总数的 20%。丰富多样的韵母体系为四音格词的押韵提供了便利的活动空间，形成了以韵律和谐为基本特征的四音格词的构词模式。这个模式是能产的、有生命力的。景颇语四音格词的押韵在四音格词中占主流地位，就是由韵母体系的丰富性决定的。

### 3.3.3 景颇语以分析性为主且有形态变化的语法特点，有助于四音格词这种构词结构的发展

景颇语是分析性为主的语言，以词序和虚词为主要语法手段。以动词为例，动词虽然有一些形态变化（如表示使动范畴），但其丰富的语法意义主要是通过位于动词之后的句尾词和助动词表示的，动词本身形态变化少，维持了双音节的特点。名词本身也缺少形态变化，表示性、数等语法意义是在名词后面加上别的词表示。词类中形态变化丰富的是句尾词，它通过加前缀、变音等形态手段表示句子的人称、数、式、方向等语法意义。

## 3 四音格构词法 393

从构词法的角度看，景颇语四音格词既有分析性特征，也有屈折性特征。四音格词大量使用的音节重叠、双声、叠韵或谐韵都属于屈折性特征。语音和谐特征是四音格词构词区别于复合词的主要特征。景颇语的四音格词共有 6 种语音类型，都具有语音和谐关系；而复合词并不要求语音和谐，主要是语义语法的结合。四音格词分析性加屈折性的特征，是与景颇语总体上以分析性为主且有形态变化的语法特点相关联的。

### 3.3.4 景颇语丰富的重叠式，与四音格词大量出现叠音结构相一致

重叠式是景颇语的一种重要的、常用的语法手段，分布在大部分词类中。景颇语共 13 个词类，其中除了句尾词和语气词外，其他的名词、动词、形容词、数词、量词、助动词、连词、状态词等均能重叠。不仅实词能重叠，虚词也能重叠。重叠式有多种语音手段，表示多种语法意义。

采用重叠手段的拟声构词是一种重要的构词手段，而四音格词中的一些状态词就是由拟声词构成的。如：

puŋ$^{31}$puŋ$^{31}$paŋ$^{31}$paŋ$^{31}$　　噼里啪啦
ʒi$^{ʔ55}$ʒi$^{ʔ55}$ʒa$^{ʔ55}$ʒa$^{ʔ55}$　　稀稀拉拉的、零零落落的
ʒuk$^{31}$ʒuk$^{31}$ʒak$^{31}$ʒak$^{31}$　　咕嘟咕嘟的

景颇语拥有大量使用 a 前缀的重叠构成 "a-a-" 型状态词。例如：

a$^{31}$pʒep$^{31}$a$^{31}$pʒap$^{31}$　　布满裂纹状
a$^{55}$lom$^{55}$a$^{55}$pot$^{55}$　　充分地
a$^{31}$phjop$^{55}$a$^{31}$phjap$^{55}$　　花言巧语地

前缀 a 在 1、3 音节上叠出，构成音节关系十分整齐的联绵四音格词。我们从《景汉辞典》中统计出带前缀 a 的四音格词就有 235 个，占

四音格词总数的 20% 左右。可见，由 a 前缀构成四音格词是景颇语的一个突出特点。a 前缀有多种功用，在四音格词的构成中主要起配音作用。它加在第 1、第 3 音节上，构成四音格词，是不能省略的。a 前缀具有最自然、最简单、最常用等特点，用以配音、构词较为方便。

## 3.4　与汉语四音格词比较所见

景颇语和汉语是同属汉藏语系的亲属语言，也都有丰富的四音格词，但其特征有明显差异。将景颇语的四音格词与汉语比较，有助于认识景颇语的四音格词特点，对认识整个汉藏语四音格词的特点也会有所帮助。

我们把汉语中由四个音节按固定格式构成的语言单位都列入四音格词的范围。其中既有单纯词，又有固定词组；有语音和谐的，也有语音不和谐的。

（1）从语音上看，汉语虽然也有与景颇语相同的音节类型，但两种语言各类的比例不同。

我们对《现代汉语词典》（2002 增补本）做了统计，得到四音节词 4548 个，根据陆志韦先生（1956）年的界定，我们从中计得四音格词约 3332 个。根据音节重叠与否可将汉语的四音格词分为 7 类，各类的分布比例如下：

表 3-6　汉语四音格词音节类型表

| 音节类型 | ABCD | ABAC | AABB | AABC | ABCB | ABCC | ABCA |
|---|---|---|---|---|---|---|---|
| 音节关系 | 无音节重叠 | 3 音节重叠 | 1、2、3、4 音节重叠 | 1、2 音节重叠 | 2、4 音节重叠 | 3、4 音节重叠 | 1、4 音节重叠 |
| 数量 | 3001 | 155 | 79 | 43 | 24 | 18 | 12 |
| 百分比（%） | 90 | 10 ||||||

表 3-6 中的统计说明，汉语的四音格词没有景颇语那样典型的音节关系，90% 的四音格词是无音节重叠的。其余六类有不同的音节重叠关系，只占总数的 10%，其中最多的一类 ABAC 式与景颇语相同，但仅占 4.6%，而景颇语的这一类型却占 77%。

从音节之间的韵律关系上看，景颇语严格受韵律规则的制约，而汉语基本上没有严格的规则限制，除四音格象声词和部分形容词外，绝大多数无音节和谐关系，也就是说，它基本上不受音节重叠或押韵关系的制约。根据我们统计，在 3332 个汉语四音格词中，有偶数音节和谐关系的是 263 个，占四音格词总数的 7%，加上 10% 的音节重叠，具有语音和谐关系的四音格词只占 17%；而景颇语有 98% 的四音格词具有语音和谐关系。

景颇语的四音格词比汉语更讲究韵律特征，这与二者语音系统的差异有关。从音节类型上看，景颇语闭音节比开音节多两倍，闭音节占优势；而汉语则是开音节占优势的语言；景颇语的音素结合类型以辅音收尾的出现频率最高，音节的押韵关系多样且严整；而汉语除鼻韵尾收尾外，没有辅音尾类型，音节的押韵形式较少，韵律关系更多地依赖于声调，而景颇语的声调在韵律关系中的作用不大。

景颇语的四音格词比汉语更讲究韵律特征，还与二者的类型特征的差异有关。景颇语与汉语虽然都属于分析型语言，即以词序和虚词作为主要语法手段。但景颇语的形态变化比汉语多，具有较多的屈折变化。比如有人称代词数的范畴、格的范畴；有动词自动和使动的范畴；有多达 250 个左右的具有屈折变化的句尾词，它在整个汉藏语系中处于屈折到分析过渡带上的中间段，而汉语则属分析性强的语言，屈折变化极少。四音格词的韵律特征实质上是一种形态变化，严格地说，是一种反映在构词变化上的形态特征。它的强弱、范围和形式是与形态的整体特点相一致的。汉语的分析性特征更为突出，大多不受韵律的制约，而受语义支配和句法结构关系的限制。汉语独有的"意合语法"和"语义句法"，即依靠词语成分的意义来组织和安排词组结构和句法结构的特征决定了其四音格词的结构类型的多样性。

（2）从语法特征上看，景颇语四音格词的句法结构关系比汉语简单。

汉语四音格词的句法结构关系复杂，结构方式多样，句子及短语的结构关系在四音格词中普遍存在，甚至包括古代汉语的某些句法结构关系；而景颇语只有并列关系一种。可以说，汉语结构关系的多样性及复杂性均高于景颇语。

（3）从书面语与口语的关系上看，二者也存在差异。

汉语四音格词的丰富和发展受书面语（包括文学语言）的影响和制约，具有比较典型的书面语体特征；而景颇语由于书面语的形成较晚，其四音格词的丰富与发展主要受文学语言的影响和制约。相比之下，汉语四音格词受书面语、文学语言的影响更强，历史更久远。在数千年汉民族文化的影响下，尤其是汉字及浩如烟海的文化典籍的传承，使得以成语为典型代表的四音格词具有双层语义特征和古朴典雅的结构特点。例如"辗转反侧（《诗经》）、拨乱反正（《公羊传》）、白驹过隙（《庄子》）、故弄玄虚（《韩非子》）、百步穿杨（《史记》）"等一大批四字格成语已经使用了数千年，至今不衰。我们习惯上将四音格词称为四字格也反映了人们对汉语四音格词的认知心理。而景颇语的四音格词主要通过口头文学形式传承，文字的创制较晚，因此其四音格词的古典形式也比较少。

汉语丰富多彩的方言为四音格词的发展提供了广阔的空间，景颇语内部无方言差异，其发展受到一定的限制。

景颇语的四音格词语音规则严整，音节之间具有语音和谐关系；句法结构关系单一，仅并列结构一种。而汉语四音格词的语音结构是一个能产的系统。汉语的四音格词所包含的范围比较宽泛，以四字格成语为主，还包括几种重叠四音格词、方言俗语四音格词、四字格惯用语等多种形式。

（4）从汉语史的角度看，景颇语四音格词的特点与上古汉语的相似点多一些。

汉语在《诗经》时代也有大量音节关系比较严整的四音格词。根据陆志韦（1957）的统计，《诗经》中已蕴涵了 AABB、ABAB、ABAC、ABCB、ABCD 等 5 种类型，前 4 种具有音节重叠关系，在《诗经》中出现的总数是 338，其中 ABAC 式最多，有 271 个；而无音节关系的 ABCD 式的总数仅有 78 个。这一情况与景颇语四音格词的现状相似，我们据此推测汉语在《诗经》时代，其四音格词处于初期阶段。此后，由于双音化的形成、语法构词的发展以及历代文人对经典语句的引用传承等多方面因素的作用，汉语的四音格词逐步突破了语音构词的制约，向结构类型的多样化发展，进入到了一个新阶段。总之，景颇语的四音格词的结构仍以语音规则为主，而汉语的四字格则较早地突破了这一规则，出现多样的结构形式和复杂的结构关系，具有更高的能产性。

## 3.5　四音格词小结

通过共时分析，我们看到景颇语四音格词的主要特征有二：语音和谐和语法结构单一。景颇语四音格词受语音和谐规律的制约，语法结构只能是并列的，因为并列结构是有限的，它可以保证语音规则的严整性。偏正结构则是不受限制的，它往往会违反语音规则，因而未能构成景颇语四音格词的句法格式。

语法结构对语义结构也具有一定的制约作用。由于并列关系的影响，导致语义选择只能限于同一层次、同级、同类、平列的语义关系。这种关系体现在景颇语中存在大量由亲属关系词、表物名总称词的四音格词中。

景颇语的四音格词是原生的，即在自己的语言体系中产生的，与其语言机制相适应。景颇语是以分析性为主要特征的，四音格词对分析性语言有较大的适应性。景颇语丰富的声韵系统以及韵律变化为四音格词的丰富准备了肥沃的土壤。

通过景颇语与汉语的比较，我们看到景颇语和汉语虽为亲属语言，但四音格词存在较大差异，似无共同来源，其共同特征是类型学上的一致。

用"分析性"眼光来看，分析型的单音节词根是产生四音格词的最好土壤。从构造上说，四音格词主要由四个单音节词根构成，也有少量是一个半音节的单纯词或双音节词构成，也就是说，其原料具有单音节性，能按音节分离出一个个意义的。而分析型语言的词是以单音节词为主构造而成的，单音节性是表义的主要单位。这种关系决定了具有单音节特点的四音格结构很自然就成为分析型语言造词的模式词。我们还看到，汉藏语由于具有分析性特点普遍都有四音格词，而且分析性越强的语言四音格词越发达，反之亦然；而多音节的阿尔泰语、印欧语则无或少有四音格词。四音格词产生与否或发达与否，不完全是表义因素，还与语言类型有关，是语言类型的差异导致构词类型的差异。因此，我们可以用语言类型的异同来解释四音格词产生及演变的成因。

# 四　句法篇

　　本篇介绍了景颇语短语的类型，分析了景颇语的句子成分和语序，分析和描写了话题句、"给"字句、宾谓同形、否定句、转述句等几种特殊句式。此外，还分析总结了双音节化、实词虚化、词汇化、韵律等的特点，研究了复句的主要特征和分类，还描写了景颇族传统诗歌的语法特点。

# 1　短语

　　景颇语的短语是词与词按句法规则组成的语法单位。在我国，短语又称词组。用来组合的词大多是两个，如 tʃiŋ³¹pho²³¹mă³¹ʃa³¹ "景颇人"，只由 tʃiŋ³¹pho²³¹ "景颇" 和 mă³¹ʃa³¹ "人" 两个词组成；也有两个以上的，如 ŋai³³nau³³a²³¹ tʃoŋ³¹ "我弟弟的学校" 由 ŋai³³ "我"、nau³³ "弟弟" a²³¹ "的"、tʃoŋ³¹ "学校" 四个词组成。短语大多是由实词与实词组合而成的，但也有由实词与虚词组合的，如 kă³¹tʃa³³ai³³ "好的" 由 kă³¹tʃa³³ "好" 与 ai³³ "的" 构成。

　　景颇语的短语是大于词而小于句子的语法单位。短语的功能是充当句子成分。景颇语的句子在句尾基本上都要有句尾词，句尾词是句子能够成立的强制性标志。若短语不带句尾词，不能成句。如 ʃat³¹（饭）ʃa⁵⁵（吃）"吃饭" 是短语，但不能当句子用，要当句子用时要加句尾词，说成 ʃat³¹（饭）ʃa⁵⁵（吃）sai³³（句尾词）"（他）吃饭了。"[①]

　　短语的结构可以从不同的角度做不同的分类。若主要从功能的角度分，短语可以分为名词及名词性短语、动词及动词性短语、形容词及形容词性短语等；若主要从结构关系的角度分，则可以分为并列短语、修饰短语、支配短语、补充短语、主谓短语、同位短语、连动短语等。

---

[①] 附带说一句，外族人学说景颇语，往往句尾词用不好，或不用，或用不带句尾词的短语代替句子，尽管发音、语法都对，但本族人一听就知道不是景颇人。

在《景颇语语法》一书中，我和徐悉艰曾使用过前一种分类法；但这本书改用后一种分类法，主要考虑到用结构关系分类法来分析景颇语短语似乎更方便一些。其实，用哪种框架分析短语，并不存在原则分歧，只要能达到揭示短语特点的目的，用什么框架都可以。

## 1.1 并列短语

并列短语由两个或两个以上的实词组成。一般用关系助词 the$^{ʔ31}$ 连接。例如：

| să$^{33}$ʒa$^{33}$ the$^{ʔ31}$ tʃoŋ$^{31}$ma$^{31}$ | 老师和同学 |
| 老师　　和　同学 | |
| lai$^{31}$ka̠$^{33}$ the$^{ʔ31}$mai$^{31}$sau$^{31}$ | 书和纸 |
| 书　　　和　纸 | |
| tai$^{31}$niŋ$^{33}$the$^{ʔ31}$thă$^{31}$niŋ$^{31}$ | 今年和明年 |
| 今年　　和　明年 | |
| an$^{55}$the$^{33}$ the$^{ʔ31}$nan$^{55}$the$^{33}$ | 我们和你们 |
| 我们　　和　你们 | |
| n$^{33}$tai$^{33}$ the$^{33}$ the$^{ʔ31}$wo$^{55}$ʒa$^{31}$the$^{33}$ | 这些和那些 |
| 这些　　　和　那些 | |
| mă$^{31}$ŋa$^{33}$ the$^{ʔ31}$ kʒu$^{ʔ55}$ | 五和六 |
| 五　　　和　六 | |

如果被连接的实词有两个以上，the$^{ʔ31}$ 放在最后两个实词之间。例如：

| ma$^{31}$kam$^{33}$ma$^{31}$no$^{33}$the$^{ʔ31}$ma$^{31}$la$^{31}$ | 麻干、麻诺和麻拉 |
| 麻干　　麻诺　和　麻拉 | |

如果并列的名词进入"……ʒe$^{33}$ ai$^{33}$ni$^{33}$"固定格式，不加 the$^{ʔ31}$。

例如：

kă⁵⁵khum⁵¹ n³³ kjin³³（ʒe³³ ai³³ ni³³）南瓜、黄瓜等
南瓜　　黄瓜　　的　　东西

ma³¹kam³³ ma³¹no³³（ʒe³³ ai³³ ni³³）麻干、麻诺（等人）
麻干　　麻诺　　的　　人们

动词、形容词构成并列结构时大多要做名词化的处理，或加前缀，或加助词 ai³³ "的"。例如：

tʃă³³si³³the²³¹tʃă³³khʒuŋ³³　　死的和活的
死的　和　活的

tʃă⁵⁵pha⁵¹ the²³¹tʃă⁵⁵that⁵⁵　　薄的和厚的
薄的　　和　厚的

khʒi³³ai³³the²³¹tui³¹ai³³　　酸的和甜的
酸的　　和　甜的

kop³¹ ai³³ the²³¹kă³¹thet⁵⁵ai³³　　凉的和热的
凉的　　和　热的

有的形容词并列后中间加关系助词 n³¹na⁵⁵ "之后"，表示"又……又……"义。例如：

kă³¹lu³¹n³¹na⁵⁵kă³¹pa³¹　　又长又大
长　（关）大

khʒi³³n³¹na⁵⁵tui³¹　　又酸又甜
酸　（关）甜

有的动词并列，中间加 let³¹，表示"边……边……"义。例如：

khom³³let³¹tsun³³　　边走边说
走　（关）说

khʒap³¹let³¹mă³¹ni³³　　边哭边笑
哭　（关）笑

## 1.2 修饰短语

这类短语的中心语有名词、代词、动词、形容词等。修饰语与中心语的组合分述如下：

### 1.2.1 以名词为中心语

1. 名词修饰名词

phun⁵⁵n̥⁵⁵ta̠⁵¹　　　　木头房子　　pă³³si³³pă³³loŋ³³　　棉衣
木头　房子　　　　　　　　　　　棉　衣

tʃiŋ³¹pho⁷³¹ʃat³¹mai⁵⁵　景颇菜　　mjen³¹muŋ⁵⁵mă³¹ʃa³¹　缅甸人
景颇　　菜　　　　　　　　　　　缅甸　　人

上面这些例词，名词与名词结合较紧，接近复合词，中间不必加关系助词。若结合较松，中间要加关系助词 a⁷³¹ "的"或 na⁵⁵ "的"。例如：

ma³¹kam³³ a⁷³¹ mjiŋ³³　　麻干的名字
麻干　　的　名字

să³³ʒa³³ a⁷³¹ khe⁵⁵tan³³　　老师的铅笔
老师　　的　铅笔

mă⁵⁵ni⁵⁵ na⁵⁵ ʃi³¹lai³¹ka̠³³　昨天的报纸
昨天　　的　报纸

n̥⁵⁵ta̠⁵¹ na⁵⁵ ni³³　　　　家里的人
家　的　人

2. 代词修饰名词

代词修饰名词时有两种语序。一是人称代词做修饰语，它只能在中心语之前，而且要在它的后面加上关系助词 a⁷³¹（如果人称代词使用变格形式则可不加，不加符合双音节韵律）。例如：

ʃi⁽²⁾⁵⁵ a⁽²⁾³¹ mjit³¹ = ʃi⁽²⁾⁵⁵ mjit³¹　　他的思想
他的　的　思想　　他的 思想

ŋje⁽²⁾⁵⁵ a⁽²⁾³¹ ka³¹ = ŋje⁽²⁾⁵⁵ ka³¹　　我的话
我的　的　话　　我的 话

nan⁵⁵the³³ a⁽²⁾³¹ tum³¹su³³　　你们的水牛
你们　的　水牛

an⁵⁵the³³ a⁽²⁾³¹ tʃoŋ³¹　　我们的学校
我们　的　学校

二是指示代词做定语，复数的只能在中心语之后，单数的可在前，也可在后。放在前面的，有强调指示代词的意味。例如：

nam³¹si³¹ n³³tai³³ = n³³tai³³nam³¹si³¹　　这水果
水果　这　这　水果

tiŋ³¹la³³ tai³³ = tai³³ tiŋ³¹la³³　　那老头
老头　那　那　老头

ma³¹ n³³tai³³ the³³　　这些孩子
孩子 这些

phun⁵⁵ n³³tai³³ the³³　　这些树
树　这些

3. 数量词修饰名词

数量词做定语时，大多放在名词的后面。例如：

ma³¹ mǎ³¹ʒai³³ ʃi³³　十个孩子　　kǎ³¹thoŋ³¹ khun³³　二十个寨子
孩子 个　十　　　　　　寨子　二十

n⁵⁵phje⁵¹mǎ³¹li³³　四个挎包　　tʃoŋ³¹ kʒu⁽²⁾⁵⁵　六所学校
挎包　四　　　　　　　　学校 六

数词做 na⁽²⁾⁵⁵ "夜"、niŋ³³ "年"、ja⁽²⁾⁵⁵ "天" 等名词的定语时，在名词之前。例如：

mǎ³¹li³³ na²⁵⁵　　五个晚上　　mǎ³¹sum³³ na²⁵⁵　　三个晚上
五　　晚上　　　　　　　　三　　　　晚上

kʒu²⁵⁵ niŋ³³　　　六年　　　　ʃi³³ niŋ³³　　　　　十年
六　　年　　　　　　　　　　十　　年

lǎ⁵⁵khoŋ⁵¹ ja²⁵⁵　　两天　　　ʃi³³ mǎ³¹ŋa³³ ja²⁵⁵　十五天
两　　　天　　　　　　　　　十　五　　　天

### 4. 形容词修饰名词

形容词做修饰语时，有的在中心语前，有的在后。在前的要加助词 ai³³ "的"。一般说来，修饰语比较长的，大都放在中心语之前；修饰语比较简单而且和中心语结合比较紧密的，放在后面，但也可以放在前面。例如：

tʃoŋ³¹ma³¹ kǎ³¹tʃa³³ = kǎ³¹tʃa³³ ai³³ tʃoŋ³¹ma³¹　好学生
学生　　好　　　　好　　　的　　学生

phun⁵⁵kǎ³¹pa³¹ = kǎ³¹pa³¹ ai³³ phun⁵⁵　　　　大树
树　　大　　　　大　　　的　　树

mǎ³¹tsan³¹ ai³³mǎ³¹ʃa³¹　　　　　　　　　　穷苦的人
穷苦　　　的　人

khik³¹kham³¹ai³³tʃi³³woi³³muŋ⁵⁵tan³³　　　　伟大的祖国
伟大　　　的　祖国

kʒai³¹ tsom³¹ ai³³ nam³¹pan³³　　　　　　　　很美的花
很　美丽　的　花

### 5. 动词修饰名词

动词做修饰语时，均在中心语之前。二者之间要加貌词 na³³ "要" 连接。例如：

kǎ³¹lo³³ na³³ lam³³　　　　　做的事
做　　　要　事

ʃa⁵⁵ na³³ tʃã³¹ʒik³³　　　　　吃的口粮
吃　要　口粮

带宾语的动词修饰名词时也要加助动词 ai³³ "的"。例如：

sã⁵⁵nat⁵⁵ laŋ³³ na³³ mă³¹ʃa³¹　拿枪的人
枪　　　　拿　要　人

6. 状词修饰名词

状词修饰名词时先要与"……ʒe³³ ai³³"组成固定格式再修饰名词。例如：

mă³¹tsat⁵⁵ʃã³¹pat³¹ ʒe³³ ai³³ ʒai⁵⁵　　肮脏的东西
肮　脏　　　　的　东西

sum³³nuŋ³³ ʃiŋ³³ti³³ ʒe³³ai³³ mă³¹ʃa³¹　温和的人
温　　和　　　　的　人

7. 多项修饰语修饰名词

nṵ⁵¹ a⁽ʔ⁾³¹kă³¹tʃa³³ai³³mă³¹naŋ³³　　妈妈的好朋友
妈妈 的　好　　的　朋友

后定语的次序一般是：形容词定语 + 指示代词定语，形容词定语 + 数量短语定语。例如：

tʃoŋ³¹ma³¹kă³¹tʃa³³n³³tai³³the³³　　这些好学生
学生　　好　　　这些

mă³¹naŋ³³kă³¹tʃa³³mă³¹ŋa³³　　　五个好朋友
朋友　　好　　五

### 1.2.2 以动词为中心语

1. 副词修饰动词的短语

副词修饰动词时，均在中心语之前。例如：

n⁵⁵kǎ³¹lo³³　　不做　　　khum³¹sa̠³³　　别去
不　做　　　　　　　　 别　 去

tʂo̠m⁵⁵thi⁵⁵　一起念　　kʐai³¹ʃa⁵⁵　 很吃（很能吃）
一起　念　　　　　　　 很　吃

mǎ³¹na³¹ mǎ³¹ka̠³¹ khʐap³¹ 使劲哭　ʃoŋ³³ka̠³³　 先写
特别　　　　哭　　　　　先　写

n³³laŋ³³ sa³³　　全部去　　mji³¹ ja³³　　刚才给
全部　　去　　　　　　　刚才　给

tu̠t⁵⁵noŋ³³ khʐap³¹ 经常哭　　ʃeʔ³¹ tʃe³³　　才知道
经常　　　哭　　　　　　才　知

lau³³ khom³³　　赶快走　　mǎ³³khoi³³ sa³³ 可能去
赶快　走　　　　　　　　可能　　　 去

**2. 数量词修饰动词的短语**

数量词修饰动词时，均在中心语之前。例如：

laŋ³¹mi³³kǎ³¹jat³¹　打一次　　kʐu̠ʔ⁵⁵laŋ³¹sa³³　去六次
次　一　打　　　　　　　　六　次　去

mǎ³¹sum³³ jaʔ⁵⁵ kǎ³¹lo³³ 做三天　lǎ³¹ni⁵⁵ mi³³ jup⁵⁵ 睡一天
三　　天　　做　　　　　　天　一　睡

**3. 状词修饰动词的短语**

状词修饰动词只能先修饰泛指动词，然后再一起修饰实义动词。例如：

n⁵⁵tiʔ⁵⁵n⁵⁵kha̠⁵⁵ ʐai³¹ tsou̠ʔ⁵⁵ʐaʔ³¹　永不分离地爱
永不分离地 （泛）爱

a³¹tsin³³ a³¹jaŋ³³ ŋu⁵⁵ thi⁵⁵　　仔仔细细地读
仔仔细细地　（泛）读

**4. 形容词修饰动词的短语**

形容词修饰动词时要用重叠式。例如：

lo⁵⁵lo⁵⁵ ʃa⁵⁵　　多多地吃　　khʒu⁵⁵khʒu⁵⁵ ʃa⁵⁵　饱饱地吃
多　多　吃　　　　　　　　饱　饱　　吃

5. 动词修饰动词的短语

kǎ³¹thap³¹ thi⁵⁵　　重复读　　khan⁵⁵ kǎ³¹lo³³　跟着做
重复　　读　　　　　　　　　跟　　做

khʒap³¹ tsu̱n³³　　哭着说　　sa³³sa³³ ʒai³¹　　老去
哭　　说　　　　　　　　　　去　去（泛）

6. 代词修饰动词的短语

代词做状语时，一般是先修饰泛指动词 ti³³、ʒai³¹、ŋa³³、ŋu⁵⁵，然后一起再修饰实义动词。例如：

kǎ³¹niŋ³¹ ti³³ kǎ³¹lo³³　怎么做　　kǎ³¹niŋ³¹ ŋa³³ tsu̱n³³　怎么说
怎么　（泛）做　　　　　　　　　　怎么　（泛）说

niŋ⁵¹ ti³³ kǎ³¹lo³³　这样做　　niŋ⁵¹ ŋu⁵⁵ tsu̱n³³　这样说
这样（泛）做　　　　　　　　　　这样（泛）说

ʃiŋ³¹ ʒai³¹ kǎ³¹lo³³　那样做
那样（泛）做

疑问代词还能做状语，表示以何物进行动作行为时要加关系助词 the²³¹ "以" 连接。例如：

kǎ³¹loi⁵⁵ sa³³　　何时去　　kǎ³¹loi⁵⁵tsu̱n³³　　何时说
何时　　去　　　　　　　　　何时　　说

pha³³ the²³¹ kǎ³¹toi³¹　用什么割　　pha³³ the²³¹ kǎ³¹jat³¹　用什么打
什么（关）割　　　　　　　　　　　什么（关）打

7. 名词修饰动词的短语

名词修饰动词，表示动作行为的范围、处所、时间、工具等意义。名词做状语时，要在后面加上关系助词 e³¹、ko⁵⁵ te²³¹。例如：

tʃoŋ³¹ e³¹ ŋa³³　在学校里　　tʃoŋ³¹kok⁵⁵ ko⁵⁵ ŋa³³　在教室里
学校（方）在　　　　　　　　教室　　（方）在

kat⁵⁵ te⁷³¹ sa³³　　上街
街（方）去

## 1.3　支配短语

由宾语和动词构成。二者的关系若需要明确、避免混淆或需要强调，就要加宾语助词 phe⁷⁵⁵，否则可不加。

### 1.3.1　名词做宾语

| lai³¹ka³³ ka³³ | 写字 | tʃoŋ³¹luŋ³¹ | 上学 |
| 字　　写 | | 学　上 | |
| ʃat³¹ ʃa⁵⁵ | 吃饭 | mam³³ kun³³ | 背谷子 |
| 饭　吃 | | 谷子　背 | |
| mau³¹mji³¹ khai³¹ | 讲故事 | wan³¹ wut³¹ | 烧火 |
| 故事　　讲 | | 火　烧 | |
| mǎ³¹naŋ³³ phe⁷⁵⁵ʃǎ³¹pa⁵⁵ | 让朋友受累 | | |
| 朋友　　（宾）使累 | | | |
| tʃoŋ³¹ma³¹phe⁷⁵⁵ ʃǎ³¹tum⁵⁵ | 提醒学生 | | |
| 学生　　（宾）使 醒 | | | |

动词取自名词的宾动短语，动词与名词的形式相同或部分相同。这类宾动短语，宾语与动词结合很紧。例如：

| jup³¹tuŋ³³ tuŋ³³ | 到深夜 | n⁵⁵thoi⁵⁵thoi³¹ | 天亮① |
| 深夜　到 | | 天　亮 | |
| mǎ³¹ʒu⁷³¹ ʒu⁷³¹ | 长疥疮 | lǎ³¹ʒu³³ ʒu³³ | 刮狂风 |
| 疥疮　长 | | 狂风　刮 | |

---

① 景颇语的 n⁵⁵thoi⁵⁵thoi³¹ 是宾动短语，翻译为汉语只能翻译为主谓短语"天亮"。

n³¹ puŋ³³ puŋ³³　　刮风　　　n³¹tʃaŋ³³ tʃaŋ³³　　当长工
风　　刮　　　　　　　　　长工　　当

mǎ³¹khʒai³³khʒai⁵⁵　搭桥　　tʃiŋ³¹khu²³¹ khu²³¹　交朋友
桥　　搭　　　　　　　　　朋友　　交

### 1.3.2 代词做宾语

pha³³ tsuŋ³³　　　说什么　　　kǎ³¹naŋ⁵⁵ na⁵⁵ ʒai⁵⁵　是哪儿
什么　说　　　　　　　　　　哪儿　　的　是

ʃi³³ pheʔ⁵⁵ kǎ³¹ʒum³³　帮助他　　ŋai³³ pheʔ⁵⁵ ja³³　　给我
他（宾）帮助　　　　　　　　我（宾）　给

### 1.3.3 数量短语做宾语

这类短语与数量短语做状语的短语在形式上相同，只能从语义上区分。例如：

wan³³ mi³³ ʃa⁵⁵　　　　吃一碗
碗　　一　吃

puk³¹ lǎ⁵⁵khoŋ⁵¹ ja³³　　给两本
本　　两　　给

tiŋ³¹khʒu³³ mi³³ luʔ²³¹　喝一筒（酒）
筒　　　一　喝

sum⁵⁵pʒup⁵⁵ lǎ⁵⁵khoŋ⁵¹ mǎ³¹ʒi³³　买两串（鱼）
串　　　　两　　　买

动词、形容词做宾语时，必须经过加前缀或带 ai³³ "的" 的名词化处理。例如：

tʃǎ³³ khje³³ ʒe⁵¹　　是红的　　khʒuŋ³³ ai³³ ʒaʔ²³¹　要活的
红的　　是　　　　　　　　　活的　　　要

## 1.4 述补短语

做动词补语的主要是动词、形容词、貌词，少数副词也能做动词的补语。动词与补语之间不需要加助词。

### 1.4.1 动词做补语

动词做补语的主要是使动词，补语表示动作行为的结果。例如：

kǎ³¹wut³¹ ʃã³¹tʃi²⁵⁵ 吹燃　　　kǎ³¹mai³³ tʃã³¹phʒiŋ⁵⁵ 舀满
吹　　使燃　　　　　　　　舀　　使满

kǎ³¹lo³³ ʃã³¹ʒai⁵⁵ 纠正　　　kǎ³¹jat³¹ tʃã³¹then³¹ 打坏
做　　使正　　　　　　　　打　　使坏

sat³¹ ʃã³¹mjit⁵⁵ 消灭　　　　kjit³¹ ʃã³¹pon³¹ 捆成捆
杀　使尽　　　　　　　　　捆　　成捆

### 1.4.2 貌词做补语

这类补语的数量较多，补充说明动作行为的状态、性质、结果、程度等（详见词法中的"貌词"）。例如：

joŋ³³ khʒat³¹ 淌下来　　　　kǎ³¹lo³³ paŋ³³ 开始做
淌　下来　　　　　　　　　做　　放

tsu̱n³³ tan⁵⁵ 告诉　　　　　ʃa⁵⁵ kau⁵⁵ 吃掉
说　给看　　　　　　　　　吃　掉

tu³¹ju³³ 到过　　　　　　　tsu̱n³³ ta⁵⁵ 说好
到　过　　　　　　　　　　说　搁

tǎ³¹ʒu³¹ khat⁵⁵ 互相斗　　　mu³¹toṇ³¹ 看见
斗　　互相　　　　　　　　见　放

### 1.4.3 形容词做补语

ʃa⁵⁵ khʒu⁵⁵　　　吃饱　　　　tsu̠n³³ ma⁷⁵⁵　说完
吃　饱　　　　　　　　　　说　　完
tu̠³³tsom³¹　　　长得漂亮　　tu³¹ khum³³　到齐
长　美丽　　　　　　　　　到　齐
ka̠³³ ʃut⁵⁵　　　写错
写　错

### 1.4.4 副词做补语

副词在补语之后。这类短语不多。例如：

tsu̠n³³ tik³¹　　　说到头　　　sa³³ mǎ³¹kaŋ³³　先去
说　极　　　　　　　　　　去　先

## 1.5 主谓短语

由主语和谓语组成的短语。主谓短语与主谓句的区别，主要是主谓句带句尾词（独词句和少量泛称的句子外），但主谓短语不带。

充当主语的主要是名词、代词；充当谓语的主要是动词、形容词。主谓短语做句子成分时，要加"的""要"等词。例如：

kǎ³¹nu³¹tsu̠n³³（ai³³）　　　妈妈说（的）
妈妈　说　（的）
ʃan⁵⁵the³³kǎ³¹lo³³（ai³³）　　他们做（的）
他们　　做　　（的）
nam³¹pa̠n³³tsom³¹（ai³³）　　花美
花　　美　　（的）
mjit³¹kǎ³¹tʃa³³（ai³³）　　　心好
心　　好　　（的）

tḭ⁷⁵⁵naŋ³³ʃut⁵⁵（ai³³） 自己错（的）
自己　错（的）

## 1.6　同位短语

由指同一事物的两个词组成的短语，也称复指短语。例如：

an⁵⁵the³³tʃiŋ³¹pho²³¹ 我们景颇人　　nan⁵⁵the³³mu³¹wa³¹ 你们汉人
我们　景颇人　　　　　　　　你们　　汉人
ŋai³³phu⁵¹ma³¹no³³ 我哥麻诺　　　ŋai³³ʃa⁵¹ma³¹kam³³ 我儿子麻干
我哥　麻诺　　　　　　　　　我儿子 麻干
ŋje⁷⁵⁵sǎ³¹ʒa³³ma³¹la²³¹ 　　　　我的老师麻拉
我的 老师　麻拉
ŋje⁷⁵⁵mǎ³¹naŋ³³mǎ³¹ʒu³¹mai³³　我的朋友木如迈
我的 朋友　　木如迈

## 1.7　连动短语

由一个以上的动词连用构成的短语。"连动"是就动词连用的形式而言的，其内部的语义关系有并列、修饰、支配等。例如：

kǎ³¹jau³³ʃa⁵⁵　　　拌着吃　　　kǎ³¹toi³¹ʃa⁵⁵　　割着吃
拌　吃　　　　　　　　　　　割　吃
la⁵⁵ʃǎ³¹pʒo⁵⁵　　　拿出　　　　tʃe³³kǎ³¹lo³³　　会做
拿 出　　　　　　　　　　　会 做
sat³¹kau⁵⁵　　　　杀掉　　　　sa³³ lǎ³¹ku⁵⁵　　去偷
杀 掉　　　　　　　　　　　去 偷
kǎ³¹jat³¹tʃǎ³¹khʒit³¹　打使怕　　wa³¹ tsun³³　　　回来说
打　　使怕　　　　　　　　　回来 说

# 2　句子成分和语序

景颇语的句子成分可分为主语、谓语、宾语、定语、状语、补语等6种。这些成分不在一个层面上，有主有次。主语、谓语是主要成分，在句子中是不可缺少的，少了就不成句子。宾语、定语、状语、补语等是次要成分，没有它们也能成句。

## 2.1　主语和谓语

主语是一句话的陈述对象，谓语是陈述主语是什么、做什么的。从所处的位置上看，主语都在谓语的前面。从语法标志上看，谓语的后面大都要带句尾词表示主语或宾语的人称、数，而主语没有这种标志。例如：

tʃoŋ³¹ma³¹ni³¹kat⁵⁵teʔ³¹sa³³mă³³sai³³. 同学们都上街了。
同学们　　街（方）上（尾）

ŋai³³ʃat³¹n̥⁵⁵kam̥³³ʃa⁵⁵n³¹ŋai³³.　　我不愿吃饭。
我　饭　不愿　吃（尾）

第一句谓语后的句尾词 mă³³sai³³ 指示主语是第三人称的 tʃoŋ³¹ma³¹ni³¹ "同学们"。第二句谓语后的句尾词 n³¹ŋai³³ 指示主语是第一人称的 ŋai³³ "我"。

由于有句尾词的指示，由人称代词充当的主语就能省略，因为从句尾词上就能看出主语是第几人称。所以在景颇语日常交际的对话中，可以依靠对话的语境或环境，以及句尾词所指示的人称省略主语。但这种句子不是无主句，而是省略主语的句子。例如：

n³³tai³³pha³³ʒe⁷⁵⁵？　这是什么？　　lai³¹ka³³ʒe⁵¹　　是书。
这　什么　是　　　　　　　　　　书　　是

naŋ³³muŋ³¹mau³¹sa³³ju³³sǎ⁵⁵ni⁵¹？　sa³³ju³³sǎ³³ŋai³³.
你　瑞丽　　去过　（尾）　去过（尾）
你去过瑞丽了吗？　　　　　　去过了。

lai³¹ka³³lu³¹ʒa³³mǎ⁵⁵sin⁵⁵ni⁵¹？　（你们的）书都带齐了吗？
书　有　齐（尾）

lu³¹ʒa³³sǎ⁵⁵ka⁷⁵⁵ai³³.　　　　　（我们的）书带齐了。
有　齐（尾）

noŋ³³e³¹n⁵⁵khʒiŋ³¹ai³³thi⁵⁵ʃã³¹man³¹u⁷³¹！（你）要经常不断地练习！
经常　不停　的　念　练习（尾）

sǎ³¹ʒa³³phe⁷⁵⁵tsun³³ʃut⁵⁵ se⁷⁵⁵kha³³！　原来我对老师说错了。
老师（宾）说　错　（尾）

ʃã⁵⁵tʃup⁵⁵ ʃã⁵⁵tʃap⁵⁵kan³³ ti³³ kau⁵⁵tat³¹u⁷³¹！你赶紧捆一捆吧！
捆一捆状　　　赶（泛）掉（貌）（尾）

但也有少数不加句尾词的句子。这类句子主语出现在对话中，有语境的背景。例如：

lai³¹ka³³man³³kǎ³¹te³¹tha⁷³¹na⁵⁵？　在书的第几页？
书　　页　多少　里　的

lai³¹ka³³man³³sum³¹ʃi³³jan⁵⁵kʒu⁷⁵⁵tha⁷³¹na⁵⁵？
书　页　三十　行　六　里　的
在书的第三十页第六行？

a³¹to⁵¹，wo⁵⁵ʒa³¹ko³¹？　　　　　那么，那个呢？
那么　那　（话）

tat⁵⁵wan³¹lă³¹phot³¹ai³³，khum³¹phoʔ³¹! 费电，别开!
电灯　　浪费　的　　别　开

谓语是 na³³ "要"、判断动词 ʒe⁵¹ "是" 的句子，常省略句尾词。例如：

ŋai³³muŋ³¹yup⁵⁵kok³¹noʔ⁵⁵kan³³sa³³kau⁵⁵na³³. 我也要赶快去寝室。
我　也　寝室　　还　快　去　掉　要

ʃi³³ko³¹tʃoŋ³¹ma³¹ kă³¹tʃa³³ʒe⁵¹.　　他是好学生。
他（话）学生　　好　　是

再看什么词类可以当主语、谓语。主语主要由名词、代词以及名词化的动词、形容词担任，谓语主要由动词、形容词担任。例如：

mă³¹ʃa³¹ni³³pha³³n³³tsu̱n³³maʔ³¹ai³³.　人们什么也不说。
人　　们 什么不 说　（尾）

ma³¹no³³ʃi³³pheʔ⁵⁵noŋ³³e³¹ kă³¹ʒum³³uʔ³¹ai³³. 麻诺经常帮助他。
麻诺　他（宾）经常　　帮助　（尾）

an⁵⁵the³³ aʔ³¹tʃin³¹phoʔ³¹khin³¹kʒai³¹ tsom³¹ ai³³. 我们的景颇服饰很美。
我们　的 景颇　　服饰　很　美　（尾）

做主语的，后面要加助词 ai³³ "的"。例如：

ŋai³³ pheʔ⁵⁵ʃă³¹ʒin⁵⁵ja³³aiʔ³¹ʃi³³tʃan⁵⁵laŋ³¹tu³¹ wa³¹sai³³.
我（宾）教　　给 的 十余　次 到（貌）（尾）
（他）教我有十多次了。

toʔ³¹ai³³kă³¹te³¹noʔ⁵⁵ŋa³¹ aʔ³¹ni⁵¹?　断的还有多少?
断　的　多少　还　有（尾）

以主语和谓语组成的主谓短语在句子中能做主语、谓语、宾语、定语，一般要加助词 ai³³ "的"。例如：

ʃi³³tʃoŋ³¹kă³¹pa³¹luŋ³¹ai³³nau³¹n³³naʔ⁵⁵ ai³³. 他上大学还不太久。
他 大学　　上（助）太 不 久（尾）

418　四　句法篇

ʃan⁵⁵the̱³³ŋai³³pheʔ⁵⁵lai³¹ka̱³¹ʃǎ³¹ʒin⁵⁵ja³¹ai³³　ʃi³³tʃan⁵⁵laŋ³¹tu³¹
他们　　我（宾）书　　教　给（助）十余　　次　到
wa³¹mǎ³³sai³³.
（貌）（尾）

他们教我读书有十几次了。

ʃi³³ko³¹n³¹kun³¹kǎ³¹pa³¹ai³³，ŋai³³ ko³¹n³¹kun³¹kǎ³¹tʃi³¹ ai³³.
他（话）力　大　　（尾）我（话）力　　小　　（尾）
他力气大，我力气小。

kǎ³¹tai³³thu⁵⁵ai³³ʒeʔ⁵⁵？　是谁织的？
谁　　织　的　是

## 2.2　宾语

能做宾语的主要是名词、代词、数量短语，有时动词、形容词也能做宾语。宾语有带宾语标志 pheʔ⁵⁵ 和不带的两种形式。例如：

lai³¹ka̱³³ ka̱³³　　　　写字　　tʃoŋ³¹luŋ³¹　　　上学
字　　写　　　　　　　　　　　学　上

mau³¹mji³¹ khai³¹　　讲故事　　wan³¹ wut³¹　　　烧火
故事　　讲　　　　　　　　　　火　　烧

mǎ³¹naŋ³³pheʔ⁵⁵ʃǎ³¹pa⁵⁵ 使朋友受累　ma³¹pheʔ⁵⁵ ʃǎ³¹tum⁵⁵ 提醒孩子
朋友　（宾）使累　　　　　　　孩子（宾）使醒

ʃi³³ pheʔ⁵⁵kǎ³¹ʒum³¹　帮助他　　ŋai³³ pheʔ⁵⁵ja³³　　给我
他（宾）帮助　　　　　　　　　　我　（宾）给

pha³³ tsu̱n³³　　　　　说什么　　kǎ³¹naŋ⁵⁵ na⁵⁵ ʒai⁵⁵ 是哪儿
什么　说　　　　　　　　　　　 哪儿　　　的　是

数量短语做宾语：

wan³³ mi³³ ʃa⁵⁵　　吃一碗　　　puk³¹ lă⁵⁵khoŋ⁵¹ja³³　给两本
碗　一　吃　　　　　　　　　本　两　给

sum⁵⁵pʒup⁵⁵lă⁵⁵khoŋ⁵¹mă³¹ʒi³³　买两串（鱼）
串　　两　　买

tiŋ³¹khʒu³³ mi³³ luʔ³¹　　　喝一筒（酒）
筒　　一　喝

动词、形容词做宾语时，必须带 ai³³ "的"。这种宾语也可看成是省略中心词的名词短语。例如：

khʒuŋ³³ai³³ʃeʔ³¹ ʒaʔ³¹　　要活的　　　khje³³ai³³ʒaʔ³¹　要红的
活　的　才　要　　　　　　　　　　　红　的　要

ʃi³³ ko³¹then³¹mat³¹ai³³n⁵⁵ʒaʔ³¹mă³³ju³³ai³³.　他不想要坏的。
他（话）坏　掉　的 不要 想　（尾）

ŋai³³koʔ³¹khʒap³¹na³³pheʔ⁵⁵khʒit³¹ŋa³¹n³¹ŋai³³.　我怕哭。
我（话）哭　要（宾）怕　（貌）（尾）

ŋai³³pheʔ⁵⁵ja³³ai³³ʃi³³ʒi³³tsuɴ³³tan⁵⁵aʔ³¹ni⁵¹？　他可说给我？
我（宾）给 的 他 可 说 （貌）（尾）

宾语大多是动作行为承受的对象。此外，宾语和动词还有其他几种关系。有的宾语是由判断动词引起的成分，表示主语的类别，如下例①、例②，有的宾语是主语所属的事物，如下例③、例④，有的宾语是动作行为产生的结果，如下例⑤、例⑥。

① ʃi³³ ko³¹ tʃoŋ³¹ma³¹ʒe⁵¹.　　　　他是学生。
　他（话）学生　是

② an⁵⁵the³³ko³¹ tʃak³¹mu⁵⁵mă³¹ʃa³¹ʒai⁵⁵kaʔ³¹ai³³.　我们是工人。
　我们（话）工人　　　是（尾）

③ ŋai³³phu⁵¹mjit³¹su⁵⁵lă⁵⁵ŋai⁵¹mi³³lu³¹ n³¹ŋai³³. 我有一个好哥哥。
   我 哥哥 好 一 一 有（尾）

④ ʃi³³ tʃiŋ³¹pho⁷³¹tʃum⁵⁵lai³¹ka³³lu³¹ sai³³.   他有了景颇语辞典。
   他 景颇 辞典 有（尾）

⑤ mă³³niŋ³³khă⁷³¹loŋ³¹lă⁵⁵ŋai⁵¹mi³³thu³¹to̠n³¹să⁵⁵ka⁷⁵⁵ai³³.
   去年 水库 一 一 挖（貌）（尾）
   去年我们挖了一个水库。

⑥ mji³¹ŋai³³ ʃă³¹kʒam³¹ka̠³³n³¹ŋai³³.      刚才我在写信。
   刚才我 信 写（尾）

宾语可以有两个，一个指人，一个指物，前者是间接宾语，后者是直接宾语。间接宾语一般在直接宾语的前面。例如：

ŋai³³ʃi³³phe⁷⁵⁵phoŋ³¹tin³³lă⁵⁵ŋai⁵¹mi³³ja³³să³³ŋai³³. 我给了他一支钢笔。
我 他（宾）钢笔 一 一 给（尾）

nu⁵¹ʃi³³phe⁷⁵⁵mau³¹mji³¹khai³¹tan⁵⁵nu⁷⁵⁵ai³³.   妈妈给他讲了故事。
妈 他（宾）故事 讲 （貌）（尾）

tiŋ³¹la³³wa³¹ko³¹kă³¹ʃa³¹ni³³phe⁷⁵⁵khoi³³tse³³khat⁵⁵ʃi³³kă³¹ʒan⁵⁵
那 老人（话）儿子 们（宾）筷子 支 十 分
ja³³mă⁵⁵nu⁷⁵⁵ai³³.
给（尾）
老人分给儿子们每人十支筷子。

如果要强调直接宾语，也可以把直接宾语调到间接宾语的前面。如上面3个句子也可以说成：

ŋai³³phoŋ³¹tin³³lă⁵⁵ŋai⁵¹mi³³ʃi³³phe⁷⁵⁵ja³³să³³ŋai³³.
我 钢笔 一 一 他（宾）给（尾）
我把一支钢笔给了他。

nu̱⁵¹ mau³¹mji³¹ʃi³³pheʔ⁵⁵khai³¹tan⁵⁵nuʔ⁵⁵ai³³.
妈妈 故事　　他（宾）讲（貌）（尾）
妈妈把故事讲给他了。

tiŋ³¹la³³ko³¹khoi³³tse³¹khat⁵⁵ʃi³³ʃi³³kǎ³¹ʃa³¹ni³³pheʔ⁵⁵kǎ³¹ʒan⁵⁵
老人（话）筷子　　支　十　十　孩子　们（宾）分

ja³³ mǎ⁵⁵nuʔ⁵⁵ai³³.
给（尾）
老人分给儿子们每人十支筷子。

## 2.3 补语

补语对动词起补充、说明的作用。补语均位于动词的后面。做动词的补语的主要是貌词、动词、形容词，少数副词也能做动词的补语。动词与补语之间不加助词。

貌词做补语的数量较多，表示的意义比较广泛，能表示各种比较复杂的意义。貌词补充说明动作行为的状态、性质、结果、程度等。例如：

| joŋ³³khʒat³¹ | 淌下来 | kǎ³¹lo³³paŋ³³ | 开始做 |
| 淌　下来 | | 做　放 | |
| tsu̱n³³tan⁵⁵ | 告诉 | ʃa⁵⁵kau⁵⁵ | 吃掉 |
| 说　给看 | | 吃　掉 | |
| tu³¹ju³³ | 到过 | tsu̱n³³ta⁵⁵ | 说好 |
| 到　过 | | 说　搁 | |

动词做补语的主要是使动词，补语表示动作行为的结果。例如：

kǎ³¹lo³³ʃǎ³¹ʒai⁵⁵　　纠正　　　　kǎ³¹jat³¹tʃǎ³¹then³¹　　打坏
做　使正　　　　　　　　　　　　打　使坏

kǎ³¹wut³¹ʃǎ³¹tʃi⁷⁵⁵ 吹着　　　　kǎ³¹mai³³tʃǎ³¹phʒiŋ⁵⁵ 舀满
吹　使燃　　　　　　　舀　使满

sat³¹ ʃǎ³¹mjit⁵⁵ 消灭　　　kǎ³¹lo³³ʃǎ³¹kʒe⁷⁵⁵ 做完
杀　使尽　　　　　　　做　使完

形容词做补语的，表示动作行为的状态。例如：

tu³³tsom³¹　　　长得漂亮　　ʃa⁵⁵ khʒu⁵⁵　　　　吃饱
长　美丽　　　　　　　　吃　饱

ka³³ ʃut⁵⁵　　　写错　　　　tsun̩³³ ma⁷⁵⁵　　　说完
写　错　　　　　　　　　说　完

副词做补语：

tsun̩³³ tik³¹　　　说到头　　　sa³³ mǎ³¹kaŋ³³　　　先去
说　极　　　　　　　　　去　先

## 2.4 状语

状语都在动词、形容词之前，表示动作行为、性质状态的程度、方式、范围、处所、时间、工具等。做状语的有状词、副词、形容词、动词、数量短语、代词、名词等。

状词做状语主要表示动作行为的状态、程度、范围。二者之间要加属于虚化的泛指动词 ti³³、ʒai³¹、ŋa³³、ŋu⁵⁵。例如：

n³¹thi⁵⁵n³¹thaŋ⁵⁵ ti³³thi⁵⁵n³¹na⁵⁵ʃe⁷³¹tʃe³³n³¹ŋai³³.
反反复复　（泛）读 之后　才　懂（尾）
我反反复复地读了之后才懂。

ʃan⁵⁵n⁵⁵ti⁵⁵n⁵⁵kha⁷⁵⁵ʒai³¹tso⁷⁵⁵ʒa⁷³¹khat⁵⁵ma⁷³¹ai³³.
他俩永不分离地　（泛）爱　相　（尾）
他俩相亲相爱永不分离。

nau³¹ʃa⁵⁵n³¹na⁵⁵mă³¹eŋ³³mă³¹aŋ³³ŋa³³mat³¹ni⁽ʔ⁾⁵⁵ai³³.
太　吃　之后　倒胃口　　　　（泛）（貌）（尾）
我吃得太多，感到倒胃口了。

副词做状语的，主要表示动作行为的程度、范围、时间、否定、语气等。例如：

kʒai³¹ ʃa̠³¹kut³¹　　很努力　　　tʃo̠m⁵⁵ kă³¹lo³³　共同做
很　努力　　　　　　　　　　共同　做

tut⁵⁵no̠ŋ³³mă³¹su̠⁽ʔ⁾³¹　经常骗　　ʃo̠ŋ³³ka³³　　先写
经常　骗　　　　　　　　　　先　写

mji³¹ ja³³　　刚才给　　　　lau³³ khom³³　赶快走
刚才　给　　　　　　　　　　赶快　走

n³³ tʃe̠³³　　不知　　　　　khum³¹khʒap³¹　不要哭
不　知　　　　　　　　　　　不要　哭

形容词做状语的，常见的是重叠式和后加貌词 khʒa³¹ "直到……为止"两种形式。加 khʒa³¹ 的形容词，具有动词的特点。例如：

lo⁽ʔ⁾⁵⁵lo⁽ʔ⁾⁵⁵ʃa⁵⁵　多多地吃　　khʒu⁵⁵khʒu⁵⁵ʃa⁵⁵　饱饱地吃
多 多　吃　　　　　　　　　　饱 饱　吃

mji⁽ʔ⁾³¹man³³khje³³khje³³ʒai³¹wa³¹sai³¹. 脸慢慢地红起来了。
脸　　红　　红（泛）（貌）（尾）

tʃe³³ khʒa³¹ ʃa̠³¹ʒin⁵⁵ 教到会
会　（貌）教

动词做状语的，除了修饰泛指动词外，一般不重叠。例如：

kă³¹thap³¹thi⁵⁵　重复读　　khan⁵⁵kă³¹lo³³　跟着做
重复　读　　　　　　　　　　跟　做

khʒap³¹tsu̠n³³　哭着说　　sa³³sa³³ʒai³¹　老去
哭　说　　　　　　　　　　去 去（泛）

ji³¹nam³³ʃaŋ³¹tʃaŋ³³, mǎ³¹ʒaŋ³³thu̠²³¹thu̠²³¹ ʒai³¹wa³¹ai³³.
雨季　进　的话　雨　　　下　　下 （泛）（貌）（尾）
进入雨季的话经常下雨。

naŋ³³ka̠³³ka̠³³ ti³³　u̠²³¹!　　　　　你多写吧!
你　写　写（泛）（句）

数量短语做状语的，例如：

laŋ³³mi³³tsu̠n³³　说一次　　lǎ⁵⁵khoŋ⁵¹laŋ³¹thi⁵⁵ 读两次
次　一　说　　　　　　　二　　次　读

kʒu̠²⁵⁵ja²⁵⁵kǎ³¹lo³³ 做六天　　lǎ³¹ni⁵⁵mi̠³³jup⁵⁵ 睡一天
六　天　做　　　　　　天　一　睡

代词做状语的，要先带泛指动词 ti³³、ʒai³¹、ŋa³³、ŋu⁵⁵。例如：

kǎ³¹niŋ³¹ti³³kǎ³¹lo³³ 怎么做　　kǎ³¹niŋ³¹ ŋa³³tsu̠n³³ 怎么说
怎么（泛）做　　　　　　怎么（泛）说

niŋ⁵¹ti³³kǎ³¹lo³³ 这样做　　niŋ⁵¹ŋu⁵⁵tsu̠n³³ 这样说
这样（泛）做　　　　　　这样（泛）说

疑问代词能做状语的如：

kǎ³¹loi⁵⁵ sa³³　　　何时去　　kǎ³¹loi⁵⁵ tsu̠n³³　何时说
何时　去　　　　　　　　何时　说

如果表示"以何方式"义时，要加关系助词 the²³¹ "以" 连接。例如：

pha³³the²³¹kǎ³¹toi³¹ 用什么割　pha³³the²³¹kǎ³¹jat³¹ 用什么打
什么（关）割　　　　　　什么（关）打

名词做状语时，表示动作行为的范围、处所、时间、工具等。如果表示动作行为的存在，要在名词后加 e³¹ 或 ko²⁵⁵，如下例①、例②。如果表示动作行为发展的方向，要在名词后面加 te²³¹，如下例③。如果表示动作行为活动的起点，要加 ko²⁵⁵n³¹na⁵⁵ 或 n³¹na⁵⁵，如下例

④。如果表示动作行为的起讫地点，要在两个地点后加 ko⁷⁵⁵n³¹na⁵⁵…tu³¹khʐa³¹，如例 ⑤。表示工具的要加 the⁷³¹ 例 ⑥。例如：

① ʃi³³tʃoŋ³¹ e³¹ ŋa³¹ ai³³. 他在学校里。
   他 学校（方）（貌）（尾）

② sǎ³¹ʒa³³tʃoŋ³¹kok³¹ko̥⁵⁵ŋa³¹ ai³³. 老师在教室里。
   老师 教室 （方）（貌）（尾）

③ naŋ³³kat⁵⁵te⁷³¹sa³³su⁷³¹！ 你上街去吧！
   你 街（方）去（尾）

④ khun⁵⁵mjin³¹ko⁷⁵⁵n³¹na⁵⁵mo³³to³³kǎ³¹lai⁵⁵tʃoŋ³¹ka⁷³¹!
   昆明 从 之后 汽车 换 坐（尾）
   从昆明起换坐汽车吧！

⑤ ʃi³³pe³¹kjin³¹ko⁷⁵⁵n³¹na⁵⁵koŋ⁵⁵tʃu³³tu³¹khʐa³¹khǎ³¹ʒaŋ³¹leŋ³¹
   他北京 从 之后 广州 到（貌）火车
   tʃoŋ³¹ ai³³.
   坐（尾）
   他从北京到广州是坐火车的。

⑥ ʃan⁵⁵the³³ko³¹ʒi³¹n³¹thu³³the⁷³¹kǎ³¹sat⁵⁵ma⁷³¹ ai³³.
   他们 （话）矛刀 用 战斗（尾）
   他们是用刀矛进行战斗的。

## 2.5 定语

定语从性质状态等方面修饰名词。定语的语序有前有后。居后的，大多是单一的或简单的定语，紧连中心语；居前的，大多是多个的、复杂的（包括重叠式）定语，要加 ai³³ "的"或 na³³ "要"。例如：

khai⁵⁵puŋ³¹li³¹ko³¹kʒai³¹a³¹khjak³¹ai³³a³¹mu⁵⁵ ʒe⁵¹.
农业　　（话）很　重要　　的　　工作 是
农业是很重要的工作。

tai³¹niŋ³³ʃa⁵⁵na³³tʃã³¹ʒik³¹khjen⁵⁵toŋ³¹sã⁵⁵ni⁵¹？
今年　吃 要 口粮　准备　好（尾）
今年吃的口粮你准备好了吗？

n̩³³tai³³ko³¹tai³¹ni⁵⁵ʃa⁵⁵na³³ʃat³¹ʒe⁵¹. 这是今天的饭。
这　（话）今天　吃 要 饭　是

n̩³³tai³³ko̥ʔ⁵⁵ko³¹a³¹ju⁵⁵pheʔ⁵⁵n³³moi⁵⁵ʃã³¹mjit⁵⁵ai³³ʒã³¹ʒa³¹ʒe⁵¹.
这 里　　（话）鼠（宾）消灭　　　　的 地方　是
这里是消灭老鼠的地方。

tai³³ko̥ʔ⁵⁵tsi̠t³¹lã³¹li³¹tsom³¹ai³³pum³¹pa³³lã³¹jaŋ³³khʒai³³
那里　　绿油的　美丽 的　山　坝子　　全
thep⁵⁵ ʒai³¹　ŋa³¹　ai³³.
满满（泛）（貌）（尾）
那里布满了绿油油的美丽的山和坝子。

naŋ³³ʒa³¹　ai³³puŋ³¹li³¹ʃeʔ³¹kã³¹lo³³uʔ³¹！你就做你需要的活儿吧！
你　需要的 活儿　才 做　（尾）

phu⁵¹phã³³kã³³kã³¹lo³³ai³³ni³³niŋ³³tu³¹sai³³. 哥哥做生意已两年了。
哥哥生意　做　的 两 年 到（尾）

# 3 几种句式及其类型学特征

用亲属语言的特点来反观景颇语，能够看到景颇语的一些句式具有不同于其他语言的特点。这些特点，都带有类型学的烙印。揭示景颇语这些句式的类型学特点，有助于景颇语乃至汉藏语语法的研究。

## 3.1 景颇语的话题

话题（又称主题），是语法研究中的一个重要概念，已成为这些年语法研究的热门话题。汉藏语系语言中，有许多语言是话题性语言，景颇语就是其中的一种。景颇语的话题有强制性的标记，使用频率很高，与其他结构有密切制约关系。深入认识景颇语的话题特点，具有一定的语言学理论价值。

### 3.1.1 景颇语是话题句语言

景颇语的句子为了突出话题，使用"话题+述题"的句子结构。话题在句子的前部，述题在句子的后部。话题的后面加上话题助词 $ko^{31}$，构成话题结构。$ko^{31}$ 是话题的标志，在景颇语中是个高频率的助词。$ko^{31}$ 不但显示话题，强调话题，而且还对话题与述题起间隔作用。先看下面的两个话题句：

ŋai³³ko³¹kǎ³¹phu³¹ʒai⁵⁵ŋa³¹n³¹ŋai³³.　　　我是哥哥。
我（话）哥哥　　是（貌）（尾）

n³³tai³³lam³³pheʔ⁵⁵koʳ³¹kă³¹tai³¹muŋ³¹tʃe³³sai³³. 这事谁都知道了。
这　　事　（宾）(话)谁　　也　　知道（尾）

tai³¹ni⁵⁵koʳ³¹ŋai³³n³³sa³³niʔ⁵⁵ai³³.　　　　　今天我不去。
今天（话）我　不去（尾）

从话题与句子成分的关系上看，话题可以是主语，也可以是宾语、状语。也就是说，主语、宾语、状语在句子中都能被强调当话题使用，而定语、补语则不能当话题。例如：

话题是主语的：

n³³tai³³phun⁵⁵koʳ³¹sum³³wum³³phun⁵⁵ʒai⁵⁵ŋa³¹ai³³.　这树是桃树。
这　　树　（话）桃　　　树　是（貌）(尾)

ti̯ʔ⁵⁵naŋ²³ʃut⁵⁵ai³³koʳ³¹ti̯ʔ⁵⁵naŋ³³kham³¹la⁵⁵ʒaʔ³¹ai³³.
自己　　错　的（话）自己　　负责（貌）要（尾）
自己的错自己负责。

话题是宾语的：

u³¹n³³tai³³ pheʔ⁵⁵ koʳ³¹　　n⁵⁵ kap̣³¹ kau̯⁵⁵ jaŋ³¹ n³³ mai³³ sai³³.
鸟　这（宾助）(话助)不　打　　掉　的话 不　行（句助）
这鸟不打掉不行了。

tʃoŋ³¹ma³¹pheʔ⁵⁵koʳ³¹mjit³¹kă³¹lu³¹ai³³theʔ³¹ʃă³¹ʒin⁵⁵ʒaʔ³¹kaʔ³¹ai³³.
学生　（宾）(话)耐心　　的 以　教育　要（尾）
（我们）对学生要耐心教育。

话题是状语的：

phot⁵⁵ni⁵⁵koʳ³¹kă³¹niŋ³¹ʒai³¹tịm⁵¹n³¹pa⁵⁵taʔ³¹să³³na³³ niʔ⁵⁵ai³³.
明　天（话）怎么　　的话 毯子　　织　就要　（尾）
（我）明天无论如何要织毯子。

kat⁵⁵ teʔ³¹ koʳ³¹ n³³sa³³ n³¹ŋai³³. 街上（我）不去。
街　（方）(话)不 去（尾）

话题助词还可用在主语与谓语相同的句子里。例如：

kă⁵⁵khum⁵¹ko³¹kă⁵⁵khum⁵¹, n³³kjin³³ko³¹n³³kjin³³.
南瓜　　（话）南瓜　　　黄瓜　（话）黄瓜
南瓜是南瓜，黄瓜是黄瓜。

景颇语的判断句常在主语后加话题助词，以强调主语话题。例如：

ʃi³³ ko³¹ să³¹ʒa³³ʒai⁵⁵ŋa³¹ai³³.　　　　他是老师。
他（话）老师　是（貌）（尾）

n³³tai³³n⁵⁵ta⁵¹ko³¹n³¹nan³³kă³¹lo³³ai³³ʒe⁵¹. 这房子是新盖的。
这　房子（话）新　　做　　的　是

话题助词 ko³¹ 还可以使用在省略谓语的疑问句里，带有疑问语气。例如：

ʃă³¹ni⁵⁵ʃat³¹the⁽³¹⁾ʃă³¹na⁽⁵⁵⁾ʃat³¹ko³¹？　午饭和晚饭呢？
午饭　　和　晚饭　　（话）

tʃi⁽³¹⁾kʒoŋ³¹phe⁽⁵⁵⁾ko³¹？　　　　蚊子呢？
蚊子　（宾）（话）

tai³³ ko³¹？　　　　　　　　那儿呢？
那（话）

此外，条件复句的前一分句（表条件的）也可以做话题，并在分句末尾加上话题助词 ko³¹，条件可以是假设的，也可以是已成事实的。条件分句后要加关联词语 tʃaŋ³³ "的话"、jaŋ³¹ "的话"。这种用法，是说话人在认知上把提出条件的分句当成复句的话题，认为条件分句是一句话的话题所在。例如：

naŋ³³lă⁵⁵khum⁵¹tha⁽³¹⁾n³³kam³³tuŋ³³jaŋ³¹ko³¹, ʃi³³phe⁽⁵⁵⁾
你　凳子　　上　不愿　坐　的话（话）他（宾）

ʃă³¹tun⁵⁵kau⁵⁵u⁽³¹⁾！
使坐（貌）（尾）

你不愿坐凳子的话，让他坐吧！

ʃi³³lu³¹sǎ⁵⁵jaŋ³¹ko³¹ ŋai³³pheʔ⁵⁵pai⁵⁵n³¹thaŋ⁵⁵ja³³niʔ³¹kaʔ³¹!
他 有 的话 （话）我（宾）再 还 给（尾）
他有的话再还给我!

话题常用在对比复句上。两个分句的话题后都要加助词 ko³¹。例如：

ŋai³³ko³¹ma³¹kam³³ʒe⁵¹, ʃi³³ko³¹ma³¹no³³ʒe⁵¹. 我是老大，他是老二。
我（话）老大 是 他（话）老二 是

n³³tai³³ko³¹ŋje⁵⁵ aʔ³¹ ʒe⁵¹, wo⁵⁵ʒa³¹ ko³¹ ʃiʔ⁵⁵ aʔ³¹ ʒe⁵¹.
这（话）我的 的 是 那 （话助）他的 的 是
这是我的，那是他的。

lǎ⁵⁵ŋai⁵¹ŋai³¹ko³¹ kǎ³¹tʃa³³ai³³, lǎ⁵⁵ŋai⁵¹ŋai³¹ko³¹n⁵⁵kǎ³¹tʃa³³ai³³.
一 （叠）（话）好 （尾） 一 （叠）（话）不 好（尾）
有些好，有些不好。

话题的作用主要是突出、强调主题。景颇语重叠式的作用之一是表示强调，因而表强调的重叠式若在句首当主语时常加话题助词 ko³¹。例如：

tai³¹niŋ³³niŋ³³ko³¹mam³³kʒai³¹lu³¹na³³ sai³³. 今年谷子能丰收了。
今年 （叠）（话）谷子 很 有 要（尾）

joŋ³¹ joŋ³¹ ko³¹ n⁵⁵taŋ⁵¹mǎʒi³³n³¹ŋai³³. 全部（我）买不了。
全部（叠）（话）不 胜任买 （尾）

phai³³phai³³ ko³¹ʃi³³lu³¹ phai³³ ai³³. 论抬，他能抬。
抬 （叠）（话）他 能 抬 （尾）

ʃi³³ pheʔ⁵⁵jaʔ³³jaʔ³³ ko³¹ n³³jaʔ³³naʔ³³niʔ⁵⁵ai³³.
他 （宾）给（叠）（话）不 给 要（尾）
关于给不给他，（我）不给了。

一个句子一般只有一个话题，只用一个话题助词。但也有少量层次较多的句子，则有两个话题，同时使用两个话题助词。居前的，可称"主话题"；居后的，可称"次话题"。例如：

naŋ³³ko³¹ti̯ʔ⁵⁵naŋ³³a³¹puŋ³¹li³¹ko³¹n⁵⁵kǎ³¹lo³³ai³³.
你（话）自己　的  活儿（话）不做　（尾）
你啊，自己的活儿不做。

mǎ³¹kui³³ko³¹ʃu³¹kʒet³¹ʃǎ³¹ka⁵⁵ai³³ko̯ʔ⁵⁵ko³¹kǎ³¹niŋ³¹ŋa³³tim⁵¹kha³¹
大象（话助）青蛙　　叫　　的（方）(话) 怎么（泛）也　水
ŋa³¹aŋ³¹ai³³ŋa³³mjit³¹ ai³³.
在　该　的（貌）想　（尾）
大象想青蛙在的地方无论如何也会有水的。

ʒai⁵⁵ tim⁵¹naŋ³³ko³¹ŋai³³pheʔ⁵⁵tsoʔ⁵⁵ʒa³¹mǎ³¹sin³¹mǎ³¹tʃiʔ⁵⁵mjit³¹
但是　　你（话）我（宾）爱　　心　　痛　　思想
n⁵⁵mǎ³¹tun⁵⁵n³¹tai³³ tha³¹n⁵⁵ka⁵⁵, tʃe³¹naʔ⁵⁵tʃe³¹ko³¹mjit³¹mǎ³¹kǎ⁵⁵ka³¹
不表示　（尾）不仅　　越　久　越（话）心　边
ʒan⁵⁵na³³a³¹mu⁵⁵khʒai³³kǎ³¹lo³³n³¹tai³³.
分开　要事　　尽　做　（尾）
但是你不仅不爱我，时间一久还尽做要与我分手的事。

### 3.1.2 景颇语的话题与主语不同

由于话题是一句话的主题，陈述的对象，与主语有些相同的特点，因而话题助词也很容易被认为是主语助词。实际上，话题和主语无论是在语义上还是在语法上都各有自己的特点，应视为不同的语法范畴。二者的区别主要有：

（1）话题和主语各有自己的语法标记。话题的语法标记是后加 ko³¹，指示前面的部分是句子的主题；而主语的语法标记是居于句末的句尾词。景颇语的句尾词是一类独立的虚词，它用在谓语之后能表示主语、宾语的人称、数，从而指明句中哪个是主语，哪个是宾语。如果要强调话题，还能在句首的句子成分之后再加话题助词 ko$^{31}$。在强调话题的句子里，话题助词与表示主语的句尾词共存于一个句子中。下面是第一人称单数叙述式句尾词指明主语并兼有话题助词的一组句子：

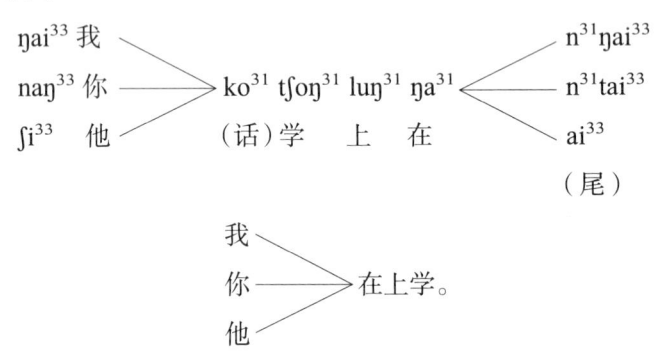

ŋai$^{33}$ 我　　　　　　　　　　　　　　　　n$^{31}$ŋai$^{33}$
naŋ$^{33}$ 你　→　ko$^{31}$ tʃoŋ$^{31}$ luŋ$^{31}$ ŋa$^{31}$　←　n$^{31}$tai$^{33}$
ʃi$^{33}$ 他　　　（话）学　上　在　　　　　ai$^{33}$
　　　　　　　　　　　　　　　　　　　　　（尾）

我
你　→　在上学。
他

句尾词在一部分句子中还能指示宾语或主语、宾语的领属者的人称、数。以第一人称主语、第二、第三人称宾语的句子为例：

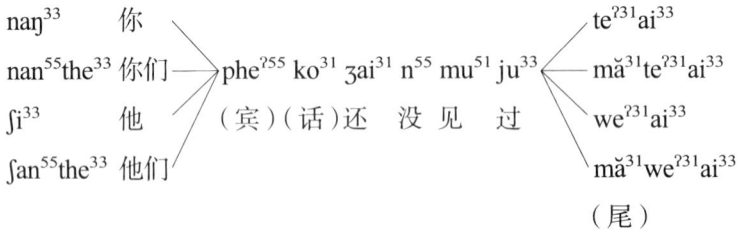

naŋ$^{33}$　你　　　　　　　　　　　　　　　te$^{ʔ31}$ai$^{33}$
nan$^{55}$the$^{33}$ 你们 → phe$^{ʔ55}$ ko$^{31}$ ʒai$^{31}$ n$^{55}$ mu$^{51}$ ju$^{33}$ ← mǎ$^{31}$te$^{ʔ31}$ai$^{33}$
ʃi$^{33}$　他　　　　（宾）（话）还　没　见　过　　we$^{ʔ31}$ai$^{33}$
ʃan$^{55}$the$^{33}$ 他们　　　　　　　　　　　　　　mǎ$^{31}$we$^{ʔ31}$ai$^{33}$
　　　　　　　　　　　　　　　　　　　　　　　　　（尾）

你。
（我）还没见过 ← 你们。
他。
他们。

再以带领属者的各人称主语为例，句尾词指示的是领属者的人称、数。

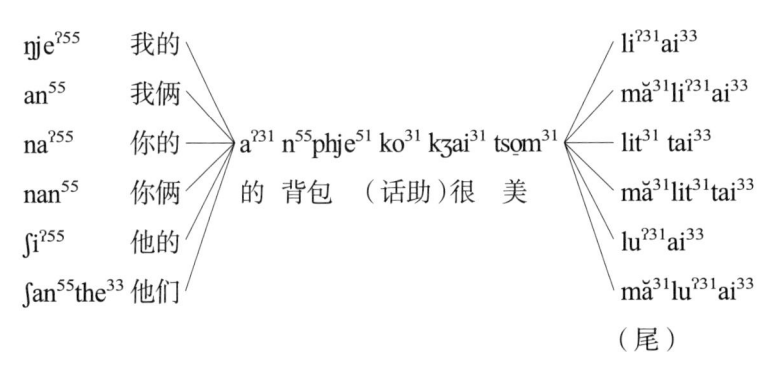

3　几种句式及其类型学特征　　433

ŋje⁷⁵⁵　我的　　　　　　　　　　　　　li⁷³¹ai³³
an⁵⁵　我俩　　　　　　　　　　　　　mǎ³¹li⁷³¹ai³³
na⁷⁵⁵　你的　　a⁷³¹ n⁵⁵phje⁵¹ ko³¹ kʒai³¹ tsǫm³¹　　lit³¹ tai³³
nan⁵⁵　你俩　　　的　背包　（话助）很　美　　　mǎ³¹lit³¹tai³³
ʃi⁷⁵⁵　他的　　　　　　　　　　　　　lu⁷³¹ai³³
ʃan⁵⁵the³³　他们　　　　　　　　　　　mǎ³¹lu⁷³¹ai³³
　　　　　　　　　　　　　　　　　　（尾）

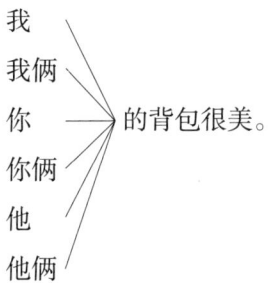

我
我俩
你
你俩　　　的背包很美。
他
他俩

状语有方位词或关系助词作为标志。例如：

ʃi³³n⁵⁵ta̠⁵¹ko⁷⁵⁵ŋa³¹ai³³ .　　　　他在家。
他　家　（方）在（尾）

an⁵⁵the³³tʃoŋ³¹　te⁷³¹　sa³³　ka⁷³¹！　　我们去学校吧！
我们　　学校（方）　去（尾）

niŋ³¹wa³³ the⁷³¹ phun⁵⁵ tha⁷³¹ u⁷³¹！（你）用斧头砍柴吧！
斧头　（助）柴　　砍　（尾）

定语在有的条件下也以关系助词作为标志。其中，表示领属、时间、地点的定语一般要加关系助词。例如：

an⁵⁵the³³ a⁷³¹ tʃoŋ³¹　　　　　我们的学校
我们　　的　学校

sǎ³¹ʒa³³ a⁷³¹ lai³¹ka³³　　　　老师的书
老师　　的　书

tai³¹na⁷⁵⁵ na⁵⁵ tsup³¹phoŋ³¹　　　　今晚的会议
今晚　　的　会议

可见，景颇语的句子成分都有自己的语法标志。主语的标志有别于话题的标志。

（2）句子成分能够当话题的有主语、宾语、状语，所以话题与主语并不等同。话题的范围大，除了主语当话题外，宾语、状语也能当话题。而主语只有当它需要突出成为话题时，才具有话题身份，这时它既是主语又是话题。

（3）在句子中主语能省略，而话题不能省略。这是因为话题是一句中强调的对象，在句中必须有个位置，不能缺少；而主语因为有句尾词指明，可以缺位。当人称代词做主语、宾语时，均可省略，而且习惯省略。例如：

n³³ʒau³³tim⁵¹kǎ³¹laŋ³¹mi³³sa³³so²³¹mǎ³¹ʒin³¹tai³³ko³¹, sa³³na³³n³¹ŋai³³.
没空　即使　次　一　来　约（尾）　　（话）去（貌）（尾）
（你们）已来约过一次，（我）即使没空也要去。

tu³¹ʒiŋ³¹ŋai³³, tsup³¹phoŋ³¹phoŋ³¹sǎ⁵⁵ka²⁵⁵!
到（尾）　　会　开　　　（尾）
（我）到了，（我们）开会吧！

pha³³tsun³³ʒa²³¹jaŋ³¹muŋ³¹ja²⁵⁵tsun³³ni²⁵⁵!
什么 说　要　的话 也　现在 说（尾）
（你）要对（我）说什么的话现在就说吧！

ŋai³³kǎ³¹lo³³we²³¹ka²³¹!　　我替（他）做!
我　做　　（尾）

指示主语、宾语的句尾词位于句末，即使主语、宾语省略了，它还能依附谓语之后而存在。而话题助词则是紧跟在话题之后，若省略了话题，话题助词就缺少了依附物。

（4）从句子的位置看，话题结构只有一种格式，即话题在前、述题在后。而句子成分的位置是多样的：主语一般在句首，在宾语之前，但也可在宾语之后；宾语一般在主语之后，但也可提到主语之前。前者是"不可移动的"，而后者则是"可移动的"。语序这一广义的语法标记，在话题结构上的表现是有限的，不灵活的，而句子成分则有一定的灵活性。例如：

主语在句首：

tai³¹ niŋ³³ na⁵⁵ khai⁵⁵ n⁵⁵ mai⁵¹ko³¹ kʒai³¹ kǎ³¹tʃa³³ai³³.
今　年　的　庄稼　　　（话）很　好　（尾）
今年的庄稼很好。

宾语在句首：

a³¹ma³¹ ni³³ pheʔ⁵⁵ koʔ³¹ loʔ⁵⁵ loʔ⁵⁵ kǎʔ³¹ʒum³³ ʒaʔ³¹ kaʔ³¹ai³³.
孩子　们（宾助）（话）多　多　帮助　　要　（尾）
（我们）要多帮助孩子们。

状语在句首：

tai³¹ni⁵⁵ ŋai³³ n³³ sa³³ n³¹ŋai³³. 今天我不去。
今天　我　不去　（尾）

（5）景颇语话题的范围应当怎样划定？景颇语句子居于句首的主题，从有无标志上可分为两类。一类是带 ko³¹ 标志的。这类句子的话题带有明显的强调意义，视为话题不成问题。另一类是不带 ko³¹ 标志的。这类句子的主题，话题意义较弱，若要视为话题，可称之为"无标记话题"。考虑到这类不带标志的主题，其特点与主语大致相同，可以不认为是话题。基于这一认识，景颇语话题和主语在句中出现的情况可归纳为下面四种：

　　　　话题　主语
1　　　 ＋　　 ＋

2　　　+　　　－
3　　　－　　　+
4　　　－　　　－

例句：

1) ŋai³³ko³¹mu³¹wa³¹muŋ⁵⁵na⁵⁵ mǎ³¹ʃa³¹ʒe⁵¹.　我是中国人。
　　我（话）中国　　　　的　人　是

2) ʃi³³ phe⁵⁵ko³¹n³³ kam̥⁵¹n³¹ŋai³³.　　　（我）不相信他。
　　他（宾）（话）不 相信（尾）

3) ŋai³³ʃat³¹ʃa⁵⁵ŋa³¹n³¹ŋai³³　　　　　我在吃饭.
　　我 饭 吃 在 （尾）

4) kat⁵⁵ sa³³ wa³¹ sai³³.　　　　　　　他上街去了。
　　街　上（貌）（尾）

### 3.1.3 话题句小结

综上所述，景颇语话题句的共时特点主要有以下几个：

（1）景颇语是一种具有话题结构的语言。话题结构（由话题和述题组成）与句子成分结构（由主语、宾语等句子成分组成）虽有部分交叉，但是属不同的语法结构，所表示的语法关系属于不同的语法范畴。

（2）话题结构与句子成分结构在语法意义、语法形式上都有不同的特点。在语法意义上，话题结构注重话题，突出话题，以话题作为句子的中心。严格地说，话题结构是一种"语用语法范畴"，是适应语用的需要而产生的句法模式。而句子成分结构则注重句子成分的搭配，句子的构造，要求句子成分按句法规则构成句子。句子成分结构是以谓语为中心的，其他成分可以省略，但谓语一般不能省略。在语法形式上，二者各有自己的特征。话题的标记是话题助词 ko³¹，紧跟在话题的后面；主语、宾语的标记是位于谓语之后的句尾词；宾语还有一个位于宾语之后的宾语助词 phe$^{?55}$ 作为标记；状语的标记有方位词（一定程度虚化）ko$^{?55}$、te$^{231}$、e$^{31}$ 等。话题的语序为"不可移动性"的，只能是话题在前，述题在后；而句子成分结构的语序则具有"可移动性"的特点，它能借助关系助词或方位词的帮助改变语序，如宾语可以提到主语之前，状语可以提到主语前，定语可以提到中心语前等。

（3）话题结构和句子成分结构在景颇语里是两个独立的系统，各有各的作用，不存在哪个优先，哪个是主体。景颇人在组词造句时，同时使用这两个系统，达到既能突出话题又能组词造句的目的。可以说，景颇语是一种话题结构与句子成分结构并重的语言。这两个不同的系统在语用中融为一体使用。当主语处于话题位置又需要强调时，主语与话题出现叠合，但各有自己的功能。

（4）景颇语句子成分的划分，属于句子成分结构的语法分析，不包括话题结构，因而应避免话题结构的干扰。能做话题的，不一定都是主语，因为宾语、状语也能做话题。受动者当话题使用时，是宾语而不是主语；状语当话题使用时，也不是主语。区分话题结构与句子成分结构，会给句子成分的划分带来一些方便。

（5）景颇语的话题与汉语相比，二者既有共性，又有差异。共性是：二者都有话题结构，话题结构均由话题加述题组成。差异主要是：景颇语的话题结构也好，句子成分也好，一般都有其显性的语法标记；而汉语则相对缺乏。因而，对话题的性质、特点的定位，以及对话题分析应采取什么方法，景颇语与汉语应当有所不同。比如：汉语的受动者处于话题位置时，一般认为看成主语为好，因为汉语缺少形态变化，确定句子成分时语序也是一个重要标准。而景颇语的受动者即便处于话题位置，但句尾词的形态变化则指明受动者是宾语。句尾词与主语、宾语在人称、数上的"一致关系",成为确认主语、宾语的主要依据。汉语是一种分析特点很强的语言,语法上的许多特点是隐性的;而景颇语虽也以分析特点为主,但有不少屈折特点,有许多语法特点是显性的。语言类型的差异使得语法关系、语法形式、语法意义出现不同的特点。景颇语与汉语在话题上呈现出的各种不同特征,是由二者语言类型的不同特点决定的。所以我认为,研究语言,必须把握语言类型的特点,以语言类型特点梳理、解释各种语法现象。

## 3.2 景颇语的"NP + $e^{31}$"式

景颇语的"NP + $e^{31}$"式虽用来对译汉语的被动义,但在语法形式、语法意义上与汉语的被字式相比,特点很不同。现主要从共时角度分析景颇语"NP + $e^{31}$"式的语义、语法及语用特点。

### 3.2.1 "NP + $e^{31}$"式的特点

"NP + $e^{31}$"式是由名词(或代词)与 $e^{31}$ 组成的名词性短语。名词性短语在前,$e^{31}$ 在后。二者结合一起做句子成分。要认识"NP + $e^{31}$"式的语义、句法功能,必须着重分析 $e^{31}$ 的特点。

(1)$e^{31}$ 是个虚词,没有实词意义,也看不出有来自动词或别的实词的迹象。它总是放在名词、代词或由名词、代词组成的短语的后面,译为汉语时大多译为"被……"。如下例1)的 $kă^{31}na^{33}e^{31}$ "(被)姐姐"和例2)$ŋai^{33}e^{31}$"(被)我"都是"NP + $e^{31}$"式。在景颇语的词类系统中,$e^{31}$ 与其他的宾语助词 $phe^{ʔ55}$、定语助词 $ai^{33}$ 等在主要语法特点上相同,共属于关系助词类(也可称"格助词")。例如:

1）ŋai³³kǎ³¹na ³³e³¹ tǎ³¹ʒu³³ʃǎ³¹ʒin⁵⁵ja³³ sai³³. 我被姐姐批评了。
　　我　姐姐　（施）批评　　　　　给（尾）
2）nam³¹si³¹ŋai³³ e³¹ ʃa⁵⁵kau⁵⁵sǎ³³ŋai³³.　　水果被我吃了。
　　水果　我（施）吃掉　（尾）

（2）e³¹ 在名词或名词性短语之后指明前面的成分是谓语的施动者，即是发出动作的主体。例1）的 tǎ³¹ʒu³³ʃǎ³¹ʒin⁵⁵ "批评"，是由 kǎ³¹na³³ "姐姐" 发出的；例2）的 ʃa⁵⁵ "吃"，是由 ŋai³³ "我" 发出的。在过去已出版的景颇语语法论著中，都将 e³¹ 看成是表示主动者的助词。但由于它的作用主要是强调指明前面的成分是施事者，所以可称为施动助词。

（3）"NP + e³¹" 式结构，除了主要表示施动关系外，在一些条件下还有微弱的被动义，即强调这个动作是被这个主体发出的。e³¹ 的被动义，是在受事宾语居前、施事主语居后的条件下产生的。如下面两个语序相同、结构相似的句子，例3）有 e³¹，例4）没有，其基本意义相同，不同的是带 e³¹ 的句子多了强调施事者的意义。

3）ŋai³³phe⁽⁵⁵ʃi³³kǎ³¹jat³¹kau⁵⁵toŋ³¹ nuʔ⁵⁵ai³³.　　他打我了。
　　我（宾）他打　　（貌）（貌）（尾）
4）ŋai³³phe⁽⁵⁵ʃi³³e³¹ kǎ³¹jat³¹kau⁵⁵toŋ³¹nuʔ⁵⁵ai³³.　　我被他打了。
　　我（宾）他（施）打　（貌）（貌）（尾）

（4）"NP + e³¹" 式在句子中均当主语，这一点不同于汉语。景颇语句子中哪个是主语，能由句子末尾的句尾词指明，而不受主语处在什么位置限制。这是因为景颇语的句尾词含有形态变化，能通过形态变化与主语（有的还与宾语）的人称、数保持一致，起到指明主语（或宾语）的作用。这就是说，景颇语的主语在句中是有标志的。在省略主语或宾语的句子里，从句尾词上也能看出主语（或宾语）是什么人称、数。句尾助词所指示的主语，在动词谓语句里一般是句子中的施动者，因而景颇语的"NP + e³¹"在句中一般是主语。如例1）的句尾词 sai³³，表示的主语是第三人称单数，即是 kǎ³¹na³³ "姐姐"的人称、数；例2）的句尾词 sǎ³³ŋai³³ 表示的主语是第一人称单数，即 ŋai³³ "我"的人称、数；例3）、例4）的句尾词 nu⁷⁵⁵ ai³³ 表示的主语是第三人称单数，宾语是第一人称单数。

（5）从语序上看，"NP + e³¹"式在句子结构中多放在受事宾语的后面、谓语的前面，而受事宾语通常放在句子的首部当作句子的话题，是"宾语（话题）+ 主语（被）+ 谓语"的语序。景颇语属 OV 型语言，其基本语序是 SOV，因而这种"宾 + 主 + 谓"语序，与主动句的"主 + 宾 + 谓"语序不同。一般说来，景颇语自动句的"常式"是"主 + 宾 + 谓"，如例 5a），但为了强调宾语，加了宾语助词后也可将宾语提至主语之前，改为"变式"——"宾 + 主 + 谓"，如例 5b）；而在强调施事里，"宾 + 主 + 谓"的语序是"常式"，如例 6a），但为了强调施事者也可将施事者移前，成为变式"主 + 宾 + 谓"，如例 6b）。这就是说，带"NP+ e³¹"的语序与主动句的语序正好相反。例如：

5）他坐坏了凳子。（自动句）

 a. ʃi³³lǎ⁵⁵khum⁵¹tuŋ³³tʃǎ³¹then³¹kau⁵⁵nu⁷⁵⁵ai³³.　　（常式）
  他　凳子　　　　坐　使坏　（貌）(尾)

 b. lǎ⁵⁵ khum⁵¹phe⁷⁵⁵ʃi³³tuŋ³³tʃǎ³¹then³¹kau⁵⁵nu⁷⁵⁵ai³³.（变式）
  凳子　　（宾）他 坐 使坏　　（貌）(尾)

6）凳子被他坐坏了。（被动句）

 a. lǎ⁵⁵khum⁵¹ʃi³³e³¹tuŋ³³tʃǎ³¹then³¹kau⁵⁵nu⁷⁵⁵ai³³.　（常式）
  凳子　　他（施）坐使坏　　（貌）(尾)

 b. ʃi³³ e³¹ lǎ³³khum⁵¹tuŋ³³tʃǎ³¹then³¹kau⁵⁵nu⁷⁵⁵ai³³.（变式）
  他（施）凳子　　　坐 使坏　　（貌）(尾)

（6）景颇语没有汉语那种"被骂、被骗、被偷、被打"等缺少施动者的被字句。汉语这类句子译为景颇语，景颇语要不就加 $e^{31}$ 并补出主动者，如例7），要不就是加表示"遭受、给"等义的动词表示被动义，如例8）、9）。例如：

7）ʃi³³ phe⁵⁵mǎ³¹ʃa³¹ni³³e³¹mǎ³¹su³¹kau⁵⁵nu⁵⁵ai³³. 他被人骗了。
　　他（宾）人　　们（施）骗　（貌）（尾）

8）tai³¹ni⁵⁵kǎ³¹nau³³tǎ³¹ʒu³³tǫn³¹ai³³khʒum⁵⁵nu⁵⁵ai³³.
　　今天　弟弟　　骂　（貌）的　遭受　（尾）
　　今天弟弟被骂了。

9）ʃi³³a³¹kǎ⁵⁵ʒa⁵⁵mǎ³¹khʒi³¹phe⁵⁵tsen³¹kau⁵⁵ja³³sai³³.
　　她 的　辫子　　　（宾）剪　掉　给（尾）
　　她的辫子被（他）剪掉了。

（7）与"NP + $e^{31}$"结合的动词，只能是"打、偷、领、忘、骗"等及物动词，不能是不及物动词。这是它与主动句的差异之一。

（8）汉语被动句使用的是带有实词意义的词汇标志（"被、叫、让"等），而景颇语则是以关系助词——虚词来做语法标志，二者性质不同。以虚词为语法标志的，其语法化程度比"被"字句高，当属不同的层次。

（9）$e^{31}$ 常与表示宾语的助词 phe⁵⁵ 共现在一个句子里。这种句子，谓语前的两个名词或名词短语，在句中各自充当什么成分一目了然。若句中有了 phe⁵⁵，指明了宾语，则 $e^{31}$ 可以省略。但省略了 $e^{31}$ 后，强调语气也随之消失。例如：

10）mu⁵⁵tai³³phe⁵⁵ʃi³³ (e³¹) mǎ³¹lap³¹ kau⁵⁵nu⁵⁵ai³³.
　　事　那（宾）他（施）忘　　掉（尾）
　　那件事被他忘了。

11) ŋai³³phe⁷⁵⁵ʃi³³ (e³¹) n³³tai³³ko⁷⁵⁵woi³³sa³³wa³¹u⁷²³¹ai³³.
　　我（宾）他（施）这里　　领　来（貌）（尾）
　　我被他领到这里了。

12) lǎ³¹pu³¹phe⁷⁵⁵mǎ³¹ʒaŋ³³(e³¹) thu⁷²³¹mǎ³¹tit³¹ kau⁵⁵mǎ³³sai³³.
　　裤子（宾）雨　　（施）打　湿　　掉　（尾）
　　裤子被雨打湿了。

若不用宾语助词，则要用 e³¹。这时，e³¹ 是强制性的。如下列句子不能省去 e³¹。

13) ŋai³³ʃi³³e³¹ kǎ³¹jat³¹kau⁵⁵sai³³. 我被他打了。
　　我 他（施）打　　掉　（尾）

14) ʃi³³a⁷²³¹kum³¹phʒo³¹sum³¹pu³¹lǎ³¹kut³¹e³¹ lǎ³¹ku⁵⁵kau³³ja³³nu⁷⁵⁵ai³³.
　　他 的 钱包　　　　小偷（施）偷　掉　给（尾）
　　他的钱包被小偷偷了。

（10）e³¹ 除了表示主动、施动的功能外，还能用在时间名词、方位名词的后面，共同做动词的方位状语、时间状语。例如：

15) phot⁵⁵ni⁵⁵e³¹ sa³³ wa³¹ʒit³¹ jo⁵¹!　　　请你明天来吧！
　　明天 （施）来（貌）（尾）（语）

16) mǎ⁵⁵niŋ⁵⁵e³¹ kǎ³¹lo³³toŋ³¹ai³³ʒe⁵¹.　　是去年做完的。
　　去 年（施）做　下（尾）是

17) ʃi³³n⁵⁵ta⁵¹ e³¹ ŋa³¹ ai³³.　　　　　　他在家。
　　他家（施）在（貌）（尾）

18) n³³tai³³kha⁷²³¹e³¹ ŋa⁵⁵ʒoŋ³³ma⁷²³¹ai³³.　　这河里有鱼。
　　这　河（施）鱼 有 （尾）

这个表示时间、方位的 e³¹，与表示强调施事的 e³¹ 究竟是一个词，还是来源不同的同音词？过去的研究中都把它看成是两个性质不同的同音词。我现在重新考虑，认为二者有关系。从意义关系上看，表示时间、方位的 $e^{31}$ 和表示强调施事的 $e^{31}$，都指明动作发生的人或物，二者在这一点上是相通的。因而可以认为，$e^{31}$ 是有多个语法意义和语法功能的虚词，与时间词或方位词结合一起时，在句中当状语用，而与名词或代词结合在一起时则当主语用，但也有状语的特点。与景颇语有亲属关系的哈尼语也有这个特点。

（11）主动句转为强调施事句并不难。其限制条件是：谓语必须是及物动词。主动句（下例19a）转为强调施事句（下例19b），一是加 $e^{31}$，二是将宾语提至句首。

19) a. $\int i^{33} nam^{31} si^{31} \int a^{55} k\underline{a}u^{55} sai^{33}$.　　　他吃了水果。
　　　他 水果　 吃 掉　（尾）
　　b. $nam^{31} si^{31} \int i^{33} e^{31} \int a^{55} k\underline{a}u^{55} sai^{33}$.　　　水果被他吃了。
　　　水果　 他（施）吃掉（尾）

20) a. $an^{55} the^{33} \int i^{33} phe^{255} \int \check{a}^{31} t\int ut^{55} k\underline{a}u^{55} s\check{a}^{55} ka^{255}$.　我们赶走了他。
　　　我们　 他（宾）赶　　　掉（尾）
　　b. $\int i^{33} phe^{255} an^{55} the^{33} e^{31} \int \check{a}^{31} t\int ut^{55} k\underline{a}u^{55} s\check{a}^{55} ka^{255} ai^{33}$.
　　　他（宾）我们 （施）赶　　　掉（尾）
　　　他被我们赶走了。

若宾语与谓语结合较紧，"NP + $e^{31}$" 就提至句首。例如：

21) $kho^{31} kham^{55} ni^{33} e^{31}\ ts\underline{o}^{231} la^{231} k\underline{a}u^{55} m\check{a}^{55} nu^{255} ai^{33}$.
　　皇帝　　　们（施）门锁 锁 掉 （尾）
　　锁被帝王锁上了。

### 3.2.2 怎样认识景颇语的被动句

根据以上对"NP + $e^{31}$"式的分析，我对景颇语是否存在被动句初步提出以下几个看法。

（1）景颇语由 NP + $e^{31}$"式组成的句子，在语法上、意义上有不同于其他句子的特点，应视为一种独立的句型。但其被动义较弱，并不典型，应视为强调施事句。"强调施事句"是景颇语的一种句式，有其存在的条件。

（2）强调施事句和主动句在句法结构上的区别主要是：强调施事句有语法标志 $e^{31}$，而主动句没有；强调施事句的语序以"宾+主+谓"为主，而主动句则以"主+宾+谓"为主。强调施事句的主语是被动义的主语，而主动句的主语是主动义主语。景颇语的强调施事句，使用频率很低，不是能产的。我查了13个短篇民间故事，被动义的 $e^{31}$ 只出现在6个句子里。也就是说，在不同的句类中，强调施事句属于使用频率较低的一类。这说明景颇语倾向于使用主动句。

（3）景颇语的强调施事句与相近的亲属语言（如哈尼语、载瓦语等）相比，有部分特点相同或相似。如哈尼语也有表示施事义的关系助词 $ne^{33}$，也构成"NP+ $ne^{33}$ "式，表示强调施事义。这个 $ne^{33}$ 与景颇语的 $e^{31}$ 一样，既表示施事，又连接表示时间、方位、工具等名词的状语。例如：

ŋa³¹ne³³a³¹jo³¹jɔ⁵⁵di³¹.　　　　　他被我打。
我（助）他（宾）打

a⁵⁵si³¹tɕhi³¹si³¹ŋa³¹ne³³dza³¹a⁵⁵.　　一个水果被我吃了。
水果　一　个　我（助）吃　了

ŋa⁵⁵je³¹nɔ³³ne³³ji⁵⁵.　　　　　　我今天去。
我　今天　（助）去

a³¹jo³¹dɔ⁵⁵ŋa³³ne³³ji⁵⁵.　　　　　他从绿春去。
他　绿春　（助）去

a³¹jo³¹ŋa³¹ne³³da⁵⁵tshŋ⁵⁵ne³³di³¹.　　他被我用棍子打。
他　我（助）棍子（助）打

## 3 几种句式及其类型学特征　445

但它们之间究竟是同源关系还是类型学关系，目前尚难断定，有待进一步证实。从关系助词的语源上看，哈尼语的 ne$^{33}$ 与景颇语的 e$^{31}$，二者无语音对应，似无同源关系，有可能是后来各自产生的。这两种语言都有这类助词，是共同的亲属关系基因决定的，当属类型学性质。

载瓦语的结构助词 e$^{ʔ31}$，表示前面的名词是主动者，而只有强调的主动义，被动义很弱。而且"NP+e$^{ʔ31}$"在句中以在句首为主。例如：

lǎ$^{31}$noŋ$^{55}$e$^{ʔ31}$jaŋ$^{31}$ʐě$^{55}$kai$^{51}$ʃui$^{51}$lo$^{55}$pe$^{51}$.　　　勒弄带他上街了。

勒弄（关）他（宾）街　带　去　了

jaŋ$^{31}$e$^{ʔ31}$ ŋo$^{31}$ʐě$^{55}$tai$^{31}$kjo̱$^{31}$ ko̱$^{51}$.　　　是他告诉我的。

他（关）我（宾）告诉　（助）

值得注意的是，e$^{ʔ31}$ 也可用在工具状语之后。例如：

tho$^{55}$la$^{55}$kji$^{55}$e$^{ʔ31}$phu$^{ʔ55}$.　　　用拖拉机犁

拖拉机　（关）犁

（4）上古汉语有无被动句，目前意见不一。据甲骨卜辞学者研究，卜辞里至今尚未有真正的被动句式。而有的认为，甲骨文时代的汉语已经形成了真正的被动式……尽管意见不同，但被动句得到大发展则是后来的事，这个认识是一致的。

（5）苗语（弥勒）的被动义是加 tʂo$^{24}$、tou$^{33}$"着"表示，其中的 tʂo$^{24}$ 是受汉语影响而借入的，而且使用频率高于固有词 tou$^{33}$。例句：

o$^{55}$ tʂo$^{24}$ni$^{21}$ntou$^{33}$. o$^{55}$ tou$^{33}$ni$^{21}$ntou$^{33}$.　　　我被他打了。

我　着　他　打　我　着　他　打

to$^{21}$cu$^{55}$ni$^{44}$tsa$^{31}$tʂo$^{24}$ni$^{21}$na$^{13}$le$^{24}$.　　　弟弟的钱被他偷了。

个兄　的　钱　着　他　偷　了

o$^{55}$ tʂo$^{24}$pli:$^{21}$tou$^{13}$. o$^{55}$ tou$^{13}$pli:$^{21}$tou$^{21}$.　　　我被骗了。

我　着　骗　着　我　着　骗　着

又据周国炎最近研究，布依语的被动句有加标志词和不加标志词两种形式，标志词中的 teŋ$^{33}$ 和 tɯk$^{33}$ 是固有词，而 tso$^{31}$(tɕo$^{11}$) 是从汉语借入的且来源于汉语的"遭"。

总的看来，汉藏语系非汉语的被动句是不发达的，用来表示被动义的词素语法化程度不高，特别是藏缅语中有不少语言被动义较弱。相比之下，汉语的被动句发展得比较充分，在语法意义、语法形式上特点比较丰富。

## 3.3 景颇语的述补结构句

述补结构句是景颇语的句法结构之一。它能产性强，使用频率高，能表达丰富的意义。以下通过共时分析以及与藏缅语亲属语言的比较，主要分析、描写景颇语述补结构句的主要特征，并进一步揭示其类型学特征。

### 3.3.1 述补结构的能产性

述补结构句是景颇语句式中较常用的一种。当动词做谓语时，大多要带补语。我们统计了 10 篇民间故事中的 441 个主谓结构，其中带补语的有 268 个，占总数的 61%，不带补语的有 173 个，占总数的 39 %。可见，景颇语的述补结构有较强的能产性，其能产性可以从语法、语义两个方面来观察。

1. 充当补语的词类

充当补语的词类主要有貌词、动词和形容词。

（1）貌词当补语的：貌词是景颇语的一个独立词类，大多由动词抽象、虚化而来，是产生较晚的一类词，但使用频率很高。它均为单音节，紧紧跟在动词之后，补充说明动词的各种体貌。例如：

mu³¹ toṇ³¹　　见着　　　tu³¹ ju³³　　　到过
见　着　　　　　　　　到　过

joŋ³³ khʒat³¹　淌下来　　ʃǎ³¹ tʃut⁵⁵sat³¹　急追
淌　下来　　　　　　　追　急

上面例子的 toṇ³¹，由动词"放"演化而来，当补语时是"着"义，表示"见"的结果；ju³³ 由动词"看"演化而来，当补语时是"过"义，表示"到"的过程。khʒat³¹ 的动词义是"掉"，sat³¹ 的动词义为"杀"。

（2）动词当补语的：动词当补语的语义较实在，虚化程度较弱。除自动词当补语外，大量当补语的是使动词。例如：

ju³³ŋut⁵⁵　　看完　　　thu⁵⁵kǎ³¹lau³¹　推倒
看　完　　　　　　　　推　倒

kǎ³¹wa⁵⁵ti²³¹　咬断　　　kǎ³¹jat³¹sat³¹　打死
咬　断　　　　　　　　打　杀

kǎ³¹lo³³ʃǎ³¹ ʒai⁵⁵　纠正　kǎ³¹jat³¹tʃǎ³¹then³¹ 打坏
做　使正　　　　　　　打　使坏

kǎ³¹wut³¹ʃǎ³¹ tʃi²⁵⁵　吹着　sat³¹ʃǎ³¹mjit⁵⁵　杀尽/消灭
吹　使燃　　　　　　　杀　使尽

有些补语与谓语是近义词，但起补充说明谓语的作用。例如：

khʒap³¹a³¹ʃut³¹　抽泣　　puk⁵⁵mǎ³¹ʒon⁵⁵　大喊
哭　抽泣　　　　　　　喊　大喊

kʒan³³a³¹tek³¹　费劲地砍
砍　费劲地砍

（3）形容词当补语的：形容词当补语的数量不多。一些亲属语言由形容词当补语的，在景颇语里多由使动态形容词充当。例如：

ʃa⁵⁵khʒu⁵⁵　　吃饱　　　tu³¹khum³³　　到齐
吃　饱　　　　　　　　到　齐

tu³³ tso̱m³¹　　　　长得美丽　　　ka̱³³ʃut⁵⁵　　　写错
长　美丽　　　　　　　　　　　写　错

tʃa³³ tʃǎ³¹ khje³³　　染红　　　lam³³tʃǎ³¹khʒo⁷⁵⁵　晒干
染　使红　　　　　　　　　　晒　使干

tsu̱n³³ʃǎ³¹tan³¹　　说清楚　　a³¹ʒut³¹tʃǎ³¹san³¹　擦亮
说　使清楚　　　　　　　　擦　使亮

（4）多补结构当补语的：多补语以两个补语居多，也有两个以上的。多补语的关系是并列的，共同补充谓语。例如：

kǎ³¹pje⁷³¹to⁷³¹tʃǎ³¹ khʒot³¹　踩断　　a³¹tʃo⁷⁵⁵sat³¹ka̱u⁵⁵　戳死
踩　　断　使掉　　　　　　　戳　　死　掉

noi⁵⁵ka̱u⁵⁵ta⁵⁵　　　挂上　　　kǎ³¹pje⁷³¹sat³¹ka̱u⁵⁵　踩死
挂　掉　上　　　　　　　　　踩　　死　掉

kǎ³¹pje⁷³¹po⁷³¹sat³¹ka̱u⁵⁵ja³³　踩破死掉
踩　　破　死　掉　给

2.从语义关系上观察

从语义上看，补语给谓语增添各种附加意义。主要有：

（1）补语表示动作行为的结果。例如：

kǎ³¹jat³¹thiŋ³¹nut³¹　打退　　　ko⁷³¹ka̱u⁵⁵　　　铲除
打　　退　　　　　　　　　　铲　掉

kǎ³¹wut³¹kǎ³¹ŋa⁷⁵⁵　吹得摇晃　kǎ³¹lo³³ŋut⁵⁵　　做完
吹　　摇晃　　　　　　　　　做　　完

在这一类下还有一些小类。如：

有的补语表示动作行为的结果含有"放置"义。如 to̱n³¹，动词义为"放置"，当补语用时表示动作行为结果的放置。例如：

khai⁵⁵to̱n³¹　　　种下　　　　mu³¹to̱n³¹　　　见到
种　下　　　　　　　　　　　见　到

有的补语表示结果的"保存"。如 ta⁵⁵，动词义为"放下"，当补语用时表示动作行为结果的保存。例如：

toŋ³¹ta⁵⁵　　　　　放下　　　　ja³³ta⁵⁵　　　　　给上
放　下　　　　　　　　　　　　给上

有的补语表示结果的"取得"。如 la⁵⁵，动词义为"拿"，当补语用时表示动作行为结果的"取得"。例如：

mă³¹tsiŋ³³la⁵⁵　　记得　　　　la³¹la⁵⁵　　　　　等到
记　　得　　　　　　　　　　　等　到

（2）补语表示动作行为的势态。有表示随便状、流动状、激烈状、由上向下状、逐渐状等。

tʃai³³：动词义为"玩"，当补语用时表示动作行为的进行是随意的。例如：

tʃă³¹thaʔ³¹tʃai³³　随便聊天　　khom³³tʃai³³　　随便走
聊天　随意　　　　　　　　　　走　随意

khom³³：动词义为"走"，当补语用时表示动作行为是流动地进行的。例如：

taṃ³³ khom³³　　来回找　　　　mjit³¹khom³³　　乱想
找　　来回　　　　　　　　　　想　　乱

sat³¹：动词义为"杀"，当补语用时表示动作行为是激烈地进行的。例如：

tă³¹ʒu³³sat³¹　　　批评得严厉　　ʃă³¹tʃut⁵⁵sat³¹　　追得急
批评　激烈　　　　　　　　　　追　激烈

khʒat³¹：动词义为"落"，当补语用时表示动作行为是由上向下的。例如：

joŋ³³ khʒat³¹　　　淌下来　　　　khai³³khʒat³¹　　讲下去
淌　　下来　　　　　　　　　　 讲　下去

wa³¹：动词义为"回"，当补语用时表示动作行为在逐渐进行中。例如：

tu³³ wa³¹　　　　长起来　　　　thu²³¹wa³¹　　　　下起来
长　起来　　　　　　　　　　　下　起来

（3）补语表示动作行为的过程，有处于开始阶段的，有正在进行的，有表示已经过去的等。

paŋ³³：动词义为"放"，当补语用时表示动作行为处于开始阶段。例如：

ʃă³¹ʒin⁵⁵ paŋ³³　　开始学习　　mam³³ tan³¹paŋ³³ 开始割谷子
学习　开始　　　　　　　　　谷子　割　开始

ŋa³¹：动词义为"在"，当补语用时表示动作行为正在进行。例如：
kǎ³¹lo³¹ŋa³¹　　　正在做　　　ʃa⁵⁵ŋa³¹　　　　正在吃
做　　正在　　　　　　　　　　吃正在

ju³³：动词义为"看"，当补语用时表示动作行为已经过去。例如：
tu³¹ ju³³　　　　到过　　　　ju³³ju³³　　　　　看过
到　过　　　　　　　　　　　看　过

thum³¹：动词义为"完"，当补语用时表示动作行为已达到极端。例如：

ʃa⁵⁵ thum³¹　　　吃尽　　　　tsu̱n³³thum³¹　　　说尽
吃　尽　　　　　　　　　　　说　尽

（4）补语表示动作行为的属性。

mat³¹：动词义为"丢失"，当补语用时表示动作行为的终结是由主动者自身完成的。例如：

n⁵⁵ta̱⁵¹wa³¹mat³¹　回家　　　si³³mat³¹　　　　死掉
家　回　掉　　　　　　　　　死　掉

kau⁵⁵：动词义为"扔""丢"，当补语用时表示动作行为的终结是由外力促成的。例如：

ʃă³¹ mat³¹kau⁵⁵　弄丢　　　să³¹tsam³³kau⁵⁵　弄朽
丢失　掉　　　　　　　使朽　掉

khat⁵³：动词义为"打仗"，当补语用时表示动作行为是相互的。例如：

kă³¹ ʒum³³ khat⁵⁵　互帮　　　tʃă³¹tha²³¹ khat⁵⁵　互相聊天
帮助　互相　　　　　　聊天　互相

以上仅列举常用的几类。事实上，补语的空间能够适应表义的需要容纳各种意义。实词一旦进入补语的位置，就会受句法位置的制约逐渐虚化，引申出别的意义。所以说，述补结构是能产的，虚化则是补语丰富发展的一个重要手段。

### 3.3.2 述补结构的黏着类型

从上面的语料及分析中可以看到，景颇语的述补结构是无标记的。述语和补语结合紧密，中间不用助词或其他成分连接。这属于黏着性特点。而我们从藏缅语族其他语言的述补结构及述补类型中又能看到，那些语言除了黏着型外还有分析型。

藏缅语的述补结构在述语和补语的结合方式上大体呈现出两种不同的模式：一种是黏着型，即述语和补语结合很紧，中间不加虚词；另一种是分析型，即述语和补语结合不紧，中间要加虚词。但不同语言的分布不同，有的语言以黏着型为主，辅以分析型，如拉祜语；有的语言分析型发达，如彝语；有的语言黏着型和分析型相当，如哈尼语；仙岛语比较特殊，述补结构不发达，且大都是分析型。表示同一种意思，有的语言用两种模式表示，有的语言只有一种模式。

景颇语的黏着型在其他语言里有的与黏着型对应，有的与分析型对应。如补语表示结果的述补结构，除仙岛语外，景颇语以及其他藏缅语均为黏着型。如"洗干净""推倒"：

仙岛语：

tshi$^{31}$xɔ$^{ʔ55}$kɤŋ$^{55/31}$　　　　　　tun$^{31}$xɔ$^{ʔ55}$ lin$^{31}$

洗（助）干净　　　　　　　　推（助）倒

彝语：

tshi$^{33}$si$^{44}$ndẓa$^{5}$to$^{31}$　　　　　　zo$^{33}$si$^{44}$sɿ$^{31}$to$^{44}$

洗（助）干净 能　　　　　　学 得 会 能

景颇语：

kă$^{31}$ʃin$^{31}$ʃă$^{31}$ tsai$^{33}$　　　　　　thu$^{55}$kă$^{31}$lau$^{31}$

洗　　使干净　　　　　　　推　　倒

哈尼语：

tshi$^{31}$ so$^{55}$　　　　　　　　　　de$^{31}$le$^{31}$

洗　干净　　　　　　　　　　推　倒

又如，补语表示程度的述补结构，景颇语与哈尼语为黏着型，其他藏缅语有黏着型和分析型两种结构方式。如"好极了""高兴得很"：

景颇语：

kă$^{31}$ tʃa$^{33}$ tik$^{31}$　　　　　　　　kă$^{31}$pu$^{33}$tik$^{31}$

好　　极　　　　　　　　　　高兴　极

哈尼语：

mɯ$^{31}$tɕha$^{31}$　　　　　　　　　　ɣy$^{55}$ si$^{55}$

好　极　　　　　　　　　　　　高兴 死

仙岛语：

kji$^{55/51}$ ʂɯ$^{35}$　　　　　　　　njɔ$^{31}$sɛ$^{55}$xɔ$^{ʔ55}$xɤ$^{ʔ55}$su$^{51}$n$^{31}$fut$^{55}$

好　　极　　　　　　　　　　喜欢（助）怎么 也 不　得

彝语：

va⁵⁵ ko⁴⁴ba³³　　　　　　　kha⁵⁵ si⁴⁴ mu⁵⁵ fa³¹
好　极　　　　　　　　　　高兴（助）没　法

有些语言用分析型方式表达的述补结构，在景颇语里不用述补结构对应，而用主谓结构或状中结构来对应。如"洗得干净""看得懂（学得会）"：

仙岛语：

tshi³¹xɔʔ⁵⁵kʏŋ⁵⁵/³¹　　　　sɔn³⁵/³¹xɔʔ⁵⁵tat⁵⁵
洗（助）干净　　　　　　　学　（助）会

彝语：

tsʰ³³si⁴⁴ndʐa⁵⁵ to³¹　　　　zo³³ si⁴⁴ sɿ³¹to⁴⁴
洗（助）干净 能　　　　　　学（助）会 能

景颇语：

kǎ³¹ʃin³¹ai³³tsai³³ai³¹.　　　tʃe³³ khʒa³¹ ju³³
洗　的 干净（尾）　　　　　懂（貌）看

景颇语述补结构的黏着型还可以从述补结构的重叠方式上得到证明。景颇语的动词可以重叠，重叠后表示动作行为的"经常"义或"轻微"义。但动词若带了补语，则在补语上重叠，仍然表示与动词重叠相同的语法意义。可见，补语与前面的动词是紧紧结合为一个整体的。例如：

an⁵⁵the³³ʃǎ³¹taʔ³¹kǎ³¹ ʒum³³ khat⁵⁵ khat⁵⁵ kaʔ³¹!
我们　互相　帮助　　相互（叠）（尾）
我们经常互相帮助帮助吧！

mau³¹mui³¹khai³¹tan⁵⁵ tan⁵⁵ ti³³ ʒit³¹!　请你经常讲讲故事吧！
故事　　讲　给（叠）（泛）（尾）

景颇语述补结构的黏着型特点使得景颇语的补语类型主要以词为

单位，短语充当补语比较少见。这一特点成为景颇语述补结构区别于其他语言的一个重要特点。

### 3.3.3 补语的语法化

如上所述，景颇语的述补结构属于黏着型，补语与谓语结合很紧，这种结构机制必然会导致补语的语法化。景颇语补语的语法化是不平衡的，存在层次性。从词类上看，貌词语法化的程度最强，其次是使动词，还有少量动词、形容词语法化较弱。

景颇语的貌词大多由动词虚化而来。当貌词做补语时，大部分已改变了原来的动词意义，不再表示具体实在的动作，而是表示某种类别的语法意义。例如：

a$^{31}$ tet$^{31}$：当动词用时，词义为"紧催"；当貌词用时，词义表示动作的用力性。例如：

动词：kha$^{55}$ tʃi$^{31}$ a$^{31}$tet$^{31}$ai$^{33}$.　　他紧催还债。
　　　债　还　紧催（尾）

貌词：wan$^{31}$wut$^{31}$a$^{31}$tet$^{31}$ u$^{231}$!　　你用力吹火吧！
　　　火　吹　用力地（尾）

与亲属语言比较，景颇语的貌词独具特色。它们是词类中独立的小类，但在句法结构中却不能够单独使用，一般要紧跟在动词之后，起辅助动词的作用，表示情态、体貌等方面的意义，语法上的功能性很强。这类词的语义既抽象又复杂，种类较多，是使用频率很高、很活跃的词类。貌词的这些特点使它与亲属语言中的助动词有较大的区别。比如彝缅语中的助动词都不是独立的词类，而是动词中的附类，它们虽然也附着在动词前后，起辅助作用，但主要语法功能与动词是一致的，在表义上也都具有比较实在的意义，种类较简单，以表能愿为主。彝缅语的助动词在一定情况下还可以独立使用。羌语支语言中的助动词在句法功能及表义上则介乎于景颇语与彝缅语之间。因此,景颇语的貌词在亲属语言中是虚化程度最高的。它在性质、表义及功能上已与动词相去甚远,是语法系统中一个独立的词类。

景颇语较少使用原形动词、形容词做补语,补语多用使动态的动词、形容词充当。这种使动态充当补语时有一个特征,就是形式上与谓语的关系像连动式,但在意义上则主要起补充说明作用,成为谓语的补充成分。按照一般的规律,当述补结构逐渐摆脱连动式的形式与意义的架构而形成一个独立的结构类别时,它在结构形式上也会逐渐脱离连动式成分平行并重、黏着的特点,而向分析的方向发展。随着结构的扩展,结构中成员间的关系格局也失去了平衡,由原来的多个动作行为并重逐渐过渡到以一个动作行为为中心、其他成分围绕这个中心展开,补充说明这一动作行为的情状。这使得结构中的成员间出现了主次、偏正。这种成员间平行并重格局的打破必然影响到表意,使结构的成员间出现了修饰、限定、说明等语义关系。其中被修饰、限定的词语是仍然保持其动作行为特征的那个成分,作为结构中心的述语;而起修饰、限定作用的词语则随着结构的扩展而被削弱了动作性,作为补充说明结构中心的补语。由于语言的补偿作用,这些补语在削弱动作含义的同时就衍生出了一些新的意义,以适应结构的需要。这说明,伴随补语的动词性在削弱,它新衍生出来的那些意义就会得到巩固并加强。这种变化是形式和意义相辅相成的。形式的改变促进了意义的更新,而意义的更新又反过来巩固了新的形式。景颇语的使动补语却似乎走上了另一条路。在形式上,动词、形容词变为使动后非但没有削弱反而加强了自身的动词特征,这使得述语和补语之间的关系不是向着主次、正偏的方向发展,而是与连动式的"粘合、平行并重"趋同。在表意上,动词、形容词变为使动后增加了范畴的概念，使语义进入语法化。例如：

　　wan³¹ wut³¹ ʃǎ³¹tʃi²⁵⁵tat³¹ u²³¹!　　你把火生着！
　　火　　生　　使着　（貌）（尾）

　　ʃat³¹ ʃǎ³¹tu³³tʃǎ³¹khut³¹sai³³.　　饭煮熟了。
　　饭　　煮　　使熟　　（尾）

上例"使着"做补语时还保留着动词"着"的意义，但变为使动后增加了使动范畴意义，与原形"着"相比，是向语法化迈进了一步。

貌词补语与使动补语可以看作景颇语补语语法化趋势的两个阶段。两类补语在结构形式、述语与补语的关系等方面相当一致，主要区别在于补语的性质和表义。使动补语还都是有实在意义的词，表意以表结果为主；貌词补语则是虚化的，表义以表体貌为主。从这点来看，貌词补语语法化程度更高，使动词补语的语法化程度不如貌词补语。下面两例前者为貌词补语，与前面的动词结合紧密，已经成为一个述补结构的复合词；而后者为使动词，虚化程度不如貌词，与前面动词结合后成为述补短语。

　　tsun̠³³ tan⁵⁵　　告诉　　　tsun̠³³ʃǎ³¹tan³¹　　说明
　　说　（貌）　　　　　　　　说　使清楚

此外，景颇语的述补结构中还有一些原形动词、形容词做补语的，语法化程度不高。其中有的动词还能变为使动，两种形式共存。例如：

　　mu³¹ ma²⁵⁵ / mu³¹ ʃǎ³¹ma²⁵⁵　　看破
　　看见　尽　　看见　使尽

　　kha²³¹ pʒa²⁵⁵ / kha²³¹ ʃǎ³¹pʒa²⁵⁵　　离散
　　离　散　　　离　使散

### 3.3.4 述补结构小结

（1）上述语料告诉我们，景颇语的述补结构在藏缅语中相对比较发达。景颇语的补语出现频率最高的有两类，一类是貌词做补语，另一类是使动词做补语，原形动词和形容词做补语的相对比较少。这是景颇语述补结构区别于其他亲属语言的一个最重要的特点。

（2）在藏缅语中，景颇语述补结构的特点在亲属语言里同其他语言特点一样处于居中地位。藏缅语诸语言的述补结构存在不同的发展层次：羌语支语言述补结构不发达，其他语言补语所表达的意义在羌语支里多使用词缀或其他成分表示。藏语支述补结构有黏着、分析两种结构方式。彝缅语述补结构比较丰富，补语的语法地位很重要，黏着、分析两种结构形式都有。景颇语则不同于以上几种语言，述补结构不及彝缅语发达。

景颇语述补结构在藏缅语中的居中地位与其他语言特点是一致的。在语法构造上，景颇语的形态不如藏、羌等语支语言丰富，屈折性及黏着性也不如这两个语支语言强；但与分析特征明显的彝缅语相比，景颇语又属于形态相对发达的语言。藏缅语述补结构的分布与具体语言的语法构造有着内在的联系。总的规律是：分析性越强的语言，其述补结构也越发达；反之亦然。

（3）在历史来源上，景颇语的述补结构大约是在分化为独立的语支后大量发展起来的。因为从与藏缅语亲属语言的比较中我们可以看到，景颇语的补语只有部分动词、形容词与其他亲属语言有对应上的一致关系，而大量出现的貌词在其他语言中大都无此表达形式。景颇语述补结构发展到现在已成为一种比较发达的句法结构类型，是由它自身结构机制特点决定的。这一问题，有待进一步研究。

## 3.4 景颇语"给"字句

景颇语的"给"字句,使用频率很高,而且不同于一般的OV型句式。本节主要从共时特点以及与亲属语言比较中,分析景颇语"给"字句的类型学特征。

### 3.4.1 "给"字的基本特点

1. 表示"给"义的词族

景颇语表示"给"义的词有多个:ja$^{33}$、tʃo$^{ʔ31}$、sak$^{31}$、thu$^{33}$、ʃun$^{33}$。sak$^{31}$ 是缅语借词,含"献给"义;thu$^{33}$ 含"分给"义;ʃun$^{33}$ 含"干脆地给"义,当状态副词使用。分别举例如下:

ʃi$^{33}$ phe$^{ʔ55}$ja$^{33}$ u$^{ʔ31}$!　　　你给他吧!
他(宾)　给　(尾)

ʃi$^{33}$ phe$^{ʔ55}$ tʃo$^{ʔ31}$tat$^{31}$ u$^{ʔ31}$!　你给他吧!
他(宾)　给　(貌)(尾)

mă$^{31}$nam$^{31}$phe$^{ʔ55}$mă$^{31}$kui$^{33}$koŋ$^{33}$sak$^{31}$ja$^{33}$mu$^{ʔ31}$!
客人　(宾)大象　　牙　献　给(尾)
你们给客人献象牙吧!

ʃi$^{33}$a$^{ʔ31}$mă$^{31}$tu̱$^{33}$ ʃan$^{31}$ku̱m$^{33}$tho$^{33}$thu$^{33}$ja$^{33}$u$^{ʔ31}$!
他 的 属份　　肉　份儿　分给 给(尾)
按他的属份把肉分给他!

ja$^{33}$na$^{33}$ʒai$^{55}$jaŋ$^{31}$ko$^{31}$ ʃun$^{33}$　　 ti$^{33}$ ja$^{33}$kau$^{55}$ u$^{ʔ31}$!
给 要 的话(话)干脆地给(泛)给 掉 (尾)
你要给就干脆地给掉吧!

其中,ja$^{33}$ 和 tʃo$^{ʔ31}$ 最常用。二者在语义、语法上都有一些不同。

在语义上，二者各有侧重，形成互补。ja³³ 偏重于指传送、给予，用于一般的"给"和归还的"给"；tʃo⁷³¹ 则偏重于指有义务的、只给不还的、无条件的"给"，含有"赐给、赏给、献给"的意思。例如：

kum³¹phʒo³¹ja³³　（还）给钱　　　kum³¹phʒo³¹tʃo⁷³¹　给钱
钱　　　给　　　　　　　　　　钱　　　给

tsi³¹ja³³　　　给药　　　　　　　tsi³¹tʃo⁷³¹　　　送药
药　给　　　　　　　　　　　　药　给

lai³¹ka̠³³ja³³　　给书　　　　　　lai³¹ka̠³³tʃo⁷³¹　　赠书
书　　给　　　　　　　　　　　书　　给

kum⁵⁵pha⁷⁵⁵tʃo⁷³¹　送礼物　　　　kum⁵⁵pha⁷⁵⁵ja³³　给礼物
礼物　　给　　　　　　　　　　礼物　　给

nat⁵⁵tʃo⁷³¹　　　献（给）鬼　　　*nat⁵⁵ja³³
鬼　给　　　　　　　　　　　　鬼　给

n̩³¹kun³¹tʃo⁷³¹　　给力量　　　　*n̩³¹kun³¹ja³³
力量　　给　　　　　　　　　　力量　　给

2. ja³³、tʃo⁷³¹ "给"与一般动词的异同

景颇语的 ja³³、tʃo⁷³¹ "给"都属于动词类，其特点与一般动词大致相同。相同点主要有：

（1）在句中能单独做谓语，也能带宾语。例如：

ŋai³³ʃi³³phe⁷⁵⁵ja³³să³³ŋai³³.　　　　　我给他了。
我　他（宾）给　（尾）

wa⁵¹ŋai³³phe⁷⁵⁵ kum³¹phʒo³¹lap³¹ʃi³³tʃo⁷³¹sai³³.　父亲给了我十块钱。
父亲 我（宾）钱　　　元 十 给（尾）

（2）能够受副词的限制。例如：

ʃi³³phe⁷⁵⁵khum³¹ja³³u⁷³¹!　　　　　　你别给他！
他（宾）别　　给（尾）

460　四　句法篇

lă³¹wan³³tʃo⁷³¹ u⁷³¹!　　　　　　　你快给吧！
快　　给　（尾）

（3）能够带补语。例如：

ma³¹no³³phe⁷⁵⁵tsi³¹ja³³tat³¹ sai³³.　　（他）把药给老二了。
老二　（宾）药　给（貌）（尾）

kum⁵⁵pha⁷⁵⁵joŋ³¹ tʃo⁷³¹kau⁵⁵ sai³³.　　（他）把礼物都赠完了。
礼物　　都　赠给（貌）（尾）

（4）能够带动量词。例如：

mă³¹sum³³ laŋ³¹ ja³³să³³ŋai³³.　　（我）给了三次。
三　　次　给（尾）

（5）可以重叠，表示量多。例如：

ma³¹ phe⁷⁵⁵tʃum³¹tui³¹ja³³ja³³ʒai³¹n³¹ŋai³³.（我）经常给孩子糖。
孩子（宾）糖　　给（叠）（泛）（尾）

ma³¹ phe⁷⁵⁵tʃum³¹tui³¹tʃo⁷³¹tʃo⁷³¹ʒai³¹n³¹ŋai³³.（我）经常给孩子糖。
孩子（宾）糖　　给（叠）（泛）（尾）

（6）ja³³、tʃo⁷³¹ "给" 还能与其他动词一起构成连动结构，大多居于另一动词之后。例如：

ʃi³³phe⁷⁵⁵kum³¹phʒo³¹ʃap³¹ja³³u⁷³¹!　　（你）借钱给他吧！
他（宾）钱　　借　给（尾）

n³¹tsin³³kom³³mi³³tu⁵⁵tʃo⁷³¹ʒit³¹!　　请你倒一杯水给我吧！
水　杯　一　倒给（尾）

前一句的 ja³³ 和后一句的 tʃo⁷³¹ 都是实义的 "给"，分别与前面的动词构成连动结构，表示连续的动作。但 ja³³ 在其他动词后时大量出现语法化，成为貌词，与前面的动词既有连动关系，又有补充关系。ja³³ 还可以放在 tʃo⁷³¹ 的后面构成补充关系。例如：

tɕe̱⁵⁵ tɕu⁵⁵tɕo⁷³¹ja³³ʑit³¹ lo⁵¹! 　　　（你）赐予恩惠吧！
恩惠　　赐　给（尾）（语）

上句的 tɕo⁷³¹ 是实义的"给"，而 ja³³ 是虚化的"给"。二者的位置不能更换。

ja³³、tɕo⁷³¹ 与一般动词的不同点主要有：

（1）其他动词能够加表示使动意义的前缀 ʃă³¹ 与 tʃă³¹，如 ʃă³¹mjit⁵⁵ "使碎"、tʃă³¹khă⁷³¹ "使分离"等，而 ja³³、tɕo⁷³¹ 不能。但二者都可以加助词 ʃă³¹ŋun⁵⁵ "使"表示使动。例如：

ma³¹phe̱⁷⁵⁵ja³³ʃă³¹ŋun⁵⁵u̱⁷³¹! 　　（你）让（他）给孩子吧！
孩子（宾）给 使　　（尾）

ma³¹phe̱⁷⁵⁵ kum³¹phʐo³¹lap³¹ʃi³³tɕo⁷³¹ʃă³¹ŋun⁵⁵u̱⁷³¹!
孩子（宾）钱　　　元 十 给　使　　（尾）
你让（他）给孩子十块钱。

（2）其他动词有的可以做状语，如 kǎ³¹wai³³（绕）khom³³（走）"绕着走"，而 ja³³、tɕo⁷³¹ 不行。

（3）在配价上，一般动词有一价、二价、三价的，而 ja³³、tɕo⁷³¹ "给"都是三价的。有的句子，虽只出现二价，但另有一价被隐含在上下文的语境中，实际上也是三价。例如：

ŋai³³ʃi³³phe̱⁷⁵⁵ku̱m⁵⁵pha⁷⁵⁵tɕo⁷³¹să³³ŋai³³. 　我给了他礼物。
我 他（宾）礼物　　　给　（尾）

ʃi³³ phe̱⁷⁵⁵lai³¹ka̱³³lă⁵⁵ŋai⁵¹mi³³ja³³u̱⁷³¹! 　（你）给他一本书吧！
他（宾）书　　一　　一 给（尾）

ʃi³³ phe̱⁷⁵⁵ja³³u̱⁷³¹! 　　　　　　　（你）给他吧！
他（宾）给（尾）

mǎ³¹naŋ³³ni³³ja³³ai³³ʐe⁵¹. 　　　是朋友们给的。
朋友　们 给 的 是

上面的四句，第一句是三价的，三价在句子形式上都出现。第二句也是三价的，但主语省略了，由句尾词 u⁷³¹ 显示主语还有第二人称单数价"你"。第三句在句子形式上只出现一个间接宾语价 ʃi³³"他"，直接宾语省略了，也由句尾词 u⁷³¹ 显示主语还有第二人称单数价"你"。第四句在句子形式上只出现主语价 mǎ³¹naŋ³³ ni³³"朋友们"，直接宾语和间接宾语都不出现。

ja³³、tʃo⁷³¹"给"的语法差异，主要是 ja³³ 能够用在一般动词后，并出现语法化。而 tʃo⁷³¹ 不能。（详见下节）此外，二者的差异还表现在与其他实义动词连用的语序上。tʃo⁷³¹ 既能在其他动词之前，也能在其他动词之后；而 ja³³ 只能在其他实义动词之后，不能在前。例如：

ʃat³¹ ʃe⁷³¹ lau³³ tʃo⁷³¹ ʃa⁵⁵ ʒit³¹!　　　（你）快把饭给我吃！
饭　才　快　给　吃（尾）

ʃi³³ naŋ³³ phe⁷⁵⁵ʃan³¹ŋa⁵⁵pǎ³¹nau³¹kǎ³¹lai⁵⁵tʃo⁷³¹ ti³³　u⁷³¹ai³³.
她　你　（宾）鱼肉酱　　　换　　给　（泛）（尾）
她换鱼肉酱给你。

lǎ³¹pu³¹ʃi³³phe⁷⁵⁵sa³³ja³³u⁷³¹!　　　（你）去给他裤子吧！
裤子　他（宾）去　给（尾）

### 3.4.2 ja³³"给"的语法化

景颇语的"给"，除了上面分析的几个特点外，还有一个重要的特点，就是它在一定的条件下，还出现语法化。语法化使得"给"的语义和语法特点发生了一定的变化。表示"给"义的几个动词中，只有 ja³³ 出现语法化。在实际语言的使用中，ja³³ 语法化用法的频率已超过单独做谓语的用法。这里主要分析 ja³³"给"的语法化层级和成因。

1. ja³³"给"的语法化层级

ja³³"给"语法化的条件是出现在另一个主要动词之后。这时，

ja³³当貌词用,有三个义项:一是表示轻微实义"给予"的义项;二是指示动作方向的虚义义项;三是表示动作涉及受事的虚义义项。这三个义项反映了语法化程度由低到高的顺序。虚义义项是由实义义项虚化而成的。

当ja³³"给"进入句子结构的补语位置时,出现了不同层级的语法化。它分别根据所要表达的意义选取义项。可以主要取轻微的实义"给予"义项,也可以主要取虚义义项,还可以兼表两者。但兼表两者时,都会有所侧重,或侧重实义,或侧重虚义。

(1)主要表示轻微实义"给予"义并兼指动作方向、语法化程度较低,例如:

naŋ³³ ʃi³³ pheʔ⁵⁵a⁵⁵tsom⁵¹ʃa³¹ tsun̠³³ ja³³uʔ³¹! 你好好地对他说!
你　他(宾)　好好地　　说　给(尾)

nu⁵¹ʃi³³ pheʔ⁵⁵păn̠³³lon̠³³mă³¹ʒi³³ja³³ uʔ³¹ai³³. 母亲给她买衣服。
母亲　她(宾)衣服　买　　给　(尾)

ʃi³³pheʔ⁵⁵ lă³³n̠u³³si³¹ lă⁵⁵ŋai⁵¹mi³³kă³¹ʒan⁵⁵ ja³³uʔ³¹!
他(宾)　芭蕉　　一　　一　分　　给(尾)
(你)分一个芭蕉给他吧!

ʃă³¹ʒin⁵⁵兼表"学"和"教"两个反义的义项,用哪一个义项由后面是否加助动词ja³³决定。如果加ja³³,构成ʃă³¹ʒin⁵⁵ja³³,表示"教";如果不加ja³³,是"学"义。这是因为"教"是付出性的,需要加ja³³表示动作是付出的;而"学"是获取的,所以也可以再加貌词la⁵⁵(当动词用时本义是"拿"义,当貌词用时是"获取"义,表示动作的获得),构成ʃă³¹ʒin⁵⁵la⁵⁵。例如:

nu⁵¹nan⁵⁵nau³³ni³³pheʔ⁵⁵lam³³khom³³ʃă³¹ʒin⁵⁵ja³³mă³¹teʔ³¹kaʔ³¹!
妈　你哥俩　们(宾)路　走　教　给(尾)
妈妈教你们兄弟学走路!

ʃă³³ta̠³³mi³³ tʃen³³ʃă³¹ʒin⁵⁵（la⁵⁵）să⁵⁵kaʔ⁵⁵ai³³.
月　　一　　半　　学　　　（貌）（尾）
（我们）已经学习了一个半月。

（2）主要表示动作方向的，语法化程度居中。这一类型用法的主要动词如 ap³¹ "交"、sak³¹ "献"、thu³³ "分给" 等，都不同程度地含有 "给" 义。例如：

să³³ʒa³³pheʔ⁵⁵ap³¹ja³³ uʔ³¹！　　　（你）交给老师吧！
老师　（宾）交 给（尾）

să³³ʒa³³ni³³pheʔ⁵⁵sak³¹ja³³uʔ³¹！　　（你）献给老师们吧！
老师　们（宾）献　给（尾）

thiŋ³¹ko³³ ʃă³¹ku³¹pheʔ⁵⁵nai³¹mam³³thu³³ja³³uʔ³¹！
户　　每　　（宾）粮食　　分　给（尾）
（你）把粮食分给各户吧！

（3）主要表示动作涉及受事的，是语法化程度最高的。如：

n̩³³tai³³wa³³kʒai³¹mă³¹suʔ³¹ai³³khum³¹mă³¹tat³¹ja³³uʔ³¹！
这　　人　很　欺骗　　的 别　　听　给（尾）
这人很会骗人，别听他的！

ʃiʔ⁵⁵ mă³¹naŋ³³aʔ³¹tiŋ³¹khu³¹ʃă³¹pja⁵⁵ja³³ai³³ta̠i³³na³³pheʔ⁵⁵
他的 朋友　　的　家庭　　破坏　　给 的 成 要（宾）
tsan̠³¹ ŋa³¹ ai³³.
担心　在（尾）
他担心这样会破坏朋友的家庭。

这种类型的 ja³³，它的前面还可以加上另一虚化的貌词 kau⁵⁵、tat³¹ 等。例如：

tam³¹ŋa³¹pă³¹en³¹tsi³¹ʃă³¹mai⁵⁵kau⁵⁵ja³³uʔ³¹ai³³.
渔夫　龙　　治 使好　（貌）给　（尾）
渔夫把龙王（给）治好了。

kǎ³³kjin³³mak³¹khju³¹ wa³³a⁽²³¹ lǎ³¹ko⁵³sa³³kǎ³¹wa⁵⁵tat³¹ja³³u⁽²³¹ai³³.
蚂蚁　猎人　　者的　脚　去　咬　（貌）给（为）
蚂蚁把猎人的脚（给）咬了一口。

2. ja³³ "给"的语法化成因

景颇语 ja³³ "给"的语法化有其固有的成因。与其他语法化现象相比，既有共同点，又有差异。ja³³ "给"语法化的成因主要有三个：

（1）与其他动词连用时位置居后的原因。ja³³ 表示的是"给"义，在语义搭配时，要放在其他动词之后。而景颇语两个动词连用，居后的容易出现语法化。例如：

wa⁵¹ŋai³³phe⁽²⁵⁵ lǎ³¹pu³¹n³¹nan³³mǎ³¹ʒi³³ja³³ u⁽²³¹ai³³.
父亲 我（宾）裤子　新　　买　给（尾）
父亲给我买新裤子。

ma³¹ni³³ phe⁽²⁵⁵mau³¹mui³¹khai³¹ja³³u⁽²³¹!（你）给孩子们讲故事吧！
孩子们（宾）故事　　讲　给（尾）

上面两句的 mǎ³¹ʒi³³ "买" 和 khai³¹ "讲" 都发生在 ja³³ "给" 之前，所以语义搭配上，ja³³ 需要置于其后。

（2）符合景颇语述补结构补语语法化的模式。景颇语动词做述补结构的补语时容易出现语法化，变为貌词。这是景颇语动词语法化的重要模式之一。《景颇语助动词形成的途径及条件》一文，统计了景颇语的 67 个助动词，求出由动词语法化的有 40 个。[①] 这些动词单独做谓语时取其实义，在其他动词之后时语法化为貌词。例如：

A：tʃum³¹tat³¹ u⁽²³¹！　　　（你）放盐吧！
　　盐　放（尾）

---

① 参见戴庆厦、王洪梅：《景颇语助动词形成的途径及条件》，《民族教育研究·动词研究专辑》1999 年增刊。

B：ti⁷³¹tha⁷³¹paŋ³³tat³¹ u⁷³¹! （你）放进锅里吧！
　　锅里　放　（貌）(尾)

A：ʃi³³u³¹sat³¹sai³³.　　　　他杀了鸡。
　　他　鸡　杀　（尾）

B：ŋai³³phe⁷⁵⁵mǎ³¹ni³³sat³¹ai³³.　把我笑死了。
　　我（宾）笑　（貌）(尾)

上面的例句，A 是实义动词的用法，B 是语法化为助动词的用法。

ja³³ "给"单独做谓语时，都是实义"给予"义。但位于其他动词之后，进入"动词+貌词"的模式时，跟随整个模式出现语法化。例如：

lai³¹ka̠³³puk³¹n³³tai³¹ʃi³³phe⁷⁵⁵ja³³ u⁷³¹! （你）把这书给他吧！
书　　这　　他（宾）给（尾）

tʃiŋ³³kha³³pho⁷³¹ja³³ʒit³¹!　　　　　　请你帮我开一下门！
门　　开　　给（尾）

（3）使用频率高。从语义上说，"给"反映的是一种交流、传递的动作，是日常生活中常见的、常用的概念，无论是单独做谓语，或是位于其他动词后做虚化动词，其使用频率都很高。按照语法化的理论，使用频率高的成分容易出现语法化。

附带说一点，ja³³ 与 tʃo⁷³¹ "给"在是否语法化上形成互补。它们都可以位于其他动词之后，但 ja³³ 多出现语法化，构成述补关系，而 tʃo⁷³¹ 还保留实义，构成连动关系。这种互补对 ja³³ 的语法化用法具有一定的稳定作用。试对比下列两句：

ŋai³³phe⁷⁵⁵ʒai⁵⁵no⁷⁵⁵ju³³ja³³ʒit³¹!　请帮我先看一下东西。
我（宾）东西先　看　给（为）

ʃi³³kǎ³¹ʃa³¹ni³³phe⁷³¹lu³¹ʃa⁵⁵mu³³mu³³mai³³mai³³kǎ³¹lo³³tʃo⁷³¹u⁷³¹ai³³.
他　孩子们（宾）食物　好吃的　　　　做　给（尾）
他给孩子们好好地煮了一顿好吃的饭。

### 3.4.3 景颇语"给"字句与亲属语言比较

下面把景颇语的"给"与亲属语言（藏缅语族其他语言、汉语）进行比较，进一步认识景颇语"给"字的来源及其特点。

1. 与藏缅语族语言比较

先看词源关系。藏缅语族诸语言的"给"，大部分语言相互间都有同源关系，同源词主要有两类。在语音形式上，一类是双唇音，一类是舌根音。例如：

双唇音类：

| 藏文 | sprod① | 仓洛门巴语 | pi¹³ |
| 墨脱门巴语 | bi | 独龙语 | bi⁵³ |
| 格曼僜语 | pi⁵⁵ | 博嘎尔珞巴语 | biː |
| 缅语（书面语） | pe³ | 缅语（仰光） | pe⁵³ |
| 载瓦语 | pji²¹ | 浪速语 | pjik⁵⁵ |
| 波拉语 | pi³¹ | 勒期语 | pjeːi³³ |
| 怒苏语 | bi³¹ | 彝语（喜德） | bɿ²¹ |
| 彝语（武定） | bi⁵⁵ | 哈尼语（绿春） | bi³¹ |
| 哈尼语（墨江） | pi³¹ | 拉祜语 | pe³¹ |
| 基诺语 | pi⁴⁴ | 桑孔语 | pi³¹ |
| 毕苏语 | pi³¹ | | |

舌根音类：

| 墨脱门巴语 | ge | 普米语（兰坪） | də¹³khuɛ̃¹³ |
| 普米语（九龙） | xɐ¹¹khẽ³⁵ | 却域语 | kho⁵⁵ |
| 扎坝语 | tʌ³³khɿ⁵⁵ | 贵琼语 | kã⁵⁵ |
| 史兴语 | kɛ̃⁵⁵ | 吕苏语 | khe³⁵ |

---

① 参见俞敏：《汉藏同源字谱稿》，《民族语文》1989 年第 1 期。

468　四　句法篇

彝语（巍山）　　　gu²¹　　　　　彝语（南华）　　　gə²¹
傈僳语　　　　　　go³¹　　　　　喀卓语　　　　　　kɯ³¹

上面的例子显示，是双唇音形式的，主要是藏语、彝缅语支诸语言；是舌根音形式的，主要是羌语支语言和部分彝语支语言。此外还有一个舌尖音类，如阿昌语的 tsi³¹ 和仙岛语的 tsi³¹，是否与双唇类有同源关系难以断定。至于景颇语的"给"与双唇音、舌根音两类的"给"是否同源，还有待进一步确定。但看来可能没有同源关系。因为景颇语是有塞音韵尾的语言，如果与双唇类有同源关系，韵尾必须是促声韵。而 ja³³ 是舒声韵。在声母上，ja³³ 与舌根声母存在较大的差异。即便被认为是与景颇语相近的语言，如独龙语和格曼僜语也是双唇音形式，前者是 bi⁵³，后者是 pi⁵⁵。正因为在语族内找不到同源关系，所以可以认为 ja³³ 是景颇语后来自身创新的。tʃo³¹ 虽然是促声韵，但声母是舌叶音，与双唇音、舌根音还确定不了对应关系。也就是说，有无同源关系也难以确定。

在语法特点上，景颇语的 ja³³、tʃo³¹ "给"与藏缅语族诸语言的共同点是既可以单独做谓语，均为三价动词，也可以同其他动词连用，位置居于其他动词之后。例如：

载瓦语：

naŋ⁵¹kha⁵¹juʔ²¹ lě⁵⁵pji²¹ʒa⁵¹？　　　　你要给哪一位？
你　哪　位（宾）给（助）

ŋo⁵¹ lă²¹juʔ²¹ lě⁵⁵ŋun⁵¹ i⁵⁵tshen⁵⁵tshen⁵⁵kam⁵¹pji²¹pe⁵¹.
我　一　位（宾）钱　二千　　千　　分　给（助）
我分给每人两千元。

浪速语：

nɔ̃³¹khɔ̃³¹jauk⁵⁵ʒɛ³¹pjik⁵⁵nɛ⁵⁵？　　　　你要给哪一位？
你　哪　位　（宾）给（助）

a³¹mji⁵⁵mai³¹ʃɛ̃⁵⁵tauk⁵⁵a³¹nauŋ³⁵ʒɛ³¹ vai³¹pjik⁵⁵.
妈妈　裙子　花　　妹妹（宾）买给
妈妈买花裙子给妹妹。

波拉语：

kai⁵⁵a³¹tsam³⁵nɔ̃⁵⁵ʒɛ³¹pi³¹nɛ̃⁵⁵.　　　好的，那双送给你。
好　那双　你（宾）给（助）

jɔ̃⁵⁵ ŋa⁵⁵ʒɛ³¹ pu³¹tă³¹khjɛˀ⁵⁵vɛ⁵⁵pi³¹ɛ³¹.　他买给我一件衣服。
他　我（宾）衣　一　件　　买　给（助）

勒期语：

a⁵⁵maŋ³³ ŋo⁵³ le⁵⁵mou⁵³sou⁵⁵tă⁵³puk³¹pjeːi³³. 哥哥给了我一本书。
哥哥　　我（宾）书　　一　本　　给

ŋjaŋ³³ŋo⁵³le⁵⁵ ʂ⁵⁵xɔm⁵⁵ta⁵³tʃham⁵⁵juː⁵³ pjeːi³³.他拿给我一个桃子。
他　我（宾）桃子　一　个　　拿　给

以上各语言的前一例句是"给"单独做谓语，后一例句是"给"放在主要动词后做谓语，也出现不同程度的语法化。这些特点是与景颇语一致的。不同的是，有些语言的"给"可以用于主要动词前，表示使令义，出现不同程度的语法化，语法化甚高者，"给"字接近表示使动意义的前缀。如哈尼语：

a³¹ma³³a³¹jo³¹jo⁵⁵bi³³dza³¹ a⁵⁵.　　　妈妈给他吃了。
阿妈　他（宾）给　吃　了

dzi⁵⁵ba³¹a⁵⁵su³¹jo⁵⁵ bi³³ do⁵⁵！　　　给叔叔喝酒吧！
酒　　叔叔（宾）给　喝

2. 与汉语比较

藏缅语族双唇类的"给"与古汉语的"畀"有同源关系。俞敏的《汉藏同源字谱稿》一文中，曾指出"畀"与藏文"给"sprod 同源。例见《尚书·洪范》：

箕子乃言曰:"我闻在昔,鲧陻洪水,汩陈其五行。帝乃震怒,不畀洪范九畴,彝伦攸斁。鲧则殛死,禹乃嗣兴,天乃锡禹洪范九畴,彝伦攸叙。"

这一段中,"不畀洪范九畴"与"天乃锡禹洪范九畴"这两个句子是可以互相参照来看的。《白话尚书》:"畀,给予","'锡',通'赐',给予"[①]。"畀"与"锡"(与"赐"字通假)是近义词,即"给予"义。《说文解字》:"畀,相付与之约在阁上也。"[②]《说文解字注》:"'约'当作'物',古者物相与必有藉,藉即阁也。"[③]《宋本广韵·永禄本韵镜》:"畀,与也。"[④]

"畀"的语音演变轨迹为从上古音的入声字演变为中古音的去声字。唐作藩《上古音手册》:"畀,质(韵)·帮(母)·入(声)。"[⑤]郭锡良《汉字古音手册》指出:"畀"的上古音为"帮质",拟音为[piēt];而《广韵》"畀"字的反切为"必至切","畀"的中古音为"帮(母)至(韵)开口三等去声止摄",拟音为[pi]。[⑥]很显然,"畀"的中古音[pi]与上述藏缅语族双唇音形式的"给"是有同源关系的。

再从词类、语法及语义上与汉语比较。

在词类划分上,景颇语的tʃo³¹"给"主要当动词用;而ja³³的动词、助动词用法同时存在,出现在另一个主要动词之后语法化为助动词。但二者都没有进一步语法化为介词、助词。汉语则不同。"给"的词类划分,朱德熙(1979)认为分为动词和介词两类,吕叔湘(1980)则认为分为动词、介词和助词三类。例如:

---

① 周秉钧:《白话尚书》,岳麓书社1990年版,第101页。
② (东汉)许慎:《说文解字》,中华书局2006年版,第99页。
③ (清)段玉裁:《说文解字注》,浙江古籍出版社2002年版,第200页。
④ (宋)陈彭年:《宋本广韵·永禄本韵镜》,江苏教育出版社2002年版,第102页。
⑤ 唐作藩:《上古音手册》,江苏人民出版社1982年版,第7页。
⑥ 郭锡良:《汉字古音手册》,北京大学出版社1986年版,第86页。

那本书我给你了。　　　　　　　　（动词）

给我来封信。　　　　　　　　　　（介词）

劳驾，您给找一下老王同志。　　　（助词）

在语法特点上，景颇语的 ja$^{33}$、tʃo$^{ʔ31}$ "给" 与汉语的 "给" 同样都可以单独做谓语。不同的是，单独做谓语时，汉语的 "给" 在前，宾语在后；而景颇语则是宾语在前，动词 ja$^{33}$、tʃo$^{ʔ31}$ "给" 在后。如 "你给他吧！" 这句话景颇语说成：

ʃi$^{33}$phe$^{ʔ55}$ja$^{33}$ u$^{ʔ31}$！

他（宾）给（尾）

ʃi$^{33}$ phe$^{ʔ55}$tʃo$^{ʔ31}$tat$^{31}$ u$^{ʔ31}$！

他（宾）　给　（貌）（尾）

景颇语和汉语的 "给" 都可以与别的动词连用，或共同出现在同一个谓语结构中。所不同的是，汉语的 "给"，既可以和另一动词紧密相连，也可以分开使用，其位置可前可后。例如：

我送给他一本书。/ 我送一本书给他。/ 我给他写一封信。

而景颇语的 ja$^{33}$ "给" 只能用在另一动词后，而 tʃo$^{ʔ31}$ "给" 在前在后均可。例如：

ŋai$^{33}$ʃi$^{33}$phe$^{ʔ55}$lai$^{31}$ka̠$^{33}$kʒu$^{ʔ55}$ kă$^{31}$ʒan$^{55}$ja$^{33}$să$^{33}$ŋai$^{33}$.

我　他（宾）书　　六　　分　　给（尾）

我送给他六本书。

ʃi$^{33}$phe$^{ʔ55}$tʃo$^{ʔ31}$ʃa$^{55}$ u$^{ʔ31}$！　　　　　　给他吃吧！

他（宾）给　吃（尾）

nu̠$^{51}$ʃi$^{33}$phe$^{ʔ55}$pha$^{33}$n$^{55}$tha$^{ʔ31}$tʃo$^{ʔ31}$ŋa$^{31}$ai$^{33}$.　妈妈什么也没拿给他。

妈 他（宾）什么 不 拿　给 （貌）（尾）

在语义上，景颇语的 ja$^{33}$、tʃo$^{ʔ31}$ "给" 与汉语的 "给" 基本义相同，都是 "给予" 义。所谓 "给予"，朱德熙认为汉语的 "给" 必须要具备三个要素:(1)存在着"与者"(A)和"受者"(B)双方。(2)存在着与者所与亦即受者所受的事物(C)。(3)A 主动地使 C 由 A 转移至 B。① 这三个必备要素在景颇语里也是如此。汉语的"给"还引申出许多其他意义,如"引进传递的接受者""引进动作的受益者""朝/向/对""被动义"和"致使义"等。② 这些引申义由介词、助词"给"来表达,而在景颇语中,均由助动词 ja³³ 来表达。引申义的语序,汉语的"给"是单独带宾语的,构成"介宾结构"或"给"居于主要动词之前;而景颇语的 ja³³ "给"则是要紧跟在一个主要动词之后,构成一个复合谓语后再带宾语。试看以下汉语、景颇语的对应:

(1)(你)给我倒杯水!(引进传递的接受者)

n̩³¹tsin̩³³kom³³mi³³tu⁵⁵ja³³ʒit³¹!

水杯　　　一　倒　给(尾)

(2)医生给病人治病。(引进动作的受益者)

tsi̩³¹să³³ʒa³³ni³³mă³¹tʃi̩ʔ⁵⁵ai³³ni³³pheʔ⁵⁵ tsi̩³¹tsi̩³¹ja³³maʔ³¹ai³³.

医生　　们　病　　的人们(宾)病　治　给(尾)

(3)你给孩子们讲故事吧!(朝、向、对)

ma³¹ni³³pheʔ⁵⁵mau³¹mui³¹khai³¹ja³³uʔ³¹!

孩子 们(宾)故事　　讲　给(尾)

(4)他说错话,给大家笑了。(被动义)

ka³¹tsun̩³³jit⁵⁵n̩³¹na⁵⁵joŋ³¹ e³¹tʃom⁵⁵mă³¹ni³³kau⁵⁵ja³³mă⁵⁵nuʔ⁵⁵ai³³.

话 说　错 之后　都 (助)一起笑　(貌)　给　(尾)

(5)(你)写下吧,别把这句话给忘了!(致使义)

ka̩³³ton̩³¹uʔ³¹, khum³¹mă³¹lap³¹kau⁵⁵ja³³ lu³³!

写　下(尾)　别　　忘　　(貌)给(语)

---

① 朱德熙:《与动词"给"相关的句法问题》,《方言》1979 年第 2 期。
② 吕叔湘主编:《现代汉语八百词》,商务印书馆 1980 年版,第 196—198 页。

### 3.4.4 "给"字句小结

通过对景颇语"给"义词族的共时分析以及和亲属语言的比较，可以进一步认识景颇语"给"字句的类型学特征。

（1）在语法上，"给"字句的形成和发展受到多种因素的制约，但其中最重要的是 OV 型语序。表现之一是，动词"给"和其他动词连用时具有较高的紧密度。因为 OV 型景颇语的动词谓语在主语、宾语之后，谓语和主语、宾语构成了"两大板块"。主语、宾语处于"前一板块"中，而置于其他动词前后的"给"，都处于"后一板块"中。同在"后一板块"内的"给"与其他动词总是紧密相连，中间不会插入宾语。不像 VO 型汉语那样两个动词既可以连用，也可以在它们之间插入宾语，如"送给他一本书/送一本书给他"。

表现之二是，景颇语的 ja³³ "给"由于常与别的动词连用，所以容易出现语法化。其语法化的具体特点也受景颇语 OV 型语序的制约。OV 型语序的特点，要求句中的动词谓语都集中于句末，允许不同动词的连用。这就是说，OV 型语序为动词连用既规定了存在的条件，又为其发展提供了广阔的空间。ja³³ "给"正是由于长期地、大量地居于其他动词之后，才为其语法化为助动词提供了条件。而 VO 型汉语由于宾语在谓语之后，不同的动词可以分别带宾语，所以可以不连在一起。如"买一件礼物给我"。

（2）在语义上，景颇语的"给"字和汉语一样使用频率高，同一形式隐含多个义项，实际上包含着"给₁""给₂""给₃"等不同的下位概念。而且还有多个近义的同族词，如景颇语的 ja³³、tʃo⁽³¹⁾、sak³¹、thu³¹、ʃun³³、汉语的"赐、予、与、赠、献"等。这种现象的形成，与这些语言的分析性特点有关。因为分析性强的语言，在外部形式上缺少变化，而善于通过句法的组合、语义的变迁来表达不同的变体。亲属语言比较有助于我们揭示单一语言研究看不到的隐性特征。

（3）景颇语的多个"给"，构成一个互补的系统。ja$^{33}$、tʃo$^{731}$"给"之间有分工，各有侧重。（见上）在语法上，ja$^{33}$ 与 tʃo$^{731}$"给"在是否语法化上形成互补。它们都可以位于其他动词之后，但 ja$^{33}$ 多出现语法化，构成述补关系，而 tʃo$^{731}$ 还保留实义，构成并列关系。

（4）"给"的词源比较不但有助于认识"给"字句的形成和发展，而且有利于帮助我们认识亲属语言"给"字句的共性和个性。通过比较看到，景颇语的"给"与藏缅语的亲属语言和汉语没有同源关系；而藏缅语部分亲属语言则与汉语的"畀"有同源关系。可以初步认为景颇语的"给"字是后来自己创新的。

## 3.5　景颇语的"宾谓同形"句

宾谓同形是景颇语语法的一个重要特点。它是宾谓结构的一个重要组成部分，受景颇语韵律、重叠、双音节化等规律的制约。本节在广泛分析景颇语宾谓同形结构语料的基础上，界定宾谓同形的语义、语法以及语音的特点。并通过不同类型短语的对比以及参照亲属语言的特点，分析宾谓同形结构形成的内部成因。还试图对宾谓同形中的谓语附着型短语的性质和成因进行论述。

### 3.5.1　概念及其研究价值

景颇语属于 OV 型语序的语言，宾语在前，谓语在后，构成了宾谓短语。景颇语的宾谓短语若从形式上可以依据宾语与谓语是否相同分为两类：一类是"宾谓非同形"型，即宾语和谓语使用不同的词。这一类型是能产的，数量是无限的。如：ʃat$^{31}$（饭）ʃa$^{55}$（吃）"吃饭"；

puŋ³¹li³¹（活）kǎ³¹lo³³（干）"干活"等。另一类是"宾谓同形"型，即宾语和谓语使用相同的或部分相同的形式。如：ka³¹（话）ka³¹（说）"说话"；ʃoi³³wa³³（春米歌）wa³³（唱）"唱春米歌"；n⁵⁵phje⁵¹（挎包）phje⁵⁵（挎）"挎挎包"等。这一类是非能产的，数量是有限的。宾谓同形短语，无论在来源上或是在语义、语法、语音的特点上，都与非同形的宾谓结构短语存在一些不同的特点。

宾谓同形型短语，一般称之为"宾谓同形"。但由于它都由名词充当宾语，动词充当谓语，所以有的人也称之为"名动同形"。这种同形，是同一句子中相邻句法成分的同形，不是同一个词兼表不同词类（如名词兼表量词）的同形。

宾谓同形在音节数上有三音节的，也有两音节的。三音节型出现频率最高。这种类型的名词宾语是两个音节，动词取名词的后一音节，加起来成三个音节。由于景颇语的名词大多是双音节的，所以宾谓同形自然是三音节的占大多数。例如：

tu³³koŋ³¹ koŋ³¹　　摆官架子　　kum³¹wai³¹ wai³¹　说隐语
官架子　摆　　　　　　　　　　　隐语　　说

ʃoi³³wa³³ wa³³　　唱春米歌　　koŋ³¹taŋ³¹ taŋ³¹　跳跳板
春米歌　唱　　　　　　　　　　　跳板　　跳

tiŋ³¹je⁵⁵ je⁵⁵　　扫地　　　　taŋ³¹pai³³ pai³³　穿筒裙
地　扫　　　　　　　　　　　　筒裙　　穿

名词若是一个音节的，有的也能构成双音节型的宾谓同形结构。但这类短语数量较少。例如：

ka³¹ ka³¹　　　说话　　　　kha³³ kha³³　　　留痕迹
话 说　　　　　　　　　　　痕迹 留

khai⁵⁵ khai⁵⁵　种庄稼　　　poi³¹ poi³¹　　　举行葬礼
庄稼 种　　　　　　　　　　葬礼 举行

动词谓语与名词宾语同形的，语音形式大多是全同的，但也有少数略有不同的。不同的是，动词的声调发生了变化，不同于名词。例如：khă$^{55}$tu̱m$^{51}$（工）tu̱m$^{33}$（误）"误工"；n$^{55}$phje$^{51}$（挎包）phje$^{55}$（挎）"挎挎包"。

从语义上看，宾语和谓语之间的关系有两种。一是宾语是谓语的受事者。例如：

| kjep$^{31}$tin$^{33}$tin$^{33}$ | 穿鞋 | khin$^{31}$taŋ$^{55}$taŋ$^{55}$ | 扣纽扣 |
| 鞋　　　穿 | | 纽扣　　扣 | |
| lă$^{31}$khon$^{55}$khon$^{55}$ | 戴手镯 | puŋ$^{31}$khum$^{55}$khum$^{55}$ | 枕枕头 |
| 手镯　　戴 | | 枕头　　枕 | |
| tʃiŋ$^{31}$khu$^{ʔ31}$khu$^{ʔ31}$ | 交朋友 | n$^{31}$sa$^{ʔ31}$ sa$^{ʔ31}$ | 呼气 |
| 朋友　　交 | | 气　　呼 | |

二是宾语是谓语的结果。例如：

| khʒaŋ$^{31}$khʒi$^{31}$ khʒi$^{33}$ | 腌酸菜 | mă$^{31}$ khʒi$^{31}$ khʒi$^{31}$ | 编辫子 |
| 酸菜　　腌 | | 辫子　　编 | |
| khu$^{33}$khu$^{33}$ | 打洞 | tʃo$^{ʔ33}$khjen$^{31}$ khjen$^{33}$ | 盘头顶髻 |
| 洞　打 | | 头顶髻　盘 | |
| au$^{33}$khja$^{33}$khja$^{33}$ | 焖糯米饭 | pho$^{ʔ55}$ khjon$^{31}$ khjon$^{31}$ | 折叶子碗 |
| 糯米饭　焖 | | 叶子碗　折 | |

除景颇语外，藏缅语许多语言的宾谓短语结构也有宾谓同形结构，如哈尼语、载瓦语等。它的存在和演变对藏缅语语法结构的形成和发展，有着一定的制约关系。因而，弄清宾谓同形的特点和演变，能够深化对短语结构、词类转用、韵律制约等特点的认识，是藏缅语语法研究中不可缺少的一部分。但回顾过去的景颇语研究，可以认为虽然研究者已经看到了这一特殊的语法现象，但系统、深入的研究甚少，特别是对宾谓同形的分析存在过粗、理论概括不够的缺点，因而

使得这一研究未能抓住景颇语宾谓短语的本质特征。所以，分析宾谓同形短语内部不同的层次，深入揭示其内在的特点，是景颇语宾谓同形短语研究必须解决的一个问题。

### 3.5.2 宾谓同形的两种不同的类型

宾谓同形短语虽然在语法上都是支配关系，但由于谓语的特点不同，短语的性质也不相同。从谓语和宾语的结合关系上看，结合度存在松紧的不同。有的松一些，谓语可以离开宾语而存在，这种类型可称之为"松式宾谓同形短语"；有的紧一些，谓语缺乏独立性，对宾语有附着关系，这种类型可称之为"紧式宾谓同形短语"。这两类短语，在语义上、语法上以至来源上都有不同的特点。分述如下：

1. 松式宾谓同形短语

这类短语，谓语动词能独立使用，而且还能与别的名词宾语结合。动词谓语来自合成名词的后一音节——动词语素。

如 khʒaŋ³¹khʒi³³ khʒi³³ "腌酸菜" 的 khʒaŋ³¹khʒi³³ "酸菜" 由 khʒaŋ³¹ "菜" 和 khʒi³³ "酸" 两个词素组成。动词谓语 khʒi³³ "腌"，复制自 khʒaŋ³¹khʒi³³ "酸菜" 的 khʒi³³ "酸"，它不但有独立的语义，而且还能单独使用。如：nam³¹si³¹（果子）khʒi³³（酸）"果子酸"。又如：

tu³¹pat³¹ pat³¹　　围围脖　　num³³kʒam³¹ kʒam³¹ 女子独身到老
围脖　围　　　　　　　　　独身女子　独身
（脖+围）　　　　　　　　　（女子+独身）

tʃo⁷³³khjen³¹ khjen³³　缠头顶髻　pho⁷⁵⁵ khjon³¹ khjon³¹ 折叶子碗
头顶髻　缠　　　　　　　　　叶子碗　折
（撮+缠）　　　　　　　　　（叶子+折）

带有前缀或半前缀的双音节合成名词，后一音节也有一定的独立性，也能构成松式宾谓同形短语。

例如：n³¹tup³¹ tup³¹ "打铁"中的 n³¹tup³¹ "铁匠"，由半前缀 n³¹ 和动词词素 tup³¹ "打（铁）"构成。谓语 tup³¹ 与名词的后一音节相同。它除了"打（铁）"外，还有"打（物）""处罚"等义。还可以和别的宾语结合，也可以独立使用。再如 mam³³（谷子）tup³¹（打）"打谷子"，tup³¹（打）sai³³（了）"打了"。又如：mǎ³¹kham⁵⁵ kham⁵⁵ "安装捕鸟扣子"的 mǎ³¹kham⁵⁵ "捕鸟扣子"，由半前缀 mǎ³¹ 和 kham⁵⁵ "引诱"构成，动词谓语 kham⁵⁵ 复制自名词的后一音节 kham⁵⁵，当"安装（捕鸟扣子）"用。但 kham⁵⁵ 还能与别的名词结合，如 tʃǎ⁵⁵ʒu⁵¹（酒）the⁽³¹（用）kham⁵⁵（引诱）"用酒引诱"。

2. 紧式宾谓同形短语

这类短语，动词谓语与名词宾语存在附着关系，或黏着关系。谓语缺乏独立性，只与产生它的名词宾语一起使用，不能与别的名词宾语结合，也不能单独使用。在语义上，紧式"宾谓同形"谓语没有独立的语义，在词汇库里没有它单独的位置。在宾谓短语中，动词谓语的语义由宾语而定，脱离了宾语就没有这一语义，含有临时的性质。如 tʃiŋ³¹khu⁽³¹khu⁽³¹ "交朋友"中的动词谓语 khu⁽³¹ "交"，来自 tʃiŋ³¹khu⁽³¹ "朋友"的后一音节，而 tʃiŋ³¹khu⁽³¹ "朋友"是单纯词，不能分离。khu⁽³¹ 只与这一名词结合，不出现在别的场合。又如 kǎ³¹thoŋ³¹ thoŋ³¹ "建村寨"中的宾语 kǎ³¹thoŋ³¹ "村寨"，是个单纯词，不能分离，thoŋ³¹ "建"只与 kǎ³¹thoŋ³¹ "村寨"构成宾谓关系。总之，紧式宾谓同形短语的动词谓语是临时性的、附着性的，其主要功能是充当语法成分的位置，完善句法结构。至于语义，则是"入句有义，离句无义"。属于这类宾谓同形结构的又如：

n⁵⁵ʒim⁵⁵ ʒim⁵⁵　到黄昏　　　phai³¹ʒu⁽³¹ ʒu⁽³¹　打排枪
黄昏　到　　　　　　　　　排枪　打

ʃiŋ³¹kjin³³ kjin³³　　搓泥弹丸　　　　n³¹puŋ³³ puŋ³³　　刮风
泥弹丸　搓　　　　　　　　　　　风　刮

由于紧式类短语的宾语与谓语结合较紧，所以在话语运用中一般不插入别的语法成分（如副词、数量词等），而是连成一体使用。这是紧式类区别于松式类在语法结构上的一个最重要的特点。不过，要插入别的语法成分的话也符合语法规则。

从来源上看，这两类短语的形成存在不同的途径。紧式类的谓语，来自双音节单纯名词（两个音节不能分离，分离了没有意思）的后一音节，它主要按类推规则生成。即便是名词借词，也能按这一规则生成紧式类短语。如汉语的ʃe³³（社）进入景颇语后，可以构成宾谓短语ʃe³³ʃe³³"办社"，后一个ʃe³³当"办"用。即便是双音节借词，不论是单纯词还是复合词，进入景颇语后则都以单纯词对待，都可复制其后一音节做动词谓语用。这类动词谓语，也是附着性的，临时性的。如kjep³¹tin³³（鞋）tin³³ "穿鞋"中的kjep³¹tin³³ "鞋"借自傣语，用它的后一音节动词 tin³³ 做动词谓语，赋予"穿"义，也不能单用。其他的又如：

thai³³kje³³ kje³³ 犁第三道（借傣）　n³¹tʃaŋ³³ tʃaŋ³³　　当长工（借傣）
　第三道　犁　　　　　　　　　　　长工　当
phă³³ka³³ ka³³　做生意（借傣）　　tsau³¹khai³¹ khai³¹ 穿鞋（借汉）
生意　做　　　　　　　　　　　　鞋　穿

很明显，紧式宾谓同形短语是先有名词后有动词的，纯粹是类推的结果，是动词复制名词的。而松式类则不同。松式类的名词和动词同形，是语义搭配的偶合，不存在谁复制谁的问题。换句话说，这类短语中的复合名词，构词所用的动词，也是谓语所要用的动词。二者的同形，是偶合的，不是复制的，也不是类推的。

紧式和松式的区分，给了我们两点启示：一是景颇语宾谓同形短语的形成最早出现的可能是松式。当时，宾语和谓语因偶合而出现了同形，而同形因为符合重叠特点，就产生了韵律。而韵律使用的扩大，就推至单纯词上，通过重叠构成了宾谓结构。二是通过分析，我们看到景颇语的宾谓同形主要是由两个不同的渠道会合而成的：一是同形的名词和动词连用；二是动词复制名词。两个来源汇成了宾谓同形结构。

此外，景颇语中还有一类语义上是主谓关系的名动同形结构也进入到宾谓同形短语系统中。例如：n$^{55}$thoi$^{55}$（天）thoi$^{55}$（亮）"天亮"，thoi$^{55}$（亮）由名词复制而来。n$^{55}$thoi$^{55}$"天"只能看作主语，因为补不出别的主语，thoi$^{55}$"亮"是一元动词，不能带宾语。这类结构因与宾谓结构有相通点，所以能融入同形系统。当然，这类结构也能解释为使动态的宾谓结构，如把"天亮"看成是"使天亮"，但这不完满，因为这类结构补不出主语。又如：

| n$^{55}$sin$^{55}$ sin$^{31}$ | 天黑 | n$^{55}$ʒim$^{55}$ ʒim$^{55}$ | 到黄昏 |
| 天 | 黑 | 黄昏 | 到 |
| tum$^{31}$sa$^{33}$ sa$^{33}$ | 巫师念鬼 | mă$^{31}$tʃap$^{55}$ tʃap$^{31}$ | 辣子辣 |
| 巫师 | 念鬼 | 辣子 | 辣 |

可以把这类短语看成是宾谓同形短语的另一特类。

### 3.5.3 宾谓同形结构大量发展的内部条件

宾谓同形结构在景颇语里为什么能成为一个重要的结构形式，并有较强的组合能力？我认为这当中有其认知上的以及语义、语音、语法上的条件或理据。研究宾谓同形，除了分析它的结构特点外，还要探索制约其发展的内部条件。

1.某些名词宾语在语义上接受谓语的狭窄性是产生宾谓同形的先决条件

名词宾语接受动词谓语的可容性有宽有窄。有的名词宾语可以与众多的动词谓语结合。比如：景颇语的"饭"一词，可以与许多动词组成"吃饭、煮饭、蒸饭、做饭、买饭"等短语；"地"一词，也可以组成"种地、犁地、翻地、锄地"等短语。但有的名词宾语，与动词的结合具有狭窄性，只能与个别的或少数几个动词谓语结合。如景颇语的 kum$^{31}$wai$^{31}$ "隐语"一词，组成宾谓短语时，主要是与"说"结合，表示"说隐语"义，与别的动词结合的机会很少，所以这一名词就能用它的后一音节 wai$^{31}$ 当动词"说"用。又如，ʃoi$^{33}$wa$^{33}$ "舂米歌"一词组成宾谓短语时，一般也只与"唱"结合，用于"唱舂米歌"义，很少与别的动词结合，所以也能构成宾谓同形。还有一种情况：有的名词宾语虽然可与多个动词谓语结合，但所结合的动词中有一个是最常用的，其他的很少使用，于是最常用的就用宾谓同形，不常用的就用别的动词。如 lă$^{31}$khon$^{55}$ "手镯"一词组成宾谓短语时，主要用于"戴手镯"义，但它还可以与别的动词组成"做手镯、买手镯"等，于是最常用的"戴手镯"就用宾谓同形式，说成 lă$^{31}$khon$^{55}$ khon$^{55}$，其他结构就用别的动词。又如：

| puŋ$^{31}$khum$^{55}$ khum$^{55}$ | 枕枕头 | puŋ$^{31}$khum$^{55}$ kă$^{31}$lo$^{33}$ | 做枕头 |
| 枕头 枕 | | 枕头 做 | |
| khin$^{31}$taŋ$^{55}$ taŋ$^{55}$ | 扣纽扣 | khin$^{31}$taŋ$^{55}$ mă$^{31}$ʒi$^{33}$ | 买纽扣 |
| 纽扣 扣 | | 纽扣 买 | |

2. 类推机制是宾谓同形短语得以大量发展的重要手段

景颇语的语法结构出现了宾谓同形短语结构后，就使用类推机制不断扩大这一结构的内容，使这一结构能够充分适应表达的需要。不管是什么结构的名词，只要是符合表义要求的，都可以类推组成宾谓同形。如：景颇语借汉语的宾谓短语 ko$^{33}$ŋjen$^{31}$ "过年"，借入后还可以依据类推原则，重复名词的后一音节 ŋjen$^{31}$ "年"，构成宾谓短语 ko$^{33}$ŋjen$^{31}$ŋjen$^{31}$ "过年"。这时，ko$^{33}$ŋjen$^{31}$ "过年"当作名词用，

ŋjen$^{31}$"年"当动词用，赋予临时的"过"义。又如：son$^{31}$thaŋ$^{31}$thaŋ$^{31}$"腌干酸菜"中 son$^{31}$thaŋ$^{31}$"干酸菜"借自汉语的"酸汤"，组成宾谓结构时用后一音节 thaŋ$^{31}$"汤"当动词，赋予临时的"腌"义。

3. 韵律是宾谓同形短语得以生成的内部机制之一

景颇语在组词造句时受韵律制约，韵律是推动语言丰富发展的一个重要手段。景颇语的韵律配合有双声、叠韵、谐韵、重叠等，宾谓同形是通过重叠表现的韵律。

景颇语的重叠手段在各类实词中都使用，出现频率较高。单音节动词重叠表示"经常"义的如：sa$^{33}$"去"——sa$^{33}$sa$^{33}$"经常去"；疑问代词重叠表示多数的如：kă$^{31}$tai$^{33}$"谁"——kă$^{31}$tai$^{33}$tai$^{33}$"哪些人"；数词重叠表示"各"义的如：lă$^{55}$ŋai$^{51}$"一"——lă$^{55}$ŋai$^{51}$ŋai$^{51}$"各一"；形容词重叠表示程度加深的如 tsom$^{31}$"美"——tsom$^{31}$ tsom$^{31}$"很美"。

韵律还包括音节的长度的和谐。三个音节的宾谓同形结构，宾语和谓语部分相同构成韵律，在音节长短上两个音节的宾语的长度与一个音节大致相同。通过音节长短的搭配，说起来容易顺口，增强了语言的生命力。

景颇语的韵律机制，为宾谓同形结构的生成提供天然的模式。

4. 词类兼用也是宾谓同形短语得以顺利植根的内部机制之一

词类兼用是景颇语常用的一种语法手段。词类兼用根据其使用特点可分为两类：一类是同现式，即两个成分同时出现在同一句子中，做句子的不同成分。宾谓同形短语就是属于这一形式。同现式大多是相邻的，但也有隔开的。如 jup$^{31}$kok$^{31}$（鼾）n$^{55}$（不）kok$^{31}$（打）"不打鼾"。除了宾谓同形外，还有谓补同形短语等。谓补同形短语由动词谓语加借用动词的貌词补语组成。如 ŋa$^{31}$（在）ŋa$^{31}$（正在）"正在"，mat$^{31}$（掉）mat$^{31}$（下）"掉下"。重叠的补语，语义有一定程度的虚化。另一是非同现式，即词类兼用的词在句中单独出现。如借自名词的量词可以脱离原名词使用。如 ʃat³¹（饭）să³¹poi⁵⁵（桌）mi³³（一）"一桌饭"的 să³¹poi⁵⁵ "桌"，借自名词"桌子"。同现式的词类兼用为重叠式，含有韵律特征，在这一点上不同于非同现式。

以上几个因素构成了制约宾谓同形短语的内因。有了这些"基因"，宾谓同形短语才得以生存和发展。景颇语宾谓同形短语的形成有各方面的条件，其特点和规律不是容易认识清楚的，有待不断深入探讨。

### 3.5.4 附：宾谓同形语料

| | | | |
|---|---|---|---|
| ka³¹ ka³¹<br>话　说 | 说话 | koŋ³¹taŋ³¹ taŋ³¹<br>跳板　跳 | 跳跳板 |
| kum³¹wai³¹ wai³¹<br>隐语　说 | 说隐语 | taŋ³¹pai̯³¹ pai̯³¹<br>筒裙　穿 | 穿筒裙 |
| tiŋ³¹je⁵⁵ je⁵⁵<br>地　扫 | 扫地 | tu³³koŋ³¹ koŋ³¹<br>官架子　摆 | 摆官架子 |
| ʃoi³³wa³³ wa³³<br>舂米歌　唱 | 唱舂米歌 | khai⁵⁵khai⁵⁵<br>庄稼　种 | 种庄稼 |
| poi³¹ poi³¹<br>葬礼　举行 | 举行葬礼 | n⁵⁵ʒim⁵⁵ʒim³¹<br>黄昏　到 | 到黄昏 |
| pha³³len³¹ len³¹<br>队列　站 | 站队列 | khă⁵⁵tum³¹ tum³³<br>工　误 | 误工 |
| khin³¹taŋ⁵⁵ taŋ⁵⁵<br>纽扣　扣 | 扣纽扣 | lă³¹khon⁵⁵khon⁵⁵<br>手镯　戴 | 戴手镯 |
| puŋ³¹khum⁵⁵ khum⁵⁵<br>枕头　枕 | 枕枕头 | tʃiŋ³¹khuʔ³¹ khuʔ³¹<br>朋友　交 | 交朋友 |
| n³¹saʔ³¹saʔ³¹<br>气　呼 | 呼气 | khʒaŋ³¹khʒi³³ khʒi³³<br>酸菜　腌 | 腌酸菜 |

son³¹thaŋ³¹thaŋ³¹　腌干酸菜
干酸菜　腌

khu³³khu³³　　　打洞
洞　打

au³³khja³³khja³³　焖糯米饭
糯米饭　焖

pʰǎ⁵⁵ʒeŋ⁵⁵ʒeŋ⁵⁵　指挥
指挥者　指挥

mǎ³¹tʃap⁵⁵tʃap³¹　辣子辣
辣子　辣

jup³¹kok³¹kok³¹　打鼾
鼾　打

kum³¹phan⁵⁵phan⁵⁵　巫师跳神
巫师　跳

puŋ³¹kho⁷⁵⁵ kho⁷⁵⁵　包包头
包头　包

ta̠³¹ta̠³¹ ta̠³³　走高跷
高跷　走

pʰǎ³³ka³³ka³³　做生意
生意　做

pǎ³¹kham³³kham³³　当保人
保人　当

kum³¹ju³¹ ju³¹　下野
下野　下

kjep³¹tin³³ tin³³　穿鞋
鞋　穿

mǎ³¹khʒiʔ³¹ khʒiʔ³¹　编辫子
辫子　编

tʃo⁷⁵⁵khjen³¹khjen³³　盘头顶髻
头顶髻　盘

pho⁷⁵⁵khjon³¹khjon³¹　折叶子碗
叶子碗　折

phai³¹ʒup³¹ʒup³¹　打排枪
排枪　打

jup³¹khok³¹khok³¹　打鼾
鼾　打

mji³¹thoi³¹thoi³¹　巫师跳神
巫师　跳

pop³¹le⁵⁵ le⁵⁵　腿抽筋
抽筋　抽

jup⁵⁵tam³¹ tam³¹　醒后转向
睡转向　转

tum³¹sa³³sa³³　念鬼
巫师　做

ta³¹ko³³ ko³³　跳三弦舞
三弦舞　跳

ko³³khjen³¹ khjen³¹　裹裹脚布
裹脚布　裹

ʃiŋ³¹kjin³³ kjin³³　搓泥弹丸
泥弹丸　搓

tsau³¹khai³¹ khai³¹　穿鞋（借词）
鞋　穿

3 几种句式及其类型学特征　485

mă³¹kham⁵⁵kham⁵⁵　下扣子
扣子　　下

ju⁵⁵khat³¹ khat³¹　有鼠后洞口
鼠后洞口　有

wan³¹khat³¹khat³¹　烧焦
烟　　　焦

moŋ³¹kho³¹ kho³¹　患干咳病
干咳病　　患

mă³¹khon⁵⁵khon⁵⁵　唱歌
歌　　　唱

n³¹puŋ³³ puŋ³³　刮风
风　　刮

n³¹tʃaŋ³¹ tʃaŋ³³　当长工
长工　　当

jup³¹tuŋ³³ tuŋ³³　到深夜
深夜　　到

mă³¹ʒuʔ³¹ ʒuʔ³¹　长疥疮
疥疮　　长

tʃin³¹phaʔ³¹ phaʔ³¹　按挎包背带
挎包背带　按

tʃin³¹juʔ³¹ juʔ³¹　做亲戚
朋友　　交

phaʔ³¹ʒiʔ⁵⁵ ʒiʔ⁵⁵　发茶瘾
茶瘾　　发

noʔ³¹phu³³ phu³³　做豆豉
豆豉　　做

phji³¹tan³¹ tan³¹　承认是琵琶鬼
琵琶鬼①　承认

lă⁵⁵phjo⁵⁵ phjo⁵⁵　吹口哨
口哨　　吹

thai³³khe³³ khe³³　犁第三道
第三道　犁

ko³³ŋjen³¹ŋjen³¹　过年
过年　　过

ko³³sen³¹sen³¹　裹小脚
小脚　　裹

sai³³kot⁵⁵kot⁵⁵　套捞兜
捞兜　　套

num³³kʒam³¹kʒam³¹ 女子独身到老
独身女子　独身

la³³ kʒam³¹ kʒam³¹　男子独身到老
男子独身　独身

lă³¹kʒat³¹kʒat³¹　皮肤开裂
裂皮肤　开裂

tu³¹pat³¹pat³¹　围围脖
围脖　　围

kha³³ kha³³　留痕迹
痕迹　留

---

① 景颇族迷信中的一种鬼怪。

486　四　句法篇

| | | | |
|---|---|---|---|
| jup³¹kan⁵⁵ kan⁵⁵<br>失眠症　患 | 失眠 | tʃiŋ³³thum³³thum³³<br>双脚并拢　跳 | 双脚并拢跳 |
| pan³¹tsat³¹tsat³¹<br>绒球　　缀 | 缀绒球 | mǎ³¹tʃan³³tʃan³³<br>史诗　　吟 | 吟史诗 |
| jup³¹tʃan³¹tʃan³¹<br>瞌睡　　熬 | 熬瞌睡 | pu³¹kot⁵⁵kot⁵⁵<br>半长裤　穿 | 穿半长裤 |
| jup³¹tʃan³¹tʃan³¹<br>失眠　　失 | 失眠 | n⁵⁵thoi⁵⁵ thoi³¹<br>天　　亮 | 天亮 |
| n⁵⁵sin⁵⁵sin³¹<br>黑天　　黑 | 天黑 | jup³¹kap̯⁵⁵ kap̯⁵⁵<br>恋爱男女　建立 | 确立恋爱关系 |
| kǎ³¹thoŋ³¹thoŋ³¹<br>村寨　　建 | 建村寨 | ʃiŋ³¹kjin³³kjin³³<br>泥弹丸　搓 | 搓泥弹丸 |
| thiŋ³¹ʒim³³ʒim³³<br>房架子　搭 | 搭房架子 | kǎ³¹thoŋ³¹thoŋ³¹<br>象脚鼓　跳 | 跳象脚鼓 |
| jup³¹na³³ na³³<br>睡时听觉　听 | 睡时听见说话 | jup³¹tok⁵⁵ tok⁵⁵<br>杀睡的人　杀 | 杀害睡着的人 |
| thu³¹khu³³khu³³<br>屠夫　　宰 | 屠宰 | tsau³¹khai³¹khai³¹<br>草鞋　　穿 | 穿草鞋 |
| tʃau³¹koŋ³¹koŋ³¹<br>猎人　　打 | 打猎 | jup³¹tʃop³¹tʃop³¹<br>梦话　　说 | 说梦话 |
| jup³¹tam³¹tam³¹<br>梦游症　患 | 患梦游症 | tu³¹koŋ³¹koŋ³¹<br>官架　　摆 | 摆官架 |
| mǎ³¹kṵʔ⁵⁵kṵʔ⁵⁵<br>芽　　出 | 出芽 | no⁵⁵kṵʔ⁵⁵kṵʔ⁵⁵<br>宗教　　信 | 信宗教 |
| n³³nan³³non³¹non³¹<br>地震　　闹 | 闹地震 | num³³num⁵⁵<br>妻子　做 | 做妻子 |

| | | | | |
|---|---|---|---|---|
| num³¹sam⁵⁵sam⁵⁵ 女子样 像 | 像女子样 | num⁵⁵liŋ⁵¹liŋ³¹ 麻疹 出 | 出麻疹 |
| koŋ³³ɲjet⁵⁵ɲjet⁵⁵ 跷跷板 坐 | 坐跷跷板 | ɲjau³³ɲjau⁵⁵ 猫 叫 | 猫叫 |
| pu̯³¹le⁵⁵le⁵⁵ 翻肠 翻 | 翻肠子 | pan³³put⁵⁵put⁵⁵ 线球 缀 | 缀线球 |
| ti³¹ ti³¹ 蛋 下 | 下蛋 | ʒi³¹ ʒi³¹ 线 纺 | 纺线 |
| n⁵⁵ʒip⁵⁵ʒip⁵⁵ 第一道 春 | 春第一道 | khʒu⁽²³¹⁾ʒin³³ʒin³³ 口蹄疫病 患 | 患口蹄疫病 |
| lǎ³¹ʒoˀ⁵⁵ʒoˀ⁵⁵ 腿套 套 | 套腿套 | mo³³ʒu³³ʒu³³ 洪水 泛滥 | 洪水泛滥 |
| ʒu³¹ ʒu³¹ 须根 长 | 长须根 | la³¹ʒu³¹ ʒu³¹ 腊肉 腌 | 腌腊肉 |
| phai³¹ʒu³¹ ʒu³¹ 排枪 打 | 打排枪 | ʒu³¹pam³¹pam³¹ 酒风 发 | 发酒疯 |
| wu³¹ʒut³¹ʒut³¹ 牛群 跑 | 牛群跑散 | pǎ³³sa³³ sa³³ 凉菜 拌 | 拌凉菜 |
| sai³¹thaŋ⁵⁵thaŋ⁵⁵ 脑溢血 患 | 患脑溢血 | mak³¹sa³¹ sa³¹ 白浊 患 | 患淋病 |
| saˀ²³¹ton³¹ton³¹ 憋气 憋 | 憋气 | sai³¹tiŋ³¹ tiŋ³¹ 淤血 淤 | 淤血 |
| mak³¹sam⁵⁵ sam⁵⁵ 身 纹 | 纹身 | lǎ⁵⁵pan⁵⁵ pan³¹ 星期天 过 | 过星期天 |
| n³¹tup³¹ tup³¹ 铁匠 打 | 打铁 | pu³¹sat³¹ sat³¹ 粉肠 进 | 做粉肠 |

ʃiŋ³¹kji̠t⁵⁵ kji̠t⁵⁵　　系腰带　　　mji̠ʔ³¹set⁵⁵ set⁵⁵　　戴眼镜
腰带　　系　　　　　　　　　　　眼镜　　戴

si³¹tuŋ³³ tuŋ³³　　　豪猪坐着睡觉　siŋ³¹koi³³ koi³³　　打秋千
豪猪坐睡　坐　　　　　　　　　　秋千　　打

son³¹ʒop³¹ ʒop³¹　　栽竹尖桩　　puŋ³¹sot³¹ sot³¹　　跳格崩舞
竹尖桩　　栽　　　　　　　　　　格崩舞　　跳

lă³¹su³³ su³³　　　　报丧　　　　wa³³sum³³ sum³³　　竹子枯死
丧　　报　　　　　　　　　　　　枯竹　　败

sum³¹tso̠ʔ⁵⁵ tso̠ʔ⁵⁵　谈恋爱　　　tsi̠ʔ³¹ tsi̠ʔ³¹　　　用药治疗
爱　　　爱　　　　　　　　　　　药　　治

tsi̠p⁵⁵ tsi̠p⁵⁵　　　做窝　　　　tsi̠ʔ⁵⁵thok³¹ thok³¹　掐头虱
窝　　做　　　　　　　　　　　　掐头虱　　掐

khă⁵⁵tu̠m⁵¹ tu̠m³³　窝工　　　　u³¹mji̠ʔ³¹ mji̠ʔ³¹　　长鸡眼
工　　　窝　　　　　　　　　　　鸡眼　　长

wă³³pja³³ pja³³　　　猪流产　　　wă³³tʃit⁵⁵ tʃit⁵⁵　　生牛癞子
猪流产仔　流产　　　　　　　　　牛癞子　　生

tʃai³¹wa³¹ wa³¹　　　说唱史诗
史诗　　　说

## 3.6　景颇语的连动式

　　景颇语的动词在句子中常常连用。动词连用的连动式是景颇语句法的一种结构。本节对景颇语连动式的概念、结构、句法功能、形成条件等进行探讨。

### 3.6.1　连动式概念的确定

　　景颇语的动词是句子结构中功能最大、变化最多的一个词类，连动式则是表现动词语法特点的一个重要语法手段。景颇语属 OV 型语言，动词都聚合在主语、宾语之后，其连动式使用频率很高，含有丰富的语法、语义内容。因此，研究景颇语的动词，必须研究连动式。

连动式是指一个以上的动词连用，是从动词连用这个角度划出的语法结构。连动式中的不同动词，都应当是一个主体发出的。动词连用，其中间大多不加别的词，但也有加的。插入别的成分的连动式，插入成分可多可少，其范围难以界定，所以语法学家对插入式的连动算不算连动式，看法不太一致。这里先分析无插入成分的连动式。

景颇语的连动式大多是两个动词连用，其次是三个连用的，也有少数是四个连用。例如：

tu³¹sat³¹a³¹mju⁵⁵ʃă³¹ku³¹ni³³ʃi³³pheʔ⁵⁵khʒit³¹khuŋ⁵⁵ ka⁵¹maʔ³¹ai³³.
野兽　种　各　　们 它（宾）怕　　尊敬　　　（尾）
各种野兽对它又怕又敬。（两个动词）

ma³¹pheʔ⁵⁵ pu̯k³¹ mă³¹ʒon⁵⁵ tʃă³¹khʒit³¹ ai³³.
孩子（宾）喊　　大喊　　使怕　　（尾）
（他）大喊吓唬孩子。（三个动词）

ʃi³³ko³¹ sum³³pji³¹ wa³¹ ʃoʔ³¹tum³¹ ʃă³¹ʒoŋ³¹ to³¹ ŋa³¹ai³³.
他（话）笛子　　　回　抽　　吹　使响　（貌）（尾）
他回去吹响了笛子。（四个动词）

连动式的语法关系，有的只有一个层次，有的则有一个以上的层次。多层次性是景颇语连动式的一个重要特点。例如：

ŋai³³n³³kam̯³³ mă³¹tat³¹ n³¹ŋai³³.　我不愿意听。
我　不愿意　听　　（尾）
　　　修饰

mă³¹kui³³lu²³¹ʃa⁵⁵tam³³ ʃa⁵⁵sa³³ wa³¹ ma²³¹ai³³. 大象找食物吃去了。
大象　　食物　　找　吃　去　回　　（尾）
　　　　　　　　修饰　　补充
　　　　　　　　　　并列

无插入成分的连动式，其结构紧凑，中间不能停顿。连用的动词总有一个是主要的，非主要动词对主要动词存在一种依附关系，即使是并列关系的连动式也是如此。但是，中间插入成分的连动式，结构就比较松散。比较下列两句：

n⁵⁵ta̠⁵¹wa³¹ʃă³¹na³¹ nu²⁵⁵!　　　　　　　（你）回家通知吧！
家　　回　通知　（尾）

n⁵⁵ta̠⁵¹ wa³¹n³¹thom⁵⁵ʃă³¹na³¹nu²⁵⁵!　　　（你）回家之后通知吧！
家　　回　　后　　　通知　（尾）

连动式是一个结构，所以在受状语修饰时，状语均放在动词之前。例如：

ʃi³³ phe²⁵⁵khum³¹ sa³³ ʃă³¹ka⁵⁵ la⁵⁵ u²³¹!（你）不要去叫他来！
他（宾）　不要　　去　叫　　拿（尾）

a⁵⁵lă³¹wan³³ wa³¹ ʃă³¹na³¹u²³¹!　　　　　（你）快回去通知吧！
快快地　　回　通知　（尾）

如果要加补语，补语也是加在整个连动式之后。例如：

n³¹kam³¹mă³¹kha³³e³¹sa³³ʃă³¹ka³³kʒet³¹ tat³¹u²³¹ai³³.
悬崖　　口　　　上　去　　叫　大声叫放　（尾）
（他）在悬崖口上大喊。

### 3.6.2 连动式的结构

根据动词的主次关系，可将连动式分为以下四类。

1. 并列关系的连动式

两个动词的关系是并列的，无主从关系。这当中又存在几种情况：一是不同的动作行为有先后关系。大多是先行的动作行为在前。例如：

kǎ³³kjin³³ko³¹phun⁵⁵tiŋ³¹ʃan³³thaʔ³¹phuŋ³¹jot³¹kap⁵⁵ŋa³¹ ai³³.
蚂蚁　（话）树　枯枝　里　游　　贴（貌）（尾）
蚂蚁向枯树枝游去贴上。

ʃi³³pheʔ⁵⁵sa³³ʃã³¹ka⁵⁵la⁵⁵uʔ³¹ai³³.　　他去叫他来。
他（宾）去　叫　来　（尾）

naŋ³³ʒot³¹tsap⁵⁵n³¹na⁵⁵tsun³³ uʔ³¹!　你起来站着说吧！
你　起　站　（连）说　（尾）

sa³³"去、来"、wa³¹"回"是两个常用在并列关系上的动词，其位置多在另一动词之前。例如：

ʃi³³n⁵⁵ta⁵¹sa³³kǎ³¹lo³³lom³¹sai³³.　　他去参加盖房了。
他　房　去　做　参加（尾）

ʃi³³ʃat³¹wa³¹phji⁵⁵ʃa⁵⁵ai³³.　　　他回来讨饭吃。
他　饭　回　讨　吃（尾）

但也有少数句子，sa³³"去、来"可以放在另一动词之后。其条件是：sa³³要带貌词，或另一个动词与宾语结合较紧。例如：

tʃã³¹khʒai³³ma³¹ŋa⁵⁵khan³³sa³³uʔ³¹ai³³.　孤儿去捕鱼。
孤儿　　鱼　捕　去（尾）

khʒu³³tu³¹pheʔ⁵⁵kjam³³sa³³wa³¹ai³³mak³¹khju³¹ʒe⁵¹.
斑鸠　（宾）猎取 去（貌）的 猎人　　是
是猎取斑鸠的猎人。

二是不同的动作行为无先后关系，二者融在一起。在次序上，主要动词在前。例如：

ŋai³³ ʃat³¹ ʃă³¹ tu³³ kjin³³ si³³ ŋa³¹ n³¹ ŋai³³.　　我煮饭忙得要死。
我　饭　煮　　忙　死　在（尾）

ʃi³³ko³¹tso⁵⁵ʒa³¹mă³¹sin³¹mă³¹ tʃi⁵⁵ai³³mjit³¹ʒoŋ³³ŋa³¹ lu²³¹ai³³.
他（话）爱　同情　　　的 思想 有 在（尾）
他有爱和同情之心。

有的是由近义词组成的。两个近义动词连用，是为了增强语义的表达力。例如：

n³¹kam³¹e³¹ tʃai³³ tă³³leŋ³³ a³¹kʒop³¹khʒat³¹wa³¹sai³³.
山崖　上　滚　翻滚　摔破　下（貌）(尾)
（他）从山崖上滚下摔伤了。

a³¹phu³¹ kă³¹pat⁵⁵kau⁵⁵n³¹na⁵⁵ʃa⁵⁵ma²³¹ai³³.
拍打　甩打　掉 之后 吃（尾）
（他们）将它拍打、甩打之后才吃。

2. 修饰关系的连动式

两个动词之间的关系既有连动关系，又有修饰关系。一个动词从状态、方式上修饰另一个动词。修饰动词在前。例如：

tʃă³³khji³³mă³¹liŋ³³e³¹ kă³¹wam⁵⁵ khom³³ ŋa³¹ai³³. 麂子在森林里走着。
麂子　森林　里 逛　　走　在(尾)

ʃi³³ phe²⁵⁵ n³¹thaŋ⁵⁵ san⁵⁵ u²³¹!　　　　（你）反问他吧！
他（宾）倒　　问（尾）

lă³¹kham⁵⁵the²³¹lă³¹kham⁵⁵pai⁵⁵ woi³³ khom ŋa³¹ ai³³.
一步　和　一步　　又　领　走 在(尾)
（他）一步一步地领着走。

3. 补充关系的连动式

两个动词之间既有连动关系，又有补充关系。后一个动词从状态上补充前一个动词。例如：

ma³¹ni³³pheʔ⁵⁵kǎ³¹pjeʔ³¹ poʔ³¹ sat³¹ kau̯⁵⁵ja³³na³³pheʔ⁵⁵tsaŋ³¹ai³³.
孩子们（宾）踩　　破　杀死掉　给　要（宾）担心（尾）。
他担心孩子们被踩死。

n³¹puŋ³³li³³ pjen³³ luŋ³¹wa³¹ sai³³.　　　飞机飞上去了。
飞机　　飞　上　去（尾）

使动词做连动式的后一成分时，大多也起补语的作用，补充说明前一动作行为的结果。例如：

ʃi³³pheʔ⁵⁵khje⁵⁵ ʃǎ³¹pʐoʔ⁵⁵la⁵⁵uʔ³¹ai³³.　　　他把他救出来了。
他（宾）救　　使出　　来（尾）

ŋai³³mǎ⁵⁵ni⁵⁵kǎ³¹lo³³ ʃǎ³¹ʐai⁵⁵ sǎ³³ŋai³³.　　　我昨天已改正了。
我　昨天　做　　使是　（尾）

在景颇语里，动词和貌词常在一起构成补充关系，使用频率很高。貌词大多来自动词，但在语义上存在不同程度的虚化。保存动作行为意义较多的貌词，与前面的动词既有连动关系，又有补充关系。例如：

ŋai³³ŋa³³tam³³ khom³³ ŋa³¹ n³¹ŋai³³.　　　我正在到处找牛。
我　牛　找　走　（貌）（尾）

khaʔ³¹eʔ³¹phun⁵⁵joŋ³³khʐat³¹ wa³¹ ʐaʔ³¹ai³³.　　　河里木头漂下来了。
河　里　木头　淌　掉下　（貌）（尾）

4. 支配关系的连动式

两个动词之间既有连动关系，又有支配关系，后一个支配前一个。例如：

ŋa⁵⁵khan⁵⁵sa³³ soʔ⁵⁵ti̯m⁵¹ n³³sa³³khʐoʔ⁵⁵ai³³.
鱼　捕　去　约　即使不去　肯　（尾）
约（他）去捕鱼但（他）不肯去。

nan⁵⁵nau³³ni³³pheʔ⁵⁵lam³³khom³³ʃã³¹ʒin⁵⁵ ja³³mă³¹teʔ³¹kaʔ³¹!
你们兄弟们（宾） 路 走 教 给（尾）
（我）教你们兄弟们走路吧！

使动词也可当支配成分。例如：

kă³¹ʃa³¹pheʔ⁵⁵kă³¹jaʔ³¹tʃã̱³¹khʒum⁵⁵ ai³³ŋa³³ai³³.
孩子（宾） 害羞 使遇 的 想（尾）
（他）想让孩子感到害羞。

在语序上，一般是修饰成分在前，补充成分在后，并列关系是先行的动作行为在前。表示能愿意义的动词与其他动词结合时，其位置比较特殊。有在前的，也有在后的，也有前后均可的。如 kam³³ "愿意" 只能在前；khʒoʔ⁵⁵ "肯"、kui⁵⁵ "敢"、ʒaʔ³¹ "要" 只能在后；tʃe³³ "会"、lu³¹ "有" 在前在后均可。由于位置不同，所组成的关系也不同，如在前的是修饰关系，在后的是支配关系。例如：

ʃi³³pheʔ⁵⁵n³³ kam³³ ʃã³¹ ʒin⁵⁵ ja³³n³¹ŋai³³. （我）不愿意教给他。
他（宾） 不 愿意 教 给（尾）

ma³¹n³³tai³³n³³tʃe³³ khʒoʔ⁵⁵ai³³. 这孩子不懂事。
孩子 这 不 懂 肯 （尾）

ŋai³³n³³sa³³ kui⁵⁵n³¹ŋai³³. 我不敢去。
我 不 去 敢（尾）

n³³ kă³¹lo³³ ʒaʔ³¹ai³³. 不需要做。
不 做 需要（尾）

ŋai³³ tʃe³³ kă³¹lo³⁵ n³¹ŋai³³. / ŋai³³ kă³¹lo³³ tʃe³³ n³¹ŋai³³. 我知道做。
我 知道 做 （尾） 我 做 知道（尾）

ʃi³³ mjit³¹ mă³¹lai⁵⁵ lu³¹ ai³¹. / ʃi³³ mjit³¹ lu³¹ mă³¹lai⁵⁵ ai³¹.
他 思想 改变 能（尾） 他 思想 能 改变（尾）
他能改变思想。

位置在前或在后，除了表义的需要外（强调哪个），还与词与词的组合特点有关。下面例子的 lu³¹ "能"要放在 mǎ³¹ju²³¹ "咽"之前，是因为 mǎ³¹ju²³¹ 要带貌词，所以要放在 lu³¹ 之后。例如：

ʃat³¹n³¹kup³¹mi³³muŋ³¹n⁵⁵lu³¹ mǎ³¹ju²³¹tʃã³¹khʒat³¹u²³¹ai³³.
饭　口　　一　也　不能　咽　　使下　（尾）
（他）一口饭也咽不下。

### 3.6.3 连动与虚化

并列的动词在功能上不完全相同，总会有主次之分，久而久之，其中有的动词会出现虚化，即由实在的意义变为不同程度虚化的意义。由于其中有的动词的意义虚化了，连动式的语法意义也随之减弱，从而增加了补充或修饰的语法意义。

一般看来，处于主要动词之后的动词容易虚化。如由"动词+貌词"构成的连动式，后面的动词容易虚化，虚化为类似表示"态"或"语气"的后缀，在读音上较前面的动词弱。例如：

① naŋ⁵⁵the³³sa³³ khom³³ tʃai³³ mu²³¹!　　你们随便玩去吧！
　　你们　　去　走　玩　（尾）
② naŋ³³ ja²⁵⁵pha³³ kǎ³¹lo³³ ŋa³¹ n³¹ni⁵¹？　你现在在做什么？
　　你　现在什么　做　　在　（尾）
③ phun⁵⁵lap³¹ti²³¹khʒat³¹ sai³³.　　　　树叶掉下来了。
　　树叶　　断　下　（尾）

上例①tʃai³³ "玩"用在 khom³³ "走"之后，动词的意义虚化为"随便"义，从状态上补充 khom³³。例②的 ŋa³¹ "在"虚化为表存在，表示 kǎ³¹lo³³ "做"的动作处于正在存在的阶段。例③的 khʒat³¹ "下"虚化为表方向，表示 ti²³¹ "断"的动作是"由上向下"的。这三个貌词在句中都是做补语的，对前面的动词从状态、方式上进行补充，本身与前面的动词构成连动的性能很弱。

由于后面的貌词出现虚化,因而与前面动词的结合更加紧密了。二者之间不能再加别的成分。

但动词的虚化不平衡,存在不同的层次。虚化深的,动词实在意义较少;虚化浅的,则含有较多的动词实在意义。如下列的 naŋ$^{33}$ "跟随",虚化为貌词后义为"表示动作行为是跟随他人进行的",还含有较浓的动词义;而 khat$^{55}$ "打(仗)",虚化为貌词后义为"表示动作行为是相互的",动词义较弱。例如:

naŋ$^{55}$the$^{33}$thi$^{55}$ naŋ$^{33}$ mu$^{ʔ31}$!　　　　你们跟着读吧!
你们　　读　跟随(尾)

an$^{55}$the$^{33}$ ʃă$^{31}$ta$^{ʔ31}$ kă$^{31}$ʒum$^{33}$ khat$^{55}$ ka$^{ʔ31}$!　我们互相帮助吧!
我们　　互相　　帮助　　相互(尾)

就是同一个词,由于跟不同的动词结合,虚化的程度也会有所不同。如下两例,前一句的 paŋ$^{33}$ "放"虚化较深,表示动作行为处于正在进行或开始投入的阶段,与前面的关系是补充关系;而后一句的 paŋ$^{33}$ 则虚化较弱,仍保持"放"义,与前面动词的关系是并列关系。例如:

tʃan$^{33}$lo$^{33}$　sai$^{33}$, kă$^{31}$lo$^{33}$ paŋ$^{33}$ wa$^{31}$ să$^{55}$ka$^{ʔ55}$!
太阳升高(尾)　做　　放　回　(尾)
太阳升高了,开始做吧!

ʃi$^{33}$ phe$^{ʔ55}$ŋa$^{55}$kă$^{31}$pa$^{31}$ʒim$^{31}$ paŋ$^{33}$ ja$^{33}$ u$^{ʔ31}$ai$^{33}$. 他把大鱼抓给了他。
他(宾)鱼大　　　抓　放　给　(尾)

由此可见,连动式由于动词虚化程度的不同,影响其出现不同的语法结构。

除了貌词外,ʃa$^{55}$ "吃"、si$^{33}$ "死"、ju$^{33}$ "看"等动词用在另一动词后也出现虚化。虚化后主要表示前一动词的情貌和状态。ʃa$^{55}$ 表示前面的动作行为是必然承受的;si$^{33}$ 虚化后表示前面的动作行为是很激烈的；ju³³ 表示前面的动作行为是随意的。例如：

n⁵⁵ mǎ³¹tat³¹jaŋ³¹mǎ³¹ʒa³¹ khʒup³¹ ʃa⁵⁵ u²³¹!
不 听　　　的话 罪　　遭　　吃（尾）
不听的话就任（你）遭罪吧！

ʃi³³kǎ³¹pu³³ si³³ ŋa³¹ai³³.　　　　　他高兴极了。
他 高兴　死 在（尾）

naŋ³³kǎ³¹lo³³ ju³³ u²³¹!　　　　　你做做看！
你 做　　看（尾）

- 用在主要动词之前的 khap³¹ "接"、khan⁵⁵ "跟" 等修饰性动词，也存在一定程度的虚化现象。这些词与主要动词结合较紧，读音弱化。例如：

ʃi³³pheʔ⁵⁵ khap³¹ tsun³³ u²³¹!　　　　（你）接着他说吧！
他（宾）接　　说　（尾）

kǎ³¹wa³¹pheʔ⁵⁵khan³⁵ kǎ³¹lo³³ u²³¹!　　（你）跟着父亲做吧！
父 亲（宾）跟　　做　（尾）

景颇语的谓语结构常用"状语 + 泛指动词 + 主要动词"的格式。泛指动词能单独当主要动词用，但当它用在另一动词之前时（必须带状语）则出现虚化，类似状语的后缀。这是两个主要动词常常连用相斥的结果。例如：

waʔ³¹lai⁵⁵kǎ³¹jup³¹kǎ³¹jap³¹ ti³³ ʃa⁵⁵ u²³¹!（你）搓揉水芹菜吃吧！
水芹菜　搓揉状　　　　（泛）吃（尾）

khʒuʔ³¹ti³³ kǎ³¹lun³¹ tat³¹u²³¹!　　　　（你）使劲戳进吧！
使劲（泛）戳　　进（尾）

### 3.6.4 连动与宾语

景颇语是 OV 型语言，连动的动词都在宾语之后。若只有一个宾语，连动的动词与宾语则存在两种关系。一是并列的动词都对宾语有支配关系。这种关系的连动，动词之间结合较紧，连读时中间无停顿。例如：

u³¹ tʃu³¹ ʃa⁵⁵ ka²³¹!　　　　　　　（我们）烧鸡吃吧！
鸡　烧　吃（尾）

wan³¹kǎ³¹wut³¹ sat³¹ kau⁵⁵ja³³ u²³¹!　（你）把火吹灭掉吧！
火　吹　灭　掉　给（尾）

另一是并列的动词中，有的与宾语有支配关系，有的没有。动词结合较前者松，连动时中间略有停顿。例如：

ŋa⁵⁵ khan³³ so²³¹ tim̱⁵¹n³³sa³³khʒo⁷⁵⁵mat³¹ai³³.
鱼　捕　约　即使不去肯　（貌）（尾）
约（他）去捕鱼但（他）不肯。

ŋai³³ʃat³¹ ʃǎ³¹tu³³ kjiṉ⁵⁵ si³³ŋa³¹n³¹ŋai³³. 我煮饭忙死了。
我 饭　煮　忙　死（貌）（尾）

kha²³¹sa³³ lu²³¹ u²³¹!　　　　　　（你）去喝水吧！
水　去　喝（尾）

动词和宾语存在这两种不同的关系，使其语法结构模式也不同。如图1、图2所示：

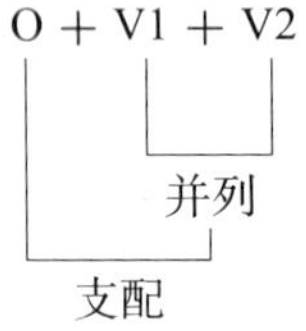

　　O + V1 + V2　　　　O + V1 + V2
　　　　└──┘　　　　　　　└──┘
　　　　并列　　　　　　　　支配
　└────┘　　　　　└────┘
　　支配　　　　　　　　　并列

图1　两个动词都是支配语示意图 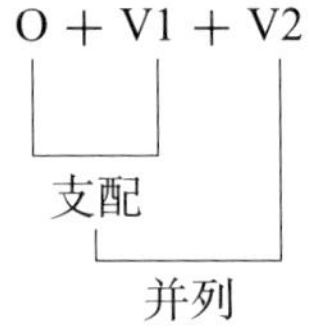　　图2　只有一个动词是支配语示意图

紧跟在宾语后的动词，大多是与宾语存在支配关系的动词。而与宾语无支配关系的动词则在这一动词之后。例如：

khau³³na³¹ kǎ³¹lau³¹ pa⁵⁵ si³³ ŋa³¹ n³¹ŋai³³.（我）犁田犁得累死了。
田　　　犁　　　累　死（貌）（尾）

但常用动词 sa³³ "来、去"的情况不同，它常在与宾语有支配关系的动词之前，表示"来、去"是先于别的动词的。它也可放在另一动词之后，因为 sa³³ 不能当貌词用，在后还是动词。而 wa³¹ "回"则总在前，因为用在后面的话则成了貌词，表示动作行为正在进行中。这是词的义项不同决定其用法不同。例如：

kha⁽²³¹⁾sa³³lu⁽²³¹⁾u⁽²³¹⁾! = kha⁽²³¹⁾lu⁽²³¹⁾sa³³u⁽²³¹⁾!　（你）喝水去吧！
水　去　喝（尾）　　水　喝　去（尾）

mǎ⁵⁵ni⁵⁵puŋ³¹li³¹wa³¹kǎ³¹lo³³sǎ³³ŋai³³.（我）昨天已回来干活了。
昨天　　　活　　回　干　　（尾）

若句子是双宾语，一般是支配间接宾语的动词在前，放在间接宾语的后面。支配直接宾语的动词在后。例如：

ŋai³³ʃi³³phe⁽²⁵⁵⁾n³³ku³³kjin³³ʃi³³kun³³ja³³n³¹ŋai³³. 我背十斤大米给他。
我　他（宾）大米　斤　十　背　给（尾）

ʃi³³ phe⁽²⁵⁵⁾ŋa⁵⁵khan³³sa³³so⁽²³¹⁾ u⁽²³¹⁾!　　　你约他去捕鱼吧！
他（宾）鱼　捕　　去　约　（尾）

### 3.6.5 插入成分的连动式

景颇语的连动式中还有插入别的成分的结构。主要有两种情况：一是在两个动词的中间插入关系词。如加 let³¹ "边……边……"或 the⁽²³¹⁾ "和"连接两个同时进行的动作行为；加 n³¹na⁵⁵ "之后"或 n³¹thom⁵⁵ "之后"连接两个前后出现的动作行为。例如：

ʃan⁵⁵the³³ mǎ³¹tat³¹ let³¹mǎ³¹tsi̠ŋ³³ ŋa³¹ma⁽²³¹⁾ai³³. 他们边听边记。
他们　　　听　　　边　记　　　在　（尾）

500 四 句法篇

naŋ³¹tʃa³³phe²⁵khʒit³¹ai³³the²³¹mau³³ai³³the²³¹toŋ⁵⁵pan³³ u²³¹ai³³.
南佳 （宾）怕 的 和 愣 的 和 道谦 （尾）
（他）又怕又愣地向南佳表示道歉。

an⁵⁵the³³tuŋ³³n³¹na⁵⁵tʃã³¹tha²³¹ tʃai³³ ka²³¹! 我们坐下之后聊天吧!
我们 坐 以后 聊天 玩 （尾）

ʃat³¹ʃa⁵⁵ n³¹thom⁵⁵sa³³ka²³¹!　　　　　（我们）吃饭后去吧!
饭 吃 之后 去（尾）

但是加 mă³¹tʃo³¹ "因为"、tim⁵¹ "即使" 等连词的句子，是连动式的单句还是复句难以确定（过去一般看成是复句）。

加关系词的并列连动式，动词之间是真正的并列关系，相互间无主次之分。但不加关系词的并列连动式，几个动词在语义的重要性上不是完全相等的，其中总有一个更为重要。如下例中的 khʒap³¹ "哭" 比 tʃã³¹thau⁵⁵ "喊叫" 重要，后者虽与前者并列，但对前者多少起补充作用。tso²⁵⁵ʒa²³¹ "爱" 和 pau³³mă³¹ka³³ "养育" 中，后者更重要，前者对后者多少有修饰作用。可见，连动式中的并列与主从，不是都能划清的，中间存在一块模糊区。例如：

ʃan⁵⁵the³³khʒap³¹ tʃã³¹thau⁵⁵ ŋa³¹ ma²³¹ai³³.　他们正在哭喊。
他们 哭 喊叫 在 （尾）

kă³¹nu³¹kă³¹te³¹mi³³ tso²⁵⁵ʒa²³¹ pau³³mă³¹ka³³ tim⁵¹mjit³¹n⁵⁵tum⁵⁵ ai³³.
母亲 怎么 爱 养育 即使思想不醒 （尾）
即使母亲怎么爱他、养育他，他也不感动。

还有一种是两个动词之间要加上一个名词隔开（有的还加关系词）。这种句子多出现在双宾语的句子里，后一动词带宾语，使之与前一动词隔开。例如：

u³¹sat³¹wa²³¹sat³¹ʒai³¹u²³¹ai³³.　　　　　（他）又杀鸡又杀猪。
鸡 杀 猪 杀（泛）（尾）

ʃat³¹ʃa³⁵n³¹na⁵⁵kat⁵⁵teʔ³¹sa³³kaʔ³¹! （我们）吃饭后上街去吧！
饭　吃　之后　街　里　去（尾）

但景颇语的连动式，大多只出现在一个宾语的句子里，带两个宾语的很少。例如：

ŋai³³mă³¹tʃiʔ⁵⁵ai³¹mă³¹tʃo³¹n⁵⁵lu³¹sa³³n³¹ŋai³³. 我因为生病而不能去。
我　病　　的　因为　　不能　去（尾）

naŋ³³n³¹sa³³tim̥⁵¹ŋai³³pheʔ⁵⁵ʃa³¹na³¹ʑaʔ³¹n³¹tai³³.
你　不　来　即使我（宾）通知　要　（尾）
即使你不来也要通知我。

## 3.7　景颇语的否定式

景颇语的否定式使用频率很高，是一种语法范畴。它有区别于其他语法范畴的语法意义和语法形式。本节主要分析、描写景颇语否定范畴的共时特征，包括语音、语法、语义、语用等方面，并通过与亲属语言比较，试图揭示否定词 n⁵⁵ "不、没" 的语法化经历了浅度语法化的历史演变。

### 3.7.1　否定范畴的共时特征

景颇语的否定范畴，主要是通过否定词与被否定词组成否定关系，来表达否定意义的语法范畴。

否定词是二分的，只有 n⁵⁵ "不、没" 和 khum³¹ "勿、别、不要" 两个。其中，n⁵⁵ "不、没" 的出现频率比 khum³¹ "勿、别、不要" 高。二者的语法特点存在一些不同的特点，并呈互补关系。

1. 否定词的语音特征

（1）n⁵⁵ "不、没" 是一个辅音切主的音节，读音较弱，读为轻音节。它随后一个音节的不同读音出现不同的变体。读音存在多种变体，是否定词不同于其他副词的一个重要特点。$n^{55}$ 的变体条件，受被否定词的发音部位和声调的制约。主要有以下几种：

后一音节的声母是双唇音的，$n^{55}$ 读 $m^{55}$。例如：

$n^{55}[m]^{55}pa^{55}$　　不累　　　　$n^{55}[m]^{55}pho^{231}$　不开
　不　　累　　　　　　　　　　不　　开

$n^{55}[m]^{55}ma^{255}$　　不尽
　不　　尽

后一音节的声母是舌尖中音的，$n^{55}$ 的读音不变。如：

$n^{55}tam^{33}$　　　不找　　　　$n^{55}thi^{55}$　　　不读
　不　找　　　　　　　　　　　　不　读

$n^{55}na^{255}$　　　不久　　　　$n^{55}la^{55}$　　　不拿
　不　久　　　　　　　　　　　　不　拿

后一音节的声母是舌根音、舌叶音的，$n^{55}$ 读为 $\eta^{55}$。如：

$n^{55}[\eta^{55}]kon^{31}$　不管　　　　$n^{55}[\eta^{55}]khai^{55}$　不种
　不　　管　　　　　　　　　　　不　　种

$n^{55}[\eta^{55}]\eta a^{51}$　不在　　　　$n^{55}[\eta^{55}]tʃo^{31}$　不给
　不　　在　　　　　　　　　　　不　　给

$n^{55}[\eta^{55}]ʃa^{55}$　不吃　　　　$n^{55}[\eta^{55}]ʒa^{31}$　不要
　不　　吃　　　　　　　　　　　不　　要

$n^{55}$ 的声调也随后一音节的声调发生变化。$n^{55}$ 的后一音节是 33 调时，变为 33 调。后一个声调是 55、31 的不变。例如：

$n^{55/33}sa^{33}$　　不去　　　　$n^{55/33}mai^{33}$　不可以
　不　去　　　　　　　　　　　　不　可以

$n^{55}la^{55}$　　　不拿　　　　$n^{55}pjin^{31}$　　不成
　不　拿　　　　　　　　　　　　不　成

n$^{55}$ 与后面被否定的词结合得很紧，在语流停顿上连成一个单位，像个前置辅音。因此，景颇人在书写景颇文时，大多喜欢把 n 与被否定的词一起连写。这可能是因为他们在认知上认为否定词是与后面的词连在一起的。例如：(以下三句是景颇文书写)

Marang nhtu sai, wa saga!　　雨不下了，(我们)回去吧！
雨　不下(尾)，回(尾)

Palong nmu mat sai.　　衣服不见了。
衣服　不见(貌)(尾)

Ngai nkam galo sangai.　　我不愿做了。
我　不愿 做　(尾)

（2）khum$^{31}$ "勿、别、不要"又可读为 ʃum$^{31}$，二者是自由变读。但前者使用的频率比后者高。在口语、文学作品用语和书面语里，多用 khum$^{31}$，口语里用 ʃum$^{31}$ 多一些。khum$^{31}$（ʃum$^{31}$）在语流中与被否定的词不粘在一起，自成一个单位，这与 n$^{55}$ 不同。例如：

naŋ$^{33}$khum$^{31}$（ʃum$^{31}$）kǎ$^{31}$lo$^{33}$ u$^{231}$!　　你别做吧！
你　别　　　　　做　（尾）

ʃi$^{33}$phe$^{255}$ khum$^{31}$（ʃum$^{31}$）tsun$^{33}$ tan$^{55}$mu$^{231}$!（你们）别告诉他吧！
他(宾) 别　　　　　告诉　（尾）

2. 否定词的语法功能

n$^{55}$ 和 khum$^{31}$ 的语法功能，有相同的，也有不同的。相同的是，二者都能做状语。不同的是，khum$^{31}$ 的独立性比 n$^{55}$ 强，能独立做句子成分，不出现在固定短语和复合词中，而 n$^{55}$ 则有依附、粘着的或词素化的特点，不能独立做句子成分，能出现在固定短语和复合词中。分述如下：

（1）n$^{55}$ 和 khum$^{31}$ 在句中主要做状语，而且位置固定，都位于被否定的动词、形容词之前。若两个动词并用，n$^{55}$ 和 khum$^{31}$ 均放在两个动词之前。例如：

ʃi³³n⁵⁵sa³³ai³³.　　　　　　　　　他不去。
他 不 去（尾）

n³³tai³³kǎ³¹thoŋ³¹n⁵⁵kǎ³¹pa³¹ai³³.　这村寨不大。
这　村寨　　不大　（尾）

ma³¹kam³³pheʔ⁵⁵khum³¹ja³³uʔ³¹!　（你）不要给麻干！
麻干　（宾）不要　给（尾）

ŋai³³n⁵⁵tʃe³³mǎ³¹tat³¹n³¹ŋai³³.　　我不会听。
我　不会　听　　（尾）

ʃi³³n⁵⁵tsu̯n³³kui⁵⁵ai³³.　　　　　　他不敢说。
他 不 说 敢（尾）

naŋ³³n⁵⁵kam³³sa³³n³¹ni⁵¹？　　　　你不愿意去吗？
你　不 愿意 去（尾）

nan⁵⁵the³³khum³¹sa³³ kǎ³¹lo³³uʔ³¹!　你们不要去做！
你们　　不要　去 做　（尾）

若被否定的动词、形容词还要再加别的状语，状语总是放在否定词之前。例如：

n³³tai³³a³¹mu⁵⁵naŋ³³a⁵⁵tsom⁵¹ʃa³¹n⁵⁵kǎ³¹lo³³n³¹tai³³.
这　事　你　好好地　　不 做　（尾）
这事你不好好地做。

ŋai³³ʒai³¹n⁵⁵tʃe³³kǎ³¹lo³³n³¹ŋai³³.　　　我还不会做。
我　还 不会 做　（尾）

a³¹khʒiʔ⁵⁵a³¹khʒai⁵⁵ʒai³¹khum³¹tsu̯n³³uʔ³¹!（你）不要详细地说！
详细地　　　　（泛）别 说（尾）

naŋ³³pǎ⁵⁵kon⁵¹pǎ⁵⁵ka⁵⁵ʒai³¹khum³¹kaʔ³¹uʔ³¹!你不要随随便便地写！
你　随随便便　　（泛）不要 写（尾）

mǎ³¹na³¹mǎ³¹ka³¹n⁵⁵kǎ³¹tʃa³³ai³³.　　特别不好。
特别　　　不好　（尾）

ʃi³³a⁵⁵tsoṃ⁵¹ʃa³¹n⁵⁵tʃe̠³³kǎ³¹lo³³ai³³.　　他不会好好地做。
他 好好地　　不会　做（尾）

kǎ³¹niŋ³¹ʒai³¹tim̠⁵¹n⁵⁵la⁵⁵ʃǎ³¹pʒo̠ʔ⁵⁵ai³³.　　怎么也拿不出来。
怎么　即使　不拿 使出　（尾）

（2）在固定短语中，n⁵⁵常出现，构成大量的四音格词。但khum³¹不能出现在固定短语中。

在四音格词中，n⁵⁵大多两两出现，构成"n+X+n+X"式。前两个音节和后两个音节是并列关系。这类格式，有的是每个音节都有意义，整个固定短语的意义由四个音节构成；而有的是其中一个配音音节没有意义，因而与之搭配的n⁵⁵也没有意义，整个固定短语的意义在两个音节上。例如：

n⁵⁵tep⁵⁵n⁵⁵khap⁵⁵ 青黄不接　　n⁵⁵tum⁵⁵n⁵⁵tam⁵⁵　昏迷不醒
不跟　不接　　　　　　　　　不醒　不（配音）

n⁵⁵thum⁵¹n⁵⁵wai⁵⁵ 永无止境　　n⁵⁵ti²³¹n⁵⁵kha²³¹　永不分离
不尽　不枯　　　　　　　　　不断　不离

n⁵⁵khut⁵⁵n⁵⁵khat⁵⁵ 半生不熟　　n⁵⁵thum⁵¹n⁵⁵ni³³ 连续不断
不熟　不（配音）　　　　　　不尽　不（配音）

n³³tʃin³³n⁵⁵noŋ³³　不厌其烦
不烦　不（配音）

也有少数词只出现一个n⁵⁵。例如：

n⁵⁵tum⁵⁵ʃǎ³¹mji⁵⁵ 不知不觉
不知 （配音）

（3）n⁵⁵"不、没"与khum³¹"勿、别、不要"的语法功能存在互补关系。n⁵⁵能出现在除命令句的各种句式里。例如：

叙述句：ʃi³³n³³sa³³ai ³³.　　　　　　　　　他不去。
　　　　他　不　去（尾）

疑问句：naŋ³³n⁵⁵kă³¹lo³³ju³³n³¹ni⁵¹？　　你没做过吗？
　　　　你　没　做　　过（尾）

惊讶句：naŋ³³muŋ³¹n⁵⁵sa³³n³¹kha³³！　　原来你也不来！
　　　　你　也　　不　来　（尾）

测度句：naŋ³³n⁵⁵nu⁵¹pheʔ⁵⁵ n⁵⁵mu³¹ nit⁵⁵toŋ³³？你没见你妈妈吗？
　　　　你　你母亲（宾）没看见　（尾）

而 khum³¹ "勿、不要" 只能出现在命令句里。例如：

命令句：naŋ³³khum³¹kă³¹lo³³uʔ³¹！　　你别做！
　　　　你　别　　做（尾）

　　　　nan⁵⁵the³³khum³¹sa³³uʔ³¹！　　你们不要去！
　　　　你们　　不要　去（尾）

　　　　naŋ³³khum³¹sa³³kă³¹lo³³uʔ³¹！　　你不要去做！
　　　　你　不要　去　做　（尾）

　　　　tiŋ³¹thaʔ³¹mă³¹ka³³ko³¹khum³¹ʃă³¹mat³¹！
　　　　世间　情理　（话）不要　使掉
　　　　不要扔掉世间的情理！

　　　　mă³¹kam⁵⁵jiʔ⁵⁵ŋam³¹ko³¹khum³¹tat³¹！不要放弃事业！
　　　　事业　活儿　（话）不要　放弃

（4）n⁵⁵ 在句子中既能否定动词，又能否定形容词，而 khum³¹ "不要" 只能否定动词，不能否定形容词。例如：

n⁵⁵ʃa⁵⁵　　　　　不吃　　　　n⁵⁵tsom³¹ 不美
不 吃　　　　　　　　　　　　　不 美

khum³¹ʃa⁵⁵　　　不要吃　　　*khum³¹tsom³¹　别美
不要 吃　　　　　　　　　　　　别　美

（5）khum³¹ 的独立性比 n⁵⁵ 强。n⁵⁵ 不能当独词句，必须与谓词结合一起做谓语；而 khum³¹ 可以。例如：

khum³¹lo⁵¹, a⁵⁵tsom⁵¹ʃa³¹tuŋ³³uʔ³¹! 别（动）啦，好好地坐着吧！
别　　啦　好好　地坐（尾）

（6）n⁵⁵ 能与 tʃe³³ "会"、lu³¹ "能"、kam³³ "愿意"、khʒoʔ⁵⁵ "肯" 等表示心理状态的词结合，而 khum³¹ 不能。例如：

n⁵⁵tʃe³³　　不会　　　n⁵⁵lu³¹　不能　　　n⁵⁵kam³³　不愿意
不　会　　　　　　　　不　能　　　　　　　不　愿意

*khum³¹tʃe³³ *别会　*khum³¹lu³¹ *别有　*khum³¹kam³³ *别愿意
别　会　　　　　　　别　有　　　　　　　别　愿意

3. 否定词的语义特点

n⁵⁵ 的语义特点与 khum³¹ 有很大差异。

（1）n⁵⁵ 既表示 "不" 义，又表示 "没" 义，在句中指哪个意义主要依据语境和词的结合关系而定。如下面两句话，前一句的 n⁵⁵ 是 "不" 义，用在含 "明天" 一类时间词的句子里，否定尚未实现的主观愿望；而后一句是 "没" 义，用在含 "昨天" 一类时间词的句子里，否定已实现的动作行为。例如：

phot⁵⁵ni⁵⁵ŋai³³kat⁵⁵teʔ³¹　n⁵⁵sa³³n³¹ŋai³³. 明天我不上街。
明天　我　街（方）不去（尾）

mǎ⁵⁵naʔ⁵⁵ŋai³³kat⁵⁵teʔ³³　n⁵⁵sa³³n³¹ŋai³³. 昨晚我没上街。
昨晚　我　街（方）没去（尾）

词的结合关系也能区分 "不" 和 "没" 义。被否定的若带 kam³³ "愿意"、mǎ³¹ju³³ "喜欢、想" 等词的是 "不" 义。例如：

ʃat³¹n⁵⁵mu³³n³¹na⁵⁵n⁵⁵kam³³ʃa⁵⁵n³¹ŋai³³. 因为饭不好吃，我不愿意吃。
饭　不　好吃　因为　不　愿意　吃（尾）

ŋai³³n⁵⁵kǎ³¹lo³³mǎ³¹ju³³n³¹ŋai³³.　　　　我不想做。
我　不　　想　　　（尾）

（2）khum³¹ 的否定义分别表示"命令、禁止、劝阻"等意义。其选择义由后面的句尾词或语气词决定。u⁽³¹⁾ 类句尾词表示命令、禁止语气，sa⁽⁵⁵⁾ 类句尾词只能表示强调的禁止语气。例如：

naŋ³³khum³¹sa³³u⁽³¹⁾!　　　　你别去！（表命令）
你　别　　去（尾）

naŋ³³khum³¹sa³³sa⁽⁵⁵⁾!　　　　你别去！（表禁止）
你　别　　去（尾）

naŋ³³khum³¹sa³³lu³³!　　　　你别去呀！（表劝阻）
你　别　　去　呀

naŋ³³khum³¹mǎ³¹lap³¹kau⁵⁵lu³³!　　你别忘记呀！（表劝阻）
你　别　　忘记　掉　呀

khum³¹ 只能与可控动词结合，表示禁止某种可控制的动作行为，不能与不可控的动词结合。如下列结合都是非法的：

*n³¹puŋ³³khum³¹puŋ³³　　*风别刮　　　　*khum³¹si³³　*别死
风　　别　　刮　　　　　　　　　　　　别　死

*khum³¹mǎ³¹tʃi⁽⁵⁵⁾　　*别痛
别　　痛

### 3.7.2 否定词的语法化

景颇语的否定词存在语法化现象，这大约与它使用频率比较高有关。其中，n⁵⁵ 的语法化比较明显，似经历了浅度的语法化过程。这可以从以下几方面来论证。

在语音上，景颇语的 n⁵⁵ 是个弱化音节，不仅弱化还出现变体。通过景颇语与亲属语言比较，能够获知景颇语的 n⁵⁵ "不"来自于双唇鼻音做声母的 m- 音节，现在这种形式是语音弱化、简化的结果。这可以从景颇语内部的音变关系，以及与亲属语言的对应关系上得到证明。

（1）证据之一是，在景颇语的语音系统里，n 和 m- 有音变关系。有一些 m- 音节的词，复合词中出现弱化现象，弱化为 n，因而在共时层面上，m- 和 n 并存。例如：

词 m　　　　　　　词素 n

mam³³　谷子　　n⁵⁵khje³³　红谷　　n⁵⁵phɻo⁵¹　白谷
　　　　　　　　谷 红　　　　　　谷 白
　　　　　　　　n⁵⁵loi⁵¹　早谷　　n⁵⁵sa³¹　旧谷
　　　　　　　　谷 早　　　　　　谷 旧
ma³¹　孩子　　n³¹ko²⁵⁵　老大（女）　n³¹pja³¹　流产儿
　　　　　　　　孩 老大（女）　　　孩 流
　　　　　　　　n³¹kji²³¹　私生子
　　　　　　　　孩 弯

（2）证据之二是，在整个藏缅语里"不"一词普遍使用 m 声母。这应是藏缅语的一个古老的语音形式，把原始藏缅语"不"的声母构拟为 m- 似无问题。① 例如：

| 藏文 | mi | 门巴（错那） | ma¹³ | 羌（麻窝） | m |
| 普米（桃坪） | ma³⁵ | 嘉戎 | ma | 尔龚 | mi |
| 扎巴 | ma³⁵ | 贵琼 | me³⁵ | 尔苏 | ma³³ |
| 纳木义 | me³³ | 史兴 | mu⁵⁵ | 彝（大方） | ma²¹ |
| 傈僳 | ma³¹ | 纳西 | mə³³ | 哈尼（绿春） | ma³¹ |
| 拉祜 | ma⁵³ | 基诺 | mo³³ | 白（大理） | mu³³ |

---

① 参看黄布凡主编《藏缅语族语言词汇》，中央民族大学出版社 1991 年版。

缅文　　　　ma¹　　阿昌　　　　ma³¹　　浪速　　　　mə³¹
怒（碧江）ma³³　　独龙　　　　mɯ³¹　　僜（格曼）mai⁵³
珞巴　　　　mi⁵⁵

在藏缅语的历史语音演变过程中，m-"不"除了弱化为 n 外，在一些语言和方言里还弱化为辅音切主的 m 音节、n-、n̩- 音节，或元音为 a 的音节。例如：

怒（福贡）m³¹　　　僜（达让）m⁵⁵
彝（南华）ni²¹　　　木雅　　　n̩i³⁵
彝（凉山）a²¹　　　白（碧江）a⁴²

同一语言的不同方言间也有此对应。例如：

阿昌：陇川 ma³¹　　潞西 m³¹　　梁河 n³¹
彝：　南涧 ma²¹　　凉山 a　　　南华 ni²¹
怒：　碧江 ma³³　　福贡 m²¹
僜：　格曼 mai⁵³　　达让 m⁵⁵
白：　大理 mu³³　　碧江 a⁴²

在有的语言里，如仙岛语，ma³¹ 和 n 两种形式在共时状态上并存，存在变读，而且 n 的使用频率比 ma³¹ 高。这更有力地证明 ma³¹ 和 n⁵⁵ 的音变关系，及其先后顺序。例如：

n³¹ŋjɛʔ⁵⁵　　ma³¹ŋjɛʔ⁵⁵　　不是
n³¹tut⁵⁵　　　ma³¹tut⁵⁵　　　不行
n³¹eʔ⁵⁵　　　ma³¹eʔ⁵⁵　　　不去
n³¹it⁵⁵　　　 ma³¹it⁵⁵　　　 不睡
n³¹pɔ⁵⁵/³⁵　　ma³¹ pɔ⁵⁵/³⁵　没有

语音弱化往往与语义虚化是联系在一起的。以上对否定词语音弱化及音变规则的描述，目的是为了证明景颇语的 n⁵⁵ "不"存在语法化进程。

## 3 几种句式及其类型学特征 511

（3）证据之三是，由于 $n^{55}$ 与被否定的词素结合得很紧，使得有的被否定的词素已不单用或失去意义，与 $n^{55}$ 不能分离。这样，$n^{55}$ 的语义也虚化了，语法功能已降为不能独立使用的"半词素"。由 $n^{55}$ 构成的这种些结构，已不是短语，也不是复合词，更像个单纯词，或介于单纯词和复合词之间的结构。例如"( )"表示注不出词义：

$n^{55}tot^{55}$　耐不住　　　　$n^{55}kut^{55}$　　　　　不服
不（ ）　　　　　　　　　不（ ）

$n^{55}thut^{55}$　没完没了　　　$n^{55}tʃa^{ʔ55}$　　　　　舍不得
不（ ）　　　　　　　　　不（ ）

$n^{55}kut^{55}$　不仅　　　　　$n^{55}tau^{51}ʃa^{31}lau^{55}$　意外的
不（ ）　　　　　　　　　不（ ）（ ）

（4）证据之四是，景颇语的疑问句有肯定式和否定式两种。表示否定意义的用否定式，表肯定意义的有肯定式和否定式两种，但多用否定式。例如：

$naŋ^{33}n^{55}sa^{33}n^{31}ni^{51}$？　　　　　　你去吗？
你　不　去（尾）

$n^{33}tai^{33}na^{ʔ55}n^{31}pa^{55}n^{55}ʒe^{ʔ55}ni^{51}$？　　这是你的被子吗？
这　　你的被子　不　是（尾）

$ja^{ʔ55}poŋ^{33}jaŋ^{31}n^{55}mai^{33}a^{ʔ31}ni^{51}$？　　现在商量的话行吗？
现在 商量 的话　不 行　（尾）

$tho^{55}ʒa^{31}sai^{33}wan^{31}n^{55}ʒe^{ʔ55}ni^{51}$？　　那是雾吗？
那　　雾　　　不 是（尾）

$ma^{55}tʃi^{51}ka^{31}niŋ^{31}ʒai^{31}sat^{31}ʃa^{31}mjit^{55}na^{33}naŋ^{33}n^{55}tʃe^{33}n^{31}ni^{51}$？
苍蝇　怎么　　消灭　　要　你　不懂吗（尾）
怎么消灭苍蝇你懂吗？

这种否定的疑问，否定词的意义已虚化，成为疑问句的一种带反问意义的标志，属于语用的特点。

### 3.7.2 否定句结语

通过以上的分析、描写，我们可以得到以下几点认识：

（1）景颇语的否定范畴，主要是通过否定词在句中的句法关系来实现的。否定词只有两个，句法位置固定，无形态变化，属于分析类型。

（2）景颇语的否定词 n$^{55}$ "不、没"出现浅度的语法化趋势，在一定程度上改变了否定词的副词特点，使它成为副词中的特殊一类。

（3）否定词 n$^{55}$ "不、没"和 khum$^{31}$ "勿、别、不要"在句法功能上呈互补。但 khum$^{31}$ 的实词性比 n$^{55}$ 强，未出现语法化。

## 3.8　景颇语的转述句

转述是传据的一种，而传据（evidentiality）是表示信息来源途径的一种语法范畴。语言信息来源的途径多种多样，但主要有两类：一类是通过自己的感官（视角、心智等）获得的；另一类是由别人提供的。不同的语言，表示传据的手段各不相同。景颇语用转述句，有自己语法特点。

景颇语的转述句，在意义上表示是别人提供的信息，在语法形式上是在句尾加 ta$^{231}$ 表示。ta$^{231}$ 有以下几个特点：

### 3.8.1　ta$^{231}$ 的语义特点

ta$^{231}$ 含有转述的意义或语气，具有动词的意义，但又没有一般动词所具有的表示动作行为的实在意义。可以译为"听说、据说、传说"。如果信息是清晰地听到的，是"听说"义；是泛泛听到的，是

"据说"义；是历史、故事中获知的，是"传说"义。例如：

ma³¹no³³pum³¹ teʔ³¹luŋ³¹wa³¹ sai³³ taʔ³¹. 听说麻诺上山了。
麻诺　　山　（方）上（貌）（尾）听说

mă³¹nam³¹ni³³tu³¹mă³³sai³³taʔ³¹.　　　听说客人（们）到了。
客人　　们　到（尾）　听说

tai³³ʃă³¹naʔ⁵⁵ko⁵⁵n³¹na⁵⁵ʃan⁵⁵nau³³ko³¹n³¹pa⁵⁵pheʔ⁵⁵muŋ³¹tʃom⁵⁵
那　晚上　从　起　兄弟俩　（话）被子（宾）也　　一起
phun⁵⁵ŋa³³tʃu⁵⁵ʃup³¹lu³¹ʒai³¹n³¹na⁵⁵mjit³¹khʒum⁵⁵wa³¹mă³³sai³³ taʔ³¹.
盖　牛奶　挤　喝（泛）（关）心齐　　（貌）（尾）据说
据说，从那晚起兄弟俩一起盖被子、挤牛奶喝，心也齐了。

phaŋ³³tʃă³¹thum⁵⁵kă³¹niŋ³¹n³³tʃe³³ti³¹n³¹na⁵⁵tai³³u³¹ʒa³³sa³³ʒim³¹
最后　　　　怎么　不知　做（助）那　公鸡　去　捉
wa̰ʔ⁵⁵kau⁵⁵tat³¹uʔ³¹ai³³ taʔ³¹.
赔　掉　（貌）（尾）据说
据说，最后没有办法只好把那只公鸡捉来赔给他了。

moi³¹ʃoŋ³³teʔ³¹la³³la⁵⁵ŋai⁵¹ko³¹tʃum³¹phă³³ka³³ʃa³¹ka³³ʃa⁵⁵n³¹na⁵⁵
从前　　　男子一　（话）盐　生意　只　做　吃　之后
kan³³pau³³ai³³ taʔ³¹.
谋生　（尾）传说
传说，从前有一个男子只靠着做盐巴生意谋生。

ʃuʔ³¹kʒet³¹pheʔ⁵⁵sum³³ʒi³³theʔ³¹kjit³¹la⁵⁵n³¹na⁵⁵tun⁵⁵wa³¹uʔ³¹ai³³ taʔ³¹.
青蛙　（宾）绳子　用　拴　来　之后　牵　回　（尾）传说
传说，把那只青蛙用绳子拴起来牵回去。

tai³³ʃuʔ³¹muŋ³¹kă³¹thet⁵⁵n³¹na⁵⁵ kă³¹than³³kum³¹lot³³wa³¹ai³³ pheʔ⁵⁵
那　青蛙也　热　　之后　弹跳　跳跃　起（尾）（宾）
u³¹ʒa³³lă⁵⁵ŋai⁵¹mi³³e³¹　mu³¹　tat³¹ ai³³mă³¹tʃo³¹sa³³thim³¹a³¹tʃeʔ⁵⁵
公鸡　一　　一（施）看见（貌）（尾）（助）　去　扑　　啄

ʃa⁵⁵kau̯⁵⁵nuʔ³¹ai³³taʔ³¹.
吃 掉 （尾） 传说

据说，青蛙因为烫而跳起来，被一只公鸡看见后赶紧扑过去就把青蛙啄吃了。

### 3.8.2 taʔ³¹ 的语法特点

景颇语的句子大多以句尾词收尾，但 taʔ³¹ 位于句尾词之后，即全句的末尾。它之前的句尾词，要拉长读音后与之结合。它与句中的其他成分不构成并列、修饰、支配、补充等句法关系，而是附着在句尾与全句发生关系。它还出现在少数以 ʒe⁵¹ "是"、na³³ "要" 收尾的句子上。例如：

ʃiŋ³¹ʒai³¹tai³³ʃǎ³¹ni⁵⁵koʔ⁵⁵nʔ³¹na⁵⁵tai³¹ni⁵⁵tu³¹khʒa³¹mǎ³¹ʃa³¹si³³ai³³
因此 那天 起 今天 到（貌）人 死 的
ʃǎ³¹loi⁵⁵jam³³ŋa³³ sat⁷¹ai³³thuŋ⁵⁵ŋa³¹mat³¹wa³¹ai³³re⁵¹taʔ³¹.
时候 牲畜 杀 的 习惯 有（貌）（貌）是 据说

据说从那一天开始直到今天，就有了人死的时候杀牲畜给死者送葬的风俗。

ʃi³³naŋ³³pheʔ⁵⁵mǎ³¹suʔ³¹aiʔ³³ʃeʔ³¹ʒe⁵¹taʔ³¹. 听说是他骗你的。
他 你 （宾）骗 （尾）才 是 听说

phot⁵⁵ni⁵⁵tu³¹tʃaŋ³¹ʃeʔ³¹tʃe³³ na³³ ʒe⁵¹taʔ³¹. 听说是到明天才知道。
明天 到 的话才 知道 要 是 听说

phot⁵⁵ni⁵⁵mam³³tan³¹sǎ³³na³³re⁵¹taʔ³¹. 说是明天要割谷子了。
明天 谷子 割 就要 是 听说

wa⁵¹taʔ³¹ŋa³³ jaŋ³¹tʃan³¹ nau³¹tu³¹mat³¹ sai³¹ n³³sa³³sǎ³³na³³taʔ³¹.
爸 说（泛）的话 太阳 太 到（貌）（尾）不去 就要 说
父亲说天太晚了，（说）不去了。

ŋai³³khʒak⁵⁵n⁵⁵mu³¹ai³³ ta⁽²³¹⁾ ŋa³³ ai³³ ʃa³¹na³³n³¹ŋai³³.
我 真 没 看见（语）听说（说）（泛）只 要（尾）
我并没有亲眼看见，只是听别人（如此这般的）说。

nu⁵¹ tai³¹na⁽²⁵⁵⁾te³¹tu³¹wa³¹ na³³re⁵¹ta⁽²³¹⁾. 据妈说今天下午回到家。
妈 今晚 到（貌）要 是 据说

phot⁵⁵ni⁵⁵ŋai³³sa³³wa³¹na³³ʒe⁵¹ta⁽²³¹⁾ ŋu⁵⁵tsu̱n³³tan⁵⁵u⁽²³¹⁾!
明天 你 来（貌）要 是 听说（泛）告诉（尾）
你告诉他我明天来。

ta⁽²³¹⁾的后面为了增加疑问语气，还能再加语气助词 i⁵¹ 或 lu³³。例如：

ma³¹lu⁽²⁵⁵⁾kǎ³¹loi⁵⁵wa³¹na³³ta⁽²³¹⁾ i⁵¹？ 麻鲁说什么时候回来？
麻鲁 何时 回 要 听说（语）

tui⁵¹ khum³¹n⁵⁵pjo³³ai³³ ŋa³³, mai³³ wa³¹ sai³³ ta⁽²³¹⁾ i⁵¹.
奶奶 身体 不 舒服（尾）（泛） 好 （貌）（尾）听说（语）
听说奶奶病了，（说）好一点了吗？

mǎ³¹nam³¹ni³³kǎ³¹loi⁵⁵tu³¹na³³ma⁽²³¹⁾ai³³ta⁽²³¹⁾ i⁵¹？
客人 们 何时 到 要（尾） 听说（语）
你听说客人什么时候到？

ja⁽²⁵⁵⁾the³³khun³³miŋ³¹kʒai³¹kǎ³¹ʃuŋ⁵⁵wa³¹ sai³³ ta⁽²³¹⁾ lu³³.
最近 昆明 很 冷 （貌）（尾）听说（语）
听说最近昆明很冷了。

ta⁽²³¹⁾除了放在句末外，为了强调信息的来源，还能再加在句前的主语后面。加在句前的 ta⁽²³¹⁾，其后要加表示"说"义的泛指动词 ŋa³³ 或 ŋu⁵⁵。例如：

nu⁵¹ta⁽²³¹⁾ŋa³³jaŋ³¹lu³¹ai³³the⁽²³¹⁾no⁽²⁵⁵⁾tʃo³¹tat³¹na³³ ta⁽²³¹⁾.
妈 听说（泛）有 的 拿 还 给（貌） 听说
妈妈说有多少先给多少。

ma³¹tu⁵⁵, nu̠⁵¹ ta⁽³¹ŋa³³jaŋ³¹ n⁵⁵ta̠⁵¹te⁽³¹lau³³ wa³¹na³³ ta⁽³¹.
麻都　　妈妈　说（泛）的话家　（方）赶紧 回　要　听说
麻都，妈妈说叫你赶紧回家。

mǎ³¹ʃa³¹ni³³ta⁽³¹ŋa³³tsun̠³³ai³³ka⁵¹phe⁽⁵⁵ten̠³¹ʒe³³ʃa̰³¹tu⁽³¹ta⁵⁵nu⁽³¹ai³³.
别人　　听说（泛）说　 的 话（宾）真（泛）当　　成（尾）
他把别人听说的话当成是真的。

ta⁽³¹ 还能放在句中的小句之后。例如：

phot⁵⁵ni⁵⁵ŋai³³sa³³wa³¹na³³ʒe⁵¹ta⁽³¹　ŋu⁵⁵tsun̠³³tan⁵⁵u⁽³¹!
明天　　我　来（貌）要 是 听说（泛）告诉（尾）
你告诉他我明天来！

ma³¹kam³³ phe⁽⁵⁵kǎ³¹wa³¹khum³¹mǎ³¹tʃi⁵⁵ŋa³¹ai³³　ta⁽³¹ ŋu⁵⁵
麻干　　（宾）父亲　　身体　　病　　在（尾）听说（泛）
n̠³¹na⁵⁵ tsun̠³³tan⁵⁵u⁽³¹!
之后　　告诉（尾）
告诉麻干！他父亲正在生病。

kǎ³¹thoŋ³¹mǎ³¹ʃa³¹ni³³phe⁽⁵⁵tai³¹na⁵⁵tsup³¹phoŋ³¹phoŋ³¹na³³ʒe⁵¹
村　　　人　　　们（宾）今晚　　会　　　开　要 是
ta⁽³¹ ŋu⁵⁵ wa³¹ʃã³¹na³¹su⁽³¹!
听说（泛）(貌) 通知（尾）
你回去通知村里人今晚开会吧！①

---

① 感谢云南民族大学的岳麻拉教授为我提供转述句的语料。

# 4 景颇语语法演变的几个途径

语法特点的生成与历时演变，受各种内部、外部条件的制约，并产生各种不同的方式和途径。景颇语语法演变的方式和途径，与其他语言相比，既有共性又有个性。其中个性比较突出的有双音节化对语法演变的影响、虚实特点的变化、音节聚合等。

## 4.1 双音节化对语法的影响

语音是构成语言的物质基础。语法的特点及其规律，都与语音的特点相关。语音的变化会影响语法的变化。所以研究语法一定要重视与语音的联系，要从语音的特点和变化中看语法的特点和变化。我们在探索景颇语语法的过程中，深深体会到这一点。其中既有语法本身结构的因素，又有语音、语义等方面的的因素。

双音节化是景颇语中高于音素的语音特点。现代景颇语的语音构造存在双音节化的倾向，不仅双音节词占多数，而且双音节化出现在大部分词类上。双音节化是历史形成的，是由景颇语语音、语法、语义的特点决定的，但反过来又制约语音、语法、语义的特点。双音节化倾向对语法特点的影响，包括对构词方式、语法形式、语法意义以及句法特点等方面影响，具体如抑制某些词类的形成（如量词）、改变构词方式、出现实词虚化、扩大动词的分析形式、大量出现句尾词等。

### 4.1.1 词的双音节化

从现代景颇语词的音节数量分布状况上，可以看到景颇语的词在总体上双音节词占多数，而且双音节化出现在大部分词类上。我们统计了《景汉词典》的 15 245 个词，其中双音节词有 8317 个，占词汇总数的 55%，在各类词中，只有助词、貌词是单音节的，其他均以双音节为主，其中以名词、句尾词双音节的比例为最大。名词中双音节词有 4794 个，而单音节才只有 545 个；句尾词中双音节词有 164 个，而单音节词只有 18 个。其次是动词、副词（包括状态词，下同）、代词。动词中双音节词有 2009 个，单音节词有 1252 个；副词中双音节词有 1007 个，单音节词有 598 个；代词中双音节词有 61 个，单音节词有 20 个。

在各类词中，有的单音节词或三音节词与双音节词并用，可以自由变读，意义不变。例如：

| 单音节 | 双音节 | 汉义 |
| --- | --- | --- |
| ta̱$^{ʔ55}$ | lă$^{31}$ta̱$^{ʔ55}$ | 手 |
| mai$^{31}$ | n$^{31}$mai$^{31}$ | 尾 |
| ti$^{ʔ31}$ | n$^{31}$ti$^{ʔ31}$ | 锅 |
| ka̱$^{ʔ55}$ | n$^{31}$ka̱$^{ʔ55}$ | 竹篮 |
| ŋja̱u$^{33}$ | lă$^{31}$ŋja̱u$^{33}$ | 猫 |
| kat$^{31}$ | kă$^{31}$kat$^{31}$ | 跑 |
| noŋ$^{55}$ | kă$^{31}$noŋ$^{55}$ | 推 |
| ʒai$^{31}$ | kă$^{31}$ʒai$^{31}$ | 尚 |

| 三音节 | 双音节 | |
| --- | --- | --- |
| kă$^{31}$kat$^{31}$khom$^{33}$ | kat$^{31}$khom$^{33}$ | 跑步 |
| lam$^{33}$lă$^{33}$mo$^{33}$ | lam$^{33}$mo$^{33}$ | 大路 |
| ʃă$^{33}$kau$^{33}$khje$^{33}$ | kau$^{33}$khje$^{33}$ | 洋葱 |

4　景颇语语法演变的几个途径　519

| sǎ⁵⁵li⁵⁵ai³³ | li⁵⁵ai³³ | 句尾词（第一人称叙述式） |
| mǎ³¹nit³¹tai³³ | mjit³¹tai³³ | 句尾词（第三人称叙述式） |

双音节词的来源主要有两个：一是来自古代藏缅语的带复辅音声母的单音节词。古代带复辅音声母的单音节词到了景颇语里，前一辅音分离出去，加上元音构成一个音节，使原来的单音节词变为双音节词。从景颇语与亲属语言比较中，可以看到景颇语有不少双音节词在有复辅音声母的亲属语言里与带复辅音声母的单音节词对应。例如：

脚：景颇 lǎ³¹ko³³　　道孚 ʂko　　却域 ʂko⁵⁵　　贵琼 ŋga⁵⁵
胆：景颇 ʃǎ³¹ʒi³¹　　羌 xtʂə　　道孚 skrə　　扎坝 stʂʌ¹³
麂子：景颇 tʃǎ⁵⁵khji⁵⁵　　藏 rgja　　羌 ɕtɕɛ　　普米 stʃə⁵⁵
水獭：景颇 ʃǎ³¹ʒam³³　　藏 sram　　道孚 ʂsəm　　却域 ʂsɛ⁵⁵
蛇：景颇 lǎ³¹pu³³　　藏 sbrul
三：景颇 mǎ³¹sum³³　　藏 gsum　　羌 khsə　　道孚 xsu
四：景颇 mǎ³¹li³³　　藏 bʑi　　羌 gzə　　道孚 rlʒə
五：景颇 mǎ³¹ŋa³³　　藏 lŋa　　道孚 nɢvɛ
九：景颇 tʃǎ³¹khu³¹　　藏 dgu　　羌 zguən　　普米 zgɯ⁵⁵
　　道孚 ngə　　扎坝 ngʌ³¹
炒：景颇 kǎ³¹ŋau³³　　藏 rŋo　　道孚 rŋo
接：景颇 mǎ³¹tut⁵⁵　　藏 bstud　　羌 zdə　　嘉戎 kəmthəp

在藏缅语中复辅音声母趋于消失的语言里，景颇语的双音节词则与带单辅音的单音节词对应。例如：

天：景颇 lǎ³¹mu³¹　　普米 mɣ⁵⁵　　却域 mu⁵⁵　　独龙 mu⁵⁵　　缅 mo⁵⁵
　　怒 mu⁵⁵　　纳西 mɯ³³
气：景颇 n̩³¹sa³¹　　吕苏 se⁵⁵　　载瓦 so⁵⁵　　哈尼 sa³¹　　纳西 sa⁵⁵
　　怒 sa⁵³

毒：景颇 n̄³¹tuk̪⁵⁵　　藏 duɣ　　羌 duə　　普米 tu¹³　　嘉戎 tək
　　却域 tu⁵⁵　　怒 du³³

七：景颇 sǎ³¹nit³¹　　门巴 nis　　贵琼 ȵi⁵⁵　　阿昌 ȵit⁵⁵

摸：景颇 mǎ³¹sop³¹　独龙 sɔp⁵⁵　载瓦 sop⁵⁵　怒 sa̠⁵⁵　　哈尼 so̠³³

二是来自复合词构成法。景颇语有部分复合词是由两个根词组成的双音节词，这类复合词的构词方式是能产的，是丰富双音节词的一个重要手段。例如：

tʃoŋ³¹ma³¹　　学生　　　sai³¹lam³³　　血管
学校 孩子　　　　　　　　血　路

ma³¹pau³³　　养子　　　khaʔ³¹la⁵⁵　　饮水沟
孩子养　　　　　　　　　水　拿

有些双音节复合词是由一个双音节词和一个单音节词复合而成的，在构词时，双音节词省去一个音节。例如：

pu³¹tʃaŋ³³　　黑裤（lǎ³¹pu³¹ 裤）
裤　黑

khʒai³¹noi⁵⁵　吊桥（mǎ³¹khʒai³³ 桥）
桥　吊

luŋ³¹tin³¹　　小圆石（n̄³¹luŋ³¹ 石头）
石　圆的

tʃap³¹khje³³　红辣椒（mǎ³³tʃap⁵⁵ 辣椒）
辣椒 红

景颇语双音节词的一个重要语音特点是前弱后强，即前一个音节读为弱化音节。这个特点只出现在单纯词和部分复合词前（前一词根已虚化或半虚化）上。所谓弱化音节，是指前一音节的读音读得弱而轻，其元音读为 ə，少数读为 u、ɨ。其中，与舌尖音声母、舌叶音声

母结合的读为 ɨ，与 w 声母结合的读为 u，其余均读为 ə（在标音时均标为 ă）。例如：

mă³¹ʃa³¹[mə³¹ʃa³¹]　　人　　　kă³¹loi⁵⁵ [kə³¹loi⁵⁵]　何时
să³¹ʒa³³ [sɨ³¹ʒa³³]　　老师　　ʃă³¹ʒa³¹ [ʃɨ³¹ʒa³¹]　　地方
wă³³tʃo³³[wu³³tʃo³³]　镐

鼻辅音以及元音自成音节的，在另一音节之前也读为弱化音节。例如：

n³¹pa⁵⁵　　被子　　n³¹nan³³　　新
a³¹ʒut³¹　　擦　　　a³¹jai⁵⁵　　乱扔

双音节词的前一弱化音节，有不少是由多种不同的音节形式聚合为同一音节形式的，变为同音的音节，其实各自来源不同。例如：

ŋa³³ 牛→wă³³　　　　wă³³khje³³　黄牛　　wă³³pja³³　流产牛仔
　　　　　　　　　　牛　红　　　　牛　流

ŋa⁵⁵ 鱼→wă³¹　　　　wă³¹lai⁵⁵　鲫鱼　　wă³¹man⁵⁵　鲨鱼
　　　　　　　　　　鱼　鲫　　　　鱼　灵

wa³³ 牙→wă⁵⁵　　　　wă⁵⁵thap⁵⁵　重牙　　wă³³man³³　门牙
　　　　　　　　　　牙　重　　　　牙　面

n³¹wa³³ 斧→wă⁵⁵　　　wă⁵⁵thoŋ⁵¹　斧背　　wă³³na³³　斧眼
　　　　　　　　　　斧　背　　　　斧　耳

khai⁵⁵nu³³ 玉米→wă³³　wă³³phʒa³³　玉米地　wă⁵⁵phjiˀ⁵⁵　玉米皮
　　　　　　　　　　玉米地　　　　玉米皮

kă⁵⁵wa⁵⁵ 竹→wă　　　wă³¹tʃen³³　竹片　　wă³¹maŋ³³　紫竹
　　　　　　　　　　竹　片　　　　竹　紫

再如：

sum³¹ 铁→n³¹　　　n³¹ʃi³¹　　　小刀　　n³¹khʒut³¹　磨刀石
　　　　　　　　　铁　小　　　　　　　　铁　磨

| | | | | | |
|---|---|---|---|---|---|
| mam³³ 谷子→n³³ | n³³khje³³ | 红谷 谷红 | n⁵⁵loi⁵¹ | 早谷 谷早 | |
| naŋ³³ 你→n³³ | n⁵⁵wa⁵¹ | 你父 你父 | n³³na³³ | 你姐 你姐 | |
| lă³¹mu³³ 天→n⁵⁵ | n⁵⁵sin⁵⁵ | 黑天 天黑 | n³¹ʃuŋ³³ | 冷天 天冷 | |
| n³¹kup³¹ 嘴→n³¹ | n³¹pjet³¹ | 瘪嘴 嘴瘪 | n³¹ʃoʔ³¹ | 翘嘴 嘴翘 | |
| ma³¹ 孩子→n³¹ | n³¹pja³¹ | 流产儿 孩流 | n³¹kjiʔ³¹ | 私生子 孩弯 | |

由于音节的聚合和类化，使得相当一部分双音节词的前一音节存在相同的读音。音节的聚合和类化，还带来语义、语法特点的变化。（详见后文论述）

### 4.1.2 词的双音节化对语法的影响

词的双音节化对语法的影响主要表现在以下几个方面。

（1）词的双音节化抑制某些词类的发展，其中比较明显的是抑制个体量词的发展。景颇语的个体量词不发达，表个体名词的量时大多不用个体量词，数词直接与名词结合。例如：

mă³¹ʃa³¹ lă⁵⁵ŋai⁵¹　　　一个人
人　　　一

lă⁵⁵khum⁵¹ lă⁵⁵khoŋ⁵¹　　两把椅子
椅子　　二

phun⁵⁵mă³¹sum³³　　　三棵树
树　　三

个体量词的不发达，大约与数词大多是双音节有关。景颇语在

1～10 的基数词中，双音节的有八个，单音节的只有两个。由于景颇语的名词大多也是双音节的，因而个体名词称数量时，为了节律上的需要，就直接带上双音节数词，共同组成四个音节，不必再带上量词。数词单独做句子成分时，由于是双音节的，表义清晰度大，可以不用量词增强清晰度。所以在景颇语里，个体量词少，不易增多，即使是已出现的少量个体量词，为了符合双数韵律，构成了复合的或带前缀的双音节量词。例如：

num$^{31}$po$^{33}$ 个（妻子）　　　ʃan$^{31}$po$^{33}$ 个（猎物）
女人　头　　　　　　　　　肉　头

thiŋ$^{31}$nep$^{55}$ 块（地板）　　wă$^{ʔ31}$phaŋ$^{33}$ 丛（竹丛）
房　垫　　　　　　　　　　竹子　棵

thiŋ$^{31}$kʒam$^{33}$ 块（楼板）
房　搭

由于个体量词存在用与不用两种情况，因而名词在称量时存在两种基本意义相同而结构形式不同的词组结构。一种是"名词+数词"，另一种是"名词+量词+数词"。两种结构表示的基本意义相同。例如：

n$^{33}$kjin$^{33}$ mă$^{31}$sum$^{33}$ = n$^{33}$kjin$^{33}$khum$^{31}$ mă$^{31}$sum$^{33}$　　三根黄瓜
黄瓜　　三　　　　黄瓜　　根　　三

u$^{31}$ti$^{31}$ lă$^{55}$khoŋ$^{51}$ = u$^{31}$ti$^{31}$khum$^{31}$ lă$^{55}$khoŋ$^{51}$　　两个鸡蛋
蛋　　二　　　　蛋　　个　　二

这两个基本意义相同而格式不同的词组结构，存在于同一语法系统中。二者有竞争，但又相互补充。就发展趋势看来，"名词+量词+数词"的格式有逐渐增多的趋势。这是由于加了量词的结构比不加量词的结构意义比较丰富，突出了名词的性质或性状等附加意义，于是双音节节律上的需要服从了表义上的需要，使景颇语量词存在逐渐发展的趋势。

当然，量词的产生是由多种因素造成的。其中，双音节化是其中的一个因素。汉藏语系量词是如何产生的，至今还是个谜，需要从各个方面去提出设想。

（2）词的双音节化使得景颇语的构词方式增加了。

其一，双音节化使得一部分单纯词变为合成词，分出了词根和假前缀，不仅增加了前缀的类别，而且还增加了构词的类别。所谓假前缀，是指双音节合成词中既像前缀又不是前缀的语素。它的来源有多种：其中一个重要来源是来自古代景颇语复辅音音节的前一辅音。这个辅音原是无意义的，后来与后一辅音分离，分成了两个音节。形成两个音节之后，后一音节已有一定的独立性，逐渐成为词根，具有构词能力；而前一音节由于后一音节的独立使用，也相应地有了一定的独立性。以下举例与古代藏语对照：

| 景颇语 | 藏语 | | 景颇语 | |
|---|---|---|---|---|
| mă$^{31}$sum$^{33}$ | gsum$^{33}$ | 三 | sum$^{31}$ʃi$^{33}$ | 三十 |
| lă$^{31}$pu$^{33}$ | sbrul | 蛇 | pu$^{33}$mut$^{55}$ 灰蛇 | pu$^{33}$nen$^{33}$ 蛇唾液 |
| mă$^{31}$ko$^{231}$ | hgug | 弯 | ko$^{231}$ko$^{231}$ | 有点弯的 |

现代景颇语的语素有五种：实语素、虚语素、半实半虚语素、假语素、搭配语素。其中的虚语素、半实半虚语素、假语素都做前缀用，与后面的词根组成合成词。假语素的出现，不仅使一个词分出了前缀和词根两部分，而且增加了合成词的构词格式。

其二，双音节词的大量增加，加上前一音节由于出现聚合、类化，其实词特点逐渐减弱，变为半实半虚语素，结果在前缀中增加了半实半虚语素，在合成词中增加了"半实半虚语素 + 词根"的构词格式。这类合成词与"实语素 + 实语素"的复合词，在性质上已出现差异，应是不同的类别。在语感上，说话人已辨别不出半实半虚语素的实在意义，因此在使用时还可以在其前面加上原来读音的词。这种同义重叠现象说明复合词前一音节的语义已经虚化。例如：

wǎ³³phʒa³³ = khai⁵⁵nu³³wǎ³³phʒa³³　　玉米地
玉米 地　　玉米　　玉米地

n³¹ka̱ʔ³³ = mam³³ n³¹ka̱ʔ³³　　　　谷囤
谷囤　　谷　谷囤

wǎ³³ man³³ = wa³³wǎ³³man³³　　　　门牙
牙　面前　　牙　牙　面前

其三，词的双音节化为词的构成增加了新的方式。如加 a³¹ 构成的双音节词，a 既有体现语法意义（改变词性、增加语法意义）的作用，又有改变词汇意义的作用。例如：

| mun⁵⁵ | 细末 | a³¹mun⁵⁵ | 捻（成细末） |
| tsip⁵⁵ | 窝 | a³¹tsip⁵⁵ | 蓬乱 |
| tam³¹ | 宽敞 | a⁵⁵tam⁵¹ | 宽敞状 |
| khjep⁵⁵ | （碎）块 | a³¹khjep⁵⁵ | 弄碎 |
| koŋ³¹ | 身体 | a³¹koŋ³¹ | 身材 |
| tʃeʔ⁵⁵ | 锄 | a³¹tʃeʔ⁵⁵ | 啄 |
| khʒiʔ³¹ | 编 | a³¹khʒiʔ³¹ | 缠绕 |

（3）词的双音节化使动词使动态的分析式和加前缀的屈折式有了较大的发展。景颇语使动态的语法形式有屈折式和分析式两种。屈折式又分加前缀式和语音交替式两种。单音节自动词组成使动态时，大多使用加前缀构成双音节的使动词。此外，有少量语音交替的屈折式。语音交替是古老的形式，但其能产量低。例如：

| 自动 | | 使动 | |
| pom³³ | 发胀 | ʃǎ³¹pom³³ | 使发胀 |
| tʃai³¹ | 转动 | ʃǎ³¹tʃai³¹ | 使转动 |

| to⁽²³¹⁾ | 断 | ʃă³¹to²³¹ | 使断 |
| ka³¹ | 跳（舞） | ʃă³¹ka³¹ | 使跳（舞） |
| kha²³¹ | 分离 | tʃă³¹kha²³¹ | 使分离 |
| phai³³ | 抬 | tʃă³¹phai³³ | 使抬 |
| pja⁵⁵ | 垮 | phja⁵⁵ | 使垮 |
| pjan³³ | 开 | phjan³¹ | 解开 |
| ʒoŋ³³ | 在 | ʒoŋ⁵⁵ | 使在、关 |

但是，双音节动词的使动态，主要使用分析式，即在自动词后加动词 ʃă³¹ŋun⁵⁵，构成四个音节。由于动词是双音节，也用了双音节的助动词。如果不用 ʃă³¹ŋun⁵⁵，而用加前缀的手段，前缀加在双音节动词前构成三个音节，则不符合双数韵律。例如：

| 自动 | | 使动 | |
| kă³¹lo³³ | 做 | kă³¹lo³³ʃă³¹ŋun⁵⁵ | 使做 |
| ʃă³¹tʃut̯⁵⁵ | 赶 | ʃă³¹tʃut̯⁵⁵ʃă³¹ŋun⁵⁵ | 使赶 |
| kă³¹tsut̯⁵⁵ | 擦 | kă³¹tsut̯⁵⁵ʃă³¹ŋun⁵⁵ | 使擦 |
| mă³¹ʒi³³ | 买 | mă³¹ʒi³³ʃă³¹ŋun⁵⁵ | 使买 |

现代景颇语使用加前缀构成了大量的双音节使动词，以及分析式的大量出现，不能不说与动词的双音节化有关。

（4）句尾词作为一个单独的词类大量出现，也与词的双音节化有关。景颇语的句尾词是藏缅语中比较特殊的一个词类。它是放在句子末尾、游离在动词之外的虚词。其作用主要是表示整个句子的语气，还表示主语、宾语、物主名词的人称、数，以及动作行为的方向，这些语法意义大多与动词的关系更为密切。藏缅语许多语言表示人称、数、方向等语法意义是在动词上加前缀或后缀表示，而景颇语则使用虚词表示，这是为什么？我看这与动词的双音节化有关。动词的双音节化，使得其前后不便于再加前缀或后缀，因为再加前缀或后缀就破坏了其双音节节律。景颇语用独立的句尾词表示这些语法意义，句尾词不附着在动词上，从而维持了动词的双音节特点。有趣的是，句尾词大多数也以双音节形式出现，虽然也有少数单音节、三音节的，但其中有一些能变读为双音节。如：

mă$^{31}$nu$^{ʔ31}$ni$^{51}$——mu$^{ʔ31}$ni$^{51}$　　主语为第三人称的疑问式句尾词
mă$^{31}$ni$^{ʔ31}$ka$^{ʔ31}$——mji$^{ʔ31}$ka$^{ʔ31}$　　主语为第三人称的命令式句尾词
să$^{55}$li$^{ʔ55}$ai$^{33}$——li$^{ʔ55}$ai$^{33}$　　主语为第一人称的叙述式句尾词

双音节的句尾词在语音上同其他词类一样也是"前弱后强"的语音模式。后一音节主要表示语气、方向，前一音节表示人称、数。二者的语音特点不同，承担的语义也不同，有点像实词中前缀与词根的关系。

句尾词的出现，改变了景颇语句子结构的特点。有了独立的句尾词后，动词的语法意义大多已不在动词上表示，而集中在句尾词上，使得整个句子的句法结构由古代的屈折型转向分析型。句尾词是虚词，它与其他词的关系是分析关系，但它自身又有丰富的形态变化，又属黏着、屈折形式，应该说，它是黏着式、屈折式与分析式的混合体，可视为"带有黏着、屈折特点的"分析形式。景颇语的句法结构以词序和虚词为主要语法手段，辅之以形态变化，这种结构特点的形成虽由各种因素共同决定的，但不能不认为双音节化是其中一个不可忽视的因素。

### 4.1.3 结语

双音节化是一种语音特征，它是大于音素的语音结构。我们平时说一个音节的结构，总是说它一般由声母、韵母、声调三要素组成，而双音节词则是词的语音特征，高于声、韵、调层次的。景颇语双音节化的主要特征是音节的多少，但还辅之以别的一些特征，如前一音节弱化、类化、聚合，两个音节之间的元音和谐、双声谐韵等。

双音节化是一种音律，具有语音节奏感。语言是表达思维、感情的，为了增强语言使用的效果，在语言里总是要使用某种音律来达到这一目的。但是，不同语言有不同音律，使用什么音律，则是由这种语言本身的特点和规律决定的。正如第一节所述，景颇语的双音节化节律，是由景颇语自身的特点和规律决定的。

语法结构是通过语音形式来表现的。所以语法结构的特点必然会受到语音形式的制约，而语音形式的变化也会影响语法结构的变化。语音形式影响语法结构的特点，其广度和深度会因各语言的不同特点而不同，景颇语语音影响语法主要表现在词类特点、构词特点、句法结构特点等几方面。

语法结构的变化有多种条件，如语法本身的特点、语义特点、语用特点、语音特点等，除了内部因素外，还会有外部因素，因而认识其变化的条件，必须广开思路从多方面进行研究。但是，由于语法和语音的关系比较密切，因而从微观上分析语音对语法的制约则成为研究语法的一个比较重要的任务。

## 4.2 景颇语语言成分虚化的演变

语言成分有虚有实。在词类中有实词和虚词之别；在语言成分中有非语法成分和语法成分之分。虚实之间，不是一成不变的，有的能向对立的方向转化，即实的变为虚的，虚的变为实的。

### 4.2.1 实词虚化

景颇语有实词虚化现象。实词虚化是语法、语义演变的一种方式，它对改变语言结构特点起着很大的作用。研究语言的演变不能不研究实词虚化。因为实词虚化不仅改变实词的意义，有些还改变其语音形式。因而如果不弄清实词虚化的特点，就不可能确定其原先的面貌是什么。就语言历史比较来说，拿已改变的意义和形式来比较是不可能得出科学的结论的。

实词虚化与现代语言学提出的语法化（grammaticalization）既有相同点又有不同。语法化主要是指非语法成分转为语法成分；而实词虚化是指词汇语法化。虚化（bleaching）既有语法化的内容，又有非语法化内容。景颇语的实词虚化，既有实词变化为表示语法意义的虚词或前缀、后缀，又有实词虚化为半实半虚语素，或无意义音节。

实词虚化的类别包括以下几种：

景颇语的实词虚化属于历史演变范畴，仅从共时分析不易认识清楚。其成果的获得，要有深入的共时研究和亲属语言比较做基础。到目前已发现的虚化类别主要有以下几种。

（1）名词在复合词中虚化。复合词中发生虚化的词素，只出现在前一音节上。实语素虚化后有的成为半实半虚语素，有的成为无意义音节。这些发生虚化的名词，不仅语义虚化，语音形式也发生变化，因而使用该语言的人对其中的多数已难以辨认出其原义。语音形式的变化，有的是音节简化，有的是元音弱化，有的是音节转化。语音的变化，促进和巩固了语义的虚化。

音节简化：主要是含有鼻辅音或鼻韵尾的音节简化为辅音切主音节 n（有 n、ŋ 变体）。例如：

mam$^{33}$ 谷→ n$^{33}$　　n$^{55}$si$^{51}$　旧谷　　n$^{55}$loi$^{51}$　早稻
　　　　　　　　　　谷旧　　　　　　　谷早
　　　　　　　　n$^{33}$li$^{33}$　谷种　　n$^{33}$nan$^{33}$　新谷
　　　　　　　　　　谷 种　　　　　　　谷 新

ma³¹ 孩子→n　n³¹kji²³¹　私生子　　　n³¹pʒi³³　老七（女）
　　　　　　　　　孩 弯　　　　　　　　孩老七
　　　　　　　　n³¹pat³¹　背巾（背孩子的布）n³¹no³³　老二（男）
　　　　　　　　　孩 绕　　　　　　　　孩老二
ʒoŋ³¹ 虎→n　　　n³¹pa³¹　虎　　　　　n³¹tʃat³¹　产小虎的窝
　　　　　　　　　虎 大　　　　　　　　虎 窝
puŋ³¹ 头→n　　　n³¹khoʔ⁵⁵ 包头巾　　　n³¹khum⁵⁵ 枕头
　　　　　　　　　头 包　　　　　　　　头 枕

元音弱化：不同的元音都弱化为 ǎ。例如：

wa³³ 牙→wǎ　wǎ⁵⁵kji⁵⁵　牙床　　　wǎ³³kam̥³³　臼牙
　　　　　　　牙 龇　　　　　　　　牙 臼
　　　　　　wǎ⁵⁵ʒum⁵¹　牙掉光的人　wǎ⁵⁵ʒoŋ⁵¹　翘牙
　　　　　　　牙 掉光　　　　　　　　牙 耸立

pu³³ 肠→pǎ　pǎ³¹tuŋ³¹　粉肠　　　pǎ³¹tʃat³¹　子宫
　　　　　　　肠 粉　　　　　　　　肠 加
　　　　　　pǎ³¹ʒam³¹　理（肠）　pǎ³³saŋ³³　食管
　　　　　　　肠 理　　　　　　　　肠 擦

\kǎ⁵⁵wa⁵⁵ 竹→wǎ　wǎ³¹tʃen³³　竹片　wǎ³¹that³¹　厚竹
　　　　　　　　　竹 片　　　　　　　竹 厚
　　　　　　　　wǎ³¹man̥³³　紫竹　wǎ³¹kjip⁵⁵　瘪竹
　　　　　　　　　竹 紫　　　　　　　竹 瘪

有的元音弱化后，声母也发生变化。如 ŋa³³ "牛"、ŋa⁵⁵ "鱼" 转化为 wǎ。例如：

ŋa³³ 牛→wǎ　wǎ³³khje³³　黄牛　　wǎ³³non̥³³　牛群
　　　　　　　牛 红　　　　　　　　牛 群
　　　　　　wǎ⁵⁵la⁵¹　公水牛　　wǎ⁵⁵tat⁵⁵　牧场
　　　　　　　牛 公　　　　　　　　牛 放

ŋa⁵⁵ 鱼→ wǎ    wǎ³¹man⁵⁵    鲨鱼    wǎ³¹tsaŋ³³    细鳞鱼
              鱼  灵                鱼  轻

              wǎ³¹ʃu³¹    小鲸鱼    wǎ³³khje³³    黄鱼
              鱼  孙                鱼  红

音节转化：由一个音节转为在发音上与其差别较大的音节。例如：

lam³³ 路→ mǎ    mǎ³¹ʃe⁵⁵    岔路    mǎ³¹sun⁵⁵    小路
              路  岔                路  小

              mǎ³¹juʔ⁵⁵   下坡路   mǎ³¹lun⁵¹    上坡路
              路  下                路  上

khai⁵⁵nu³³ 玉米→ wǎ   wǎ³³phʒa³³   玉米地   wǎ⁵⁵khʒoʔ⁵⁵ 干玉米
                     玉米 地              玉米 干

                     wǎ³³po̱³³    玉米核   wǎ⁵⁵phjiʔ⁵⁵ 玉米皮
                     玉米 核              玉米  皮

（2）名词虚化为量词。有些名词可以转化为量词，当量词用。当量词用时意义在某种程度上虚化，表示事物的量。由于量词是表示事物的量，其本身已不含名词的实在意义，而在一定程度上含有语法意义。例如：

n³¹tsi̠n³³kom³³mi³³    一杯水（kom³³ 的名词义为"杯子"）
水    杯    一

ʃat³¹n³¹kup³¹mi³³    一口饭（n³¹kup³¹ 的名词义为"嘴"）
饭    口    一

u³¹khum³¹mi³³    一只鸡（khum³¹ 的名词义为"身体"）
鸡    只    一

mam³³ʃiŋ³¹kjaŋ⁵⁵mi³³    一穗谷子（ʃiŋ³¹kjaŋ⁵⁵ 的名词义为"穗子"）
谷子    穗    一

no²³¹lep⁵⁵tu̱m³³tu̱m³³mi³³　一粒豆籽（tu̱m³³ 的名词义为"核、籽"）
豆籽　　　粒　一
mai³¹sau³¹lap³¹ mi³³　　一张纸（lap³¹ 的名词义为"叶子"）
纸　　张　一

名词虚化为量词，语音形式不变，只是在句中的语序有所变化，能与数词结合成数量结构。

（3）人称代词虚化为句尾词。句尾词是位于句子末尾表示语法意义的虚词。它表示的语法意义有：主语或宾语的人称、数，句子的语气，谓语的方向。句尾词中有些词是由人称代词虚化而成的。能虚化的人称代词，只限于第一、二人称单数。虚化的句尾词，只取人称代词的声母，与表示语气的词根合成一个音节。

人称代词　　句尾词
ŋai³³ 我　　　n³¹ŋai³³　　表示主语是第一人称单数，叙述式
naŋ³³ 你　　　n³¹tai³³　　表示主语是第二人称单数，叙述式
　　　　　　　n³¹ni⁵¹　　 表示主语是第二人称单数，疑问式

例句：
ŋai³³n³³sa³³ŋ³¹ŋai³³.　　　　　我不去。
我　不　去（尾）
naŋ³³kʒai³¹tʃe³¹kǎ³¹lo³³ŋa³¹n³¹tai³³.　你很会做。
你　 很　会　做　 （貌）（尾）
naŋ³³n³³sa³³n³¹ni⁵¹?　　　　　你不去吗?
你　不　去（尾）

第三人称单数的人称代词是ʃi³³（或khji³³），叙述式句尾词用 ai³³，疑问式句尾词用 a³¹ni⁵¹，二者似无来源关系。

（4）动词虚化为句尾词。有少数几个动词能虚化为句尾词。这种句尾词除表示句子的人称、数、语气外，还表示动作行为的方向。虚

化而成的句尾词，只取动词的声母，与表示语气的词根合成一个音节。例如：

动词　　句尾词
sa³³ 去　　su⁽ʔ⁾³¹　　表示主语是第二人称单数，命令式，去方向
　　　　　sit³¹　　　表示主语是第二人称单数，命令式，敦促语气，去方向
ʒa⁽ʔ⁾³¹ 要　ʒit³¹　　表示主语是第二人称单数，命令式，来方向
la³¹ 等　　la⁽ʔ⁾³¹　　表示主语是第三人称单数，叙述式，动作行为先于说话者

例句：

naŋ³³khum³¹sa³³ su⁽ʔ⁾³¹!　　　你别去！
你　别　去（尾）

naŋ³³lau³³sa³³mǎ³¹ʒi³³la⁵⁵sit³¹!　你快去买来！
你　快　去买　　来（尾）

naŋ³³la⁵⁵wa³¹ʒit³¹!　　　　　你拿来吧！
你　拿　来（尾）

naŋ³³no⁽ʔ⁾⁵⁵ŋa³¹ta⁵⁵ la⁽ʔ⁾³¹!　你还在吧！
你　还　在（貌）（尾）

（5）动词虚化为貌词。景颇语的貌词用在动词（包括兼有动词性质的形容词）的后面，表示行为的势态、性质、能愿等，对动词起辅助作用。貌词大多是由动词转来的，虽也属于实词范畴，但在意义上与动词相比已有一定程度的虚化。在用法上，它不能单独做谓语，总是放在动词的后面和前面的动词一起组成谓语。如 khʒat³¹ 一词，当动词用时是"落"义，意义很实在，而做貌词用时，则表示动作行为"从上而下"，不如前者实在。例如：

phun⁵⁵joŋ³³khʒat³¹ wa³¹ʒa⁽ʔ⁾³¹ai³³.　木头漂下来了。
木头　淌（貌）（貌）（尾）

ʃi³³phaŋ³³khʒat³¹sai³³.　　　　　他落后了。
他　落后　（貌）（尾）

wa³¹当动词用时是"回"义，意义很实在，而当貌词用时，则表示动作行为正在逐渐进行中，或性质状态正在变化中。例如：

khai⁵⁵nu³³tu̠³³wa³¹ʒa⁽ʔ³¹ai³³.　　　玉米长出来了。
玉米　　长（貌）（尾）

nam³¹pan̠³³khje³³wa³¹sai³³.　　　　花红起来了。
花　　　红　（貌）（尾）

ŋa³¹当动词用时是"在、有"义，而当貌词用时表示动作行为正在进行或正存在着。例如：

naŋ³³pha³³kǎ³¹lo³³ŋa³¹n³¹ni⁵¹？　　你在做什么？
你　什么　做　　（貌）（尾）

ʃi³³kʒai³¹ʃã³¹kut³¹ ŋa³¹ ai³³.　　　他很努力。
他　很　努力　（貌）（尾）

景颇语貌词表示的意义和作用主要有以下几种：表示动作行为的势态；表示动作行为所处的过程；表示动作行为的结果；表示动作行为的某种属性；表示说话者对动作行为所持的态度等。

（6）一般动词虚化为泛指动词。景颇语有 ʒai³¹、ti³³、ŋu⁵⁵、ʒe³³、ʒai³¹ 等5个泛指动词。这5个词来自动词，是动词虚化而成的。泛指动词在意义、用法上都有一些不同于一般动词的特点。在意义上，泛指动词所表达的意义比较抽象并具有泛指、概括性的特点，不固定指某个意义，而能随不同的语境分别指明各种不同的动词意义。例如：ʒai³¹ 原为"做"义，虚化为泛指动词后，在不同的语境中有"做、拿、写、睡、唱"等不同的意义。当它受状态词修饰时，其语义更为虚化，像个状态词的后缀，谓语的主要意义在状态词上。例如：

pă$^{33}$loŋ$^{33}$khje$^{33}$khje$^{33}$ʒai$^{31}$wa$^{31}$sai$^{33}$.　　衣服变红了。
衣服　　红　　红（泛）（貌）（尾）
la$^{31}$son$^{33}$a$^{31}$pʒep$^{55}$a$^{31}$pʒap$^{55}$ti$^{33}$ u$^{ʔ31}$!　　你把大蒜拍一拍！
大蒜　　　拍打状　　　　（泛）（尾）

（7）古语素在复合词中虚化。景颇语有些复合词保存了一些过去曾经使用过的词；而这些词后来已不单独使用，作为古语素在复合词中保存了下来。这些古语素的语义在复合词中大多已虚化，使用这种语言的人已不能明晰地分出其意义，存在不同层次的模糊度。例如：

虚化的古语素 no$^{ʔ31}$ "豆"，单用时是 lă$^{55}$si$^{51}$，在复合词中用 no$^{ʔ31}$。例如：

no$^{ʔ31}$tʃaŋ$^{33}$ 黑豆　　no$^{ʔ31}$phu$^{33}$ 豆豉
豆　黑　　　　　豆　豉

虚化的古语素 na$^{ʔ55}$ "黑"，单用时是 tʃaŋ$^{33}$，在复合词中用 na$^{ʔ55}$。例如：

sin$^{31}$na$^{ʔ55}$ 西方　　a$^{33}$tʃaŋ$^{33}$n$^{31}$na$^{ʔ31}$na$^{ʔ31}$ 乌黑乌黑的
天　黑　　　　　　黑　　黑　黑

虚化的古语素 pho$^{ʔ31}$ "叶"，单用时是 lap$^{31}$，在复合词中用 pho$^{ʔ31}$。例如：

pho$^{ʔ31}$tuŋ$^{33}$ 大片叶子的上部　　pho$^{ʔ31}$kup$^{31}$ 重叠用的两张叶子
叶　主　　　　　　　　　　叶　双

虚化的古语素 mji$^{31}$ "火"，单用时是 wan$^{31}$，在复合词中用 mji$^{31}$。例如：

mji$^{31}$phʒap$^3$mji$^{31}$loŋ$^{33}$ khu$^{33}$ 枪眼
火　闪　火　通洞状　孔

有的古语素的语音形式还出现简化，这类语素的语义虚化程度较高。例如，虚化的古语素 sum$^{31}$ "铁" 简化为 n$^{31}$，单独用时是 phʒi$^{31}$。

n³¹tup³¹ 秃刀　　n³¹ʃi³¹ 小刀
刀　秃　　　　　铁　小

#### 4.2.2 实词虚化的类型学分析

实词虚化是汉藏语系语言的一个普遍性的特点，有其类型学的共性和个性。景颇语的实词虚化，与词类类别、语音特征的关系特别密切。从以上实词虚化的各种现象中，可以理出以下一些规律和认识：

（1）从词类上看，实词能虚化的，只有名词、动词、代词三类。最多的是名词，其次是动词、代词。其他实词尚未发现虚化的。名词虚化的，主要出现在复合词中，其位置多在前一语素上。人称代词虚化的，只限于第一、二人称单数，第三人称及第一、二人称复数未见有虚化的。动词虚化的，大量的是虚化为貌词，此外还有虚化为句尾词的。

（2）从语义上看，景颇语的实词虚化的程度大小不一，形成不同的层次。不同层次的虚化现象，构成一个"虚化链"（bleaching chain）。研究景颇语实词虚化，若能揭示虚化链的层次，就能更好地认识其特点。实词虚化的程度大致有以下几个层次：

① 虚化程度最高的，是人称代词、动词虚化为句尾词。句尾词是表示语法意义的虚词，与实词在语法特点和语义特点上截然不同。

② 名词在复合词中虚化，由原来的实语素虚化为虚语素。但其中又存在不同的层次，有的虚化程度较高，说话人已感觉不出其原义，而有些还能隐约地感觉出其原义是什么。

③ 动词虚化为泛指动词。泛指动词在有状态词修饰的情况下，动词意义很虚，其动词意义已向状态词上转移；泛指动词单独使用时，动词意义相对较实。

④ 动词虚化为貌词，名词虚化为量词。貌词和量词都有实词意

义,但不如名词、动词实在,并包含一定程度的语法意义。

(3) 引起实词虚化的因素有多种。能看到的主要有:

① 为了扩大语法成分。一种语言,表示词汇意义的成分和表示语法意义的成分是成比例的,而且在历史演变过程中不断地在调整这种比例。实词虚化,是扩大语法成分的需要,也是扩大语法成分的一种手段。景颇语的一部分实词出现虚化,增强了某些语法的表现能力,如表示词的人称、数,动词的方向,名词的类别等。

② 词类的兼用。某类词既当这一词类用,又兼另一词类,符合语言使用的"经济原则",因而是人类语言的普遍现象。不过,由于语言特点不同,词类兼用的特点也会有所不同。由于不同词类存在不同的虚实程度,因而由实词兼用虚词或由较实的实词兼用一定程度虚化的实词就形成实词虚化现象。由词类兼用引起实词虚化在景颇语中比较常见,有名词兼用量词、动词兼用貌词等。

③ 语音的变化。由语音的变化引起语义的虚化在景颇语里也比较常见。景颇语的双音节词,存在"前轻后重"的节律和前一音节读音聚合的音变规律,这些规律使得双音节词的前一音节(其中部分是语素)发生语音变化。语音变化很自然地会引起语义的虚化,使原来有实在意义的语素变成虚的或模糊的语素。语音变化程度越大,语义虚化程度越高。总的看来,实词虚化是为了扩大语言表达功能,调整表达词汇意义和语法意义的比例。

(4) 由于实词虚化,常常带来语法结构的变化,即从原有的语法形式改变为新的语法形式。这就是西方语言学家提出的"再分析"(reanalysis)。景颇语的语法再分析有以下一些现象:

① 复合词中的前一个语素虚化后,复合词的结构改变为"半实半虚语素+实语素"或"无义音节+实语素",从而改变了复合词的结构规则。(例见上)

② 泛指动词虚化后，已向后缀转化。由状态词修饰泛指动词的结构，是修饰成分在前，中心成分在后；而虚化后的泛指动词，状态词成为中心成分，泛指动词是它的后缀。这就是说，由于泛指动词的虚化，中心成分出现了转移。例如：

pha$^{33}$muŋ$^{31}$khum$^{33}$khum$^{33}$ ʒai$^{31}$sai$^{33}$.　　　　什么也齐全了。
什么　也　齐全状　　（泛）（尾）
sum$^{33}$ʒi$^{33}$tiŋ$^{31}$kʒen$^{33}$ti$^{33}$kaŋ$^{33}$ʃã$^{31}$kaŋ$^{33}$uʔ$^{31}$！（你）把绳子绷紧！
绳子　（绷紧状）（泛）拉　使绷紧（尾）

由于虚化的作用，泛指动词出现逐渐脱化的趋势。在有的人的口语里，已不用或少用泛指动词，状态词单独做句子中的谓语或直接限制一般动词。这也使句法结构发生了变化。例如（泛指动词加括号表示可以省略）：

ʃi$^{33}$mă$^{31}$tsan$^{31}$mă$^{31}$jan$^{55}$（ʒe$^{33}$）ai$^{33}$.　　他（很）穷。
他　穷苦状　　　　　（泛）（尾）
ʃã$^{55}$nut$^{55}$ʃa$^{55}$nat$^{55}$（ʒai$^{31}$）mat$^{31}$sai$^{33}$.　　弄得乱七八糟了。
乱七八糟状　　　（泛）（貌）（尾）
pă$^{33}$loŋ$^{33}$mă$^{31}$tsat$^{55}$ʃã$^{31}$pat$^{31}$（ŋa$^{33}$）ai$^{33}$.　感到衣服脏了。
衣服　　肮脏状　　　　（泛）（尾）

景颇语除了实词能虚化外，个别副词也出现虚化。如副词ʃa$^{31}$"仅、只"用在名词、代词、数量词等实词后表示"仅、只"等限定意义，但用在形容词后，"仅、只"义淡化，与前面的形容词结合很紧，已具有后缀的特点。例如：

ŋai$^{33}$ʃa$^{31}$ʒe$^{51}$. 仅是我。　lă$^{55}$ŋai$^{51}$ʃa$^{31}$ʒe$^{51}$. 仅一个。
我　仅　是　　　　　　　一　　仅　是
a$^{55}$tsom$^{51}$ʃa$^{31}$ kă$^{31}$lo$^{33}$uʔ$^{31}$！（你）好好地做吧！
好好　（地）做　　（尾）

## 4.3 景颇语的词汇化

词汇化（lexicalization）也是景颇语语法演变兼有词汇、语义演变的一个手段。景颇语的研究者，过去对语法化做了一些研究，但对词汇化至今尚未涉猎，成了一个空白点。这是今后要开辟的新领域。

词汇化的概念，目前正处于逐渐完善、统一认识的过程中。我现在使用的概念是："从句法层面的自由组合到固定的词汇单位的演变过程。"① 具体到景颇语是：从短语到词汇单位（复合词、准单纯词）的演变过程。

### 4.3.1 由复合词融为准单纯词

有的复合词，因前一实语素虚化（有的是半虚化），而使整个词融为准单纯词。景颇语里由这一词汇化手段形成的词，数量较多，有一定的能产性。

所谓"准单纯词"，是指介于单纯词和复合词之间的双音节词，在特点上偏向于单纯词。虚化后的前一实语素，语音也发生变化，母语人已感觉不出其原义是什么，语感上把整个词看成是单纯词。加上不同语素的虚化，又存在语音形式聚合规则，即不同的读音都变为同一形式，这就更增加了语素的虚化程度，使得母语人更感觉不出其原义。过去，我曾称之为"半前缀""半实半虚前缀"。属于这种词汇化的有以下4类：

（1）几个语素虚化后语音形式聚合为 wǎ（有不同的变调）。例如：ŋa$^{33}$"牛"弱化为 wǎ$^{33}$： wǎ$^{33}$khje$^{33}$ 黄牛 wǎ$^{55}$khji$^{55}$ 牛粪
牛 红 牛 粪

---

① 董秀芳：《词汇化：汉语双音词的衍生和发生》，四川民族出版社2002年版。

ŋa⁵⁵"鱼"弱化为 wǎ³¹： wǎ³¹lun⁵⁵ 逆水而上的鱼
　　　　　　　　　　　鱼　上
　　　　　　　　　　　wǎ³¹zep³¹ 糙鱼（一种皮很粗糙的鱼）
　　　　　　　　　　　鱼　糙

wa³³"牙"弱化为 wǎ⁵⁵： wǎ⁵⁵tap⁵⁵ 翘牙　　wǎ⁵⁵thap⁵⁵ 重牙
　　　　　　　　　　　牙　翘　　　　　　牙　重

kǎ⁵⁵wa⁵⁵"竹"弱化为 wǎ³¹： wǎ³¹pot³¹ 竹根　　wǎ³¹kjip³¹ 瘪竹
　　　　　　　　　　　竹　根　　　　　　竹　瘪

khai⁵⁵nu³³"玉米"弱化为 wǎ⁵⁵：wǎ⁵⁵khʐo⁽⁷⁾⁵⁵ 干玉米　wǎ⁵⁵loi⁵¹ 早玉米
　　　　　　　　　　　玉米 干　　　　　　玉米 早

n³¹wa³³"斧"弱化为 wǎ³³： wǎ³³laŋ³³ 斧把　　wǎ³³na³³ 斧眼
　　　　　　　　　　　斧　拿　　　　　　斧　耳

（2）几个语素虚化后语音形式聚合为 n³¹（或 niŋ³¹，有不同的变调）。例如：

mam³³"谷子"弱化为 n⁵⁵：n⁵⁵phun⁵⁵ 谷秆　　n³³li³³ 谷种
　　　　　　　　　　　谷　树　　　　　　谷种子

sum³³"铁"弱化为 n³¹： n³¹tup³¹ 铁匠　　n³¹ʃi³¹ 小刀
　　　　　　　　　　　铁　打　　　　　　铁　小

ma³¹"孩子"弱化为 n³¹： n³¹kji⁽ʔ⁾³¹ 私生子　n³¹pat³¹ 背巾
　　　　　　　　　　　孩　弯　　　　　　孩　绕

（3）几个语素虚化后语音形式聚合为 pǎ（有不同的变调）。例如：

pu̱³¹"肠"弱化为 pǎ³¹： pǎ³¹tuŋ³³ 粉肠　　pǎ³¹tʃat³¹ 子宫
　　　　　　　　　　　肠　粉　　　　　　肠　加

lǎ³¹pu̱³³"蛇"弱化为 pǎ³¹：pǎ³¹nen³³ 蛇吐液　pǎ³¹nui³³ 蟒蛇
　　　　　　　　　　　肠　粘　　　　　　肠　软

（4）lam³³"路"语素虚化后语音形式变为 mǎ³¹。例如：

mă³¹ʃe⁵⁵ 岔路　　　　mă³¹ju⁵⁵ 下坡路
路　岔　　　　　　路　下

这类"准单纯词"由于前一语素虚化程度不一，或虚化后的读音与原读音的差异大小不一，词汇化程度存在不同的层次。虚化程度高的，更接近单纯词。对"准单纯词"，母语人一般只能辨出后一音节的意义，都当一个单纯词使用。

### 4.3.2 由短语合成复合词

两个及两个以上的词连成的短语，结构或由于结合紧密，或由于使用频率高，久而久之融为一个固定的复合词。这是词汇化的第二种途径。能发生词汇化的短语，其构造成分常见的是虚词类的连词、副词，实词类的判断动词、方向名词等。主要有以下几类。

（1）由 ʒai⁵⁵ "是"与连词或副词合成的词。

1）ʒai⁵⁵tʃaŋ³³、ʒai⁵⁵jaŋ³¹ "是的话"：由 ʒai⁵⁵ "是"和 tʃaŋ³³ 或 jaŋ³¹ "的话"合成，当连词用。《景汉词典》已把它们看成一个词收入词条。例如：

ʃi³³n³³sa³³ai³³ʒai⁵⁵tʃaŋ³³, ŋai⁵⁵muŋ³¹n³¹sa³³n³¹ŋai³³.
他 不 去 的 是 的话　我 也　不 去（尾）
他不去的话，我也不去。

2）ʒai⁵⁵tị̃ʔ⁵⁵muŋ³¹ 或 ʒai⁵⁵tị̃m⁵¹ "但是"：前者是由 ʒai⁵⁵ "是"和 tị̃ʔ⁵⁵muŋ³¹ "也"融合而成，后者的 tị̃m⁵¹ 是 tị̃ʔ⁵⁵ muŋ³¹ 的合音。这两个词汇化的词，既可用在句中，也可用在句首。例如：

mjit³¹ko³¹mjit³¹ai³³, ʒai⁵⁵tị̃m⁵¹kă³¹lo⁵⁵ko³¹n⁵⁵tu³¹ai³³.
想（话）想（尾），但是　做　（话）没 到（尾）
想是想了，但是没做到。

tʃe³³ko³¹ tʃe³³sai³³, ʒai⁵⁵ti̠ʔ⁵⁵muŋ³¹noʔ⁵⁵ʃǎ³¹ku̠t³¹ʒaʔ³¹ai³³.
懂（话）懂（尾）　但是　　还　努力　要（尾）

懂是懂了，但是还要努力。

ʒai⁵⁵ti̠m⁵¹ŋai³³noʔ⁵⁵n³³tʃe³³n³¹ŋai³³. 但是我还不懂。
但是　我　还　不　懂（尾）

3）合音的 ʒeŋ⁵¹ "那么"：由 ʒai⁵⁵ "是" 和 tʃaŋ³³ 或 jaŋ³¹ "的话" 合音而成。它用在句首，是一个话语关联标记。例如：

ʒeŋ⁵¹, naŋ³³thi⁵⁵ju³³uʔ³¹!　　那么，你数数看!
那么　你　数　看（尾）

ʒeŋ⁵¹, naŋ³³lam³³tʃe³³ai³³ wa³³ sa³³suʔ³¹!
那么，你　路　懂　的（语）去（尾）

那么，你既然知道路就去吧!

以上三例都是由判断词 ʒai⁵⁵ "是" 组成的词。这说明景颇语的 ʒai⁵⁵ "是" 具有较强的词汇化能力。

（2）由泛指动词与指示代词或疑问代词合成的词。

景颇语有 ti³³、ʒai³¹、ŋa³³、ŋu⁵⁵、ʒe³³ 等 5 个泛指动词。所谓"泛指动词"，是指动词不表示某个具体的动作行为，而是表示一组相关的动作行为。它随句子环境而选用某一个具体的意义。当泛指动词与指示代词、疑问代词结合时，动词意义虚化，相当于后缀"地"，与前面的指示代词、疑问代词构成词汇化，共同当一个词使用，表示一个概念。在句法上，它的后面能带连词 n³¹na⁵⁵ "之后" 与动词隔离，这也证明前面的两个词已融成一个词。例如：

kǎ³¹niŋ³¹ʒai³¹　怎样　　　ʃiŋ³¹ʒai³¹　那样
怎　（泛）　　　　　　　那（泛）

pha³³ ʒai³¹　为什么　　　tan⁵¹ʒai³¹　这样
什么（泛）　　　　　　　这　（泛）

例句：

kǎ³¹niŋ³¹ti³³n³¹na⁵⁵tsi³¹ʃǎ³¹mai⁵⁵la⁵⁵ n³¹ni⁵¹？  你是怎么治好的？
怎么　地　之后　治　使好（貌）（尾）

ʃiŋ³¹ʒai³¹kǎ³¹pu³³pu³³ʒai³¹ŋa³¹n³¹ŋai³³.　　我是那样地高兴。
那样地　高兴　（叠）地（貌）（尾）

pha³³ʒai³¹n³³tʃe³³n³¹ni⁵¹？　　　　你为什么不知道？
为什么　不知道（尾）

kǎ³¹niŋ³¹ʒai³¹kǎ³¹lo³³ n³¹ni⁵¹？　　　你怎么做呢？
怎么　　　做　（尾）

（3）由 ʃa³¹ "仅" 与形容词构成的副词性形容词。

其构词模式是：a⁵⁵+ 形容词 +ʃa³¹ "仅"。在这个模式当中，不能插入别的词。例如：

a⁵⁵tsom⁵¹ʃa³¹　好好地　　　a⁵⁵ pui⁵¹ʃa³¹　　慢慢地
（前）美 仅　　　　　　　（前）慢 仅

a⁵⁵ loi⁵¹ʃa³¹　容易地　　　a⁵⁵kǎ³¹tʃoŋ³¹ʃa³¹　突然地
（前）易 仅　　　　　　　（前）突然 仅

例句：

an⁵⁵the³³joŋ³¹a⁵⁵tsom⁵¹ʃa³¹ʃǎ³¹ʒin⁵⁵ʃa³¹kut̪³¹kaʔ³¹！
我们　都　好好地　学习　努力　（尾）
我们都好好地努力学习吧！

a⁵⁵pui⁵¹ʃa³¹wa³¹uʔ³¹！　　　　你慢慢地回去吧！
慢慢地　　回（尾）

（4）貌词与动词构成复合动词。

景颇语的体貌助词很发达[①]，体貌助词用在动词的后面表示各种不

---

[①] 我过去称之为 "助动词"。见《景颇语语法》，中央民族学院出版社 1992 年版。

同的"体"和"貌"。动词做谓语时，大多要带体貌助词。由于体貌助词常跟在动词之后，结合较紧，有甚至已与动词融为一体，词汇化为一个词。例如：

tsu̱n³³tan⁵⁵　　告诉　　　　ʒai⁵⁵ŋa³¹　就是
说　显示貌　　　　　　　是　存在体

例如：

ŋai³³ phˀeˀ⁵⁵ tsu̱n³³tan⁵⁵uˀ³¹!　　　你告诉我吧！
我　（宾）　告诉　（尾）

ʒai⁵⁵ŋa³¹ai³³, khum³¹tsu̱n³³uˀ³¹!　　就是了，别说！
就是（尾助）别　　说　（尾）

（5）方位词与名词构成复合名词。

景颇语的常用的方位词有 koˀ⁵⁵ "处"、teˀ³¹ "处"、e³¹ "处"thaˀ³¹ "里"、khu³³ "方法、方向"等。这类词构词能力很强，使用频率很高。但它们具有虚实两重性的特点，是"两栖"类的词。在有的语境下，能单独做句子成分。① 例如：

a³¹khjak³¹ai³³koˀ⁵⁵ bai⁵⁵tsu̱n³³ tan⁵⁵ teˀ³¹!　重要的地方你再说说！
重要　的（方）再　说　（貌）（尾）

ŋjeˀ⁵⁵ ma³¹ sa³³ai³³ khu³³sa³³ta̱m³¹uˀ³¹!
我的 孩子 去 的 方向 去 找（尾）

你到我的孩子去的方向去找吧！

但在有的语境下，由它参与的短语会发生词汇化，融成一个实词。例如：

ʃoŋ³³teˀ³¹　 从前　　　phaŋ³³teˀ³¹　以后
前　处　　　　　　　　后　处

---

① 参看戴庆厦《景颇语方位词"里、处"的虚实两重性——兼论景颇语语法分析中的"跨性"原则》，载《民族语文》1992 年第 6 期。

ʃoŋ³³e³¹　　前面　　　　phaŋ³³e³¹　　后面
前　处　　　　　　　　后　处
n³³tai³³khu³³ 这方法　　tai³³khu³³　那方法
这　　方法　　　　　　那　方法

例句：

ʃoŋ³³te⁷³¹ŋai³³tʃiŋ³¹pho⁷³¹ka³¹n³³tʃe³³n³¹ŋai³³.
从前　我　景颇语　　　不　懂（尾）

从前，我不懂景颇语。

phaŋ³³te⁷³¹pjo³³ na³³mǎ³¹tu³³ ʃe⁷³¹ʃă³¹kut³¹ai³³ʒe⁵¹.
以后　幸福　要　为了　才　努力　的　是

是为了以后的幸福而努力的。

tai³³khu³³ kǎ³¹lo³³u⁷³¹！　　你按那方法做吧！
那　方法　做　　（尾）

这些词汇化的词，有的还能受名词修饰。例如：

moi³¹ ʃoŋ³³te⁷³¹　从前；古时
早先　从前

（6）tha⁷³¹n⁵⁵ka⁵⁵ "不仅"。

由 tha⁷³¹ "里"（方位词）和 n⁵⁵ka⁵⁵ "不仅"（傣语借词）合成，表示递进义，用在分句之间，也可用在句首。用在句首时，前面要加指示代词 tai³³ "那"。例如：

lai³¹ka³³ ʃă³¹ʒin⁵⁵ ʒa⁷³¹ ai³³ tha⁷³¹n⁵⁵ka⁵⁵ khum³¹ muŋ³¹ ʃă³¹kjaŋ³³
书　　学　　要　的　不仅　　身体　也　锻炼

ʒa⁷³¹ ai³³.
要（尾）

不仅要学习，还要锻炼身体。

tai³³ tha⁽ʔ⁾³¹n⁵⁵ka⁵⁵, kǎ³¹ka³¹ muŋ³¹ no⁽ʔ⁾⁵⁵ ŋa³¹ ai³³.
那　不仅如此　　另外　也　　还　有（尾）
不仅如此，另外还有。

（7）由 mǎ³¹tʃo³¹ "因为"词汇化的连词或代词。

mǎ³¹tʃo³¹ "因为"是个连词。其源流大约是由实词 mǎ³¹tʃo⁽ʔ⁾³¹ "归拢、撮"语法化而成的。它主要用在分句之间，前面常出现 ai³³ "的"。例如：

mǎ³¹ʒaŋ³³thu³¹ai³³ mǎ³¹tʃo³¹, ŋai³³n³¹sa³³n³¹ŋai³³.
雨　　下　的　因为　　我　不　去（尾）
因为下雨，我不去了。

由 mǎ³¹tʃo³¹ "因为"与代词 tai³³ "那"、pha³³ "什么"词汇化的复合词，在句中可以出现在句首。例如：

tai³³　mǎ³¹tʃo³¹　因此　　pha³³ mǎ³¹tʃo³¹　为什么
那　因为　　　　　　什么　原因

例如：

tai³³ mǎ³¹tʃo³¹an⁵⁵the³³joŋ³¹lai³¹ka³³ʃǎ³¹ʒin⁵⁵ʃǎ³¹kut̯³¹ka⁽ʔ⁾³¹!
因此　　　我们　都　书　学习　努力　（尾）
因此我们都要努力学习！

pha³³mǎ³¹tʃo³¹ kham³³tʃa³³ ai³³lam³³ sǎ³¹ti⁽ʔ⁾³¹ʒa⁽ʔ⁾³¹a⁽ʔ⁾³¹ni⁵¹.
为什么　　健康　　的　身体　注意　需要（尾）
为什么要注意身体健康。

### 4.3.3 包含古词语素的复合词词汇化为准单纯词

复合词融为准单纯词的，有一类是复合词中遗留古词语素的。景颇语有的古词（与亲属语言有同源关系，可以证明过去曾经使用过），现在不用了，但它还保留在少数复合词中。这类保留古词的复合词，由于其中作为构词语素的古词已经不单独使用了，母语人已分离不出其意义，就把整个词当成一个不可分离的单纯词看待。① 例如：

sum³¹ tu³³　铁锤　　　sum³¹ thiŋ³¹　风箱
（铁）锤　　　　　　（铁）房
（sum³¹ 是古词，现代景颇语的"铁"用 phʒi³¹。）

ni³³ ni⁵⁵　两天　　　ni³³ jaʔ⁵⁵　两夜
（二）天　　　　　　（二）夜
（ni³³ 是古词，现代景颇语的"二"用 lǎ⁵⁵khoŋ⁵¹。）

noʔ³¹ kju⁵⁵　豆角　　noʔ³¹ phu³³　豆豉
（豆）角状　　　　　（豆）臭
（noʔ³¹ 是古词，现代景颇语的"豆"用 lǎ⁵⁵si⁵¹。）

sam⁵⁵ pan³¹　辫子　　sam⁵⁵ pam³¹　少白头
（头发）辫　　　　　（头发）蒙住
（sam⁵⁵ 是古词，现代景颇语的"头发"用 kǎ⁵⁵ʒa⁵⁵。）

sin³¹ naʔ⁵⁵　西方　　a³³ tʃaŋ³³ n³¹ naʔ⁵⁵ naʔ⁵⁵　黑不溜秋的
（天）黑　　　　　　（前缀）黑（前缀）（黑）（黑）
（naʔ⁵⁵ 是古词，现代景颇语的"黑"用 tʃaŋ³³。）

mji³¹ ʒam³³　少女　　phoʔ⁵⁵mji³¹　中年妇女
（女）恰好　　　　　人　（女）
（mji³¹ 是古词，现代景颇语的"妇女"用 num³³。）

古词在复合词中的遗存，是复合词词汇化的一个手段。但属于这一类的词不多，能产性较低。

### 4.3.4 景颇语词汇化的特点分析

景颇语词汇化的研究目前还处在起始阶段，有待于一步步地深入。从上面语料的分析中，可以得出以下几个认识。

---

① 参看戴庆厦、徐悉艰：《景颇语词汇学》，中央民族学院出版社1995年版。

（1）景颇语的词汇化和语法化不是截然对立的。在部分结构中，词汇化是与语法化同步完成的。如上文所说的准单纯词的形成，伴随着前一语素的语法化（或称"虚化"）。语法化与词汇化是紧密相连的。没有前一语素的语法化，就不能词汇化成准单纯词。

过去把词汇化看成是语法化的反方向，是从虚实角度来说的。如果从总的特点和整个过程来说，词汇化和语法化既有对立的一面，又有交叉的一面。不能简单地说是不同方向的语法演变。

（2）景颇语的词汇化手段主要有三种：一是由复合词融为准单纯词；二是由短语合成复合词；三是包含古词语素的复合词融为准单纯词。三者之中第二种为最能产。

第一种由复合词融为准单纯词的词汇化手段，是景颇语不同于其他亲属语言的一个特点。它是复合词向单纯词演变的过渡阶段，预计还会向前发展，最终演变为单纯词。

（3）由词汇化手段融成的词，与原先的结构相比，除了语义发生变化外，在语法功能上也发生变化。如上面说的 $mă^{31}tʂo^{31}$ "因为"只能用在分句之间，而词汇化后的 $tai^{33}mă^{31}tʂo^{31}$ "因此"、$pha^{33}mă^{31}tʂo^{31}$ "为什么"可以用在句首。

## 4.4 景颇语的韵律

韵律是人类语言的普遍特征。但不同的语言，韵律既有共性的一面，又有个性的一面。这里从共时的角度，分析整理景颇语的韵律现象，进而做理论的提升，意在为韵律的研究提供一些新信息。

### 4.4.1 景颇语的韵律形式

1. 元音舌位高低和谐

并列复合词前后语素讲究元音和谐，要求前一语素的元音舌位要比后一语素高。三音节词为一、三音节和谐，四音节词为二、四音节和谐。例如：

| tiŋ³¹man³³ | 老实 | tʃi³³ khai³¹ | 祖父 |
| 直 老实 | | 曾祖父祖母 | |
| phun⁵⁵kă⁵⁵wa⁵⁵ | 竹木类 | phun³¹ʃiŋ³¹kaŋ³¹ | 威望 |
| 树 竹子 | | 威信 威风 | |
| lă³¹kuŋ³³ ka³³mai³³ | 炊具 | thiŋ³¹phut³¹ thiŋ³¹ʒa³¹ | 故居 |
| 锅铲 瓢 | | 遗迹 房基 | |

2. 音节前弱后强

景颇语双音节词存在前一音节弱而短的现象。这种前弱后强的双音节词，又称"一个半音节"。弱化音节来源多样：有的由古代的复辅音声母的前一音节分立而成；有的由实语素虚化或半虚化而成；有的由单音节动词加表示使动态的前缀构成。前弱后强的双音节词在景颇语词汇里所占比例很大。（元音上加"˘"的是弱化音节。下同。）例如：

| mă³¹sum³³ | 三 | mă³¹ŋa³³ | 五 |
| lă³¹ko³³ | 脚 | lă³¹ku⁵⁵ | 偷 |
| wă³³khje³³ | 黄牛 | să³¹lum³³ | 心脏 |
| ʃă³¹pa⁵⁵ | 使累 | tʃă³¹then³¹ | 使坏 |

这种"一个半音节"的双音节词，实际读音后一音节比一般的音节长，补足前一个音节因弱化而带来的不足，使一个半音节的总长度，与一般的双音节词相当。

3. 双声、叠韵、谐韵

用于四音格词的构词中。要求二、四音节之间在双声、叠韵、谐韵三项中要有一项或两项和谐。例如：

叠韵： kă³¹thoŋ³¹niŋ³¹tʃoŋ³³ 村村寨寨
寨子 （韵律配音）

双声加谐韵：lǎ³³phʒo³³ lǎ⁵⁵phʒa⁵⁵　　落叶
　　　　　　落叶　　（韵律配音）
双声加叠韵：puŋ⁵⁵phʒo³¹ puŋ³³lo³³　　白发老人
　　　　　　白发　　（韵律配音）

韵律配音音节有在词根后的，也有在前的。在后的称"向前和谐"，在前的称"向后和谐"。例如：

phun⁵⁵khjep⁵⁵phun⁵⁵khap⁵⁵ 碎木片　tsup⁵⁵ni̠³³ tsup⁵⁵na̠ŋ³¹ 破布
碎木片　　（配音）　　　　　　破布　　（配音）
ʃǎ³¹pʒi³¹ ʃǎ³¹pʒai³³　　　报酬　　kaʔ⁵⁵ ti̠n³¹ kaʔ⁵⁵pu³³ 小竹篮
（配音）工资　　　　　　　　　（配音）小竹篮
a³¹kho³³ a³¹khaŋ⁵⁵　　　　权利　　ti̠ŋ³¹lo³¹ ti̠ŋ³¹la³³　老头
（配音）权利　　　　　　　　　（配音）老头

4. 双音节化

为了适应双音节化韵律的需要，单音节名词大多能加 a³¹ 构成同义的双音节词。例如：

na³³/a³¹na³³　　耳朵　　sai³¹/a³¹sai³¹　　血
wan³³/a³¹wan³³　碗　　　mam³³/a³¹mam³³　谷子

为了适应双音节化韵律的需要，三音节结构复合词或短语，有的可以省去一个音节，构成双音节词。例如：

mǎ³¹kui³³ + lam⁵⁵ = kui³¹lam⁵⁵　　野象
大象　　逛　大象 逛
mǎ³¹jam³³+thot³¹ = jam³³+thot³¹　　换过主人的奴隶
奴隶　　移　　奴隶 移
lǎ³¹pu³¹+tʃaŋ³³ = pu³¹tʃaŋ³³　　黑裤子
裤子　　黑　　裤子 黑
pǎ³³ loŋ³³+tʃe⁵⁵ = loŋ³¹tʃe⁵⁵　　破衣服
衣服　　破　　衣服 破

## 5. 重叠

单音节词重叠成双音节词，双音节词重叠成四音节词，也有成三音节词的。音节的重叠也是一种韵律。重叠是景颇语一个重要的语法手段，在13种词类中有11种词类能重叠。重叠的方式有完全重叠、部分重叠、嵌缀重叠3种。例如：

| thi$^{55}$ | 读 | thi$^{55}$thi$^{55}$ | 经常读 |
| kha$^{55}$ | 苦 | kha$^{55}$kha$^{55}$ | 很苦 |
| kă$^{31}$ʒa$^{31}$ | 哪儿 | kă$^{31}$ʒa$^{31}$ʒa$^{31}$ | 哪些地方 |
| kă$^{31}$tai$^{33}$ | 谁 | kă$^{31}$tai$^{33}$tai$^{33}$ | 哪些人 |
| ʃa$^{55}$ | 吃 | ʃa$^{55}$mă$^{31}$ʃa$^{55}$ | 所有吃的 |

以上的5种形式韵律形式，双声、叠韵、重叠等形式许多亲属语言都有，只是出现频率多少不同而已。但景颇语使用元音舌位高低搭配律构成并列复合词和四音格词，这是亲属语言少有或没有的。这种韵律是一种相异的元音和谐，即用相异搭配来表现和谐的韵律。这可算是景颇语韵律的一个特点。

## 6. 延音

为了适应双音节韵律的需要，三音节结构因为是奇数不符合双音节韵律，所以其中的一个音节要延长音节读音，补足双音节的长度。如 n$^{31}$puŋ$^{33}$（风）puŋ$^{33}$（刮）"刮风"为三音节支配结构短语，后一音节 puŋ$^{33}$（刮）的读音比一般音节长。三音节结构有短语、复合词，也有少量单纯词。三音节的短语、复合词，延长的音节放在其中能成词或能成词素的音节上。这种延长的音节有的在第一音节的位置上，也有在第三音节位置上的。例如（音节后加"："的表示延长）：

| mă$^{31}$kui$^{33}$po$^{33}$： | 象头 | ŋa$^{33}$：lă$^{31}$pu$^{33}$ | 鳝鱼 |
| 大象 头 | | 鱼 蛇 | |
| n$^{31}$puŋ$^{33}$li$^{33}$： | 飞机 | ka$^{55}$：lă$^{55}$si$^{51}$ | 花生 |
| 风 船 | | 土 豆子 | |

mi³¹wa³¹ka³¹：汉语　　tʃa³¹：tʃă³¹moi³³　金粉
汉　　语　　　　　　金　　粉

延音实际上也是为了双音韵律，可以看成是双音韵律的变体。

### 4.4.2 "词韵律"和"句法韵律"

景颇语韵律的类别可从不同的角度做不同的划分。若从语法单位的大小来分，可分为"词韵律"和"句法韵律"两类。"词韵律"又称词内型，"句法韵律"又称词外型。二者之中以词韵律为主。可以说，景颇语是以词韵律为主的韵律语言。

1. 词韵律

词韵律是指韵律的变化出现在词的内部。主要有以下 5 种：

（1）通过重叠、双声、叠韵、谐韵的韵律变化构成类称名词。

景颇语名词有个称名词和类称名词的对立。个称名词是指一个个具体的事物，而类称名词是总称一类事物。类称名词是在个称名词的基础上通过韵律搭配构成的。韵律搭配主要是第三、第四音节与第一、第二音节构成重叠或双声叠韵的关系。例如：

nam³¹si³¹　水果　　　nam³¹si³¹nam³¹so³³　　水果类
ʃat³¹mai⁵⁵　菜　　　ʃat³¹mai⁵⁵ʃat³¹mo³³　　各种菜
tsin̠³³jam³³　灾难　　tsin̠³³jam³³tsin̠³³tam³³　各种灾难

（2）选用元音舌位和谐的语素构成并列复合名词。例如：

kun³³phai³³　　　担负　　　tʃiŋ³³pau³¹　　　锣鼓
背　抬　　　　　　　　　　鼓　锣
tʃum³¹mă⁵⁵tʃap⁵⁵　调味品　　sai³¹ʃan³¹　　　亲骨肉
盐　辣椒　　　　　　　　　血　肉
lă³¹ko³³ lă³¹ta⁽ʔ⁾⁵⁵　手脚　　pau³¹ji³¹ pau³¹la³¹　锣
脚　手　　　　　　　　　　母锣　公锣

（3）按双音节化的规律，单音节名词加前缀 a、n 构成同义的双音节名词。例如：

| khum$^{31}$ | a$^{31}$khum$^{31}$ | 身体 |
| mji̱$^{ʔ31}$ | a$^{31}$mji̱$^{ʔ31}$ | 眼睛 |
| woi$^{33}$ | a$^{31}$woi$^{33}$ | 猴子 |
| ʃu̱$^{ʔ31}$ | a$^{31}$ʃu̱$^{ʔ31}$ | 青蛙 |
| nai$^{31}$ | a$^{31}$nai$^{31}$ | 芋头 |
| po̱t$^{31}$ | n$^{31}$po̱t$^{31}$ | 根 |

（4）文学语言用词双音节化倾向更为突出。许多单音节词能加后附音节或前附音节构成同义的双音节词。例如：

| na$^{33}$ | na$^{31}$khun$^{33}$ | 耳朵 |
| wan$^{31}$ | wan$^{31}$li$^{33}$ | 火 |
| ŋon$^{33}$ | ŋon$^{33}$sum$^{31}$ | 舒服 |
| phʒo$^{31}$ | phʒo$^{31}$tu̱$^{31}$ | 白 |
| ka̱i$^{55}$ | lă$^{31}$ka̱i$^{55}$ | 戴（花） |
| tum$^{31}$ | mă$^{31}$tum$^{31}$ | 吹 |
| ti$^{ʔ31}$ | n$^{31}$ti$^{ʔ31}$ | 锅 |

（5）按"前弱后强"的音节搭配韵律，或组成双音节的单纯词，或组成前一音节半实半虚的复合词。例如：

| wă$^{55}$kji̱$^{55}$ | 瘦牛 | să$^{31}$ kʒi$^{31}$ | 胆 |
| | 牛 瘦 | | 心 胆 |
| wă$^{55}$ thoŋ$^{51}$ | 斧背 | n$^{33}$ khje$^{33}$ | 红谷 |
| | （斧）背 | | （谷）红 |
| lă$^{31}$ta$^{55}$ | 手 | mă$^{31}$li$^{33}$ | 四 |
| mă$^{31}$khʒai$^{33}$ | 桥 | kă$^{31}$pa$^{31}$ | 大 |

2. 句法韵律

句法韵律是指韵律的变化出现在词的外部，包括短语的构成，复句的呼应等。主要有以下4种：

（1）短语的组合有的受双音节化韵律的制约，缩减音节。例如：kǎ³¹kat³¹ "跑" 与 tʃaŋ³³ "快" 组成补充短语时，为适应双音节化的韵律省去 kǎ³¹，说成 kat³¹tʃaŋ³³ "快跑"。

（2）宾谓短语中有一类音同韵律构成宾语与谓语同形的短语。若宾语是双音节词，谓语取后一音节。这种结构的谓语要延长读音，以便与前面的双音节宾语构成双音节节律。例如：

ka³¹ka³¹　　　说话　　　khai⁵⁵khai⁵⁵　　　种庄稼
话　说　　　　　　　　　庄稼　种

tu³³koŋ³¹koŋ³¹　摆官架子　au³³khja³³khja³³　焖糯米饭
官架子　摆　　　　　　　糯米饭　焖

（3）有的并列对比句，前后句的顺序按第一个名词的舌位韵律和谐排列，即前一句名词的舌位要比后一句的名词舌位高。在诗歌中的表现更为突出。这是并列复合词的韵律扩散到句法结构的结果。例如：

nu̠⁵¹ko³¹tʃiŋ³¹pho⁽ʔ⁾³¹ʒe⁵¹, wa̠⁵¹ko³¹mu³¹wa³¹ʒe⁵¹.
母（话）景颇族　是　父（话）汉族　　是
母亲是景颇族，父亲是汉族。

ʃoŋ³³e³¹kha⁵⁵, phaŋ³³e³¹ʃa⁵⁵. 先有苦，后才有吃。（即先苦后甜）
先（方）苦　后（方）吃

lǎ³¹mun³¹tʃiŋ³¹khaŋ³¹e³¹lat³¹, lǎ³¹tsa³³a³¹laŋ³³e³¹ mǎ³¹jat³¹.
一万　山岭　（方）繁殖 一 百　山岗（方）繁衍
在一万个山岭上繁殖，在一百个山岗上繁衍。

（4）诗歌、谚语、成语等文学语言的前后句普遍存在双声、叠韵、谐韵等韵律。这是许多语言都有的现象。现从传统故事《孤儿渔夫的故事》中摘出几句：

tam³¹ŋa³¹wa³³a³¹la³³naŋ³³e³¹, 　　　　渔夫男子啊，
渔夫　者男子　你　啊
kaŋ³¹kum³¹tuŋ³³mă³¹ʃa³¹naŋ³³ŋe³¹! 　　世上的人啊！
世上　　　人　你　啊
khau³¹li³¹n̥³¹saʔ³¹khʒai³³tan³¹, 　　　　与亲人的关系被割断，
亲人　气　尽　割
tsă⁵⁵sam⁵¹a³¹lai³¹khʒai³³lai³¹, 　　　　坏人的伎俩施尽，
坏人　伎俩　尽　施
sin³¹tam⁵⁵a³¹sai⁵⁵khʒai³³sai⁵⁵. 　　　　恶人的心意施尽。
恶人　习性　尽　施
phu⁵¹mă³¹ʒit³¹ko³¹n̥⁵⁵tan³¹lu³¹n̥³¹ŋai³³, 对哥哥的惦念不能割断，
哥　惦念　（话）不　割　能（尾）
juŋ³³mă³¹kjit³¹ko³¹n̥⁵⁵ʒan³¹lu³¹n̥³¹ŋai³³. 对兄弟的旧情不能分离。
兄弟 结交　（话）不 分　能（尾）

又如：谚语、成语的押韵：

tiʔ³¹kʒuʔ³¹tʃun⁵⁵mă³¹sum³³pʒum³³, ka³¹tsun̥³³mă³¹ʒai³³mă³¹sum³³
锅架　立　三　　靠　话说　个　　三
khʒum⁵⁵.
会合

锅架靠三只脚，出主意靠众人。

phun⁵⁵mă³¹koʔ³¹na³¹thai³³ʃă³¹tʃoʔ⁵⁵, mă³¹ʃa³¹mă³¹koʔ³¹sum⁵⁵puʔ⁵⁵
树　弯　犁　逗　　人　弯　藤箱
mă³¹noʔ⁵⁵.
掏

树弯了能做犁，心弯了会当贼。

### 4.4.3 景颇语双音节化韵律为词汇化提供一种模式

景颇语有不少词汇化现象。词汇化的成因有多种，其中一种是双音节化为词汇化提供条件和模式。双音节化使参与构造的语素发生音变，融为更小的词汇单位。这当中有两个不同的层次。

一个层次是短语结构双音节化后转为复合词。例如：

| 短语 | 复合词 |
|---|---|
| ʃă³¹ʒo³³ tʃaŋ³³ 黑豹 | ʒoŋ³¹ tʃaŋ³³ 黑豹 |
| 豹　　黑 | 豹　黑 |
| kaʔ⁵⁵kă³¹tʃi³¹ 小篮子 | kaʔ⁵⁵ tʃi³³ 小篮子 |
| 篮　小 | 篮　小 |
| pă³³loŋ³³lă³¹taʔ⁵⁵ 衣服袖子 | loŋ³¹taʔ⁵⁵ 衣袖 |
| 衣服　　手 | 衣　手 |

上面例子中，复合词的 ʒoŋ³¹ tʃaŋ³³ "黑豹"的 ʒoŋ³¹，取自 ʃă³¹ʒo³³ "豹子"的后一音节，增加了 ŋ 韵尾，声调也发生了变化；复合词 kaʔ⁵⁵ tʃi³³ 的 tʃi³³ "小"，取自 kă³¹tʃi³¹ "小"的后一音节，声调发生了变化；复合词 loŋ³¹taʔ⁵⁵ 的 loŋ³¹ "衣服"，取自 pă³³loŋ³³ "衣服"的后一音节，声调也发生了变化。

另一层次为双音节复合词按"前弱后强"的韵律，前一音节转为弱化音节，构成介于复合词和单纯词之间的"一个半音节词"。这种词比复合词小，可称"准复合词"。例如：

| 复合词 | 准复合词 | |
|---|---|---|
| ka⁵⁵mut⁵⁵ | kă⁵⁵ mut⁵⁵ | 灰土 |
| 土　灰 | （半缀）灰 | |
| ŋa³³ khji⁵⁵ | wŭ⁵⁵ khji⁵⁵ | 牛粪 |
| 牛　粪 | （半缀）粪 | |

| ŋa⁵⁵khje³³ | wă³¹ khje³³ | 黄鱼 |
|---|---|---|
| 鱼 红 | （半缀）红 | |
| mam³³n³¹nan³³ | n³³ nan³³ | 新谷 |
| 谷子 新 | （半缀）新 | |

这类词的构造介于复合词和单纯词之间,是景颇语韵律的另一特点。

### 4.4.4 景颇语韵律的动程特征

从景颇语共时特点的分析、比较中,能够看到韵律产生、演变的动程特征。比如,双音节化在一些词上尚不稳定,出现"两读"。例如:

| kui³¹ | ～ | a³¹kui³¹ | 狗 |
|---|---|---|---|
| u³¹ | ～ | a³¹u³¹ | 鸡 |
| phji ʔ³¹ | ～ | a³¹phji ʔ³¹ | 皮 |
| ka̠ʔ⁵⁵ | ～ | n³¹ka̠ʔ⁵⁵ | 竹篮 |
| mai³¹ | ～ | n³¹mai³¹ | 尾 |
| ŋjau³³ | ～ | lă³¹ŋjau³³ | 猫 |

有的三音节词,也可以自由变读为双音节词。例如:

| lam³³lă³³mo³³ | ～ | lam³³mo³³ | 大路 |
|---|---|---|---|
| ʃă³³kau³³khje³³ | ～ | kau³³khje³³ | 洋葱 |

又如:元音和谐韵律,有的与语义规则存在竞争:即在一般情况下,两个被组合的词的词序必须按舌位"前高后低"的韵律规则排列,而不顾语义状况如何。但也有少量词,两个被组合的词的词序既有依据语义原则的,即按语义的重要性排列先后的词序,也可以依据语音原则,按词的元音和谐安排顺序。于是,就出现了"又读"现象,这是语音规则和语义规则存在竞争的结果。例如:

558　四　句法篇

| 语音规则 | 语义规则 | |
|---|---|---|
| nam³¹lo³³nam³¹lap³¹（配）树叶 | nam³¹lap³¹nam³¹lo³³树叶（配） | 各种树叶 |
| kum³¹phʒo³¹tʃa³¹银子　金子 | tʃa³¹kum³¹phʒo³¹金子银子 | 财富 |

前一例两种说法都用，竞争不分胜负；后一例的前一说法已不常用，即语音规则被语义规则所代替。

景颇语韵律演变还存在逐渐扩散的趋势。经过对各种"前弱后强"韵律现象的对比分析，我们能够排列出这样一条演变链："前弱后强"的韵律最初只出现在单纯词中，而且多是古代复辅音演变的结果。例如：mă³¹sum³³ "三"、lă³¹ku⁵⁵ "偷"，然后这种韵律又逐渐扩散到复合词上，即复合词的前一词素按"前弱后强"的韵律发生语音弱化、语义虚化，构成不同于双音节的"一个半音节"。例如：wă³³na³³ "斧眼"、n³¹khʒut³¹ "磨刀石"。

再如，出现在并列复合词、四音格词上的元音和谐律，后来又扩散到复句结构上。（例见上文）

某种韵律能否实现，受使用频率的制约。例如：sum³¹ʃi³³ "三十"由mă³¹sum³³ "三"加ʃi³³ "十"构成，因双音节化的需要减去前缀mă³¹。但为什么mă³¹li³³ʃi³³ "四十"、mă³¹ŋa³³ʃi³³ "五十"、mă³¹tsat⁵⁵ʃi³³ "八十"等，又不因双音节化的需要而去掉前缀mă³¹？这可能与"三十"的数较常用有关。

### 4.4.5　景颇语韵律的特点受分析程度的制约

一种语言的韵律特点如何（包括丰富与否、演变的特点如何），与这种语言的类型密切相关。景颇语的韵律特点受景颇语分析程度的制约。

通过藏缅语族语言的类型学比较，能够看到藏缅语的类型特征是从屈折型（或以屈折为主，或屈折特点丰富）向分析型（或以分析为主，或分析特点丰富）演变。景颇语的类型特征经历了形态由多到少的变化。拿动词的演变来说，原来附着在动词上表示人称、数、体范畴的词缀（前缀或后缀）与动词词根分离，独立出来成为句尾词。这一演变，动词成为容易进入韵律变化的双音节或单音节词。作为虚词的句尾词，也同样具有韵律的特征，如有的三音节句尾词能够变读为双音节。例如：

mă³¹ni ʔ³¹ka ʔ³¹ ～ mji ʔ³¹ka ʔ³¹　体现主语是第三人称，宾语是第一人称复数，命令句

să⁵⁵li ʔ⁵⁵ni⁵¹ ～ li ʔ⁵⁵ni⁵¹　体现主语是第一人称单数，疑问句

mă³¹nu ʔ³¹ni⁵¹ ～ nu ʔ³¹ni⁵¹　体现主语是第三人称复数，宾语是第三人称，疑问句

分析式的使动态有逐渐增多的趋势。分析式使动态的语法形式，是由动词加虚词ʃă³¹ŋun⁵⁵ "使"构成。但由于动词以双音节为主，所以ʃă³¹ŋun⁵⁵ "使"也是双音节的，便于与动词构成节律。例如：

kă³¹lo³³ ʃă³¹ŋun⁵⁵　使做　　ʃă³¹tʃut⁵⁵ ʃă³¹ŋun⁵⁵　使追赶
做　　　使　　　　　　　　追赶　　　使

总之，分析式越强的语言，韵律的特点越丰富。这大约是人类语言的共性。

# 5 复句

## 5.1 复句的主要特征

景颇语的复句是由两个或两个以上的分句构成的。其特征主要表现在分句的意义关系、标记形式、加句尾词的情况和类别4个方面。

### 5.1.1 复句的标记

分句与分句之间在意义上互相关联，说的是有关系的事。在语音上有较短的停顿。在语法形式上，有的是零标记，即不用关联标记，靠语序显示分句的关系。但多数句子靠关联词语（关系助词、副词）连接和关照。关联词语的位置以居中（即在两个分句之间，有的在前一分句末尾，有的在后一分句开头）的为多，有少数居后（在全句的末尾）。例如：

① ŋai³³ko³¹ tʃiŋ³¹phoʔ³¹ʒai⁵⁵n³¹ŋai³³, ʃi³³ ko³¹ mu³¹wa³¹ʒe⁵⁵ai³³.
　我（话）景颇族　　是（尾）　他（话）汉族　是（尾）
　我是景颇族，他是汉族。

② ʃi³³a³¹mu⁵⁵kʒai³¹tʃeʔ³³kǎ³¹lo³³ai³³thaʔ³¹n⁵⁵ka⁵⁵,　lai³¹ka³³muŋ³¹
　他 事情　很　会 做　的 不仅……而且 书　　也
　kʒai³¹tʃe³³thi⁵⁵ai³³.
　很　 会 读（尾）
　他不仅很会做事，而且很会读书。

③ ʃi³³ ko³¹ kʒai³¹kǎ³¹tʃa³³ai³³mǎ³¹maŋ³³lǎ³³ŋai⁵¹mi³³ʒe⁵¹, ʃiŋ³¹
　　他（话）很　好　　的　朋友　一　一　是　因此
　ʒai³¹an⁵⁵　ʃã³¹taʔ³¹noŋ⁵⁵ e³¹n³¹ kun³¹tʃo³¹khat⁵⁵khat⁵⁵ʒai³¹kaʔ³¹ai³³.
　　我俩　　互相　　经常（方）力量　给（貌）（叠）（泛）（尾）
　他是一个很好的朋友，因此我们经常互相鼓励。

④ ʃat³¹mai⁵⁵n³³tai³³n⁵⁵mu³³ai³³, naŋ³³n⁵⁵ʃã³¹tu³³tʃã³¹khut³¹ai³³
　　菜　这　不　好吃　你　不　煮　熟　的
　mǎ³¹tʃo³¹ʒe⁵¹.
　原因　是
　这菜不好吃，是因为你没煮熟。

例①不用连接成分；例②用 thaʔ³¹n⁵⁵ka⁵⁵ "不仅……而且……" 连接，关联词语居中；例③用 ʃiŋ³¹ʒai³¹ "因此" 连接，关联词语居前。例④的关联词语 mǎ³¹tʃo³¹ "因为……所以……"，放在句子末尾。

用来连接分句的词语常见的主要是关系助词。主要有：mǎ³¹tʃo³¹ "因为……所以……"、thaʔ³¹n⁵⁵ka⁵⁵ "不仅……而且……"、tim⁵¹ "即使……也……"、ʒai⁵⁵tim⁵¹ "即使……也……"、jaŋ³¹ "的话"、tʃaŋ³³ "的话"、n³¹na⁵⁵ "之后，因为……所以……"、phaŋ³³ "之后"、thom⁵⁵ "之后" 等。此外，副词 pai⁵⁵ "又、再"、话题助词 ko³¹ 也能起连接的作用。例如：

⑤ sǎ³¹ʒa³³ni³³kǎ³¹nu³¹kǎ³¹wa³¹tson³¹juʔ³¹lǎ³¹nu³³lǎ³¹khu³³maʔ³¹ai³³,
　　老师　们　母亲　父亲　像　照顾　　　（尾）
　pai⁵⁵ tʃoŋ³¹ma³¹ni³³muŋ³¹kʒai³¹kǎ³¹ʒum³³maʔ³¹ai³³.
　又　同学　们　也　很　帮助　　（尾）
　老师们像父母一样照顾（我们），同学们也很帮助（我们）。

⑥ naŋ³³n³³sa³³tʃaŋ³³ ko³¹, ŋai³³muŋ³¹n³³sa³³n³¹ŋai³³.
　你　不　去　的话（话）　我　也　不　去　（尾）
　你不去的话，我也不去。

⑦ ʃoŋ³³teʔ³¹ko³¹n⁵⁵loʔ⁵⁵ʃa⁵⁵ ai³³, jaʔ⁵⁵ ko³¹ n³¹sa³¹n³¹nan³³ʃeʔ³¹
　　过去　（话）不够 吃（尾）现在（话）旧　　新　　才
　　kă³¹thap³¹sai³³
　　重复　（尾）
　　过去不够吃，现在是旧谷没吃完新谷又来了。

例⑤句的副词 pai⁵⁵ "又"和例⑤、例⑥句的话题助词 ko³¹，在复句中都起连接的作用。有的复句在两个分句后还能再加泛指动词或泛指动词短语收尾，以示对前面两个谓语动词的"归纳"。例如：
　　kă³¹tʃa³³ai³³pheʔ⁵⁵ko³¹　mă³¹tut⁵⁵laŋ³³, n⁵⁵kă³¹tʃa³³ai³³pheʔ⁵⁵ko³¹
　　好　的（宾）（话）继承　　用　　不好　　的（宾）（话）
　　lai³³kau⁵⁵ʒai³¹　kă³¹lo³³maʔ³¹ai³³.
　　改　掉　（泛）做　　（尾）
　　好的继承，不好的改掉。

mă³¹tʃo³¹ "因为……所以……"还可以与代词 tai³³ "那"结合成 tai³³mă³¹tʃo³¹ "因此"，用在分句的开头。例如：
　　ʃi³³n⁵⁵ŋa³¹ai³³, tai³³mă³¹tʃo³¹ŋai³³n⁵⁵kam³³sa³³n³¹ŋai³³.
　　他 不 在（尾）因此　　　　我　不　想　去（尾）
　　他不在，因此我不想去。

### 5.1.2 加句尾词的情况

景颇语句子的标记是在句尾加句尾词。在复句中，如果两个分句的主语不同，为了所指清晰，两个分句的句尾词要与主语在人称、数上取得一致。例如：
　　naŋ³³ko³¹să³¹ʒa³³ʒai⁵⁵n³¹tai³³, ŋai³³ko³¹ tʃoŋ³¹ma³¹ʒai⁵⁵n³¹ŋai³³.
　　你（话）老师　　是　（尾）　我（话）学生　　是（尾）
　　你是老师，我是学生。

mǎ³¹naŋ³³ni³³ʒai³¹n⁵⁵ŋut⁵⁵ŋa³¹ma²³¹ai³³, an⁵⁵the³³joŋ³¹sa³³
朋友　　们　还　没完（貌）（尾）　我们　都　去
kǎ³¹ʒum³³ka²³¹!
帮助　（尾）

朋友们还没完成，我们都去帮忙吧！

在不妨碍主语所指的条件下，前一分句可以不用句尾词。使用 tʃaŋ³³、jaŋ³¹、n³¹na⁵⁵、ti̠m⁵¹ 等关联词语连接，一般不用句尾词。例如：

naŋ³³n³³kǎ³¹lo³³jaŋ³¹, ʃi³³muŋ³¹n³³kǎ³¹lo³³ai³³.
你　不做　　的话　他也　不做　（尾）

你不做的话，他也不做。

mǎ³¹ʒaŋ³³n⁵⁵thu²³¹n³¹na⁵⁵, mam³³n⁵⁵kǎ³¹tʃa³³ai³³.
雨　　不下　因为　谷子 不好　　（尾）

因为不下雨，所以谷子不好。

mǎ³¹ʃa³¹n⁵⁵lo²⁵⁵ti̠m⁵¹, sa³³na³³ka²³¹ai³³.
人　　不多　即使　去 要（尾）

即使人不多，（我们）也要去。

在两个分句中，后一分句用的句尾词，必须严格与主语的人称、数相一致；而前一分句相对宽松，可以一致，也可以泛用第三人称单数的句尾词。例如：

① an⁵⁵the³³nau³¹kjin⁵⁵ai³³ mǎ³¹tʃo³¹, n⁵⁵lu³¹sa³³ka²³¹ai³³.
　我们　太　忙（尾）因为　　没 能 去　（尾）

我们因为太忙，所以没能去。

② joŋ³¹ mo³³to³³mǎ³¹ʒi³³sai³³　mǎ³¹tʃo³¹, lam³³kʒai³¹tʃat⁵⁵sai³³.
　都　汽车　买　　（尾）因为　　路　很　挤（尾）

因为都买了汽车，所以路很拥堵了。

③ ʃan⁵⁵the³³kʒai³¹ʃă³¹kut³¹ai³³ mă³¹tʃo³¹, phaʔ³¹tʃi⁵⁵lo ʔ⁵⁵lo ʔ⁵⁵
　他们　　很　努力（尾）因为　　知识　多　多
　tʃe³³　sai³³.
　知道（尾）
　因为他们很努力，所以知道很多知识。

④ ŋai³³ʃa⁵⁵ŋut⁵⁵ai³³ phaŋ³³, ŋai³³pheʔ⁵⁵tsuŋ³³tan⁵⁵ ʒit³¹!
　我　吃　完（完）后　　我（宾）告诉（貌）（尾）
　我吃完后，你告诉我!

例①的前一分句主语是第一人称复数，但句尾词用第三人称单数。例②的前一分句主语是第三人称复数，但句尾词用第三人称单数。例③的前一分句主语是第三人称复数，但句尾词用第三人称单数。例④的前一分句主语是第一人称单数，但句尾词用第三人称单数。

有些句子，前一分句是不带句尾词的短句，是复句还是单句不易判断，存在模糊度。例如：

ŋai³³a³¹wo⁵⁵wo⁵⁵n̩³¹na⁵⁵ po³³mă³¹tʃiʔ⁵⁵ai³³. 我因为感冒头痛。
我　感冒　　　因为　头　疼　（尾）

上例到底是因果复句，还是谓语 mă³¹tʃiʔ⁵⁵ "病" 带 a³¹wo⁵⁵wo⁵⁵ "感冒" 状语的状谓结构，不易确定。

### 5.1.3 关联标记的多功能性

景颇语表示分句关系的关联标记具有多功能性，即同一标记具有多个语法作用。如 n³¹na⁵⁵ 既用在并列关系的承接复句中表示承接关系，又用在主从的因果复句中表示因果关系。例如：

① ʃan⁵⁵the³³joŋ³¹ʃat³¹ʃa⁵⁵ŋut⁵⁵n̩³¹na⁵⁵, tʃoŋ³¹teʔ³¹ sa³³maʔ³¹ai³³.
　他们　　都　饭　吃　完　之后　学校（方）去（尾）
　他们都吃完饭后去学校。

② ŋai³³khum³¹mă³¹tʃi⁽⁵⁵⁾n³¹na⁵⁵khau³³na³¹te⁽³¹⁾ n⁵⁵lu³¹sa³³n³¹ŋai³³.
我 身体 病 因为 水田 （方）不能 去 （尾）
我因为有病，不能下水田。

n³¹na⁵⁵ 在例①中表示承接关系，在例②中表因果关系。

## 5.2 复句的分类

复句存在类别差异，其分类主要根据分句之间意义上的关系和结构形式上的异同。景颇语的复句分为联合复句和偏正复句两类，两类下面又可细分一些小类。

### 5.2.1 联合复句

联合复句的分句在语法关系上是并行的，相互间不存在主次的关系。分句之间有的加关联词语连接，有的不加。联合复句又可分为并列复句、承接复句、递进复句和选择复句4类：

1. 并列复句

连续叙述几件意义上有关联的事。分句大多各自带句尾词。例如：

ŋai³³kă³¹tsap³¹ʃă³¹kʒe⁽²⁵⁵⁾kau⁵⁵we⁽³¹⁾ka⁽³¹⁾! naŋ³³kă³¹ka³¹puŋ³¹li³¹
我 簸 完 掉 （尾） 你 别的 事
ʃa³¹wă¹kă³¹lo³¹ka⁽³¹⁾!
仅 去 做 （尾）！
我把它簸完！你去做别的事！

ŋai³³ko³¹mu³¹wa³¹ʒai⁵⁵n³¹ŋai³³, ʃi³³ ko³¹ sam³³ ʒe⁽²⁵⁵⁾ai³³.
我（话）汉族 是 （尾） 他（话）傣族 是（尾）
我是汉族，他是傣族。

但也有前一分句省去句尾词的。例如：

ʃi³³n³¹ka⁵⁵mi³³ma³¹ woi³³, n³¹ka⁵⁵mi³³ʃat³¹ʃã³¹tu³³ai³³.
他 一边　　孩子 带　一边　　饭　　煮（尾）

他一边带孩子，一边煮饭。

ŋai³³ko³¹ n³¹ʃon³¹teʔ³¹sa³³na³³, yin³¹kjaŋ³¹teʔ³¹n³³sa³³na³³n³¹ŋai³³.
我（话）陇川　处 去 要　盈江　　处 不 去 要（尾）

我去陇川，不去盈江。

分句之间有的加关联词语连接。常用的关联词语有：副词 muŋ³¹ "也"、pai⁵⁵ "又、再、另一方面"、mǎ³¹ka⁵⁵mi³³ 或 n³¹ka⁵⁵mi³³ "一边……一边……"、话题助词 ko³¹ 等。关联词语在句中既有关联作用，又有互相呼应的作用。例如：

ʃi³³tʃiŋ³¹phoʔ³¹ka³¹tʃe̠³³tsu̠n³³ai³³, pai⁵⁵mu³¹wa³¹ka³¹muŋ³¹
他 景颇语　　　会 说（尾）又　汉语　　　　也

tʃe̠³³tsu̠n³³ai³³.
会　说（尾）

他会说景颇语，也会说汉语。

an⁵⁵the³³nam³¹phun³¹kji̠n³¹mǎ³¹ŋa³³tsa³³lu³¹paŋ³³sǎ⁵⁵kaʔ⁵⁵ai³³,
我们　肥料　　斤　五　　百 有 放　（尾）

khau³³na³¹muŋ³¹mu³³mǎ³¹ŋa³³ ʃi³³lu³¹mǎ³¹kaŋ³³sǎ⁵⁵kaʔ⁵⁵ai³³.
水田　　也　亩　五　　十 有 薅　　（尾）

我们施了五百斤肥，薅了五十亩水田。

ma³¹koʔ⁵⁵tʃiŋ³¹khuʔ³¹sa³³tʃã³¹khʒum⁵⁵ai³³, pai⁵⁵kat⁵⁵³teʔ³¹ʒai⁵⁵
麻果　 亲戚　 去 相会　（尾）又 街 处 东西

mǎ³¹ʒi³³na³³n³¹ŋai³³.
买　　要 （尾）

麻果去会亲戚，又要去街上买东西。

ma³¹ʒoi³³ mǎ³¹ka⁵⁵mi³³ mǎ³¹khon⁵⁵khon⁵⁵, mǎ³¹ka⁵⁵mi³³ mǎ³¹khon⁵⁵
麻锐      一边      歌     唱     一边     舞
ka³¹maʔ³¹ai³³.
跳  (尾)

麻锐一边唱歌一边跳舞。

ʃi³³ ko³¹ ɲjeʔ⁵⁵ mǎ³¹naŋ³³ ʒe⁵¹, ɲjeʔ⁵⁵ sǎ³¹ʒa³³muŋ³¹ʒe⁵¹.
他 (话) 我的 朋友   是   我的 老师   也  是

他是我的朋友，也是我的老师。

如果两个分句的意义是对举的，两个主语的后面都要加话题助词 ko³¹。例如：

kum³¹kai³³tiŋ³¹la³³ni³³ko³¹ laŋ³³ma³¹ai³³, ʒam⁵⁵ma³¹kau³³mi³³
老人      们 (话) 用   (尾) 青年      一部分
ko³¹ poi⁵⁵ khan⁵⁵ʃa³¹laŋ³³mǎ³³sai³³.
(话) 节日 根据 仅 用  (尾)

老人们（都）用，一部分青年人只到节日才用。

n³³tai³³ko³¹ ɲjeʔ⁵⁵aʔ³¹ʒe⁵¹, wo⁵⁵ʒa³¹ko³¹ ʃiʔ⁵⁵ aʔ³¹ʒe⁵¹.
这   (话) 我的 的 是   那   (话) 他的 的 是

这是我的，那是他的。

2. 承接复句

连续叙述先后发生的几个动作或几件事情。分句的先后次序是固定的，不能颠倒。常用的关联词是关系助词：n³¹na⁵⁵ "之后"、phaŋ³³ "后"、n³¹thom⁵⁵ "之后"等。例如：

ʃat³¹ʃa⁵⁵n³¹na⁵⁵ʃeʔ³¹waʔ³¹kaʔ³¹！（我们）吃饭后再回去吧！
饭 吃 之后 才 回(尾)

ʃi³³aʔ³¹khaŋ⁵⁵phji⁵⁵la⁵⁵ n³¹na⁵⁵, n⁵⁵ta̱⁵¹teʔ³¹ wa³¹mat³¹ sai³³.
他 假   请 (貌)之后   家 (处) 回 (貌)(尾)

他请了假，回家去了。

naŋ³³ ʃat³¹ʃa⁵⁵ai³³phaŋ³³ŋai³³ko⁽⁵⁵ sa³³ʒit³¹!
你　饭　吃　的后　我（方）来（尾）
你吃饭之后来我这里！

ʃi³³a³¹ʒai⁵⁵mǎ³¹ʒi³³ŋut⁵⁵n³¹thom⁵⁵n⁵⁵ta̠⁵¹wa³¹sai³³.
他　东西　买　完之后　家　回（尾）
他买完东西之后回家了。

mjit³¹su⁵⁵ni³³tsuŋ³³ŋut⁵⁵n³¹thom⁵⁵，tʃoŋ³¹ma³¹ni³³pai⁵⁵tsuŋ³³tʃat³¹
先生　们　说　完　之后　同学　们　再　说　加
ma⁽³¹ai³³.
（尾）
先生们说完之后同学们又做了补充。

3. 递进复句

后一分句的意思比前一句深入。常用的关联词语有：tha⁽³¹n⁵⁵ka⁵⁵ "不但（或不仅）……而且……"、ʃa³¹muŋ³¹ 或 ʃa³¹n⁵⁵ka⁵⁵ "不仅……也……"、ʃa³¹n⁵⁵ka⁵⁵no⁽⁵⁵ "不仅（或不只）……还……"、ʃa³¹n⁵⁵ka⁵⁵pji̠³³ "不仅……连（或都）……" 等。例如：

mau³¹mji³¹mǎ³¹tat³¹n³¹na⁵⁵kʒo̠³³e³¹kʒai³¹khʒa⁵⁵ai³³tha³¹n⁵⁵ka⁵⁵,
故事　听　之后心　处很　着　的 不仅
puŋ³¹li̠³¹kǎ³¹lo³³ʃǎ³¹kut³¹ʒa⁽³¹ŋa³¹n³¹ŋai³³ŋu⁵⁵ mjit³¹n³¹ŋai³³.
事　做　努力　要在（尾）（泛）想　（尾）
听了故事后不但深受感动，而且想努力做事。

ŋai³³ʃa³¹kǎ³¹lo³³ai³³ n⁵⁵ʒe⁵¹, ʃi³³muŋ³¹kǎ³¹lo³³lom⁵⁵ai³³.
我　仅做　（尾）不是　他也　做　参加　（尾）
不仅是我做，他也参加做。

ŋai³³n³³tʃe³³ai³³ ʃa³¹n⁵⁵ka⁵⁵, sǎ³¹ʒa³³pji̠³¹n³³tʃe³³ai³³.
我　不懂（尾）仅 不仅　老师　连　不懂（尾）
不只我不懂，连老师也不懂！

ʃi³³tʃe³³thi⁵⁵ai³³ ʃa³¹n⁵⁵ka⁵⁵, tʃet⁵⁵pjḭ³³noʔ⁵⁵tʃe³³tʃet⁵⁵ ai³³.
他 会 读（尾）仅 不 仅　背诵 连 还 会 背诵（尾）
他不仅会读，甚至会背。

4. 选择复句

不同的分句具有选择关系。常用的关联词语有：ʃiŋ³¹n⁵⁵ʒai⁵⁵ "或、还是"、n⁵⁵ʒai⁵⁵jaŋ³¹ 或 ʒai⁵⁵na³³ʒe⁵¹ "不是……就是……"。例如：

ma³¹la ̯ʔ³¹ka̠³³ai³³tʃo³¹ai³³ ku̠n⁵⁵, ʃiŋ³¹n⁵⁵ʒai⁵⁵ma³³no³³ ka̠³³ai³³tʃo³¹
麻拉　 写 的 对（尾）（语） 还是　　　麻诺　 写 的 对
ai³³ ku̠n⁵⁵？
（尾）（语）

麻拉写得对，还是麻诺写得对？

ʃi³³kat⁵⁵sa³³ai³³n⁵⁵ʒai⁵⁵jaŋ³¹, n⁵⁵ta̠⁵¹wa³¹ai³³ʒai⁵⁵na³³ʒe⁵¹.
他 街 去 的 不 是 的话 家　 回 的 是 要 是

他不是上街，就是回家。

### 5.2.2 偏正复句

分句之间在语法上有偏有正，其中偏句是修饰、限制的，正句是被修饰、被限制的。偏句与正句之间可以不用关联词连接，但也有用关系助词连接的。分句可以各用与自己有一致关系的句尾词。但前一分句也可用第三人称的句尾词 ai³³ 或 sai³³，也有不用的。偏正复句还可根据语义和语法关系再分为因果复句、条件复句、让步复句和转折复句 4 类。

1. 因果复句

因果复句是景颇语复句中使用频率最高的一类复句。因果复句由表示原因的偏句和表示结果的正句构成。大多是原因分句在前，结果分句在后，即前因后果句。常用的关联词语有：mă³¹tʃo³¹ "因为……

所以……"、n³¹na⁵⁵ "因为……所以……"、să⁵⁵jaŋ³¹ "既然……就"等。例如：

ʃi³³mă³¹tʃiʔ⁵⁵ai³³  mă³¹tʃo³¹, n³³sa³³ai³³.  他因为生病，所以没来。
他 病 　（尾）因为 　不 来（尾）

ʃi³³koʔ⁵⁵si³³sai³³, tʃuʔ⁵⁵noʔ⁵⁵ʃă³¹tʃuʔ⁵⁵weʔ³¹kaʔ³¹!
他 饿 　（尾）奶 还 喂 　　（尾）

他饿了，（我）去喂奶！

a³¹mu⁵⁵nau³¹kjin⁵⁵n³¹na⁵⁵, n⁵⁵lom⁵⁵mat³¹niʔ⁵⁵ai³³.
事　 太　 忙　因为　　没 参加（貌）（尾）

因为事太忙，所以（我）没能参加。

lap³¹mă³¹ŋa³¹ʃă⁵⁵jaŋ⁵¹, paŋ³³ʃă³¹lom⁵⁵kau⁵⁵ ja³³ uʔ³¹!
元　五　　只 既然　　放 使加入（貌）给（尾）

既然只有五块钱，（你）就给他垫上吧！

但有的关联词如 tai³³mă³¹tʃo³¹ "所以，因此"可以放在后一分句的前面。例如：

ʃi³³n⁵⁵ŋa³¹ai³³, tai³³mă³¹tʃo³¹ŋai³³muŋ³¹n³³sa³³n³¹ŋai³³.
他 不在 的　 所以　 我 也 不 去（尾）

他不在，所以我也不去。

ʃi³³joŋ³¹la⁵⁵kau⁵⁵sai³³, tai³³mă³¹tʃo³¹kă³¹tai³³muŋ³¹n⁵⁵lu³¹ma³¹ai³³.
他都　 拿 掉　（尾），所以　　谁　 也 没有（尾）

他都拿掉了，所以谁也没有。

为了强调原因，原因分句也可放在结果分句之后，其关联词语放全句的末尾。为了强调结果，在关联词语的后面还能再加判断词 ʒe⁵¹ "是"。但这种句型出现不多。例如：

ʃi³³n³³sa³³ ai³³　ko³¹, mă³¹ʒaŋ³³thuʔ³¹ai³³　mă³¹tʃo³¹ʒe⁵¹.
他 不 去（尾）（话） 雨　 下 （尾）因为　 是

他不去，是因为下雨。

mjit³¹n⁵⁵pjo̠³³ ai³³ ko³¹, să³¹ʒa³³e³¹ tă³¹ʒu³³ʃă³¹ʒin⁵⁵ai³³
心　不　舒服（尾）（话）老师　（施）批评　　　（尾）
mă³¹tʃo³¹ʒe⁵¹.
因为　是
（我）不舒服，是因为老师批评。

u³¹phʒoŋ³³mat³¹ sai³³, mă⁵⁵ni⁵⁵tʃiŋ³³kha³³n⁵⁵la²³¹n³¹na⁵⁵ʒe⁵¹.
鸡　跑　　（貌）（尾）昨　天　门　　　没关　因为　是
鸡跑了，是因为昨天门没关。

2. 条件复句

偏句是条件，正句是根据条件产生的情况。条件可以是假设的，也可以是已成事实的。条件偏句在前，正句在后。关联词语常用的有：tʃaŋ³³ "……的话，只要……就……"、jaŋ³¹ "……的话、只要……就……"等。关联词用在偏句的后面。例如：

lă³¹mu³¹muŋ³³tʃaŋ³³, lă⁵⁵sa⁵⁵kjiŋ³¹mă³¹tʃiʔ⁵⁵ai³³.
天　阴　的话　筋　抽　痛　（尾）
天阴的话，筋抽着痛。

lai³¹ka̠³³loi³¹mi³¹thi⁵⁵na²⁵⁵tʃaŋ³³muŋ³¹, po³³kin³¹sin⁵⁵wa³¹, ʃã³¹na²⁵⁵
书　一点　读　久　的话也　头晕　　来　晚上
muŋ³¹ʃa³¹na²⁵⁵ʃă³¹naŋ³³jup³¹kan⁵⁵kan⁵⁵ khʒai³³ʒai³¹ n³¹ŋai³³.
也　晚上　　每　　失眠　（叠）仅　（泛）（尾）
我书读久一点就头晕，每晚都失眠。

kă³¹niŋ³¹ti³³ kă³¹lo³³jaŋ³¹, ʃeʔ²³¹mam³³kă³¹tʃa³³a²³¹ni⁵¹?
怎么（泛）做　的话　才　稻　好　　（尾）
怎么才能种好稻子？

lă³³ma³³wa³³kă³¹ka³¹teʔ²³¹n³³sa³³tʃaŋ³³, a³¹ʒau³¹tʃa³¹tha²³¹khat⁵⁵ ka²³¹!
假如　　　别的　处　不去　的话　一起　聊天　互相（尾）
如果不去别的地方，（我们）一起聊聊吧！

## 3. 让步复句

偏句表示让步义，正句说出正面的意思。偏句在前，正句在后。关联词语用在偏句的后面。常用的有：tim⁵¹ 或 ti⁵⁵muŋ³¹ "即使、虽然、尽管"，ʒai⁵⁵tim⁵¹ 或 ʒai⁵⁵ti⁽²⁾⁵⁵muŋ³¹ "但是" 等。例如：

ʃat³¹mai⁵⁵n⁵⁵lo⁽²⁾⁵⁵tim⁵¹ khʒu⁵⁵khʒu⁵⁵ʃa⁵⁵ka⁽²³¹⁾!
菜　　不多　尽管饱　（叠）吃（尾）

尽管菜不多，（我们）也尽量吃饱吧！

ʃi³³pum³¹te⁽²³¹⁾luŋ³¹mǎ³¹ju³³tim⁵¹, kǎ³¹wa³¹ʃi³³phe⁵⁵ n⁵⁵luŋ³¹
他　山　处　上　想　　即使　父亲　　他（宾）不上

ʃǎ³¹ŋun⁵⁵ai³³.
使　（尾）

即使他想上山，他父亲也不让他去。

lǎ³¹ko³³tha⁽²³¹⁾tsi³¹tʃa³³toŋ³¹ tim⁵¹, wot³¹no⁽²⁾⁵⁵tʃuŋ³¹ai³³.
腿　　上　　药　涂　下　即使　蚂蟥　还　叮（尾）

即使腿上涂了药，蚂蟥还是要叮的。

phot⁵⁵ni⁵⁵kǎ³¹niŋ³¹ʒai³¹ tim⁵¹, n³¹pa⁵⁵ta⁽²³¹⁾sǎ³³na³³ni⁽²⁾⁵⁵ai³³.
明天　　怎么　（泛）即使　毯子　织　就要　（尾）

不管明天怎样，（我）都要织毯子。

ʒai⁵⁵tim⁵¹ 或 ʒai⁵⁵ti⁽²⁾⁵⁵muŋ³¹ "但是" 由 ʒai⁵⁵ "是" 和 tim⁵¹ "即使" 构成，用在第二分句的前面。例如：

tsom³³ʒa³¹ʃai⁵⁵ai³³, ʒai⁵⁵tim⁵¹ʃǎ³¹ʒin⁵⁵ʃǎ³¹kut³¹tʃaŋ³³ ko³¹ n⁵⁵
相当　　差异　　但是　　学习　努力　的话（话）不

jak³¹ai³³.
难（尾）

差异大，但是努力学习的话不难。

## 4. 转折复句

偏句叙述一个事实，正句说出一个相反或相对的事实。偏句在前，正句在后。关联词语用在正句的开头位置。常用的有：ʒai⁵⁵tim̰⁵¹ 或 ʒai⁵⁵tḭʔ⁵⁵muŋ³¹ "但是、可是、然而、不过"。例如：

ŋai³³ko³¹ mu³¹wa³¹ʒai⁵⁵n³¹ŋai³³, ʒai⁵⁵ tim̰⁵¹tʃiŋ³¹phoʔ³¹ka³¹muŋ³¹
我 （话）汉族　　是（尾）　但是　　景颇　　话　也
tʃe³³ka³¹ai³³.
会 说（尾）

我是汉族，但是也会说景颇话。

ka³¹tʃom⁵⁵ko³¹ kǎ³¹tʃa³³ai³³ʒai⁵⁵ŋa³¹ ai³³, ʒai⁵⁵tim⁵¹ n⁵⁵na³¹pjo³³ ai³³.
话　倒是（话）好　　　的 是（貌）（尾）但是　 不 听 舒服（尾）

话倒是好的，但是听了不舒服。

ʃi³³lai³¹ka³³ʃǎ³¹ʒin⁵⁵kʒai³¹kǎ³¹tʃa³³ai³³, ʒai⁵⁵tḭʔ⁵⁵muŋ³¹n⁵⁵kum³¹
他　书　　 学习　　　很　好　（尾）　不过　　　不 骄傲
ʒoŋ⁵⁵ai³³.
（尾）

他学习很好，不过不骄傲。

poŋ³³joŋ³³sum³³pyḭ³³ʒe⁵¹, ʒai⁵⁵tḭʔ⁵⁵muŋ³¹ju³¹ŋui³¹n³³ʒoŋ³³laʔ⁵⁵
邦雍　　笛子　　　　是　但是　　　 笛声　没 在 极
liʔ³¹ai³³.
（尾）

虽然是邦雍笛子，但是没有吹出好笛声。

# 6　景颇族传统诗歌的语法特点

景颇族有非常丰富的传统诗歌，传统诗歌在语法上具有一些不同于口语的特点。学习、研究景颇语语法，除了口语语法外，还必须了解、研究传统诗歌的语法特点。

景颇族的文学语言（mă$^{31}$ni$^{31}$pha$^{231}$tʃi$^{55}$ka$^{31}$）是景颇人吟唱传统诗歌时使用的语言。景颇族的传统诗歌包括史诗、叙事诗、情歌、丧歌、敬辞、祝酒歌等不同类别。这类诗歌多在举行婚礼、盖房、集会、过节、祭鬼神等场合中吟唱。能够熟练地、系统地吟唱这类诗歌的，是称为勒戛瓦（lă$^{31}$ka$^{31}$wa$^{33}$）的吟唱诗人和称为宰瓦（tʃai$^{31}$wa$^{31}$）、董萨（tum$^{31}$sa$^{33}$）的宗教职业者。其他虽有一些人也会唱，但一般只会某些段落，不会大段地吟唱。吟唱诗歌的目的主要是传播本族的传统文化和历史知识。此外，在喜庆场合中还起娱乐、庆贺的作用。

景颇族的传统诗歌是在口语的基础上发展起来的。因而在语言特点上，传统诗歌同口语既有密切的关系，又不完全相同。传统诗歌具有自己独特的语言特色，对口语的发展有着一定的影响。口语从传统诗歌中不断地吸取有用的成分来丰富自己。所以，要深入了解景颇语口语的特点，就必须研究传统诗歌的语言特点。值得注意的是，传统诗歌语言中还蕴藏着一些古代语言的特点，这对于研究景颇语的历史发展能够提供某些有用的资料。下面，从构词、句法两方面介绍传统诗歌的语法特点。

## 6.1 构词特点

传统诗歌有自己的词汇体系和构词特点。虽然传统诗歌中也使用一些现代口语使用的词（简称口语词），但大多数词则使用不同于口语词的诗歌语言词（简称诗歌词）。这些诗歌词，有的完全不同于口语词，有的是使用口语词加诗歌词组成的，具体分析如下。

### 6.1.1 单纯词

传统诗歌使用的单纯词，有的和口语词相同。这部分词在传统诗歌占用词总数的1/3左右，分布于各个词类中。例如：

| | | | |
|---|---|---|---|
| tʃă³³khji³³ | 麂子 | ʃan³¹ŋa³³ | 鹿 |
| n⁵⁵phun⁵⁵ | 稻秆 | mă³¹kui³¹ | 大象 |
| an⁵⁵the³³ | 我们 | naʔ⁵⁵ | 你的 |
| mjit³¹ | 想 | khʒit³¹ | 怕 |
| ja³³ | 给 | tu³¹ | 到 |
| kă³¹pa³¹ | 大 | kă³¹lu³¹ | 长 |
| kă³¹tsi̠ŋ³³ | 生的 | tsom³¹ | 美丽 |
| tat³¹ | （说）出 | kau⁵⁵ | （吃）掉 |
| lă⁵⁵ŋai⁵¹ | 一 | lă⁵⁵khoŋ⁵¹ | 二 |
| lă³¹tsa̠³³ | 一百 | niŋ⁵⁵kam⁵¹ | 台阶 |
| muŋ³¹ | 也 | n³¹na⁵⁵ | 之后 |
| ai³³ | 的 | să⁵⁵kaʔ⁵⁵ai³³ | 句尾词 |

但也有不少异于口语词的诗歌词。例如：

| 诗歌词 | 口语词 | 词义 |
|---|---|---|
| să³¹kat³¹ | n³¹tsi̠n³³ | 水 |

| | | |
|---|---|---|
| sai³¹len³¹ | n̩³¹ten̩³³ | 嘴唇 |
| khau³³kju̩³³ | n̩³¹thu̩³³ | 刀 |
| num⁵⁵ʒoi⁵¹ | kat³¹nen̩³³ | 蜂蜜 |
| wun³¹ʃu³¹ | pa̰⁵⁵li⁵⁵ | 篾子 |
| sum⁵⁵poi⁵¹naŋ³¹ | tum³¹si³³ | 豪猪 |

从亲属语言的比较中可以得知，在诗歌词中有一些是古词，但现代口语不用了，仅保存在诗歌中。例如：

| 诗歌词 | 口语词 | 词义 |
|---|---|---|
| koŋ³¹ | khum³¹ | 身体 |
| tʃa̰³¹kha³¹ | ʃat³¹ | 饭 |
| tai̯⁵⁵ju⁵¹ | ʃiŋ³¹kjin³³ | 泥丸 |
| kuŋ³³li³³ | n̩³¹tan³³ | 弩 |

### 6.1.2 合成词的构成

传统诗歌中的合成词，有的用口语词构成，有的用诗歌词构成，有的用口语词加诗歌词构成。其构词方式与口语合成词的构词方式相同；但什么词能同什么词搭配则不同于口语合成词，诗歌词能搭配的，口语词不能搭配。如诗歌词的 to²³¹kam³³ "大柱子" 一词，由 to²³¹ "柱子" 和 kam³³ "大" 构成。在口语里，kam³³ "大" 只能用在 ma³¹ "孩子" 后面，构成 ma³¹kam³³ "老大（男）"。而在诗歌里，kam³³ 却能与 to²³¹ "柱子" 相结合，表示物体的 "大"。又如：口语词里有 la̰³¹（一）tsa³³（百）"一百" 的构词格式，但 la̰³¹（一）不能同 "百" 以上的位数结合。诗歌词则可以，如 la̰³¹（一）ti³¹（亿）"一亿"、la̰³¹（一）mun³¹（万）"一万"。

总的看来，诗歌词的构词比口语词灵活、自由，有许多词在口语里不能结合，而在诗歌里则能结合。

合成词的构词法又可分为复合法、派生法和四音格构造法三种：

1. 复合法

由两个或两个以上的实词复合而成。又可分为以下几种：

（1）并列式：用词义相同或相近的词并列构成。除了有少量双音节词外，大多是由两个双音节词组成的四音节词。例如：

wa̱⁵¹ tʃi³³　　祖先　　　jit³¹tuŋ³³jit³¹ʒa³³　　旱地
父　祖父　　　　　　主要的旱地　旱地

wa̱⁵¹woi³³　　祖先　　　sin³¹tuŋ³³kʒoŋ³³waŋ³¹　心
父　祖母　　　　　　主要的心　心

四音节词中比较常见的是用词义相同或相近的本语词加借词并列而成，这种结合形式是口语词所没有的。借词主要来自汉语、傣语、缅语等语言。例如：

mă⁵⁵lut⁵⁵ja³¹man³¹　烟丝　　toi³³khom³³pjin³¹laŋ³¹　槟榔
烟（景）烟丝（傣）　　　　槟榔（傣）槟榔（汉）

mo³³toŋ³¹ ti⁷³¹pu³³　小圆锅　　tʃe³¹　tuŋ³³　mai³¹sau³¹　纸
铜锅（傣）小圆锅（景）　　　纸（傣）大（景）纸（景）

ʃă³¹pjiŋ³³　teŋ⁵⁵ka̱⁵⁵　钱财
钱财（景）钱财（缅）

有的单音节词在结合中为了构成四音节词，还要加前缀。例如：

a³¹　　lik³¹　　lai³³ka̱³³　字
（前缀）字（傣）字（景）

这类并列的词除上述名词与名词组成名词外，还有少量形容词并列组成的名词。例如：

mă³¹klep³¹man⁵⁵　　酒
黏　　真

由口语词加诗歌词组成的新词，其意义大多与口语词的意义相同，也有一些是相近相关的。从位置上看，大多是口语词在后，诗歌词在前，也有相反的情况。口语词在后的如：

num⁵⁵ʒoi⁵¹kat³¹nen³³　　蜜蜂　　ʃaŋ³¹thin⁵⁵lǎ³¹ʒo⁵⁵　　裹脚
　　口语词　　　　　　　　　　口语词

tum³¹tam³³lǎ³¹phan³¹　　手掌　　tsum³¹tsaŋ³¹lǎ³¹mjin³³　　指甲
　　口语词　　　　　　　　　　口语词

khau³³kju³³niŋ³¹thu³³　　刀　　woi³¹mon³³ʃǎ⁵⁵ʒi⁵⁵　　丢荒的地
　　口语词　　　　　　　　　　口语词

lǎ³¹ʒiŋ³³ kum³¹ʒa³¹　　马　　sai³³len³¹niŋ³¹ten³³　　嘴唇
　　口语词　　　　　　　　　　口语词

口语词在前的如：

a³¹khum³¹taŋ³¹tu³³　　身体　　mǎ³¹khu⁵⁵sum⁵⁵ʒuŋ⁵¹　　嗓音
口语词　　　　　　　　　　口语词

以上是新词的意义同口语词的意义相同的。新词的意义与口语词的意义相近、相关的如：

mǎ³¹tu³³tʃiŋ³³man³³　遗下的事　mǎ³¹kjit⁵⁵tsiŋ³¹ʒo³³　礼物
尖　　　　　　　　　　　　　结（疙瘩）

（2）修饰式：有以下 6 种形式。前 3 种（除第 3 种中的部分词外）是口语词里有的，后 3 种是口语词里没有的。例如：

A. 名词＋形容词（修饰成分）→名词

thiŋ³¹nan³³　　新房子　　thiŋ³¹tsam³³　　朽房子
房子　新　　　　　　　　房子　朽

khʒai³¹kuŋ⁵⁵　　弓桥　　ju²³¹mai³³　　好岳父
桥　　弓　　　　　　　　岳父　好

kha²³¹seŋ⁵⁵　　净水　　lup³¹man³³　　纯酒药
水　　净　　　　　　　　酒药　纯

B. 名词 + 动词（修饰成分）→名词

ʒi³¹khai⁵⁵　　藤子　　　　　　lup³¹khai⁵⁵　酒药
藤　种　　　　　　　　　　　酒药　种

C. 名词（修饰成分）+ 名词→名词

kum³³pa³³waʔ³¹　结婚时宰的猪　　thiŋ³¹tsip⁵⁵　房子
腰箍　草　猪　　　　　　　　　　房子　窝

phun³¹lum³³mă³¹tʃan³³ 妇女（尊称）kă³¹aŋ³³ka⁵⁵　地球
开水　　　妇女　　　　　　　　中间　地方

在 C 类构词格式中，有两小类词的情况比较特殊，是口语词所没有的。一类是名词修饰成分由前缀加动词或形容词或状态词构成，这类构词格式是诗歌词里较能产的一类。例如：

mă⁵⁵luŋ⁵¹ lă³¹kaŋ³³　梯子　　mă³¹tum³¹ sum³³pji³¹　笛子
（前缀）　上　梯子　　　　　（前缀）　吹　笛子

mă³¹tup³¹ sum³¹tu³³　锤子　　a⁵⁵ soi⁵¹ ja³¹mau³¹　烟丝
（前缀）　打　锤子　　　　　（前缀）细　烟丝

mă³¹pjen̪³¹ si̪ŋ³¹koŋ³³ 翅膀　mă³¹ wat³¹ noi³¹tʃi³³ 小箩
（前缀）　飞　翅膀　　　　　（前缀）悬空状　小箩

另一类是名词修饰成分由 wun³¹（尊重）组成的含尊重义的双音节名词。其后一音节或取自与后两个音节意义相关的词，或使用无意义的配音。例如：

wun³¹khuʔ³¹a³¹wan³³　碗　　　wun³¹po³¹ʃă³¹tai³³　脐带
（亲密）　　碗　　　　　　　（配音）　脐带

wun³¹tʃi⁵⁵a³¹mam³³　稻子　　wun³¹pu³¹ʃă³³kan³³　星星
（配音）　稻子　　　　　　　（配音）　星

D. 名词 + 名词（修饰成分）→名词

mă³¹tuʔ³¹a³¹tu³³　　主人　　tsi̪ŋ³³man³³nem³¹　青草
主人　官　　　　　　　　　青草　老大（女）

sum³³pʒa³³thoi³¹　　冬草　　u³¹pjit³¹siŋ³³koŋ³³　麻雀
冬草 老大（男）　　　　　麻雀 老大（男）

E. 状态词（表声音的）+ 名词→名词

a³¹puk³¹ mo³³to³³　汽车　　a³¹tak³¹ mji⁵⁵tha⁵⁵　火车
扑扑响的 汽车　　　　　　嗒嗒响的 火车

a³¹kuŋ³¹ saŋ⁵⁵pho⁵⁵　轮船　soi³³ʒoi³³ tiŋ³¹si³¹　铃
隆隆响的 轮船　　　　　　叮叮响的 铃

F. 名词 + 状态词（修饰成分）→名词

lut³¹tsi³³　　细烟丝　　　　kat³¹tsi³³　　小榕树
烟 细小状　　　　　　　　榕树 细小状

kjin³¹jaŋ³³　　细长的黄瓜　　mai³¹ pjet³¹　扁尾巴
黄瓜 细长状　　　　　　　尾巴 扁状

mai³¹khʒa ʔ⁵⁵　叉开的尾巴　ŋau³³jaŋ³³　　细长的木料
尾巴 叉开状　　　　　　　木料 细长状

（3）宾动式：名词 + 动词→动词。这种构词格式虽然口语词里也有，但能用来构词的词较少。诗歌词用这种格式构成的词较多，下列词是口语词所没有的。例如：

pha ʔ³¹lot⁵⁵　　动肩　　　　thai³¹jaŋ³³　　垫篾席
肩　动　　　　　　　　　　篾席 铺开

tai³¹lup³¹　　埋脐带　　　　thai³¹kuŋ³³　　掀篾席
脐带 埋　（一种风俗）　　　篾席 掀

此外，诗歌词中有一类双音节的复合词，是由口语里三音节或四音节的词组（以四音节为多见）缩减之后凝成的。例如：

口语词（词组）　　诗歌词（词）

kǎ³¹pha ʔ³¹lǎ³¹tu³³　肩头　　pha ʔ³¹ tu³³　　肩头
肩膀　尖部　　　　　　　　肩膀 尖部

| n⁵⁵ta̠⁵¹ n³¹nan³³ | 新房子 | thiŋ³¹nan³³ | 新房 |
| 房子　新 | | 房　新 | |
| mă³¹juʔ³¹ mă³¹tuŋ³³ | 新岳父 | juʔ³¹ tuŋ³³ | 新岳父 |
| 岳父　新 | | 岳父 新 | |

2. 派生法

由加前缀或变化语音构成的新词。

（1）加前缀：景颇语口语词的前缀比较丰富，但诗歌词的前缀多使用 mă³¹、a³¹、lă³¹ 几个。mă³¹ 的作用是加在动词、状态词前构成名词。例如：

动词 ——————→ 名词

| ʒiŋ³¹ | 旺盛 | mă³¹ʒiŋ³¹ | 旺盛的 |
| khuʔ³¹ | 成（亲戚） | mă³¹khuʔ³¹ | 亲戚 |
| luŋ³¹ | 上（去） | mă⁵⁵luŋ⁵¹ | 上去的 |
| khʒet³¹ | 划 | mă³¹khʒet³¹ | 移动的 |
| pjen³³ | 飞 | mă³¹pjen³³ | 飞的 |
| khaŋ³¹ | 繁衍 | mă³¹khaŋ³¹ | 繁衍的 |
| ʃot³¹ | 滑 | mă³¹ʃot³¹ | 光滑的 |

状态词 ——————→ 名词

| wat³¹ | 悬空状 | mă³¹wat³¹ | 悬空的 |
| ʃot³¹ | 划开状 | mă³¹ʃot³¹ | 划开的 |

a³¹ 加在单音节词根前构成双音节词或四音节词，只起配音的作用，不影响词义、词性。例如：

| a³¹thiŋ³¹ | 房子 | a³¹kun³¹tiŋ³¹khu³³ | 家庭 |
| 房　子 | | 家庭　家庭 | |
| a³¹sot³¹ | 财产 | a³¹mjit³¹khau⁵⁵ta³³ | 爱情 |
| 财产 | | 思想　感情 | |

lǎ³¹加在单音节动词前构成双音节使动词，词义、词性不变。例如：

lun⁵⁵——lǎ³¹lun⁵⁵　使上　　kai⁵⁵——lǎ³¹kai⁵⁵　使戴
　上　　　　上　　　　　戴　　　　　戴

口语词中有少数带 a³¹ 前缀的词，当诗歌词用时，前缀改换为 mǎ³¹。例如：

a³¹khʒai⁵⁵——mǎ³¹khʒai⁵⁵　扒
（前）扒　　（前）扒

此外，还有 kin³¹、ʃiŋ³³ 等前缀。例如：

kin³¹ʒu³¹　约（工）　ʃiŋ³³tuŋ³³　大的
（前）拥上状　　　　（前）大

（2）变音：变化口语词的韵母或声调，构成诗歌词。变化韵母有以下几种情况：无韵尾的加韵尾、变化韵尾、声调等。例如：

| 口语词 | 诗歌词 |
| --- | --- |
| sum³³kha³³　事业 | sum³¹khan³³　干（事业） |
| mai³¹waŋ³³　猎场 | mai³¹wan³³　围（猎场） |
| num⁵⁵　提味 | num³³　温暖 |
| thai³¹jo³³　席子 | thai³¹joʔ⁵⁵　垫（席子） |

例句：

① kǎ³¹pa³¹mai³¹waŋ³³mai³¹wan³³, kǎ³¹lu³¹ sum³³kha³³
　 大　　猎场　　围　　　　远　　事业
　 ʃeʔ³¹sum³¹khan³³.　　　　　　做大事情，干大事业。
　 才　干

② a³³khum³³tiŋ³¹khum³³, a³³num³³tiŋ³¹num³³.　全家团圆，全家温暖。
　 齐全　　齐全　　温暖

③ ʃi³³pjeʔ³¹thai³¹jo³³thai³¹joʔ³³.　　垫个大篾席。
　 十　踩　大篾席　垫

6 景颇族传统诗歌的语法特点　583

在诗歌的构词中，有时爱用一些古词、方言词、外来语词来构词，而且有时还特意用古音（加 ŋ 韵尾）来构词。例如：

a$^{31}$koŋ$^{31}$ʃiŋ$^{33}$jan$^{33}$　身体　ʃă$^{31}$ni$^{55}$tʃă$^{31}$kha$^{31}$　午饭
身体（古）长　　　　　　白天　饭（古）

a$^{31}$kun$^{31}$　tiŋ$^{31}$khu$^{31}$　家庭　a$^{33}$ko$^{33}$　lau$^{55}$pjau$^{55}$　表哥
家庭（傣）家庭　　　　　哥哥（汉）老表（汉）

tai$^{55}$ju$^{51}$　ʃiŋ$^{31}$ kjin$^{33}$　泥丸　waŋ$^{31}$ tsiŋ$^{31}$ kin$^{31}$　ʒa$^{31}$　王子聚地
泥丸(古)泥丸（口语）　　王子（汉）聚（载）地

mă$^{31}$no$^{731}$woi$^{33}$siŋ$^{33}$kaŋ$^{33}$　水槽（现代口语为 siŋ$^{33}$ka$^{33}$，古语带 -ŋ 尾）
水　　　　槽水

mă$^{55}$luŋ$^{51}$lă$^{31}$kaŋ$^{33}$　梯子（现代口语为 lă$^{31}$ka$^{33}$，古语带 -ŋ 尾）
（前）上　梯

n$^{31}$kji$^{51}$kjiŋ$^{33}$kă$^{31}$laŋ$^{33}$　老鹰（现代口语为 kă$^{31}$la$^{33}$，古语带 -ŋ 尾）
老鹰　　老鹰

n$^{55}$phʒoŋ$^{51}$n$^{33}$khieŋ$^{33}$　谷类的总称（现代口语为 n$^{55}$phʒo$^{51}$、n$^{33}$
白谷　　红谷　　　　khje$^{33}$，古语带 -ŋ 尾）

传统诗歌词在用词上讲究变换，即变换使用基本意义相同相近、语音形式部分相同的同族词。所以在诗歌语言的词汇系统里，通过各种构词手段，构成一组组数量多少不同的同族词。如用词根 phuŋ$^{31}$ "水" 组成下列一组词：

| phuŋ$^{31}$saŋ$^{33}$ | 水 | san$^{31}$phuŋ$^{31}$naŋ$^{33}$ | 净水 |
| phuŋ$^{31}$tsiŋ$^{33}$ | 水 | san$^{31}$phuŋ$^{31}$saŋ$^{33}$ | 净水 |
| phuŋ$^{33}$tsiŋ$^{33}$ | 水 | li$^{31}$phuŋ$^{31}$naŋ$^{33}$ | 吉祥水 |
| phuŋ$^{31}$nan$^{33}$ | 水 | phuŋ$^{31}$taŋ$^{33}$să$^{31}$kat$^{31}$ | 地下水 |
| phuŋ$^{31}$kʒaŋ$^{33}$ | 水 | phuŋ$^{31}$taŋ$^{33}$să$^{31}$kʒo$^{31}$ | 地下水 |
| li$^{31}$phuŋ$^{31}$ kʒaŋ$^{33}$ | 水 | ʃă$^{31}$kʒoi$^{31}$phuŋ$^{31}$taŋ$^{33}$ | 地下水 |
| ʃă$^{31}$kʒoi$^{31}$phuŋ$^{31}$tsiŋ$^{33}$ | 水 | mă$^{31}$khu$^{731}$phuŋ$^{31}$tam$^{33}$ | 大河 |

有的是用两个词（或词根）组成的同族词。如由 mă³¹tsi̱³¹ "酒药" 和 lup³¹tui³¹ "一种树，其果实能制药酒" 构成的就有下列一组同族词：

| | | | |
|---|---|---|---|
| mă³¹tsi̱³¹lup³¹toi³¹ | 酒药 | tʃă³¹mji³¹lup³¹man³³ | 真酒药 |
| lup³¹tui³¹lup³¹man³³ | 真酒药 | tʃă³¹moi³¹lup³¹tuŋ³³ | 主要的酒药 |
| mă³¹tsi̱³¹lup³¹man³³ | 真酒药 | lup³¹tui³¹lup³¹tuŋ³³ | 主要的酒药 |
| tsă³¹moi³¹lup³¹man³³ | 真酒药 | tʃă³¹moi³¹lup³¹tuŋ³³ | 主要的酒药 |
| mă³¹toi³¹lup³¹man³³ | 真酒药 | | |

有的是用不同的词构成一组意义相同的同族词。如"地球"一义就有下列一组词：

| | |
|---|---|
| ʃiŋ³¹ʒa³¹ | ka³¹aŋ³³ʃiŋ³¹ʒa³¹kum³¹tuŋ³³ |
| 地方 | 中间　地方　大 |
| ʃiŋ³¹ʒa³¹ka⁵⁵ | ka³¹aŋ³³ʃiŋ³¹ʒa³¹wa³¹jaŋ³³ |
| 地方　地 | 中间　地方　平 |
| ʃiŋ³¹ʒa³¹wa³¹jaŋ³³ | kum³¹tuŋ³³a³¹ka⁵⁵ |
| 地方　平 | 大　地方 |
| wun³¹　tuŋ³³ʃiŋ³¹ʒa³¹ | kă³¹aŋ³³kum³¹tuŋ³³ |
| （尊敬）大　地方 | 中间　大 |

同族词的使用，除了根据押韵的需要选用押韵的词外，有时还分不同的场合选用不同的词，有的词只能用在某一场合。如"扇子"一词：

| | | |
|---|---|---|
| 一般场合用 | tʃam³¹ko³³lă³¹jit³¹ | 谦虚场合用　toŋ³¹pan³³lă³¹jit³¹ |
| | 扇子　扇子 | 道歉　扇子 |
| 有点隆重的场合用 | tʃe³¹seŋ³³lă³¹jit³¹ 或 | tʃe³¹pa³³lă³¹jit³¹ |
| | 纸　宝石　扇子 | 纸　宽　扇子 |
| 最隆重的场合则用 | tʃa³¹seŋ³³lă³¹jit³¹ 或 | tʃeŋ³¹seŋ³³lă³¹jit³¹ |
| | 金宝石　扇子 | 宝石　扇子 |

## 3. 四音格构造法

口语词中有大量的四音格词，构造形式多种多样。但诗歌中四音格词较少，形式以"ABAC"式为常见。这种形式又可分为以下两类：

（1）双音节词加双音节配音成分，配音成分多数在后，少数在前。例如：

lo³¹tse³¹ lo³¹tho³³　　骡子　　tum³¹su³³ tum³¹saŋ³³　黄牛
骡子　（配音）　　　　　　　黄牛　（配音）

no⁷³¹kju⁵⁵ no⁷³¹se⁵⁵　豇豆　　mǎ³¹kui³³ mǎ³¹naŋ³³　大象
豇豆　（配音）　　　　　　　大象　（配音）

kjin³¹joŋ³¹ kjin³¹jaŋ³³　好黄瓜
好黄瓜　（配音）

（2）由两个并列的单音节词（或词根）加两个相同的前缀组成。

二、四音节有的存在谐韵或叠韵的现象。例如：

niŋ³¹ tuŋ³³niŋ³¹ tʃan³³　尖部　　wun³¹tuŋ³³ wun³¹pa³¹　先生
（前）梢（前）尖　　　　　　（前）主要（前）大

## 6.2　句法特点

传统诗歌的句子长短不一，长的达十八个音节，最短的仅有四个音节，但一般多用六至八个音节。长句子如：

ju⁷³¹tuŋ³³ sum⁵⁵nu⁵¹ni³³ a⁷³¹man³³e³¹ kǎ³¹ja³¹ ʃiŋ³³ni³³ no⁷⁵⁵maŋ³¹,
丈人们　　　　　的　面前　害羞　日子　还　怕
mǎ³¹li⁷³¹khu⁵⁵tuŋ³³ mǎ³¹tu³³ ni³³ a⁷³¹ man³³e³¹ kǎ³¹thet³¹wan³¹li³³
迈立开江　　　　主人　们　的　面前　热火
tǎ³¹ʒam⁵⁵ no⁷⁵⁵ kaŋ³¹.
一样　　还　热

在丈人们面前感到羞惧怕，在迈立开江（比喻丈人）面前像火一样烤。

短句子如：

ju˧˩tuŋ³³ mjit³¹su⁵⁵, 尊敬的丈人，
丈人　　尊重

ju˧˩tʃi³³ mjit³¹ku³¹. 尊敬的岳父。
岳父　　尊敬

两两相配的句子，有的音节数目相同，有的不同。上面的例子后者相同，前者不同。

句子的句法特点多同口语，但也有不同的。不同的有以下几点：

（1）在口语里，数词限制名词时，在名词后，而诗歌语言在前。例如：

mǎ³¹ŋa³³juŋ³¹lat³¹the˧˩mǎ³¹kʒa˧˩. 用五个指头抓。
五　　指头　　用　抓

lǎ³¹muntʃiŋ³¹khaŋ³¹a³¹lat³¹, lǎ³¹tsa̠³³a³¹laŋ³¹e³¹mǎ³¹jat³¹.
一万　　山梁　　繁殖　一百　　山岗　繁衍

繁殖的牲畜布满一万个山梁，繁衍的牲畜遍及一百多山岗。

lǎ⁵⁵ŋai⁵¹thiŋ³¹kʒam³³e³¹pje˧˩, lǎ⁵⁵khoŋ⁵¹thiŋ³¹kʒam³³e³¹le˧⁵⁵.
一　　地板　　踩　　二　地板　　进

踩坏了一块地板，又进了两块地板。

（2）在口语里，数词必须同量词一起才能做动词的状语，而在诗歌语言里，数词可以直接做动词（词根）的状语。例如：

ʃi³³pje˧˩thai³¹jo³³jo˧⁵⁵. 垫个供踩十下的大篾席。
十 踩　大篾席 垫

（3）在口语里，形容词做名词的修饰语时，一般放在名词后，如果加了关系助词则可放在名词前；而在诗歌语言里，形容词则在名词

前，不用关系助词。例如：

kǎ³¹lu³¹thiŋ³¹jan³³thiŋ³¹ʃon⁵⁵, kǎ³¹pa³¹thiŋ³¹nan³³thiŋ³¹won⁵⁵.
长　　房子　　进　　　大　　新房　熏
进长房，熏新房。

kǎ³¹tsi̱ŋ³³phun⁵⁵lap³¹pan³³ti̱ŋ⁵⁵ thaʔ³¹na⁵⁵pop⁵⁵ti̱⁵⁵teŋ³¹kha³³kin³¹
青　　树叶　　　　里　的　蜗牛　　痕迹
jan³³ai³³ ju³³, pop⁵⁵ti̱⁵⁵teŋ³¹mǎ³¹ka³³kǎ³¹waŋ³¹ai³¹mu³¹,
留（关）看见　蜗牛　　花纹　绕　　（关）看,
a³¹tsai⁵⁵tai³³ʃa⁵⁵.
干物　成　吃
看到青树叶上蜗牛留下的痕迹，才见到蜗牛绕成的纹。

phʐo³¹tu̱³¹mai³¹sau³¹thaʔ³¹set³¹, sum³¹tsa̱ŋ³³a³¹ʃi³¹thiŋ³¹let³¹.
白亮　纸　　里　写　　远方　　消息　互通
写在白亮的纸上，互通远方的消息。

ŋon³³sum³¹ tu̱³¹ ʃeʔ³¹kho⁵⁵, ŋui³¹ niŋ³¹phaŋ³³eʔ³¹jo⁵⁵wa³¹ju³³kaʔ³¹!
和睦　话　　　才　说　　幸福　根源　　才　叙　来　看　吧
说说和睦的话，叙述幸福的根源吧！

kǎ³¹pa³¹mai³¹waŋ³³mai³¹wan³³, kǎ³¹lu³¹sum³³kha³³sum³¹khan³³.
大　　猎场　　围　　　长　　大事　　办
围个大猎场，办个长远的大事。

## 6.3　词的搭配特点

传统诗歌以两句为一单位，注意上下两句词语搭配，音节数量尽量相等，部分相对称的音节押韵和词义搭配。押韵和搭配出现在句首、中、尾音节，对尾部音节要求尤严。

### 6.3.1 押韵

押韵是传统诗歌语言的一个重要特点。句首的音节必须押韵，句首和句中的音节可押可不押。多数情况是，一韵只管两句，过了两句就要换韵。例如：

mǎ³¹tsi³¹lup³¹tuŋ³³the⁽ʔ⁾³¹e³¹ʃǎ³¹te³³,
 酒药  好  用   煮
tʃǎ³¹mji³¹lup³¹man³³the⁽ʔ⁾³¹e³¹kǎ³¹pju³¹.
 酒药  真  用   炼
tʃǎ⁵⁵nun⁵¹tʃu⁽ʔ⁾⁵⁵sau³³ʃi³³kǎ³¹lai³³, woi³³ʃun³¹tʃu⁽ʔ⁾⁵⁵pom³¹ʃi³³taɨ³³.
 创世者 乳汁  它 代替  创世者 乳房  它 成
a³¹tʃu³¹ʃiŋ³¹tuŋ³¹ʃi³¹tʃǎ³¹phʒoi³¹, tʃi³³ka³³kin³¹ʒa³¹ʃi³¹ʃǎ³¹woi³¹.
 大节日   它 供给   集会 场所  它 承担

用好酒药煮，用真酒药炼。
它代替创世者的乳汁，它成为创世者的乳房。
节日所需之物由他供给，集会所耗之物由他承担。

韵脚连用的，一般不超过四句，过了四句就得换韵。例如：

ʃiŋ⁵⁵jaŋ⁵¹kam³¹ku³³poŋ³¹, mǎ³³tʃaŋ³³n³¹kun³¹ʒoŋ³³.
 身体   壮  力量   大
wa⁵¹tʃi³³lǎ³¹to⁽ʔ⁾³¹tha⁽ʔ⁾³¹tsoŋ³³, wa⁵¹woi³³phun³¹ta⁵⁵tha⁽ʔ⁾³¹thoŋ³³,
 祖先 水平 里 超  祖先  水准 里 越
n⁵⁵phʒoŋ⁵¹n³³khjoŋ³³sut³¹the⁽ʔ⁾³¹ʒau³¹ŋa³¹,
 庄稼    财富与  一起 在
wǎ³³khu³³wǎ⁵⁵la⁵¹kan³¹the⁽ʔ⁾³¹ʒau³¹ pʒa³³.
 牲畜   财富与  一起 长生

身体壮，

力量大。
超过祖先的水平，
超过祖先的水准。
有无数的庄稼，
有无穷的牲畜。

押韵的原则是韵母相同，有韵尾的韵母要求韵尾也相同。但元音的松紧、声调的差别要求不严，松元音韵母可以同紧元音韵母互押，不同的声调也可以互押。例如：

（1）mǎ³¹ʒiŋ³¹kum³¹tuŋ³³ja³³，mǎ³¹khaŋ³¹sum³³kʒuŋ³³sa³¹.
　　　新娘　　　给　新娘　　　　送
　　给新娘，送新娘。

（2）niŋ³³moi³³niŋ³¹tsiŋ³³koʔ⁵⁵wun³¹toi⁵⁵,
　　　婆婆　　亲　里　靠拢
　　niŋ⁵⁵ku⁵¹mǎ⁵⁵tʃiŋ⁵¹koʔ⁵⁵kǎ³¹moi³¹.
　　　公公　真　　里　亲近
　　要靠拢亲婆婆，要靠拢亲公公。

（3）nu⁵¹to³³niŋ³¹tsiŋ³³，wa⁵¹to³³mǎ⁵⁵tʃiŋ⁵¹. 是亲母亲，是真父亲。
　　　母亲　亲　　　　父亲　真

（4）a³¹tʃa³¹sǎ³³mui³³muʔ³¹，kum³¹phʒo³¹mǎ³¹ʒaŋ³³thuʔ³¹.
　　　金子　云　布　　钱财　　雨　落
　　金子似云遍布，钱财似雨落下。

此外，有的句子由于是段落的收尾句，在押韵音节之后，还要加上另外几个，因此押韵的音节不在句子末尾（这是少数例外）。例如：

a³¹po³³phʒo³¹u³¹kut³¹ku³³,
头　白　寿命　长
a³¹tsiŋ³³pan³¹tu³¹tson³¹tu³³,
斑都草　　　像　生长

mǎ³¹toi³¹lup³¹man³³n³³tai³³lu²³¹jaŋ³¹muŋ³¹mu³³,
水酒　　　这　喝　的话　也　好喝
tʃǎ³¹moi³¹lup³¹tuŋ³³n³³tai³³tʃu²⁵⁵jaŋ³¹muŋ³¹ʃu³³sai³³　le⁵¹!
水酒　　　这　吸　的话　也　好吸（尾）啦
白头到老寿命长，
犹如斑都草一样长寿。
这水酒喝起来好喝，
这水酒吸起来真好吸啦！
又如：
wa̱⁵¹woi³³thau³¹tʃi⁵⁵tʃo̱²⁵⁵,
祖先　智慧　承接
wa⁵¹tʃi³³khʒiŋ³¹thoŋ³¹kʒo²⁵⁵.
先辈　传统　继承
mǎ³¹ni³¹pha²³¹tʃi⁵⁵tʃaŋ³¹,
艺术　　　学会
sǎ³¹ʒam³³tsǎ³³mon³³pha²³¹ʒat³¹phʒaŋ³¹na³³mǎ³³sai³³lu³³!
学　　知识　　　　文明　要（尾）啦
继承祖先的智慧，
继承先辈的传统。
要学会艺术，
要了解知识文明啦！

句首的押韵，大多出现在第二个音节上，用韵的要求比处在句尾的音节宽。除了上述的原则外，韵尾相同但主要元音不同的韵母也能互押。例如：

khin³³naŋ³³wun³¹tʃi⁵⁵phe²⁵⁵lu³¹mǎ³¹khʒai⁵⁵,　能把稻子请来，
稻子　　　　　（宾）能　请

phʒo³¹naŋ³¹wun³¹tʃi⁵⁵pheʔ⁵⁵lu³¹mǎ³¹wai⁵⁵. 能把稻子领来。
稻子　　　　　　（宾）能　领

如果第二个音节不押韵,则第一个音节取语音完全相同的音节。例如:

n̩⁵⁵kuŋ⁵¹wǎ³¹luŋ³³a̱³¹la³³, n̩³¹nan³³tsǎ³³luŋ³³tʃaŋ³¹ka̱³¹.
新手　初学者　男子　新手　初学者　诗人

新的歌手,新的诗人。

句中的押韵出现不多,其押韵原则同句尾音节。例如:

mǎ³¹ʒiŋ³¹ʃiŋ⁵⁵noi⁵⁵ʃa̱³¹juʔ⁵⁵, ma³¹khaŋ³¹ʃiŋ³³woi³³kum³¹phuʔ³¹.
繁衍　　背篮　　放下　　兴旺　　背篮　　搁下

放下使人类繁衍的背篮,搁下使人类兴旺的背篮。

a³¹thiŋ³¹ʃa̱³¹tʃo̱ʔ⁵⁵na³³jo⁵⁵, thiŋ³³saŋ³³kǎ³¹joʔ⁵⁵na³³mo⁵⁵.
房子　盖　　要　准备　房子　　筑　　要　打算

要准备盖房,要打算筑房。

## 6.3.2 词义搭配

传统诗歌上下句相对称的词,不仅要求语音尽可能做到和谐,还要求词义的搭配存在某种联系。大致看来,词义的搭配有以下几种情况:

(1) 选用意义相同的词相配。例如:

tum³¹tam³³lǎ³¹phan³¹e³¹tʃum³³, mǎ³¹ŋa³³juŋ³¹lat³¹theʔ³¹tʃum³³.
手掌　　　　用　握　　五　　指头　　用　握

用手掌握,用五指握。

a³¹phaŋ³³e³¹khan⁵⁵, phuŋ³¹tim³¹e³¹nan⁵⁵.
后面　在　跟　　尾巴　在　跟

跟在后面,跟在尾部。

有时，把一个词拆成两个词使用，这种对称的词，意义也完全相等。如 sut³¹kan³¹ "财富"一词就可拆为两个词相配：

a³¹sut³¹sa³³pʒam³¹，a³¹kan³¹sa³³tam³³. 去寻财产，去寻财富。
财富　去　寻　　财富　　去　找

又如 kjep³¹tuŋ³³kjep³¹kam³³ "土蜂"一词也能拆用：

kjep³¹tuŋ³³wa³³pheʔ⁵⁵ʃã³¹tsam³¹，kjep³¹kam³³wa³³pheʔ⁵⁵tʃã³¹tham⁵⁵.
土蜂　　（宾）鼓励　　　土蜂　　　　（宾）担负
给土蜂以鼓励，给土蜂以重任。

（2）选用意义相近、相关的词相配。例如：

mă³¹kjit⁵⁵naŋ³¹，mă³¹khai³¹kaŋ³³. 得接牢，勾得牢。（指亲戚关系）
接　繁　　勾　　牢固

lă³¹mun³¹ŋă³³tuŋ³³ŋă³³li³³ʒiŋ³¹. 繁衍成万只牛。
一万　　牛种　　　繁衍

lă³¹mun³¹ŋă³³tuŋ³³ŋă³³li³³ʒiŋ³¹. 布满了百只牛。
一百　　牛种　　　布满

khuʔ³¹nan³³mă³¹khui⁵⁵ko³¹ tiŋ³¹jaŋ³³，mă³¹khui⁵⁵kă³¹mun³¹
真正　亲属　（话）延续　　　亲戚　话

ko³¹tum³¹pjaŋ³³.
（话）　延伸

永远成为真正的亲戚，永远要听亲戚的话。

（3）采用配音方法，在第二句配一个与第一句押韵的词，并使其具有相同或相近的意义。例如：

phuŋ³¹tsin³³num³¹ʒiʔ³¹luʔ³¹in³¹a³¹khum³¹ʃiŋ³³jan³³poŋ³¹，
水　　露水　喝　身体　　　　壮

sum³¹tsan³³să³¹kat³¹tʃuʔ⁵⁵in³¹ʃiŋ⁵⁵jan⁵¹kam³¹kuʔ³³loŋ³¹.
远方　水　吸　　身体　　（配音）

喝露水的话身体健壮，喝远方水的话身体壮实。

ŋă³¹ʒiŋ³¹ʃan³¹ti⁵⁵tă³¹ʒam⁵⁵kă³¹lon³³，ŋă⁵⁵la⁵¹ʃan³¹tau³³mă⁵⁵te⁵¹
产牛　筋肉　那样　生长　　公牛　肉块　那样
kum³¹poŋ³³.
长大
像多产牛的筋肉那样生长，像公牛的肉块那样长大。
ʃiŋ³¹ʒa³¹wa³¹jaŋ³³wa³³pheʔ⁵⁵a³¹koŋ³¹ʃiŋ³³jan³³ʃă³¹poŋ³¹，
人类　　　　　（宾）身体　　　　　使壮实
kă³¹aŋ³³kum³¹tuŋ³³wa³³pheʔ⁵⁵mă³³tʃaŋ³³n³¹kun³¹ʃă³¹koŋ³¹.
人类　　　　　　（宾）力量　　强大
使人类的身体壮实，
使人类的力量强大。

（4）选用意义不同的词。这种互押的词，主要是语音上的联系，而在意义上关系不大。例如：

a³¹phoŋ³¹ʃiŋ³¹ʒa³¹ʃă³¹ku³¹lu³¹laŋ³³，ʃiŋ³¹ʒa³¹ʃă³¹ku³¹lu³¹ʃaŋ³¹.
集会　　　　　每　能用　会议　　每　能进
每个集会都能用上它（指扇子），每个会议都有它的份。
mă³¹ni³¹phaʔ³¹tʃi⁵⁵tʃaŋ³¹，a³¹kʒoŋ³³lai³¹li³¹phʒaŋ³¹.
艺术　　　　　会　心　　知识　开阔
学会艺术，开阔心田。
mă³¹ʒiŋ³¹ʃiŋ⁵⁵noi⁵⁵ʃă³¹juʔ⁵⁵，mă³¹khaŋ³¹ʃiŋ⁵⁵noi⁵⁵kum³¹phuʔ³¹.
背箩　　　　放下　背箩　　　　　迎接
放下背箩，迎接背箩。

# 五　语料篇

本篇用国际音标对收集来的景颇族语料进行了转写,包括寓言故事、常用会话以及谚语、成语,并用汉语对译,还以国际音标转写了景颇语的2000多个常用词汇。

# 1 故事

1　khaŋ³¹khji³¹theʔ³¹tʃiŋ³¹kham³¹aʔ³¹mau³¹mui³¹
　　狮子　　和　　牛虻　　　的　故事

moi³¹ʃoŋ³³teʔ³¹khaŋ³¹khji³¹lǎ⁵⁵ŋai⁵¹mi³³ko³¹tiʔ²⁵⁵naŋ³³aʔ³¹khum³¹pheʔ⁵⁵
从前　　　狮子　　一　一（话）自己　的　身体（宾）
kʒai³¹ʒai⁵⁵tum⁵⁵n³¹na⁵⁵："ŋai³³ko³¹ muŋ³¹kaŋ³¹ka⁵⁵n³¹tsa³¹eʔ³¹phuŋ³¹ʃiŋ³¹
很　自以为是 之后　　我（话）世界　　　上　（方）威望
kaŋ³¹kǎ³¹pa³¹thum³¹ai³³theʔ³¹n³¹kun³¹ʒoŋ³³thum³¹ai³³wa³³ʒai⁵⁵ŋa³¹n³¹ŋai³³
　　大　极　的 和　力气　有　极　的　者 是　在（尾）
mǎ³¹tʃo³¹, muŋ³¹kaŋ³¹ka⁵⁵n³¹tsa³³tiŋ³¹na⁵⁵mǎ³¹tseʔ³¹theʔ³¹aʔ³¹ʃuʔ³¹aʔ³¹ʃan³¹ni³³
缘故　　世界　　　上　　全 的 猛兽　和　动物　　　们
maʔ⁵⁵khʒa³¹ŋai³³pheʔ⁵⁵khʒit³¹khuŋ⁵⁵kaʔ⁵⁵maʔ³¹ai³³thaʔ³¹n⁵⁵kaʔ⁵⁵, ŋai³³ko³¹
全部　　我（宾）害怕 尊敬　　（尾）不仅　　　　我（话）
tu³¹sat³¹aʔ³¹mju⁵⁵thaʔ³¹kǎ³¹pa³¹thum³¹ai³³khoʔ³¹kham⁵⁵wa³³muŋ³¹ʒai⁵⁵ŋa³¹
野兽　　里 大　极　的 领袖　　　者 也　是 在
n³¹ŋai³³" ŋa³³ n³¹na⁵⁵mjit³¹ŋa³¹jaŋ³¹, koʔ⁵⁵si³³khʒum⁵⁵ai³³tʃiŋ³¹kham³¹
（尾）（泛）之后　想　在 时候　饿　　遇　的 牛虻
lǎ⁵⁵ŋai⁵¹mi³³eʔ³¹khaŋ³¹khji³¹ʃeʔ³¹kǎ³¹tʃoŋ³¹khʒa³¹saʔ³³kǎ³¹waʔ⁵⁵tat³¹uʔ³¹ai³³.
一　　一（施）狮子　才　突 然　至　去 咬　（貌）（尾）

ʃă³¹loi⁵⁵khaŋ³¹khji³¹ko³¹tʃiŋ³¹kham³¹kă³¹tʃi³¹ai³³mă³¹tʃo³¹,
那时　狮子　（话）牛虻　小　的　原因
pha³³tson³¹n⁵⁵non⁵⁵ai³³mjit³¹thĕʔ³¹："naŋ³³mă⁵⁵tĕʔ⁵⁵ʃa³¹loʔ⁵⁵ai³³wa³³mi³³,
无所谓　　的思想以　你　这么　仅　小的（语）
ŋai³³mă⁵⁵teʔ⁵⁵loʔ⁵⁵ai³³wa³³pheʔ⁵⁵a⁵⁵sa⁵³wam³³kă³¹wa⁵⁵să³¹tsan̠³¹ai³³ko³¹,
我　这么　大 的 者（宾）老来 敢　咬　的话的（话）
let³¹kă³¹laŋ³¹ta³¹. tʃip⁵⁵ʒap⁵⁵tiʔ³¹mă³¹nat⁵⁵a³¹tʃa³³sat³¹kau⁵⁵tat³¹teʔ³¹kaʔ³¹."
（助）一次　干脆地 （泛）抓住　　杀 掉（貌）（尾）
ŋa³³n³¹na⁵⁵mă³¹sin³¹pot³¹puk³¹bak³¹khʒa³¹khan⁵⁵kă³¹tʃau⁵⁵kă³¹wa⁵⁵ʒim³¹
说 之后 心　怒　乱蹦乱跳地　　跟 空中抓 咬　捕捉
uʔ³¹ai³¹. ʒai⁵⁵tim⁵¹mun³¹moŋ³¹ʃaʔ¹pji³¹ n³³tiʔ³¹jaʔ³¹lu³¹ai³³thaʔ³¹ n⁵⁵ka⁵⁵,
（尾）　但是　毛　　仅 连　没 摘 给 （尾）不仅
tai³³ tʃiŋ³¹kham³¹eʔ¹mă³¹thaŋ³¹tʃau³³koʔ³¹khaŋ³¹khji³¹ pheʔ⁵⁵sai³¹khʒai³³
那 牛虻　（施）则 倒是（话） 狮子 （宾）血　尽
phjaʔ³¹ phjaʔ³¹ʒai³¹khʒa³¹kă³¹wa⁵⁵ ton³¹ uʔ³¹ai³³.
淋淋　（泛）至 咬　　下　（尾）
　　tai³³tson³¹ʒai³¹n³¹na⁵⁵khaŋ³¹khji³¹theʔ³¹tʃiŋ³¹kham³¹ jan⁵⁵aʔ³¹pjin³¹
　　如此　　之后 狮子　和　牛虻　俩 的 成
ŋa³¹ ai³³lam²¹niʔ¹joŋ³¹pheʔ⁵⁵n³¹tiʔ³¹kʒam³¹eʔ¹mu³¹khʒup³¹n³¹na⁵⁵n³¹tiʔ³¹
（貌）的 事　们 都（宾）蜘蛛　（施）见 遇 之后 蜘蛛
kʒam³¹eʔ³¹khaŋ³¹khji³¹ pheʔ⁵⁵："eʔ⁵¹, khoʔ³¹kham³³waʔ³¹eʔ³¹, naŋ³³koʔ³¹nʔ³¹
（施）狮子　（宾） 唉　皇帝　　 者啊 你 （话）
kun³¹waʔ³³miʔ²tʃauʔ³¹koʔ³¹ʒoŋ³¹ŋaʔ³¹nʔ³¹tai³³, ʒai⁵⁵tim⁵¹mjit³¹phaʔ³¹tʃi⁵⁵theʔ³¹
　力气　（语）倒（话）有 在 （尾）但是　心 知识 和
tsai³¹nʔ³³ʒoŋ³³nʔ³³taiʔ³¹măʔ³¹tʃo³¹, tʃiŋ³¹kham³¹pheʔ⁵⁵n⁵⁵luʔ³¹sat³¹nʔ³¹tai³³, ŋai³³
能力没有 （尾）因为　牛虻　（宾）没 能 杀（尾） 我

tʃau³³ ko³¹naŋ³³tson³¹n³¹kun³¹n³³ʒoŋ³³tim⁵¹phaʔ³¹tʃi⁵⁵theʔ³¹tsai³¹ʒoŋ³³
倒是(话)你　像　力气　没有　即使知识　和　主意有
n³¹ŋai³³mă³¹tʃo³¹, tʃiŋ³¹kham³¹pheʔ⁵⁵ʃa³¹ko³kă³¹loi⁵⁵ʒai⁵⁵tim⁵¹ŋai³³ʃa⁵⁵
(尾)因为　牛虻　(宾)仅(话)何时　即使　我吃
mă³¹ju³³ai³³ʃă³¹loi⁵⁵lu³¹ʒim³¹ʃa⁵⁵n³¹ŋai³³." ŋu⁵⁵n³¹na⁵⁵tsun³³tan⁵⁵uʔ³¹ai³³.
想　的时候能抓　吃(尾)　(泛)之后　说(貌)(尾)
tai³³ʃă³¹loi⁵⁵khaŋ³¹khji³¹ko³¹ n³¹tiʔ³¹kʒam³¹pheʔ⁵⁵ŋjeŋ³³n⁵⁵non⁵⁵
那时　狮子　(话)蜘蛛　(宾)　瞧不起
ai³³mjit³¹theʔ³¹, mă³¹ ni³³sum³¹ʒai³¹letʔ³¹: "ŋai³³mă⁵⁵teʔ⁵⁵ loʔ⁵⁵ai³³wa³³
的思想以　微笑地　　一面我这么　大的者
pji³¹n⁵⁵lu³¹sat³¹na³³jaŋ³¹mi³³, naŋ³³mă⁵⁵teʔ⁵⁵ʃa³¹loʔ⁵⁵ai³³wa³³mi³³ŋak⁵⁵ŋak³³
连没能杀的话(语)你那么　仅小的　(语)儿语
ŋa³³kʒaŋ³³mă³¹suʔ³¹ai³³ ko³¹... pai⁵⁵n³¹kun³¹ʒoŋ³³ai⁵⁵ko³¹, naŋ³³
说　炫耀骗　的(话)再　力气　有　的说(话)你
muŋ³¹ŋai³¹theʔ³¹mă⁵⁵ʒen⁵¹, siŋ³¹ko³¹n⁵⁵tu³³ai³³wa³³mi³³kă³¹niŋ³¹ti³³
也　我跟　一样　　翅膀　没长的　(语)怎么(泛)
khan⁵⁵ʒim³¹sat³¹na³³uʔ³¹ai³³ʒai⁵⁵?" ŋu⁵⁵ n³¹na⁵⁵san⁵⁵uʔ³¹ai³³.
跟　捕　杀能(尾)是　(泛)之后　问(尾)
ʃă³¹loi⁵⁵ n³¹tiʔ³¹kʒam³¹ko³¹mjit³¹kă³¹lu³¹ai³³theʔ³¹, mjit³¹su⁵⁵ai³³
那时　蜘蛛　(话)心长　的以　成熟　的
mjit³¹mă³¹tun⁵⁵let³¹: "ŋai³³muŋ³¹naŋ³³theʔ³¹mă⁵⁵ʒen⁵¹ʃa³¹siŋ³¹ko³³n⁵⁵tu³³
思想指出　一面我也你跟　一样　仅　翅膀不长
ai³³ ko³¹teŋ³¹n³¹ŋai³³, ʒai⁵⁵tim⁵¹, ŋai³³ko³¹mă³¹kham⁵⁵kham⁵⁵n³¹na⁵⁵
的(话)真(尾)　但是　我(话)圈套　下　之后
tʃiŋ³¹kham³¹pheʔ⁵⁵a⁵⁵loi⁵¹ʃa³¹kan³³sat³¹kau⁵⁵na³³phaʔ³¹tʃi⁵⁵noʔ⁵⁵tʃeʔ³³tʃan⁵⁵
牛虻　(宾)容易地　赶　杀掉要　伎俩　还知道

n³¹ŋai³³" ŋu⁵⁵n³¹na⁵⁵pai⁵⁵than⁵⁵u⁽³¹ai³³.
（尾）（泛）之后　再　回答　（尾）
　　　ʃǎ³¹loi⁵⁵ khaŋ³¹khji³¹ko³¹, n³¹ti⁽³¹kʒam³¹a⁽³¹ka³¹phe⁽⁵⁵na³¹tʃaŋ³³,
　　　那时　狮子　　（话）蜘蛛　　　的 话(宾) 听 时
kʒai³¹kǎ³¹ja⁽³¹kau⁵⁵ ai³³tha⁽³¹n⁵⁵ka⁵⁵, ʃoŋ³³e³¹ʃi³³kum³¹ʒoŋ⁵⁵kum³¹toŋ³¹
很　害羞　（貌）的　不仅　　　过去　他　骄傲自满
ʒe³³ ai³³lam³³ko³¹, ʃut⁵⁵ŋa³¹ai³³lam³³phe⁽⁵⁵mjit³¹tum⁵⁵n³¹na⁵⁵, mjit³¹
（泛）的　事（话）错　（貌）事（宾）觉醒　　　之后　思想
mǎ³¹lai⁵⁵lu³¹ai³³the⁽³¹ n³¹ti⁽³¹kʒam³¹phe⁽⁵⁵pai⁵⁵tsun³³u⁽³¹ai³³ko³¹：
改变　有 的　和　蜘蛛　　（宾）又　说　（尾）(话)
"tʃiŋ³¹khu⁽³¹ n³¹ti⁽³¹kʒam³¹e³¹, tai³³ʒai⁵⁵jaŋ³¹ko³¹, n³³tai³¹tʃiŋ³¹kham³¹
亲戚　　蜘蛛　　啊 这样　的话 (话)这　牛虻
phe⁽⁵⁵ʃe⁽³¹no⁽⁵⁵kham⁵⁵sat³¹kau⁵⁵ja³³ʒit³¹, ŋai³³ŋje⁽⁵⁵a⁽³¹pʒat³¹tup⁵⁵na⁽⁵⁵
(宾)才　再　引诱　杀掉　给(尾)我　我的　的 一辈子　你的
a⁽³¹tʃe̱⁵⁵tʃu⁵⁵phe⁽⁵⁵n⁵⁵mǎ³¹lap³¹na³³n³¹ŋai³³." ŋa³³u⁽³¹ai³³　mǎ³¹tʃo³¹,
的 恩情　　（宾)不　忘　要（尾）　说　（尾)因为
n³¹ti⁽³¹kʒam³¹muŋ³¹ khaŋ³¹khji³¹phum⁵⁵ŋa³¹ai³³mǎ³¹kau³³kʒup³¹jin³³
蜘蛛　　也　狮子　　卧　在 的 周围　旁边
khan⁵⁵ e³¹, n³¹ti⁽³¹kʒam³¹tsip⁵⁵mǎ³¹kham⁵⁵kan³³kham⁵⁵toŋ³¹tat³¹u⁽³¹
一带（方）蜘蛛　　　网　圈 套　赶　下　（貌)(貌)
ai³³. tai³¹phan³³ tʃiŋ³¹kham³¹ko³¹, ʃoŋ³³e³¹ sa³³kǎ³¹wa⁵⁵na³³tson³¹ʃa³¹
（尾）那 之后　牛虻　　（话）前面　来 咬　要　像　仅
no⁽⁵⁵mjit³¹non⁵⁵n³¹na⁵⁵, khaŋ³¹khji³¹phe⁽⁵⁵sa³³kǎ³¹wa⁵⁵n³¹thom⁵⁵pai⁵⁵
还 以为　　之后　狮子　　（宾）来 咬　之后　再
phʒoŋ³³n³¹thaŋ⁵⁵wa³¹ai³³ʃǎ³¹loi⁵⁵, tai³³n³¹ti⁽³¹kʒam³¹ ko⁽⁵⁵ a³¹khaŋ³¹tʃa³³
跑　倒　（貌)的 时候　那 蜘蛛　　　处 捆　粘

to³³ŋa³¹ jaŋ³¹, n³¹ti²³¹kʒam³¹e³¹sa³³    kǎ³¹wa⁵⁵sat³¹¹ kau⁵⁵u²³¹ai³³.
上 在 时     蜘蛛   （施）去 咬   杀 掉 （尾）
　　tai³³thom⁵⁵khaŋ³¹khji²³¹ko³¹, n³¹ti²³¹kʒam³¹phe²⁵tʃe³³tʃu⁵⁵kʒai³¹
　　那 以后 狮子   （话）蜘蛛     （宾）感谢  很
tum⁵⁵ai³³the²³¹, n³¹ti²³¹kʒam³¹ phe²⁵ʃi²⁵  a²³¹ʃiŋ³¹ma³³e³¹ʃǎ³¹tʃon³¹
表示 的 和     蜘蛛       （宾）它的 的 脊背   上使骑
n³¹na⁵⁵, ʃi³³ŋa³¹ai³¹luŋ³¹pa̱³³khu³³mǎ³¹kha³³te²³¹woi³³wa³¹n³¹thom⁵⁵,
之后   它 在 的 石板   洞 口         领  来 之后
ʃi³³ŋa³¹ai³¹ʃǎ³¹ʒa³¹mǎ³¹kau³³ kʒup³¹kʒup³¹jin³³jin³³ n³¹ti²³¹kʒam³¹ tsip⁵⁵
它 在 的 地方   周围      旁边            蜘蛛      网
tsip⁵⁵ta⁵⁵ʃǎ³¹ŋun⁵⁵u²³¹ai³³. ʃiŋ³¹ʒai³¹khaŋ³¹khji³¹ko³¹tai³³ʃǎ³¹ni⁵⁵ko²⁵⁵
织  成 使   （尾）因此  狮子       （话）那 天  从
n³¹na⁵⁵tʃi²³¹kʒoŋ³¹kʒaŋ³¹ kʒaŋ³¹toŋ³¹ai³³tson³¹ʒe³³  ai³³, n³¹ti²³¹kʒam³¹tsip⁵⁵
起  蚊帐     编织 下 的 像 （泛）（尾）蜘蛛    网
kǎ³¹ta̱³¹e³¹ ŋui³¹pjo³³ai³³the²³¹ŋa³¹lu³¹nu²⁵⁵ai³³. pai⁵⁵n³¹ti²³¹kʒam³¹muŋ³¹
下面（方）快乐  的 以  在  能  （尾）另外  蜘蛛    也
tai³³ʃǎ³¹ni⁵⁵ko²⁵⁵n³¹na⁵⁵ko³¹, khaŋ³¹khji³¹a²³¹sai³¹tʃu̱²⁵⁵na³³mǎ³¹tu³³sa³³
那 日  从...起（话）狮子    的 血 吸  为了    来
wa³¹ai³³ tʃiŋ³¹kham³¹the²³¹ kǎ³¹ka³¹mǎ⁵⁵tʃi̱⁵¹lo²⁵⁵lo²⁵⁵phe²⁵ʃoŋ³³na⁵⁵
（貌）的 牛虻      和 其它 苍蝇  多 多 （宾）前 的
tha²³¹kʒau³³n³¹na⁵⁵lu³¹ʒim³¹ʃa⁵⁵ nu²³¹ai³³ta²³¹.
次  更加    能  抓 吃 （尾）据 说

译文：

### 狮子和牛虻的故事

从前有只狮子总以自己的身材为傲。他心里想着："我是世界上威望最大、最有力气的，所以世界上所有的猛兽和动物都害怕我、尊敬我，而且我还是野兽里最大的领袖。"这时，一只陷于饥饿的牛虻突然咬了它。

那时，狮子因为牛虻小而感到无所谓。对牛虻说："你这么小还敢来咬我这么大的，干脆把你一下子捏死。"它发了怒而乱蹦乱跳地在空中到处捕捉牛虻。但是，狮子不仅连毛也没有捉到，反而被牛虻咬得血淋淋的。

狮子和牛虻俩的事被蜘蛛看见了。蜘蛛对狮子说："唉，皇帝啊，你力气倒有，但是因为你没有心计、知识和主意，所以你没能捕杀牛虻，我倒是没有像你的力气，但我有知识和主意，所以，什么时候想吃牛虻就能抓来吃。"

那时，狮子看不起蜘蛛，微笑地说："连我这么大的都没能捕杀牛虻，你那么小还咿咿呀呀地说些炫耀的假话，再说，就算有力气，你也跟我一样没长翅膀啊，怎么才能捕杀牛虻呢？"

蜘蛛大度地、以长者的口吻向狮子指出："真的，我也跟你一样不长翅膀，但是，我能靠智慧下圈套很容易地把牛虻杀掉。"

狮子听了蜘蛛的话不仅感到害羞，而且认识到过去的骄傲自满是错的。它改变了想法对蜘蛛说："蜘蛛亲戚啊，这样的话你替我捕杀牛虻，我一辈子也忘不了你的恩情。"因此，蜘蛛就在狮子卧着的周围布下了蜘蛛网。之后，牛虻又来咬狮子再跑回去的时候，就被蜘蛛网粘住而被蜘蛛咬死了。

狮子对蜘蛛表示感谢,让蜘蛛骑在它的脊背上,领到它的石洞洞口,让蜘蛛在它住处周围织了蜘蛛网。狮子从那天起像安了蚊帐一样在蜘蛛下面快乐地生活着。而且,蜘蛛从那天起,捕捉了更多前来吸狮子血的牛虻和其他苍蝇。

## 2 pai³¹nam³³lǎ³¹ku⁵⁵ai³³mau³¹mui³¹
　　山羊　　偷　　的 故事

ʃoŋ³³teʔ³¹mǎ³¹ʃa³¹la³³lǎ⁵⁵ŋai⁵¹miʔ³³koʔ³¹thiŋʔ³¹puʔ³¹thiŋʔ³¹pjenʔ³³niʔ³¹joŋʔ³¹
从前　人　男 一　一（话）邻居　　　们　都
jiʔ⁵⁵sa³³tom̩³¹ai³³phaŋʔ³¹, kǎʔ³¹ʃaʔ³¹pheʔ⁵⁵pai³¹nam³³woi³³lǎʔ³¹ku⁵⁵sat³¹
地 去 完　的 后　　儿子（宾）山羊　　领 偷　杀
n̩³¹na⁵⁵: "maʔ³¹ eʔ³¹, pai³¹nam³³sat³¹ʃaʔ⁵⁵ai³³lam³³kǎʔ³¹tai³³ pheʔ⁵⁵muŋʔ³¹
（尾）孩子啊 山羊 杀 吃的事 谁 （宾）也
khum³¹tsun̩³³tan⁵⁵, naŋ³³kǎʔ³¹tai³³pheʔ⁵⁵muŋʔ³¹n̩⁵⁵tsun̩³³tan⁵⁵tʃaŋʔ³³,
不要　告诉　　你 谁 （宾）也 不 告诉　的话
jaʔ⁵⁵phaŋʔ³¹teʔ³¹kʒauʔ³¹muʔ³³kʒauʔ³³phumʔ³³aiʔ³³paiʔ⁵⁵woiʔ³³sat³¹ʃaʔ⁵⁵naʔ³³ŋu⁵⁵"
以后　　更 好吃更　肥　的 再 领 杀 吃要（泛）
kin³¹thin³³tonʔ³¹uʔ³¹aiʔ³³.
封嘴　　下 （尾）

tai³¹phaŋ³³pai³¹nam³³mǎʔ³¹tuʔ³¹niʔ³³sǎʔ³¹konʔ³¹waʔ³¹aiʔ³³ʃǎʔ³¹loi⁵⁵, taiʔ³³
那 之后 山羊　主人　们 查问　来 的 时候　那
mǎʔ³¹ʃaʔ³¹laʔ³³waʔ³³koʔ³¹kǎʔ³¹ʃaʔ³¹katʔ⁵⁵naʔ³³pheʔ⁵⁵tsaŋʔ³¹n̩³¹na⁵⁵mjiʔ³³
人　男　者（话）孩子 话 露 会（宾）担心 之后　眼
munʔ³¹munʔ³¹tiʔ³³ʃinʔ³¹kanʔ³¹teʔ³¹kotʔ⁵uʔ³¹aiʔ³³. ʒai⁵⁵tim̩⁵¹kǎʔ³¹ʃaʔ³¹koʔ³¹kǎʔ³¹waʔ³¹
使 眼色 （泛）外面　　 赶 （尾）但 是 孩子（话）父亲

kǎ³¹lo³³lam³³n⁵⁵tʃẹ³¹mǎ³¹tat³¹uʔ³¹ai³³tha²³¹n⁵⁵ka⁵⁵, mjiʔ³¹mun³¹mun³¹
做　　事　不会　听　（尾）不仅　　　眼　使眼色
ʒe³³ai³³mu³¹tʃaŋ³³: "we³¹e³¹, wa⁵¹ aʔ³¹mjiʔ³¹ko³¹mǎ⁵⁵ni⁵⁵an⁵⁵wa⁵¹sat³¹
（泛）见 的 话　哎呀 爸爸的眼（话）昨天　我俩　杀
ʃa⁵⁵ai³³pai³¹nam³³tson³¹ʒe³³ ai³³wa³³！" ŋu⁵⁵ tsṵn³³tat³¹uʔ³¹ai³³.
吃　山羊　　像（泛）的啊　（泛）说　出　（尾）
　　mǎ³¹na³¹mǎ³¹ka³¹mǎ³¹tʃi³¹tʃǎ³¹ ʃim³³nʔ¹na⁵⁵kǎ³¹lo³³ai³³aʔ³¹mu⁵⁵ko³¹
　　非常　　　　秘密　保　之后　做　的事（话）
ʒai⁵⁵ŋa³¹luʔ³¹ai³³, ʒai⁵⁵tiṃ⁵¹tai³³mǎ³¹su ʔ³¹mjit³¹n⁵⁵ʒoŋ³³ai³³ma³¹aʔ³¹
是（貌）（尾）但是　那 欺骗　心 没 有 的孩子的
mǎ³¹tʃo³¹, tsai³¹pʒu³¹ka⁵⁵e³¹khom³³ai³³mǎ³¹kui³³pha³³ʒai⁵⁵sai³³.
缘故　　沙漠　　里　走　的大象　　像　是（尾）

译文：

## 偷山羊的故事

　　从前，有一男子在邻居们都下地之后，就领着孩子去偷邻居家的山羊杀了吃。然后对孩子说："杀山羊吃的事谁也不要告诉，你若不告诉的话，以后再带你去杀更好吃、更肥的。"

　　后来，当山羊主人来查问的时候，那男子怕孩子露嘴多次使眼色让孩子出去。但是，孩子没弄懂父亲的意思，见到父亲使的眼色就说："哦，父亲的眼睛像我父子俩昨天杀吃的山羊的眼睛一样。"

　　这就是非常想隐瞒一件事产生的后果。对于没有欺骗心的孩子来说，犹如大象行走在沙漠上，茫然无措。

# 2 会话

## 1. tʃoŋ³¹luŋ³¹
## 学　上

A：tiŋ³¹si³¹tum³¹sai³³．响铃了。
　　铃　响　（尾）

B：tʃoŋ³¹ te²³¹ sa³³ wa³³ să⁵⁵ka²⁵⁵！上学去吧！
　　上学（助）走（助）（尾）

A：khiŋ³³tu³¹sai³³, khum³¹kă³¹sup⁵⁵mă⁵⁵sa²⁵⁵！时间到了，别闹了！
　　时间　　　勿　玩闹　（尾）

　　lau³³ʃaŋ³¹wa³¹ mă³¹ʒit³¹！（你们）快进来！
　　赶快进（貌）（尾）

　　ʃiŋ³¹kan³¹e³¹kă³¹tai³³n⁵⁵ŋa³¹sa²⁵⁵ni⁵¹？外面没有人了吧？
　　外面　（助）谁　没有　（尾）

B：kă³¹tai³³n⁵⁵ŋa³¹sai³³．什么人也没有了。
　　谁　没有（尾）

A：joŋ³¹tu³¹khum³³să⁵⁵ka²⁵⁵ni⁵¹？都到齐了吗？
　　都　到齐　（尾）

B：ma³¹kam³³tsi̱³¹ruŋ⁵⁵te²³¹sa³³ sai³³．麻干去医院了。
　　麻干　医院　（助）去（尾）

A：khum³¹kǎ³¹ru³¹mă⁵⁵sa⁶⁵⁵, a⁵⁵tsoɯ⁵¹ʃa³¹tuŋ³³ka⁶³¹!
　　别　　嚷　（尾）　好好地　　坐（尾）
　　（你们）别闹了，好好地坐下吧!

B：tʃoŋ³¹khʒiŋ³¹kǎ³¹tʃi³¹tu³¹sai³³. 到课间休息了!
　　课间休息时间 小　到（尾）

A：sa³¹to̯⁵¹, khum³¹ʃǎ³¹kjaɯ³³sa³³ka⁶³¹! 走吧,（我们）锻炼去吧!
　　走吧　身体　锻炼　（尾）
　　tʃoŋ³¹khʒiŋ³¹kǎ³¹pa³¹ʒai⁵⁵sai³³, tun⁵⁵je⁵⁵ka⁶³¹!
　　休息 时间　大　　是（尾）　打扫　（尾）
　　放学了,（我们）打扫教室吧!

B：n³¹puŋ³³puŋ³³ai³³, khǎ⁵⁵lap⁵⁵muŋ³¹la⁶³¹ta⁵⁵ ka⁶³¹!
　　风　　刮　了　窗户　　也　关起（尾）
　　刮风了，我们把窗户也关起来吧!

A：ʒai⁵⁵sai³³, sa³¹sa³¹, ʃat³¹ʃa⁵⁵sa³³wa³¹ sǎ⁵⁵ka⁶⁵⁵!
　　好了　　走　　饭 吃 去（貌）（尾）
　　好了，走吧,（我们）去吃饭吧!

A：lai³¹ka̯³³lu³¹ʒa³³mă⁵⁵sin⁵⁵ni⁵¹? （你们的）书都带齐了吗?
　　书　　有 齐　（尾）

B：lu³¹ʒa³³sǎ⁵⁵ka⁶⁵⁵ai³³. （我们）都带齐了。
　　有 齐　（尾）

A：mă⁵⁵ni⁵⁵ʃǎ³¹ʒin⁵⁵ai³³ʒi³³tʃe³³mă⁵⁵sin⁵⁵ni⁵¹?
　　昨天　学　　的 可 知（尾）
　　（你们）昨天学的都懂了吗?

B：ka̯u³³mi³³lǎ³¹tʃum³³ʒa³¹n³¹tʃe³³n³¹ŋai³³.
　　一些　意思　还 不 知（尾）
　　（我）有一些意思还不懂。

A：lai³¹ka̠³³man³³kǎ³¹te³¹thaʔ³¹na⁵⁵? 是第几页里的？
　　书　　页　多少　　里　的

B：lai³¹ka̠³³man³³sum³¹ʃi³³jan³³kʒu̠ʔ³³thaʔ³³na⁵⁵.
　　书　　页　三十　行　六　里　的
　　是第30页第6行里的。

　　kǎ³¹laŋ³¹mi³³noʔ⁵⁵kǎ³¹thap³¹tsun³³tan⁵⁵niʔ³¹!
　　次　　一　在　重复　说（貌）（尾）
　　请（你）再讲一遍！

A：a³¹khʒi̠ʔ⁵⁵a³¹khʒai⁵⁵ko³¹ n⁵⁵tsun³³sǎ³³na³³. 详细的不讲了。
　　详细　　　　（话）不 说　就要

　　a³¹khjak³¹ai³³ko̠ʔ⁵⁵pai⁵⁵tsun³³tan⁵⁵teʔ³¹kaʔ³¹!
　　重要　　的　处　在　告诉　　（尾）
　　重要的地方再讲给你！

B：sǎ³³ʒa³³, ŋjeʔ⁵⁵n³¹sen⁵⁵ʒi³³tʃo³¹ŋa³¹liʔ³¹ni⁵¹?
　　老师　　我的 发音　可 对（貌）（尾）
　　老师，我的发音对吗？

A：lo̠i³¹lo̠i³¹noʔ⁵⁵a³¹pai³¹ŋa³¹lit³¹tai³³. （你的）发音还有一点别扭。
　　一点点　还 别扭　在（尾）

　　noŋ³³e³³n⁵⁵khʒiŋ³¹ai³³thi³³ʃa̠³¹man³¹uʔ³¹!
　　经常　不停　　地　读 练习　（尾）
　　（你）要经常不停地练习！

## 2. n⁵⁵ta̠⁵¹
### 家

A：kǎ³¹tai³³poʔ³¹kǎ³¹ʃa³¹ʒai⁵⁵n³¹ni⁵¹? （你）姓什么？
　　哪个　种　　孩　是（尾）

B：n³¹khum³³kǎ³¹ʃa³¹ʒai⁵⁵n³¹ŋai³³. 我姓岳。
　　岳　　家　　是　（尾）

A：kam³³ʒai⁵⁵n³¹ni⁵¹, no³³ʒai⁵⁵n³¹ni⁵¹? 是老大，还是老二？
　　老大　是（尾）　老二　（尾）

B：no³³ʒai⁵⁵n³¹ŋai³³. 我是老二。
　　老二是（尾）

A：n⁵⁵ta̠⁵¹mǎ³¹ʃa³¹joŋ³¹kǎ³¹te³¹ʒai⁵⁵mǎ⁵⁵ni⁵¹?
　　家　　人　　都　多少　是　（尾）
　　（你们）家有多少人？

B：ŋai³³theʔ³¹noŋ³¹mǎ³¹ʒai³³ʃi³³mǎ³¹sum³³ʒai⁵⁵kaʔ³¹ai³³.
　　我　和　一起　个　十　三　是（尾）
　　连我有13口人。

A：kum³¹kai³³tiŋ³¹la³³ʒi³³noʔ⁵⁵khum³³lit³¹ni⁵¹? 老人都还健在吗？
　　老人　　　　　还　齐　（尾）

B：tui⁵¹, tʃi³³tui⁵¹, nu̠⁵¹, wa̠⁵¹joŋ³¹noʔ⁵⁵khum³³liʔ³¹ai³³.
　　奶奶　爷爷　　妈妈　爸爸都　还　齐　（尾）
　　奶奶、爷爷、妈妈、爸爸都还健在。

A：ʃan⁵⁵the³³pha³³puŋ³¹li³¹theʔ³¹ka̠n³³pau³³maʔ³¹ni⁵¹?
　　他们　什么 事情　用　肚子 养　（尾）
　　他们做什么维持生活？

B：tʃi³³tui⁵¹ko³¹pha³³muŋ³¹n⁵⁵lu³¹kǎ³¹lo³³mat³¹sai³³.
　　爷爷（话）什么也　不　能　做　（貌）（尾）
　　爷爷什么也不能做了。
　　tui⁵¹　ko³¹ n⁵⁵ta̠⁵¹sin⁵⁵let³¹ma³¹noʔ⁵⁵ lu³¹woi³³ai³³.
　　奶奶（话）家　守　一面 孩子 还 能 带（尾）
　　奶奶守家，还能带孩子。

wa̱⁵¹ko³¹khai⁵⁵mu⁵⁵mǎ³¹ʒe⁵¹. 爸爸是农民。
爸爸　农民　　　是
nu̱⁵¹ko³¹ʃaŋ³³jaŋ⁵⁵kǎ³¹lo³³ai³³ni³³niŋ³³tu³¹sai³³.
妈妈　乡长　当　的　　两　年　到（尾）
妈妈当乡长有两年了。
ŋai³³nau³³ni³³ko³¹tʃoŋ³¹noʔ⁵⁵luŋ³¹maʔ³¹ai³³. 我兄弟还在念书。
我　兄弟　（话）学校　还　上　（尾）

### 3. kham³³tʃa³³ lam³³
### 　　健康　　　事

A：tai³¹naʔ⁵⁵pha³³kǎ³¹lo³³na³³ʒeʔ⁵⁵ta̱⁵¹?（你）今晚要做什么？
　　今晚　什么 做　　要　是（尾）

B：ʃã³¹ʒa³¹tʃã³¹san³¹tʃã³¹seŋ⁵⁵kaʔ³¹! kat⁵⁵sa³³ai³³wa³³waʔ³¹ʒaʔ³¹ni⁵¹?
　　地　扫除　　　　（尾）街　去　的　人　回　（尾）
　　我们打扫卫生吧？上街的回来了吗？

A：wa³¹ʒaʔ³¹ai³³, joŋ³¹sa³³mǎ³¹ʒa³¹ai³³, jaʔ⁵⁵kǎ³¹niŋ³¹ti³³
　　回（尾）　　都　来（尾）　　　现　怎么（泛）
　　kǎ³¹lo³³na³³?
　　做　要
　　回来了，都来了，现在要怎么做？

B：n̩⁵⁵khuʔ⁵⁵e³¹mǎ³¹ʒai³³mǎ³¹ŋa³³tǎ³¹ʒam⁵⁵ŋam³¹to̱ŋ³¹n̩³¹na⁵⁵,
　　屋　内（方）个　五　大约　　留　下　之后
　　loʔ⁵⁵mǎ³¹loŋ³¹ko³¹ ʃiŋ³¹kan³¹teʔ³¹ sa³³kǎ³¹lo³³kaʔ³¹!
　　大多数　　（话）外面　（方）去　做（尾）
　　屋里留下五人左右，大多数到外面去干！

A：n⁵⁵khuʔ⁵⁵eʔ³¹ kǎ³¹lo³³ai³³ni³³pha³³ kǎ³¹lo³³na³³ʒeʔ⁵⁵？
　　屋内（方）做　　的人　什么　做　　要　是
　　留在屋里的人要做什么？

B：tun⁵⁵je⁵⁵，pa̠t³⁵ theʔ³¹sǎ³³poi⁵⁵kǎ³¹tsu̠t⁵⁵，n³¹tiʔ³¹kʒam³¹tsi̠p⁵⁵la⁵⁵
　　地　扫　玻璃　和　桌子　擦　　蜘蛛网　　　拿
　　ka̠u⁵⁵ti³³tʃaŋ³³ʒai⁵⁵sai³³．
　　（泛）的话 是（尾）
　　扫地，擦玻璃和桌子，拿掉蜘蛛网，也就行了。
　　pai³¹pai³¹，nan⁵⁵the³³ʃoŋ³³kǎ³¹lo³³mǎ³¹kaŋ³³mǎ⁵⁵ni⁵¹！
　　好　好　　你们　先　　做　　一面　　（尾）
　　好，（你们）先做吧！

A：ʃiŋ³¹kan³¹na⁵⁵ni³³ ko³¹ pha³³kǎ³¹lo³³na³³ʒeʔ⁵⁵？
　　外面　　的　人（话）什么做　　要　是
　　外面的人要做什么？

B：n⁵⁵ta̠⁵¹mǎ³¹ka̠u³³kʒup³¹jin³³na⁵⁵tsi̠ŋ³³mǎ³¹kaŋ³³ka̠u⁵⁵，
　　房子　旁边　　周围　的　草　锄　　掉
　　mǎ³¹tsat⁵⁵ʃǎ³¹pat³¹ʒe³³ ai³³ni³³seŋ³³ka̠u⁵⁵ti³³ tʃaŋ³³ ʒai⁵⁵ sai³³．
　　脏物　　　　（泛）的物 扫 掉（泛）的话 是（尾）
　　把房子周围的草锄掉，把脏物扫掉，也就行了。

A：mǎ³¹tsa³¹kǎ³¹naŋ⁵⁵ʒu⁵⁵ka̠u⁵⁵na³³ʒeʔ⁵⁵ta̠⁵¹？垃圾倒哪儿？
　　垃圾　哪儿　倒 掉　要 是（尾）

B：la³³nam³¹tum³³mǎ³¹ka̠u³³na⁵⁵n³¹khun³³ko̠ʔ⁵⁵ʒu⁵⁵ka̠u⁵⁵muʔ³¹！
　　男厕所　　旁边　的坑　（方）倒掉（尾）
　　倒在男厕所旁边的坑里吧！

A：num³³nam³¹tum³³je⁵⁵na³³mǎ³¹ʃa³¹n⁵⁵ŋa³¹ ŋa³¹ ai³³．
　　女厕所　　　　扫 要　人　没 有（貌）（尾）
　　没有扫女厕所的。

B：mi³¹ tʃoŋ³¹num³³mǎ³¹ʒai³³lǎ⁵⁵hkoŋ⁵¹sa³³ wa³¹mǎ³³sai³³.
刚才 女同学　个　　二　　去（貌）（尾）
刚才有两个女同学去了。

A：n³³tai³³pheʔ⁵⁵pha³³ŋa³³maʔ³¹ni⁵¹? 这叫什么？
　 这　（宾）什么 叫　（尾）

B：tsau³¹khu³¹ŋa³³maʔ³¹ai³³. 叫粪箕。
　 粪箕　　叫　（尾）

A：tiŋ³¹je⁵⁵ko³¹ lu³¹ sai³³, niŋ⁵⁵ʒip⁵⁵theʔ³¹pje⁵⁵lǎ³¹tsa⁵⁵noʔ⁵⁵ʒaʔ³¹
　 扫帚（话）有（尾）竹扫把　和　 铲子　　还 要
　 ŋa³¹　ai³³.
　（貌）（尾）
　 扫帚有了，还需要竹扫把和铲子。

B：naŋ³³noʔ⁵⁵sa³³kan³³ʃap³¹la⁵⁵ suʔ³¹! 你快去借来！
　 你　还　去 快　借　来（尾）

A：kǎ³¹lo³³phaŋ³³ sǎ⁵⁵kaʔ⁵⁵i⁵¹! （我们）开始干吧！
　 做　　　开始（尾）（语）

B：mai³³ai³³, an⁵⁵the³³aʔ³¹tʃoŋ³¹waŋ⁵⁵a⁵⁵san⁵¹a³¹seŋ⁵⁵ʃa³¹ ʒai³¹
　 好（尾）我们　 的 校园　　干干净净　　 地（泛）
　 khʒa³¹, tsǎ³¹san³¹tsǎ³¹seŋ⁵⁵kau⁵⁵kaʔ³¹!
　 直至　 使干净　　　　　掉（尾）
　 行，我们的校园要打扫得干干净净！

A：kǎ³¹thet⁵⁵ta³³tu³¹ sai³³, kham³³tʃa³³lam³³ a⁵⁵tsom⁵¹ʃa³¹khan⁵⁵
　 夏季　　　到（尾）卫生　　事情 好好地　 遵守
　 ʒaʔ³¹ sai³³.
　 要（尾）
　 夏季到了，要注意讲卫生。

B：ʒe⁵¹, kǎ³¹thet⁵⁵ta³³e³¹  mǎ⁵⁵tʃi⁵¹soŋ³¹ai³³mǎ³¹tʃo³¹,
　　对　夏季　　（方）苍蝇　多　的　因为
　　kan³³khje³³a³¹na³¹the⁷³¹toŋ³¹kat⁵⁵a³¹na³¹kʒai³¹kap⁵⁵loi³¹  ai³³.
　　痢疾　　　和　白痢病　　很　传染　容易（尾）
　　对，夏季苍蝇多，痢疾和白痢病很容易传染。

A：tai³³ʃa³¹n⁵⁵ʒai⁵⁵, soŋ³³khun³³muŋ³¹no⁷⁵⁵ʃã³¹kap⁵⁵tʃe³³ ŋa³¹ ai³³.
　　那　仅　不　是　　霍乱　　也　还　传染　会（貌）（尾）
　　不止这些，霍乱也会传染。

B：pai⁵⁵ kha⁷³¹li³¹ʃã³¹kap⁵⁵ai³³ ko³¹ tʃi⁷³¹kʒoŋ³¹ʒe⁵¹.
　　另外　疟疾　　传染　的（话）蚊子　是
　　另外，传染疟疾的是蚊子。

A：mǎ⁵⁵tʃi⁵¹kǎ³¹niŋ³¹ti³³ sat³¹ʃã³¹mjit⁵⁵na³³naŋ³³n³³tʃe³³n³¹ni⁵¹?
　　苍蝇　　如何　地　消灭　　要　你　不　知道（尾）
　　（你）知道如何灭蝇吗？

B：noŋ³³e³¹nam³¹tum³¹tʃã³¹san³¹tʃã³¹seŋ⁵⁵ai³³ ko³¹, mǎ⁵⁵tʃi⁵¹
　　经常　厕所　　打扫　　　　的（话）苍蝇
　　sat³¹ʃã³¹mjit⁵⁵ai³³lam³³ ma³¹tuŋ³³ʒe⁵¹.
　　消灭　　　的　事情　主要　是
　　经常打扫厕所，是消灭苍蝇的主要办法。

A：a³¹to⁵¹, tʃi⁷³¹kʒoŋ³¹phe⁷⁵⁵ko³¹? 那么，如何对付蚊子呢？
　　那么　蚊子　（宾）呢

B：kha⁷³¹khoŋ³¹mǎ³¹se⁷³¹kau⁵⁵, lǎ³¹iŋ³³kǎ³¹tʃi³¹kǎ³¹tʃo³¹pat⁵⁵kau⁵⁵,
　　水沟　　疏通　掉　水坑　大小　　　　填　掉
　　mǎ³¹ti³³mǎ³¹ŋjap³¹ʒe³³ai³³ko⁷⁵⁵tʃã³¹ khui³¹kat³¹ti³³
　　潮湿　（泛）的　　处　石灰　喷（泛）的
　　jaŋ³¹ mai³³ ai³³.
　　话　可以（尾）
　　疏通水沟，大小水坑填掉，在潮湿处喷洒石灰，这就可以了。

A：ʃã⁵⁵kʒep⁵⁵the⁽ʔ³¹⁾tsi̠⁵⁵ʃã³¹kʒa̠t⁵⁵muŋ³¹, mă⁵⁵ʒen⁵¹ʃa³¹ma³¹ʃa³¹a⁽ʔ³¹⁾
　　臭虫　　　和　　虱子　　　也　　一样　　人　　的
　　phjen³³khʒai³³ʒai⁵⁵ŋa³¹　ai³³.
　　敌人　　　全　　是（貌）（尾）
　　臭虫和虱子也是人类的敌人。

B：ʒe⁵¹, tai³³mă³¹tʃo³¹noŋ³³e³¹phun⁵⁵n³¹ba⁵⁵lam³³ka̠u⁵⁵, khʒut³¹
　　是　因此　　　经常　　被褥　　晒　掉　　洗
　　ka̠u⁵⁵, khaʔ³¹ʃin⁵⁵, phun³¹lum³³the⁽ʔ³¹⁾jup⁵⁵ku̠³¹tʃo⁵⁵ti³³ʒa⁽ʔ³¹⁾ai³³.
　　掉　　洗澡　　　开水　　　用　床　浇（泛）要（尾）
　　对，因此我们经常要晒洗被褥、洗澡，要用开水浇床（烫死臭虫）。

A：mă³¹jen³³the⁽ʔ³¹⁾mă³¹kha⁵⁵ko̠⁽ʔ⁵⁵⁾n³¹na⁵⁵muŋ³¹a³¹na³¹kă³¹nu³¹
　　唾沫　　和　　痰　　（方）起　　也　病菌　　　还
　　no⁽ʔ⁵⁵⁾kap⁵⁵tʃe³³ai³³.　唾沫和痰也会传染病菌。
　　传染　　　会（尾）

B：tai³³mă³¹tʃo³¹mă³¹jen³³ko̠k⁵⁵thaʔ³¹n³³ʒe³³ai³³mă³¹jen³³ma³¹tho⁵⁵,
　　因此　　　　痰盂　　　里　（泛）的　痰　　吐
　　nep³¹khji³¹ʒe³³ai³³lai³¹ muŋ³¹lai³³ka̠u⁵⁵ʒa⁽ʔ³¹⁾ai³³.
　　鼻涕　擤　等　的　习惯　也　改　掉　要（尾）
　　因此，要改掉不在痰盂里吐痰、擤鼻涕的习惯。

## 4. tsi̠³¹ʒuŋ⁵⁵ju³³
医院　　看

A：kă³³niŋ³¹lo³¹? 怎么了？
　　怎么　了

B：po³³mǎ³¹tʃi̱ʔ⁵⁵ai³³the̱ʔ³¹khum³¹kǎ³¹thet⁵⁵ai³³the̱ʔ³¹ʒai⁵⁵ŋa³¹n³¹ŋai³³.
　　头　疼　　　的　和　身　　热　　　的　和　是（貌）（尾）
　　（我）头痛，发烧。

A：kǎ³¹te³¹ja̱ʔ⁵⁵ʒai⁵⁵sǎ⁵⁵ni⁵¹? 有几天了？
　　几　　天　是　（尾）

B：ma⁵⁵na̱ʔ⁵⁵kǎ³¹ʃuŋ³³lot³¹ai³³　ko̱ʔ⁵⁵n³¹na⁵⁵mǎ³¹ton⁵⁵muŋ³¹
　　前　晚　　凉　　着的（方）起　　吐　　　也
　　mǎ³¹ton⁵⁵, ʃat³¹muŋ³¹n⁵⁵ka̱m³³ʃa⁵⁵ ʒe³³　ai³³ ni³³ni⁵⁵
　　吐　　　饭　也　　不　愿　吃（泛）（尾）两 天
　　ʒai⁵⁵ni̱ʔ³¹ai³³.
　　是　（尾）
　　前晚着凉后呕吐，饭也不想吃，已有两天了。

A：n⁵⁵tʃa̱³¹khʒu³¹n³¹ni⁵¹? 咳嗽吗？
　　不 咳嗽　　（尾）

B：ʃa̱³¹na̱ʔ⁵⁵kʒa³¹tʃa̱³¹khʒu³¹ai³³, pai⁵⁵ khjiŋ³³khum³¹lǎ⁵⁵ŋai⁵¹
　　晚上　　很　咳　　　（尾）另外 时间　点　　一
　　lǎ⁵⁵hkoŋ⁵¹tin³¹n³¹na⁵⁵kǎ³¹ʃuŋ³³wa³¹ wa³¹ ʒe³³ ai³³.
　　二　　　隔　　之后　发冷　（貌）（叠）（泛）（尾）
　　夜晚咳得厉害，隔一两小时就发冷。

A：ka̱n³³mǎ³¹tʃi̱ʔ⁵⁵ka̱n³³mǎ³¹se̱ʔ³¹ko³¹ n⁵⁵ʒai⁵⁵a̱ʔ³¹ni⁵¹ ?
　　肚　疼　　　肚　泻　　　（话）不是　（尾）
　　有肚痛、泻肚吗？

B：n⁵⁵ʒai⁵⁵ai³³, mǎ³¹ju̱ʔ³¹mǎ³¹tʃi̱ʔ⁵⁵, nep³¹san³¹kǎ³¹pja³¹ko³¹ʒe³³ai³³.
　　不是（尾）　嗓子　疼　　　清　鼻涕 流　　（话）是（尾）
　　没有，嗓子痛，流清鼻涕。

A：wo⁵⁵wo⁵⁵aŋ³¹nit³¹tai³³, tsi̠³¹tʃo²³¹te²³¹ka²³¹!
感冒　　该（尾）　药　给　（尾）
该是感冒了，给你开点药吧！

B：kǎ³¹niŋ³³ti³³ ʃa⁵⁵na³³ʒe²⁵⁵ta̠⁵¹? 怎么吃呢?
怎么（泛）吃　要　（尾）

A：lǎ³¹ni⁵⁵mi³³mǎ³¹sum³³la̠ŋ³¹, ʃat³¹ʃa⁵⁵ŋut⁵⁵ai³³phaŋ³³phun³¹lum³³
天　一　三　　次　饭 吃 完　的　后　开水
the²³¹lu²³¹u²³¹! n³¹tsi̠n³³kǎ³¹tsi³³khum³¹lu²³¹ u²³¹!
用　喝（尾）　水　凉　不要　喝（尾）
一日三次，吃饭后用开水服下，不要喝凉水！

B：kǎ³³ka³¹pha³³n⁵⁵sǎ³¹ti²³¹ʒa²³¹sa²⁵⁵ni⁵¹? 别的还要注意什么吗?
别的　什么 不 注意　要　（尾）

A：lǎ³¹pu³¹pǎ³³loŋ³³loi³¹mi³³ʃǎ³¹lo²⁵⁵phun⁵⁵, a⁵⁵tsǫm⁵¹ʃa³¹khʒiŋ³¹
裤子　衣服　一点　使多 穿　　好好地　　休息
sa²⁵⁵ti³³u²³¹!
（泛）（尾）
多穿衣服，好好休息！

B：n³³tai³³the³³ʃa³¹ʒai³¹sǎ⁵⁵ni⁵¹? 就这些吗?
这些　仅 是　（尾）

A：ʒe⁵¹, kǎ³¹laŋ³¹mi³³kǎ³¹te³¹ʃa⁵⁵na³³khum³¹mǎ³¹lap³¹kau⁵⁵lu³³!
对　次　一　多少 吃 要 不要 忘记　掉 了
对！一次服多少别忘记啦！

B：mai³³sa²⁵⁵! tʃe³³tʃu³³kǎ³¹pa³¹sai³³, pai⁵⁵khʒum⁵⁵ka²³¹!
好（尾）　谢谢　　（尾）再见　（尾）
好！谢谢，再见！

# 3 谚语、成语

◇ a³¹ka⁵⁵ʃa̠³¹la⁵⁵ai³³wa³³sut³¹su⁵⁵, khaʔ³¹ʃa̠³¹la⁵⁵ai³³wa³³khu⁵⁵khu⁵⁵.
　土地　弄　的　人　富裕　　水　弄　的　人　灾荒　遇
　在田地上辛勤劳动的人富裕，忙于捞鱼的人遇灾荒。

◇ a⁵⁵ŋui⁵¹ʃa³¹mǎ³¹tsa̠n³¹mǎ³¹ju³³jaŋ³¹ ka³³ni³³luʔ³¹uʔ³¹,
　慢慢地　穷　　想　　的话 鸦片　抽　尾）
　a⁵⁵kǎ³¹tʃoŋ³¹ʃa³¹mǎ³¹tsan³¹mǎ³¹ju³³jaŋ³¹ phai³¹ta³¹ta³¹ uʔ³¹!
　一下子　　穷　　想　　的话　赌博　　赌（尾）
　抽鸦片慢慢穷，搞赌博马上穷！

◇ a³¹mjit³¹ko³¹ mǎ³¹nai³¹, a³¹ka³¹ko³¹ʃa³¹lai³¹.
　思想　（话）扭曲　　话语　（话）过头
　思想不正，话语过头。

◇ a³¹te̠n³¹ko³¹ mǎ³¹ʃa³¹pheʔ⁵⁵n⁵⁵la³¹ ai³³. 时间不等人。
　时间（话）人　（宾）不等（尾）

◇ pai³¹nam³³aʔ³¹kui³¹ʒuŋ³³tǎ³¹kʒoʔ⁵⁵.
　羊　　的　狗耳　套
　羊头上装狗耳。（比喻挂羊头卖狗肉）

◇ pau³¹ka³¹mǎ³¹tat³¹n³¹na⁵⁵kǎ³¹non³¹.
　锣　话　听　之后　舞步
　听锣音跳舞。（比喻按规矩办事）

### 3 谚语、成语 617

◇ po³³phje⁷⁵⁵ai³³wa³³phe⁷⁵⁵mă⁵⁵tʃap⁵⁵kai³³laŋ³³the⁷³¹kă³¹jat³¹
 头 烂  的 人（宾）辣椒  杵  用  打
tʃă³¹than³¹.
使瘫
用辣椒杵把头破的人打瘫。

◇ puŋ³¹kji³¹a⁷³¹pă⁵⁵si⁵⁵mă⁵⁵ka³³. 和尚保护梳子。（比喻做无用功）
 和尚  的 梳子 保护

◇ tʃă⁵⁵khan⁵¹mă³¹thi⁷³¹a³¹sai̯n⁵⁵pʒu̯³³, a³¹ʃu⁷³¹ mă³¹thi⁷³¹a³¹mun³³
 螃蟹  掐  血  不出  青蛙 掐  毛
n⁵⁵tu̯³³.
不长
掐螃蟹不出血，掐青蛙不见毛。（比喻"一贫如洗"）

◇ tai³¹ni⁵⁵na⁵⁵ma³¹ ko³¹, phot⁵⁵ni⁵⁵na⁵⁵să³¹laŋ³¹.
 今日 的 儿童（话），明日  的 圣人
今日儿童，明日圣人。

◇ ti⁷³¹kʒu³¹tʃun⁵⁵mă³¹sum³³pʒum³¹, ka³¹tsu̯n³³mă³¹ʒai³¹mă³¹sum³³
 锅架 立 三  点  话 说 人  三
khʒum⁵⁵.
聚合
立锅架靠三支脚，出主意聚众多人。

◇ to⁷³¹wa³¹ai³³the⁷³¹ŋa⁷³¹ wa³¹ ai³³khʒum⁵⁵.
 断（貌）的 和  歪 （貌）的 相见
断的见到歪的。（一丘之貉）

◇ tum³¹su³³a⁷³¹man³³e³¹to³¹ʒo³¹tum³¹.
 黄牛  的 面前  二胡  拉
黄牛面前拉二胡。（比喻对牛弹琴）

◇ kă³¹phu³¹ko³¹ mjit³¹su⁵⁵, kă³¹nau³³ko³¹ n³¹kun³¹tʃaʔ³¹.
哥哥 （话）成熟 弟弟 （话）力量 大
哥哥成熟，弟弟得力。

◇ kă³¹theʔ³¹ai³³mă³¹ʒaŋ³³loʔ⁵⁵, ʒu⁵⁵tʃo⁵⁵ai³³khoʔ³¹.
滴 的 雨水 多 灌 浇 的 溢
滴成的雨水多，猛下的雨水溢。

◇ ka³¹tsa̠n³³ai³³ ko³¹ na³³, n³¹ʒa³³tsa̠n³³ai³³ ko³¹ wa³³.
话 辨 的（话）耳 骨头 剔 的（话）牙齿
辨别言语靠耳朵，剔骨头靠牙齿。

◇ ka³¹tsu̠n³³ka³¹loʔ⁵⁵, pau³¹tum³¹pau³¹woʔ³¹.
话 说 话 多 锣 敲 锣 破
锣多敲会破，话多说会惹祸。

◇ kui³¹la³¹ka³¹kă³¹laŋ³¹tat³¹, lo³¹tse³¹lă³¹ko³³ kă³¹laŋ³¹khat⁵⁵.
好汉 话 一次 出 骡子 腿 一次 碰
骡子踢腿一次一个印，好汉说话一句顶一句。

◇ kui³¹tʃu³¹ko̠ʔ⁵⁵na⁵⁵ waʔ³¹khă⁵⁵li⁵⁵lom⁵⁵.
狗 烧 里 的 跳蚤 参加
烧狗时连狗身上的跳蚤也连累。（城门失火，殃及池鱼）

◇ kui³¹ʒai⁵⁵tim⁵¹ʃiŋ⁵⁵tʃut⁵⁵thum³¹tʃa̠ŋ³³ko³¹ n³¹thaŋ³³kă³¹wa⁵⁵ai³³.
狗 即使 角落 尽 的话（话）反 咬 （尾）
狗被逼到角落也会反咬人。

◇ kui³¹ ʃă³¹tʃut⁵⁵ʃiŋ⁵⁵na⁵⁵ko³¹ŋa³¹ai³³, mă³¹ʃa³¹ ʃă³¹tʃut⁵⁵ʃiŋ⁵⁵na⁵⁵
狗 赶 棍子 （话）有（尾）人 赶 棍子
ko³¹ n⁵⁵ŋa³¹ai³³.
（话）没 有（尾）
只有赶狗的棍子，没有赶人的棍子。（比喻对客人要和善）

◇ kha⁸³¹kǎ³¹tham³¹ʃiŋ³¹laŋ³³khʒa⁵⁵.
水  砍  胫骨  着
砍水不成反砍了腿胫骨。(偷鸡不成蚀把米)

◇ kha⁸³¹kǎ³¹ta̠³¹na⁵⁵ŋa⁵⁵mu³¹. 见到水底的鱼。(比喻一眼看穿)
水  底  的 鱼 见

◇ khaŋ³¹khji³¹tson³¹ʃǎ³³ʒe³³ʒa⁸³¹ai³³. 要像狮子一样英勇。
狮子    像 英勇 要 (尾)

◇ kha⁸³¹ʒap⁵⁵ko̠⁸⁵⁵na⁵⁵to⁸³¹khʒoŋ³¹kau⁵⁵. 过河丢拐杖。
河  渡处的    拐杖 丢

◇ kha⁸³¹ʃi³¹tuŋ³³ko̠⁸⁵⁵mǎ³¹khʒai³³tom³¹. 小河涨水也会冲断桥。
小河  涨水  桥  撤

◇ kha⁸³¹tso³¹won³³ tso³¹. 水涨 筏高。
水  高 筏 高

◇ khʒa³³u³¹puk⁵⁵tui³¹tson³¹a̠³¹ten³¹khin³¹tʃaŋ³³tʃe³³tam³³ʒa⁸³¹ai³³.
候鸟  布谷鸟  像  时间 时机  会 找 要(尾)
要像候鸟、布谷鸟一样会选择时机。

◇ pha⁸³¹ lu⁸³¹ ko̠⁸⁵⁵koŋ³³to⁸³¹. 喝粥也会咬断牙。
粥  喝 处 牙 断

◇ phʒo⁵⁵mǎ³¹lai⁵⁵ko³¹ n⁵⁵ŋa³¹ai³³, mjit³¹mǎ³¹lai⁵⁵ko³¹ŋa³¹ai³³.
容貌 换  (话)没有(尾) 思想 换  (话)有(尾)
容貌不能改,思想能改。

◇ phu³¹nau³³tut³¹kat⁵⁵n⁵⁵ŋa³¹, tʃum³¹pǎ³¹nau³¹tut³¹kat⁵⁵ʃe⁸³¹
兄弟  卖街 没有  盐 鱼酱 卖街 才
ŋa³¹ai³³.
有 (有)
有卖盐、卖鱼酱的街,没有卖兄弟的街。

◇ phu³¹nau³³kau⁵⁵n³¹khap⁵⁵n⁵⁵ŋa³¹, pho⁽⁵tso³³kau⁵⁵n³¹khap⁵⁵
　兄弟　　丢弃　陡坡　没　有　　废叶　　丢弃　陡坡
　ʃe⁽³¹ŋa³¹.
　才　有
　有丢弃废叶的陡坡，没有丢弃兄弟的陡坡。

◇ phun³¹kji³¹bo³³tha⁽³¹tsi̠⁽⁵⁵ ju³³. 和尚头上找虱子。
　和尚　　　头　上　　虱子　找

◇ tʃa³¹ai³³n³¹tan³³thiŋ³¹ko̠³³ko³¹ kǎ³¹tha⁽⁵⁵, kja³¹ai³³ n³¹tan³³
　硬　的　弓　　背　　（话）脆　　软　的　弓
　thiŋ³¹ko̠³³ko³¹na⁽⁵⁵.
　背　　（话）久
　硬的弓脆弱，软的弓耐用。

◇ tʃa³¹pum³¹phe⁽⁵lu³¹sin⁵⁵tim⁵¹ ʃat³¹pum³¹ phe⁽⁵n⁵⁵lu³¹sin⁵⁵ai³³.
　金　山　（宾）能　守　即使 饭　山　（宾）不　能　守（尾）
　能守金山也守不住粮山。

◇ tʃan³³pʒaŋ³³e³¹ mu⁽⁵⁵ŋoi³³ai³³pha³³. 大太阳下说雷响。
　阳光 布满（方）雷　响　的　什么

◇ tʃau³³tʃau³³jup⁵⁵, tʃau³³tʃau³³ʒot³¹, a³¹na³¹a³¹khja⁵⁵tha⁽³¹na⁵⁵lot³¹.
　早　早　睡　　早　早　起　疾病　　　里　的　摆脱
　早睡早起，摆脱疾病。

◇ tʃi⁽³¹nu³¹tha⁽³¹muŋ³¹pǎ³¹len³¹ʒoŋ³³, lǎ⁵⁵ŋa⁵⁵tha⁽³¹muŋ³¹
　苍蝇　里　也　刺　　有　芭蕉　里　也
　a³³kʒi̠³³ʒoŋ³³.
　硬心　有
　苍蝇里也有带刺的，芭蕉里也有硬心的。

◇ kǎ³³kha³³a⁽³¹wa⁽³¹kǎ³¹nu³¹tʃaŋ³³mu³¹. 乌鸦嫌母猪黑。
　乌鸦　　的　母猪　　　黑　见

◇ kǎ³³si³³ju³³n³¹na⁵⁵kǎ³³nan³³ka³³, lam³³san⁵⁵n³¹na⁵⁵
样品 看 之后 成品 写 路 问 之后
pǎ³¹tiŋ³¹sum³³tsan³³sa³³.
远路 去
看样品做成品，走远路先问路。

◇ lǎ³¹kon³¹ai³¹mǎ³¹ʃa³¹phaʔ³¹tʃi⁵⁵n⁵⁵lu³¹, phaʔ³¹tʃi⁵⁵n⁵⁵lu³¹ai³³
懒惰 的人 知识 没有 知识 没有 的
mǎ³¹ʃa³¹niŋ³¹sam⁵⁵mǎ³¹kam⁵⁵n⁵⁵mu³¹.
人 事业 大 没 见
懒惰的人没有知识，没有知识的人看不到大事业。

◇ lǎ⁵⁵khum⁵¹jen⁵⁵tim⁵¹, muŋ³¹ka³¹thaʔ³¹ko³¹n⁵⁵jen⁵⁵na³³.
凳子 让 即使 道理 里（话）不 让 能
凳子可以让，道理不能让。

◇ la³³lǎ³¹taʔ⁵⁵jaŋ³¹ka³³ni³³ja³³theʔ³¹kǎ³¹tut³¹, thiŋ³³ka³³lǎ³¹taʔ⁵⁵jaŋ³¹
男子 挑 话 鸦片 瘾 跟 碰上 背篓 挑 的话
tʃiŋ³¹phaʔ³¹phʒut⁵⁵.
背带 断
过分挑背篓挑个破篮子，过分挑男子挑个鸦片鬼。

◇ la³³mǎ³¹sum³³mjit³¹khʒum⁵⁵jaŋ³¹, paŋ³¹lai³³noŋ⁵⁵thok³¹taŋ³¹
男子 三 团结 的话 海 淘 能
ai³³taʔ³¹.
（尾）据说
三个男子团结的话，海水也能淘尽。

◇ lo³¹tse³¹kǎ³¹ʃa³¹aʔ³¹phǎ³³ka³³sa³³.
骡子 小 的 生意 去
小骡子跟母骡子上街做生意。（比喻跟着白跑）

◇ mǎ³¹kui³¹na³³e³¹　to³¹ʒo³¹tum³¹. 对大象拉二胡。(比喻对牛弹琴)
　大象　　耳(方)二胡　拉

◇ mǎ³¹ʃa³¹kǎ³¹tap³¹jaŋ³¹　mǎ³¹nam³¹mǎ³¹tʃoi³³phjit⁵⁵，kum³¹ʒa³¹
　人　　翘　　的话　朋友　　随便　　训斥　　马
　kǎ³¹tap³¹jaŋ³¹　mǎ³¹tʃoi³³ khin³¹tit³¹.
　翘　　的话　随便　　蹬
　马翘尾巴的话随便蹬人，人翘尾巴的话随便训人。

◇ mǎ³¹ʃa³¹mjit³¹mǎ³¹koʔ³¹ai³³ ko³¹ n⁵⁵mu⁵¹ai³³，phun⁵⁵kǎ⁵⁵
　人　　心　弯　的(话)不见 (尾) 树类
　wa⁵⁵mǎ³¹koʔ³¹ai³³ ʃeʔ³¹mu³¹ai³³.
　　　弯　　(尾) 才　见 (尾)
　树弯看得见，心弯看不见。

◇ mǎ³¹tsa̱³³khʒum⁵⁵ai³³ma³¹ ʃeʔ³¹pʒa³³ ai³³ taʔ³¹.
　批评　挨　　的 孩子　才　成长(尾)据说
　挨过批评的孩子才成长得好。

◇ mǎ³¹tsan³¹n³¹ŋai³³ŋu⁵⁵ khum³¹khʒap³¹，lu³¹su⁵⁵n³¹ŋai³³ŋu⁵⁵
　穷　　(尾)(泛)不要　哭　　富　　(尾)(泛)
　khum³¹kǎ³¹tap³¹.
　不要　翘
　穷不丧志，富不翘尾。

◇ mjiʔ³¹n⁵⁵pu̱⁵⁵ko̱ʔ⁵⁵na⁵⁵lǎ⁵⁵ti⁵¹n⁵⁵mu³¹. 眼睛下见不到鼻子。
　眼睛 下面　处　的 鼻子　不 见

◇ mjit³¹ mǎ³¹lai⁵⁵ko³¹ ŋa³¹ ai³³，phʒo⁵⁵mǎ³¹lai⁵⁵ko³¹ n³¹ŋa³¹ ai³³.
　思想　换　　(话)有(尾) 容貌　换　(话)没 有(尾)
　后悔的事情有，换容貌的事没有。

◇ nau³¹tuŋ³³naʔ⁵⁵ai³³u³¹ ko³¹ pă⁵⁵la⁵⁵khʒum⁵⁵ai³³ taʔ³¹.
太　坐　久　的　鸟（话）子弹　遭　（尾）据说
待久的鸟挨枪。

◇ n³¹puŋ³³lai³¹khjet³¹ ʃeʔ⁵¹ŋa³¹ai³³, ka³¹lai³¹khjet³¹ ko³¹ n⁵⁵
风　过　山垭口 才 有（尾）话 过 山垭口（话）没
ŋa³¹ai³³.
有（尾）
风可以吹过山垭口，话不能说过头。

◇ n³¹puŋ³³n⁵⁵puŋ³³jaŋ³¹ phun⁵⁵lap³¹n⁵⁵ʃă³¹mu³³. 风不刮树叶不动。
风　不刮　的话 树叶　　不动

◇ n⁵⁵tʃe⁵⁵ai³³thaʔ³¹n⁵⁵ʃă³¹ʒin⁵⁵ai³³kʒau³³jak³¹ai³³.
不 懂 的 里　不 学习　 的 更　难（尾）
不学习的比不懂的更难办。

◇ ŋau³³phʒaŋ³¹lă³¹kon³¹ai³³wa³³a³¹ŋau³³lă³¹lam⁵⁵，muŋ³¹tsun³³
木料 砍　　懒　的 人　木料　数　　道理 说
lă³¹kon³¹ai³³wa³³tă³¹kam⁵⁵.
懒　　的 人 赌咒
砍木料懒的人老去量数，讲理懒的人只会赌咒。（形容人不务实）

◇ n³³ku³³kun³³ai³³wa³³theʔ³¹mo³³toŋ³¹ti³¹pu³¹kun³¹ai³³wa³³kă³¹tut³¹.
米　背 的 人　跟　铜锅　　　背 的 人 遇
背米的人遇到背铜锅的人。（比喻趣味相投）

◇ n³¹kup³¹ko³¹ tʃă³¹tha³¹, taʔ⁵⁵ko³¹ ʃă³¹kja³¹. 嘴强，手软。
嘴　（话）聊　　手（话）软

◇ n³¹kup³¹ko³¹ tsun³³kă³¹ʒu³¹, khum³¹koŋ³¹ko³¹n⁵⁵ʃă³¹mu³³.
嘴　（话）说 嚷　　身子　　（话）不动
嘴皮呱呱叫，身子不动。

◇ n⁵⁵tʃoŋ³¹ai³³kum³¹ʒa³¹tsai³³，n⁵⁵khuʔ⁵⁵ai³³mǎ³¹ʃa³¹tsǎ⁵⁵sam⁵¹tai³³.
　不骑　的　马　野　不教　的　人　野人　成
　不骑的马成野马，不接受教育的人成野人。

◇ num³¹sun³³khan⁵⁵jaŋ³¹ lǎ³³mo³³pʒu̯³³.　走尽小道是大道。
　小道　　沿　的话 大路　出

◇ pu̯³¹mǎ³¹thi³¹sin³¹mǎ³¹tʃi⁵⁵.　掐肠痛心。
　肠　掐　　心　痛

◇ ʃã³¹ni⁵⁵tup⁵⁵kǎ³¹tek̯⁵⁵tim̯⁵¹ u³¹ti³¹ ko³¹ lǎ⁵⁵ŋai⁵¹ʒe⁵¹.
　天　　整　叫　　即使 鸡蛋（话）一　　是
　母鸡整天咯咯叫，也只下一个鸡蛋。

◇ ʃoŋ³³ e³¹ kha⁵⁵，phaŋ³³ e³¹ ʃa⁵⁵.　先苦后甜。
　前面（方）苦　　后面（方）吃

◇ suŋ³¹tim̯⁵¹lǎ³¹ni⁵⁵mi³³ ko³¹ pai⁵⁵ta̯ŋ³³，kǎ³¹toŋ⁵⁵tim̯⁵¹lǎ³¹ni⁵⁵mi³³
　深　即使 一天　一（话）再　浅　陡坡　即使 一天　一
　ko³¹　pai⁵⁵lǎ³¹jaŋ³³.
　（话）再　平地
　深的总有一天会变浅，陡的总有一天会变平。

◇ tiʔ⁵⁵naŋ³³ka̯n³³mǎ³¹tʃi⁵⁵ai³³tiʔ⁵⁵naŋ³³tʃe³³.
　自己　肚　痛　的 自己　　知道
　自己肚子痛自己知道。

# 4 词汇

说明：外来借词在音标后加括弧标注。如：（汉）为汉语借词；（缅）为缅语借词。文学语言的用词注为（文）。变读的用～表示。

## （一）自然现象类

1. 天 lă³¹mu³¹
2. 太阳 tʃan³³
3. 月亮 ʃă³³tḁ³³
4. 月蚀 ʃă³³tḁ³³ʃu³¹mă³¹ju³¹
5. 星星 ʃă³³kan³³
6. 天气 lă³¹mu³¹ mă³¹ʒaŋ³³
7. 云 să³³mui³³
8. 雷 mu⁵⁵
9. 霹雳 mu⁵⁵a³¹tʃe⁵⁵
10. 闪电 mji³¹phʒap³¹
11. 风 n³¹puŋ³³
12. 雨 mă³¹ʒaŋ³³
13. 虹 n⁵⁵koi⁵¹la⁵⁵tum̥³³
14. 雪 kjo⁵⁵na⁵⁵
15. 雹子 sin³³
16. 霜 khjen³³
17. 露水 num³¹ʒi⁵⁵
18. 雾 sai³³wan³¹
19. 冰 khjen³³pa³³
20. 火 wan³¹
21. 烟 wan³¹khut³¹
22. 气 n³¹sa³¹
23. 蒸汽 să³¹lu³³
24. 地 ka⁵⁵
25. 山 pum³¹
26. 岭 ʃă³¹koŋ³³
27. 山坡 kă³¹toŋ³³
28. 山峰 pum³¹puŋ³³tiŋ³³
29. 山谷 khjet³¹
30. 悬崖 n³¹kam³¹
31. 岩石 luŋ³¹phʒa⁵⁵
32. 山脚 pum³¹lă³¹ko³³
33. 洞 khu³³
34. 河 kha³¹

35. 岸 khaʔ³¹khin³¹kau³¹
36. 湖 noŋ⁵⁵
37. 海 paŋ³³lai³³
38. 池塘 noŋ⁵⁵
39. 沟 khaʔ³¹ khoŋ³¹
40. 井 khaʔ³¹ thuŋ³³
41. 坑 n³¹khun³³
42. 坝 pa³³
43. 路 lam³³
44. 平坝；平原 lǎ³¹jaŋ³³～lǎ³¹ja³³
45. 田地 ji²⁵⁵sun³³khau³³na³¹
46. 水田 khau³³na³¹
47. 旱地 ji²⁵⁵
48. 石头 n³¹luŋ³¹
49. 沙子 tsai³¹pʒu³¹
50. 尘土 num⁵⁵phu⁵¹
51. 泥巴 khum⁵⁵pup⁵⁵
52. 水 khaʔ³¹；n³¹tsin³³（打好的水）
53. 浪 khaʔ³¹leŋ³¹
54. 泉水 ʃǎ³¹it⁵⁵
55. 洪水 mo³³ʒu³³
56. 树林 mǎ³¹liŋ³³
57. 矿 mo³³
58. 金子 tʃa³¹
59. 银子 kum³¹phʒo³¹～kum³¹phʒoŋ³¹
60. 铜 mǎ³¹kʒi³³
61. 铁 phʒi³¹
62. 锡 nam³¹san³³
63. 铅 tʃu³³
64. 铝 tan³³
65. 煤 n³¹phʒaŋ³¹ wan³¹ n⁵⁵ka⁵¹
66. 炭 n³¹ʒaʔ³¹
67. 盐 tʃum³¹
68. 硫磺 kan⁵⁵
69. 灰（草木灰）tap³¹
70. 石灰 tʃǎ³¹khui³³；nam³¹thun³³
71. 地方 pu⁵⁵ka⁵⁵
72. 国家 muŋ⁵⁵；muŋ⁵⁵tan³³
73. 城市 mǎ³¹ʒe³³
74. 街 kat⁵⁵
75. 村子（寨子）kǎ³¹thoŋ³¹
76. 邻居 thiŋ³¹pu³¹
77. 学校 tʃoŋ³¹
78. 商店 seŋ³³
79. 人家（户）thiŋ³¹ko³³
80. 牢（监牢）thoŋ³³
81. 衙门 ja³¹mun³³
82. 庙 mjau³³
83. 棚子 kin³¹sum³¹
84. 桥 mǎ³¹khʒai³³
85. 坟 lup³¹
86. 塔 koŋ³¹ŋu³¹

## （二）人体器官类

1. 身体 khum³¹
2. 寿命 sum³¹ʒi³¹
3. 肢体 lă³¹ko³³ lă³¹ta⁷⁵⁵
4. 头（脑袋）po³³ ~ poŋ³³
5. 头发 kă⁵⁵ʒa⁵⁵
6. 辫子 sam⁵⁵pan⁵¹
7. 额头 kă³¹than³³
8. 眉毛 mji⁷³¹ko³³mun³³
9. 眼睛 mji⁷³¹
10. 睫毛 mji⁷³¹mun³³
11. 鼻子 lă⁵⁵ti⁵¹ ~ nă⁵⁵ti⁵¹
12. 耳朵 na³³
13. 脸 man³³
14. 腮 ʃă⁵⁵pji⁵⁵
15. 嘴 n³¹kup³¹；mă³³noŋ³³（文）
16. 嘴唇 niŋ³¹teŋ³³ ~ n³¹teŋ³³
17. 胡子 niŋ³¹mun³³ ~ n³¹mun³³
18. 连须胡 n³¹kha⁵⁵mun³³
19. 下巴 n³¹kha⁵⁵
20. 脖子 tu⁷³¹
21. 后颈窝 lă³¹tʃu³¹tʃo⁷³¹
22. 肩膀 kă³¹pha⁷³¹
23. 背 ʃiŋ³¹ma³³
24. 膈肢窝 kă³¹pha⁷³¹ n⁵⁵pu⁷⁵⁵
25. 胸脯 sin³¹ta⁷³¹
26. 乳房 tʃu⁷⁵⁵kă³¹paŋ³³
27. 奶 tʃu⁷⁵⁵
28. 肚（dù）子 kan³³
29. 肚（dǔ）子 pu³¹pham³³
30. 胃 pu³¹pham³³
31. 肚脐 ʃă³¹tai³³
32. 腰 n³¹ʃaŋ³³；mă³¹ʃi³³（文）
33. 屁股 taŋ³¹kaṇ³³
34. 大腿 mă³¹kji³³
35. 膝盖 lă³¹phut³¹
36. 小腿 lă³¹pop³¹
37. 脚 lă³¹ko³³ ~ lă³¹koŋ³³
38. 脚踝 khă³³ʒu³³tuṃ³³
39. 胳膊 lă³¹phum³¹
40. 肘 mă³³tʃaŋ³³n³¹tum⁵⁵
41. 手 tă⁷⁵⁵；lă³¹tă⁷⁵⁵
42. 手腕子 ta⁷⁵⁵lă³³seŋ³³
43. 手指 lă³¹juŋ³³
44. 拇指 juŋ³¹nu³¹
45. 食指 juŋ³¹ton⁵⁵
46. 中指 juŋ³¹lat³¹
47. 无名指 juŋ³¹ʃa³¹
48. 小指 juŋ³¹khji⁷⁵⁵
49. 指甲 lă³¹mjin³³
50. 拳 lă³¹tup⁵⁵

51. 肛门 tʃǎ³³khje³³ ~ tsa̱³³khjeŋ³³
52. 男生殖器 mǎ³¹ŋje³¹; tʃa³¹ku²⁵⁵（雅称）
53. 睾丸 sin³³ti³¹（雅称）; ne³¹ti³¹
54. 女生殖器 tʃin³¹ti³³; tʃa³¹pje³³（雅称）
55. 胞衣 ma³¹ n³¹pat³¹
56. 脐带 ʃa³¹tai³³
57. 子宫 pu̱³¹tʃat³¹ ~ pǎ³¹tʃat³¹
58. 皮肤 phji³¹
59. 皱纹 kǎ³¹pu̱m³³kha³³
60. 痣 pʒat³¹
61. 疮 ʃǎ³³kʒu̱i³³
62. 疤 n³¹ma³¹kha³³
63. 疹子 phut⁵⁵
64. 癣 sam³¹pʒam³¹
65. 肉 ʃan³¹
66. 血 sai³¹
67. 筋 lǎ⁵⁵sa⁵⁵
68. 手脉 sai³¹lam³³
69. 脑髓 nu³¹
70. 骨头 n³¹ʒa³³
71. 脊椎骨 mǎ³¹ʒuŋ³³ n³¹ʒa³³
72. 肋骨 kǎ³¹ʒep³¹
73. 骨节（关节）khʒi³¹khʒo³¹
74. 牙齿 wa³³
75. 牙龈 wa³³po̱t³¹
76. 舌头 ʃin³¹let³¹
77. 小舌 pa̱u³³si³¹
78. 上颚 kum³¹ʒa³³
79. 喉咙 mǎ³¹ju³¹
80. 嗓子 mǎ³¹ju³¹
81. 喉结 mǎ³¹u³³
82. 肺 sin³¹wop⁵⁵
83. 心脏 sǎ³¹lum³³ ~ sin³¹lum³³
84. 肝 sin³¹tʃa³¹
85. 肾 sǎ³¹te⁵⁵ ~ sin³¹te⁵⁵
86. 脾 sin³¹pai³³; khum³³pai³³（有病的）
87. 胆 ʃa³¹kʒi³¹
88. 肠子 pu³¹
89. 膀胱 ʃa³¹poŋ³³ ~ tʃit³¹poŋ³³
90. 屎 khji⁵⁵
91. 尿 tʃit³¹
92. 屁 phjet³¹
93. 汗 sǎ³¹lat³¹
94. 痰 mǎ³¹kha⁵⁵
95. 口水 mǎ³¹jen³³
96. 鼻涕 nep³¹
97. 眼泪 mji³¹pʒu̱i³³
98. 脓 mǎ³³tsu̱i³³
99. 污垢 khǎ⁵⁵kʒi⁵⁵
100. 声音 niŋ³¹sen⁵⁵ ~ n³¹sen⁵⁵
101. 气息 n³¹sa³¹
102. 尸体 maŋ³³
103. 生命 sum³¹ʒi³¹; kan⁵⁵

## (三)人物亲属类

1. 汉族 mji³¹wa³¹
2. 蒙族 muŋ³¹ku⁵⁵ a³¹mju⁵⁵
3. 藏族 muŋ³¹phaŋ⁵⁵
4. 回族 xui³¹
5. 人 mă³¹ʃa³¹
6. 小孩儿 ma³¹；maŋ³¹
7. 婴儿 tʃă³³ŋai³³
8. 老头儿 tiŋ³¹la³³
9. 老太太 kum³¹kai³³
10. 男人 la³³
11. 妇女 num³³
12. 小伙子 ʃă³¹pʒaŋ³¹
13. 姑娘 mă³¹khon³³
14. 百姓 tă³¹ʒat⁵⁵
15. 农民 khai⁵⁵ mă³¹ʃa³¹
16. 兵 phjen³³ ma³¹
17. 商人 phă³³ka³³ mă³¹ʃa³¹
18. 干部 kan³³pu³¹
19. 学生 tʃoŋ³³ma³¹
20. 老师 să³¹ʒa³³
21. 医生，大夫 tsi³¹să³¹ʒa³³wun³¹
22. 头人(寨老) tu³³
23. 仆人 n³¹tʃaŋ³³；ʃă³¹ŋun⁵⁵ ma³¹
24. 奴隶 mă³¹jam³³；poi³¹lo³³(雅称)
25. 木匠 lak³¹ să⁵⁵ma⁵⁵
26. 铁匠 n³¹tup³¹
27. 船夫 li³³khaŋ⁵⁵wa³³
28. 猎人 tʃau³¹koŋ³¹
29. 和尚 puŋ³¹kji³¹
30. 尼姑 ja³¹khau³³
31. 巫师 tum³¹sa³³
32. 子孙 kă³¹ʃu³¹kă³¹ʃa³¹
33. 后代 phaŋ³³ pʒat³¹
34. 病人 mă³¹tʃiʔ⁵⁵ mă³¹ʃa³¹
35. 仇人(敌人) phjen³³
36. 皇帝 kho³³seŋ³³
37. 官 tu³³
38. 国王 kho³³kham⁵⁵
39. 英雄 ʃă³³ʒe³³ ʃă³³kan³³
40. 朋友 tʃiŋ³¹ khuʔ³¹
41. 瞎子 mjiʔ³¹ti⁵⁵
42. 跛子 lă³¹jot³¹；lă³¹pje⁵⁵
43. 矮子(矬子) ʃin⁵⁵tot⁵⁵
44. 聋子 na³¹phaŋ⁵⁵
45. 秃子 puŋ³³kʒin³³
46. 麻子 man³³khjiŋ³³
47. 驼子 ʒuŋ³¹kuʔ⁵⁵；ʒuŋ³¹kuŋ⁵⁵
48. 傻子 mă³¹na³¹；mă³¹ŋja³¹

49. 疯子 ma³¹mu³³
50. 结巴 mă³¹a³¹
51. 哑巴 mă³¹na³¹
52. 独眼龙 mji²³¹tu²³¹
53. 主人 mă³¹tu²³¹
54. 客人 mă³¹na̱m³¹
55. 新郎 la³³ n³¹nan³³
56. 新娘 num³³ n³¹nan³³
57. 同伴（伙伴）mă³¹naŋ³³
58. 祖宗 tʃi³³woi³³
59. 爷爷 tʃi³³tui³¹
60. 奶奶 tui³¹
61. 父亲 wa̱⁵¹
62. 母亲 nu̱⁵¹
63. 儿子 la³³ ʃa³¹ ; ʃă³¹taŋ³³ ʃa³¹（尊称）
64. 儿媳妇 na̱m³³
65. 女儿 num³³ ʃa³¹ ; ʃă³¹ji³³ ʃa³¹（尊称）
66. 女婿 ta³¹ma²⁵⁵
67. 孙子 ʃu⁵¹
68. 孙女儿 ʃu⁵¹
69. 双生子 ma³¹ mă³¹ʒun⁵⁵
70. 哥哥 phu⁵¹ ; 大哥 pa³¹ ; 二哥 pok⁵⁵
71. 姐姐 na³³ ; 大姐 ʃoŋ³³ ; 二姐 pok⁵⁵
72. 弟弟 na̱u³³
73. 妹妹 na̱u³³
74. 大伯父 wa̱⁵¹ pa⁵¹ ; 二伯父 wa̱⁵¹ pok⁵⁵
75. 大伯母 tu̱ŋ³³ ; nu⁵¹pa³¹ ; 二伯母 nu⁵¹ pok⁵⁵
76. 侄儿 ʃa⁵¹
77. 兄弟（弟兄）phu³¹nau³³
78. 姐妹 kă³¹nau³³kă³¹na³³
79. 嫂子 ʒat⁵⁵
80. 舅父 tsa⁵¹
81. 舅母 ni̱³³
82. 大姨父 wa̱⁵¹ pa⁵¹
83. 大姨母 nu⁵¹ pa³¹
84. 姑父 ku⁵¹
85. 姑母 mo̱i³³
86. 亲戚 tʃiŋ³¹khu²³¹
87. 岳父 tsa̱⁵¹
88. 岳母 ni̱³³
89. 丈夫 mă³¹tu²³¹ wa³³
90. 妻子 mă³¹tu²³¹ tʃan³³
91. 继母 phaŋ³³ kă³¹nu³¹
92. 继父 phaŋ³³ kă³¹wa³¹
93. 寡妇 kai³¹ta⁵⁵
94. 孤儿 tʃă³¹khʒai³³
95. 鳏夫 ʃiŋ³¹kʒa³¹

## （四）动物类

1. 畜牲 jam³³ ŋa³³
2. 牛 ŋa³³
3. 黄牛 tum³¹su³³
4. 水牛 wǎ³³loi³³ ~ ŋǎ³³loi³³
5. 牦牛 wǎ³¹phoʔ³¹ ~ ŋǎ³¹phoʔ³¹
6. 牛犊 ŋa³³ kǎ³¹ʃa³¹
7. 公牛 wǎ⁵⁵la⁵¹ ~ ŋǎ⁵⁵la⁵¹
8. 母牛 ŋa³³ kǎ³¹nu³¹
9. 牛奶 ŋa³³tʃuʔ⁵⁵
10. 牛粪 ŋa³³khji⁵⁵
11. 角 n³¹ʒuŋ³³
12. 蹄 lǎ³¹ khʒuʔ³¹
13. 皮 phjiʔ³¹ ; ʃan³¹ phjiʔ³¹
14. 毛 mun³³
15. 尾巴 mai³¹
16. 马 kum³¹ʒa³¹ ~ kum³¹ʒaŋ³¹
17. 马驹 kum³¹ʒa³¹ kǎ³¹ʃa³¹
18. 公马 kum³¹ʒa³¹ wǎ⁵⁵la⁵¹
19. 母马 kum³¹ʒa³¹ kǎ³¹nu³¹
20. 马鬃 ma³¹tsuŋ³¹
21. 绵羊 sǎ⁵⁵ku⁵¹
22. 山羊 pai³¹nam³³
23. 羊羔 sǎ³⁵ku⁵¹kǎ³¹ʃa³¹ ; pai³¹ nam³³ kǎ³¹ʃa³¹
24. 羊毛 sǎ⁵⁵ku⁵¹ mun³³
25. 骡子 lo³¹tse³¹
26. 驴 lo³¹kuŋ³³
27. 骆驼 ko³³la³³uk⁵⁵
29. 公猪 waʔ³¹ la³¹
28. 猪 waʔ³¹
30. 母猪 waʔ³¹ kǎ³¹nu³¹
31. 猪崽 waʔ³¹ kǎ³¹ʃa³¹
32. 猪粪 waʔ³¹ khji⁵⁵
33. 狗 kui³¹
34. 猎狗 ʃan³¹ ʃǎ³¹ tʃut⁵⁵ kui³¹
35. 猫 ŋjau³³ ; lǎ³¹mji⁵⁵
36. 兔子 pʒaŋ³¹tai⁵⁵
37. 鸡 u³¹
38. 公鸡 u³¹ ʒa³³
39. 母鸡 u³¹ kǎ³¹nu³¹
40. 小鸡 u³¹ khai⁵⁵
41. 鸡冠 tʃoʔ³¹pan³¹
42. 翅膀 siŋ³¹ko³³
43. 羽毛 u³¹ mun³³
44. 鸭子 khai³³pjek⁵⁵
45. 鹅 ʃaŋ³³ma³³ ; khʒaŋ³³ma³³
46. 鸽子 u³¹ʒa⁵⁵

47. 野兽 tu³¹sat³¹
48. 老虎 ʒoŋ³¹pa³¹
49. 狮子 khaŋ³¹khji³¹
50. 龙 pă³¹ʒen³¹～pu̱³³ʒen³¹
51. 爪子 lă³¹mjin³³
52. 猴子 woi³³
53. 象 mă³¹kui³³
54. 象牙 mă³¹kui³³ ko̱ŋ³³
55. 豹子 ʒoŋ³¹kok³¹
56. 熊 tsa̱p⁵⁵
57. 野猪 wa²³¹tu³¹
58. 鹿 ʃan³¹ŋa³³
59. 麂子 tʃă³³khji³³
60. 麝香 ʃe³¹ʃaŋ³³
61. 穿山甲 să³¹woi³³
62. 水獭 ʃă³¹ʒam³³
63. 豪猪 tum³¹si³³（体大刺圆）；tu⁵⁵（体小刺扁）
64. 獾 niŋ³³suŋ³³
65. 老鼠 ju⁵⁵
66. 松鼠 khă⁵⁵tu⁵¹kha⁵⁵（大）；n³¹tau³¹la²³¹（小）
67. 黄鼠狼 mă³¹lat³¹
68. 豹 tʃă³³khjon³³
69. 狼 tʃă³³khjon³³
70. 狐狸 ka⁵⁵kui³¹
71. 鸟 u³¹ nam³¹tʃi³³
72. 鸟窝 u³¹ tsip⁵⁵
73. 老鹰 kă³¹la³³～kă³¹laŋ³³
74. 鹞子 laŋ³¹mut³¹
75. 雕 laŋ³¹ta³¹
76. 秃鹫 laŋ³¹ta³¹
77. 猫头鹰 u³¹khu⁵⁵；puk³¹kă³¹lui³¹
78. 燕子 lă³¹mu³¹ pji³³lan³¹
79. 大雁（天鹅）koŋ³¹kă⁵⁵ʒuk⁵⁵；mă³¹li²³¹tau³³（书面语）
80. 野鸭 pje̱k⁵⁵lam⁵⁵
81. 白鹤 kha²³¹ u³¹
82. 麻雀 u³¹tsa³³
83. 蝙蝠 phă⁵⁵tsip⁵⁵
84. 喜鹊 khă⁵⁵ka⁵¹la²³¹
85. 乌鸦 kă³³kha³³；u³³kha³³
86. 野鸡 u³¹ kan³³
87. 八哥 ŋa³³ʒem³³u³¹
88. 鹩哥 lă³¹njoŋ³³
89. 鹦鹉 khai³³ke³³
90. 斑鸠 kă³³khʒu³³；khʒu³³tu³¹
91. 啄木鸟 khin³¹ti³¹ la²³¹thok³¹
92. 布谷鸟 ku̱k⁵⁵tui³³
93. 孔雀 u³¹toŋ³³
94. 乌龟 ta̱u³³kok⁵⁵

95. 蛇 lă³³pu³³
96. 四脚蛇 kă³³saŋ³³son³¹
97. 青蛙 ʃu⁽⁷⁾³¹
98. 癞蛤蟆 ʃu⁽⁷⁾³¹tʃit³¹
99. 蝌蚪 mo³¹pjin³³pau³³
100. 鱼 ŋa⁵⁵
101. 鳞 ŋa⁵⁵sep³¹
102. 鳝鱼 ŋa⁵⁵lă³³pu³³；khaŋ³¹ʃan³³（汉）
103. 泥鳅 pă³¹tʃit³¹
104. 虾 khă⁵⁵tsu̪⁵¹
105. 虫 ʃiŋ³³tai³³
106. 臭虫 ʃă⁵⁵kʒep⁵⁵
107. 跳蚤 wa⁽⁷⁾³¹khă³¹li³³
108. 虱 ʃă⁵⁵kʒak⁵⁵
109. 头虱 tsi⁽⁷⁾⁵⁵
110. 虮子 tsi⁽⁷⁾⁵⁵ʒu³¹（头）；kʒat⁵⁵ ʒu³¹（身）
111. 苍蝇 mă⁵⁵tʃi⁵¹
112. 蛆 pjet³¹
113. 蚊子 tʃi⁽⁷⁾³¹kʒoŋ³¹
114. 蜘蛛 n³¹ti³¹kʒam³¹
115. 蜘蛛网 n³¹ti³¹kʒam³¹ tsip⁵⁵
116. 蜈蚣 wa⁽⁷⁾³¹ n⁵⁵tu⁵¹jan³³
117. 蝎子 n⁵⁵ko⁵¹kok⁵⁵
118. 壁虎 tiŋ³¹siŋ⁵⁵
119. 蚯蚓 kă³³tʃin³³tʃai³³
120. 蛔虫 kă⁵⁵tʃu⁵¹tʃai⁵⁵
121. 蚂蟥 wot³¹（旱蚂蟥）；toŋ³¹pjin³¹（水蛭）
122. 蟋蟀 kă³³ton³³
123. 蚂蚁 kă³³kjin³³
124. 蚕 lai³³kă³¹nu³¹
125. 茧 lai³³tsip⁵⁵
126. 蛾子 khă⁵⁵pui⁵⁵
127. 蜜蜂 lă³¹kat³¹
128. 蚱蜢 tiŋ³¹kam³³jo³³
129. 螳螂 n³³kaŋ³³kot³¹
130. 蜻蜓 kha⁽⁷⁾³¹n³¹sen³¹
131. 蝴蝶 pă⁵⁵lam⁵¹la⁽⁷⁾⁵⁵
132. 毛虫 sum⁵⁵pʒa⁽⁷⁾⁵⁵
133. 螃蟹 tʃă⁵⁵khan⁵¹
134. 蚌 kum⁵⁵phja⁽⁷⁾⁵⁵
135. 螺蛳 khin⁵⁵ʒu⁵¹
136. 蜗牛 lă⁵⁵pop⁵⁵

## （五）植物类

1. 树 phun⁵⁵
2. 树干 phun³¹mat³¹
3. 树枝 lă³¹kuŋ³¹（大的）；lă³¹kjiŋ³¹（小的）
4. 树梢 phun⁵⁵n³¹tuŋ³¹

5. 树皮 phun⁵⁵phji⁷³¹
6. 根 jan³³；toŋ³³
7. 叶子 lap³¹；nam³¹lap³¹
8. 花 nam³¹pam³³
9. 花蕊 pan³³mun⁵⁵
10. 果子 si³¹；nam³¹si³¹
11. 核 kʒi³³
12. 芽儿 mă³¹ku⁷⁵⁵；mă³¹tsun³³（叶芽儿）
13. 蓓蕾 a³¹pum³¹
14. 桃树 sum³³wun³³ phun⁵⁵；să³³ŋum³³ phun⁵⁵
15. 李树 tsă⁵⁵kha⁵⁵ phun⁵⁵
16. 梨树 să³¹kam³³ phun⁵⁵；mă³³ko³³ phun⁵⁵
17. 柳树 kha⁷³¹num⁵⁵ʒu⁵¹ phun⁵⁵
18. 松树 mă³¹ʒau³³ phun⁵⁵
19. 椿树 lă³³tsai³³phun⁵⁵
20. 檀香木 să³¹nap³¹ kha⁵⁵ phun⁵⁵
21. 竹子 kă⁵⁵ wa⁵⁵
22. 竹笋 mă⁵⁵ kʒu⁷⁵⁵
23. 藤子 ʒi³³
24. 刺儿 tʃu⁵⁵
25. 桃 sum³³wum³³ si³¹；să³³ŋun³³ si³¹
26. 梨 să³¹kam³³ si³¹；mă³³ko³³ si³¹
27. 李子 tsă⁵⁵kha⁵⁵ si³¹
28. 橘子 să⁵⁵lui⁵¹ si³¹
29. 柿子 să⁵⁵pjin⁵¹ si³¹
30. 葡萄 să³¹pji⁷⁵⁵si³¹
31. 石榴 khai⁵⁵nu³³si³¹
32. 板栗 tʃă⁵⁵ʒan⁵¹
33. 芭蕉 lă³³ŋu³³
34. 甘蔗 kum⁵⁵ʃu⁵⁵
35. 山楂 mă⁵⁵kok⁵⁵kă³¹tʃi³¹
36. 核桃 n³¹pu³¹
37. 荷花 noŋ⁵⁵nai³¹ pu³¹
38. 庄稼 khai⁵⁵ n⁵⁵mai⁵¹
39. 粮食 lu⁷³¹ʃa⁵⁵
40. 水稻 mam³³；ma³³
41. 糯米 n³³po³³
42. 种子 li³³
43. 秧 poŋ³¹；jaŋ³¹tse³¹
44. 穗 n³³moi³³pu⁷¹（花）；n⁵⁵si⁵¹（果实）
45. 稻草 ji⁷⁵⁵khu⁵⁵
46. 谷粒 n⁵⁵khjep⁵⁵
46. 麦子 khau³¹lan³¹ mam³³
48. 小麦 khau³¹lan³¹ mam³³
49. 大麦 thaŋ³¹ mam³³
50. 玉米 khai⁵⁵nu³³
51. 小米 ja³³kji³³；ʃă³³kji³³
52. 棉花 pă³¹si³³
53. 麻 lă⁵⁵tʃit⁵⁵
54. 菜 ʃat³¹mai⁵⁵；ʃa⁷³¹mai⁵⁵

55. 白菜 khʒaŋ³¹phʒo³¹
56. 青菜 tʃiŋ³³khʒaŋ³³；n³³khʒaŋ³³
57. 韭菜 kau³¹tʃen³³
58. 芫荽（香菜）phă⁵⁵kji⁵⁵
59. 萝卜 khʒaŋ³¹khji⁵⁵ pot³¹
60. 芋头 nai³¹
61. 茄子 ʃă³¹pa³¹
62. 辣椒 mă⁵⁵tʃap⁵⁵
63. 葱 kau³¹poŋ³³
64. 蒜 kau³¹phʒo³¹
65. 姜 ʃă⁵⁵nam⁵⁵
66. 莴笋 wo³³sun⁵⁵
67. 马铃薯 jaŋ³¹ji³³
68. 红薯 nai³¹sam³³
69. 香椿 mai³³tʃen³¹
70. 瓜 kă⁵⁵khum⁵¹ n³³kjin³³
71. 冬瓜 khum³¹li³³tsun̥³³；khum⁵⁵tʃaŋ³³
72. 南瓜 kă⁵⁵khum⁵¹
73. 黄瓜 n³³kjin³³
74. 葫芦 tau³³pa³¹
75. 豆 lă⁵⁵si⁵¹ noʔ³¹kju̥⁵⁵
76. 黄豆 lă⁵⁵si⁵¹
77. 黑豆 noʔ³¹tʃaŋ³³
78. 蚕豆 san³¹tu³¹
79. 豌豆 wan⁵⁵tu³³
80. 扁豆 noʔ³¹lep⁵⁵
81. 豇豆 noʔ³¹kju̥⁵⁵
82. 花生 ka⁵⁵lă⁵⁵si⁵¹
83. 芝麻 tʃiŋ⁵⁵nam⁵¹
84. 草 tsin̥³³
85. 稗子 pai³³tse³¹
86. 茅草 ʃă³³ŋu³³
87. 蓝靛草 mă³¹that³¹
88. 蘑菇 mă⁵⁵ti⁵¹（地上的）；kă³³mu³³（树上的）
89. 木耳 mă⁵⁵kʒat⁵⁵
90. 烟叶 lut³¹lap³¹
91. 青苔 phun³¹ni⁵⁵
92. 棉花 pă³¹si³³

## （六）食物类

1. 米 n³³ku³³
2. 饭 ʃat³¹
3. 粥（稀饭）phaʔ³¹
4. 粑粑 tʃat³¹thu³¹
5. 面粉 ʃă⁵⁵tuŋ⁵¹
6. 肉 ʃan³¹
7. 牛肉 ŋa³³ʃan³¹
8. 猪肉 waʔ³¹ʃan³¹
9. 肥肉 ʃan³¹sau³³
10. 瘦肉 ʃan³¹tsin³³

11. 油 sau⁵⁵
12. 酱 nam³¹tʃaŋ³³
13. 酱油 nam³¹tʃaŋ³³ sau⁵⁵
14. 豆腐 tu³³phu³¹
15. 醋 nam³¹su³³
16. 胡椒 mak⁵⁵phjik⁵⁵pom³¹
17. 花椒 mǎ³³tʃaŋ³³ si³¹
18. 糖 thaŋ³¹
19. 白糖 tʃum³¹tui³¹
20. 红糖 thaŋ³¹khje³³
21. 蛋 ti³¹
22. 鸡蛋 u³¹ti³¹
23. 鸭蛋 pjek̬⁵⁵ti³¹
24. 酒 tʃǎ⁵⁵ʒu⁵¹
25. 开水 phun³¹lum³³
26. 茶 pha ̯ʔ³¹lap³¹
27. 烟 lut³¹jom³¹
28. 鸦片 ka̯³³ni³³
29. 药 tsi³¹
30. 糠 num⁵⁵kho⁵⁵（粗）；khǎ⁵⁵ŋui⁵¹（细）
31. 猪食 wa ̯ʔ³¹ʃat³¹
32. 马料 ma³¹lau³³
33. 饼 muk³¹

## （七）衣着类

1. 线 ʒi³¹
2. 布 sum³³pa̯n³³；pun⁵⁵ʒam⁵¹
3. 丝 lai³³
4. 缎子 phje⁵⁵
5. 呢子 tsek³¹kǎ³¹lat³¹
6. 衣 pǎ³³loŋ³³
7. 衣领 loŋ³¹tuʔ³¹
8. 衣襟 pu³¹pai³³
9. 衣袖 loŋ³³ta̯ʔ⁵⁵
10. 衣袋 sum³¹puʔ³¹
11. 夹克衫 sǎ³¹kup³¹pǎ³³loŋ³³
12. 扣子 khai³¹taŋ⁵⁵；khin³¹taŋ⁵⁵
13. 扣眼儿 khin³¹taŋ⁵⁵ khu³³
14. 裤子 lǎ³¹puʔ³¹
15. 裤腿儿 lǎ³¹puʔ³¹ lǎ³¹ko³³
16. 裤裆 khu³³taŋ³³
17. 裙子（女）pa³¹siŋ³³
18. 裙子（男）moŋ⁵⁵thoŋ³³；taŋ³¹pai³¹
19. 头巾（女）puŋ³¹khoʔ⁵⁵
20. 包头（男）puŋ³¹khoʔ⁵⁵
21. 帽子 kup³¹tʃop⁵⁵；po³¹tʃop⁵⁵
22. 围巾 tuʔ³¹pat³¹
23. 腰带 ʃiŋ³¹kjit⁵⁵
24. 围裙 ta ̯ʔ³¹lǎ³¹puʔ³¹；mǎ³³ka̯³³

25. 袜子 mo³³tsa³³

26. 裹腿 ko³³khjen³¹

27. 草鞋 lă³¹sui³³ tsau³¹khai³¹

28. 鞋 lă³¹pje⁷³¹

29. 箧子 tsi⁷³¹kut³¹

30. 梳子 pă⁵⁵si⁵⁵

31. 玉石 luŋ³¹seṇ³³

32. 项圈 khă⁵⁵tʃi⁵¹

33. 戒指 lă⁷³¹tʃop⁵⁵；ta⁷⁵⁵tʃop⁵⁵

34. 耳环 nă⁵⁵tan⁵⁵～lă⁵⁵tan⁵⁵

35. 脚圈 phun³¹taŋ³³

36. 手镯 lă⁵⁵khon⁵¹

37 毛巾 man³³mjit⁵⁵pha³¹tʃet³¹

38. 手绢儿 pha³¹tʃet³¹

39. 背袋 n⁵⁵phjeŋ⁵¹～n⁵⁵phje⁵¹

40. 棉絮 si³¹thun⁵⁵

41. 褥子 pă⁵⁵nep⁵⁵

42. 毡子 pha³¹tʃoŋ³³

43. 枕头 puŋ³¹khum⁵⁵

44. 席子 să⁵⁵tse⁵¹

45. 垫子 ʃiŋ⁵⁵kʒau⁵¹

46. 蓑衣 so³¹ji³¹；kă³³phʒu³³

47. 斗笠 kă³¹pan³³

48. 被子 n³¹pa⁵⁵

## （八）房屋建筑类

1. 房子 n⁵⁵ta⁵¹

2. 房顶 num³¹ko³³

3. 房檐 kă³¹wun³³

4. 地基 thiŋ³¹ʒa³¹

5. 院子 waŋ⁵⁵

6. 厕所 nam³¹tum³³

7. 厨房 ʃat³¹tap³¹；ʃat³¹kok³¹；tʃă³¹kha³¹tap³¹

8. 仓库 tum³³

9. 牛圈 ŋă⁵⁵loŋ⁵¹；wă⁵⁵loŋ⁵¹

10. 猪圈 wa⁷³¹loŋ³¹

11. 马圈 kum³¹ʒa³¹loŋ³¹

12. 羊圈 să⁵⁵ku⁵¹ pai³¹nam³³loŋ³¹

13. 鸡圈 u³¹loŋ³¹

14. 鸟窝 ʃiŋ⁵⁵tʃat⁵⁵

15. 穴 khu³³

16. 砖 wut³¹

17. 瓦 kă³³kam³³

18. 墙 ʃa⁵⁵kum⁵¹

19. 木板 phun⁵⁵pjeṇ³³

20. 木头 phun⁵⁵toṇ³³

21. 柱子 ʃa⁵⁵to⁵⁵

22. 门 tjiṇ³³kha³³；n³³kha³³

23. 门框 poŋ³³

24. 门栓 thiŋ³¹kʒaŋ⁵⁵

25. 门槛 khă⁵⁵tun⁵⁵ 26. 大门 tʃiŋ³³kha³³
27. 窗子 khă⁵⁵lap⁵⁵ 28. 梁 num³¹koŋ³³；num³¹ko³³
29. 椽子 lă⁵⁵pa⁽ʔ⁾⁵⁵ 30. 台阶 lă³³ka³³ n̥⁵⁵kam⁵¹
31. 篱笆 n³¹phan³³ 32. 园子 waŋ⁵⁵ ʃă⁵⁵ku̱m⁵¹

## （九）用品工具类

1. 东西 ʒai⁵⁵ 2. 桌子 să³¹poi⁵⁵
3. 椅子 tiŋ⁵⁵jaŋ⁵¹ 4. 凳子 pu̱ŋ⁵⁵khum⁵¹
5. 床 jup⁵⁵ku̱³¹ 6. 箱子 să³¹tek³¹
7. 盒子 ko̱k⁵⁵ 8. 脸盆 waʔ⁵⁵ka̱³³
9. 肥皂 sa³³pja³³ 10. 镜子 pat⁵⁵；man³³ju³³
11. 玻璃 pat⁵⁵ 12. 刷子 lă⁵⁵ʒut⁵⁵；pʒut⁵⁵
13. 扫帚 tun⁵⁵je⁵⁵；tiŋ³¹je⁵⁵ 14. 抹布 tsup⁵⁵ni³³
15. 灯 tat⁵⁵wan³¹ 16. 蜡烛 phă⁵⁵joŋ⁵⁵teŋ³³；ki̱n⁵⁵lep⁵⁵
17. 柴 phun⁵⁵ 18. 火炭 wan³¹ n̥⁵⁵ka⁵¹
19. 火石 phai³¹lu̱ŋ³¹ 20. 火绒 ni̱ŋ³¹mui³³
21. 火镰 phai³¹po̱k⁵⁵ 22. 火柴 wan³¹khʒet³¹
23. 火把 ʃă³³nan³³ 24. 香 mă³¹nam³³ ŋon³³
25. 垃圾 mă³¹tsaʔ³¹ 26. 染料 nam³¹jaʔ³¹
27. 锈 n³¹khan³³ 28. 灶 lă³¹wot⁵⁵
29. 铁锅 tiʔ³¹tʃaŋ³³；phʒi³¹tiʔ³¹ 30. 铝锅 tan³³tiʔ³¹
31. 盖子 mă³¹kap³¹ 32. 蒸笼 pu̱ŋ³¹khʒoŋ³³
33. 刀 n³¹thu³³ 34. 刀背 ni̱ŋ³¹ku̱ŋ³¹～n³¹ku̱ŋ³¹
35. 刀刃 ni̱ŋ³¹ʃan³¹～n³¹ʃan³¹ 36. 把儿 ni̱ŋ³¹khu³³～n³¹khu³³
37. 锅铲 lă³³ku̱ŋ³³ 38. 菜板 phun³³thau³³；pun³³thau³³
39. 漏斗 kă³¹toʔ⁵⁵ 40. 勺子 tsun⁵⁵
41. 碗 wan³³ 42. 盘子 wan³³pa³³

43. 碟子 wan³³pjen³³
44. 筷子 khoi³³tse³¹
45. 瓶子 pă⁵⁵lin⁵⁵
46. 罐子 jam³¹pu³³
47. 坛子 tham³¹
48. 杯子 kom³³
49. 缸 jam³¹
50. 水桶 khaʔ³¹puŋ⁵⁵
51. 木盆 phun⁵⁵tʃă³¹ʒuŋ³³
52. 箍儿 kin³¹ʃi³¹
53. 瓢 ka̠³³mai³³
54. 三脚架 khʒa³¹
55. 火钳 lă⁵⁵ka̠p⁵⁵
56. 吹火筒 wan³¹ wut³¹ tum³¹loŋ³³
57. 竹筒 n³¹tum⁵⁵
58. 篮子 kat⁵⁵kaʔ⁵⁵
59. 扇子 lă³¹jit³¹
60. 背带(背小孩用) n³¹pat³¹(内用); sum³¹to⁵⁵(外用)
61. 算盘 son³³phan³¹
62. 秤 tʃoi³³
63. 秤砣 tʃoi³³si³¹
64. 秤杆 tʃoi³³kin³¹laŋ³³
65. 斗(名) tu³¹
66. 升(名) siŋ³¹
67. 钱 kum³¹phʒo³¹ ~ kum³¹phʒoŋ³³
68. 银元 kum³¹phʒo³¹teŋ⁵⁵ka⁵⁵
69. 盘缠 lam³³ tʃă³¹ʒik³¹
70. 本钱 a³¹ʒaŋ⁵⁵
71. 货 kat⁵⁵ʒai⁵⁵;phă³³ka³³ʒai⁵⁵
72. 利息 a³¹tu̠⁵⁵
73. 尺子 mă³¹khʒet³¹
74. 针 să⁵⁵mjit⁵⁵
75. 锥子 kai³¹tʃui³¹
76. 钉子 mai³¹na³¹;tin³³tse³¹
77. 剪刀 niŋ³¹te̠p⁵⁵ ~ n³¹te̠p⁵⁵
78. 梯子 lă³³kaŋ³³ ~ lă³³ka̠³³
79. 伞 tʃoŋ³³
80. 锁 tsoʔ³¹ khă⁵⁵lok⁵⁵
81. 钥匙 tsoʔ³¹ si³¹
82. 链子 len³³tse³¹
83. 棍子 ʃiŋ⁵⁵na⁵⁵
84. 车 leŋ³¹
85. 轮子 ʃă³¹pʒai³³;leŋ³¹
86. 马鞍 an⁵⁵tse³¹
87. 马笼头 ʒuŋ³¹thuŋ³³
88. 马笼头绳 ʒuŋ³¹thuŋ³³ sum³³ʒi³³
89. 马肚带 ka̠n³³pat³¹
90. 马蹬子 khji³¹tin³³
91. 马掌 ma³¹tʃaŋ³¹
92. 缰绳 sum³¹ʒi³¹
93. 鞭子 ʃiŋ⁵⁵na⁵⁵
94. 牛轭 wan³¹tan³¹

95. 猪食槽 waʔ⁵⁵kɑ³³
96. 轿子 kʒau³³
97. 船 li³³
98. 桨 pai³¹li³¹
99. 木筏 won³³
100. 工具 khiŋ³¹ʒai⁵⁵
101. 斧头 niŋ³¹wa³³
102. 锤子 sum³¹tu³³
103. 凿子 wǎ⁵⁵kon⁵⁵
104. 锯子 tsiŋ³¹ʒet³¹
105. 钻子 sum³¹nep⁵⁵
106. 锉 ʒet³¹saŋ⁵⁵
107. 胶 ko³³
108. 犁 kǎ³¹lau³¹
109. 耙 lǎ⁵⁵phʒi⁵⁵
110. 木板耙 phun⁵⁵ lǎ⁵⁵phʒi⁵⁵
111. 钉耙 phʒi³¹ lǎ⁵⁵phʒi⁵⁵
112. 镐 wǎ³³tʃo³³
113. 锹 pje³³lǎ⁵⁵tʃa⁵⁵
114. 锄头 na³¹tʃeʔ⁵⁵ ; ʃam⁵⁵khop⁵⁵
115. 扁担 khap⁵⁵kan³¹
116. 绳子 sum³³ʒi³³
117. 麻袋 lǎ⁵⁵tʃit⁵⁵ tiŋ³³san³³
118. 箩筐 kaʔ⁵⁵ ; mun³¹
119. 叉子 kǎ³³pʒaŋ³³
120. 楔子 sum³¹pʒat³¹
121. 把儿 wǎ³³laŋ³³
122. 桩子 phun⁵⁵tuŋ⁵¹
125. 撮箕 tʃau³¹khu³¹
126. 肥料 nam³¹phun³³
127. 镰刀 niŋ³¹ʃau³³ ～ n³¹ʃau³³
128. 弯刀 niŋ³¹koʔ³¹
129. 水槽 siŋ⁵⁵kat⁵⁵
130. （水）碓 khaʔ³¹thum³¹
131. 石滚 luŋ³¹ʒin⁵⁵toŋ³³
132. 臼 thum³¹
133. 筛子 khiŋ³³
134. 簸箕 khǎ³³won³³ ; pa³³lam³³
135. 磨 thum³¹ʒin⁵⁵
136. 织布机 taʔ³¹taʔ³¹koŋ³¹
137. 梭子 taŋ³¹khjam³³
138. 纺锤 kǎ³³paŋ³³
139. 柴刀 niŋ³¹pu³³
140. 刀鞘 n³¹ka³³
141. 武器 lak³¹nak³¹
142. 枪 sǎ⁵⁵nat⁵⁵
143. 炮 mjok³¹
144. 弓 n³¹khʒaŋ⁵⁵ kuŋ³³li³³（古）; n³¹tan³³
145. 箭 n³¹tan³³ pǎ⁵⁵la⁵⁵
146. 圈套（捕兽工具）mǎ³¹kham⁵⁵ ;

147. 陷阱 to⁷³¹lut⁵⁵
148. 火药 wan³¹tsi³¹ ; n³¹kho⁷³¹tum³¹ta³¹ ; mǎ³¹thum³¹
149. 铳 sum³¹pʒaŋ³³
150. 毒 kuŋ³³ ; niŋ³¹tuk⁵⁵ ~ n³¹tuk⁵⁵
151. 网 sum³¹kon³¹
152. 渔网 sum³¹kon³¹
153. 钩子 tʃiŋ⁵⁵khji⁵⁵

## （十）文化类

1. 字 lai³¹ka³³
2. 信 ʃǎ³¹kʒam³³
3. 画 sum³¹la³³
4. 书 lai³¹ka³³pap³¹
5. 本子 pap³¹
6. 纸 mai³¹sau³¹
7. 墨 lai³¹ka³³tsi³¹
8. 墨盒 tsi³¹kok⁵⁵
9. 橡皮 noi³³kʒat⁵⁵toŋ³³
10. 图章 thu³¹tʃaŋ³³
11. 浆糊 ko³³
12. 学问 pha⁷³¹tʃi⁵⁵
13. 话 ka³¹
14. 故事 mau³¹mji³¹
15. 谚语 ka³¹mǎ³¹lai³¹
16. 笑话 mǎ³¹ni³³pha³³
17. 谜语 ka³¹tak³¹
18. 格言 ka³¹ mǎ³¹lai³¹
19. 诗 ka³¹ ʃǎ³¹ kop⁵⁵ ; lǎ³¹ka³¹
20. 歌 mǎ³¹khon⁵⁵
21. 山歌 n³¹tʃun³¹
22. 舞蹈 mǎ³¹not³¹ kin³¹sot³¹
23. 戏 tsat⁵⁵
24. 球 po³¹luŋ⁵⁵
25. 鼓 tʃiŋ³³（两头有皮）; thoŋ³¹（一头有皮）
26. 锣 pau³¹
27. 钹 ʃup⁵⁵ʃen³³ ; ʃaŋ³³ʃe⁷⁵
28. 笛子 thu³¹ʒen³³
29. 箫 sum³³pji³³
30. 二胡 to³¹ʒo³¹
31. 铃 tiŋ³¹si³¹
32. 喇叭 pǎ³³khe³³ ; tum³¹pa³³
33. 鞭炮 phai³³tʃaŋ³¹

## （十一）宗教类

1. 宗教 mă³¹kam³¹ mă³¹ʃam⁵⁵
2. 神仙 să³¹kja³¹
3. 鬼 nat⁵⁵
4. 龙王 pă³¹ʒen³¹ kho³³kham⁵⁵
5. 佛 phă⁵⁵ʒa⁵⁵
6. 巫师 mji³¹thoi³¹；kum³¹phan⁵⁵；tʃai³¹wa³¹；tum³¹sa³³
7. 天堂 lă³¹mu³¹ muŋ⁵⁵
8. 地狱 ŋă³¹ʒai⁵⁵
9. 灵魂 num³¹la³³
10. 命运 kam³¹ mă³¹ka³³
11. 运气 kam³¹；phă³¹waŋ³³
12. 福气 phă³¹waŋ³³
13. 灾难 tsin̠³³jam³³
14. 力气 n̠³¹kun³¹
15. 精神 mjit³¹ a³¹tsam³¹
16. 意思 lă³¹tʃum³³
17. 想法 mjit³¹ ai³³
18. 事情 a³¹mu⁵⁵
19. 道理 tă⁵⁵ʒa⁵⁵
20. 原因 n³¹pot³¹
21. 经验 mă³¹tʃim⁵⁵
22. 办法 lă³¹tat³¹
23. 本事 mă³¹ʒai³¹
24. 脾气 a³¹kjaŋ⁵⁵
25. 感情 mă³¹ʒit³¹
26. 信息（消息）ʃi³¹ka³¹
27. 记号 mă³¹than⁵⁵
28. 生活 ŋa³¹pʒa³³lam³³
29. 生日 tai³¹toʔ³¹ n⁵⁵thoi⁵⁵；ʃă³¹ŋai³¹ n⁵⁵thoi⁵⁵
30. 礼物 kum⁵⁵phaʔ⁵⁵
31. 风俗 thuŋ⁵⁵khiŋ³¹
32. 习惯 thuŋ⁵⁵lai³¹；man³³
33. 年纪 a³¹sak³¹
34. 姓 poʔ³¹
35. 名字 mjiŋ³³
36. 名声 a³¹mjiŋ³³
37. 希望 mjit³¹ mă³¹ta³¹
38. 痛苦 mjit³¹jon³³
39. 秘密 mă³¹tʃi³¹
40. 错误 mă³¹ʒa³¹；ʃut⁵⁵
41. 条件 lă³¹kun³³ lă³¹ma³³
42. 危险 mă³¹kʒan³³；khʒit³¹pha³³
43. 区别 ʃai⁵⁵
44. 份儿 kam⁵⁵pum⁵⁵
45. 工夫（空闲）khă⁵⁵tum⁵¹
46. 关系 seŋ³³

47. 回声 phun³¹taŋ³³
48. 空隙 lă³³pʒan³³；man³¹
49. 谎话 mă³¹suʔ³¹ ka³¹
50. 技巧 a³¹tsam³¹ phaʔ³¹tʃi⁵⁵
51. 裂缝 kă³¹pʒaŋ³³khu³³
52. 疙瘩 lă³³pau³³
53. 痕迹 kha³³
54. 渣滓 paʔ⁵⁵
55. 斑点 a³¹paŋ³¹kha³³
56. 样子 lai³¹sam⁵⁵
57. 影子 ʃiŋ³¹na³¹
58. 梦 jup³¹maŋ³³
59. 好处 a³¹kju⁵⁵
60. 用处 laŋ³³ ʃă³¹ʒa³¹
61. 颜色 n³¹sam⁵⁵

## （十二）方位时间类

1. 方向 khu³³
2. 东 sin³¹pʒoʔ⁵⁵
3. 南 tiŋ³¹taʔ³¹
4. 西 sin³¹naʔ⁵⁵
5. 北 tiŋ³¹tuŋ³³
6. 东南 sin³¹pʒoʔ³⁵ tiŋ³¹taʔ³¹
7. 西北 sin³¹naʔ⁵⁵ tiŋ³¹tuŋ³³
8. 中间 kă³¹aŋ³³ ~ kă³¹a³³
9. 中心 kin³¹tʃuʔ³¹
10. 旁边 mă³¹kau³³
11. 左 pai³³；laʔ³¹pai³¹
12. 右 khʒa⁵⁵；laʔ³¹khʒa⁵⁵
13. 前（边）ʃoŋ³³
14. 后（边）phaŋ³³
15. 外（边）ʃiŋ³¹kan³¹
16. 里（边）kă³¹ta³¹
17. 角 tʃut³¹
18. 周围 kʒup³¹jin³³
19. 附近 phă³¹wa³³
20. 界线 ʒit³¹
21. 对面 man³³tʃoʔ⁵⁵
22. 正面 man³³
23. 上方（地势）lă³¹thaʔ³¹
24. 上游 khaʔ³¹khu⁵⁵
25. 上首（火塘、席位）n⁵⁵thuŋ⁵⁵
26. 下首（火塘、席位）lă³¹ko³³n³¹phaŋ³³
27. （桌子）上 n³¹tsa³³
28. （桌子）下 kă³¹ta³¹
29. （天）上（lă³¹mu³¹）n³¹tsa³³
30. （天）底下（lă³¹mu³¹）n⁵⁵puʔ⁵⁵
31. （墙）上 thaʔ³¹
32. 顶上 puŋ³³tiŋ³³
33. （山）下 mă³¹ju⁵⁵
34. 以下 lă³¹wuʔ⁵⁵

35. 以上 n³¹tsa³³
36. 往上 lǎ³¹tha²³¹
37. 往下 lǎ³¹wu²⁵⁵
38. 上半身 khum³¹ to³¹
39. 下半身 lǎ³¹ko³³ to³¹
40. 时间 a³¹teṇ³¹
41. 今天 tai³¹ni⁵⁵
42. 昨天 mǎ⁵⁵ni⁵⁵
43. 前天 mǎ⁵⁵ni⁵⁵tin³¹
44. 大前天 ma³³ni⁵⁵
45. 明天 phot⁵⁵ni⁵⁵
46. 后天 phot⁵⁵tin³¹ ni⁵⁵
47. 大后天 phʒa³³ ni⁵⁵
48. 今晚 tai³¹na²⁵⁵
49. 昨晚 mǎ⁵⁵na²⁵⁵
50. 明晚 phot⁵⁵na²⁵⁵
51. 早晨 tʃǎ³¹phot³¹
52. 白天 ʃǎ³¹ni⁵⁵
53. 黎明 thoi³¹tʃi²⁵⁵thoi³¹tʃa²⁵⁵
54. 上午 tʃǎ³¹phot³¹ to³¹
55. 中午 ʃǎ³¹ni⁵⁵ ka³¹aŋ³³ ～ ʃǎ³¹ni⁵⁵ ka³¹a³³
56. 下午 ʃǎ³¹na²⁵⁵ te²³¹to³¹
57. 黄昏 niŋ³³ʒim³³ ～ n³³ʒim³³
58. 晚上 ʃǎ³¹na²⁵⁵
59. 夜里 ʃǎ³¹na²⁵⁵ e³¹
60. 半夜 jup³¹tuŋ³³
61. 子（鼠）ju⁵⁵ ʃǎ³¹niŋ³³
62. 丑（牛）ŋa³³ ʃǎ³¹niŋ³³
63. 寅（虎）ʃǎ³¹ʒo³³ ʃǎ³¹niŋ³³
64. 卯（兔）pʒaŋ³¹tai⁵⁵ ʃǎ³¹niŋ³³
65. 辰（龙）pǎ³¹ʒen³¹ ʃǎ³¹niŋ³³
66. 巳（蛇）lǎ³³pu³³ ʃǎ³¹niŋ³³
67. 午（马）kum³¹ʒa³¹ ʃǎ³¹niŋ³³
68. 未（羊）pai³¹nam³³ ʃǎ³¹niŋ³³
69. 申（猴）woi³³ ʃǎ³¹niŋ³³
70. 酉（鸡）u³¹ ʃǎ³¹niŋ³³
71. 戌（狗）kui³¹ ʃǎ³¹niŋ³³
72. 亥（猪）wa²³¹ ʃǎ³¹niŋ³³
73. 日子 n⁵⁵thoi⁵⁵
74. 日 ni⁵⁵；ja⁵⁵²
75. 初一 pʒo²⁵⁵ lǎ⁵⁵ŋai⁵¹ ja²⁵⁵
76. 初二 pʒo²⁵⁵ lǎ⁵⁵khoŋ⁵¹ ja²⁵⁵
77. 初三 pʒo²⁵⁵ mǎ³¹sum³³ ja²⁵⁵
78. 初十 pʒo²⁵⁵ ʃi³³ ja²⁵⁵
79. 月 ta̱³³；ʃǎ³³ta̱³³
80. 一月（正月）khʒu³³ ta̱³³
81. 二月 ʒa³³ ta̱³³
82. 三月 wut³¹ ta̱³³
83. 四月 ʃǎ³¹la³³ ta̱³³
84. 五月 tʃǎ³¹thum³³ ta̱³³
85. 六月 ʃǎ³¹ŋan³³ ta̱³³
86. 七月 ʃi³¹mǎ³¹ʒi³¹ ta̱³³

87. 八月 kup³¹ʃi³¹ ta³³
88. 九月 kup³¹tuŋ³³ ta³³
89. 十月 kă⁵⁵la⁵¹ ta³³
90. 十一月（冬月）mă³¹tʃi³³ ta³³
91. 十二月（腊月）mă⁵⁵ka⁵¹ ta³³
92. 月初 pʐoʔ⁵⁵
93. 月中 ʃă³¹koŋ³¹
94. 月底 siʔ³¹
95. 上半月 pʐoʔ⁵⁵teʔ³¹
96. 下半月 siʔ³¹teʔ³¹
97. 年 niŋ³³；ʃă³¹niŋ³³
98. 今年 tai³¹niŋ³³
99. 去年 mă³³ niŋ³³
100. 前年 mă³³ niŋ³³tin³¹
101. 明年 thă³¹ niŋ³³
102. 后年 phʐa³¹ niŋ³³
103. 从前 ʃoŋ³³teʔ³¹
104. 古时候 moi³¹
105. 现在 jaʔ⁵⁵
106. 近来 jaʔ⁵⁵the³³
107. 将来 phaŋ³³ teʔ³¹
108.（三年）以后 mă³¹sum³³ niŋ³³ aʔ³¹ ʃoŋ³³
109.（两天）以后 ni³³ni⁵⁵aʔ³¹phaŋ³³
110. 今后 thom⁵⁵teʔ³¹；phaŋ³³teʔ³¹
111. 开始 phaŋ³³
112. 最后 phaŋ³³ tʃă³¹ thum⁵⁵
113. 星期 lă⁵⁵pan⁵¹
114. 星期一 lă⁵⁵pan⁵¹ lă⁵⁵ŋai⁵¹ jaʔ⁵⁵
115. 星期二 lă⁵⁵pan⁵¹ lă⁵⁵khoŋ⁵¹ jaʔ⁵⁵
116. 星期三 lă⁵⁵pan⁵¹ mă³¹sum³³ jaʔ⁵⁵
117. 星期四 lă⁵⁵pan⁵¹ mă³¹li³³ jaʔ⁵⁵
118. 星期五 lă⁵⁵pan⁵¹ mă³¹ŋa³³ jaʔ⁵⁵
119. 星期六 lă⁵⁵pan⁵¹ kʐu³¹ jaʔ⁵⁵
120. 星期日 lă⁵⁵pan⁵¹
121. 季节 khʐa³³；tu³¹khʐa³³
122. 雨季 ji³³nam³³ta³³
123. 夏季 n³¹lum⁵⁵ta³³
124. 冬季 n³¹ʃuŋ³³ ta³³
125. 新年 ʃă³¹niŋ³³ n³¹nan³³
126. 节日 lă³¹toʔ³¹ n⁵⁵thoi⁵⁵

## （十三）数量类

1. 一 lă⁵⁵ŋai⁵¹
2. 二 lă⁵⁵khoŋ⁵¹
3. 三 mă³¹sum³³
4. 四 mă³¹li³³
5. 五 mă³¹ŋa³³
6. 六 kʐuʔ⁵⁵
7. 七 să³¹nit³¹
8. 八 mă³¹tsat⁵⁵
9. 九 tʃă³¹khu³¹
10. 十 ʃi³³

11. 十一 ʃi³³lă⁵⁵ŋai⁵¹
12. 十二 ʃi³³lă⁵⁵khoŋ⁵¹
13. 十三 ʃi³³mă³¹sum³³
14. 十四 ʃi³³mă³¹li³³
15. 十五 ʃi³³mă³¹ŋa³³
16. 十六 ʃi³³kʒuʔ⁵⁵
17. 十七 ʃi³³să³¹nit³¹
18. 十八 ʃi³³mă³¹tsat⁵⁵
19. 十九 ʃi³³tʃă³¹khu³¹
20. 二十 khum³³
21. 二十一 khum³³ lă⁵⁵ŋai⁵¹
22. 三十 sum³¹ ʃi³³
23. 三十一 sum³¹ ʃi³³ la⁵⁵ŋai⁵¹
24. 四十 mă³¹li³³ ʃi³³
25. 四十一 mă³¹li³³ ʃi³³ lă⁵⁵ŋai⁵¹
26. 五十 mă³¹ŋa³³ ʃi³³
27. 五十一 mă³¹ŋa³³ ʃi³³ lă⁵⁵ŋai⁵¹
28. 六十 kʒuʔ⁵⁵ ʃi³³
29. 六十一 kʒuʔ⁵⁵ ʃi³³ lă⁵⁵ŋai⁵¹
30. 七十 să³¹nit³¹ ʃi³³
31. 七十一 să³¹nit³¹ ʃi³³ lă⁵⁵ŋai⁵¹
32. 八十 mă³¹tsat⁵⁵ ʃi³³
33. 八十一 mă³¹tsat⁵⁵ ʃi³³ lă⁵⁵ŋai⁵¹
34. 九十 tʃă³¹khu³¹ ʃi³³
35. 九十一 tʃă³¹khu³¹ ʃi³³ lă⁵⁵ŋai⁵¹
36. （一）百 lă³¹tsa̠³³
37. 零 ʃiŋ³¹nan⁵⁵ khum³¹
38. 一百零一 lă³¹tsa̠³³ e³¹ lă⁵⁵ŋai⁵¹
39. 千 khjiŋ³³
40. 三千零五十 khjiŋ³³ mă³¹ sum³³ e³¹ mă³¹ŋa³³ ʃi³³
41. 万 mun³¹
42. 十万 sen³¹
43. 百万 wan³¹
44. 千万 ʒi³¹
45. 亿（万万）kă³¹ti³¹
46. 第一 nam⁵⁵pat⁵⁵ lă⁵⁵ŋai⁵¹
47. （一）个（人）mă³¹ʒai³³
48. （一）张（纸）lap³¹ ; pa³³
49. （一）页（书）man³³
50. （一）个（鸡蛋）khum³¹
51. （两）只（鸟）khum³¹
52. （一）根（草）khin³¹laŋ³³ ; tsiŋ³¹khat⁵⁵
53. （一）粒（米）khjep⁵⁵
54. （一）把（菜）num³¹than³³
55. （一）岗（地）kja³³ lă⁵⁵khoŋ⁵¹
56. （一）棵（树）n³¹phaŋ³³
57. （两）本（书）pap³¹
58. （一）行（稻子）jan³³
59. （一）把（菜）num³¹than³³
60. （一）堆（粪）sum³¹pu̠m³³
61. （一）桶（水）pu̠ŋ⁵⁵
62. （一）片（树叶）lap³¹

63. （一）朵（花）siŋ³¹kjaŋ⁵⁵
64. （一）句（话）kho³¹
65. （一）双（鞋）man³³
66. （一）群（羊）wǎ³³noŋ³³
67. （一）段（路）to³¹
68. （一）节（竹子）lǎ³¹man⁵⁵
69. （一）天（路）lǎ³¹ni⁵⁵sat³¹
70. （一）只（鞋）tai³³
71. （一）卷（布）ʃǎ³¹pon³¹
72. （一）匹（布）up³¹
73. （一）揹（菜）mǎ³¹kun⁵⁵
74. （一）捆 ʃǎ³¹pon³¹
75. （一）捧 lǎ³¹ku³¹
76. （一）滴（油）n³¹the²³¹
77. （两）层（楼）tsaŋ³³
78. （一）包（东西）mǎ³¹kai³¹
79. （两）钱（银子）the³³
80. （一）里 teŋ³³
81. （一）拃 lǎ³¹kham³³
82. （一）肘 toŋ³¹
83. （一）步 lǎ³¹kham³³
84. （一）元（钱）lap³¹
85. （一）点钟 khum³¹
86. 一会儿 tʃǎ⁵⁵khʒiŋ⁵¹
87. （一）天 lǎ³¹ni⁵⁵
88. （一）夜 lǎ³¹naʔ⁵⁵
89. （一）昼夜 lǎ³¹ni⁵⁵lǎ³¹naʔ⁵⁵
90. （一）年 lǎ³¹niŋ³³
91. （去一）次 laŋ³¹
92. （来一）回 laŋ³¹
93. （吃一）顿 ma⁵⁵
94. 一些 loi³¹
95. 每天 ʃǎ³¹ni⁵⁵ʃǎ³³naŋ³³
96. 每个 ʃǎ³¹ku³¹
97. 三分之一 tham³¹mǎ³¹sum³³tha²³¹na⁵⁵tham³¹mji³³
98. 一倍 tham³¹；thaŋ⁵⁵

## （十四）代词类

1. 我 ŋai³³
2. 我俩 an⁵⁵；jan⁵⁵
3. 我们 an⁵⁵the³³ ~ an⁵⁵theŋ³³
4. 你 naŋ³³
5. 您 khop⁵⁵
6. 你俩 nan⁵⁵
7. 你们 nan⁵⁵the³³ ~ nan⁵⁵theŋ³³
8. 他 ʃi³³；khji³³
9. 他俩 ʃan⁵⁵ ~ khan⁵⁵
10. 他们 ʃan⁵⁵the³³；khan⁵⁵the³³
11. 自己 ti²⁵⁵naŋ³³
12. 别人 mǎ³¹ʃa³¹ni³³

13. 这 n³³tai³³
14. 这个 n³³tai³³
15. 这些 n³³tai³³ the³³
16. 这里 n³³tai³³ ko⁽⁷⁾⁵⁵
17. 这边 n³³tai³³te⁽⁷⁾³¹；n³³tai³³mă³¹ka⁵⁵
18. 这样 n³³tai³³
19. 那（较远指）wo⁵⁵（平面）；
    tho⁵⁵（地势高处）；le⁵⁵（地势低处）
20. 那（最远指）wo⁵¹（平面）；
    tho⁵¹（地势高处）；le⁵¹（地势低处）
21. 那个 wo⁵⁵ʒa³¹
22. 那些 wo⁵⁵ʒa³¹ the³³（平面）
23. 那里 wo⁵⁵ʒa³¹ ko⁽⁷⁾⁵⁵（平面）
24. 那边 wo⁵⁵ʒa³¹ te⁽⁷⁾³¹（平面）
25. 那样 wo⁵⁵ʒa³¹ tson³¹（平面）
26. 谁 kă³¹tai³³
27. 什么 pha³³
28. 哪个 kă³¹ʒa³¹
29. 哪里 kă³¹ʒa³¹ ko⁽⁷⁾⁵⁵
30. 几时 kă³¹loi⁵⁵
31. 怎么 kă³¹niŋ³¹
32. 多少 kă³¹te³¹
33. 几个 kă³¹te³¹
34. 为什么 pha³³ mă³¹tʃo³¹
35. 其他 kă³¹ka³¹
36. 各自 kă³¹tai³³ muŋ³¹kă³¹tai³³
37. 一切 ŋa³¹ mă⁵⁵ŋa⁵¹
38. 全部 ma⁽⁷⁾⁵⁵ khʒa³¹；joŋ³¹
39. 这次 n³¹tai³³ laŋ³¹

## （十五）性质状态类

1. 大 kă³¹pa³¹
2. 小 kă³¹tʃi³¹
3. 粗 lă⁵⁵pʒau⁵⁵
4. 细（碗）tsi³³
5. 高 tso³¹
6. 低 nem³¹
7. 凹 poŋ³³
8. 凸 khjok⁵⁵
9. 矮 nem³¹；tot̪⁵⁵
10. 长 kă³¹lu³¹
11. 短 kă³¹tun³¹
12. 远 tsan³³
13. 近 ni³¹
14. 宽 tam³¹
15. 窄 kjip⁵⁵
16. 厚 that³¹
17. 薄 pha³¹
18. 深 suŋ³¹
19. 浅 taŋ³³
20. 满 phʒiŋ⁵⁵

| | | | |
|---|---|---|---|
| 21. | 空 man³¹ | 22. | 瘪 ŋjop⁵⁵（球～）；san³³（～谷） |
| 23. | 多 lo²⁵⁵ | 24. | 少 n⁵⁵lo²⁵⁵ |
| 25. | 圆 tiŋ³¹ | 26. | 扁 pjet³¹ |
| 27. | 尖 mă³¹sen³¹ | 28. | 秃 kʒin³³ |
| 29. | 平 ʒa³³ | 30. | 皱 kă³¹pu̠m³³ |
| 31. | 正 man³³ | 32. | 反 n³¹le⁵⁵ |
| 33. | （打得）准 tiŋ³³ | 34. | 偏 ŋaʔ³¹ |
| 35. | 歪 n³¹khjeŋ³¹ | 36. | 横 n³¹taʔ³¹ |
| 37. | 竖（纵）tiŋ³¹tuŋ³³ | 38. | 直 tiŋ³³ |
| 39. | 斜 n³¹jot³¹ | 40. | 弯 mă³¹koʔ³¹ |
| 41. | 黑 tʃaŋ³³；naʔ³¹（出现在复合词中） | 42. | 白 phʒo³¹～phʒoŋ³¹ |
| 43. | 红 khje³³～khjeŋ³³ | 44. | 黄 thoi³¹ |
| 45. | 绿 tsit³¹ | 46. | 青 tsi̠t³¹ |
| 47. | 蓝 paŋ³³lai³³ n³¹sam⁵⁵ | 48. | 紫 ma̠ŋ³³ |
| 49. | 灰 mut³¹ | 50. | 亮 thoi³¹ |
| 51. | 暗 sin³³ | 52. | 重 li³³（死人）；mă³¹tʃun⁵⁵（活人） |
| 53. | 轻 tsaŋ³³ | 54. | 快 lă³¹wan³³ |
| 55. | 慢 lă³¹ŋjan³¹ | 56. | 早 tʃau³³ |
| 57. | 迟 phaŋ³³khʒat³¹ | 58. | 利（快）ta̠i⁵⁵ |
| 59. | 钝 to̠n³³ | 60. | 清 san³¹ |
| 61. | 浑（浊）kă³¹nuʔ³¹ | 62. | 胖 phum³³ |
| 63. | （猪）肥 phum³³ | 64. | 壮 poŋ³¹ |
| 65. | （人）瘦 lă³¹si³¹ | 66. | 强 tʃaʔ³¹ |
| 67. | 弱 kja̠³¹ | 68. | 干 khʒo²⁵⁵（物体内）；ka³³（湿物） |
| 69. | 湿 mă³¹ti³³ | 70. | 浓 pa³¹pji̠n³³ |
| 71. | 淡 sit³¹ | 72. | （粥）稠 a³¹pa²⁵⁵ |

73. （粥）稀 pʒuŋ³¹pʒaŋ³¹
74. （布）密 tik⁵⁵
75. （布）稀 ʒan³³
76. 硬 tʃaˀ³¹
77. 软 kja³¹
78. 粘（上）mǎ³¹kjep³¹
79. 光滑 pʒi³³
80. 粗糙 lǎ⁵⁵pʒau⁵⁵
81. 细（米）tot³¹
82. （路）滑 mǎ³¹nen³³
83. 紧 kaŋ³³
84. 松 nu³³
85. 脆 khʒop⁵⁵
86. 牢固 ŋaŋ³¹kaŋ³³
87. 结实 ŋaŋ³¹
88. 乱 ʃǎ⁵⁵nut⁵⁵
89. 对 tʃo³¹
90. 错 ʃut⁵⁵
91. 真 teŋ³¹
92. 假 sot⁵⁵
93. 生的 kǎ³¹tsiŋ³³
94. 新 niŋ³¹nan³³～n³¹nan³³
95. 旧 niŋ³¹sa³¹～n³¹sa³¹
96. 好 kǎ³¹tʃa³³
97. 坏 then³¹；n³¹mat³¹（坏人）
98. 差 ʃai⁵⁵（chā）；ʒa³¹（chà）
99. 贵 phu³³
100. 贱（便宜）pha³¹；po⁵⁵
101. 老 kin³¹sa⁵⁵（植物）
102. 嫩 khǎ³¹luŋ³³
103. 美 thap³¹；phʒu³³；tsom³¹
104. 丑 phʒo⁵⁵ n³³ phʒu³³
105. 热 kǎ³¹thet³¹
106. （天气）冷 kǎ³¹tsi³³
107. （水）冷 kǎ³¹ʃuŋ³³
108. （水）温 lum³³
109. 暖和 lum³³
110. 凉快 kǎ³¹tsi³³pjo³³
111. 难 jak³¹
112. 容易 loi³¹
113. （气味）香 mǎ³¹nam³³ ŋon³³
114. 臭 khaŋ³³
115. （味道）香 mu³³
116. 酸 khʒi³³
117. 甜 tui³¹
118. 苦 kha⁵⁵
119. 辣 tʃap³¹
120. 咸 ʃum³³
121. （盐）淡 sit³¹
122. 涩 khup³¹
123. 腥 niŋ³¹siŋ³³；sǎ³¹maˀ³¹；sǎ³¹muˀ³¹
124. 臊 mǎ³¹nam³³ khaŋ³³

125. 腻 lau³³（食物）
126. 闲 pan³¹
127. 忙 kjin⁵⁵
128. 富 su⁵⁵；lu³¹su⁵⁵
129. 穷 mă³¹tsan³¹
130. 干净（清洁）san³¹seŋ⁵⁵
131. 脏 mă³¹tsat⁵⁵ʃă³¹pat³¹
132. 热闹 a³¹
133. 安静 tsim³¹
134. 新鲜 kă³¹tsin³³ phʒap³¹phʒap³¹
135. 活的 tʃă³³khʒuŋ³³（活的）
136. 死的 tʃă³³si³³
137. 明亮 thoi³¹san³¹
138. 清楚 pʒaʔ⁵⁵；tan³¹；tan³¹ pʒaʔ⁵⁵
139. 模糊 n⁵⁵pʒaʔ⁵⁵
140. 好吃 mu³³
141. 难吃 n³³mu³³
142. 响 ŋoi³³
143. 辛苦 tʃam³¹tʃau³¹；pa⁵⁵
144. 闷 să³¹up³¹；mjit³¹ uʔ⁵⁵
145. 慌 kă³¹phʒa³¹
146. 急忙 tin³³ ʃă³¹pun³³
147. 花（衣服）mă³³ka³³
148. 聪明 mjit³¹let⁵⁵
149. 傻 mă³¹na³¹；mă³¹ŋja³¹
150. 蠢 ŋok³¹；pam³¹
151. 机灵 tsen³³
152. 老实 tin³³man³³；tin³³phʒin³³
153. 狡猾 mă³¹nen³³
154. 粗暴 mjit³¹kă³¹thaʔ⁵⁵
155. 马虎 mă³¹luʔ⁵⁵ mă³¹leʔ⁵⁵
156. 细心 a⁵⁵pui⁵¹ʃa³¹
157. 和气 si³³ mă³¹ni³¹
158. 骄傲 kum³¹ʒoŋ⁵⁵
159. 谦虚 ʃă³¹kʒit³¹ ʃă³³nem³¹
160. 合适 ʒam³³；thuk⁵⁵
161. 勇敢 ʃă³³ʒe³³
162. 凶恶 mă³¹tse³¹ lă³¹pje⁵⁵
163. 狠毒 n⁵⁵khʒuʔ⁵⁵
164. 厉害 ʒuʔ⁵⁵
165. 客气 a³¹kam³³
166. 小气 mjit³¹ kă³¹tʃi³¹
167. 勤快 tset³¹；kjet³¹
168. 懒 lă³¹kon³¹
169. 笨拙 a³¹ŋok³¹；a³¹li³³a³¹thi³¹
170. 乖 mai³³
171. 努力 ʃă³¹kut³¹
172. 啰嗦 a³¹pup⁵⁵
173. 可怜 mă³¹tsan³¹ mă³¹jan⁵⁵
174. 高兴 kă³¹pu³³
175. 幸福 ŋa³¹ŋon³³
176. 平安 wun³¹li⁵⁵lu³¹
177. 难受 ŋa³¹jak³¹
178. 舒服 ŋon³³

179. 悲哀 jon$^{33}$；jon$^{33}$khjen$^{33}$
180. 亲热 khau$^{55}$
181. 慈祥 sum$^{33}$nuŋ$^{33}$ ʃiŋ$^{33}$ti$^{33}$
182. 讨厌 n$^{55}$ʒi$^{51}$
183. 麻烦 ʃã$^{31}$jak$^{31}$
184. 单独 tʃu$^{33}$ʃa$^{31}$
185. 陡峭 kǎ$^{31}$toŋ$^{33}$
186. 贪心 mǎ$^{31}$ʒin$^{31}$

## （十六）动作行为类

1. 爱（她）tso$^{ʔ55}$
2. 爱（吃）ʒa$^{ʔ31}$
3. 安装 ʃã$^{31}$tʃo$^{ʔ55}$
4. （往下）按 tip$^{31}$
5. 熬 ʃã$^{31}$nai$^{33}$（药）；mǎ$^{31}$lum$^{33}$（粥）
6. 拔（草）mǎ$^{31}$lum$^{33}$
7. 拔火罐 mǎ$^{31}$kaŋ$^{33}$
8. 把（尿）（tʃit$^{31}$）ʃã$^{31}$tʃi$^{55}$
9. 耙（田）mǎ$^{31}$sit$^{31}$
10. 掰开 kaŋ$^{33}$kji$^{31}$；to$^{ʔ31}$（～玉米）
11. 摆着（东西）mǎ$^{31}$ʒa$^{ʔ55}$
12. 摆动 kǎ$^{31}$ŋat$^{31}$；kǎ$^{31}$ŋa$^{ʔ55}$
13. 败 sum$^{55}$
14. 拜（菩萨）no$^{ʔ55}$
15. 搬（家）n$^{31}$ko$^{ʔ31}$ thot$^{31}$
16. 帮助 kǎ$^{31}$ʒum$^{33}$
17. 绑 ʃã$^{31}$pon$^{31}$；a$^{31}$khjen$^{31}$
18. 包（药）mǎ$^{31}$kai$^{31}$
19. 剥（花生）po$^{ʔ31}$
20. 剥（牛皮）[他动] ko$^{55}$
21. （漆）剥落 mǎ$^{31}$lok$^{55}$
22. 保密 mǎ$^{31}$tʃi$^{31}$ tʃã$^{31}$ʃim$^{33}$
23. 保护 mǎ$^{31}$kop$^{31}$
24. 饱 khʒu$^{55}$
25. 抱（小孩）pon$^{33}$
26. 背（孩子）pa$^{ʔ31}$
27. （把谷子）焙干 kǎ$^{31}$ʒau$^{33}$
28. 背（书）tʃet$^{55}$
29. 进（出来）kǎ$^{31}$ma$^{ʔ55}$；kǎ$^{31}$maŋ$^{31}$
30. 比 ʃã$^{31}$ton$^{55}$
31. （口）闭 [自动] thep$^{31}$
32. 闭（口）[他动] tʃã$^{31}$thep$^{31}$
33. 编（辫子）khʒi$^{ʔ31}$
34. 编（篮子）wa$^{31}$
35. 变 lai$^{33}$
36. 辩论 taŋ$^{31}$ʒaŋ$^{31}$
37. 扁了 a$^{31}$pjet$^{31}$
38. 病 mǎ$^{31}$tʃi$^{ʔ55}$
39. 补（衣服）ʃã$^{31}$pa$^{31}$
40. 补（锅）ʃã$^{31}$pa$^{31}$
41. 擦（桌子）kǎ$^{31}$tsu̱t$^{55}$
42. 猜（谜语）tak$^{31}$

| | | | |
|---|---|---|---|
| 43. | 猜中 tak³¹tʃo³¹ | 44. | 裁 ʒep³¹ |
| 45. | 踩 kǎ³¹pjeʔ³¹ | 46. | 藏(东西)mǎ³¹kɔi³³ |
| 47. | 蹭(痒)a³¹ʒut³¹ | 48. | 插(牌子)tʃuŋ³¹ |
| 49. | 插(秧)khai⁵⁵ | 50. | 查(账)tʃep⁵⁵ |
| 51. | 差(两斤)ʒa³¹ | 52. | 拆(衣服)ʒun³¹ |
| 53. | 搀扶 a³¹pjem⁵⁵ | 54. | 掺(水)kǎ³¹jau³³ |
| 55. | 缠(线)lǎ³¹khon⁵⁵ | 56. | 嘴(馋)mǎ³¹lu³³;tʃu³³(动物) |
| 57. | 馋(肉)mǎ³¹lu³³ | 58. | 尝 tʃim⁵⁵ |
| 59. | 偿还 waʔ⁵⁵(债);ʃǎ³¹pai³¹(退还) | 60. | 唱(歌儿)mǎ³¹khon⁵⁵ |
| 61. | 抄(书)thok³¹ka³³ | 62. | 吵 kǎ³¹ʒu³¹;ka³¹loʔ⁵⁵ |
| 63. | 炒 kǎ³¹ŋau³³ | 64. | 车(水)ʃoʔ³¹ |
| 65. | 沉 lup³¹;thin⁵⁵ | 66. | 称(粮食)theŋ³¹;ʃen³³ |
| 67. | 称赞 ʃǎ³¹kʒau³³ | 68. | 撑(伞)thoŋ³¹ |
| 69. | 撑(船)thu⁵⁵ | 70. | 成(了)pjin³¹ |
| 71. | 完成 ŋut⁵⁵;kʒeʔ³¹ | 72. | 盛(饭)the⁵⁵;tǎ⁵⁵kot⁵⁵;ʃap³¹ |
| 73. | 承认 jin³³ | 74. | 吃 ʃa⁵⁵ |
| 75. | (用水)冲 a³¹kʒoʔ³¹ | 76. | 舂(米)thu³¹ |
| 77. | 抽(出刀来)ʃoʔ³¹ | 78. | 抽(烟)pak³¹ |
| 79. | (用鞭)抽打 kǎ³¹pat⁵⁵ | 80. | 出嫁 num³³wa³¹ |
| 81. | 出(水痘)(nam³¹pʒan³³)pʒan³³ | 82. | 出去 pʒuʔ³³sa³³ |
| 83. | (太阳)出来了(tʃan³³)pʒuʔ³³ | 84. | 出来 pʒuʔ³³wa³¹ |
| 85. | 取出 la⁵⁵ | 86. | 出现 tan³¹pʒuʔ³³ |
| 87. | 锄(草)ʃot³¹ | 88. | 穿(衣)phun⁵⁵ |
| 89. | 穿(鞋)(kjep³¹tin³³)tin³³ | 90. | 穿(针)ʃon⁵⁵ |
| 91. | (一代)传(一代)thon³³ | 92. | 传染[他动]ʃǎ³¹kap⁵⁵ |
| 93. | 染上[自动]kap⁵⁵ | 94. | 吹(喇叭)tum³¹ |
| 95. | 吹(尘土)kǎ³¹wut³¹ | 96. | 捶打 a³¹tup³¹ |

97. （消息）传开 tsun³³ʃă³³pʒa⁵⁵
98. 喘 n³¹saʔ³¹ kă³¹lop³¹
99. 戳 a³¹tʃoʔ⁵⁵
100. 催 ʃă³¹tut³¹
101. 错（了）ʃut⁵⁵
102. 搓（绳子）ʒit³¹
103. 搓紧 ʒit³¹ ʃă³¹kʒi³³
104. 答应 than⁵⁵
105. 打（人）kă³¹jat³¹
106. 打手势 tiŋ³¹si⁵⁵
107. 打卦 ʃă⁵⁵paʔ⁵⁵wot³¹
108. 打猎 ʃan³¹kap³¹
109. 打枪 să⁵⁵nat⁵⁵kap³¹
110. 打中 kap³¹khʒa⁵⁵
111. 打仗 mă³¹tʃan³¹ kă³¹sat⁵⁵
112. 打架 ka³¹ loʔ⁵⁵
113. 打散[他动] ʃă³¹pʒa⁵⁵
114. 失散[自动] pʒa⁵⁵
115. 打倒 kă³¹sat⁵⁵ a³¹kʒop³¹
116. 打水 khăʔ³¹ tʃaʔ³¹
117. 打针 tsi³¹ thu⁵⁵
118. 打柴 phun⁵⁵thaŋ³¹ ~ phun⁵⁵tha³¹
119. 打赌 phai³¹ta³¹ ta³¹
120. 打场 tup³¹
121. 打墙 ʃă⁵⁵kum⁵¹kum³³
122. 打扮 mon³³
123. 打比方 kă³¹ʃă³¹ton⁵⁵
124. 打喷嚏 kă³¹thi³¹
125. 打瞌睡 jup³¹ŋaʔ³¹
126. 打滚儿 kum³¹kan³¹
127. 打呵欠 kă³¹kham³¹
128. 打嗝儿 kă³¹ik⁵⁵；kă³¹eʔ⁵⁵
129. 打鼾 jup³¹kok³¹kok³¹
130. 打开 phoʔ³¹
131. 打霹雳 muʔ⁵⁵a³¹tʃeʔ³¹
132. 打闪 mjiʔ³¹phʒap³¹ kă³¹lam³¹
133. 打雷 muʔ⁵⁵kuŋ³¹
134. 带（钱）kun³³
135. 带（孩子）(ma³¹)woi³³
136. 带（路）lam³³woi³³
137. 戴（帽子）kup³¹；tʃop⁵⁵
138. 戴（包头）khoʔ⁵⁵
139. 戴（手镯）khon⁵⁵
140. 耽误[自动]ka³³ tum³³
141. 耽误[他动]ka³³ ʃă³¹tum³³
142. 当（兵）phjen³³ ʃaŋ³¹
143. 挡（风）(n³¹puŋ³¹)ʃiŋ³¹kun⁵⁵
144. （墙）倒了[自动]kă³¹toŋ³³
145. （把墙）弄倒[他动]noŋ⁵⁵
　　（推）kă³¹ toŋ³³
146. 倒（过来）n³¹than⁵⁵
147. （把水）倒掉 ʒu⁵⁵
148. 到（了家）tu³¹

149. 捣碎 thu³¹ a³¹kʒop³¹
150. 得到 lu³¹la⁵⁵
151. 等待 la³¹tiŋ³¹ta³³
152. 地震 n³³naŋ³³non³¹non³¹
153. 低（头）kum³¹
154. 抵抗 to⁵⁵ kǎ³¹sat⁵⁵
155. 点（头）ŋaʔ⁵⁵
156. 点（火）[他动] ʃã³¹tʃi̠ʔ⁵⁵
157. 燃烧 [自动] tʃi̠ʔ⁵⁵
158. 点（灯）wan³¹ phoʔ³¹
159. 垫 nep⁵⁵
160. 凋谢 pjit³¹; ʒun³³
161. 叼 mǎ³¹kʒaŋ³³
162. 掉（过头）kǎ³¹jin³³; n³¹thaŋ⁵⁵
163. 掉（下井去）khʒat³¹
164. 吊（在梁上）noi⁵⁵
165. 钓（鱼）ton⁵⁵
166. 跌倒 kǎ³¹to³³
167. 叠（被子）kǎ³¹thap³¹
168.（蚊子）叮 kǎ³¹wa⁵⁵
169. 钉（钉子）tit³¹
170. 丢失 ʃã³¹mat³¹（他动）; mat³¹（自动）
171. 懂 tʃe³³; tʃoi³¹
172.（肉）冻了 keʔ⁵⁵
173. 动 [自动] ʃã³¹mu³³
174. 动 [他动] ʃã³¹mot³¹
175. 动身 ʒot³¹; ʃã³¹mu³³
176. 读（书）thi⁵⁵
177. 堵（漏洞）pat⁵⁵
178. 赌博 phai³¹ta³¹ta³¹
179. 渡（河）ʒap⁵⁵
180. 渡（过一生）pʒa³³
181. 断气 n³¹saʔ³¹ thiʔ³¹
182.（线）断 [自动] tiʔ³¹
183.（线）弄断 [使动] ʃã³¹tiʔ³¹
184.（棍子）断（折）[自动] toʔ³¹
185.（棍子）弄断（折）[使动] ʃã³¹toʔ³¹
186. 堆（稻草）sum³¹pum³¹
187. 蹲 tʃã⁵⁵tʃom⁵¹; tiŋ³¹njom³¹
188. 炖（鸡）ʃã³¹pjo̠ʔ⁵⁵; ʃã³¹mjoʔ⁵⁵
189. 躲藏 mǎ³¹koi³³; lǎ³¹kjim⁵⁵
190. 剁（肉）to̠k⁵⁵（大块）; khak³¹（细）
191. 跺（脚）khin³¹tit³¹
192. 饿 koʔ⁵⁵si³³; kan³³si³³
193. 发（信）ʃã³¹kun⁵⁵
194. 发展 ʒot³¹tʃa³³
195. 发誓 tǎ³¹kaʔ⁵⁵
196. 发烧 khum³¹ kǎ³¹thet⁵⁵
197. 发抖 kǎ³¹ʒiʔ⁵⁵
198. 发脾气 mǎ³¹sin³¹pot³¹
199. 发愁 mjit³¹ʒuʔ⁵⁵
200.（嘴巴）发苦 kha⁵⁵

201. 发芽 mă³¹tʃi³³pʒu̱³³；mă³¹kuʔ⁵⁵ku̱ʔ⁵⁵
202. 翻（穿）kă³¹le⁵⁵ phun⁵⁵
203. （在床上）翻身 khum³¹ kă³¹le⁵⁵
204. 反刍 ʃat³¹lai⁵⁵ lai⁵⁵
205. 繁殖 mă³¹jat³¹；mă³¹ja³³
206. 犯罪 mă³¹ʒa³¹lu³³
207. 放水 khaʔ³¹ tat³¹
208. 放（盐）paŋ³³
209. 放火 nat³¹
210. 放屁 phjet³¹pu⁵⁵
211. 放假 tʃoŋ³¹ tat³¹
212. 放心 mjit³¹ mu³³
213. 纺（纱）ʒi³¹
214. 飞 pjen³³
215. 分（粮食）kă³¹ʒan⁵⁵
216. 分家 thiŋ³¹pjen³³ pʒu̱³³；ʒan⁵⁵
217. 分离[自动] khaʔ³¹
218. 分开（拆散）[他动] tʃă³¹khaʔ³¹
219. 缝纫 tʃui³³
220. 疯 mă³¹na³¹ puʔ³¹
221. 敷（药）ʃă³¹kap⁵⁵
222. 孵（小鸡）phum⁵⁵
223. 扶（着栏杆走）ʃum³³
224. 伏（在桌子上）tă³¹kup⁵⁵；tă³¹kap⁵⁵
225. 腐烂 jat³¹
226. 改 lai³³；kʒam⁵⁵
227. 盖（被子）phun⁵⁵
228. （衣服）干了 ka³³
229. 晒 lam³³
230. 感冒 wo⁵⁵wo⁵⁵
231. 感谢 tʃe⁵⁵tʃu⁵⁵ kă³¹pa³¹
232. 赶集 kat⁵⁵ sa³³
233. 干活儿 puŋ³¹li³¹ kă³¹lo³³
234. 敢 kui⁵⁵；ʒip⁵⁵；wam³³
235. 硌（脚）a³¹thu³¹
236. 告诉 tsun³³tan⁵⁵
237. 告状 ʃok⁵⁵
238. 割（肉）kă³¹toi³¹
239. 割断 tiʔ³¹
240. 割（草）tan³¹
241. 隔（一条河）tin³¹
242. 给 ja³³；tʃoʔ³¹
243. 够（长度）loʔ⁵⁵；ʒam³³
244. 跟（在后面）khan⁵⁵
245. 耕（田）kă³¹lau³¹
246. （猪）拱（土）kă³¹noʔ³¹
247. 钩 mă³¹khai³¹
248. 估计 tak³¹son³³
249. 故意 tiŋ³¹saŋ³³～tiŋ³¹sa³³
250. 箍 ʃon⁵⁵
251. 鼓（起肚子）tʃă⁵⁵puŋ⁵¹
252. 雇 soʔ³¹；ʃap³¹
253. 挂（在墙上）noi⁵⁵
254. 刮（毛）ʃă³¹ŋun³³

255. 关（门）la²³¹
256. （被钉子）挂住 tʃa⁵⁵
257. 关住［自动］ʒoŋ³³
258. 关（羊）［他动］ʒoŋ⁵⁵
259. 管（家）kon³¹
260. 管（学生）kon³¹
261. 灌（水）tat³¹
262. 跪 phut³¹ti⁷³¹
263. 滚 tʃai³³
264. 过年 ʃã³¹niŋ³³ n³¹nan³³ʃaŋ³¹
265. 过（桥）ʒap⁵⁵
266. 过了（两年）（ni³³niŋ³³）lai³¹
267. 共计 joŋ³¹phon³¹
268. 害羞 kǎ³¹ja⁷³¹
269. 害怕 khʒit³¹
270. 含（一口水）mǎ³¹um³³
271. 喊（人开会）ʃã³¹ka⁵⁵
272. 喊叫 mǎ³¹ʒon⁵⁵；puk⁵⁵
273. 喝（茶）lu⁷³¹
274. 合（多少钱）keŋ³³
275. 合适 ʒam³³；thuk⁵⁵
276. 合拢 kǎ³¹khjin³³；ʃiŋ³¹kjin³¹
277. 恨 n³³tʃu³³；n³³toŋ³¹；n⁵⁵wom³¹
278. 哼（呻吟）mǎ³¹tai³³
279. 烘（衣服）kǎ³¹kaŋ³³；kǎ³¹tip⁵⁵
280. 哄 pʒeŋ³¹；nem³³
281. 后悔 mjit³¹ mǎ³¹lai⁵⁵lu³¹
282. 糊涂 mǎ³¹na³¹；ŋok³¹
283. （眼）花（了）kǎ³¹pʒim³¹
284. 划（船）ʃap³¹
285. 滑稽 a³¹koi⁵⁵
286. 画（画儿）ka³³
287. 怀孕 ma³¹kun³³；khum³¹li³³（雅称）
288. 怀疑 n⁵⁵tsen⁵¹；n⁵⁵ʒup⁵⁵
289. 还（账）wa⁷⁵⁵
290. 还（钢笔）ʃã³¹pai⁵⁵
291. 换 kǎ³¹lai⁵⁵
292. 唤（狗）ʃã³¹ka⁵⁵
293. 灰心 mjit³¹ to⁷³¹
294. 回［自动］wa³¹
295. 使回［他动］wa³¹ ʃã³¹ŋun⁵⁵
296. 回头 kǎ³¹jin³³
297. 回忆 n³¹thaŋ⁵⁵ sum³¹ʒu³¹
298. 回答 than⁵⁵
299. 挥动 kǎ³¹lam³¹
300. 会（织布）tʃe̞³³
301. 毁谤 tʃã³¹phoi³¹
302. 毁灭［自动］mjit⁵⁵
303. 毁灭［他动］ʃã³¹mjit⁵⁵
304. 混合 kǎ³¹jau³³ kǎ³¹ja³¹
305. 浑浊 khǎ³¹nu⁷³¹
306. 活了［自动］khʒuŋ³³；tʃã³¹khʒuŋ³³（使他活）

307. 获得 lu³¹ la⁵⁵
308. 和（泥）kǎ³¹jau³³
309. 集合［自动］phoŋ³¹
310. 集合［他动］tʃǎ³¹phoŋ³¹
311. 积（水）［他动］ʃǎ³¹iŋ³¹
312. （水）积［自动］iŋ³³
313. 挤 a³¹nin³¹
314. 挤（奶）ʃup³¹
315. 积攒 mǎ³¹khoŋ³¹
316. （用笔）记 mǎ³¹tsiŋ³³
317. 寄（信）ʃǎ³¹kun⁵⁵
318. 忌妒 mǎ³¹non⁵⁵
319. 忌嘴 kam³³；kjen³³
320. 系（腰带）kjit⁵⁵
321. 继续 mǎ³¹tut⁵⁵
322. （腋下）夹（着一本书）mǎ³¹tep⁵⁵
323. 夹（菜吃）lǎ⁵⁵kap⁵⁵
324. 捡 tha⁽²³¹⁾
325. 减 ʃo⁽²³¹⁾
326. 剪 ʒep³¹
327. （冻）僵（了）lǎ³¹kjo³¹
328. 讲（故事）khai³¹
329. 降落［自动］khʒat³¹
330. 降落［他动］tʃǎ³¹khʒat³¹
331. 浇（水）tʃo⁵⁵
332. （被火烧）焦（了）khat³¹
333. 教（书）ʃǎ³¹ʒin⁵⁵
334. 嚼 mǎ³¹ja⁵⁵
335. （公鸡）叫 koi³¹
336. （母鸡）叫 kʒuk⁵⁵
337. （猫）叫 ŋjau⁵⁵
338. （牛）叫 ŋjot⁵⁵（水牛）；n³¹po³¹（黄牛）；n³¹pje³¹（小黄牛）
339. （狗）叫 wau⁵⁵
340. （猪）叫 kok³¹
341. （羊）叫 n³¹pje³¹
342. （老虎）叫 ʃǎ³¹pam³¹
343. （狮子）叫 ʃǎ³¹pam³¹
344. 叫（名字）mjiŋ³³ ʃǎ³¹ka⁵⁵
345. 交换 kǎ³¹lai⁵⁵khat⁵⁵
346. 交（朋友）（tʃiŋ³¹khu⁽²³¹⁾）khu⁽²³¹⁾
347. 接住 khap³¹la⁵⁵
348. 揭（锅盖）pho⁽²³¹⁾
349. 结（果子）si³¹
350. 结（冰）ke⁽²⁵⁵⁾
351. 结婚 khin³¹ʒan⁵⁵
352. 解（疙瘩）phjan³¹；ʒo⁽²³¹⁾
353. 借（钱）khoi³¹
354. 借（工具）ʃap³¹
357. 进（屋）ʃaŋ³¹
358. 经过 lai³¹
359. 浸泡 tsiŋ³¹
360. 禁止 n⁵⁵lu³¹na³³

361. 惊动[他动] ʃă³¹tsoŋ³¹
362. 受惊[自动] tsoŋ³³
363. （马）受惊 khʒit³¹kă³¹tʃoŋ³¹
364. 救（命）khje⁵⁵
365. 居住 ŋa³¹
366. 锯 ʒet³¹
367. 举（手）ʃă³¹ʒot³¹
368. 卷（布）kă³¹tsu⁷⁵⁵
369. 蜷 khă⁵⁵wan⁵¹；khin⁵⁵tum⁵¹
370. 掘（树根）kot³¹
371. 卡住[自动] tʃa⁷⁵⁵
372. 使卡住[使动] ʃă³¹tʃa⁷⁵⁵
373. 开（门）pho⁷³¹
374. （水）开（了）pʒut³¹
375. （花）开 pu³¹
376. 开（车）kot³¹；kau³¹；khaŋ⁵⁵
377. 开始 phaŋ³³
378. 开荒 tiŋ³¹kʒam³¹ wo⁷³¹
379. 砍（树）kʒan³³
380. 砍（骨头）kă³¹tham³¹
381. 看（书）thi⁵⁵
382. （给别人）看 mă³¹tun⁵⁵
383. 看见 mu³¹
384. 扛（木头）phai³³
385. 考试 san⁵⁵poi⁵⁵san⁵⁵
386. 靠（墙）ʃă³¹mjet³¹
387. 磕头 no⁷⁵⁵
388. 咳嗽 tʃă³¹khʒu³¹
389. 渴 phaŋ³¹kă³¹ʒa⁷³¹
390. 刻 kʒok⁵⁵
391. 肯 khʒo⁵⁵；kam³³
392. 啃 mă³¹kʒet³¹
393. 抠 lai³³；a³¹kʒo⁷⁵⁵
394. 扣（扣子）taŋ⁵⁵
395. 哭 khʒap³¹
396. 夸奖 ʃă³¹kʒau³³；ʃă³¹koŋ³¹
397. 跨（一步）lă³¹kham⁵⁵
398. 宽恕 mă³¹ʒa³¹ʒo⁷³¹
399. 空闲 ʒau³³
400. 睏 jup⁵⁵mă³¹ju³³
401. 拉 kaŋ³³
402. 拉（屎）ŋi⁵⁵
403. 辣 tʃap³¹
404. 拉（là）下（东西）tʃă³¹khʒat³¹
405. 来 sa³³
406. 捞 sai³¹
407. 老 kum³¹kai³³（女）；tiŋ³¹la³³（男）
408. 烙 kă³¹pa⁵⁵
409. 勒 kjit³¹
410. 累（lèi）pa⁵⁵
411. 理解 mjit³¹thai³¹
412. 连接 mă³¹tut⁵⁵
413. 练[他动] ʃă³¹kjaŋ³³
414. 练就[自动] kjaŋ³³

415. 量 ʃă³¹toŋ⁵⁵；theŋ³¹
416. 晾（衣服）lam³³
417. 聊天 tʃă³¹tha³¹
418. 裂（缝）ka²³¹；kă³¹pʒaŋ³³
419. 淋（雨）a³¹pup⁵⁵
420.（水）流动 kă³¹noŋ³¹
421. 流行 kum³¹khoŋ³³；pʒaŋ⁵⁵
422. 流传 khai³¹khʒat³¹
423. 留（种子）mă³¹tat³¹
424. 滤 tʃen³¹
425. 搂 poŋ³³
426.（房子）漏（雨）kă³¹jun³³
427. 轮流 kă³¹thi³¹ kă³¹lai³³
428. 轮到 aŋ³¹
429. 聋 na³¹phaŋ⁵⁵
430. 擦 ʒin⁵⁵
431.（太阳）落 ʃaŋ³¹
432. 麻木 pham³¹
433. 骂 mă³¹tsa³³
434. 满[自动] phʒiŋ⁵⁵
435. 使满[使动] tʃă³¹phʒiŋ⁵⁵
436. 满意 mjit³¹ŋon³³
437. 满足 mjit³¹tik³¹
438. 梦 ma̠ŋ³³
439. 埋 lup³¹
440. 买 mă³¹ʒi³³
441. 卖 tut³¹
442. 冒（烟）moŋ³³
443. 没有 n⁵⁵lu⁵¹
444. 蒙盖 mă³¹kap³¹；thiŋ³¹kʒum³¹
445. 眯 mji⁵⁵ mji̠⁵⁵
446.（鸟）鸣 ŋoi³³
447. 瞄准 ʃă³¹tiŋ³³
448.（火）灭 kʒip⁵⁵
449. 抿着（嘴）ʃă³¹tep³¹
450. 明白 tʃe³³ na³¹
451. 摸 mă³¹sop³¹
452. 磨（刀）kă³¹ʒaŋ³³
453. 磨（面）ʒin⁵⁵
454. 拧（手巾）ʃup³¹
455.（油脂）凝固 ke²⁵⁵
456. 挠（痒）mă³¹khjit³¹
457. 能够 lu³¹
458.（晒）蔫（了）kjip³¹
459. 念（经）thi⁵⁵
460. 呕吐 mă³¹ton³³
461. 趴 ʃă³¹kum³¹
462.（大人）爬 kum³¹ʒot³¹
463.（小孩）爬 wa²³¹ khom³³khom³³
464.（虫子）爬 kum³¹tsu̠n³³
465.（鸡）扒（土）a³¹phʒe⁵⁵
466. 爬（山）luŋ³¹
467. 拍（桌子）lă³¹thum⁵⁵
468. 排（队）pha³³len³¹len³¹

469. 派（人）ʃă³¹ŋun⁵⁵；tat³¹
470. 盘旋 kă³¹jon³¹
471. （蛇）盘 khă⁵⁵wan⁵¹
472. 跑 kat³¹
473. 泡（茶）tsiŋ³¹
474. 赔偿 waʔ⁵⁵
475. 赔（本）(a³¹ʒaŋ⁵⁵) sum⁵⁵
476. 捧（在手里）lă³¹ku³¹
477. 碰撞 a³¹thu³¹ a³¹koŋ³¹
478. 膨胀 pom³³；wom³³
479. 披（衣）lă³¹wai³³
480. 劈（柴）tʃeʔ⁵⁵
481. 撇了（一层油）khon³³
482. 漂（在水上）wo⁵⁵
483. 泼（水）tʃo⁵⁵
484. 破（篾）ʃit³¹
485. （衣服）破（了）tʃe⁵⁵；woʔ³¹
486. （竹竿）破（了）pʒep³¹
487. （房子）破（了）tʃe⁵⁵
488. （碗）破（了）[自动] kaʔ³¹
489. （把碗）打破 [使动] ʃă³¹kaʔ³¹
490. 剖 kaʔ³¹
491. 佩带 ʃă³¹kap⁵⁵
492. 铺（床）nep⁵⁵
493. 欺负 ʒoi⁵⁵；ʒoi⁵⁵ʒip³¹
494. 欺骗 mă³¹suʔ³¹
495. 砌（墙）ko³³
496. 骑（马）[自动] tʃon³¹
497. 使骑 [使动] ʃă³¹tʃon³¹
498. 起来 [自动] ʒot³¹
499. 使起 [使动] ʃă³¹ʒot³¹
500. 气（人）[使动] ʃă³¹pot³¹
501. 生气 [自动] pot³¹
502. 牵（牛）tun³³
503. 欠（钱）(kha⁵⁵) kap⁵⁵
504. 抢夺 kă³¹ʃun⁵⁵；kă³¹ʃun⁵⁵ kă³¹ʃeʔ³¹
505. 敲 a³¹kok³¹；tum³¹
506. 翘（尾巴）ʃă³¹tap³¹
507. 撬 mă³¹laʔ³¹
508. 阉（猪）mon³³
509. 切（菜）mot³¹
510. 亲（小孩）pup³¹
511. （水）浸入 ʃon³³ʃaŋ³¹
512. 驱赶 kot³¹；ʃă³¹tʃut⁵⁵
513. 取（东西）la⁵⁵
514. 娶（妻子）num³³la⁵⁵
515. 去 sa³³
516. （伤）痊愈 mai³³
517. 缺（了一个口）jeʔ⁵⁵
518. 瘸了 lă³¹jot³¹
519. 全了 khum³³；tsup⁵⁵
520. 劝告 tsun³³ ʃă³¹tum³³
521. 染（布）tʃo⁵⁵；tʃa³³
522. 嚷 kă³¹ʒu³¹

523. 让路 lam³³ jen⁵⁵
525. 热（饭）ʃă³¹lum³³
527. 认（字）thi⁵⁵
529. 任命 a³¹ja³³taŋ³³
531. 溶化[自动]pjoŋ³³～pjo³³；pju³¹

533. 揉（面）nut³¹；a³¹nut³¹
535. 撒（尿）tʃi⁵⁵；khaʔ³¹khoʔ³¹（雅称）
537. 撒（种子）kat³¹
539. （会议）散 pʒa⁵⁵
541. 解开 ʒoʔ³¹
543. 杀（人）sat³¹
545. 杀（鸡）sat³¹
547. 晒（衣服）lam³³
549. 扇（风）jit³¹
551. 商量 poŋ³³；tup³¹
553. 上（肥）（nam³¹phun³¹）tat³¹
555. 烧荒 nat³¹
557. 射（箭）kap³¹
559. 伸（手）lă³¹ton⁵⁵
561. 生（锈）ʃa⁵⁵
563. 生（孩子）lu³¹；ʃă³¹ŋai³¹；ʃă³¹pʒat³¹；ʃă³¹lat³¹
565. 剩 ŋam³¹
567. 失落 ʃă³¹mat³¹
569. 试 tʃam⁵⁵

524. 绕（道）kă³¹wai³³；ʃiŋ³¹kʒup³¹
526. 忍耐 kham³¹ ʃă³¹ʒaŋ⁵⁵
528. 认得 tʃe³³
530. 扔 kă³¹pai³¹
532. 溶化[他动]ʃă³¹pjo³³～ʃă³¹pjoŋ³³；kă³¹pju³¹

534. 洒（水）mat⁵⁵
536. 撒谎 mă³¹suʔ³¹
538. 塞（洞）mă³¹tsut⁵⁵；a³¹nin³¹
540. 散步 tʃai³³khom³³
542. 扫（地）je⁵⁵
544. （杀）死 si³³
546. 筛（米）khiŋ³³
548. 晒（太阳）kʒa³¹
550. 骗（牛）ton³¹
552. 上（楼）luŋ³¹
554. 烧火（煮饭）wut³¹
556. 舍不得 n⁵⁵tʃaʔ⁵⁵
558. （射）中 khʒa⁵⁵
560. 生长 ŋa³¹kă³¹pa³¹
562. 生（疮）tu³³
564. 省（钱）ʃă³¹ʒam⁵⁵

566. 升起 ʃă³¹ʒot³¹；ʃă³¹lun³¹；lun⁵⁵
568. 释放 tat³¹
570. 是 ʒe⁵⁵（用于叙述）；ʒeʔ⁵⁵（用于疑问）；ʒe⁵¹（用于判断）；ʒe³³（用于描写）

571. 使 laŋ³³；ʃă³¹ŋun⁵⁵
572. 使唤 ʃă³¹ŋun⁵⁵
573. 收割 tan³¹
574. 收（信）lu³¹la⁵⁵
575. 收（伞）tʃă³¹thim³¹
576. 梳（头发）mă³¹sit³¹
577. 输 sum⁵⁵
578. 赎回 khʒaŋ³¹
579. 熟练 kjaŋ³³
580. 熟悉 mon³¹
581. （饭）熟 khut³¹
582. （果子）熟（了）mjin³³
583. 瘦（了）lă³¹si³¹
584. 数（数目）thi⁵⁵；ʒu³¹
585. 漱（口）kă³¹ʒuʔ⁵⁵
586. 竖立 ʃă³¹ʒot³¹
587. 摔（下）tiʔ³¹khʒat³¹
588. 衰退 juʔ³¹；jo³¹
589. 甩（石子儿）kă³¹pai³¹
590. 闩（门）thiŋ³¹kʒaŋ⁵⁵
591. 拴（牛）tun⁵⁵
592. 涮（衣服）a³¹ʒut³¹
593. 睡 [自动] jup⁵⁵
594. （使）睡 [他动] ʃă³¹jup⁵⁵
595. 睡着 jup⁵⁵mă³¹lap³¹
596. 吮（奶）tʃuʔ⁵⁵
597. 说（话）tsun³³；ʃă³¹ka³³
598. 撕破 a³¹ʃep³¹；kaŋ³³tʃe⁵⁵
599. 死 si³³
600. 搜（山）tsok³¹；sok³¹
601. （米粒）碎（了）kʒop³¹
602. （腿）酸 jup⁵⁵
603. 算 son³³
604. （汉）锁（箱子）khat⁵⁵；laʔ³¹
605. 塌（下去）kji³¹；ʒu⁵⁵
606. 踏 kă³¹pjeʔ³¹
607. 抬 [使动] tʃă³¹phai³³
608. 抬 [自动] phai³³
609. 贪心 mă³¹ʒin³¹；mik³¹
610. 弹（棉花）kap³¹
611. 弹（琴）tum³¹
612. 淌（眼泪）kă³¹pja³¹
613. 躺（在床上）kă³¹leŋ³¹
614. 逃跑 phʒoŋ³³
615. 淘（米）kă³¹ʃin³¹
616. 淘气 kă³¹tap³¹
617. 讨（饭）phji⁵⁵
618. 套（衣服）tă³¹kʒoʔ⁵⁵
619. 套住 tă³¹kʒoʔ⁵⁵ton³¹
620. 疼（孩子）mă³¹sin³¹ mă³¹tʃiʔ⁵⁵
621. （头）疼 mă³¹tʃiʔ⁵⁵
622. 剃（头）ʃă³¹ŋun³³
623. 踢 thoŋ³¹；lă³¹khat³¹
624. 天阴 lă³¹mu³¹muŋ³³

625. 天晴 lǎ³¹mu³¹ phoŋ⁵⁵
626. 天亮 n⁵⁵thoi⁵⁵thoi³¹
627. 填(坑) kǎ³¹put⁵⁵
628. 舔 mǎ³¹ta⁽ʔ⁾⁵⁵
629. 挑选 lǎ³¹ ta⁽ʔ⁾⁵⁵
630. (用扁担)挑 phai³³
631. 挑拨 kum³¹lau³¹
632. 跳舞 ka³¹
633. (用脚)跳 kan³³tot⁵⁵
634. (脉)跳 kǎ³¹lop³¹
635. 贴 ʃǎ³¹kap⁵⁵
636. 听 mǎ³¹tat³¹
637. 听见 na³¹
638. 停止 tsim³¹;khʒiŋ³¹
639. 挺(胸) ʃǎ³¹tʃen³³
640. (路)通 khʒaŋ⁵⁵;khon⁵⁵
641. 通知 ʃǎ³¹na³¹
642. 捅 kǎ³¹lun³¹
643. 吞 mǎ³¹ut⁵⁵
644. 偷 lǎ³¹ku⁵⁵
645. (湿)透 tʃam³¹
646. 吐(痰) mǎ³¹tho⁵⁵
647. 推 noŋ⁵⁵;kǎ³¹noŋ⁵⁵
648. 推托 tʃǎ³¹phai³¹
649. 退(货)褪色 ʃǎ³¹pai³¹
650. (蛇)蜕(皮) tsop³¹ kǎ³¹lai³³
651. 拖(木头) kǎ³¹ʒot³¹
652. 拖延(时间) ʃǎ³¹ʒen³¹
653. 脱(衣) ʒo⁽ʔ⁾³¹
654. 脱(白)(khʒi⁽ʔ⁾³¹khʒo⁽ʔ⁾³¹) kǎ³¹phʒai⁵⁵
655. (马)驮(货) tho³¹
656. 挖(地) tʃe⁽ʔ⁾⁵⁵;thu³¹
657. 弯 mǎ³¹ko⁽ʔ⁾³¹
658. 完[自动] ŋut⁵⁵
659. 完成[使动] ʃǎ³¹ŋut⁵⁵
660. (用尖刀)剜 kǎ³¹lok⁵⁵;mǎ³¹lok⁵⁵
661. 玩耍 kǎ³¹sup⁵⁵tʃai³³
662. 忘记 mǎ³¹lap³¹
663. 喂(奶) ʃǎ³¹tʃu⁽ʔ⁾⁵⁵
664. 问 san⁵⁵
665. 闻(嗅) mǎ³¹nam⁵⁵
666. 握手 ta⁽ʔ⁾⁵⁵ ʃǎ³¹kʒam³³
667. 捂(着嘴) mǎ³¹kum³³
668. 吸(气) mǎ³¹ʒop³¹
669. 习惯 man³³
670. 洗(碗) kǎ³¹ʃin³¹
671. 洗(衣) khʒut³¹
672. 洗澡 kha⁽ʔ⁾³¹ʃim⁵⁵;khum³¹ʃin⁵⁵
673. 洗(脸) mjit⁵⁵
674. 喜欢 ʃǎ³¹ʒoŋ⁵⁵
675. 希望 mjit³¹ mǎ³¹ta³¹
676. 瞎 mji⁽ʔ⁾³¹ti⁵⁵
677. 下(楼) ju⁽ʔ⁾⁵⁵
678. (母猪)下(小猪) khai³³;khʒat³¹

679. （鸡）下（蛋）ti³¹
680. 下（雨）thu⁽³¹⁾
681. 下垂 a³¹pja³¹
682. 吓唬 tʃă³¹khʒit³¹
683. 陷（下去）kin³¹lut⁵⁵
684. 想 mjit³¹
685. 想起 mjit³¹tum⁵⁵；mjit³¹ʃai⁵⁵
686. 想（进城）mă³¹ju³³
687. 象 tson³¹
688. 献 sak³¹
689. 羡慕 mă³¹ŋoi⁵⁵
690. 显露 tan³¹toŋ⁵⁵
691. 消失 mat³¹mat³¹
692. （肿）消 sip³¹
693. 削（铅笔）mă³¹sen³¹；mă³¹joi³¹
694. 笑 mă³¹ni³³
695. 小心 să³¹ti⁽³¹⁾
696. 写 ka̠³³
697. 泻（肚子）ʃă³¹se⁽³¹⁾；kan³³kho⁽³¹⁾
698. 相信 kam³¹
699. 擤（鼻涕）khji³¹
700. 醒 phʒaŋ³¹；su³¹；tum⁵⁵
701. 休息 sa⁽⁵⁵⁾
702. 修（机器）kʒam⁵⁵
703. 修（鞋）kʒam⁵⁵
704. 绣（花）thu⁵⁵
705. 熏 ʃă³¹mu⁵⁵
706. 寻找 tam³¹；ʃon³³
707. （水）漩 kă³¹wai³³
708. 学 ʃă³¹ʒin⁵⁵
709. 压 tip³¹；kă³¹mjet⁵⁵
710. 阉（鸡）mom³³；ton³¹
711. 腌（菜）jen³¹
712. 研（药）ʒin⁵⁵
713. 扬（场）tʃă³¹khʒat³¹
714. 痒 kă³¹ja⁵⁵
715. 养（鸡）jo⁽³¹⁾；ʒem³³
716. 摇晃 kă³¹ŋa⁽⁵⁵⁾
717. （被狗）咬 kă³¹wa⁵⁵
718. 摇（头）kă³¹ŋa⁽⁵⁵⁾
719. 舀（水）kă³¹mai³³；tă⁵⁵kot⁵⁵
720. 要（不要）ʒa⁽³¹⁾
721. 医治 tsi³¹
722. （水）溢 kă³¹pʒat⁵⁵
723. 咬 kă³¹wa⁵⁵
724. 依靠 ʃă³¹mjet⁵⁵
725. 赢 taŋ³¹
726. 隐瞒 ip⁵⁵
727. 引诱 ʃă³¹len⁵⁵；ton⁵⁵；a³¹lau⁵⁵；kuŋ⁵⁵lau⁵⁵
728. 引（路）（lam³³）woi³³
729. 拥抱 a³¹phum⁵⁵
730. 游泳 phuŋ³¹jot³¹

731. 有（钱）lu³¹；su⁵⁵
732. 有（人）ŋa³¹
733. 有（树）tu³³
734. 有（眼睛）tu³³
735. （碗里）有（水）ʒoŋ³³
736. 遇见 khʒum⁵⁵
737. 约定 n³¹tat³¹
738. 越过 tot⁵⁵lai³¹
739. （头）晕 sin³³；kin³¹sin³³
740. 砸（碗）ʃă³¹ka⁷³¹
741. 栽（树）khai⁵⁵
742. 在 ŋa³¹
743. 糟蹋（粮食）ʃă³¹tsa³¹
744. 增加 tʃat³¹
745. 凿 tok⁵⁵
746. 责备 ʃă³¹ʒa³¹
747. 炸（油饼）kă³¹ŋau³³
748. （刀）扎 kă³¹lun³¹
749. （刺）扎 tʃu⁵⁵
750. 眨（眼）（mji⁷³¹）kʒip³¹
751. 炸（石头）kă³¹po³¹
752. 榨（油）tit³¹
753. 摘（花）ʃo⁷³¹
754. 粘（住了）kap⁵⁵
755. 站 tsap⁵⁵
756. 占有 lu³¹
757. 蘸（墨水）kă³¹thok³¹
758. 张（嘴）mă³¹kha³¹
759. 长（大）kă³¹pa³¹
760. 涨（大水）tuŋ³³
761. （肚子）胀 tʃă⁵⁵puŋ⁵¹
762. 着（火）tʃi⁷⁵⁵；khʒu³¹
763. 着急 tin³³
764. 着凉 kă³¹ʃuŋ³³lot³¹；kă³¹tsi³³lot³¹
765. 召集 ʃă³¹ka⁵⁵tʃă³¹phoŋ³¹
766. 找（零钱）pjan³¹
767. 找到 mu³¹tam³³
768. （马蜂）蜇（人）na³¹
769. 摺（衣服）khum³¹pa⁷³¹
770. 遮蔽 ʃiŋ³¹ka³¹～ʃiŋ³¹kaŋ³¹
771. 震动 kă³¹ʒa³³
772. 蒸（饭）kă³¹po³³～kă³¹poŋ³³
773. 知道 tʃe³³
774. 织（布）ta⁷³¹
775. 制造 kă³¹lo³³
776. 值得 kiŋ³³
777. 指 mă³¹tun⁵⁵
778. 种（麦子）khai⁵⁵
779. 肿 phum³³
780. 拄（拐杖）laŋ³³
781. 煮 ʃă³¹tu³¹
782. 熟 khut³¹
783. 筑（堤）ko³³
784. 抓（东西）mă³¹kʒa⁷³¹

785. 转(身)kă³¹jin³³
786. 转(弯)mă³¹koʔ³¹
787. 转让ʒen⁵⁵ja³³
788. 转动[自动]tʃai³³
789. 装(粮食)po³¹
790. 追ʃă³¹tʃut⁵⁵
791. 捉ʒim³¹
792. 准备khjem⁵⁵；khjen⁵⁵
793. (鸡)啄(米)a³¹tʃeʔ⁵⁵
794. 征服tip³¹ʃă³¹ju³¹
795. 走khom³³
796. 足够loʔ⁵⁵；tsup⁵⁵
797. 钻kum³¹tsun³³
798. (用钻子)钻kă³¹poi³³
799. 醉na³³
800. 坐tuŋ³³；tʃon³¹；tun⁵⁵
801. 做(事情)kă³¹lo³³
802. 做生意phă³³kă³³ka³³

## (十七) 虚词

1. (你)先(走)ʃoŋ³³
2. (他)常常(来)(ʃi³³)a⁵⁵sa³³(ŋa³¹ai)
3. 慢慢(说)kau³¹ɲui⁵⁵
4. 很(重)kʒai³¹
5. 真(好)kă³¹tʃa³³wa³³
6. 都(来了)joŋ³¹
7. 一起(学习)ʒau³¹
8. 还(有很多)noʔ⁵⁵
9. (我)也(去)(ŋai³³)muŋ³¹
10. 再(说一遍)(laŋ³¹mi³³)noʔ⁵⁵
11. 可能(下雨)mă³¹khoi³³
12. (他)大概(是汉族)(ʃi³³mji³¹wa³¹ʒai⁵⁵)sam⁵⁵ai
13. 不(是)n⁵⁵(ʒe⁵¹)
14. 不(吃)n⁵⁵(ʃa⁵⁵)
15. 没(吃)ʒai³¹n⁵⁵(ʃa⁵⁵)
16. 别(吃)khum³¹(ʃaʔ⁵⁵)
17. 从(去年)到(现在)(mă³³niŋ³³)koʔ⁵⁵n³¹na⁵⁵(jaʔ⁵⁵)tu³¹(khʒa³¹)
18. 比(月亮大)(lă³¹taʔ⁵⁵)thaʔ³¹(kʒau³³kă³¹pa³¹)
19. (哥哥)和(弟弟)(phu⁵¹)theʔ³¹(ɲau³³)
20. (他)的(书)ʃiʔ⁵⁵(lai³¹ka³³)

# 参 考 文 献

伯纳德·科姆里著,《语言共性和语言类型》,沈家煊译,北京:华夏出版社,1989年。
常俊之:《元江苦聪话参考语法》,北京:中国社会科学出版社,2011年。
储泽祥、陶伏平:《汉语因果复句的关联标记模式与"联系项居中原则"》,《中国语文》,2008(5)。
戴浩一:《时间顺序和汉语的语序》,《国外语言学》,1988(1)。
戴庆厦、徐悉艰:《景颇语语法》,北京:中央民族学院出版社,1992年。
戴庆厦、徐悉艰:《景颇语词汇学》,北京:中央民族大学出版社,1995年。
戴庆厦、李洁:《汉藏语的强调式施事句——兼与汉语被动句对比》,《语言研究》,2005(2)。
戴庆厦主编:《云南德宏州景颇族语言使用现状及其演变》,北京:商务印书馆,2011年。
戴庆厦主编:《片马茶山人及其语言》,北京:商务印书馆,2010年。
戴庆厦、李洁:《勒期语研究》,北京:中央民族大学出版社,2007年。
戴庆厦、胡素华主编:《汉语与少数民族语言语法比较》,北京:民族出版社,2006年。
戴庆厦、蒋颖、孔志恩:《波拉语研究》,北京:民族出版社,2007年。
戴庆厦、顾阳主编:《现代语言学理论与中国少数民族语言研究》,北京:民族出版社,2003年。
戴庆厦主编:《中国少数民族语言研究60年》,北京:中央民族大学出版社,2009年。
戴庆厦:《藏缅语族语言研究》(第1~3辑),昆明:云南民族出版社,1990年,1998年,2004年。
戴庆厦:《藏缅语族语言研究》(第4辑),北京:中央民族大学出版社,2006年。
戴庆厦:《藏缅语族语言研究》(第5辑),昆明:云南民族出版社,2010年。
董秀芳:《词汇化:汉语双音节词的衍生和发展》,成都:四川民族出版社,

2002年。

黄布凡主编:《藏缅语族语言词汇》,北京:中央民族出版社,1991年。

黄盛璋:《两汉时代的量词》,《中国语文》,1961(8)。

黄载君:《从甲文、金文量词的应用,考察量词的起源和发展》,《中国语文》,1964(6)。

龚佩华、陈克进、戴庆厦:《景颇族》,北京:民族出版社,2006年。

江蓝生:《跨层非短语结构"的话"的词汇化》,《中国语文》,1995(5)。

蒋光友:《基诺语参考语法》,北京:中国社会科学出版社,2010年。

蒋颖:《汉藏语系语言名量词比较研究》,北京:民族出版社,2009年。

景颇族简史编写组、景颇族简史修订组,《景颇族简史》,昆明:民族出版社,2008年。

李洁:《汉藏语序语言被动句研究》,北京:民族出版社,2008年。

李向前:《景颇族文史画册》,昆明:云南民族出版社,2007年。

李宇明:《汉语量范畴研究》,武汉:华中师范大学出版社,2000年。

刘丹青:《语序类型学与介词理论》,北京:商务印书馆,2003年。

刘坚、曹广顺、吴福祥:《论诱发汉语词汇语法化的若干因素》,《中国语文》,1995(3)。

刘世儒:《魏晋南北朝个体量词研究》,《中国语文》,1995(3)。

陆俭明:《关于现代汉语里的疑问语气词》,《中国语文》,1984(5)。

吕叔湘:《汉语语法分析问题》,北京:商务印书馆,1979年。

马学良、胡坦、戴庆厦等:《藏缅语新论》,北京:中央民族大学出版社,1994年。

沈家煊:《实词虚化的机制——〈演化而来的语法〉评介》,《当代语言学》,1998(3)。

沈家煊:《不对称和标记论》,南昌:江西教育出版社,1999年。

沈家煊:《关于词法类型和句法类型》,《民族语文》,2006(6)。

沈家煊、吴福祥、马贝加主编:《语法化与语法研究》(二),北京:商务印书馆,2005。

沈阳、冯胜利:《当代语言学理论和汉语研究》,北京:商务印书馆,2008年。

石毓智:《试论汉语的句法重叠》,《语言研究》,1996(2)。

石毓智、李讷:《汉语语法化历程——形态句法发展的动因和机制》,北京:北京大学出版社,2001年。

韦景云、何霜、罗永现:《燕齐壮语参考语法》,北京:中国社会科学出版社,2010。

吴福祥:《近年语法化研究的进展》,《外语教学与研究》,2004(1)。
吴福祥、洪波主编:《语法化与语法研究》(一),北京:商务印书馆,2003年。
徐悉艰、肖家成、岳相昆、戴庆厦:《景汉辞典》,昆明:云南民族出版社,1983年。
徐杰:《疑问范畴与疑问句式》,《语言研究》,1999(2)。
邢福义:《汉语复句研究》,北京:商务印书馆,2001年。
岳相昆、戴庆厦、肖家成、徐悉艰:《汉景词典》,昆明:云南民族出版社,1981年。
岳相昆、戴庆厦:《景颇成语》,昆明:云南民族出版社,1982年。
余金枝:《湘西矮寨苗语参考语法》,北京:中国社会科学出版社,2011年。
语言学名词审订委员会:《语言学名词》,北京:商务印书馆,2011年。
张斌主编:《现代汉语描写语法》,北京:商务印书馆,2010年。
张敏:《从类型学和认知语法的角度看汉语重叠现象》,《当代语言学》,1997(2)。
朱德熙:《与动词"给"相关的句法问题》,《方言》,1979(2)。
朱德熙:《语法讲义》,北京:商务印书馆,1982年。
朱德熙:《汉语方言里的两种反复问句》,《中国语文》,1985(1)。
朱德熙:《"V-eg-VO"与"VO-neg-V"两种反复问句在汉语方言里的分布》,《中国语文》,1991(5)。

Matisoff. J. A. 2003, *Handbook of Proto-Tibeto-Burman*, University of California Press. (Berkeley. Los Angeles. London).

Matisoff. J. A. 1967, *A Grammar of the Lahu Language*. Doctoral Dissertation, University of California. (Berkeley. Los Angeles. London)

Lapolla. R. J., Huang.C. L 2003, *Grammar of Qiang——with Annotated Texts and Glossary*. Mouton de Gruyter. (Berlin. New York)

Hanson. B. O. 1954, *Dictionary of the Kachin Language*. Rangoon, Baptist of Publication.

# 第一版后记

这部《景颇语参考语法》是在《景颇语语法》的基础上修改、补充而成的。《景颇语语法》，是1992年我与徐悉艰一起合著的。我与徐悉艰这一辈子以景颇语为主要专业，先后共同编写出版了《景颇语语法》《景颇语词汇学》《汉景词典》《景汉词典》（后两部词典还有岳相昆老师和肖家成教授参加），还各自写了一些景颇语研究的论文，研究景颇语成为我俩的主要精神寄托。20世纪80年代，为了教学和研究的需要，我们开始编写景颇语语法。由于那时条件的限制，时断时续，成稿后出版过程中又遇到了许多困难。1992年，我看到《景颇语语法》出版了，心里不知有多高兴！

20年不知不觉地过去了，科学的春天来临了，科学著作的出版有了很好的条件。2008年，我接受了中央民族大学985工程"中国少数民族语言系列参考语法"和"国家社会科学基金重点项目"中国少数民族语言系列参考语法"（06AYY002）的子课题"景颇语参考语法"的编写任务，愿意在晚年再写一部汇集自己多年来研究景颇语语法的心得。几年来，我按照参考语法的理论、框架，以及近20年来对景颇语语法的新探索，在《景颇语语法》的基础上写成了这部《景颇语参考语法》。

这部新著的出版，我首先想到的是要感谢我已故的景颇语老师岳相昆（N. Senghkum）先生。我的景颇语知识大多是从他那里学来的。记得20多年前，他总是无私地为我讲解景颇语中的语法现象，尽量为我提供语法规律的例词和例句。我们一起合作上景颇语课，一起做景颇语研究，师恩难忘。另外，我在年轻时曾多次在盈江、瑞丽、陇川、芒市等地的景颇族村寨里学习过景颇语，加起来大约有一年半时间。这期间，我与景颇族父老兄弟一起，同吃、同住、同劳动、同娱乐，我过了景颇语的一般会话关，而且对景颇语有了语感。这个基础，为我后来深入研究景颇语语法提供了必要的条件。我对景颇村寨无数村民热忱帮助我学习景颇语表示感谢。我深深地体会到，不深入群众生活，对另一种语言没有一定的语感，要深入研究这种语言的语法是有困难的。

我还要感谢我的妻子、中国社会科学院人类学民族学研究所徐悉艰研究员，50多年来对我业务上、生活上无微不至的关怀和帮助。这部新著也凝聚着她的心血。书稿定稿时她还替我从头到尾检查了一遍。婚后50多年，她除了做好本职业务外，几乎负担了全部家务，让我能有更多的时间做教学和科研工作。对她一辈子的操劳，感激之情我实在难以言表。

我的学生朱艳华博士（现是北京语言大学讲师）对全书的内容、观点、体例替我认真地检查了一遍。在读博士生李春风、张鑫、戴宗杰、经典、吴秀菊等也分头检查了全书，指出了一些不当之处。这些，我都要表示感谢。

最后，还要感谢中国社会科学出版社的任明主任，他为出版这本书满是音标的学术著作花费了不少精力。

戴庆厦<br>
2012年元旦于北京

60多年来，我与景颇语建立了深厚的、不离不舍的感情，深知景颇语的奥妙、复杂，越来越觉得要深入、科学地认识景颇语是很不容易的。比如，对某种语言现象，我们会从某种角度发现它的特点，以为可以就此止步了，但随着观察角度的增多，或语料的扩大，会发现原来的认识是不全面的。因而，语言研究会随着语料的扩大和更深入的思索在认识上有所深化。所以，尽管我已出版了若干景颇语研究的成果，但感到更广阔的天地还在后头等待我们去奋斗。《景颇语参考语法》（修订版）的出版，将勉励我进行更深入的景颇语研究。

　　感谢商务印书馆的周洪波、余桂林、朱俊玄诸位领导对出版这套丛书的认真策划和精心运作，感谢刘建梅女士担任本书的责任编辑，感谢王洪秀博士为本书的修订做了细心、中肯的审定和修改。还要感谢我的老伴徐悉艰研究员戴着老花镜多日认真地帮我检查全书。

　　谨以此书献给诚实、热情、勇敢的景颇族同胞！

戴庆厦
2021年7月2日
于中央民族大学507工作室

# 修订版后记

我的《景颇语参考语法》2012年在中国社会科学出版社出版后，至今已过了10年，这本书是我60多年来从事民族语言研究的主要成果之一，是我经常感到欣慰的一本著作。如今，商务印书馆要把它列入"中华当代学术著作辑要"丛书，是对我研究工作的肯定和鼓励。接到任务后，我认真地对原稿进行了补充和修订。

我国的少数民族语言研究，70年来有了大发展。许多过去没有研究或研究很少的语言，如今都有了系统的研究。拿景颇语来说，我们1952年开始学习景颇语时，没有景颇语研究的论著可以参考，连景颇语有多少声母、韵母、声调都不清楚，就只能一句一句地学，并自己动手研究其语音、语法、词汇等的特点。如今，我们已出版了辞典（《汉景辞典》和《景汉辞典》）、语法（《景颇语语法》和《景颇语参考语法》）、词汇（《景颇语词汇学》）以及《景颇语基础教程》等景颇语基础研究著作；还有研究景颇族语言使用的著作，如《云南德宏州景颇族语言使用现状及其演变》《耿马县景颇族语言使用现状及其演变》《片马茶山人及其语言》等；另有研究景颇语的专题论文80余篇。为此，著名的国际藏缅语研究专家马提索夫教授（Jams A. Matisoff）在《景颇语谱系地位再探：详论景颇语与鲁语支的亲缘关系》（载《汉藏语学报》2018年总第9期，孙天心、田阡子译）一文中指出："景颇语是研究水平最高的藏缅语族语种之一……长期以来，学界公认景颇语具有厘清藏缅语族内部支属关系的关键地位。"